Die Reihe Funk-Kolleg
im Fischer Taschenbuch Verlag
wird herausgegeben von
Prof. Dr. Gerd Kadelbach

Über dieses Buch

Der Reader zum »Funk-Kolleg Praktische Philosophie/Ethik«, Bd. 1, stellt wesentliche Bereiche und Fragestellungen der Praktischen Philosophie und ihrer Mitte, der normativen Ethik, anhand verschiedener, ja kontroverser Ansätze aus Geschichte und Gegenwart vor, leitet diese ein bzw. erörtert sie und gibt so einen informativen Überblick. Er kann und soll zum Nachdenken und kritischen Weiterdenken anregen, zum Philosophieren – und dies sowohl unabhängig vom »Funk-Kolleg Praktische Philosophie/Ethik« als auch zur Vorbereitung darauf, zu dessen Begleitung und Vertiefung.

Die Herausgeber

Karl-Otto Apel, geb. 1922, Professor für Philosophie in Frankfurt am Main.
Dietrich Böhler, geb. 1942, Professor für Philosophie und Grundlagen der Pädagogik an der Freien Universität Berlin.
Alfred Berlich, geb. 1952, Studium der Philosophie und Germanistik in Saarbrücken, Magister Artium.
Gerhard Plumpe, geb. 1946, Dr. phil., Wissenschaftlicher Angestellter an der Ruhr-Universität Bochum.

Funk-Kolleg Praktische Philosophie/Ethik

Reader zum Funk-Kolleg

Das Funk-Kolleg Praktische Philosophie/Ethik ist eine Veranstaltung im Medienverbund, die

- vom Hessischen Rundfunk (federführende Anstalt), von Radio Bremen, vom Saarländischen Rundfunk, Süddeutschen Rundfunk, Südwestfunk sowie dem Westdeutschen Rundfunk,
- dem Deutschen Institut für Fernstudien an der Universität Tübingen,
- den Volkshochschul-Landesverbänden Baden-Württemberg, Bremen, Hessen, Rheinland-Pfalz, Saarland und Nordrhein-Westfalen,
- den Kultus- und Wissenschaftsverwaltungen der genannten Länder,
- den Wissenschaftlichen Hochschulen der beteiligten Länder

durchgeführt wird.

Wissenschaftliche Leitung:
Professor Dr. Karl-Otto Apel
Professor Dr. Dietrich Böhler

Fischer
Taschenbuch
Verlag

Praktische Philosophie/Ethik

Aktuelle Materialien
Reader zum Funk-Kolleg
Band 1

Herausgegeben von
Karl-Otto Apel, Dietrich Böhler, Alfred Berlich,
Gerhard Plumpe

Fischer
Taschenbuch
Verlag

Originalausgabe
Fischer Taschenbuch Verlag
Oktober 1980

Umschlagentwurf: Rainer Winter

Fischer Taschenbuch Verlag GmbH, Frankfurt am Main

Gesamtherstellung: Hanseatische Druckanstalt GmbH, Hamburg
Printed in Germany
1280-ISBN-3-596-26854-0

Inhalt

Vorwort

Krise der technisch-wissenschaftlichen Zivilisation als Krise der Ethik?

»Aussteigen« heißt eine Sehnsucht unserer Zeit, jedenfalls einer wachsenden Zahl sensibler und kritischer Zeitgenossen. Aber die Flucht aus der technischen Zivilisation, die in mannigfachen Formen von immer mehr Menschen angetreten wird, ist nur die vernunftlose Kehrseite einer radikalen Krisenerfahrung (und Kritik) dieser Zivilisation, die offenbar die Grenzen ihres »Wachstums« erreicht und die Grenzen der Naturbelastung überschritten hat.

Die Flucht aus den Problemen der technischen Zivilisation, die inzwischen den ganzen Planeten beherrscht, kann heute nicht mehr, wie es die Auswanderung früher ermöglichte, ein neues Eiland erreichen. Denn im technisch-industriellen Zeitalter beeinträchtigen die Auswirkungen derjenigen Entscheidungen und Projekte, die kritischen und sensiblen Menschen als unzumutbar erscheinen, letztlich die ganze Menschheit und den ganzen Planeten. Einen unbehelligten Lebensraum, den heilen Garten, in den man nur selbst und niemand sonst künstlich eingreift, findet heute keiner mehr. Auf Gedeih und Verderb ist im Grunde jeder an das selbstverantwortete Schicksal der Menschen und an das menschheitlich zu verantwortende Geschick des Planeten gebunden. Erstmals übergreift die menschliche Gemeinschaft als Handlungs-, Leidens- und Verantwortungsgemeinschaft nicht nur Landesgrenzen, sondern umfaßt den Planeten und die künftigen Generationen.

Bisher jedoch hat sich das ethische Bewußtsein vor allem auf den Nahbereich zwischenmenschlicher Beziehungen und mit Mühe auf die Mittelbereiche des politischen Handelns innerhalb eines Staates sowie zwischen den Staaten eingestellt. Noch nie dagewesen ist es, daß Verantwortung und ethisches Bewußtsein eine planetarische Dimension und eine unbegrenzte Zukunftsdimension bewältigen müssen. Eben darum aber geht es heute, wenn sich ökologisch-ethische und ökonomisch-ethische Fragen stellen wie diese:

– Können wir es verantworten, zur Befriedigung gegenwärtiger »Energiewachstums«-Wünsche der nördlichen Industriegesellschaften zum Beispiel durch Kernkraftwerke, deren Atommüll 20 000 Jahre lang lebensgefährlich bleibt und gewaltige Bewachungs- und Kontrollsysteme erfordert, der künftigen Menschheit neue und zwar immense Naturgefahren zu hinterlassen und gesellschaftspolitische Zwänge aufzuerlegen?
– Können wir es verantworten, unsere »Wachstums-«, Verschwendungs- und Wegwerf-Praxis auf dem Rücken der Dritten Welt und auf Kosten aller künftigen Generationen fortzusetzen?

In dieser neuen Situation der Menschheit gewinnen Rufe wie »Umdeuten« und »Neuorientieren« prophetische Eindringlichkeit. Philosophisch können sie durch die Einsichten gestützt werden, daß technischer Fortschritt nicht humaner Fortschritt ist, daß die wissenschaftlich-technische Rationalität sinnleer und moralisch blind ist.
Aber keineswegs herrscht hier philosophischer Konsens. Vielmehr hat es sich, vor allem in der wissenschaftstheoretischen Diskussion, gerade eingebürgert, die wissenschaftlich-technische Rationalität mit Vernunft gleichzusetzen und die Rechtfertigung von Handlungsorientierungen, Normen und Werten als persönliche Entscheidungs- und Glaubensfrage abzutun. Das ist die Paradoxie der Gegenwart: Einerseits hat die ungeheure Entfaltung und Anwendung der wissenschaftlich-technischen Rationalität die ökologische Überlebenskrise herbeigeführt, so daß ein Denken und Handeln aus planetarischer Verantwortung und damit eine Neubegründung ethischer Vernunft geboten erscheint; andererseits macht das Selbstverständnis der Wissenschaft die Vernunft unpraktisch, weil sie »Vernunft« mit »wertfreier Rationalität« gleichsetzt.
Sind wir also »mit dem Latein am Ende«? Aber gerade, wenn man nicht mehr ein und aus weiß, hat man Anlaß von neuem zu philosophieren und die einflußreichen Ansätze der philosophischen Ethik sowohl darzulegen als auch kritisch zu prüfen. Eben das sind auch die Absichten dieses Sammelbandes. Nicht fertige Antworten, keine Lebensrezepte und keine politischen Superprogramme, weder eine Ersatzreligion noch ein philosophisches System kann die Praktische Philosophie und kann dieses Buch bieten. Nicht eines Systems, sondern des Philosophierens bedarf es in der Krise. Nicht zufällig ist es in einer Krise entstanden: in der der griechischen Polis. Überhaupt, so

scheint mir, läßt sich das Wesen der Philosophie nur sokratisch bestimmen, nämlich als die reflexiv argumentative und dialogische Tätigkeit des Philosophierens. Wenn dem so ist, dürfte es kaum eine bessere Gebrauchsanweisung für den Umgang mit diesem Bande geben als *Immanuel Kants* sokratische Überlegung zur Philosophiedidaktik aus dem Jahre 1765: »Die eigentümliche Methode des Unterrichts in der Weltweisheit ist *zetetisch*, wie sie einige Alten nannten (von ητειγ), d. i. *forschend* und wird nur bei schon geübterer Vernunft in verschiedenen Stücken *dogmatisch*, d. i. *entschieden*. Auch soll der philosophische Verfasser, den man etwa bei der Unterweisung zum Grunde legt, nicht wie das Urbild des Urteils, sondern nur als eine Veranlassung, selbst über ihn, ja so gar wider ihn zu urteilen, angesehen werden, und die Methode, *selbst* nachzudenken und zu schließen, ist es, deren Fertigkeit der Lehrling eigentlich sucht, die ihm auch nur allein nützlich sein kann . . .«[1]

Über den Umgang mit diesem Buch

An diesem eigentlich sokratischen Grundsatz ist auch die Einrichtung dieses Buches orientiert, der nicht allein »Philosophen von Beruf«, sondern auch Philosophierende aus der Politik und Rechtswissenschaft, aus der Theologie und – mit *Albert Schweitzer* – zugleich aus der Medizin zu Worte kommen läßt. Durch den Bezug auf *Lawrence Kohlbergs* Schema der Entwicklung des moralischen Urteils beim Kinde ist auch die Psychologie vertreten.[2] Zudem wird des Athener Steinmetzen gedacht, dessen kritisch dialogische Lebenspraxis die nachkonventionelle Moral durch seine kritischen, zetetischen Dialoge begründet und sie allen, die argumentieren *und* über das Argumentieren nachdenken, als ein stets neu zu erwerbendes Erbe vermacht hat.[3]

In sieben Kapiteln bietet dieser Band Texte zu den wichtigsten Bereichen der Praktischen Philosophie. Die beiden ersten Kapitel, gleichsam Vorhallen, durch die man in den Hauptbau, die normative Ethik, geführt wird, sind den beiden Bereichen der Praktischen Philosophie gewidmet, die nach dem Menschen als handelndem, gesellschaftlichem Wesen, das der Institutionalisierung und der Verständigung bedarf, fragen.

Die *Philosophische Anthropologie*, die im ersten Kapitel durch ihren so einflußreichen wie radikalen Vertreter *Arnold Gehlen* zu Worte kommt, stellt die Notwendigkeit der Institutionalisierung des menschlichen Handelns als Ausgleich bzw. Kompensation seiner fehlenden Instinktorientierung heraus. Auch die normative Ethik, die nach dem, was als praktisch gut gelten kann, fragt, muß diese Bedingung menschlichen Handelns berücksichtigen, kann es aber bei einer solchen Instinktersatz-Moral nicht bewenden lassen. Das hieße nämlich, das moralische Sollen des Menschen auf eine natürliche Bedingung seines Seins zurückzuführen (»naturalistischer Fehlschluß«). Das hieße zudem, die ethischen Grundphänomene der Institutionalisierung und des zwischenmenschlichen Handelns, insbesondere der Kommunikation, einseitig vom Mensch-Tier-Vergleich her zu beurteilen. Denn beide sind, wie die im zweiten Kapitel wiedergegebenen Texte zur *Handlungsphilosophie* und schon die Texte 1.3 bis 1.4 hervorheben, getragen und geprägt von der kommunikativen Struktur der Gegenseitigkeit, wie sie am reinsten im Dialog in Erscheinung tritt. Die Besinnung auf diese Struktur, die zugleich wirklich ist und auch ein Sollen enthält, stellt der Ethik selbst neue Bezugsprobleme: vom Problem, wie man den fehlenden Naturzwang der Instinkte kulturell ersetzen kann, gelangt man zu den Fragen, wie der Mensch sein Handeln in Freiheit und auf vernünftige Weise verantworten kann.

Damit ist der Hauptteil vorbereitet. Der normativen Ethik und ihrem Verhältnis zur geschichtlichen Praxis gewidmet, stellt er die Begriffe »Kommunikation« bzw. »Dialog« und »Vernunft« in den Mittelpunkt, die schon von der kritisch dialogischen Praxis des Sokrates verknüpft worden waren, aber seit Platon wieder auseinandergerissen worden sind, so daß das Begriffspaar Theorie – Vernunft die Verbindung Dialog – Vernunft bis heute verdrängt hat. Das dritte Kapitel interpretiert und dokumentiert die Entwicklung zur *Vernunftethik* in bezug auf wichtige Epochenschwellen und Wandlungen der geschichtlichen Praxis. Im vierten Kapitel wird die Frage diskutiert, ob eine rationale Begründung *normativer Ethik* möglich und nötig ist, ob es also eine Vernunftethik überhaupt geben kann und muß. Die beiden folgenden Kapitel sind Problemen einer möglichen *Anwendung* praktischer Vernunft sowohl im existentiellen Leben (Kapitel 5) als auch im politisch sozialen Leben (Kapitel 6) gewidmet. Das fünfte Kapitel erörtert *Grenzfragen der Vernunftethik* unter besonderer Berücksichtigung des heute – vor allem durch behavioristische Zurückführung von Handlungen auf Handlungsbedingungen, die als zureichende Handlungsdeterminanten angesehen werden – gern verdrängten Gegenbegriffes der praktischen Vernunft, des *Bösen.* Im sechsten Kapitel werden Grundfragen der *Rechts-* und *Sozialphilosophie* behandelt, die sich daraus ergeben, daß der »*politische*

Staat . . . in allen seinen *modernen* (sprich: demokratischen – D. B.) Formen die Forderungen der Vernunft« enthält, wie der junge Marx bemerkt.
Das siebente Kapitel ist der *eudämonistischen Ethik* gewidmet, die die Frage, wie der Mensch glücklich und sinnvoll leben kann, zu beantworten sucht. Die Verbindung dieser Fragestellung mit der und ihre Spannung zur normativen Ethik – die nach dem, was wir vernünftigerweise tun *sollen* und was wir verantworten können, fragt – bringt schon der Titel zum Ausdruck: Glück und Verantwortung.
Diese Anthologie ist also so angelegt, daß die Beziehung wichtiger Teilbereiche der Praktischen Philosophie auf die normative Ethik als deren Mitte und Grund deutlich hervortritt (Kapitel 3 und 4). Vor allem durch zwei Fragestellungen soll diese Mitte erschlossen werden: einerseits durch die zugleich auf Beschreibung und Beurteilung zielende Frage nach der Entwicklung der philosophischen Ethik als Antwort auf unterschiedliche epochale Herausforderungen, andererseits durch die Frage nach ihrer rationalen Begründbarkeit angesichts der herrschenden Gleichsetzung von »rational« und moralisch neutraler wissenschaftlicher Kausal-Rationalität und technischer sowie strategischer Zweck-Rationalität. Die letzte Frage führt, wie Kapitel 4 zeigt, in Kontroversen. Aber schon die erste Frage kann nicht ohne Bezug auf die umstrittenen Beurteilungskriterien gestellt und beantwortet werden. Damit dieser Band aber auch gegen den Strich einer solchen Beurteilung der ethischen Entwicklung gelesen werden kann und damit eine solche Beurteilung dem Leser nicht schon eingangs zugemutet werde, ist sie mit der Einführung zu Kapitel 3 verbunden worden. Diese ist daher zu einem Essay geraten, der als Diskussionsbeitrag gelesen werden und herausfordern mag, was meines Erachtens das Element Praktischer Philosophie ist: den kritisch reflexiven Dialog oder Diskurs zur Prüfung erhobener Geltungsansprüche.

Dieses Vorwort sollte nicht ohne Dank beschlossen werden. Herrn Dr. Gerhard Plumpe und Herrn Alfred Berlich, M. A., habe ich für ihre Mitarbeit, den Herren Kollegen Apel und Hans P. Schmidt für ihren Rat zu danken. Überdies hätte der Entwurf ohne die Umsicht und das Entgegenkommen des Fischer Taschenbuch Verlags und die Hilfe von Frau Edda Gassert und Dr. Christiane Auras nicht in der knapp bemessenen Frist realisiert werden können.

Mai 1980 Dietrich Böhler

1. Weshalb benötigt der Mensch Ethik? Fragen der philosophischen Anthropologie

Einführung von G. Plumpe

Zu fragen, weshalb der Mensch überhaupt so etwas wie Ethik benötige, eröffnet als Thematisierung der anthropologischen Dimension den wohl elementarsten Problemhorizont, in dem Phänomene der Moral und des Ethischen aufgenommen und diskutiert werden können. Noch vor der Erörterung der vielfältigen historischen Ausbildungen moralischen Bewußtseins und ethischer Urteilsbildung, die hier gewissermaßen eingeklammert werden, zielt der anthropologisch orientierte Frageansatz auf den Erweis der Notwendigkeit von Ethik aus einer Analyse der Lebenssituation des Menschen schlechthin. Wir wissen durch die Resultate ethologischer Forschung von einer grundlegenden Defizienz der Spezies »Mensch«: Im Unterschied zu der naturgesetzlichen Steuerung tierischen Verhaltens ist der Mensch »instinktarm« und »weltoffen«. Diese Mängelsituation verlangt offenkundig nach einer Kompensation durch praktische Vernunft und ethische Reflexion.

Ist dieser Schluß aber zwingend? Bekanntlich hat *Arnold Gehlen* auf eben dieselbe anthropologische Ausgangslage eine andere Antwort zu geben versucht. Nach seinen Darlegungen werden die gattungsspezifischen Defizite des Menschen durch institutionalisierte Verhaltensdispositive kompensiert, die den Einzelnen von der Zumutung immer neuen individuellen Entscheidenmüssens durch die Möglichkeit der Habitualisierung konventioneller Moralen nachhaltig entlasten. Erst in der Neuzeit sei diese »Institutionen-Ethik« durch die Reflexionskultur der Intellektuellen epochal in Frage gestellt worden; dies habe aber zur Freisetzung orientierungsloser Subjektivität geführt.

Gehlens Thesen haben für jede philosophische Ethik provozierenden Charakter. Denn sie erritieren die neuzeitliche Selbstgewißheit, aus der »Autonomie des Subjekts« und seiner Willens- und Handlungsfreiheit die Formen und Verpflichtungen menschlicher Sozialität begründen zu können, indem sie den Blick auf die dem Einzelnen normativ vorgegebenen Ordnun-

gen des Zusammenlebens lenken.
Die hier zusammengestellten Texte versuchen auf diese Provokation zu antworten; sie unterziehen die Gehlensche Argumentation einer kritischen Analyse und formulieren in Ansätzen das Programm einer kommunikativen Ethik *(Habermas)*, das die undialektische Entgegensetzung von Institution und Subjekt überschreitet *(Böhler)*, indem es die Institutionalisierung von Reflexivität und Reziprozität im Diskurs zu denken erlaubt und derart die rigiden Verhaltenskodizes in der Konzeption Gehlens durch die Idee reflexiver »Institutionen« ersetzt, die gleichsam systematisch Verhaltensoffenheit und Handlungsalternativen vorsehen *(Schmidt)*.

1.1. *Arnold Gehlen: Mensch und Institutionen*

Die philosophische Anthropologie ging in ihrem Aufbau seit *Max Scheler* zunächst von allgemeinen Aussagen über den abstrakt gedachten Menschen aus, sie gewann aber die Deutlichkeit vieler bestimmter Behauptungen aus dem Vergleich des Menschen mit dem Tier. Das Tier diente sozusagen als der Hintergrund, mit dem die Figur des Menschen wirkungsvoll kontrastierte. So war zunächst einmal seine Sonderstellung im Reich des Lebendigen abgesichert, und zwar fiel der spezifische Unterschied nach alter und ehrwürdiger Überzeugung in den *Geist*.
Damit aber lenkte *Schelers* in allen Einzelheiten neuartige und lebensvolle Darstellung doch wieder in eine starre und zweigleisige Problematik zurück, deren geringe Ergiebigkeit für weitere Einsichten sich schon seit *Descartes* herausgestellt hatte: in einen Dualismus von Körper und Geist. Wollte man in der Anthropologie weiterkommen, dann mußte man hier ansetzen. Nun besteht die Kunst der wissenschaftlichen Forschung sehr oft in einer Art Strategie, nämlich in dem bewußten Absehen von Themen, die sich als unergiebig erwiesen haben und die man nicht aufzuwerfen gedenkt. Man muß dann die Prioritäten der Fragestellung neu verteilen und jene verhärteten Formeln im Rücken lassen. So habe ich versucht, dieses Problem des Geistes aus seiner subjekthaften Selbständigkeit herauszulösen und es einem anderen Zusammenhang einzugliedern, wo es sozusagen prädikativ behandelt werden konnte, d. h. in irgendeiner mitgedachten Weise. Die Möglichkeit dazu ergibt sich, wenn man nicht Aussagen über den Geist macht, sondern über das intelligente Verhalten des Menschen.

Es läßt sich nämlich schon mit Mitteln beschreibender Sachforschung zeigen, daß der Mensch in seiner gegebenen biologischen Konstitution sich innerhalb der unmittelbaren, rohen Natur erster Hand gar nicht halten könnte, daß er mithin von der Veränderung, der praktischen, realen *Veränderung* irgendwelcher beliebiger vorgefundener Naturtatsachen leben muß. Sein intelligentes Handeln ist in erster Linie konstruktive Veränderung der Außenwelt aus barer organischer Bedürftigkeit. So z. B. muß er sich die ihm organisch versagten Waffen erst selbst herstellen und bearbeiten, oder wenn er in kalte Zonen vordringt, dann hängt er sich den Pelz um, der ihm nicht wächst.

An dieser Stelle empfiehlt sich die Überlegung, daß gerade ganz einfache Gedanken, mit denen man sofort fertig zu sein glaubt, eine eingehende Überlegung lohnen. Der Ansatz hat nämlich mehrere Pointen.

Denn erstens wird klar, warum es auf der ganzen Welt den Menschen geben kann, der verbreiteter ist als jede Tierart. Weltoffen, aber instinktarm, in seiner organischen Ausstattung mittellos, lebt er von der intelligenten Handlung, d. h. von der Veränderung *beliebiger* Naturdaten ins Zweckdienliche, er lebt folglich bis zum Rande der Eis- und Sandwüste, wo überhaupt nichts mehr sich seiner Phantasie und Geschicklichkeit anbietet. Zweitens waren die Fragen des Geistes in prädikativer Weise gestellt, es war von intelligentem *Verhalten* die Rede, vom Menschen wurde es ausgesagt, nicht galt der Geist seinerseits als ein Subjekt, von dem Aussagen zu machen wären. Drittens entsprach der Ansatz in der Simplizität seiner Daten in der Tat den uns bekannten Ausgangszuständen menschlicher Kultur überhaupt, den prähistorischen Belegen. Und er gestattet endlich ohne grundsätzliche Änderung des Schemas eine Ausweitung an Inhalten. Denn einer philosophischen Anthropologie sollen ja nicht die Worte wegbleiben, wenn man sie an die neuesten Außenweltexperimente erinnert, an die transterrestrischen Raumnahmen und die Umweltdurchbrüche jenseits des Schwerefeldes: Die Philosophie hat sich dem zu stellen.

1.1.1. *Die Entlastungsfunktion der Institutionen*

Hatte man aber jetzt einmal den Boden kulturwissenschaftlicher Forschungen betreten, so mußte sich jenseits der einfachsten Vorstellungen bald eine bekannte Fragestellung ergeben, nämlich die nach dem Recht, der Sitte, der Familie, dem Staate

– also diejenige Thematik, die Hegel unter dem Begriff des ›objektiven Geistes‹ behandelt hatte. Dies war ja wieder eine subjektivierende Setzung gewesen, der Geist als Subjekt aller möglichen Aussagen. Damit ließ sich innerhalb des erwähnten Neuansatzes nichts anfangen.

Dagegen erschien es als aussichtsreich, sich die abstrakten Menschen der Anthropologie gegenseitig in Beziehungen tretend zu denken, sie gegeneinander oder auf die Umstände handeln zu lassen, wobei sich aus ihrem gegenseitigen Verhalten heraus bestimmte Formen oder Regeln niederschlagen und verfestigen würden, sozusagen stereotype Modelle von Verhaltensfiguren. Rechtsbeziehungen oder Eigentumsbeziehungen oder Herrschaftsbeziehungen würden so als Modellmuster abhebbar sein, und das Thema der *Institutionen* an die Stelle des Themas ›objektiver Geist‹ treten.

Hierbei ergaben sich Einsichten, die auf einem anderen Wege nicht angefallen wären, zunächst nämlich eine frappante Hinsicht auf eine der wichtigsten menschlichen Grundeigenschaften. Gemeint ist die Reduktion und Verunsicherung des Instinktlebens, die Plastizität und Flüssigkeit auch der Instinktqualitäten. Um den Zusammenhang zwischen dieser Unbestimmtheit und Unvoraussagbarkeit des menschlichen Verhaltens, von den Antrieben her gesehen, und den Institutionen klarzumachen, zitiere ich am besten die kurze Formel von *Ilse Schwidetzky* in dem Fischer Lexikon ›Anthropologie‹ (1970, S. 126f.): ›Die Instinkte bestimmen beim Menschen nicht, wie beim Tier, einzelne festgelegte Verhaltensabläufe. Statt dessen nimmt jede Kultur aus der Vielheit der möglichen menschlichen Verhaltensweisen bestimmte Varianten heraus und erhebt sie zu gesellschaftlich sanktionierten *Verhaltensmustern,* die für alle Glieder der Gruppe verbindlich sind. Solche kulturellen Verhaltensmuster oder *Institutionen* bedeuten für das Individuum eine *Entlastung* von allzu vielen Entscheidungen, einen Wegweiser durch die Fülle von Eindrücken und Reizen, von denen der weltoffene Mensch überflutet wird.‹

Unter diesen Gesichtspunkten erscheinen die Institutionen einmal als die Formen der Bewältigung lebenswichtiger Aufgaben oder Umstände, so wie die Fortpflanzung oder die Verteidigung oder die Ernährung ein geregeltes und dauerndes Zusammenwirken erfordern; sie erscheinen von der anderen Seite als die *stabilisierenden* Gewalten: Sie sind die Formen, die ein seiner Natur nach riskiertes und unstabiles, affektüberlastetes Wesen findet, um sich gegenseitig und um sich selbst zu ertragen, etwas, worauf man in sich und den anderen zählen und sich verlassen kann. Auf der einen Seite werden in diesen Institutionen die Zwecke des Lebens gemeinsam angefaßt und betrieben, auf der anderen Seite orientieren sich die Menschen in ihnen zu endgültigen Bestimmtheiten des Tuns und Lassens, mit dem außerordentlichen Gewinn einer Stabilisierung auch des Innenlebens, so daß sie nicht bei jeder Gelegenheit sich affektiv auseinanderzusetzen oder Grundsatzentscheidungen sich abzuzwingen haben.

Der einzelne erlebt nun in der Tat eine Institution wie das Eigentum oder die Ehe als ein überpersönliches vorgefundenes Muster, dem er sich einordnet; oder in anderen Fällen tritt er in eine Institution seines Berufes, eine Behörde, eine Fabrik ein in dem Bewußtsein, daß sie als dieselbe seit langem bestand und bestehen wird, im Wechsel der Menschen, die in sie ein- oder wieder austreten. Diese Thematik führt in sehr interessante und schwierige Überlegungen, wenn man sich im einzelnen klarmachen will, wie eigentlich die Handlungen der Menschen zu so etwas wie einer Eigennorm umschlagen und sich nun wie eine objektive Ordnung über ihnen verfestigen, die der einzelne als ein Geltendes vorfindet.

Um mit wenigen Worten zusammenzufassen: Die Formen, in denen die Menschen miteinander leben oder arbeiten, in denen sich die Herrschaft ausgestaltet oder der Kontakt mit dem Übersinnlichen – sie alle gerinnen zu Gestalten eigenen Gewichts, den *Institutionen,* die schließlich den Individuen gegenüber etwas wie eine Selbstmacht gewinnen, so daß man das Verhalten des einzelnen in der Regel ziemlich sicher voraussagen kann, wenn man seine Stellung in dem System der Gesellschaft kennt, wenn man weiß, von welchen Institutionen er eingefaßt ist. Die Forderungen des Berufes und der Familie, des Staates oder irgendwelcher Verbände, denen man angehört, regeln uns nicht nur in unserem Verhalten ein, sie greifen bis in unsere Wertgefühle und Willensentschlüsse durch, und diese verlaufen dann ohne Bremsung und Zweifel wie von selbst, d. h. selbstverständlich, ohne daß eine andere Möglichkeit vorstellbar wäre, also schließlich mit der Überzeugungskraft des Natürlichen. Vom Inneren der Einzelperson her gesehen bedeutet das die *›bienfaisante certitude‹*, die wohltätige Fraglosigkeit oder Sicherheit, eine lebenswichtige Entlastung, weil auf diesem Unterbau innerer und äußerer Gewohnheiten die geistigen Energien sozusagen nach oben abgegeben werden können; sie werden für eigentlich *persönliche,* einmalige und neu zu erfindende Dispositionen frei. Man kann anthropologisch den Begriff der Persönlichkeit nur im engsten Zusammenhang mit

dem der Institutionen denken, die letzteren geben der Personqualität in einem anspruchsvolleren Sinne überhaupt erst die Entwicklungschance. Unter *Persönlichkeit* verstehe ich dabei aber nicht die protestlerische Selbstbetonung derjenigen, die durch den in der Tat ganz außerordentlichen Disziplinierungsdruck industrieller Massengesellschaften überanstrengt werden. Ich will sagen: wenn auch die Institutionen uns in gewisser Weise schematisieren, wenn sie mit unserem Verhalten auch unser Denken und Fühlen durchprägen und typisch machen, so zieht man doch gerade daraus die Energiereserven, um innerhalb seiner Umstände die Einmaligkeit darzustellen, d. h. ergiebig, erfinderisch, fruchtbar zu wirken. Wer nicht innerhalb seiner Umstände, sondern unter allen Umständen Persönlichkeit sein will, kann nur scheitern.
Jetzt gehen wir einen Schritt weiter und stellen die Frage, was eigentlich vor sich geht, wenn Institutionen gesprengt oder erschüttert werden. Das geschieht jedesmal bei geschichtlichen Katastrophen, bei Revolutionen oder Zusammenbrüchen von Staatsgebilden oder Gesellschaftsordnungen oder ganzen Kulturen, auch bei gewaltsamer Intervention aggressiver Kulturen in friedlichere. Der unmittelbare Effekt besteht in einer *Verunsicherung* der betroffenen Personen, und zwar bis in die Tiefe hinein: Die Desorientierung ergreift die moralischen und geistigen Zentren, weil auch dort die Gewißheit des Selbstverständlichen gestrandet ist. So bis in die Kernschichten durchgreifend, nötigt die Verunsicherung die Menschen gerade dort zu improvisieren, sich Entscheidungen *contre coeur* abzuzwingen oder mit geschlossenen Augen ins Ungewisse abzuspringen, vielleicht auch um jeden Preis an irgendwelchen Grundsätzen festzuhalten, um überhaupt auf Linie zu kommen. Dazu tritt die affektive Verarbeitung der Unsicherheit als Angst oder Trotz oder Reizbarkeit.
Das Ganze ergibt eine Belastung gerade *der* Schichten im Menschen mit Kontroll- und Entscheidungsaufwand, wo man in einem selbstverständlichen Schonverständigtsein in problemlosen Kontakten leben muß, wenn man anspruchsvolleren Situationen gewachsen sein will, mit wenigen Worten gesagt: Die Querschiebungen in den Menschen als Resultate der Erschütterung ihrer Institutionen wirken sich als Primitivisierung aus, ihr Verhalten erinnert an die angestrengten Verständigungsbemühungen der Taubstummen. Wir haben in der modernen Literatur, zumal der besonders zeitnahen englischen, überall ein Nebeneinander primitivster Situationen und Affekte mit aufgestöberten Reflexionsmassen: es gibt in dem Bilde

wesentlich auch das, was Vico die ›Barbarei der Reflexion‹ nannte.
Man hat seit vielen Jahrzehnten überreiche Gelegenheit, solche Erfahrungen an sich selbst und in Großexperimenten zu machen. Ich habe wie alle Menschen meines Alters zwei Weltkriege, drei Revolutionen und vier Staatsformen erlebt, und nimmt man zu diesen Erfahrungen die Kunst und Literatur der Zeit hinzu, dann kennt man alle Möglichkeiten affektiver Entformung: Von der Verhärtung bis zur Überanpassung und Gleichgewichtslosigkeit, vom Haß bis zum Hohn, vom Unglauben bis zur Glaubensgläubigkeit. Man begreift auch die Notwendigkeit und sogar Anständigkeit dieses allgemeinen Zurückschwingens auf das Naheliegende, Reelle und unmittelbar Darstellbare, wie es sich jetzt in der Jugend zeigt, als eine ehrliche Reaktion.
Um aber wieder die Betrachtung ins Allgemeine zu bringen, so haben sich solche Katastrophen ja nur wie Gipfel auf einer dauernden, ununterbrochenen Bewegung abgezeichnet, die seit zwei Jahrhunderten läuft und die mit dem Weltprozeß der Industrialisierung gegeben ist. In ihm werden mehr oder weniger langsam, aber gleich gründlich wohl alle Lebensformen, Ideale und Normgesinnungen der vorindustriellen Hochkulturwelt neu definiert oder umgestaltet oder gar aus der Welt geschafft, zerbrochen und zerkrümelt. Er ist daher am leichtesten übersehbar da, wo keine massiven Widerstände der Umschmelzung entgegenstehen, also in den Bereichen der Kunst und Literatur, wo man in wenigen Jahren erlebte, wie jahrhundertealte Gestaltungsgesetze zertrümmert wurden und überall ein Neuanfangen erfolgte, wozu sich jeder sein Alphabet zusammensuchen mußte. Unverkennbar war die Primitivität dieser Gestaltungen, bewußt wird sie mitgeführt und festgehalten, so wie die Soldaten *Castros* ihre Urwaldbärte nicht ablegen, und jeder weiß um die Verunsicherung und das tastende Zögern des Publikums angesichts dieser Künste. Überdeutlich ist auch in den Bildern und Literaturwerken, wie z. B. bei *Kafka*, der Verlust der Schwerpunkte und das Herumtaumeln der Zentren – das alles hat seine Notwendigkeit und innere Logik.
So ist auch das Zeitalter der Könige nach 5000jähriger Dauer zu Ende gegangen, sein Institutionsgefüge, seine Ethik erwiesen sich als nicht vereinbar mit den Bedingungen der Industriegesellschaft, in der man jedes Ethos ausleben kann, auch das der höchsten Humanität, bloß nicht das Ethos des Kampfes von Mann zu Mann und folglich auch nicht das der Vornehmheit.

Jedes Lebensgebiet ändert von Grund aus seine Verfassung, selbstverständlich bleiben auch die Wissenschaften von dieser langwährenden Revolution nicht unergriffen. So ist z. B., kaum haben wir es bemerkt, etwas Außerordentliches vor sich gegangen, als aus der Philosophie die Vernünftigkeit vertrieben wurde, deren Asyl diese Philosophie 2000 Jahre lang gewesen war. Vielleicht ist die Vernünftigkeit heute in den Industrieprozeß selbst abgewandert oder zu einigen Schriftstellern, so wie man ja den Eindruck hat, daß die großen antiken Haltungen des Skeptizismus und Stoizismus ihre Renaissance in der Philosophie vergebens erwarten. Um so besser waren sie bei *Gottfried Benn* aufgehoben.

Mit diesen notwendig nur andeutenden Bemerkungen bin ich aber in meinem Thema doch schon weitergekommen, und ich will einmal die höchst bedenkliche und bedenkenswerte, auch fast allein von den zeitgenössischen angelsächsischen Dichtern gesehene Frage im Rücken lassen, ob diese Uferlosigkeit der Desorientierung nicht über kurz oder lang in allen höheren Problemen überhaupt zum Schweigen nötigen könnte – ein Gedanke, der bei *Samuel Beckett* ja doch immerfort anklingt.

1.1.2. *Übersteigerung der Subjektivität durch Institutionsabbau*

Ich will vielmehr den Gedankengang mit der Frage fortsetzen, wie sich der langsame, entwicklungshafte oder der plötzliche, katastrophale Abbau der Institutionen auf die einzelnen Menschen auswirkt, die in ihnen verfaßt waren, und hier gibt es eine zweifelsfreie Antwort: der Ausfällungsbestand ist der *Subjektivismus.* Hierunter will ich keineswegs so etwas wie Ichbezogenheit oder Egozentrik verstehen, jedenfalls nicht in dem gewöhnlichen Sinne, wohl aber eine Ichverhaftetheit derart, daß der einzelne *seine* zufälligen inneren Vereigenschaftungen, *seine* gerade ihm zugewachsenen Überzeugungen und Gedanken und *seine* Gefühlsreaktionen ohne weiteres und unmittelbar so erlebt, als ob sie überpersönlich belangvoll wären. Von den Institutionen im Stich gelassen und auf sich zurückgeworfen, kann man wohl nicht anders reagieren als mit dieser Überhöhung des jetzt noch vorhandenen Inneren zur allgemeinen Gültigkeit, und dies kommt heute mit einer selbstverständlichen, in seiner Naivität fast überzeugenden Weise zutage. Hand in Hand damit geht ein ebenso unmittelbarer Anspruch auf Öffentlichkeit eben dessen, das *Benn* das ›persönliche Gewoge‹

nannte. Ich wünsche aber dieser Überlegung jede Andeutung von Ironie fernzuhalten, möchte nur die Aufmerksamkeit auf diese Ungehemmtheit des Beachtlichkeitsanspruchs der Subjektivität richten, die sich aus der institutionellen Verarmung und dem normativen Durcheinander ebenso ergibt wie die auffallende Wehrlosigkeit und Empfindlichkeit eben derselben Subjekte. Nie waren die Menschen entschiedener als heute auf die geringen Reserven ihrer zufälligen Voreigenschaften zurückgeworfen, nie waren diese Reserven stärker beansprucht und folglich in eben diesem Zustande verletzbarer. Es liegt in der Natur der Dinge, daß sich in den eigentlich geistigen, künstlerischen und literarischen Bereichen der hier beschriebene Sachverhalt greifbarer zeigt als sonst, aber ich glaube, daß er sich verallgemeinern läßt. Die Empfindlichkeiten und subjektiven Reibungen sind in Institutionen, die gut funktionieren, neutralisiert, weil man sich von den Sachen her verständigt. Treten sie jetzt heraus, so sind sie aber durch sogenannte offene Diskussion keineswegs behebbar. Es ergibt sich so die Paradoxie, daß, je mehr die Menschen von der fundamentalen Freiheit der Meinungsäußerung Gebrauch machen, sich also zu ihrem Subjektivismus bekennen, um so weniger echter Kontakt herauskommt. Sondern, wenn man in Kontakt bleiben will, muß man die Diskussion auf Nebenfragen abschieben, Kommunikation entsteht da, wo sie am Wesentlichen vorbeigeführt wird, und eben deswegen scheitert sie auch wieder – eine Situation, die *Ionesco*, ins Groteske übersteigert, doch genau ausspricht. [...]

1.1.3. *Idee und Institution*

Zum Schluß will ich aber noch einen Gedankengang andeuten, den man jungen Intellektuellen nicht vorenthalten sollte, gerade weil er ihren Vorstellungen widerspricht. Meine These ist die, daß Ideensysteme jeder Art ihre Stabilität, ihren zeitüberdauernden Geltungsrang, ja ihre Überlebenschance den Institutionen verdanken, in denen sie inkorporiert sind. Daß, mit anderen Worten, ein gedanklicher Zusammenhang als solcher, ein Ideenkomplex sich zwar kraft eigener Evidenz auszubreiten vermag, wenn er den Bedürfnissen einer Zeit und Kultur entgegenkommt, daß er sich aber nicht aus eigenen Mitteln halten kann. Seine Idealität hat also das Recht als Rechtssystem und Zusammenhang von Rechtsregeln und Rechtstraditionen; und dieses Rechtssystem hat seine Realität als stabiles Gefüge, also als reelle Geltung in den Einrichtungen des Rechtslebens, den Gerichten, den Verwaltungsbehörden, den Anwaltsbüros, den Juristenfakultäten, den Rechtsausschüssen der Parlamente und den Rechtsabteilungen der Industriewerke. Dort lebt das Recht als ein wirksamer und sich fortbildender Zusammenhang und in der Form, daß man ihm dienen kann, ohne sich auf dem schwankenden Terrain des Subjektiven bewegen zu müssen; würde man diese Institutionen abschaffen, so wäre das Rechtsgefühl zwar noch im Menschen vorhanden, aber als eine unzuverlässige, bloß affektive und ausdrucksarme Instanz. Auf religiösem Gebiete erteilt die Geschichte der Sekten eine überreiche Lehre von der Vergänglichkeit enthusiastischer Bewegungen, die bloß von den Evidenzen ihrer Gründer und deren persönlicher Durchsetzungskraft in ihrer Umwelt lebten und denen es nicht gelang, zu einer kirchenähnlichen Organisation zu kommen.

Oder noch ein anderes Beispiel: die zahlreichen in der ersten Hälfte des 19. Jahrhunderts in Frankreich konkurrierenden sozialistischen Gedankengänge eines Fourier, Proudhon usw. haben es nur zu der Scheinlebendigkeit gebracht, die der Literatur eignet, im Unterschied zum Marxismus, der in Deutschland von vornherein als organisierter und disziplinierter Parteiaufbau aufgetreten ist.

Es widerspricht sicherlich gerade in Deutschland tiefsitzenden Selbstverständlichkeiten, aber ein Soziologe kommt nicht um die Einsicht herum, daß Ideen allein aus sich selbst heraus wenig Chancen haben. Sie brauchen Menschen, die sich für ihre Verbreitung einsetzen, die ihnen bei der Durchsetzung helfen, Menschen, die selbst wieder untereinander diese ihre Wirksamkeit koordinieren. Der bloß literarische Schreib- und Leseverkehr hat dabei nur eine sekundäre Bedeutung. Vorstellungen wie die, Ideen *Rousseaus* oder *Voltaires* hätten ›sich in Frankreich verbreitet‹ und hätten schließlich ›zur Revolution geführt‹, sind weltfremd, sie unterstützen den Irrtum, als ob die eigentlich bewegenden Kräfte in der Geschichte die Schriftsteller wären. Man muß stets nach den konkreten Verbänden suchen, die sich die Propagierung von Ideen, ihre Durchsetzung und Demonstration zum Ziel machten, im Falle unseres Beispiels waren das über ganz Frankreich verbreitete, gut koordinierte Clubs radikaler bürgerlicher Aktivisten, von denen wir in einzelnen Fällen, z. B. in Dijon, noch die Namen, die Berufe und die Operationsregeln kennen. Ideen sprechen sich nicht nur herum, sie *werden* verbreitet, sie wirken nur dann, wenn man für sie wirkt, sie setzen nur dann die Menschen in Bewegung, wenn andere Menschen nachhelfen, und im konkreten Falle sind das angebbare Kreise. Es gibt keine falschere und irreführendere Lehre als die Hegelsche von der Selbstbewegung der Idee, und den Hang der Deutschen, Idealismus mit Weltfremdheit zu verbinden, hat sie sicher erheblich gefördert. Eine empirische Philosophie wie die hier vorgetragene kommt also, wenn sie das Wort Erfahrung in anspruchsvollem Sinne nimmt, durchaus auch zu praktischen, letztlich also ethischen Folgerungen, z. B. zu der: Es kommt nicht so sehr darauf an, Ideen zu diskutieren, als darauf, ihnen zu einer gerechten und dauerhaften Wirklichkeit zu verhelfen.

1.2. *Hans Paul Schmidt: Bemerkungen zum Begriff der Institution*

1.2.1.

Die Institutionalisierung der menschlichen Sinn- und Handlungszusammenhänge muß, auch wenn man von einer geschichtlichen Betrachtung ausgeht, als *soziales Apriori* gelten.
Bereits die frühen Stufen mythischen Erkennens und Weltverstehens zeigen die Bemühung, die einzelnen Handlungen und die sozialen Gebilde als Handlungseinheiten auf göttliche Macht zu gründen, um ihnen Bestand und Macht zu verbürgen.
Wer gegen diesen göttlich-menschlichen Gemeinschaftsorganismus verstieß, frevelte wider den Grund und Sinn des gemeinsamen Lebens und Wirkens schlechthin und wurde als Störenfried von der Quelle des Lebens verstoßen: er wurde aus dem kultischen Gemeinschaftsverband ausgeschlossen.

1.2.2.

Das menschliche Bedürfnis, durch Institutionalisierung Bestand und Macht der herrschenden Verhältnisse zu gewährleisten, ist *tendenziell tragisch.*
Wenn die geschichtliche Herkunft der menschlichen Sinn- und Handlungszusammenhänge nicht reflektiert wird, sondern beide *mythisch* stabilisiert werden, kann auch nicht ihre rechtzeitige Veränderung bedacht und in die Wege geleitet werden. Dann bleiben individuelle Spontaneität und kritische Produkti-

vität unbeachtet. Geschieht dennoch Außerordentliches, so wird es durch Legendenbildung in die Kategorie des Allgemeinen eingeschmolzen.
Wer Neues bringt, das sich durchsetzt, wird zum Heros, der Göttliches stiftete.
Wenn aber nicht der Wandel reflektiert, sondern die beständige Ordnung der Sinn- und Handlungszusammenhänge mythisiert wird, werden neu aufkommende Lebenserfahrungen und Lebensansprüche eingedämmt und bestritten, um das Bestehende zu behaupten. Weitergehenden Entwicklungen kann nicht entsprochen werden, sie können nur als Aufweichungstendenzen und Systemgefährdungen in Erscheinung treten.

1.2.3.

Das mythische Bewußtsein führte zur *tragischen Dialektik der Herrschaft.* Die Institutionen haben dadurch einen lebenshemmenden Zwangscharakter gewonnen. Die Ritualisierung aller wichtigen Lebensbeziehungen und Weltbezüge verurteilte die sozialen Gebilde zum Immobilismus.
Eine einmal eingespielte Organisationsform des Lebens verfestigte sich zur selbstherrlichen Herrschaftsform einer bestimmten Regelung der Sinn- und Handlungszusammenhänge. Anforderungen, die nicht system-immanent vorgegeben waren, sondern neu auftauchten, konnte nicht entsprochen werden. Ihnen gegenüber gerieten die scheinbar unwandelbaren Integrationsformen schließlich in eine Phase der Desintegration. In ihr erwies sich die mythische Stabilisierung des Lebens als die kollektive Selbstbehauptung eines geschlossenen Systems, das früher oder später in einen tragischen Widerspruch zum unumkehrbaren Zeitgeschehen geraten mußte und damit zugleich auf den dramatischen Einspruch stieß, der im Namen menschlicher Freiheitsansprüche und Freiheitserfahrungen wider sie erhoben wurde.

1.2.4.

Die *Institutionalisierung* der Sinn- und Handlungszusammenhänge (Sprache, Religion, Rechtsordnungen, Handwerk, Handel etc.) und die *Verhaltensoffenheit* des Menschen, die Möglichkeit sinnvollen Handelns eröffnet, gerieten in ein äußerst gespanntes Verhältnis, das bis heute den Institutionsbegriff belastet.

Das sei an zwei gegenwärtigen Beispielen gezeigt: an *Arnold Gehlens* Lehre von den Institutionen, die faktisch eine Stabilisierung des menschlichen Daseins auf Kosten der menschlichen Verhaltensoffenheit anstrebt 1.2.5. – Vgl. A. Gehlen, Moral und Hypermoral. Eine pluralistische Ethik, Frankfurt 1970, S. 95–102: Institutionen – und an der Bewertung der Institutionalisierung als eines historisch notwendigen und historisch begrenzten Übels bei J. Habermas im Anschluß an K. Marx und S. Freud. 1.2.6 Vgl. J. Habermas, Erkenntnis und Interesse, Frankfurt 1968 S. 332 ff.

1.2.5.

Als *Max Scheler* die dramatische Sonderstellung des Menschen als »weltoffen« bezeichnete, war für ihn dieser Begriff Ausdruck einer latenten Bedrohung des Menschen. Es ging nicht um die Frage der Lebenserweiterung, sondern der *Lebenssicherung* und Lebensfristung. Die »Weltoffenheit« wurde grundsätzlich als eine *Belastung* verstanden.
Davon ging auch *A. Gehlen* aus, der den Begriff von *M. Scheler* übernahm. »Der Mensch unterliegt einer durchaus untierischen *Reizüberflutung*, der ›unzweckmäßigen‹ Fülle einströmender Eindrücke, die er also irgendwie zu bewältigen hat. Ihm steht nicht eine Umwelt instinktiv nahegebrachter Bedeutungsverteilung gegenüber, sondern eine Welt – richtig negativ ausgedrückt: ein *Überraschungsfeld* unvorhersehbarer Struktur, das erst in ›Vorsicht‹ und ›Vorsehung‹ durchgearbeitet, das heißt erfahren werden muß . . . aus eigenen Mitteln und eigentätig muß der Mensch sich *entlasten*, das heißt die Mängelbedingungen seiner Existenz eigentätig in Chancen seiner Lebensfristung umarbeiten . . .
Der Inbegriff der von ihm ins Lebensdienliche umgearbeiteten Natur heißt *Kultur*, und die Kulturwelt ist die menschliche Welt . . . Die Kultur ist also die ›*zweite Natur*‹ und die ›unnatürliche‹ Kultur ist die Auswirkung eines einmaligen, selbst ›unnatürlichen‹, das heißt im Gegensatz zum Tier konstruierten Wesens in der Welt«. (Der Mensch, Bonn 1958, 6. A., S. 38 ff – Hervorhebungen von der Red.) Die Institutionalisierung der Sinn- und Handlungszusammenhänge soll demnach Menschen von ihrer persönlichen Verhaltensoffenheit entlasten und allgemeinen Verhaltensmustern verpflichten, die auf diese Weise Zwangscharakter erhalten, da im Abweichungsfalle Sanktionen drohen. Die Institutionen dienen der Aufhebung eines

Mangels in »der biologischen Verfassung des Menschen« (Moral und Hypermoral, a.a.O. S. 96).
Zusammenfassend schreibt Gehlen, wobei er sich einer Formel von *Ilse Schwidetzky* aus dem Fischer Lexikon ›Anthropologie‹ bedient: »›Die Instinkte bestimmen beim Menschen nicht, wie beim Tier, einzelne festgelegte Verhaltensabläufe. Statt dessen nimmt jede Kultur aus der Vielheit der möglichen menschlichen Verhaltensweisen bestimmte Varianten heraus und erhebt sie zu gesellschaftlich sanktionierten Verhaltensmustern, die für alle Glieder der Gruppe verbindlich sind. Solche kulturellen Verhaltensmuster oder Institutionen bedeuten für das Individuum eine Entlastung von allzu vielen Entscheidungen, einen Wegweiser durch die Fülle von Eindrücken und Reizen, von denen der weltoffene Mensch überflutet wird.‹ Das ist, könnte man sagen, unser Lebensgesetz: Verengung der Möglichkeiten, aber gemeinsamer Halt und gemeinsame Abstützung; Entlastung zu beweglicher Freiheit, aber innerhalb begrenzter Gefüge« (ebenda).
Diese Institutionenlehre bleibt im Kontext des tendenziell tragischen *mythischen Ordnungsbewußtseins*. Nicht von ungefähr holt Gehlen fast alle seine Beispiele für gelungene Institutionen aus dem Bereich der vor- und außergeschichtlichen Kulturen (Urmensch und Spätkultur, Bonn 1956).
Die Frage, wie die Institutionalisierung von Sinn- und Handlungszusammenhängen die menschlichen Möglichkeiten nicht verengen, sondern erweitern kann – wie sie nicht nur begrenzte Gefüge stabilisiert, sondern zugleich Veränderungsstrategien ermöglicht und wie sie nicht nur eine ›zweite Natur‹ sicherstellt, sondern Menschen und Menschheit als Subjekt der Geschichte zur Urteils- und Handlungsfähigkeit verhelfen – das alles bleibt eine offene, ja noch nicht einmal klar gestellte Frage.
Es könnte ja sein, daß der Mensch nicht nur »die Mängelbedingungen seiner Existenz eigentätig in Chancen seiner Lebensfristung umarbeiten« kann, sondern daß noch andere Chancen darauf warten, wahrgenommen zu werden.

1.2.6.

Habermas begreift Institutionen in Anknüpfung an *Marx* und im Sinne von *Freud* »als eine Macht, die akute äußere Gewalt gegen den auf Dauer gestellten internen Zwang einer verkehrten und sich selbst beschränkenden Kommunikation eingetauscht hat« (Erkenntnis und Interesse, S. 341 f) und damit bestimmten historisch-ökonomischen Mängel- und Klassensituationen entspricht. Das institutionalisierte Handeln gilt ihm daher nur als eingeschränkte, regressive Form der *Interaktion*, die eigentlich möglichst herrschaftsfrei und zwanglos verlaufen sollte. Institutionen seien Formen einer »systematisch verzerrten Kommunikation«, die darum der Aufhebung bedürfen, wie sie z. B. die marxistische These vom Absterben des Staates vertritt (dazu D. Böhler, Über das Defizit an Dialektik bei Habermas und Marx. In: Materialien zu Habermas' »Erkenntnis und Interesse«, hrg. von W. Dallmayr, Frankfurt 1974). Nach Habermas hängt die Bedeutung von Institutionen »vom Grad der technischen Verfügung über die Naturkräfte ebenso ab wie von der Organisation ihrer Ausbeute und der Verteilung der produzierten Güter. Je mehr die technische Verfügungsgewalt erweitert und der Realitätsdruck gelockert wird, um so schwächer wird die vom System der Selbsterhaltung (in Institutionen – H. P. Schmidt) erzwungene Triebzensur, um so stärker die Organisation des Ich ... So liegt es nahe, den weltgeschichtlichen Prozeß der Vergesellschaftung mit dem Sozialisationsvorgang des Einzelnen zu vergleichen. Solange der Realitätsdruck übermächtig und die Ich-Organisation schwach ist ... findet die Gattung für das Problem der Abwehr kollektive Lösungen, die den neurotischen Lösungen auf individueller Ebene ähneln. Dieselben Konstellationen, die den Einzelnen in die Neurose treiben, bewegen die Gesellschaft zur Errichtung von Institutionen.« (Habermas, a.a.O., S. 334f) Eine starke »Ich-Organisation« scheint der tradierten und institutionalisierten Sinn- und Handlungszusammenhänge nicht mehr zu bedürfen. Das wäre freilich eine Zielvorstellung, die an viele chiliastische Bewegungen erinnert, bei denen sich visionärer Mut mit organisatorischem Unmut verband und deren Lebenserwartung mit den jeweiligen Lebensverhältnissen unvermittelt blieb.

1.2.7.

Das ethische Konzept einer Institutionalisierung, die die menschliche Verhaltensoffenheit nicht eindämmt, sondern freisetzt und fördert, steht noch aus. Es müßte davon ausgehen, »daß sowohl das empirische Einzelsubjekt wie auch das kollektive Subjekt der Gattung resp. dessen aktuelle Repräsentation, eine Gesellschaft oder deren treibende Klasse, ein Verhältnis zu sich selbst nur *indirekt* gewinnen und aufrechterhalten kann

– nämlich vermittels institutionalisierten Sinns.« (D. Böhler, a.a.O., S. 377 ff)
Die Verselbständigung der »eignen Tat des Menschen« (vgl. Externalisierung und Objektivierung), diese »Konsolidation unseres eigenen Produkts zu einer sachlichen Gewalt über uns« (Objektivierung und Internalisierung) – so *Karl Marx* in der Deutschen Ideologie – muß weder Zeichen der »Entfremdung« (Verdinglichung) und »Kollektivneurose« sein, noch muß sie ein Mißtrauensvotum wider die Verhaltensoffenheit des Menschen und Sicherstellung stabiler Verhaltensmuster enthalten – sie kann auch als Institutionalisierung handlungsorientierenden Sinns der besseren Vermittlung von persönlichem Verhalten und gesellschaftlichen Verhältnissen dienen.

Bibliographischer Hinweis
Hans P. Schmidt: Interaktion und Institution. Auszug aus der Vorlesung »Einführung in die Ethik« (unveröffentlicht).

1.3. *Jürgen Habermas: Konventionelle oder kommunikative Ethik?*

Arnold Gehlen, Nachgeahmte Substantialität

Länger als ein Jahrzehnt hat Gehlen an seiner »Ethik«[1] gearbeitet. Natürlich hat er, der konsequenteste Denker eines gegenaufklärerischen Institutionalismus, Sperrgut produziert. »Urmensch und Spätkultur« hatte den Tenor festgelegt; gegen wen die moralphilosophischen Folgerungen seiner Anthropologie sich richten würden, war vorauszusehen. Angesichts des Stoffes, den die Kulturrevolution der letzten Jahre für eine Gehlensche Ethik eigens zuzubereiten schien, konnte einem sogar bange zumute werden. Nicht vorauszusehen war deshalb das Satyrspiel, das der Autor uns nun gewährt.
Gehlen setzt unser Zeitalter zum Hellenismus oder zu dem Bild, das wir uns davon machen, in Parallele. Eine Zeitlang hatte Gehlen selbst mit der Rolle des Stoikers kokettiert. Inzwischen paßt ihm dieses Kleid nicht mehr. In seinem neuen Buch stellt er *Antisthenes* und *Zenon* als Vorläufer und Repräsentanten einer unpolitischen, das Staatsethos untergrabenden attischen Weltkultur vor. Sie geben ein Vorspiel des 18. Jahrhunderts, in dem die Intellektuellen wiederum sich anschicken, im Namen der Diffamierung von Herrschaft indirekt die Herrschaft zu ergreifen. Diese beiden ersten Kapitel sind übrigens

im Stil der humanistischen Überlieferung geschrieben: die Topoi der Alten als Weisheitsstützen einer kontemplativen Lebenserfahrung.
Die drei folgenden Kapitel entfalten den theoretischen Anspruch des Buches. In dem aus früheren Publikationen vertrauten Stil einer anthropologischen Abhandlung geben sie einen Überblick über die biologischen Wurzeln des moralischen Verhaltens. Aber mit dem sechsten Kapitel schiebt sich Zeitkritik in den Vordergrund und lenkt einen Gedankengang ab, der in immer kürzeren Abständen repetiert wird. Als Gegenstück zu den modischen Selbstverbrennungen übt Gehlen den Gestus der Selbstversteinerung. Der Haß gegen einen *Humanitarismus,* den Gehlen (obwohl das Wort dem in den Sprachschatz der Nazis übergegangenen Nietzsche-Jargon zugehört) keineswegs in Anführungsstriche setzt, beeinträchtigt peinvoll das Unterscheidungsvermögen eines bekanntermaßen differenzierten Geistes. Respektable Lebensweisheiten und theoretisch interessante Annahmen mischen sich mit dem politischen Stammtisch eines aus dem Tritt geratenen Rechtsintellektuellen, der den lebensgeschichtlichen Aporien seiner Rolle nicht mehr gewachsen ist. [...]

Ich will mich im folgenden auf die theoretischen Ansätze zu einer anthropologischen Ethik beschränken. Gehlen unterscheidet (S. 47):
1. das aus der Gegenseitigkeit entwickelte Ethos;
2. eine Mehrzahl instinktiver, verhaltensphysiologisch greifbarer Regulationen einschließlich der Ethik des Wohlbefindens und des Glücks (Eudaimonismus);
3. das familienbezogene ethische Verhalten samt den daraus ableitbaren Erweiterungen bis zum Humanitarismus und
4. das Ethos der Institutionen einschließlich des Staates.

Gehlen behauptet, daß diese vier ethischen Programme unabhängige biologische Wurzeln haben. Die konkurrierenden Handlungsregulationen werden in den alltäglichen Verhaltensroutinen zum Ausgleich gebracht. Sobald ein Wertsystem auf Dauer dominierende Geltung beansprucht, wird es mit den übrigen Wertsystemen inkompatibel. Dann entstehen prinzipiell unlösbare Konflikte, nicht nur zwischen Gruppen und Individuen, sondern auch in der Brust des Einzelnen. Im übrigen erlaubt die Stilisierung und die einseitige Durchsetzung einer reinen Moral stets eine im Namen dieser Moral gerechtfertigte Abfuhr von Aggression.

Die Anwendung dieser Thesen auf die gegenwärtige Situation führt Gehlen zu der Behauptung, daß das Institutionenethos durch eine verallgemeinerte Familienmoral verdrängt wird. Der durch eine Intellektuellenschicht aggressiv verbreitete »Humanitarismus« verstößt gegen das biologisch begründete metaethische Gleichgewicht der gleichursprünglichen Wertsysteme und zerstört, wie die Entartungserscheinungen des Subjektivismus zeigen, die anthropologische Gesundheit der Gattung. Aus dieser Prognose ergibt sich die handlungsorientierende »Feindmarkierung«. Es gilt, der Trägerschicht des Humanitarismus, den verantwortungslosen Intellektuellen, entgegenzutreten. Da diese ihre Macht indirekt, nämlich über die Massenmedien ausüben, kann ihnen nur durch Zensur das Handwerk gelegt werden:
»Das Wort Verantwortung hat nur da einen deutlichen Sinn, wo jemand die Folgen seines Handelns öffentlich abgerechnet bekommt und das weiß; so der Politiker am Erfolg, der Fabrikant am Markt, der Beamte an der Kritik der Vorgesetzten, der Arbeiter an der Kontrolle der Leistung usw. Wo eine solche Instanz nicht zu sehen ist oder ausdrücklich verpönt ist, wie im Art. 5 des Grundgesetzes (Pressefreiheit) die Zensur, dort ist man von der Verantwortung entlastet und kann sich mit vollem Herzen der Moral der anderen annehmen.« (S. 151)

Wer sich praktisch so weitreichende Schlußfolgerungen zutraut, muß sich seiner theoretischen Annahmen sehr sicher sein. Jedoch vermag das zentrale Argument, das die Ableitung des sogenannten Humanitarismus aus dem Sippenethos und die Begründung des Gegensatzes von Universalismus und Staatsethik tragen soll, nicht zu überzeugen. Gehlen entwickelt den folgenden Gedanken. Die »Familienethik« ist innerhalb der Großfamilie entstanden. Sie institutionalisiert Werte des friedlichen Zusammenlebens: reziproke Anerkennung, individuelle Fürsorge, Rücksichtnahme und Solidarität. Der »Humanitarismus« verdankt sich einer Erweiterung des Anwendungsbereichs dieser Ethik vom anschaulichen großfamilialen Verkehrskreis auf die abstrakte Menschheit. Das um Werte des Dienens, der Pflichterfüllung, der Opferbereitschaft kristallisierte »Staatsethos« geht hingegen auf eine andere Wurzel zurück. Die Heterogenität beider Wertsysteme begründet Gehlen phänomenologisch mit dem Gegensatz von privaten und öffentlichen, pazifistischen und kämpferischen Tugenden und historisch-soziologisch mit dem vielfach belegten Konflikt zwischen Sippen- und Staatsloyalität.

Beide Hinweise sind irreführend. Die phänomenologische Unterscheidung gewinnt Gehlen dadurch, daß er das Sippenethos als eine Binnenmoral betrachtet und die zugehörigen Regulationen der Außenbeziehungen ausblendet, während er die Staatsethik gerade unter dem Außenaspekt der Selbstbehauptung gegen potentielle Feinde beschreibt. Selbst wenn wir für einen Augenblick davon absehen, daß das familiale »Ethos der Friedlichkeit und der Gefahrlosigkeit des Nahverhältnisses« stets mit handfester patriarchalischer Machtausübung verbunden war, so deckt jenes Ethos doch nur die Innenseite einer ethnozentrischen Kleingruppenmoral, die die Latenz gruppeninterner Konflikte durch die Übertragung von Aggressionen auf Fremdgruppen erkauft. Eine ständige und leicht reizbare Konfliktbereitschaft, mit polemischen Außenbeziehungen, ist deshalb die Kehrseite ethnozentrischer Gruppensolidarität. Gehlen zitiert zustimmend Bergson: »Die ursprüngliche und grundlegende moralische Struktur des Menschen ist für einfache und geschlossene Gesellschaften geschaffen, nämlich solche, die verlangen, daß zwar die Gruppe eng geeint sei, daß aber von Gruppe zu Gruppe eine virtuelle Feindschaft herrsche; man muß immer bereit sein, anzugreifen oder sich zu verteidigen.« (S. 169) Wenn es sich aber so verhält, dann ist das um Ehre, Disziplin, Opfermut und Risikobereitschaft kristallisierte Wertmuster ebenso Bestandteil des Sippenethos wie der Staatsethik: beide verlangen pazifistische Tugenden nach innen, polemische nach außen. Einer universalistischen Ethik steht die Familienmoral sogar ferner als die Staatsmoral.

1.3.1. *Zur Entwicklung der universalistischen Moral und praktischen Vernunft*

Mit der Stufe der Hochkultur wird das bis dahin herrschende Organisationsprinzip, nämlich die Differenzierung der Gesellschaft nach Verwandtschaftsstatus, durch ein neues abgelöst: das Verwandtschaftssystem wird durch das System staatlich zentralisierter Herrschaft und sozioökonomischer Klassen mediatisiert. Spuren dieses Übergangs zur Hochkultur, der nach der Etablierung von Ackerbaukulturen die Lebensverhältnisse der Menschengattung ein zweites Mal revolutioniert, sind in der Phase hochkultureller Entwicklung nie ganz verschwunden. In einem immer wieder aktualisierten Kampf zwischen Familienloyalitäten und staatlichen Wertsystemen spiegelt sich kein biologisch begründeter Antagonismus, sondern ein geschichtlicher Konflikt, der eben auf jene Verdrängung und Relativierung der – zunächst an den Primärrollen der Familie festgemachten – Kleingruppenmoral durch eine abstraktere Sittlichkeit der politisch organisierten Großgruppe (in Europa: der Polis, des Staates, der Nation) zurückgeht. Die beiden konkurrierenden Wertsysteme bezeichnen welthistorische Stufen des moralischen Bewußtseins, die übrigens beide durch eine Differenz des pazifistischen Innen- und des politischen Außenaspektes bestimmt sind.[2]

Anknüpfend an Durkheim, und in einer gewissen Übereinstimmung mit Freud, hat Piaget für die Ontogenese die Entwicklung des moralischen Bewußtseins als eine fortschreitende Universalisierung und Internalisierung von Wertsystemen begriffen. Unter diesen Gesichtspunkten ist auch die Staatsethik gegenüber dem Sippenethos die »entwickeltere« Form. Sie ist »abstrakter«, weil der Geltungsbereich der aggressionskontrollierenden Binnenmoral über die Grenzen des Verwandtschaftssystems hinaus auf den Interaktionsbereich einer Großgruppe erweitert wird: nicht mehr der Familien-, Sippen- oder Stammesverwandte, sondern der Staatsbürger ist die moralisch verbindliche Bezugsperson. Und »abstrakter« ist die Staatsethik auch in dem weiteren Sinne eines höheren Grades der Internalisierung der geltenden Normen: Die Befolgung der Normen muß, wenn sich das moralisch relevante Handeln nicht mehr »unter den Augen« der sanktionierenden Instanzen, also der anschaulich präsenten Kleingruppenmitglieder abspielen kann, in höherem Maße von der Kontrolle äußerer Stimuli unabhängig sein.

Gehlen bedient sich zwar der Kategorie der »Erweiterung« von Moralsystemen. Auf diese Weise leitet er den »Humanitarismus« aus einer erweiterten Familienethik ab. Aber er meint damit nicht einen Mechanismus der Erzeugung abstrakterer Moralen in gesellschaftlichen Systemen mit wachsender Komplexität. Im Rahmen seiner anthropologischen Konstantenlehre heißt »Erweiterung« soviel wie Überdehnung und Überanstrengung eines auf die Nahoptik kleiner Gruppen eingestellten Normensystems, also ein Vorgang, der für das biologische Gleichgewicht dysfunktional ist. Dieses Vorurteil hindert Gehlen daran, zu sehen, daß die Staatsethik, und keineswegs nur der »Humanitarismus«, aus einer Erweiterung des Sippenethos entstanden ist.

»Humanitarismus« ist die Agitationsformel für universalistische Moral. Was hat es damit auf sich?

Das moralische Bewußtsein wird nicht nur ontogenetisch über

die immer noch außengestützte Stufe der Pubertätsethik hinaus zu einer noch abstrakteren Form ausgebildet; eine Parallele ergibt sich dazu auch welthistorisch mit dem Übergang zur Moderne. Im Verlaufe dieses Prozesses, der sich mit der Durchsetzung der kapitalistischen Produktionsweise zunächst im Rahmen einer, nämlich unserer Hochkultur, vollzogen hat, ist der Staatsethik eine Konkurrenz entstanden. Max Weber hat diese neue universalistische Moral in Gestalt der »protestantischen Ethik« untersucht. Bezeichnenderweise erwähnt Gehlen diesen Typus nicht. Kant hat diese Moral auf ihren Begriff gebracht. Jede geltende Norm ist dadurch ausgezeichnet, daß sie für alle Personen gleichermaßen und in gleicher Weise verbindlich sein muß; die bis dahin erhaltene Differenz von Binnen- und Außenmoral ist nun aufgehoben. Die universalistische Moral ist gleichzeitig durch einen extremen Grad der Internalisierung bestimmt. Die Kontrolle der Einhaltung von Normen ist von äußeren Sanktionen abgelöst und ganz nach innen genommen; die monotheistisch gestützte Gewissensinstanz ersetzt Kant durch eine praktische Vernunft, die sich nach universalistischem Prinzip ihre Gesetze selber gibt. Der bürgerliche Begriff der Autonomie sprengt die Schranken einer bereits abstrakten, aber immer noch partikular staatsbürgerlichen Moral. Er ist der zentrale Begriff der europäischen Aufklärung – für Gehlen der Kern des »Humanitarismus«.

An diesem sehr provisorisch mit dem Namen Kant bezeichneten Punkt enthüllt sich die Logik der Entwicklung des moralischen Bewußtseins. Solange Universalisierung und Internalisierung noch nicht vollständig sind, bedarf es einer Natur und Gesellschaft umgreifenden Globalinterpretation, die sowohl den Geltungsbereich des Normensystems abgrenzt als auch die verhaltenskontrollierenden, nämlich von außen stützenden und sanktionierenden Instanzen festlegt und rechtfertigt. Diese beiden Funktionen werden überflüssig, sobald die Moral universalistisch geworden ist und ihrem Begriffe nach vollständige Internalisierung verlangt. Mit den beiden Funktionen erübrigen sich auch die moralbegründenden Weltbilder selber: das Normensystem wird nun ausschließlich auf die »Gesetzgebung der Vernunft« zurückgeführt.

Damit stellt sich aber folgendes Problem. Einerseits entfällt mit den die Moralsysteme tragenden Weltinterpretationen die Möglichkeit, einzelne ausgezeichnete Normen zu ontologisieren: die Ethik wird notwendig formal. Andererseits wird gerade das Prinzip des Formalismus, das nun nur noch die universale

Form der Geltung der Normen verlangt, fraglich: denn wenn die Normen nicht mehr durch eine ontologische Deutung in der Welt, sondern allein im handelnden Subjekt verankert werden können, verlieren sie ihre Verbindlichkeit. Den beliebigen individuellen Setzungen einer Vielzahl absoluter Einzelner kann universale Verbindlichkeit nicht mehr zukommen. Die Ethik wird notwendig subjektivistisch. Kant hat, um diesem Dilemma zu entgehen, das Ich selber ontologisiert (indem er das »intelligible« Ich vom empirischen unterscheidet). Diese seit Schiller und Schelling immer wieder kritisierte Lösung verschleiert die Aporien der auf den Begriff gebrachten universalistischen Moral.

Die »höchste« Stufe des moralischen Bewußtseins verbindet die universale Geltung der Normen mit einer extremen Individuierung der Handelnden. Der Rest ontologischen Denkens, der auch noch in der Transzendentalphilosophie steckt, motiviert Kant, beide Momente in einer Art Subjekt zu vereinigen, das Subjekt ist und doch der empirischen Mannigfaltigkeit der Subjekte überhoben. Dieses tranzendentale Über-Ich soll gleichzeitig Universalität und Individuierung sichern, nämlich die Transzendenz der Gesetzgebung des moralischen Ichs gegenüber dem empirischen, und zugleich die Unabhängigkeit dieses Ichs von jeder externen Gewalt. Aber auch die im Inneren aufgerichtete Gewalt des abstrakt Allgemeinen bleibt dem Individuum fremd. Denn Internalisierung allein – und das ist der blinde Fleck der bürgerlichen Ethik wie der Kantischen Moralphilosophie gleichermaßen – kann, wie Hegel gesehen hat, Individuierung, nämlich Versöhnung des Allgemeinen mit dem Besonderen, nicht leisten. Zwar bringt sie das Moment der Unabhängigkeit von äußerer Gewalt zu ihrem Recht; wenn aber die interne Autorität nicht wiederum blind, also autoritär, wirken soll, sondern vernünftig, dann darf sie nicht mit der quasi-ontologischen Würde eines intelligiblen, der tatsächlichen Kommunikation handelnder Subjekte übergeordneten Gesetzgebers ausgestattet werden.

1.3.2. *Die Struktur der Verständigung im Diskurs – das Prinzip der Sittlichkeit*

Jene beiden Momente, die in der universalistischen Moral in Einklang gebracht werden müssen, Individualität des einzelnen und universale Geltung der Normen –, sie bedürfen der Vermittlung durch Diskurs, nämlich durch einen öffentlichen Prozeß der Willensbildung, der an das Prinzip uneingeschränkter Kommunikation und herrschaftsfrei erzielten Konsensus gebunden ist. Die Verabsolutierung des verallgemeinerten, aber kommunikationslosen Privatismus bürgerlicher Subjektivität, die Kants transzendentalphilosophischer Begründung der Moral zugrunde liegt, ermöglicht zum letzten Mal ein Moralität rechtfertigendes »Weltbild«, obgleich es sich als Weltbild nicht mehr wahrhaben darf und darum die Form der Ontologie abgestreift hat. Wo diese letzte Hypostasierung eines »inneren Auslandes« (Freud) durchschaut ist und die universalistische Moral nicht länger an den paradoxen Bestimmungen des intelligiblen Ichs festgemacht werden kann[3], wird die Struktur möglicher Rede, wird die Form der Intersubjektivität möglicher Verständigung als einziges Prinzip der Sittlichkeit erkennbar. Der weltgeschichtliche Vorgang der Universalisierung und gleichzeitigen Internalisierung der Handlungsnormen, also der Regeln und der Metaregeln umgangssprachlich gesteuerter Interaktion, sprengt nicht nur lokale Mythen und Hochreligionen, sondern am Ende auch noch den Begriff reiner praktischer Vernunft. Die im Begriff der Autonomie gedachte absolute Freisetzung von externem Zwang und die im kategorischen Imperativ geforderte uneingeschränkte und gleiche Geltung der Normen sind Bestimmungen, die der in die Struktur möglicher Rede eingebauten Ethik entnommen sind.

Einerseits haben wir nach der Zerstörung des letzten moralbegründenden Weltbildes lernen müssen, daß eine absolute Rechtfertigung von Handlungsnormen unmöglich ist: alle Normen stehen grundsätzlich zur Diskussion. Andererseits wissen wir, daß alle Diskussionen, auch die wissenschaftlichen, unter empirischen Bedingungen stattfinden: jeder empirisch erzielte Konsensus steht daher grundsätzlich im Verdacht, den Zwang einer privilegierten Meinung zum Ausdruck zu bringen. Ein vernünftiger *Willensbildungs*prozeß muß an die Kommunikation der Beteiligten gebunden werden, aber der Anspruch auf eine *vernünftige* Entscheidung praktischer Fragen kann mit umgangssprachlicher Kommunikation nur verknüpft werden, wenn diese ihrerseits auf die Prinzipien des uneingeschränkten Zugangs und der Zwanglosigkeit verpflichtet wird. Die Bestimmungen des intelligiblen Ichs kehren so als Idealisierungen der Sprechsituation wieder, in der über praktische Fragen argumentiert wird.

Diese Idealisierungen sind freilich in jeder noch so verzerrten Rede schon impliziert. Denn mit jeder Kommunikation, noch beim Versuch der Täuschung, beanspruchen wir, wahre von falschen Behauptungen zu unterscheiden. Die Idee der Wahrheit aber verlangt letzten Endes den Rekurs auf eine Übereinstimmung, die, um als *index veri et falsi* gelten zu dürfen, so gedacht werden muß, als wäre sie unter den idealen Bedingungen einer uneingeschränkten und zwanglosen Diskussion erzielt worden[4].

Der Status dieses unvermeidlichen Vorgriffs auf eine ideale Sprechsituation ist eigentümlich. Die Bedingungen der empirischen Rede sind mit der idealen Sprechsituation nicht identisch, und doch gehört es zur Struktur jeder möglichen Rede, daß wir diese Identifikation vornehmen und kontrafaktisch so tun, als sei der Vorgriff nicht bloße Fiktion – *als Antizipation ist er eben auch wirklich*. In dieser Struktur möglicher Rede ist das, was Gehlen mit Schelsky das Ethos der Gegenseitigkeit nennt, begründet. Die ihrer selbst bewußt gewordene universalistische Moral nimmt die Grundnormen der Rede, die faktisch immer schon gelten, explizit in Anspruch, indem sie darauf einen Legitimationszwang gründet und nur die Handlungsnormen für vernünftig erklärt, die in uneingeschränkter und zwangloser Diskussion einer (wiederholten) Rechtfertigung fähig sind[5].

Das Ethos der Gegenseitigkeit, das in fundamentalen Symmetrien möglicher Redesituationen gleichsam darin steckt, ist, wenn man der oben bezeichneten Logik der Entwicklung des moralischen Bewußtseins folgen will, die einzige Wurzel der Ethik überhaupt – und zwar keineswegs eine biologische Wurzel. Wenn Arbeit und Interaktion gleichursprünglich sind, ist das Gattungsleben gleichermaßen von den materiellen Bedingungen der Produktion wie von den ethischen Bedingungen der sozialen Organisation abhängig. Weil sich die Vergesellschaftung im Medium umgangssprachlicher Kommunikation vollzieht, muß die Identität des einzelnen außerhalb seines organischen Systems, nämlich in den symbolischen Beziehungen der interagierenden einzelnen, in der Kommunikationsgemeinschaft festgemacht werden. Nicht in den biologischen Schwächen des Menschen, in den Mängeln der organischen Ausstattung des Neugeborenen und in den Gefährdungen einer überproportional langen Aufzuchtperiode, sondern in dem kompensatorisch aufgebauten kulturellen System selbst ist jene tiefe Verletzbarkeit angelegt, die als Gegenhalt eine ethische Verhaltensregulierung nötig macht.

Das ethische Grundproblem ist die verhaltenswirksame Garantie der gegenseitigen Schonung und des Respekts; das ist der wahre Kern der Mitleidsethiken. Aber Mitleid im Sinne der Sensibilität für die Verletzbarkeit des anderen ist nur insoweit

ethisches Grundmotiv, als es sich auf die spezifische Verletzbarkeit der Ich-Identität als solcher, also auf die chronisch anfällige und sozusagen konstitutionell gefährdete Integrität der Person (und erst mittelbar auf die verwundbare Integrität des Leibes) bezieht. Weil auf soziokultureller Stufe die Innen-Außen-Beziehung nicht organisch, sondern symbolisch, im Rahmen umgangssprachlich konstituierter Formen der Intersubjektivität hergestellt wird, bemessen sich die ethischen Leistungen eines Institutionensystems zunächst daran, in welchem Maße sie das Problem der Ausbildung von Identität sowie das der Vermeidung und der Abwehr von Identitätsbedrohungen lösen.
Das kann auf allen Stufen der dem Institutionensystem einwohnenden »Repressivität« gelingen. Der Grad der Repressivität verändert sich, wie ich annehme, mit dem Stand der Produktivkräfte und der Organisation des Herrschaftssystems. Er drückt sich in der systematischen Einschränkung und Verzerrung der eingespielten Kommunikationen aus. Repressive Gesellschaften bedürfen a priori gesicherter Herrschaftslegitimationen mit verhältnismäßig dichten Kommunikationssperren, während liberalere Gesellschaften einen relativ großen Teil der Herrschaftslegitimationen öffentlicher Diskussion überlassen können. Je geringer die durch systematisch verzerrte Kommunikation gesicherte Repressivität ist, um so eher verbreiten sich eine universalistische Moral und damit Chancen fortschreitender Individuierung. Wenn diese empirischen Annahmen zutreffen sollten, besteht ein Zusammenhang zwischen dem Repressionsgrad der Institutionen und den Formen der Intersubjektivität einerseits, der systematischen Verzerrung bzw. dem Toleranzspielraum der Kommunikation und den Stufen des moralischen Bewußtseins andererseits.
Von diesem Zusammenhang wiederum hängen ab: die symbolische Organisation des Ichs, die der einzelne in Sozialisationsprozessen erwirbt, und die Stärke der Ich-Identität, die ihm erlaubt, seine Integrität gegen Störungen, Belastungen und Verletzungen zu behaupten. Die Entfaltung des moralischen Bewußtseins korrespondiert dann aber einer mit dem Grad der Individuierung wachsenden Verletzbarkeit der Identität: die Reflexivität der Person wächst nämlich nur im Maße ihrer gleichzeitigen Entäußerung. Die Person wird immer weiter vorgeschoben in ein immer dichteres Netz reziproker Schutzlosigkeiten und exponierter Schutzbedürftigkeiten. Humanität läßt sich als die Anstrengung verstehen, dieses unwahrscheinliche Netz nicht reißen zu lassen. Humanität ist die Kühnheit, die uns am Ende übrigbleibt, nachdem wir eingesehen haben, daß

den Gefährdungen einer universalen Zerbrechlichkeit allein das gefahrvolle Mittel zerbrechlicher Kommunikation selber widerstehen kann. Contra Deum nisi Deus ipse. Gehlen hingegen empfiehlt das Paradox eines absichtsvollen Rückschritts in der Humanität – die Rückkehr zum Ethos der großen und undurchsichtigen Institutionen. Revolution von rechts nannte man das zu einer Zeit, als man noch Illusionen hegen konnte über solche Empfehlungen.

Meine Argumentation zielte bisher darauf ab, die Einheit des moralischen Bewußtseins nachzuweisen. Familienethik und Staatsethik gehen nicht auf verschiedene Wurzeln zurück; sie lassen sich als soziokulturelle Entwicklungsstufen des moralischen Bewußtseins begreifen. Die als »Humanitarismus« abgewertete Form der universalistischen Moral steht am Ende eines Vorgangs der Universalisierung und Internalisierung. Die innere Logik dieses Vorgangs bringt schließlich das Ethos der Gegenseitigkeit, das in die Symmetriebeziehungen der idealen Sprechsituation eingebaut ist, als die Grundlage von Moral überhaupt zum Vorschein. Sie hat keine biologische Wurzel. Alle Ethiken hängen vielmehr an der der Rede immanenten Sittlichkeit.

1.3.3. *Wohlfahrt und Freiheit. Zu Gehlens Kritik des »Sozialeudämonismus«*

Wie verhält es sich dann aber mit den Wertsystemen, die sich wie der Hedonismus auf natürliche, wie immer residuale Antriebe berufen? Das Leben der Gattung organisiert sich in Formen der Intersubjektivität umgangssprachlicher Kommunikation: diese sind sittlich und unsittlich per se. In diese soziokulturelle Lebensform werden auch die naturgeschichtlich überlieferten Antriebspotentiale – insbesondere die gegenüber Imperativen der Selbsterhaltung dysfunktional verselbständigten Grundantriebe der Aggression und der Sexualität – aufgenommen. Gehlen spricht von einer Mehrzahl instinktiver, verhaltensphysiologisch greifbarer Regulationen als Wurzeln der Ethik, z. B. der des Wohlbefindens und des Glücks (Hedonismus). Es mag sein, daß einige Instinktreste, wie die vom Kindchen-Schema ausgelösten Fürsorgeimpulse oder libidinöse Antriebe überhaupt, leichter in die Form sozial erlaubter Motivationen umgesetzt werden können; es mag sein, daß sie der Ethik der Rede eher entgegenkommen als beispielsweise destruktive Antriebe. Aber Wurzeln der Ethik sind es darum noch nicht. Denn wie immer es um ihre Affinität zu den grundlegenden Symmetrien möglicher umgangssprachlicher Kommunikation bestellt ist; ethisch relevant ist nicht das naturgeschichtliche Potential als solches, sondern die Form seiner symbolischen Strukturierung. Diese anthropologische Unterscheidung ist in der Kantischen Distinktion von Pflicht und Neigung festgehalten.

Gehlen führt den Eudaimonismus (besser: Hedonismus), die Lehre also, die Lust und privates Wohlergehen zur ethischen Norm erhebt, als eine biologisch verwurzelte Ethik zunächst ein, um dann den »Sozialeudämonismus« als dessen Verfallsform zu konstruieren.

»Es mag uns schwerfallen, wirklich zu akzeptieren, daß die Lehre vom Glücksvorgang eine Ethik hergeben kann, aber ohne diese Einsicht verstünde man nicht einmal den Sinn des Wortes ›sozial‹, das eben diese Zugänglichkeiten der materiellen Lebensgüter für alle als ethisches Postulat meint.« (62)

»Der Bund vom Humanitarismus und Eudaimonismus war von den Intellektuellen der Aufklärungszeit vorentworfen worden, doch konnte er zu einer massiven, einverleibten Selbstverständlichkeit erst werden, als die Industrialisierung in Westeuropa und Amerika den Lebensstandard hoch heraufgedrückt hatte und als der umfassende, auch nachrichtentechnisch umfassende Weltverkehr den Kontrast zu der großen Zahl der noch Notleidenden unübersehbar heraushob, denen zu helfen sowohl die Menschlichkeit wie das Interesse an Warenkunden gleichermaßen empfahl. In keiner früheren Konstellation wäre dieses Ethos lebensfähig gewesen.« (84)

In unserem Zusammenhang interessiert nicht die zitatenreiche Larmoyanz, mit der Gehlen angesichts des siegreichen »Sozialeudämonismus« die Klage des bürgerlichen Selbsthasses fortsetzt. Diese hat, wenn ich recht sehe, mit Ferguson und Montesquieu begonnen; von Hegel und Tocqueville ist sie in großem Stil fortgesetzt worden; nach Ortega, Carl Schmitt und den Neuromantikern der Rechten hat sie aber neue Gesichtspunkte nicht mehr produziert. Die Klage ist zur Litanei geworden. Das private Wohlergehen korrumpiert die Bereitschaft zum Risiko, der Vorrang des Sozialen die Politik der Größe, das gesellschaftliche Interesse die staatliche Substanz. Gehlen steuert aus seiner SPIEGEL-Lektüre noch einige rührende Fälle von Dekadenz bei, so den skandalösen Fall, daß »die Starfighter-Abstürze wie Straßenverkehrsunfälle nur unter der Schuldfra-

ge diskutiert« wurden; da muß man in der Tat fürchten, daß »bei uns das Persönliche schon plausibler ist als die Nation«. (157) Erquickend sind auch die antifeministischen Zugaben.
Nun läßt sich das Phänomen der *Entpolitisierung* der Massen im bürokratisierten Wohlfahrtsstaat kaum leugnen. Systematisch interessant sind die Schwierigkeiten, die Gehlen hat, um diesen ganzen Komplex zu analysieren.
Der Sozialismus hat die Einsicht durchgesetzt, daß die Emanzipation der Erniedrigten und Beleidigten, die das rationale Naturrecht und die bürgerliche Revolution versprochen hatten, nicht ohne die ökonomische Befreiung der Mühseligen und Beladenen realisiert werden kann. Die zutreffende ökonomische Definition der Unfreiheit als Ausbeutung hat indessen zwischen dem Elend der Massen und ihrer politischen Unterdrückung einen falschen Zusammenhang hergestellt. Wenn nämlich jene unter den spezifischen Bedingungen des liberalen Kapitalismus anwendbare Definition der Unfreiheit unter den veränderten Bedingungen des staatsinterventionistisch geregelten Kapitalismus (wie auch in den industriell entwickelten staatssozialistischen Ländern) beibehalten wird, kann die Ausbeutung korrigiert und Unfreiheit gleichwohl konserviert werden, ohne daß aber diese Unfreiheit dann noch identifizierbar wäre. Die Herrschaft wird vielmehr nun damit legitimiert, daß die Abschaffung des Hungers schon die Realisierung der Freiheit, die Beseitigung der Massenarmut die Emanzipation der Massen darstelle.
Marx hat gewiß ökonomische Entlastung nicht ohne die Befreiung von einer ökonomisch institutionalisierten Herrschaft für möglich gehalten; aber die Befriedigung des Hungers, sosehr sie *als Bedingung der Freiheit* eine moralische Forderung sein kann, ist nicht *selber* – wie die Errichtung der Freiheit – eine politisch-moralische Kategorie. Ernst Bloch hat das für die marxistische Tradition zum ersten Mal mit aller wünschenswerten Klarheit unterschieden. Biblisch gesprochen: einst waren die Mühseligen und die Beladenen auch die Erniedrigten und die Beleidigten; aber heute sind die Entlasteten und von Mühsal Freigesetzten nicht eo ipso auch schon die Aufgerichteten und die Versöhnten.[6] Das ist nicht Wohlstandszynismus, sondern die Wiederherstellung einer vom »Sozialeudämonismus« in der Tat verstellten Distinktion.[7]
Diese Verstellung mag sich historisch um so leichter festgesetzt haben, als sich der bürgerliche Aufklärungsbegriff der Emanzipation gegen die Abhängigkeiten einer Epoche richtete, in der die unmittelbar feudale Einheit von Unterdrückung und Ar-

mut, Herrschaft und Besitz Verfassungsprinzip gewesen ist. Gehlen kann die verächtliche Kategorie des »Humanitarismus« nur erneuern, weil er jene Unterscheidung nicht trifft. Die zeitkritisch entblößten Phänomene eines neuen Wohlstandsprivatismus, die Adorno nicht minder kritisch sehen würde, rechnet Gehlen der universalistischen Moral zu, obgleich sie durch deren Neutralisierung und Entpolitisierung erst zustande kommen können. Gehlen wirft beides in den einen Topf des »Subjektivismus«, worunter er alles befaßt, was den Glauben an die Institutionen erschüttert. [. . .]

Gehlen verkleidet seine Empfehlung in euphemistischen Hinweisen auf die Verdienste des Stalinismus:
»Ähnlich (wie die universalattische Intellektuellenkultur) verbreitet heute die Kultur der Massenmedien die liberalhumanitäre Mentalität unter Geschäftsleuten, Studenten, Soldaten usw., wogegen sich die Staaten des Ostens wehren.« (29) »Deshalb war es so einschneidend, als die Russen im August 1968 in der Tschechoslowakei diese Art Freiheit, nämlich eine von der Kultur her aufgebaute Nebenregierung ausschlossen, noch weit entfernt von dem kaum nachvollziehbaren chinesischen Entschluß, die Intellektuellen periodisch in Landarbeiter zu verwandeln.« (117) »Die drastische Ablehnung dieser Art Freiheit durch die Sowjets im August 1968 war ein Ereignis ersten Ranges und setzte ein Trauma.« (154) – Durch wessen Panzer sollen wir eigentlich traumatisiert werden?
Einmal haben wir in unserem Lande erfahren, was eine Politik der nachgeahmten Ursprünglichkeit in einer technisch entwikkelten Zivilisation bewirkt. Kann Gehlen sich darüber täuschen, welche Folgen eine Politik der künstlich erneuerten Substantialität gewalthabender Institutionen auf der Grundlage unserer technisch noch entwickelteren Zivilisation haben würde? Ein im Dreieck Carl Schmitt, Konrad Lorenz, Arnold Gehlen entwickelter Institutionalismus könnte leicht das Maß an Breitenglaubwürdigkeit erhalten, das kollektiven Vorurteilen genügt, um virulente Aggressivität zu entbinden und gegen innere Feinde, mangels äußerer, zu richten. Deshalb halte ich es für angebracht, bereits in Zeiten relativer Liberalität das unglückliche Bewußtsein der intellektuellen Rechten ernst zu nehmen, um es mit Hilfe des *einen* Mittels, über das linke Intellektuelle entgegen der Gehlenschen Verschwörungsvision allein verfügen, auf ihre ganz und gar historischen Wurzeln zurückzuführen – eben durch Analyse.

1.4. *Dietrich Böhler: Undialektische Anthropologie – unkritische Ethik*

Seit Ende des Krieges hat das Denken Arnold Gehlens sowohl als Theorie, nämlich als Philosophische Anthropologie einschließlich der Institutionen- und Handlungstheorie, wie auch als Kritik, und zwar in Form einer moralisch politischen Kritik der bürgerlichen Kultur und vor allem der »Reflexionskultur« bürgerlicher sowie linker Intelligenz, einen fortdauernden tiefgreifenden Einfluß ausgeübt. Es erschließt sich nur, wenn man es zugleich als Theorie und Kritik ernst nimmt und das Spannungsverhältnis dieser beiden Momente beachtet. Dann aber zeigt es sich als eine Kristallisation des konservativen deutschen Geistes vor und nach dem Nationalsozialismus, mehr noch: als anthropologische Begründung sowohl einer selbstgenügsamen, institutionskonformen law and order Praxis und »konventionellen Moral« (im Sinne Lawrence Kohlbergs) als auch einer pragmatischen systemklugen Neutralisierung des (mehr oder weniger seit Kant erreichten bzw. ermöglichten) Niveaus einer diskursiven Vernunftethik als einer politisch und gesellschaftlich irrelevanten, schwärmerischen Angelegenheit, welche die sozialen Funktionszusammenhänge nur stören und deren Verfahren durch subjektive Vernunftansprüche terrorisieren kann. Es ist kein Zufall, daß der radikalste Anwalt einer kulturellen und politischen »Tendenzwende«, *Helmut Schelsky*, ein direkter Schüler Gehlens ist.

Ebensowenig darf es als Zufall betrachtet werden, daß die law and order-Argumentationen bzw. Invektiven und Bekenntnisse von (konservativen und ehemals liberalen) Intellektuellen auf dem Höhepunkt des westdeutschen Terrorismus (und seither) den institutionalistischen Geist der Anthropologie Gehlens atmen. Denn diese hat die einzig ernstzunehmende, philosophisch gewichtige Begründung einer *Institutionen-Moral* gegeben, die als solche ohne Bezug auf eine diskursive Vernunft-Ethik auskommen will.

Gehlens Anthropologie begründet und Gehlens Kulturkritik verteidigt – mitten im 20. Jahrhundert und nach der Erfahrung des Nationalsozialismus – die »konventionelle Moral« als die zureichende und nicht transzendierungsbedürftige Orientierung menschlichen Handelns. Sie bringt dabei starke Argumente für die Unverzichtbarkeit der konventionellen Moralstufe als Orientierung an Institutionen und als Achtung vor Institutionen. Führt sie aber nicht zugleich die argumentative Haltlosigkeit und die moralische Unverantwortlichkeit einer Beschränkung der Handlungsorientierung (und damit der Ethik als deren Reflexionsinstanz) auf die Institutionen-Moral vor Augen? Dieser Frage, die sich Mitteleuropäern als Nachfahren von Immanuel Kant *und* von Adolf Eichmann wohl in besonderer Dringlichkeit stellt, geht der folgende, 1972 verfaßte (gekürzte und leicht redigierte) Aufsatz nach. Er sei dem Gedenken *Hannah Arendts* gewidmet.

1.4.1. *Zur geistigen Situation vor dem Nationalsozialismus. Kulturkritik und Historismus, Dezisionismus und Solipsismus*

Gehlens 1931 erschienene Habilitationsschrift »Wirklicher und unwirklicher Geist« enthält eine Kritik an dem »unwirklichen Geist« einer bürgerlich akademischen Kultur- und Bildungswelt: Dieser bleibe »unwirklich«, weil er entweder in der kontemplativen Existenz des idealistisch rationalistischen Philosophen verharrte oder über die historisch kulturvergleichende resp. die existentialistische Reflexion im Sinne der bloß schwebenden, nie definitiven und intersubjektiv handlungsorientierenden, Erhellung von Existenzphänomenen nicht hinauskomme, also nicht zum Handeln gelange. Diese, im Sinne des für die zwanziger Jahre typischen »bürgerlichen Selbsthasses« (Habermas, Profile, 216) oder der »antibürgerlichen Bürgerlichkeit« (v. Krockow, Entscheidung), aufgedeckte »Handlungslosigkeit« des akademischen Spätbürgertums deutet Gehlen als Signum einer verfallenden, einsatz- und kampflosen, so mediokren wie unschlüssigen »Spätkultur«. Ja, wie zuvor seine älteren Zeitgenossen Ernst Jünger, Carl Schmitt und Martin Heidegger – die noch in der faulen Atmosphäre bourgeoiser Sekurität und energielosen Wohlstandes der Jahre vor 1914 aufwuchsen, indes Gehlen nurmehr deren kulturelle Ausläufer in der Weimarer Zeit erlebte – erblickt Gehlen in der Folgenlosigkeit »bloßen Wissens« und im historischen Relativismus die Wurzel für die Amoralität und die »Handlungslosigkeit« der Zeit, der letzten Epoche des niedergehenden Bildungsbürgertums (Wirklicher Geist, 1 ff., 196 f., 204; Weiß, 77).
Unbeschadet seiner Polemik gegen das saturierte Spätbürgertum würde Gehlen anerkennen, daß es durchaus über geistreiche Philosophen und Historiker resp. Kultursoziologen verfügt, die aber keine »handlungsformierende« Relevanz für die Gesellschaft haben; sie dokumentieren nur, daß »der Geist und die geistigen Bezeugungen eines Menschen in der Unverbindlich-

keit stehen können« (Studien, 145), daß sie sogar immer dann in der Unverbindlichkeit stehen *müssen*, wenn sie nicht einbezogen sind in einen sozialen Handlungszusammenhang, ein gemeinsames »Sprachspiel«, dessen Mitspieler an den praktischen Folgen meiner »geistigen Bezeugungen« (also an den Handlungen, die sie hervorrufen) den Sinn des Gemeinten prüfen können. Das Erbe des Deutschen *Idealismus* mit einer kritischen Rezeption des lebensphilosophischen *Pragmatismus* Bergsons und Nietzsches verbindend, kommt Gehlen in seiner Habilitationsschrift zu einer, strenggenommen zu zwei sehr »modernen« Thesen eines philosophischen (nicht etwa eines technologisch instrumentalistischen) Pragmatismus. Die *erste* These lautet: Nur in einem *gemeinsamen Handlungsbezug* kann Geistiges *intersubjektive Geltung*, Verbindlichkeit gewinnen. Das ist der philosophische, inzwischen von dem späten Wittgenstein und seinen Schülern (besonders von P. Winch) explizierte Sinn, der auch jener Parole zugrunde liegt, die man für sich genommen wohl unmittelbar von der offiziellen nationalsozialistischen Philosophie her verstehen würde: »Unsere Idee heißt Gemeinschaft« (Wirklicher Geist, 66).
Die *zweite*, eng mit der ersten verbundene Hauptthese, die eine philosophische Interpretation eines Textes als Rekonstruktion seiner – meist eher impliziten als expliziten – Strukturen herauszuarbeiten hätte, ist weniger spezifisch »modern« als die erste. Sie repräsentiert den typisch deutschen Übergang vom Idealismus zum Pragmatismus, den wir in ähnlicher Weise, wenn z. T. auch rhapsodischer, schon drei Generationen zuvor, nämlich bei Moses Heß und dem jungen Karl Marx, vorfinden. Hier wie dort ist es die Rezeption der *Dialektik* von Erkennen und Handeln (s. u. 1.4.2.1.), ja der Auffassung des Erkennens als eines Handelns *und* die Rezeption der kritischen Auffassung von bloßer Reflexion als Entfremdung von der Realität, die zu pragmatistischen Wendungen führt – bei Marx am deutlichsten in den Thesen über Feuerbach, zumal in der zweiten: »Die Frage, ob dem menschlichen Denken gegenständliche Wahrheit zukomme, ist keine Frage der Theorie, sondern eine *praktische* Frage. In der Praxis muß der Mensch die Wahrheit, i. e. Wirklichkeit und Macht, Diesseitigkeit seines Denkens beweisen. Der Streit über die Wirklichkeit oder Nichtwirklichkeit des Denkens, – das von der Praxis isoliert ist –, ist eine rein *scholastische* Frage« (Frühschriften, ed. Landshut, 339).
Bei Gehlen kann es heißen: »In der handlungslosen Selbstbesinnung ... erfährt man gar keine Realität« (Wirklicher Geist, 180). Realität erfahren wir nur in einem Handlungszusammen-

hang. Das Handeln wird hier als notwendiges Medium des Erkennens gedacht. [...]

1.4.1.1. *Historismus und Nihilismus*

Die »rein geschichtliche«, an der »Individualität« der Epochen orientierte Betrachtungsweise der im 19. Jahrhundert zur Blüte gekommenen empirisch historischen (Geistes-)Wissenschaften, die sich von der Philosophie und damit von normativen Kriterien »emanzipiert« hatten, führte zu einer Relativierung der Werte und Lebensformen. Auch die Vernunft-Ideen, wie alle Normen und Ideale, werden vom Historismus im Sinne eines Nichts-als-Reduktionismus auf ihre geschichtliche Bedingtheit relativiert. Sie sind nicht schlechthin vernünftig und allgemeingültig, sondern nichts als individuell-historisch.
In der postidealistisch hermeneutischen Sehweise des Historismus zeigt sich die eine Lebensordnung als ebenso historisch bedingt wie die andere, und in der realistisch pragmatistischen Sehweise erweist sich die eine Wertordnung innerhalb ihrer gesellschaftlichen Situation als ebenso funktional (»lebensdienlich«) wie die andere unter anderen Bedingungen. Ist man darauf festgelegt, alle menschlichen Lebensformen in ihrer geschichtlichen *Individualität* und Bedingtheit nur zu *verstehen* (Dilthey, vgl. Ranke, Meinecke, Savigny und z. T. schon Hugo) – oder allenfalls die soziale, moralische resp. anthropologische *Funktionalität* (die pragmatistische Spielart des Historismus bei Sorel und Pareto, vgl. Nietzsche!) *festzustellen*, dann ist man von vornherein inkompetent für die Gewinnung allgemeiner Kriterien zur normativen Beurteilung von Lebensformen und Werten.
Diese Selbstbescheidung auf kontemplative Wissenschaftlichkeit und Theorie, an deren Ideal auch Nietzsche noch hängt, erweist sich freilich in Krisensituationen, wo ein Bedürfnis nach Kriterien zur Begründung neuer Handlungsmuster und Lebensformen besteht, als praktische Aporie. *Dilthey* selber, Repräsentant der hermeneutischen Version des Historismus, hat das empfunden (worauf Gehlen hinweist – freilich nur, um Diltheys Mangel an »wirklichem Willen«, der die verstehende und reflektierende Subjektivität entschlossen durchbräche, zu monieren). Dilthey sah, daß die »Relativität« jeder »menschlichen Auffassung des Zusammenhangs der Dinge das letzte Wort der historischen Weltanschauung« sei und fragte: »Wo sind die Mittel, die Anarchie der Überzeugungen, die herein-

zubrechen droht, zu überwinden« und »*Sicherheit* und *Festigkeit*« zu erlangen? – (Zit. bei Gehlen, Mensch, 420, 421) Tatsächlich folgte, als in der Katastrophe des Bürgertums (Erster Weltkrieg) die Positivität der bislang herrschenden Werte und Institutionen erschüttert war, aus der bürgerlich historistischen Einstellung jene von Dilthey geahnte Aporie.

Woran hätte man das gesellschaftliche Leben und Handeln jetzt auch orientieren sollen? Nach dem Verzicht auf Normen begründende Philosophie und nach der vulgär pragmatistischen »Entlarvung« von Wahrheit, Vernunft und den Ideen der praktischen Philosophie wie Freiheit und Gerechtigkeit als »Lügen« resp. »Fiktionen« (Nietzsche), die gleichwohl berechtigt sind, wenn sie »*Nutzen* für das Leben« haben, konnte man Handlungsorientierungen nicht länger unter dem »Aspekt der Vernunft« (Horkheimer, Kritik, 17) und damit intersubjektiv verbindlich diskutieren. Man konnte lediglich die »Sicherheit und Festigkeit« zum – leeren – Legitimationsprinzip einer Handlungsorientierung und Lebensform erheben. Das aber bedeutet: eine Lebensform ist nicht diskursiv legitimierbar, sie kann sich vielmehr nur selbst legitimieren durch »die Entschiedenheit ihres Auftretens und durch die Autorität, die praktisch von ihr ausgeht« (v. Krockow, Entscheidung, 58) und womit sie die für ein *tätiges* Leben notwendige »Sicherheit und Festigkeit« der Überzeugung zu garantieren scheint. Denn eine entschieden auftretende Lebensform beendet das Hin und Her der, vom bloß verstehenden, kulturvergleichenden Historismus geübten, »Reflexion«, die nicht zu praktisch relevanten, lebensdienlichen Ergebnissen kommt, sondern nur zum praktisch unverbindlichen Vergleich von Möglichkeiten; ihr entspricht der entscheidungslose, handlungsschwache Typ des bloßen Möglichkeitsmenschen, dessen Scheitern an der Lebenspraxis *Musil* darstellte. Der »Mann ohne Eigenschaften« verkörpert gewissermaßen das *Historismusproblem* (vgl. Heintel, Tradition). In seinem Spätwerk hat Gehlen es, worauf Apel hinweist (Gehlen, 19), treffend formuliert: »Das subjektive, anempfindende und insofern stets ästhetische ›Verstehen‹ schöpfen wir aus der modernen Vielseitigkeit der bloßen Subjektivität und ihrer unendlichen Möglichkeiten an folgenlosen Vorstellungen, und eben deshalb steht es ›quer zur Lebenspraxis‹ (Rothakker)« (Urmensch, 87). In dieser Einsicht wagten die realistisch pragmatistischen Repräsentanten der bürgerlichen Kultur, elitäre Konservative wie Gehlen, das *Risiko der Entscheidung*, die freilich nur die ersehnte »*Sicherheit und Festigkeit*« bringen sollte. [...]

1.4.1.2. *Vom Dezisionismus zu einem pragmatistischen Funktionalismus*

Im Unterschied zur linken philosophischen Kritik am historistischen Relativismus (Adorno, Horkheimer und auch – wiewohl objektivistischer, verbündet mit der »materialistischen« Vernunft in der Geschichte – Lukács) beklagt *Gehlen* denn auch nicht die »Eclipse of Reason« oder »Zerstörung der Vernunft«. Vielmehr übernimmt er die vernunftlose, *pragmatisch funktionalistische Version des Historismus* in emphatischer Anknüpfung an *Pareto* und *Sorel*; und zwar auch der späte, am drastischsten jedoch der Gehlen von 1940: »Vilfredo Pareto, ein Lehrer Mussolinis, ... dieser großartige Gelehrte« habe an Hand der (für den Historismus bezeichnenden) »überwältigenden Fülle von Tatsachen ... aus den Quellen aller Jahrhunderte« bewiesen, daß »die Geschichte aller Jahrhunderte und Kontinente ... beherrscht (wird) von Erfahrungen der Art wie ›dein Vieh würde nicht sterben, wenn du nicht einen bösen Nachbar hättest‹ (Hesiod! Pareto § 185, 956). Nur für einen flachen Aufklärungsblick wären die Tausende von Fällen dieser Art, die Pareto verarbeitet, bloß ›Aberglaube‹, denn diese Form irrationaler Erfahrung hat in zahllosen Sozialverbänden aller Zeiten eine zureichende Weltorientierung und äußerst stabile Handlungsordnungen ermöglicht« (Mensch, 1. Aufl., 332, 333).
Es geht Gehlen als einem Verfechter der pragmatisch funktionalistischen Linie des ursprünglich lebensphilosophischen Historismus (Dilthey) keineswegs um »vernünftige« und damit intersubjektive Kriterien des Handelns resp. der Beurteilung der Geschichte. Aber diese antibürgerliche, antikontemplative Richtung der bürgerlichen Verfallsphilosophie vermittelt ihm das, zunächst nur dezisionistisch ergriffene, seit 1940 anthropologisch begründete Kriterium der Notwendigkeit »stabiler Handlungsordnungen«. Und genau von daher kritisiert er die bürgerliche Linie des Historismus (Dilthey) und ihre existentialistische Entsprechung (Jaspers) als Form der handlungslosen Subjektivität, die sich in die historischen Phänomene einfühlt und die historischen Standpunkte hin und her reflektiert. So heißt es noch beim späten Gehlen, daß die Reflexion »zur Funktionsform der Subjektivität« wurde, »seit Dilthey jeden denkbaren Standpunkt durchnahm und sich vorstellte, wie es wäre, wenn man einen davon hätte und dann noch die anderen verstünde« (Urmensch, 259). Erreicht werde damit nur eine »Raffinierung des auf sich selbst zurückgefallenen Seelenle-

bens«, ein weltfremd innerlicher »Lebensersatz« (Urmensch, 114, 115).

Eben darauf lief schon 1932 Gehlens Kritik an Jaspers hinaus. Auf dessen »Philosophie« reagierte Gehlen durchaus in Analogie zu Carl *Schmitts* »Politischer Theologie« (1. Aufl. 1922), die sich das Hobbessche Prinzip »auctoritas, non veritas facit legem« als die »klassische Formel« des Dezisionismus zu eigen machte (Politische Theologie, 2. Aufl., 32). Gehlen richtet seine Polemik gegen *Jaspers'* standpunktlosen, zur Handlungsorientierung unfähigen Reflexions-»Standpunkt« der schwebenden »Existenzerhellung«, die bloß »erhellt und bewegt«, aber nicht »fixiert« und »zu keinem Ergebnis führt«, da ein solches nur das freie, offene Existieren dogmatisch festlegen und dessen Freiheit in die Abhängigkeit von einer fixierten Autorität zwingen würde (Jaspers, Geistige Situation, 150f) vgl. Gehlen, Theorie, 31–36; Lukács, Zerstörung, 453–455).

Es ist bezeichnend für die Persönlichkeit und charakteristisch für das Denken Gehlens, daß er gegenüber dem existentialistischen Intellektuellen Jaspers, der die reflektierende Subjektivität verkörpert, eine polemische Gegenposition bezieht – wie er es gegenüber den Intellektuellen seither stets getan hat, am hemmungslosesten in »Moral und Hypermoral«. Dabei konfrontiert er Reflexion und intransigentes Handeln: mir wäre – so heißt es 1932 – »die Möglichkeit schwer denkbar, einen entschiedenen Willen, der gerade im Festhalten eines Objektiven besteht, und die beunruhigte Reflexion, die doch lähmt und aus sich zu keiner Entscheidung der Gegensätze kommt, in *einer* Brust nebeneinander zu halten. Die Frage ist, ob Hegel und Kierkegaard die Reflexion mit Recht für ein wesentlich Vorläufiges halten: ›die Reflexion ist die Tätigkeit, die Gegensätze festzustellen und von dem einen zum andern zu gehen, ohne aber ihre Verbindung und durchdringende Einheit zustande zu bringen‹ (Heg. 11, 126). Ich glaube, daß der echte, gesammelte Entschluß die Reflexion für immer aushängt, daß im menschlichen Leben eine innere Nötigung zur Vereinseitigung und Verhärtung liegt, daß Entschlossenheit und Verschlossenheit zusammengehören und daß das Resultat eines *tätigen* Lebens doch wohl notwendig eine gewachsene und organische Intransigenz ist« (Theorie, 34).

Damit wiederholt Gehlen die Konsequenz, die schon andere vor ihm, zumal Carl Schmitt, aus dem *Historismus* gezogen haben, und das heißt aus der alle Verbindlichkeiten auflösenden, bloß historistisch vergleichenden »*Reflexion*« und dem daraus resultierenden *Nihilismus* der Handlungsorientierung,

der in gesellschaftlichen Krisen zur Handlungsohnmacht, zum verzweifelten und ausgelieferten Sich-Treibenlassen führen müßte. Die paradoxe, nur auf dem Boden dieses Nihilismus selber verständliche Konsequenz ist eben: Der Nihilismus kann nur durch nihilistische Dezision überwunden werden. In Schmitts »Politischer Theologie« heißt es programmatisch: »Die Entscheidung ist, normativ gesehen, aus dem Nichts geboren« (31). Der Dezisionismus Carl Schmitts und des frühen Gehlen ist, in konsequenter Fortführung Nietzsches, die Theorie nihilistischen Handelns, derzufolge nicht nach diskursiv begründeten, als vernünftig einsehbaren Normen gehandelt wird – sondern *nur* um des lebensnotwendigen Handelns selber willen, eben weil gehandelt werden *muß*.
Die Frage nach der Möglichkeit eines mit sich identischen, konsequenten Handelns wird mit dem Hinweis auf die Entscheidung und die Kategorien jenes Existentialismus (»Entschlossenheit«, »Verschlossenheit«, »Verhärtung«), den wir i. S. Carl Schmitts »Dezisionismus« nennen und auf dessen Spuren wir auch beim frühen Heidegger stoßen (von dem Gehlen den Begriff »Entschlossenheit« übernahm: Sein und Zeit, §§ 60, 62) noch durchaus *solipsistisch* beantwortet: Der einsame Entschluß eines *Ich*-Willens, ein existentieller Akt des Heideggerschen »Daseins«, überwindet das ergebnis- und entscheidungslose Hin und Her der apraktischen Reflexion.

1.4.1.3. *Die kulturkritische Polemik gegen die Intellektuellen*

Zeitgeschichtlich gesehen, übt Gehlen hier zunächst Kritik am Typus des unverbindlichen räsonnierenden Intellektuellen, dessen Leben im Luxus der *»kontemplativen Existenz«* (Theorie, 274) ruht und sowohl des »Realkontakts« entbehrt, als auch außerhalb der institutionalisierten Verantwortung steht. Der frühe Gehlen wollte damit aber zugleich die gesamte bürgerliche Kultur, der späte Gehlen will damit die »privilegierte Klasse« »der *Intellektuellen*« treffen. Für den frühen Gehlen noch unmittelbarer als für den späten gilt dabei, daß jenes drakonisch übersteigerte Moment einen sadomasochistischen Zug bürgerlichen Selbsthasses ausdrückt. Es ist der Haß des *elitären*, und als solchen einsatz-, askese- und disziplinbereiten Angehörigen einer niedergehenden, zunehmend kampfmüden und sicherheitsbedürftigen, luxuriösen, disziplin- und formlosen Klasse, die eigentlich nichts mehr *will* – außer so zu sein, wie sie (und es) eben ist. Der frühe Gehlen polemisiert analog zu *C. Schmitt* und dem spanischen Staatstheoretiker der Gegenrevolution, Donoso Cortés, gegen die Bourgeoisie als eine »*diskutierende* Klasse«. »Damit ist sie gerichtet, denn darin liegt, daß sie der Entscheidung ausweichen will« (Schmitt, Politische Theologie, 52). Daß sie der »Inpflichtnahme« und »Führung« ihres »Daseins« ausweichen will – würde Gehlen hinzufügen. Der späte Gehlen polemisiert – kein rettendes Zuchtsystem wie seinerzeit den Faschismus vor Augen – gegen die »humanitaristisch« räsonnierende Klasse der Intellektuellen mit ihrer »äußersten kulturellen und überhaupt geistigen Libertinage« (Moral, 117), die ihren Grund in der »Intellektualisierung einer vom Handeln abgefilterten Kultur« hat. Diese Kultur gibt »der Subjektivität« unbegrenzten Spielraum, so daß »überall die ›Ideen‹ emporschießen, mit denen sich nichts anfangen läßt, als sie zu diskutieren« (Urmensch, 257, 256). Man sieht: Gehlens Kulturkritik, die 1969 wieder, wie schon zur Zeit des Faschismus, in einer »Apologie der Macht« gipfelt (Moral, 116), blieb wesentlich dieselbe. Das zu sehen, ist für das Verständnis seines Denkens entscheidend. Denn in seiner Kulturkritik finden wir die Motivierung, in seiner Anthropologie dann die Legitimation seines rigorosen Handlungs- und Institutionsbegriffs.

1.4.1.4. *Gehlens dezisionistischer Solipsismus*

Philosophisch strukturell gesehen, reproduziert der frühe Gehlen hier nochmals den *Solipsismus*, den er an der traditionellen Erkenntnistheorie kritisierte. Freilich artikulierte diese Kritik eher ein Unbehagen als das Wissen von der allererst zu rekonstruierenden *Struktur* des Solipsismus.

Erkenntnistheoretisch wird sie exemplarisch im Nominalismus etwa Ockhams faßbar und sozialphilosophisch bei Klassikern der Aufklärung wie Hobbes und Spinoza. In der vorsemiotischen, radikal in der nominalistisch empiristischen Erkenntnistheorie wird der Mensch als *einsames Subjekt* gesehen, das der Welt als einer Summe von *Objekten* gegenübersteht. Davon nimmt das Individuum je für sich etwas ›als etwas‹ wahr, es erkennt in der reinen Subjekt-Objekt-Relation als einsames Bewußtsein. *Nachträglich* ordnet es dem Erkannten erst Sprachzeichen zu – zum Zwecke der Mitteilung an andere. In der Sozialphilosophie steht analog das *einsame Subjekt* der Menschenwelt nicht als einer Welt von Subjekten, von »other

minds« gegenüber, vielmehr wird die Menschenwelt nur vom natürlichen Interesse des Ich an Selbsterhaltung und Selbstbehauptung konstituiert, d.h. aber: die anderen erscheinen mir natürlicherweise nicht als Subjekte und werden von mir nicht als solche, nämlich als Selbstzweck anerkannt, sondern sie sind für mich nur als mögliche *Gegenstände* meiner Selbsterhaltung resp. Selbstbehauptung und werden von mir demgemäß als Mittel meines Willens betrachtet. Da nun aber auch die anderen Subjekte sind und jeder den anderen »von Natur« als Mittel seiner Selbsterhaltung und Selbstbehauptung ansieht, ist dieser »Naturzustand« das asoziale, antagonistische Verhältnis des homo homini lupus (Hobbes; vgl. Spinoza). Zur Sozialität und das heißt zur Aufhebung des »Naturzustandes« gelangt man erst *nachträglich* durch einen »Entschluß« der Individuen (→Staatsvertrag, Vertrag), der dann von einer Macht garantiert und auf Dauer gestellt werden muß.
Gegen den Existentialisten Jaspers bringt Gehlen eben diesen Hobbesschen Dezisionismus ins Spiel, wenn er ohne weiteres davon ausgeht, daß zwischenmenschliches Handeln, welches nicht *nur* zweckrational ist, sondern den anderen im Sinne der Liebe als Selbstzweck anerkennt, allererst von Institutionen erzwungen werden muß und nicht etwa schon in der Kommunikation angelegt ist. In einer eigentümlichen Verbindung von Momenten der Hobbesschen mit solchen der Heideggerschen Deutung der Todesangst[1] erweist Gehlen sich als der autoritäre »Realist«, dem, wie schon Hobbes und Spinoza, Solipsismus und rigoroser Institutionalismus nur zwei Seiten einer Medaille sind: Unterstellt man nämlich einen Naturzustand des Menschen als solus ipse, so ist man genötigt, Sozialität und Gegenseitigkeit nachträglich durch repressive Institutionen zu gewährleisten – die Individuen müssen sich dann, sofern sie in Gesellschaft überleben wollen, zur freiwilligen Aufgabe der Freiheit und zur Unterwerfung unter unbedingt herrschende Institutionen entschließen. [...]

1.4.2. *Philosophie der Handlung zwischen dialektischem Idealismus und reduktionistischem Pragmatismus*

1.4.2.1. *Dialektische Vermittlung von Handlung und Erkenntnis?*

Nun scheint aber Gehlens Handlungstheorie schon im Ansatz janusköpfig zu sein. Denn seit 1933 erfährt sein Handlungsbe-

griff eine allgemeine, nie preisgegebene Bestimmung: »Auf der Ebene des Menschen gibt es eben kein bloßes bewußtloses übergehendes und in Reaktionen ablaufendes Sein mehr, sondern hier geschehen die realen Vorgänge selbst nur in Vermittlung eines dritten, des Geistes.« »Die Handlung ... ist ein indirektes, geistig (durch Zielvorstellungen) vermitteltes und insofern ›reflektiertes‹ Geschehen« (Theorie, 165, 166); wobei natürlich, fügt Gehlen hinzu, an einen anderen Sinn von Reflexion gedacht ist, als bei dem Hin-und-Her-Reflektieren gegensätzlicher Möglichkeiten, wie es Gehlen etwa an der historischen und existentialistischen »Handlungslosigkeit« kritisieren kann: ein Reflektieren, das den Versuch darstellt, in der Unmittelbarkeit der Subjektivität stehen zu bleiben (vgl. Theorie, 157–174, s.u.). Das nämlich sei diejenige »Reflexion, die *nicht* Erkenntnis und *nicht* Entschluß ist, sondern das Bewußtsein *selbst* in der Form der bloßen *Möglichkeit* und *Unentschiedenheit*, als genötigtes Hin- und Hergehen, Auflösen und Zusammenwerfen. In der Möglichkeit ist Sein und Nichtsein noch ungeschieden, Positivität und Negativität noch ineinander und jede Setzung der Reflexion findet in ihr selbst sofort Widerspruch und Zurücknahme; die Reflexion ist aus sich selbst unfähig, sich zu einem Ja oder Nein zu entscheiden.
Es ist von der größten Wichtigkeit einzusehen, daß im Vollzug einer Handlung die Reflexion aussetzt, so daß die Gestalt des Bewußtseins während einer Handlung nicht das reflektierende, sondern das *zusehende* Bewußtsein ist, die *Gewißheit*« (Theorie, 165; vgl. Urmensch, 26f.).

Wir haben damit zwei Bestimmungen der Handlung. Die *erste* allgemeine Bestimmung, die noch zu rekonstruieren ist, lautet zunächst ganz formal: *Handlung* ist durch Bewußtsein vermittelt, insofern *reflektiert.* Im Blick auf den philosophiegeschichtlichen Kontext, aus dem Gehlen hier denkt, den Deutschen Idealismus und zumal Hegels Dialektik, wäre das so zu verstehen, daß die Handlung reflektiert ist, weil sie a) durch eine *bewußte Zielsetzung* konstituiert wird; b) weil sie das Ziel *in actu* bewußt festhält und c) weil sie auf eine mögliche, post actu sinnverstehende Handlungs*rekonstruktion* und auf eine möglicherweise daran anknüpfende *Reflexion auf Legitimität* und Wirkung der Handlung bezogen bleibt.

Die *zweite* Definition betrifft nicht die Handlung als ganzes, sondern nur ihren *Vollzug,* und zwar wird von ihm negativ gesagt, daß er einen bestimmten Sinn von Reflexion, das Gegeneinanderstellen von Möglichkeiten, welches das Bewußtsein selber in den Modus der Unentschlossenheit und Selbst-

vergessenheit bringt (Theorie, 157f.), ganz und gar ausschließt. (Beide Definitionen der Handlung werden von der jüngsten philosophischen Anthropologie, der »Erkenntnisanthropologie« K.-O. Apels, in dem Grundsatz der »Komplementarität« von theoretisch »exzentrischer« Reflexion und leibhaft »zentrischem« Engagement zusammengedacht; vgl. Apel, Szientistik, 15–18.) Mit der zweiten Definition tritt ein »realistisches« Moment, das dem »zentrischen« Charakter des leiblichen Handlungsvollzugs Rechnung trägt, neben das »*idealistische*«, das vom Bewußtsein ausgeht. Damit entspricht Gehlen offenbar der eigentlichen systematischen Intention der Dialektik, das mythische und metaphysische Denken, das die Welt aus *einem* Prinzip ableiten will, durch ein Denken, das bei der Vermittlung jener Extreme ansetzt, »aufzuheben«. [...]
Gehlen hat den dialektischen Ansatz sich insoweit angeeignet, daß er entschieden Kritik übt an der szientistischen Reduktion der »*subjektiven* Praxis« der Handlung auf einen *objektiven* Prozeß im Sinne eines Naturprozesses, den wir als solchen restlos objektivieren können und dessen Bedeutung sich der objektiven Kausal-Erklärung (nach unveränderlichen Gesetzen) gänzlich erschließt. Die szientistische Reduktion des realen Handelns auf einen objektiven, restlos empirisch-analytisch, nach Gesetzeshypothesen kausal erklärbaren Prozeß unterstellt das Handeln als kausaldeterminiertes Verhalten: Sie sieht die Handelnden (die doch als bewußte Wesen immer noch Subjekte ihres Handelns sein können) überhaupt nicht mehr als Subjekte an, mit denen man kommunizieren müßte, sondern nur wie Objekte, die man dann auch nur als solche betrachten und behandeln kann: als Objekte der kausalerklärenden wissenschaftlichen Erkenntnis und als Objekte der auf Grund dieser Erklärungen möglichen technologischen Verfügung, die in Kenntnis der Ursachen das Verhalten manipulieren will. Dieser Reduktionismus enthüllt, daß die moderne Logic of Science (vom Logischen Positivismus über Popper und die »rechte« Popper-Schule, z. B. H. Albert) unter dem Strukturzwang der cartesischen *Subjekt-Objekt-Spaltung* steht.
Gehlen kann demgegenüber, als ob er den späten Wittgenstein antizipierte und hermeneutisch extrapolierte, 1935 sagen: »In der objektiven Betrachtung von außen, in theoretischer Haltung kann man niemals wissen, ob eine echte Handlung vorliegt oder nicht vielmehr eine bloße ›Reaktion‹. Es ist schon deshalb fraglich, ob Tiere eigentlich handeln, oder ob sie bloße Durchgangsstellen für Reiz- und Reaktionszusammenhänge sind ...« (Theorie, 271). Dies ist der erste Programmpunkt seiner »Phi-

losophie der Handlung«, die er als »das Kernstück einer philosophischen Anthropologie« betrachtet. [...]

1.4.2.2. *Das dialektische Prinzip der »Indirektheit«*

Gehlen ist von der Hegelschen Dialektik in struktureller Hinsicht stets abhängig geblieben. Das zeigt sich noch dort (ja vielleicht am deutlichsten dort), wo er das Urteil über die idealistischen Schwärmer und linken Romantiker fällt – mit dem Gestus des erbittert und gebieterisch realistischen Großinquisitors, den er, wie Habermas sagt, seither bis zur Selbstversteinerung übte. In dem Aufsatz »Die Geburt der Freiheit aus der Entfremdung« (1952) interpretiert Gehlen »den Idealismus« von Fichte bis zum Emanzipator Marx im Lichte der »Fichteschen Formel von der ›verlorenen Freiheit‹, von der Entfremdung und anscheinenden, täuschenden Selbständigkeit und Übermacht des von uns Erzeugten« (Studien, 234). Da Gehlen diese Entfremdung als notwendige Stabilisierung des riskierten, zur Subjektivität neigenden Wesens Mensch und die Übermacht der von uns geschaffenen Ordnungen über uns als vernünftiges Telos unserer Natur ansieht (s. u. 1.4.4.1), unternimmt er es, diese Formel in der pragmatischen Manier der »Erledigung« »abzutun« (vgl. Mensch, 214, 330), ohne sich also auf deren philosophischen Sinn verstehend und reflektierend einzulassen. Er projiziert sie daher, mit nur sehr bedingtem Recht, auf sein »Feindbild«, die bloße »Subjektivität«. »Idealismus, möchte ich sagen, ist einer der tiefsten und am schwersten aufzudeckenden Irrtümer und er besteht zuletzt in dem Glauben, die Idealität, die allerdings im Menschen liegt, sei in der unmittelbaren Subjektivität lebbar« (Studien, 244). Freilich war es Fichte, wie hinlänglich bekannt, nicht um die unmittelbare, sondern um eine ideale Subjektivität des reinen Selbstbewußtseins zu tun. Die Verwechslung des transzendentalen Ich mit einer »endlichen Subjektivität« (Löwith) blieb den Junghegelianern und in gewisser Weise dem frühen Sartre vorbehalten. [...]
Von Hegel übernimmt Gehlen auch das positive Prinzip seiner Kritik an der unmittelbaren Subjektivität: die These von der ›*Indirektheit* des menschlichen Seins‹ (Gehlen), die der spekulative Leitgedanke Hegels ist: es ist das Prinzip der »Vermittlung« – wir sprechen hier freilich, weil nur dieser Begriff auch im Spätwerk Gehlens benutzt wird, wie Gehlen von »Indirektheit«. Dieser ermöglicht es Hegel, erstmals Geist und Ge-

schichte in einem System zusammenzudenken, indem er die Identität des Menschen als das Ergebnis eines Prozesses von *Entäußerungen* an ein Drittes begreift, über das ich zu *anderen* (und indirekt auch zur *mir selbst*) in ein dauerndes *Verhältnis* wechselseitiger Anerkennung treten kann. Dabei gewinne ich Selbstbewußtsein und Identität, indem ich als Individuum von den anderen anerkannt werde *und* indem ich meine Entäußerung an das jeweilige Dritte – z. B. eine handlungsleitende Norm, die ich als Regel befolge – bewußt vollziehe und ihren Sinn einsehe. Denn auch zu anderen kann ich nicht direkt (i. S. der personalistischen Idee einer Ich-Du-Beziehung) mich verhalten, sondern nur über Drittes, sei es ein gemeinsames Ziel, gemeinsame Verhaltensnormen – sei es ein nur augenblickliches gemeinsames Sprechen, also die Rede. Deshalb geht Hegel davon aus, daß menschliches Leben nicht im Sinne eines zweistelligen Prinzips der Direktheit oder Unmittelbarkeit zu verstehen ist, der eine reine Subjekt-Objekt-Beziehung im Sinne des cartesianischen Dualismus entspräche, sondern im Sinne der *dreistelligen Relation* des Prinzips der Vermittlung (zu seiner logischen Struktur – drei Terme und drei Relationen – vgl. H. Schmitz, Hegel als Denker der Individualität, 1957, 131f., 133–138, 146–159).
Bei Gehlen lesen wir im zitierten Zusammenhang: »Der Mensch kann zu sich und seinesgleichen ein *dauerndes* Verhältnis nur *indirekt* festhalten, er muß sich auf einem Umwege, sich entäußernd, wiederfinden, und da liegen die Institutionen« (Studien, 245). Hier spricht Gehlen freilich in einer Abbreviatur; im Blick auf sein Werk hätten wir den Satz wie folgt zu ergänzen: »Da liegen die *Ideen* resp. *Leitideen* (nach M. Haurious Begriff der idée directrice, vgl. Mensch, 414, 426, 436; vgl. Urmensch, 257, 89, 259), die ihrerseits in dem Handlungszusammenhang einer *Institution* stabilisiert sein müssen.« [...]

1.4.3. *Undialektische versus dialektische Handlungsphilosophie*

Am Leitfaden des dialektischen Prinzips der Indirektheit kann allererst das Hauptproblem der Gehlenschen Handlungstheorie, das in Gehlens Kritik an der intellektuellen Reflexionskultur die größte Anschaulichkeit und politische Relevanz gewinnt, begriffen werden. Es ist die *unmittelbare* Subjektivität, die sich direkt leben will. Die »auf sich selbst zurückgeworfene

Subjektivität« der Intellektuellenkultur lebt bloß aus den unmittelbaren Antrieben der Individuen, weshalb sie strenggenommen nur Innerlichkeitswert hat und von bloß psychologischem Interesse ist (vgl. Urmensch 110f., 112–115). Sie gelangt nur zu »subjektiven ›Überzeugungen‹« und unverbindlichen »Meinungen«, die von der Intellektuellenkultur natürlich als »Ideen« ausgestreut werden. Aus der Absenz einer Vermittlung durch *Institutionen* folgt für die Intellektuellenkultur zwangsläufig, »daß der einzelne *seine* zufälligen inneren Vereigenschaftungen, *seine* gerade ihm zugewachsenen Überzeugungen und Gedanken und *seine* Gefühlsreaktionen ohne weiteres und unmittelbar so erlebt, als ob sie überpersönlich belangvoll wären. Von den Institutionen im Stich gelassen und auf sich zurückgeworfen, kann man wohl nicht anders reagieren als mit dieser Überhöhung des jetzt noch vorhandenen Inneren zur allgemeinen Gültigkeit« (Forschung, 74, passim). »Das *direkte* Ausspielen der Subjektivität ist daher immer falsch« (Studien, 245); denn als Überspringen der Indirektheit reduziert und verzerrt es die zum Handeln und für zwischenmenschlichen Verkehr notwendige *normative Intersubjektivität*; das hat freilich auch eine Verunsicherung und Destruktion der Identität der Handelnden zur Folge.
»Human sind die Menschen nur dort, wo sie nicht als (scil: bloße) Person agieren und gar als solche sich setzen.« Dieser Satz *Adornos* (Negative Dialektik, 272), der, vom Sinn des Wortes »human« abgesehen, so auch bei Gehlen stehen könnte, verbindet die Antipoden in der Absicht, dem dialektischen Prinzip der Vermittlung handlungsrelevante Realität zu schaffen. Diese Absicht, die zugleich die Brücke von der idealistischen Dialektik zum semiotischen Pragmatismus bildet, indiziert die *ethische* Dimension einer Handlungstheorie. Und auch eine »*kritische Theorie*« der Handlung hat keinen Anlaß, die Gefährdung handlungsorientierender Intersubjektivität durch eine »vom Handeln abgefilterte« Subjektivität und Kultur zu trivialisieren oder über der komplementären Gefährdung durch die Verständigung reduzierende, relative »Direktheit« repressiver Institutionen zu verdrängen. Adorno und Horkheimer hatten noch das Eine und das Andere im Blick. – Freilich zeigt die »kritische Theorie«, daß die Gefährdung der handlungsorientierenden Intersubjektivität durch die Unmittelbarkeit einer parasitären Subjektivität ihren Grund einmal darin hat, daß die Subjektivität *als* unreflektierte und gesellschaftlich unwissende desto mehr von approbierten Vorurteilen besetzt und Ort des »falschen Bewußtseins« wird. Ein weiterer Grund

ist, daß die Existenz einer Masse unreflektierter, nicht wissend mit der Gesellschaft vermittelter und also inkompetenter Individuen (in Unterschichten, Journalismus und Verwaltung) einem System entspricht, das lebenspraktische Fragen, zumal solche, die dessen Sinn und Geltungsanspruch betreffen, ausklammert, ablenkt und neutralisiert (Adorno, Habermas). Das System selbst ist es demnach, das die inkompetente, abstrakte Subjektivität zum Zweck seiner Erhaltung produziert und eine unverbindliche Intellektuellenkultur in diesem Sinne funktional integriert (Adorno, Marcuse).

Es ist gerade diese *ideologiekritische* Dimension, die der Gehlenschen Handlungstheorie von vornherein fehlt (letztlich würde er auch sie als »linke Romantik« denunzieren müssen, vgl. Studien, 244f.). Demgegenüber bringt Gehlen, im Unterschied zur klassischen (noch vorsemiotischen und sprachphilosophisch unreflektierten) »kritischen Theorie«, die *pragmatische* Dimension in die Handlungstheorie ein; wohlverstanden, würde daraus die auf S. 48 idealtypisch skizzierte Sprachspiel-These als *Konkretisierung* des dialektischen Prinzips der Indirektheit folgen. Wo nun aber Gehlen diese pragmatistische Konkretisierung des dialektischen Prinzips explizit formuliert (Urmensch, 115, 221, 255; s. u.), tut er es zugunsten einer *Reduktion* des intersubjektiv verständlichen und insofern relevanten Sinns auf das hier und jetzt, in einem gegebenen Handlungskontext positiv Prüfbare. Eine Reduktion, die Peirce, wiewohl er ihr selbst streckenweise erlag, letztlich bewog, den von ihm intendierten Pragmatismus als »Pragmatizismus« von dem eines James und Dewey abzugrenzen, der solche Tendenzen aufwies (vgl. Apel, Einleitung I, 32f., 138–148; II, 12f., 20–40; zu Gehlen: Apel, Gehlen, 20).

Eine derartige Reduktion im Bereich der Handlungstheorie läuft freilich auf einen Abrichtungspragmatismus hinaus, der eine »Apologie der Macht« und ihrer manipulativen Sozialtechnik darstellt, – im Interesse des Konservativismus der Institutionen als »Führungs-« und »Zuchtsysteme«. In »Moral und Hypermoral« werden diese Konsequenzen kaum verhohlen gezogen – im Rahmen einer reduktionistischen Sinnkritik des Wortes »Verantwortung«, auf das sich die Intellektuellen beim Vertreten ihrer bloßen »Meinungen« berufen, obwohl sie »die Folgen ihrer Agitation nicht zu verantworten haben, weil sie diese mangels Realkontakt gar nicht ermessen oder sich alles erlauben können« (Moral, 150). »Das Wort Verantwortung hat nur da einen deutlichen Sinn, wo jemand die Folgen seines Handelns öffentlich abgerechnet bekommt und das weiß; so der Politiker am Erfolg, der Fabrikant am Markt, der Beamte an der Kritik der Vorgesetzten, der Arbeiter an der Kontrolle der Leistung usw. Wo eine solche Instanz nicht zu sehen ist, aber ausdrücklich verpönt, wie im Art. 5 des Grundgesetzes (Pressefreiheit) die Zensur, dort ist man von der Verantwortung entlastet . . .« (Moral, 151).

Gehlens Alterswerk illustriert in aller Drastik, wie sich das dezisionistisch pragmatistische Motiv ungebrochen durchsetzt und die idealistische Dialektik ebenso wie letztlich den philosophischen Pragmatismus bloß instrumentalisiert und dadurch in ihrem philosophischen Gehalt aushöhlt. Hier zeigt es sich daran, daß intersubjektiv verständlicher Sinn mit dem Sinn gleichgesetzt wird, der in *gegebenen*, intakten *Institutionen* absehbare praktische Folgen hat. Wird damit aber nicht auch dem dialektischen Prinzip der Indirektheit, zugunsten einer Direktheit der Institutionen, widersprochen?

1.4.3.1. *Ansatz einer dialektischen Handlungs- und Institutionenphilosophie*

Schon aus einigen unserer obigen Zitate mag man entnommen haben, was aus ihrem weiteren Kontext deutlicher hervorgeht: daß Gehlen das dialektische Prinzip der Indirektheit oder der Vermittlung nicht zugleich *transzendentalphilosophisch*, als Formel für eine Bedingung der Möglichkeit menschlichen Lebens, sondern zunächst ausschließlich als Kategorie einer *empirischen* Theorie des Handelns sich angeeignet hat; in zweiter Linie freilich auch als moralisch praktisches Postulat und »Kontrollwert« (Parsons) einer funktionalen Analyse, denn »Indirektheit« ist die Voraussetzung eines stabilisierten Handelns. Letzteres, also der eminente moralisch praktische Wert, den Gehlen im Sinne seines praktischen Erkenntnisinteresses der Indirektheit zuschreibt, macht gerade die Statuszumessung zum springenden Punkt. Daß Gehlen dem dialektischen Prinzip keinen transzendentalphilosophischen Status zuschreibt, mag seinem nicht hinlänglich geklärten Selbstverständnis, eine »empirische Philosophie« zu geben, entsprechen. Systematisch faßbar wird es daran, daß Gehlen – wie Liebrucks hervorgehoben hat (a.a.O., bes. 111f.) – gerade nicht von der in der *Sprache* a priori gegebenen Vermittlung des Ich mit anderen und mit Sachverhalten ausgeht; m. a. W.: daß Gehlen die Sprache eben nicht, wie Apels fruchtbare (Hoch-)Interpretation von »Urmensch und Spätkultur« anzunehmen scheint, als »Institution

der Institutionen« im Sinne des italienischen rhetorischen Humanismus begreift (Apel, Gehlen, 17f.; ders., Idee, 135f., 188ff., 364f, 272f., 204f.). Dieser Gesichtspunkt entspräche freilich dem systematischen Anspruch des dialektischen Prinzips – oder besser der einen, realistisch »zentrischen« Seite dieses Prinzips.
Sprachphilosophisch reflektiert und nach seinen beiden Seiten entfaltet, führte das Prinzip zu folgendem Ansatz einer *dialektischen Handlungstheorie auf der Ebene transzendentaler Pragmatik:* Eine Vermittlung überhaupt des Individuums mit anderen und mit Sachverhalten über festgelegten Sinn mit der Struktur der »*Indirektheit*«, d. h. einer dreistelligen Relation, ist *a priori* in der *Sprache* gegeben; insofern ist die Sprache Institution der Institutionen (These 1). Da andererseits die Sprache auch Medium der distanzierenden *Reflexivität* ist, können die Individuen aber die jeweiligen Sinngehalte und sozialen Formen ihrer empirischen, konkret historischen Vermittlung mit den anderen (zumal in Traditionen und Institutionen) und mit den für sie relevanten Sachverhalten (in Formen des Alltagswissens, in Techniken und wissenschaftlichen Theorien) prinzipiell in Frage stellen; insofern ist Sprache »Meta-Institution der Institutionen« (These 2).[2]
Wenn beide Seiten, die »realistische« und die »idealistische« Seite, dieses dialektischen Apriori der Vermittlung durch Sprache zusammengedacht werden, ergeben sich zwei Folgerungen. Von These 1 ausgehend, würde folgen: Wer in einem bestimmten Sprachspiel als normativer Institution der Weltdeutung und »Handlungsformierung« spricht und handelt, muß prinzipiell die möglichen Gegenargumente oder Zweifel am Geltungsanspruch der eigenen Institutionen, die von anderen als Reflektierenden (auf Grund ihres Vermitteltseins in einem anderen oder modifizierten Sprachspiel) vorgebracht werden, beantworten und seine Position begründen können. D. h. aber, daß der eine die anderen *als* Sprechende anerkennen und »mit sich reden lassen« muß (vgl. Habermas, Bemerkungen, 118f., und ders., Profile, 210–212).
Von These 2 ausgehend würde folgen, daß ich auch als Reflektierender keine unmittelbare (und daher sozial völlig »parasitäre«) Subjektivität realisieren kann, sondern immer die sprachliche Struktur der »Indirektheit« voraussetze, indem ich a priori an das transzendentale Sprachspiel regelhaften Sprechens und Handelns überhaupt gebunden bin *und* empirisch je schon im konkreten Sprachspiel handle und spreche. Daraus folgt aber, daß ich mich nicht aus der Intersubjektivität und aus dem

Kontext möglichen Handelns herausreflektieren kann, daß auch die »infragestellende Reflexion« nicht von vornherein in der Sphäre bloßer »Meinungen« und »folgenloser Ideen« stehen *muß*, sondern man diesen Ideen wohl folgen, ihre Entwicklung rekonstruieren und sie prüfend auf mögliches Handeln beziehen *kann*. Auch die in Frage stellende Reflexion muß nicht »in der Unverbindlichkeit stehen«; der sinnkritischen These eines philosophischen Pragmatismus kann sie durchaus entsprechen: Es ist erstens methodisch möglich, daß auch im Zustand der reflexiven Infragestellung bisher nicht problematisierter Normen resp. Leitideen von Institutionen eine verbindliche normative Argumentation stattfindet (vgl. Lorenzen, Szientismus; Schwemmer, Philosophie, 31–36, bes. 37–40, 57–59, 234–236). Es ist zweitens empirisch gestützt, daß – spätestens seit der Institutionalisierung des Gesprächs in Parlamenten und Räten – eine »Mitinstitutionalisierung der Reflexion«, die von Gehlen solipsistisch als Ausdruck parasitärer Subjektivität denunziert wird, gesellschaftspolitisch durchführbar ist (Schelsky, Theorie, 25; ders., Dauerreflexion).

1.4.3.2. *Kritik der undialektischen Handlungs- und Institutionentheorie Gehlens*

Der skizzierte Ansatz einer sprachphilosophisch reflektierten Handlungstheorie, der den Solipsismus überwindet, soll hier nur als Folie meiner Gehlenkritik fungieren. Daraus nämlich, daß Gehlen nicht vom dialektischen Apriori der Sprache als Institution ausgeht, folgt *erstens*, daß er die Vermittlung der vermeintlich »an sich« erschreckend instabilen und asozialen Subjekte (i. S. von »Subjektivität«) nur als eine von Grund auf *herzustellende* denken kann, deren Ziel die *Zurücknahme* der – ja von vornherein als instabil und sozial parasitär vorgestellten – *Subjektivität* ist: »das Aufgeben« und die »Vernichtung des Eigenwillens« – wie es 1933 hieß (Theorie, 227, vgl. 215, 234); die »Konsumierung« und »Verbrennung« der Subjektivität mit ihrer »chaotischen Instabilität«, die »Erlösung« von »dem halsbrecherischen Ideal der autonomen Persönlichkeit« und »vom Individuum . . . dieser Ausgeburt des sechzehnten Jahrhunderts, die das neunzehnte großgefüttert hat (Hofmannsthal)« – wie es bis 1956 und 1969 heißt (Moral, 157, 158, vgl. 75f.; Urmensch, 211, 208, 88, passim; Studien, 245). Eben darin, die gefährliche Subjektivität zu vernichten und stabile, instinktanaloge soziale Ordnungen zu schaffen und zu bewahren, sieht Gehlen *die* Aufgabe menschlichen Handelns, die es erst als menschliches und das heißt kulturelles auszeichnet.

Wenn aber die Vermittlung immer erst eine herzustellende und in diesem Sinne als Aufgabe des Handelns zu denken ist, kann – *zweitens* – auch die *Sprache* und die von ihr geleistete Festlegung von handlungsorientierendem Sinn nur als eine Form des *herstellenden Handelns* begriffen werden: »als eine besondere Handlungsart« (Urmensch, 90). Und die von der Sprache geleistete Stabilisierung von Sinn kann dann nur mehr empirisch analytisch als Ergebnis oder pragmatisch funktionalistisch als Funktion dieses Handelns angesehen werden: »Das gesprochene, sachbezogene Wort gibt . . . das nächstliegende Beispiel für die Allgegenwart einer Kategorie wie die Stabilisierung her: hier in dem allgemeinen Sinne einer Ablösung des Vorfindbaren von der Raum-Zeit-Stelle; das ist es, was das Wort . . . bedeutet, eine Handlung des Feststellens, der Daseinsstabilisierung« (Urmensch, 90, vgl. 173).

Im Denken des frühen Gehlen wird freilich jene Daseinsstabilisierung noch nicht als *die* Aufgabe des Menschen und also seines Handelns *begründet*, sondern kaum mehr als bloß weltanschaulich im Sinne des pragmatischen Dezisionismus motiviert. Es ist nun die Funktion der »elementaren Anthropologie«, eine Begründung zu liefern. Weil aber die Anthropologie nicht als philosophische konzipiert ist, die nach dem fragt, was sich am Menschen »bei aller geschichtlichen Veränderung als Bedingung der Möglichkeit aller menschlichen Veränderungen durchgehalten hat« (Liebrucks, 112; vgl. Böhler, Rechtstheorie, 62), sondern zumal als »empirische« Anthropologie, deren »philosophischer Gesichtspunkt« eben mit jener pragmatistisch dezisionistischen Motivation identisch ist, kann von ihr keine kritische Reflexion jener Motive ausgehen. So gilt für das Frühwerk und das Spätwerk gleichermaßen, daß – *drittens* – die intersubjektive Vermittlung der Individuen in Form einer Stabilisierung und auf Dauer stellenden Festlegung von Sinn überhaupt nicht den, durch diskursiv dialogische Konsensbildung gewonnenen, Status intersubjektiver Wertrationalität haben *kann*, sondern *nur* den Status der prinzipiell *irrationalen Entscheidung*. Die Stabilisierung des Handelns in »habits« und Institutionen ist gebunden an den Akt einer »Entscheidung« zur »freiwilligen Aufgabe der Freiheit« und »Annahme der Unfreiheit«, womit der Forderung »der wahrhaften politischen Ethik . . ., das Gesetz, das schon ist und gilt, zu bejahen«, entsprochen wird (Theorie, 225, 204, vgl. 55, 182; Urmensch, 16, 17, 89; Moral, 74–76).

Wenn es sich aber prinzipiell um eine irrationale Entscheidung handelt, kann – *viertens* – auch das, wofür man sich entscheidet, *nur* irrational sein. In der Tat betrachtet Gehlen sowohl die praktischen »Überzeugungen« der Handelnden, als auch die weltanschaulichen »Synthesen«, die »Ideen« oder »Leitideen« (idée directrice, M. Hauriou), wie es im Spätwerk heißt, nur als »irrationale Gewißheiten«, die durchaus fiktiv sein können – wenn sie nur als »institutionelle Fiktionen« (Urmensch, Kap. 38–39) ein »superadditum an Geltung« erhalten, »das sie der Möglichkeit des subjektiven (!) Infragestellens enthebt«, so daß sie »die Funktion von ›Führungssystemen‹« des Handelns, des Selbst- und Weltverständnisses, mithin des Lebens der Menschen *konstant* wahrnehmen (Urmensch, 211, 212, vgl. 212f., 206ff., 210). [...]

1.4.4. *Die Institutionen-Moral als Folge der undialektischen Anthropologie*

Die handlungs- und institutionsfunktionale Perspektive Gehlens, die nur das pragmatische Interesse an der Stabilität der handlungsorientierenden Systeme und an dem möglichst störungsfreien Funktionieren der Handlungsabläufe verfolgt, führt dazu, daß Gehlen die Frage nach *vernünftigen Kriterien* für *gutes* Handeln und ebenso nach der Begründbarkeit solcher moralischen Normen aus *praktischer Vernunft* als eine sinnlose Frage verwirft. Immanuel *Kants* ethische Leitfragen »Was sollen wir tun?« und ›was kann als praktisch gut gelten?‹ verfallen sofort seiner pragmatisch-institutionalistischen Sinnkritik. Die Frage nach Geltungskriterien von Normen und damit nach der rationalen Rechtfertigung von Normen und Verantwortung von Handlungen wird offenbar dem bürgerlichen Sicherheitsbedürfnis zugeschrieben, das angeblich seit dem rationalen Naturrecht der Aufklärung, seit Kant und Fichte vom Begriff der Vernunft und der Idee des autonomen Vernunft-Subjekts einerseits legitimiert und andererseits als bloßes Sicherheitsbedürfnis der Schwachen eben verschleiert worden sei.
Im Sinne einer solchen Ideologiekritik der Vernunft, die sich ganz auf der Linie Friedrich Nietzsches hält, argumentiert der frühe wie der späte Gehlen. Die Frage nach dem Wertmaßstab des Handelns erscheint ihm daher nur als »ein bekanntes Scheinproblem der Ethik«, das bloß von einer »rein kontemplativen« philosophischen Existenz ausgedacht werden könne und das der »Schwachheit derer, die sich mit dem Faktischen

einzulassen zögern«, einen ideellen Anstrich gebe (Theorie 274f.). Im Zeichen der »Schwäche« des Spätbürgertums und der »Handlungslosigkeit« seines kulturellen Nachfolgers, der »verantwortungslosen« Klasse der Intellektuellen, verhindere dieses verborgene, aber leitende »Bedürfnis nach Sicherheit, nach Beherrschung der Umstände« (Studien, 246) die Übernahme des Risikos, irrational und gleichsam ohne alle Vernunftsicherung handeln zu müssen. Wer aber jenes Risiko auf sich nimmt, indem er sich tätig an einen positiven Handlungszusammenhang entäußert, für den »erledigt« sich die Frage nach allgemeinen Handlungskriterien von selbst. Denn *erstens* gelangt er »durch tätige Erfahrungen innerhalb der Gemeinschaft« zu den praktisch relevanten und hinreichenden »Überzeugungen« eines »praktisch-politischen Dogmatismus« (Theorie, 275), die durchaus »irrational« sind und doch als »fraglose Gewißheiten« festgehalten werden. Das geschieht wiederum aus zwei Gründen: vom Subjekt her gesehen, weil sie in einer bestimmten Handlungssituation eingeübt und »*habitualisiert*« werden (Theorie, 281f., 274), d. h. zu »stereotypisierten« und »verselbständigten *Gewohnheiten*« des Handelns führen (Urmensch, 19f., 23, 25, 28) – vom Handlungszusammenhang her gesehen, weil fraglose Gewißheiten das Optimum an »Leistung« im Sinne der Systemfunktionalität erbringen; und zwar negativ, indem sie die reflektierende Subjektivität ausschalten, und positiv, indem sie den Handlungszusammenhang so stabilisieren, daß er zum »Selbstzweck« resp. »Selbstwert im Dasein« »umschlagen« kann (Urmensch, Studien 197–203).

Die »verselbständigten Gewohnheiten« sind die notwendigen Elemente der *Institutionen*, »die sich als Beziehungsnetze solcher Gewohnheiten ebenfalls verselbständigen« (Urmensch, 28) und gerade dadurch eine instinktanaloge Sicherheit und Konstanz des Handelns bei »suspendierter Sinnfrage« garantieren. Ein so stabilisiertes Handeln ist intersubjektiv verläßlich und objektiv berechenbar (Studien, 200 f.). Damit trifft Gehlen zweifellos die »quasi-naturalistischen Phasen« (Radnitzky, Schools, II, 94–109) des menschlichen Durchschnittsverhaltens, von dessen habitualisierter und durch Institutionen nochmals festgelegter (»außengestützter«) Linie wir in der Lebenspraxis in der Tat nur selten abweichen und sie reflexiv in Frage stellen. Die philosophische Erklärung dieses sozialen Grundphänomens will Gehlen, durchaus konsequent, anthropologisch geben.

Neben der Habitualisierung und Institutionalisierung des Handelns führt Gehlen einen *zweiten* Gesichtspunkt ein, der die Sinnfrage und überhaupt die Frage nach Zielen des Handelns als Scheinproblem entlarven soll. Praktisch werde nämlich, zugleich mit der kantischen Auffassung, »daß wir die Normen des Verhaltens aus der eigenen Brust ziehen«, letztlich auch die Frage, was zu tun sei, dadurch erledigt, daß die Normen »aus den Gesetzen der *Aufgaben* (folgen), die unumgänglich und diktatorisch akut werden« (Studien, 137; vgl. 139, 213f.). Das heißt aber, daß unser Handeln ein Lösen von Problemen ist, die von *Außen* auf uns zukommen und auf die wir – man denke an das kybernetische Modell der Systemtheorie – nur mit einem Problemlösungsverhalten zu reagieren hätten. Nun ist auch diese These ein pragmatistischer Topos, der freilich erst mit der Übersetzung des Pragmatismus in sozialwissenschaftliche und wissenschaftswissenschaftliche *Systemtheorien* akute Bedeutung gewonnen hat, die beide die Subjekt-Objekt-Relation zu einer »Innen-Außen-Differenzierung« (Luhmann) transformieren. – Gehlen selbst hat sie im Rahmen einer von Schelsky, dann ideologiekritisch von Habermas und Claus Offe aufgenommenen, Skizze der »industriell-bürokratischen Gesellschaften« zur These vom Handeln aus »*Sachzwang*« weiterentwickelt (Studien, 205–207, 255f., vgl. 247ff.). Schelsky hat daraus konsequenterweise die sogenannte »Technokratie-These« gefolgert, welche bekanntlich eine heftige Diskussion ausgelöst hat.[3]

In unserem Zusammenhang stellt sich die Frage, wie Gehlen, der doch ursprünglich den cartesianischen Dualismus von Subjekt und Objekt, Innen und Außen etc. überwinden wollte, dazu kommt, unversehens das Innen-Außen-Schema in die Handlungs- und Institutionentheorie erneut einzuführen. Die Frage verweist auf seine »elementare Anthropologie«.

1.4.4.1. *Die Bedeutung der elementaren Anthropologie für Gehlens Theorie der Handlung und der Institution*

Gehlens »elementare Anthropologie« soll mit einer »biologischen Betrachtungsweise« (Mensch, 14, 17) begründen, was er philosophisch schlechterdings nicht begründen kann – insofern ist auch seine pauschale Polemik gegen den Idealismus nur konsequent: Gehlen mag gespürt haben, daß die philosophischen Kategorien seiner dezisionistisch pragmatistischen Weltanschauung widersprechen, die zur freiwilligen Unterwerfung des Willens unter die »Absolutheit des Anspruchs, den jedes

›Zuchtbild‹ (Rosenberg) stellen muß« aufruft (Mensch, 1. Aufl., 462). – Einer Diskussion des philosophischen Sinns seiner Kategorien entzog sich Gehlen auf dem 7. Deutschen Kongreß für Philosophie 1962, indem er erklärte, er sei »gar nicht mehr Philosoph« (vgl. Philosophie und Fortschritt, 330). Die erwähnte Weltanschauung soll nun »anthropo-biologisch« fundiert werden. Die dezisionistisch pragmatistische Motivation wird auf die anthropologische Ebene transponiert: aus der instabilen, *riskierten Existenz*, die ständig dem bedrohlichen Druck der hin und her reflektierenden Subjektivität und deren unstetem »Triebhang« ausgesetzt ist, wird nun das instinktreduzierte, weltoffene »*riskierte Wesen*«, das der »Reizüberflutung« seitens der »Außenwelt« (!) *und* einer instabil reflexiven Subjektivität samt ihrem chaotischen »Antriebsüberschuß« (Mensch, 60–63, passim; Urmensch, 21) ausgesetzt ist und »aus der Riskiertheit bewußt das Risiko (der Kultur) macht« (Mensch, 64).
In Gehlens Selbstverständnis stellt sich der Übergang zu einer »empirischen Philosophie« (Urmensch, 8) mit »anthropo-biologischer Fragestellung« (Mensch, 16) freilich anders dar: Eine »Gesamtwissenschaft vom Menschen« soll erarbeitet werden; diese muß aber in gewisser Weise philosophisch sein. Denn in sie müßten »mehrere Einzelwissenschaften eingehen: die Biologie, die Psychologie, die Erkenntnislehre, die Sprachwissenschaft, die Physiologie, die Soziologie usw.« (Mensch, 12f.) Um diese untereinander abgegrenzte Vielfalt aber »im Hinblick auf *ein* Thema« beherrschen zu können, bedürfe es eines leitenden philosophischen Gesichtspunkts resp. einer »Gesamtanschauung« (Mensch, 13). Diese Gesamtanschauung gewinnt Gehlen in Anknüpfung an Nietzsche, Schopenhauer, Herder, Scheler und deren Vergleich des Menschen mit dem Tier. Fand er bei Schopenhauer die »anthropologische Wendung der Philosophie« zu dem neuen »Schlüsselproblem« des handelnden Menschen und die, zuvor schon von Herder vertretene, dann von Uexküll empirisch ausgearbeitete These von der tierischen Harmonie zwischen Instinktausstattung, Organbau und Umwelt und der Auflösung dieser Harmonie bei dem biologischen »Mängelwesen« Mensch, so übernahm er von Nietzsche jene spektakuläre Begründung des dezisionistischen Pragmatismus, die im Rahmen eines Vergleichs von Mensch und Tier die organischen Unterschiede hervorhebt, aber eine normative resp. teleologische Übereinstimmung festhält: das Telos, der Sollwert der Systeme, ist bei beiden die *Lebenserhaltung*. Nur ist der Mensch »das noch nicht festgestellte Tier« (Nietzsche,

Zit. in: Mensch, 10) – nämlich dasjenige, das »*sich zu sich selbst (verhält)*, ... wie dies kein Tier tut«; der Mensch »lebt nicht ... er *führt* sein Leben«, wie Gehlen, in stillschweigender Anknüpfung an den Emigranten Plessner, programmatisch formuliert (Mensch, 17).
Den biologischen Gehalt dieser These legt Gehlen dann in aller Breite dar: er arbeitet die Theorien und Resultate von Uexküll, Storch, Bolk, Schindewolf, Portmann u. a. auf. Die Forschungen J. v. Uexkülls lieferten zwar zuerst die Bestätigung für die Herdersche, dann von Schopenhauer, Nietzsche, aber auch von Marx aufgenommene Vermutung, daß Tiere in einer festen, artspezifischen Umwelt (»Merk- und Wirkwelt«) wie in einem Gehäuse leben; ihre wenigen und einfachen instinktiven Erfahrungs- und Bewegungsschemata reagieren automatisch auf die entsprechend geringen und einfach strukturierten Außenwelt-Signale, die von den Filtern ihrer Sinnesorgane registriert werden können.
Gegen v. Uexkülls Versuch einer Übertragung dieser Umwelttheorie machten Scheler und Plessner dann den Menschen als »*Neinsagenkönner*« resp. als Repräsentanten einer »*exzentrischen Positionalität*« geltend. Auf dieser Linie zeigt Gehlen nun in »Der Mensch«, daß die Ergebnisse der biologischen Anthropologie sowohl die (Plessnersche!) These belegen, daß die exzentrische Position des Menschen seine Organisation in allen Bereichen (von den intellektuellen bis zu den organischen und vegetativen) gleichermaßen bestimmt, als auch den Schluß zulassen, daß der Mensch gerade wegen seiner natürlichen, exzentrischen Organausstattung auf die Kulturleistungen des intelligenten Handelns angewiesen ist, um sich überhaupt »im Dasein halten zu können«. Durch »Instinktreduktion« und »Antriebsüberschuß« verunsichert, ist das Überleben des Menschen stets von innen, von seiner freigesetzten Subjektivität bedroht. Mit Storch hebt Gehlen hervor, daß »die Funktionskreise, welche beim Tier die Sinnesorgane in Bann halten und in den scharf eingeschränkten Dienst der Aufgaben der spezifischen Umweltbereiche stellen, beim Menschen zerbrechen, so daß nun auch die Sinnesorgane ›frei geworden‹ (entlastet) sind zu anderer, eigenwilliger Betätigung« (Urmensch, 21).

1.4.4.2. *Die Notwendigkeit einer Institutionalisierung des Handelns. Die legitime Bedeutung der elementaren Anthropologie*

Das impliziert aber, daß der Mensch jetzt nicht mehr nur auf die Signale eines engen, spezifischen Weltausschnitts zu reagieren braucht, sondern daß er der »Reizüberflutung« einer unbegrenzten Welt ausgesetzt ist. Für ihn ist »keine ›Umwelt‹, kein Inbegriff natürlicher und urwüchsiger Bedingungen angebbar, der erfüllt sein muß, damit ›der Mensch‹ leben kann, sondern wir sehen ihn überall, unter Pol und Äquator, auf dem Wasser und auf dem Lande, in Wald, Sumpf, Gebirge und Steppe ›sich halten‹. Und zwar lebt er als ›Kulturwesen‹, d. h. von den Resultaten seiner *voraussehenden*, geplanten und gemeinsamen Tätigkeit, die ihm erlaubt, aus sehr beliebigen Konstellationen von Naturbedingungen durch deren voraussehende und tätige Veränderung sich Techniken und Mittel seiner Existenz zurechtzumachen« (Forschung, 47).

Richten wir jetzt an Gehlens Handlungstheorie und die von ihr angeleiteten kulturanthropologischen und historisch soziologischen Untersuchungen die Frage, in welchen Formen der Mensch derart kulturproduzierend handle, so erhalten wir eben die sorgfältig belegte Auskunft: Von der ungeheuren Belastung, die mit der Umweltlosigkeit und »Weltoffenheit« einerseits, mit dem »Antriebsüberschuß« und der Freisetzung reflexiver Subjektivität andererseits dem Menschen von Natur zugemutet ist, muß er sich durch »Habitualisierung« und »Institutionalisierung« des Handelns »*entlasten*«.

Kulturanthropologisch arbeitet Gehlen heraus, daß jede Kultur aus der Vielfalt möglicher menschlicher Verhaltensweisen bestimmte als gesellschaftlich sanktionierte Muster verbindlich festlegt: die *Institutionen.* Ihnen kommen zwei Funktionen zu: Einerseits lösen sie als arbeitsteilige Systeme mit spezifischen Funktionszuweisungen die von »außen« gestellten Probleme, wie sie sich zunächst aus der Ernährung und Fortpflanzung ergeben – Probleme, deren Lösung »innen« Sicherheit und ein geregeltes, dauerndes Zusammenwirken erfordern. Damit ist auch schon die zweite Funktion der Institutionen angedeutet: andererseits erscheinen sie »als stabilisierende Gewalten und als die Formen, die ein seiner Natur nach riskiertes und unstabiles, affektüberlastetes Wesen findet, um sich selbst und um sich gegenseitig zu ertragen, etwas, worauf man in sich und anderen einigermaßen zählen kann« (Moral, 97).

Indem Gehlen die Institutionalisierung des Handelns »aus der

Natur des Menschen abzuleiten« versucht, hat er zweifellos zur anthropologischen Klärung der in empirischen Sozialwissenschaften, zumal in Funktionalismus, Systemtheorien und in der sozialtechnischen Gesellschaftsplanung, immer schon gemachten Voraussetzungen eines *quasi-naturalistischen*, konstanten und daher kalkulierbaren Durchschnittsverhaltens einen nicht gering zu schätzenden Beitrag geleistet. Ferner ist es ihm in Verfolg dieser Absicht gelungen, grundlegende Kategorien bereitzustellen, deren sachaufschließende Perspektiven keine Theorie des Handelns, sei es nun eine Gesellschafts- oder eine Wissenschaftstheorie, wird ignorieren können.
Freilich schlägt die Fruchtbarkeit der Gehlenschen Kategorien in unfruchtbaren Reduktionismus um, da sie ausschließlich am Telos der Lebenserhaltung fixiert sind. Auf dieses Telos wird auch Gehlens *praktisches Erkenntnisinteresse* verengt, und das früher implizierte *Erkenntnisinteresse an Wahrheit* wird diesem Telos geopfert. Nur im Blick auf dieses, seiner dezisionistisch pragmatistischen Motivation entsprechende Telos ist erklärlich, warum Gehlen die Institutionalisierung nicht als Bedingung der Möglichkeit des Erfassens von Wirklichkeit resp. der konsensvermittelten Wahrheit konzipiert, und warum er Wirklichkeit und Wahrheit nicht wiederum als Ziele und Normen der Institutionen festhält.
Nur wenn er in diesem Sinne dialektisch dächte, könnte er m. E. sein starkes Argument philosophisch begründen, daß wir nämlich sowohl im praktischen als auch im wissenschaftlichen und philosophischen Handeln notwendig *angewiesen* sind sowohl auf die nie ganz rationalen, sondern mehr oder weniger »*irrationalen« Festlegungen* (auf bestimmte Fragestellungen, Ideen und Methoden und lebenspraktische Gewißheiten, Verhaltensmuster etc.) wie auch auf ihre *institutionalisierte*, die infragestellende Reflexion und grundsatzkritische Kommunikation als Systemgefährdungen ausklammernde, insofern *dogmatische Durchführung*. Anders kämen wir in Theorie und Praxis buchstäblich zu nichts.
Philosophisch anthropologisch begründbar *und* von möglicher handlungsorientierender Relevanz (in den unausbleiblichen Krisen der ›dogmatisch‹ institutionalisierten Theorie und Praxis!) wäre Gehlens Handlungs- und Institutionenlehre, wenn sie die Thesen verträte: wir sind auf »*institutionelle* Fiktionen« angewiesen, die aber über sich hinausweisen auf mögliche Wahrheit. Für das Handeln gibt es einerseits die Norm der Entäußerung an die Institutionen, andererseits aber auch die der kritischen Reflexion und Diskussion der institutionalisier-

ten *Fiktionen.* Zwar können Reflexion und Diskussion in folgenlosem, unfruchtbarem Hin und Her enden, sie können eine Analogie zum bloßen Assoziieren des Traums und der Halluzination darstellen – aber sie können auch im Sinne einer empirisch institutionellen Realisierung der Sprache als Institution der Institutionen fruchtbar und mit handlungsorientierender Relevanz durchgeführt werden.

1.4.4.3. *Reduktion der Handlung auf Institution. Die illegitime praktische Bedeutung der elementaren Anthropologie*

Aber Gehlen denkt das Handeln nicht im Sinne einer dialektischen Vermittlung von dogmatischer Festlegung und subjektiver Reflexion. Er denkt nur diese beiden Extreme als *abstrakte* Extreme, die sich in fiktiver Unvermitteltheit gegenüberstehen. D. h. aber, daß Gehlen die mit der *Geschichtlichkeit* a priori gegebene Vermittlung und damit die Geschichtlichkeit selber ausklammert (vgl. Lepenies, Melancholie, 237). Die Folge ist, daß Gehlen von einem *solipsistischen* Begriff des Subjekts *und* der Reflexion her denkt. Und deshalb muß er – denn als bloß subjektiv reflektierende können Menschen nicht existieren – die totale Unterwerfung unter die Institutionen, also die ausschließliche Realisierung des einen Extrems denken. »Angesichts der Weltoffenheit und Instinktentwicklung des Menschen ist es durch nichts gewährleistet, daß ein gemeinsames Handeln überhaupt zustande kommt oder daß es, einmal vorhanden, nicht morgen wieder zerfällt. Gerade in diese *Lücke tritt ja die Institution,* sie steht an der Stelle des fehlenden automatischen Zusammenhangs zwischen Menschen« (Urmensch, 157, vgl. Lepenies, Melancholie, 232f., Lepenies-Nolte, 48).

Bei dem solipsistischen Ansatz eines Hobbesschen Naturzustandes ist es nur konsequent, wenn Gehlen das Telos der Lebenserhaltung (*vor* aller biologischen Anthropologie) als das *eine* normative Kriterium menschlichen Handelns unterstellt. Dieses im Sinne einer »großen Schlüsselattitüde« (über deren eindimensionalen Charakter auch der theoriepolitische Terminus einer »pluralistischen Ethik« – Moral und Hypermoral – nicht hinwegtäuschen kann) vertretene Prinzip legitimiert die pragmatistische Sinnreduktion, indem es auf anthropologischer Ebene schon behauptet, »daß die spezifisch menschlichen Fähigkeiten und seine sogenannten Kulturleistungen keinen anderen Sinn haben als den, die bloße Selbsterhaltung des Menschen zu ermöglichen« (Apel, Gehlen, 3) und insofern nichts anderes zu erbringen haben »als das, was auch das Tier in seiner Weise fertig bringt, nämlich: sich im Dasein zu erhalten« (Litt, Mensch, 282).

Nun kann ein solches normatives Prinzip schlechterdings nicht das Resultat empirischer, deskriptiver Wissenschaften sein – es müßte in der Tat *als* philosophischer Gesichtspunkt eingeführt und *begründet* werden. Eine solche philosophische Begründung leistet Gehlen aber nicht, vielmehr suggeriert er, die »elementare Anthropologie« selber hätte diese Begründung erbracht – ja, er geht noch weiter: da er zwischen elementarer Anthropologie, kulturanthropologischer Erforschung primitiver Kulturen und gegenwartsrelevanter, historisch soziologischer Theorie der Institutionen nicht unterscheidet, gibt er auch die Anwendungen jenes Prinzips als »Befunde« aus. Gehlen bleibt nicht bei den begründeten Folgerungen aus einer elementaren Anthropologie stehen, *daß* der Mensch auf Grund seiner Instinktreduktion und mangelhaften Organausstattung zum *intelligenten Handeln* und *daß* er ebenso zur *Institutionalisierung* seines Handelns konstitutionell, also von Natur, gezwungen ist. Er unterstellt das *Wie* des Handelns und seiner Institutionalisierung als »aus der Natur des Menschen« ableitbar: daß sich nämlich die Institutionen »verselbständigen zu einer Macht, die ihre eigenen Gesetze bis in ihr (scil.: der Menschen) Herz hinein (!) geltend macht« und daß die Menschen sich von diesen »historisch gewachsenen Wirklichkeiten konsumieren lassen« müssen (Urmensch, 8).

Nun soll das – platterdings – nicht etwa heißen, daß von Natur die Existenz stabiler, autonomer etc. Institutionen gewährleistet sei. Vielmehr drückt sich, wie F. Jonas mit Recht betont, gerade darin der »philosophische Charakter« der Gehlenschen Kategorien aus, daß sie »Möglichkeiten darstellen« (Jonas, 40). Nicht also die Existenz-Notwendigkeit, wohl aber die ideale »Sollgeltung« (im Sinne absoluter Normativität) der rigiden Institutionen *und* eines Handelns, das sich »selbstlos«, vernunftlos von diesen verselbständigten Gewalten »konsumieren« resp. »verbrennen« läßt, meint Gehlen aus der elementaren Anthropologie deduzieren zu können; womit er freilich eine faktische petitio principii verschleiert.

Daß Gehlen seine Kategorien als Begriffe fundamentaler Möglichkeiten des Menschen einführt, ermöglicht es ihm, »dialektische Bewegungen« und damit letztlich Geschichte (auf kategorialer Ebene) zu denken. Aber wird sie deshalb, in Übereinstimmung mit dem Anspruch des frühen Gehlen, dialektisch gedacht? Dieser Frage gehen wir abschließend an der Hauptkategorie der Institutionenlehre, am Begriff der »*Entlastung*« nach. Einerseits besagt diese Kategorie, daß sich der Mensch durch Schaffung einer »zweiten Natur« (Mensch, 85; Forschung, 48; Urmensch, 103, 206, 207f.) von der konstitutionellen Außen- und Innen-Belastung befreit: in mehr und mehr Bereichen seines Lebens entlastet sich der Mensch von zu reflektierenden und zu entscheidenden Problemen, indem er ein »instinktanaloges« Problemlösungsverhalten (Mensch, 84) »auf Dauer stellt« – von der Organisation der Agrikultur bis zur Organisation von Rechensystemen, Informationssystemen etc. (vgl. Habermas, Technik, 55f., 66f.). Andererseits aber werden gerade durch diese Entlastung die Subjektivität und der Antriebsüberschuß wieder zur Entfaltung in anderen Bereichen freigesetzt (Mensch, 31, 38–43, passim; Studien 204f., 227). Für die Gegenwart folgert Gehlen aus dieser Freisetzung »eine sehr gefährliche Wendung ins Subjektive« (Jonas, 41f.; vgl. Forschung, 64–66; Moral, 97, 155f., 61f.): einen sozialen Massen-»Eudämonismus« (Moral, 62–67, 82f.), dessen Sich-treiben-Lassen im Wohlleben die materielle Basis resp. anthropologische Voraussetzung (Theorie, 168f.) des Auslebens der Subjektivität und seiner Reflexion ist (Moral, 157–160, 173). Das Ende der Kultur ist absehbar, weil das freigestellte Innen gegenwärtig *erstmals nicht wieder durch* neue unbedingt verpflichtende *Institutionen in »Zucht« genommen* wird.

Auf seine Struktur gebracht, zeigt dieses Argument, daß Gehlens Hauptkategorie (und ebenso die anderen) nicht dialektisch, das heißt im Sinne der »Vermittlung« begriffen wird, sondern dualistisch. Der alte *Dualismus* »Körper – Geist« stellt sich auf der Ebene »instinktanaloges Verhalten – haltlose Subjektivität« wieder her. Tertium non datur.

Für Gehlens philosophischen Grundbegriff der *Indirektheit* folgt daraus aber, daß er ebenfalls nicht im Sinne der dreistelligen Relation der dialektischen »Vermittlung« durchgehalten wird: die Indirektheit, die der Mensch zum Überleben wie zur Gewinnung des Selbstbewußtseins braucht und die er in den Institutionen findet, soll selbst eine *Direktheit* sein; nämlich die des Aufgehens in den Institutionen, die der bruchlosen *Einheit* von festgelegtem Sinn und vollzogenem Handeln, von Norm und Handlung, von Institution und Moral. De facto wird so die Direktheit moralisches Prinzip; ihr Inhalt ist die *Eichmann*-Moral, die jedes totalitäre System fordert, das die dialektische Vermittlung von Norm und Praxis durch eine *unmittelbare Einheit von Norm und Praxis* ersetzen will.

Gehlen hat jene Moral formuliert: »Sich von den Institutionen konsumieren zu lassen gibt einen Weg zur Würde für jedermann frei, und wer seine Pflicht tut, hat ein Motiv, das von jedem anderen her unbestreitbar ist« (Moral, 75; vgl. Urmensch, 97). *Handlung* wird nicht als ein durch Reflexion vermitteltes Handeln anerkannt, sondern bloß als *Institutionsvollzug.* Nur konsequent, daß Gehlen wie 1933 für den Nationalsozialismus, so 1968 für einen »kommunistischen Humanismus« Partei ergriff, der noch entschlossen genug war, sich mit Waffengewalt gegen den intellektuellen »Humanitarismus« durchzusetzen – wie im August 1968 die Sowjetunion in der ČSSR (Moral, 117, 154; vgl. 85f.; vgl. Habermas, Profile, 221). Von der Anthropologie her gesehen, also immanent systematisch betrachtet, erscheint diese Flucht in eine vernunftlose, unkritische *Institutionen-Moral* und in eine totalitäre Identität von Norm und Handeln als die Konsequenz einer sprachphilosophisch unreflektierten, nicht vom Apriori der Kommunikation ausgehenden und daher undialektischen Anthropologie.

Literatur

Schriften Gehlens

Zur Theorie der Setzung und des setzungshaften Wissens bei Driesch. Leipzig 1927. Zit.: *Dissertation.*

Wirklicher und unwirklicher *Geist.* Eine philosophische Untersuchung in der Methode absoluter Phänomenologie, Leipzig 1931.

Theorie der Willensfreiheit und andere frühe Schriften. Neuwied/Berlin 1965.

Der *Mensch.* Seine Natur und seine Stellung in der Welt. Bonn [6]1958.

Die *Seele* im technischen Zeitalter. Reinbek 1957.

Studien zur Anthropologie und Soziologie. Neuwied/Berlin 1963.

Urmensch und Spätkultur. Bonn [2]1964.

Anthropologische *Forschung.* Reinbek 1961.

Über kulturelle Evolutionen. In: H. Kuhn/F. Wiedmann (Hrsg.), Die *Philosophie und* die Frage nach dem *Fortschritt.* München 1964.

Moral und Hypermoral. Eine pluralistische Ethik. Bonn 1969.

Die ethische Tragweite der Verhaltensforschung. In: R. Roček und O. Schatz (Hrsg.): Philosophische Anthropologie heute. München 1972, 103–114.

Zitierte Sekundärliteratur

Adorno, Th. W.: in: H. Kuhn/F. Wiedmann (Hrsg.): Die *Philosophie und* die Frage nach dem *Fortschritt.* München 1964, 326f., 332.

Apel, K.-O.: A. *Gehlens* Philosophie der Institutionen. In: Philos. Rundschau 10 (1962).

Habermas, J.: Arnold Gehlen. Nachgeahmte Substantialität. In: Philosophisch-politische *Profile.* Frankfurt 1971, 200ff.

Hartmann, N.: Neue Anthropologie in Deutschland. In: Blätter für deutsche Philosophie 15 (1942), 165ff.
Jonas, F.: Die Institutionenlehre A. Gehlens. Tübingen 1966.
Lepenies, W.: Handlung und Reflexion. Aspekte der Anthropologie A. Gehlens. In: Soziale Welt 18 (1967), 41ff.
– Anthropologie und Gesellschaftskritik. In: *Lepenies, W./Nolte*, H.: Kritik der Anthropologie. München 1971, 77ff.
– Melancholie und Gesellschaft. Frankfurt [2]1972.
Liebrucks, B.: Sprache und Bewußtsein, Bd. 1. Frankfurt 1964, 79–169.
Litt, Th.: Mensch und Welt, Heidelberg [2]1961; Anhang: Zur Anthropologie A. Gehlens, 281ff.
Weiss, J.: Weltverlust und Subjektivität. Zur Kritik der Institutionenlehre Arnold Gehlens. Freiburg 1971.

Zitierte bzw. benützte allgemeine Literatur

Adorno, Th. W.: Negative Dialektik. Frankfurt 1966.
Apel, K.-O.: *Szientistik*, Hermeneutik, Ideologiekritik. In: Hermeneutik und Ideologiekritik. Frankfurt 1971.
– *Einleitung I* bzw. *II* zu: Peirce, Schriften I, 1967 und Schriften II. Frankfurt 1971.
– Die *Idee* der Sprache in der Tradition des Humanismus. In: Archiv für Begriffsgeschichte 8 (1963) bes. 30–40, 43–51, 188ff., 273, 364f.
Bergson, H.: Die zwei Quellen der Moral und der Religion. Jena 1933 (dt.).
– Schöpferische Entwicklung. Jena 1912 (dt.).
Böhler, D.: *Metakritik* der Marxschen Ideologiekritik. Frankfurt 1971.
– *Rechtstheorie* als kritische Reflexion, in: G. Jahr/W. Maihofer (Hrsg.): Rechtstheorie. Frankfurt 1971, 62–98.
Dewey, J.: The Quest for Certainty. New York 1929.
– Die menschliche Natur. Stuttgart 1931 (dt.).
Dilthey, W.: Das Wesen der Philosophie, Kap. III, 3 und IV, 1, in: Ges. Schriften, Bd. V; dort auch 7ff., und: Beiträge zum Studium der Individualität, bes. 273ff.
– Ges. Schriften, Bd. VIII, Das geschichtliche Bewußtsein und die Weltanschauungen, 3. Abschnitt, 26ff.
Gadamer, H. G.: *Wahrheit* und Methode. Tübingen [2]1965 (bes. 256ff., 261ff., 205ff., 218ff.).
Habermas, J.: Zur *Logik* der Sozialwissenschaften. Beiheft 5 der Philosophischen Rundschau. Tübingen 1967.
– Vorbereitende *Bemerkungen* zu einer Theorie der kommunikativen Kompetenz. In: J. Habermas/N. Luhmann. Theorie der Gesellschaft. Frankfurt 1971, 101ff.
– *Technik* und Wissenschaft als »Ideologie«. Frankfurt 1968.
– *Erkenntnis* und Interesse. Frankfurt 1968.
Heidegger, M.: Sein und Zeit. Tübingen 1953, (§§ 60, 62).
Heintel, E.: Der Mann ohne Eigenschaften und die *Tradition*. In: Wissenschaft und Weltbild, 1960, 179–194.
Horkheimer, M.: Vernunft und Selbsterhaltung. In: Die Juden und Europa. Amsterdam 1966 (u. a. Schriften von 1933–1941).
– Zur Kritik der instrumentellen Vernunft. Hrsg. A. Schmidt. Frankfurt 1967.
Jaspers, K.: Die *geistige Situation* der Zeit (1931). Berlin 1971.
Krockow, Chr. v.: Die Entscheidung. Stuttgart 1958.
– Soziologie des Friedens. Gütersloh 1962 (bes. S. 36ff., 64–68).
Kuhn, Th.: Die Struktur wissenschaftlicher *Revolutionen*. Frankfurt 1967 (dt.).

Lipp, W.: Institution und Veranstaltung. Berlin 1968.
Litt, Th.: Mensch und Welt. Heidelberg [2]1961.
Lorenzen, P.: *Szientismus* versus Dialektik. In: Hermeneutik und Dialektik, ed. Bubner et al. Tübingen 1970.
Lukács, G.: Die Zerstörung der Vernunft. Neuwied 1962.
Mann, Th.: Doktor Faustus. Roman 1960 (Paperback).
Marx, K.: Das philosophische *Manifest* der historischen Rechtsschule. In: Frühe Schriften I. Hrsg. v. Lieber/Furth. Stuttgart 1962.
– Zur Kritik der Nationalökonomie – Ökonomisch-philosophische Manuskripte, a.a.O., 559–577, bes. 565–569.
Mead, G. H.: Geist, Identität und Gesellschaft. Frankfurt 1968 (dt.).
Plessner, H.: Die Stufen des Organischen und der Mensch, Berlin [2]1965.
Plessner, H./Portmann, A. u. a. In: Philosophische Anthropologie heute. München 1972.
Pareto, V.: Traité de sociologie générale, Bd. I. Lausanne/Paris 1917.
Peirce, Chr. S.: Schriften, Bd. I. Frankfurt 1967 (dt.); Bd. II Frankfurt 1971 (dt.).
Radnitzky, G.: Contemporary *Schools* of Metascience, 2 Bde. Göteborg [2]1970; Bd. II, bes. 71ff., 94–109.
Scheler, M.: Die Stellung des Menschen im Kosmos. Darmstadt 1928.
Schelsky, H.: Ist die *Dauerreflexion* institutionalisierbar? In: Auf der Suche nach der Wirklichkeit. Düsseldorf 1965.
– Zur soziologischen *Theorie* der Institution. In: H. Schelsky (Hrsg.): Zur Theorie der Institution. Gütersloh 1970.
– Systemfunktionaler, anthropologischer und personfunktionaler Ansatz der *Rechtssoziologie.* In: Jahrbuch für Rechtstheorie und Rechtssoziologie. Düsseldorf 1970.
Schmitt, C.: Über die drei Arten des rechtswissenschaftlichen Denkens. Hamburg 1934.
– Politische Theologie. München/Leipzig [2]1934.
Schwemmer, O.: *Philosophie* der Praxis. Frankfurt 1971.
Sorel, G.: De l'utilité du pragmatisme. Paris 1928.
– Réflexions sur la violence. Paris 1908.
Storch, O.: Die Sonderstellung des Menschen in Lebensabspiel und Vererbung. Wien 1948.
Uexküll, J. v.: Umwelt und Innenwelt der Tiere. Berlin 1921.
Winch, P.: Die Idee der Sozialwissenschaft und ihr Verhältnis zur Philosophie. Frankfurt 1966 (dt.).
Wittgenstein, L.: Philosophische Untersuchungen. Frankfurt 1967 (dt.).

2. Menschliches Handeln im Kontext. Themen der Handlungsphilosophie

Einführung von Gerhard Plumpe

Moralische Urteile beziehen sich in erster Linie auf *Handlungen.* Daher bedarf philosophische Ethik handlungstheoretischer Kompetenz. Nun ist »Handeln« eine außerordentlich komplexe Kategorie, die vieles meint und voraussetzt: Zunächst impliziert sie die Entscheidungmöglichkeit eines handelnden Subjekts, das aus Freiheit agiert, nicht aus Zwang reagiert; im juristischen Begriff der »Zurechnungsfähigkeit«, der ein Handlungsresultat auf die Verantwortlichkeit seines Urhebers rückbezieht, wird dieser Annahme lebenspraktisch Rechnung getragen. Allerdings wird dieses – emphatisch als »Handlungsfreiheit« bezeichnete – Konzept durch den Umstand relativiert, daß Handeln zumeist in Rahmen von Institutionen vorkommt, die entweder »überindividuelle« Handlungsformen ausbilden oder den Subjekten Handlungsschemata vorgeben, die ihr Tun und Lassen in der Regel automatisieren und nur im Konflikt- oder Ausnahmefall besondere Abwägung und Entscheidung verlangen.
Weiterhin bezieht sich »Handeln« auf außerordentlich unterschiedliche Tätigkeiten. Idealtypisch läßt sich zwischen »Produzieren« als naturtransformierendem Handeln – in einem Sachbezug – und »Kommunizieren« als Typus von Miteinanderhandeln – in einem personalen Bezug – unterscheiden. Als »Poiesis« und »Praxis« hat die griechische Philosophie diese Handlungstypen bezeichnet.
An der Idee kommunikativen Handelns, die auf der Reziprozität der sich aufeinander beziehenden (Gesprächs-) Partner beruht, läßt sich besonders deutlich machen, daß Handeln nicht die bloße Realisierung eines individuell gesetzten Zielentwurfs sein kann, sondern der Tatsache Rechnung tragen muß, daß jede »actio« immer auch »passio« ist (Kamlah), denn »mein« Handeln kann stets Folgen für andere haben.
Die folgenden Texte nehmen diese handlungsphilosophischen Problemstellungen auf. Sie entwickeln zunächst am Paradigma des *Gesprächs* Leitlinien einer Theorie kommunikativen Han-

delns *(Löwith)* und relativieren den Handlungsbegriff durch Begründung eines anthropologischen Primats des *Widerfahrnisses*, das als Ausgeliefertsein an Geburt, Leid und Tod, aber auch an den Folgelasten von Handlungen für Mitbetroffene greifbar wird *(Kamlah)*. Sie unterscheiden verschiedene Handlungstypen und setzen sich kritisch mit der zunehmenden Verdrängung des *kommunikativen* Handelns durch *technisch-strategisches* Handeln in der Neuzeit auseinander *(Derbolav)*. Schließlich gründen sie *Freiheit*, in kommunikationsphilosophischer Perspektive auf *Verantwortung* – als Reflexion der Konsequenzen meines Handelns für andere. Dabei ist zu bedenken, daß die Ansprüche solcher Reflexion uns in der modernen Welt nicht mehr nur postulatorisch, sondern vielfältig institutionalisiert begegnen *(Riedel)*.

2.1. *Karl Löwith: Reden und Verstehen als kommunikatives Handeln*

Daß das *Gespräch* des einen mit einem andern der ursprüngliche Boden des Sprechens ist, dem widerspricht scheinbar die Tatsache, daß – wie *Voßler* bemerkt – »höchst ursprüngliche Menschen, Kinder und Betrunkene«, sehr oft mit sich selbst sprechen, »wobei man freilich annehmen darf, daß sie glauben, ein anderer sei gegenwärtig und rede mit ihnen«. Aber auch abgesehen von dieser interpretationsbedürftigen, wenn auch glaubwürdigen Annahme widerlegt das kindliche Selbstgespräch sowenig wie die ganz anders geartete innere Zwiesprache des Erwachsenen mit sich selbst die Interpretation des Sprechens aus dem Gespräch. Denn entscheidend ist für die Auflösung von Voßlers Frage: was ursprünglicher sei, der Dialog oder der Monolog, nicht die äußere »Personenzahl«, sondern, wie Voßler sagt, die konstitutiven »Momente« im Sprechen. Und deren sind, außer dem Gesprächsthema, zwei: ein verständnisvoll Sprechender und ein verständnisvoll Hörender. Diese zwei »Rollen« – die des Sprechers und des Hörers – kann und muß aber schon *eine* Person haben, sofern sie mit sich selbst verständnisvoll spricht. »Wer spricht, ist sein eigener Hörer, wer schreibt, sein eigener Leser.« Die Person vereinigt dann in sich die Rolle oder »Person« des einen wie des andern. Voßler vermeidet deshalb grundsätzlich den Begriff »Individuum« und gebraucht ausschließlich den der »persona« als eines solchen In-dividuums, welches gerade dadurch ausgezeichnet ist, daß es sich *mit* andern und mit sich selbst *teilen*

kann. »Man ist eine Person in dem Maße, wie man von der Rolle aus und durch Verwirklichung gerade dieser Rolle hindurch zu sich selbst kommt.« Nur als Person kann einer sowohl andern wie sich selbst Rede und Antwort stehen. »Wenn die Menschen ... nur Individuen und nicht zugleich Personen wären, so ließe sich nicht einsehen, wie sie zur Führung eines Gesprächs ... gelangen könnten.« *In* einem *jeden* der miteinander sprechenden Personen, aber nicht *zwischen* einzelnen Individuen vollziehe sich das ganze Gespräch. Denn eigentlich gesprochen wird nur, wenn das Sprechen der einen Person von einer andern Person verständnisvoll gehört und in irgendeiner Weise beantwortet wird. Nur so wird einer seines eigenen Sprechens gewiß, nur so hat es Sinn. Sprechen, Gehörtwerden, Antwort bekommen und wieder Sprechen sind die wesentlichen Momente des kon-kreten Sprechens im Gespräch.
Die nach wie vor klassische Quelle dieser Einsicht ist *W. v. Humboldt.*
Im ständigen Blick auf den Sinn der Rede und Redeteile »in ihrer lebendigen Verrichtung«, aber nicht als »daseinsloses Produkt« interpretiert *Humboldt* von der »inneren Sprachform« aus die »grammatische« und »logische« Sprachform. So führte ihn die Untersuchung der grammatischen Form des Dualis (ges. W. VI. 1) darauf zurück, daß er einer verschiedenen Anschauung entspringen kann. Bestimmte Sprachen schöpfen ihn aus dem paarweise Seienden, vor allem der Zweigeschlechtlichkeit, in anderen aber erwächst er unmittelbar *dem Sprechen als solchem,* nämlich als einem Sprechen der einen Person mit einer zweiten, des *Ich* mit einem *Du* und er bekundet sich dann grammatisch im Personalpronomen. Denn alles Sprechen beruhe auf der Wechselrede des einen mit einem andern. Auch mit sich selbst spreche einer wie mit einem andern, zweiten. Der Dualismus des Dualis ist also im Wesen des Sprechens: Anrede und Erwiederung zu sein, begründet. Dem Ich entspricht ein Du. Schon zum bloßen Denken, ganz abgesehen »von allen körperlichen und Empfindungsbeziehungen«, bedarf das Ich eines entsprechenden Du. »Der Begriff erreicht seine Bestimmtheit und Klarheit erst durch das Zurückstrahlen aus einer fremden Denkkraft«. Der Vermittler, und zwar der einzige, zwischen eigenem und fremdem Denken ist das auf Anrede und Erwiederung gestellte Sprechen. Diese Dualität bekundet ihre Ursprünglichkeit in dem prinzipiellen Unterschied der dritten von der zweiten Person. Nur formal ist das Du gleich wie ein *Er* ein *Nicht-ich.* Während aber *Er* auf gegenständlicher »Wahrnehmung« beruht, bist *Du* durch die »Spontaneität der

eigenen Wahl« mit mir verbunden. »Du« ist nicht in derselben Weise wie »Er« ein »Nicht-ich«, »denn *Er* ist Sphäre aller Wesen«, aber *Du* bist in »der durch Einwirkung gemeinsamen Handelns«. Er ist ein *Nicht-ich,* aber auch ein *Nicht-Du.* Er ist sowohl dem Ich wie dem Du entgegengesetzt. In dritter Person ist einer schon nicht mehr persönlich angesprochen (siehe insbesondere Bd. V, S. 380ff.). »Durch diese vermittels der Sprache bewirkte Verbindung eines andern mit mir entstehen und halten sich alle den ganzen Menschen angehenden, tieferen und edleren Gefühle, welche in Freundschaft und Liebe und jeder geistigen Gemeinschaft die Verbindung zur höchsten machen.« Das Ich wird empfangen im Selbstgefühl, das Du in der eigenen Wahl, alles Er wird dagegen nur äußerlich wahrgenommen, gehört und empfunden. Der grammatischen Ansicht der Sprache ordnen sich Ich und Du wie zwei dritte Personen gleich. Und logisch zergliedert bedarf es überhaupt keiner zweiten Person und dadurch stellt sich auch das Ich der ersten anders. In der ursprünglich sprachlichen Analyse geht aber das Pronomen nächst dem Verbum allem übrigen voraus – in der logisch behandelten Grammatik ist es nur repräsentativ. Ursprünglich gesehen ist das Ich kein raumzeitliches Individuum, sondern der *sich* mit einem zweiten *Verbindende.* Ich und Du und Es (worüber wir sprechen) bestimmen sich aus ihrem einheitlichen Verhältnis »gegenseitig durcheinander«.
»Auch die geistige Ausbildung in einsamster Abgeschlossenheit ist nur durch die Sprache möglich und diese verlangt an ein sie verstehendes Wesen gerichtet zu werden.« Auch sich selbst könne niemand verstehen, wenn er nicht die Verständlichkeit seines Denkens an andern erprobte. Ebenso habe die Verlautbarung zur Tendenz, »Anklang« zu erwecken, und dieses Bedürfnis verstärke sich in dem Maße, als sich einer ausdrücklich als »Individuum« wisse.
Die faktische »Geltung« der Bedeutung eines Ausdrucks sieht Humboldt daher genau durch dasjenige gewährleistet, wodurch sie sich für *Husserl* »okkasionell« zu schmälern scheint. Das bloße, vom Einzelnen geborene und einen Gegenstand bezeichnende Wort ist ein Scheingebilde. »Wesenheit, Wirklichkeit, Bestimmtheit, Gewißheit und Geltung(!)« gewinnt es erst durch einen Hörenden und *Erwiedernden.* Erst in solcher Entäußerung gewinnt der eigene Gedanke eine stichhaltige Objektivität, er »vollendet« sich erst durch die Bewährung der hinausgesprochenen Rede durch einen sie Erwiedernden. Das eigene Verständnis kommt nur zur Wirklichkeit »durch immer neu gewagte Versuche, sich andern verständlich zu machen«

und dann in der Antwort eine entsprechende Gewißheit zurück zu bekommen. Und weil das verständnisvolle Sprechen die Tendenz zum Verstandenwerden zum Motiv hat, redet man auch von vornherein in einer für den andern verständlichen Sprache. Die Sprache ist kein durch Wissenschaft gebildetes daseinsloses Gedankenwesen, sondern der individuelle Drang zur gegenseitigen Aussprache – auch dann noch, wenn sie wie im wissenschaftlichen Sprachgebrauch an Lebensbezügen verarmt (vgl. hierzu besonders Bd. VII, 1, S. 200 ff.). Und nur wenn das Gefühl lebendig ist, daß sie kein bloßes »Austauschungsmittel« ist, sondern eine die Menschen verbindende Welt, sei der Mensch auf dem Wege immer mehr in ihr zu finden und in sie zu legen.
Was den Sprechenden mit dem Hörenden verbindet, ist zwar zumeist das *Thema*, worüber sie miteinander sprechen, aber nicht als thematisiertes, sondern als *Gesprächs*-thema. Als Gesprächsthema ist eine *Mitteilung*. Ursprünglich da ist das Mitgeteilte nur im *Mitteilen*. In der etwas mitteilenden Mitteilung teilt der eine, indem er Etwas mitteilt zugleich *sich selbst* einem *andern* mit. Der eigentliche Sinn des »mit« der Teilung liegt im Ein-ander. *Was* sie einander mitteilen, wird nur insofern »geteilt«, als es jeweils ganz *einem andern* mitgeteilt wird.
Sich im Sinne des Einander etwas mitteilend spricht der eine stets mit *einem* unter den andern. Vom anonymen »Gerede« ist daher das eigentliche Miteinandersprechen so verschieden, wie das unverantwortliche »man« vom verantwortlichen Verhältnis eines Du zu einem entsprechenden Ich.
Worüber immer und mit wem immer ich auch spreche, ich, dieser eine, spreche dabei stets mit *einem* unter den andern. Miteinander sprechen können immer nur »wir beide«. Spricht einer zu einer Versammlung von Vielen, so spricht er nicht eigentlich *mit*, sondern nur *zu* ihnen; aber auch *zu* ihnen spricht er nicht als Vielen, sondern als einer Einheit. Ganz unabhängig davon, ob diese anderen *untereinander* zusammengehören, gehören sie als die angeredeten Hörer des einen doch einheitlich zusammen. Und andererseits kann der zu ihnen Redende ihre eigne Zusammengehörigkeit durchbrechen, sofern sich bestimmte Teile seiner Rede an einen unter den andern wenden. Sofern aber *mit* vielen – in einer Gesellschaft – gesprochen wird, verdeckt die Allgemeinheit des Gesprächsthemas, daß auch dann je einer mit je einem unter den andern spricht. Sofern der eine bald mit diesem und bald mit jenem spricht, sprechen sie zwar *alle* »miteinander«, faktisch spricht aber doch

nur jeweils *einer* mit *einem* andern. Die schriftliche Anrede eines unbestimmten Lesepublikums im Namen des »Einzelnen« (Kierkegaard) ist somit nur die ausdrücklich ergriffene Möglichkeit dieser primären Struktur des Sprechens zu andern als eines Ansprechens von Einem unter den andern.
Im Ansprechen eines andern liegt bereits der Anspruch auf *Entsprechung.* Das zu-ihm-sprechen erfährt seinen konkreten Mitcharakter nicht schon dadurch, daß *ich* mit einem andern sprechen kann, sondern *mit* ihm kann ich nur dadurch sprechen, daß auch *er mit mir* spricht. Und mit mir spricht der andere nicht rein von sich aus, sondern so, daß er auf meine Rede hörend, sie entsprechend erwidert. Und weil der Ansprechende den Zuhörenden um der Erwiderung willen anspricht, spricht er auch schon von vornherein in der Sprache des andern. Das heißt zunächst: in der uns gemeinsam verständlichen Sprache, aber weiterhin wenn auch zumeist nicht ausdrücklich: im Vorblick auf die spezifischen Verständnismöglichkeiten des andern hinsichtlich dessen, worüber gesprochen wird. Innerhalb dieser engeren und weiteren »Entsprechung« verständigen sich die miteinander Sprechenden über etwas. Diese dem Sprechen immanente Verständigungstendenz bedeutet zwar nicht notwendig ein Suchen von Einverständnis, beherrscht aber den Anspruch auf Erwiederung doch so sehr, daß schon die verständnisvolle Erwiederung *als solche* den Anschein eines Einverständnisses und das Ausbleiben einer Erwiederung den Anschein des Nichtverstandenwordenseins erweckt. Aus der Tendenz des Sprechens zur Verständigung des einen mit dem andern motiviert sich auch die ausdrückliche Auseinandersetzung. Etwas auseinandersetzend setzt sich der eine mit dem andern um der Verständigung willen auseinander. Je nach der Vertrautheit mit den gegenseitigen Verständnismöglichkeiten ist das Sprechen des einen und andern mehr oder minder verhältnis-mäßig aufeinander abgestimmt. Dieser Tendenz des Sprechens auf Entsprechung des andern kann das Sprechen seinerseits schon *vor-entsprechen.* Aus der Tendenz der Rede zur Erwiederung motiviert sich die Tendenz: dem Zurückkommen des andern schon in der eigenen Rede zuvorzukommen. Das eigne Sprechen nimmt dem Erwiedernden bestimmte Möglichkeiten der Entgegnung vorweg, begegnet von vornherein seinem möglichen Einspruch und Widerspruch. In dieser reflektierten Zweideutigkeit verfängt sich das Gespräch ebenso wie das Miteinandersein in sich selbst.
Daß man aber überhaupt ein-ander und mithin auf Erwiederung hin und darin mehr oder minder vor-entsprechend an-

spricht, zeigt sich deutlich dann, wenn sich der andere, mit dem ich spreche, dem Gespräch entzieht und sei es nur in der Weise, daß er auf etwas antwortet, wonach er nicht gefragt wurde oder so antwortet, daß er den Sinn der Frage negiert. Versagt im Gespräch einer der miteinander Sprechenden, so lastet dessen Schweigen – dieses scheinbare Nichts – auf der Rede des andern, nämlich deshalb, weil nun dessen Rede als Anrede ihren Anspruch auf Erwiederung nicht erfüllen und sich solchermaßen nicht entlasten kann. Denn die ursprüngliche Tendenz des Gesprächs ist die zu seinem wechselseitigen Fortgang. Der durch stimmliche Senkung charakterisierte Abschluß des Sprechens ist im Gespräch immer nur gerade soweit abschließend als damit in selbstverständlicher Weise der Angeredete im Sinne der Antwort zur Wechselrede gestellt wird. Aber in Gang und zu Ende gebracht werden kann das Gespräch – wie jedes Verhältnis (s. S. 100ff.) – nur durch je Einen. Findet *keiner* der beiden das erste oder letzte Wort, so kommt das Gespräch weder zustande noch zu Ende.[3] Das »letzte Wort« will man primär nicht für sich selber, sondern deshalb haben, weil mit dem letzten Wort des einen zugleich die Rede des andern und so das Gespräch im ganzen beschlossen werden soll. In der *Wechselseitigkeit* des Miteinandersprechens zeitigt sich die Möglichkeit einer spezifischen *Selbstgenügsamkeit* des Gesprächs. In der Erwartungstendenz auf Erwiederung ansprechend und in der Tendenz auf Erwiederung zuhörend, hält sich das gesprächsmäßige Miteinandersprechen von selbst in Gang, es zeitigt selbst seinen eigenen, wechselseitigen Fortgang.[4] In der ebenbürtigen Verhältnismäßigkeit des Miteinandersprechens erwächst die Möglichkeit des entscheidungslosen Wortwechsels. Entscheidungslos kann der Wortwechsel deshalb werden, weil das Gespräch als solches für jeden der beiden sein motivierendes »Prinzip« schon immer im andern hat. Das Gespräch wird also primär nicht dadurch entscheidungslos, daß sich ein thematisches Dafür und Dagegen aufhebt, sondern durch die Vorherrschaft der Verhältnismäßigkeit des einen und andern im Gespräch. In ihm hat jede Aussage ihren Sinn nur hinsichtlich des andern und dessen Aussage wiederum nur in Rücksicht auf den, der bereits hinsichtlich seiner gesprochen hat. Das Gespräch verfängt sich in sich selbst, weil es sich in der Wechselseitigkeit seiner Bestimmtheit im Einander nicht rücksichtslos als eigenständiger Ausdruck der eigenen Meinung ausbilden kann. Der Wortwechsel führt dann bis zur Verwechslung der aufeinander abgestimmten Reden und im Austausch der Gedanken vertauschen sich die Gedanken des einen und

andern. Sofern aber das Gespräch zumeist nicht in sich selbst begründet ist, sondern den Sprechenden zu Etwas (anderem) dient, verhindert das Wozu des Miteinanderseins und -sprechens dessen Verselbständigung im Einander. Wozu man miteinander spricht, das trennt und verbindet zugleich die miteinander Sprechenden.
Der mögliche Verfall des Gesprächs in verselbständigte Wechselseitigkeit hindert aber nicht, daß doch nur mit-*einander*-sprechen *verantwortliches* Sprechen ist. Als »Individuum« ist einer so wenig verantwortlich wie ansprechbar. Verantworten kann der eine sein Sprechen nur dadurch, daß er die Antwort des andern auf seine Anrede zurückkommen läßt.
Einen andern im wörtlichen Sinn »zur Rede stellend«, stellt man sich selbst dem Angeredeten zur Rede und man bekundet damit bereits seine Verantwortlichkeit, nämlich für das, was man zum andern gesagt hat. Ansprechend überantwortet der Sprechende nicht einfach seine Worte einem andern zur selbständigen Aneignung, sondern spricht sie in *der* Weise aus, daß sie auf ihn zurückkommen können. Entzöge sich ein Sprechender dieser möglichen Rücksprache, so könnte man seine Rede als Anrede überhaupt nicht ernst nehmen und man entzöge sich seiner verantwortungslosen Ansprache. Seine Rede verantworten, bedeutet also formal nichts anderes als: über etwas zu einem andern so reden, daß man der Antwort des andern wiederum Rede steht und damit seine eigene Rede vor ihm verantwortet. Dieses auf sich Zurückkommenlassen des Gesagten hat zur Bedingung, daß das Ausgesprochene vom Sprechenden selbst, und zwar als etwas zu einem *andern* Gesagtes, bei sich behalten wird – aber nicht im Sinne einer gedächtnismäßigen Aufbewahrung der ausgesprochenen Sätze, sondern im Sinne des Einstehens für das Gesagte. Es bleibt nicht im Sinne wörtlichen Beharrens bei dem Gesagten, aber der Sprechende bleibt dabei, sofern er es einem andern nicht bloß überantwortet, sondern vor ihm verantwortet. Und dieses Einstehen-können hat seinerseits zur Bedingung, daß sich der Sprechende, für das, was er sagt, ursprünglich eingesetzt hat, seine Worte – bevor er sprach – schweigend bei sich überlegt hat. Der Verschwiegene bekundet nur ein Wissen um die Verantwortlichkeit des Sprechens *als solchen*. Er stellt sich aber außerhalb der positiven Verantwortlichkeit des *Sprechens*. Der verantwortlich Schweigende und Sprechende behält nicht, wie der Verschwiegene, seine Gedanken für sich. Eigentlich kann nur der zu *andern Sprechende* als verantwortlich bestimmt werden. Vor sich selbst kann man nur quasi-verantwortlich

sein, denn die Verantwortung beruht wie das Reden gerade darauf, daß man sich *selbst* einem *andern* zur Rede stellt.
Die Rede formt sich als solche in einem ausdrücklich formulierten Bedeutungszusammenhang. Die Frage nach der *Bestimmtheit* der Rede ist aber nur zu beantworten in Rücksicht auf das Begründetsein der *Rede* im *Reden* als einem *Miteinander-Reden.*
Die sprachlichen Formulierungen der wissenschaftlichen Philosophie teilen mit den magischen Formeln der Primitiven die elementare Tendenz: dem Wort eine sachliche Eigenbedeutung zu geben, den Begriff mit der Sache auf sich selbst zu stellen. Beinahe alle Philosophen, und zwar gerade die begrifflich strengsten, haben ihre Zauberformeln, mit denen sie in einer geradezu rituellen Wiederholung die Welt besprechen und deren Zauber sie am Ende selber unterliegen. Der Begriff der Sache will solange »hin und her und durch und durch gesprochen ... werden, bis er in derjenigen Form sich ausruht, die keiner Übersetzung mehr bedarf. Dann erst ist sein Dialekt ... vollendet, sein Wanderleben von Übersetzung zu Übersetzung abgelaufen ... und der schmale Sarg einer Formel umschließt den Ruhelosen, dem alle Sprachen der Erde zu eng erschienen«.[5] Nun ist aber schon jedes Anhören und Verstehen der Rede eines andern, als der eines *andern* notwendig ein »Übersetzen« in die *eigene* Sprache. »Man übersetzt immer und überall, wo man die Rede eines andern oder die eigene von ehedem in sich aufnimmt.« Dieses zumeist ganz unausdrückliche Übersetzen ist »der defensive Moment unseres Sprechens«. In diesem ursprünglichen Übersetzen gründet die Möglichkeit sowohl den Sinn der Rede eines andern zu verstehen wie mißzuverstehen. Sofern aber das philosophische Verständnis die Tendenz zur terminologischen Ausgestaltung der begrifflichen Bestimmungen hat, verfällt es mehr oder minder dem widersinnigen Versuch, den Begriff so bestimmt zu gestalten, daß er – in dem, was er bezeichnet – gleichsam für sich selbst spricht. Der Begriff soll eine solche Bestimmtheit bekommen, daß ihm jede weitere Übersetzung nur abträglich wäre. Widersinnig ist diese Tendenz deshalb, weil die begriffliche Bestimmung die Freiheit, neuerdings »übersetzt« zu werden, nur dann verwehren könnte, wenn sie darauf verzichten könnte, von einem *andern* verstanden zu werden. Dieser Widerspruch, dem Begriff eine eigenständige Ausprägung zu geben und ihn doch noch für andere zum eigenen Nachdenken mitzuteilen, kennzeichnet Hegels Begrifflichkeit in ihrem Anspruch, die Sache selbst in selbständigen Begriffen einzubegreifen. Dieser Wider-

sinn gründet letztlich in der möglichen Verselbständigung der *Rede* in der *Schrift.* Im mündlichen Gedankenaustausch bestimmt sich die Bedeutung einer Rede unmittelbar im Verstandenwerden durch den andern. Der eigene Gedanke entwickelt sich in und durch die Gegenrede des andern, und die vorläufig jeweils noch unbestimmte Bedeutung der Rede des einen und andern ermöglicht gerade ihr kon-kretes Bestimmtwerden im Miteinandersprechen. Keiner überantwortet dem andern zum bloßen Nachdenken einen schon bestimmt formulierten Gedanken, sondern dieser gewinnt allererst in gemeinsamer Wechselrede seine bestimmte Formulierung. In diesem aus sich Herausgehen und auf sich Zurückkommenlassen der Rede des einen auf die des andern erwächst eine spezifisch »objektive« Bestimmtheit des gemeinsam Besprochenen. Das Verständnis ist kein »Zusammentreffen der Vorstellungsweisen in einem unteilbaren Punkt«[6], sondern ein solches von aufeinanderwirkenden »Gedankensphären«. Der gedankliche Ausdruck *»bestimmt«* sich in *»Freiheit«*, und dieser Ausbildungsweise seiner Bestimmtheit entspricht die natürliche »Weite« des ursprünglich gesprochenen Ausdrucks und seiner Bedeutung. Im Gespräch verbietet sich ganz von selbst die Idee, einem andern eine Wortbedeutung in terminologischer Abgeschlossenheit zu übermitteln. Der anspruchsvolle Sinn des Wortes ist: dem daraufhin Angesprochenen einen »Anstoß«, eine »Anregung« zu geben, damit er selbst daran mitbilde. Das zuhörende Verstehen ist ebenso wie das Ansprechen eine gegenseitige Anregung der zum Hören und Sprechen bereitliegenden »Sprachkraft«. »Die Menschen verstehen einander nicht dadurch, daß sie *denselben* Begriff denken, sondern dadurch, daß in jedem *entsprechende* Begriffe, aber nicht dieselben, hervorgehen.« Nur mit dieser freien »Divergenz« komme der eine und andere auf »dasselbe« hinaus und bestimme sich der Begriff konkret.

Die begriffliche *Darstellung* als solche kann somit ihren Zweck nur erfüllen, wenn sie sich selbst als *Mittel* zum Zweck versteht – der Endzweck ist aber die Einsicht des andern, dem man die eigene demonstriert. Sofern sich das Mittel der Rede in seiner Ausbildung zum Zweck verselbständigt, verkehrt sich sein ursprünglicher Sinn: einem andern mittels der eigenen Formulierung auf die in ihr nie einzubegreifende Sache hinzuweisen. Auch jede philosophische Formulierung, die mehr als einen möglichst bestimmten *Hinweis* geben will, wird leichtfertig, indem sie sich zu ernst nimmt und erreicht statt einer Erkenntnis [. . .] ein Bekanntwerden mit Worten. Sich selbst versteht die begriffliche Bestimmung, zumal von so etwas wie »menschlichem Leben« nur dann, wenn sie sich als eine »Formulierung« versteht, d.h. als eine solche Bestimmung, welche dem andern die Freiheit gibt, an ihrer weiteren Besprechung mitzusprechen und sich im Hinblick auf »entsprechendes« Verständnis eine Eigenbedeutung versagt.

2.2. *Wilhelm Kamlah: Widerfahrnis und Handlung*

Als Lebewesen hat der Mensch mit anderem Lebenden die »Bedürftigkeit« gemeinsam. Im Unterschied von den Pflanzen hat er ferner mit den Tieren gemeinsam, daß er seiner Bedürftigkeit inne wird, daß ihm nicht allein stets etwas »mangelt«, sondern daß er diesen Mangel fort und fort verspürt, daß er »Mangel leidet«, »unbefriedigt« und oft auch »befriedigt« ist.
Jedoch als das Lebewesen, das sprechen kann, erleidet er nicht allein Mangel, wird er nicht allein zur unmittelbaren Bedürfnisbefriedigung »getrieben« oder *»gedrängt«*, sondern geht er auch gleichsam redend in seinen Drang ein, indem er *»begehrt«* und »befürchtet«. Wenn wir den ganzen Tag »denken«, nämlich »innerlich reden«, so haben das Begehren, das begehrte Befriedigungen vor sich hinstellt, im Reden »vorstellt«, und das Befürchten von Mangellagen an diesem permanenten Reden einen kaum zu überschätzenden Anteil.
Es »widerfährt« uns, daß unsere Bedürfnisse »befriedigt« werden oder daß sie unbefriedigt bleiben. Das Kleinkind ist diesen *»Widerfahrnissen«* ganz ausgeliefert, so daß es von anderen beschützt, ernährt, gereinigt wird und so fort. Dann aber lernt es, durch *»Handlungen«* seine Bedürfnisse selbst zu befriedigen, selbst zu essen, sich selbst zu waschen, sich zu kleiden, zu spielen, zu arbeiten, in mannigfacher Weise »sich selbst zu helfen«. Es wird »selbständig« als handelnder Mensch.
Unser Handeln wird durch Reden geleitet, durch gemeinsames Bereden oder durch inneres Reden, oft durch beides zugleich. An der Schwelle zwischen Begehren und Handeln steht der *»Beschluß«*, wenn mehrere gemeinsam handeln, der *»Entschluß«*, wenn ich allein handle. Unter mehreren beredeten Möglichkeiten erwählt der Entschluß eine und schließt die anderen aus. Das noch unentschlossene Bereden von Möglichkeiten heißt umgangssprachlich *»beraten«* bzw., wenn der einzelne es »für sich« vollzieht, *»überlegen«*. Wer sich aber zum Handeln entschlossen hat und befragt wird, der spricht nun von

dem, was er »*beabsichtigt*« oder was er »*will*«.
Indem uns Gutes und Schlimmes widerfährt, indem unser Handeln gelingt und mißlingt, machen wir »Erfahrungen«, lernen wir für unser künftiges Verhalten. Kinder machen die ersten Erfahrungen im gelingenden und mißlingenden Hantieren mit Spielzeug, Eßgeräten. Oder jemand macht die Erfahrung, daß ihm ein bestimmtes Klima »nicht bekommt«. Oder musizierend macht einer die Erfahrung, daß ihm Klavierspielen »besser liegt« als Geigespielen. Oder ein Mann macht die Erfahrung, daß ihn der unstete Wechsel von einer Frau zur anderen nicht befriedigt, daß er aber die stete Bindung an eine Frau auch schwer erträgt.
Solches Erfahren, das sozusagen im lebenslangen Durchfahren der Welt erworben wird, ist wieder nicht zu verwechseln mit »empirischer Beobachtung«. Jedoch kann man die Welt nicht durchfahren, ohne »die Augen offenzuhalten«, ohne sich im *Sehen* zu orientieren. Jegliches Handeln bedarf nicht allein des Beredens, auch nicht allein im Gespräch des Hörens, auch nicht allein des denkenden »Vorausblickens«, sondern stets auch des sinnlichen Vernehmens durch das Auge, das Ohr und unsere übrigen Sinne.
Der redend und sehend vorausblickende Mensch ist nicht nur das Lebewesen, das Sprache hat, sondern auch das Lebewesen, das *Geräte* herstellt und verwendet, homo faber. »Ansätze« von Werkzeuggebrauch und Geräteherstellung gibt es auch bei Tieren. Aber nur der redende Mensch kann vorausblickend Geräte entwerfen, verändern, für wechselnde Zwecke einsetzen.
In *beliebiger* Reihenfolge vergegenwärtigen wir zunächst noch einmal die zitierten umgangssprachlichen Prädikatoren: Handlung, Widerfahrnis, Sehen, Hören, Reden, Entschluß, Überlegen (Beschluß, Beraten), Begehren, Drang, Bedürfen, Erfahrung, Geräteherstellung und -verwendung.
Diese Wörter sind nicht alle in gleicher Weise sprachgebräuchlich. Das Wort »Widerfahrnis« z.B. ist ein altes, nur noch wenig gebrauchtes Wort, abgeleitet von dem eher noch gebräuchlichen »widerfahren« (vgl. das gleichfalls veraltende Wort »Widersacher«, aber auch die wohlerhaltenen Zusammensetzungen »Widerstand«, »widersprechen« usw.).
Bildungssprachlich geläufig dagegen ist uns die Unterscheidung von »Handlung« und »Widerfahrnis« unter den grammatischen Termini »Aktiv« und »Passiv«. »Werner besucht seine Freundin« – Werner »handelt«, die Freundin »wird besucht«, wird »behandelt«, sie »erleidet« den Besuch. Werner »macht«

den Besuch, die Freundin »empfängt« ihn, wobei sie »leiden« oder auch »sich freuen« mag – von *diesem* Unterschied wird abgesehen, wenn wir von »Widerfahrnis« sprechen, ähnlich wie der grammatische Terminus »Passiv« den etymologischen Bezug auf das lateinische »pati« vergessen läßt. Nicht allein Widriges, sondern auch Beglückendes widerfährt uns.
Menschen handeln aneinander, es widerfährt uns »Freud und Leid« *durch Menschen*, die uns helfen, lieben, verlassen, verletzen. Dem entsprechen zahllose Verba, die wie die soeben zitierten eine *konvertierbare Relation* ausdrücken. Widerfährt uns aber eine Krankheit, strahlendes Wetter, Zahnschmerz, der Tod eines geliebten Menschen, ein Autounfall, eine gute Ernte, eine schlaflose Nacht, so machen wir, da wir ja nicht Personen als handelnde verantwortlich machen können, »das Schicksal verantwortlich«. Es »geschieht uns etwas«, *als ob* es uns »geschickt« worden sei. Unsere gläubigen Vorfahren sprachen dann von einer »Schickung« oder »Fügung Gottes« oder, vor dem Christentum, von Handlungen mannigfacher Götter.
Es geschieht vielerlei, es gibt Geschehnisse, »*Ereignisse*«. Wir reden aber nicht von »Ereignissen«, wenn etwas geschieht, das für niemanden ein »Widerfahrnis« ist. Auch »Naturereignisse« wie das Erdbeben von Lissabon sind solche Vorkommnisse in der Natur, von denen Menschen betroffen werden. Der Prädikator »widerfahren« ist zweistellig: »etwas widerfährt jemandem«. Doch wir können davon absehen, *wem* etwas widerfährt und dann sagen: »etwas ereignet sich«. Z.B. Regen ereignet sich, umgangssprachlich abgekürzt: »es regnet«.
Die meisten Ereignisse, die Menschen widerfahren oder in der Vergangenheit widerfuhren, sind nicht Widerfahrnisse »für mich«. Zeitungen und Geschichtsbücher erzählen von Handlungen und Widerfahrnissen, die mich nicht unmittelbar betreffen. Die Dichter fingieren weitere Ereignisse, die mich auch nicht unmittelbar betreffen, wohl aber mittelbar, indem ich »teilnehmend« von dem allen erfahre. Und neben demjenigen, das »mir« widerfährt, steht dasjenige, das »uns« widerfährt, einer Gruppe von Menschen oder »uns Menschen« allen.
Unser aller Leben ist eingespannt zwischen den Widerfahrnissen Geburt und Tod. Gleichsam das erste und das letzte Wort hat für uns nicht unser eigenes Handeln. Aber auch, wenn wir handeln, widerfährt uns stets etwas. Es gibt Widerfahrnisse ohne Handeln, aber es gibt kein pures Handeln. Auch ein so mächtiges Handeln wie das sogenannte »schöpferische« ist doch stets auf vorgegebene Bedingungen angewiesen und Störungen ausgesetzt, so daß es mehr oder weniger oder gar nicht

»gelingt«. Handlungen führen zum Erfolg oder zum Mißerfolg oder auch zu unerwarteten Nebenfolgen.

Wer z.B. Auto fährt, dem kann es widerfahren, »passieren«, daß der Motor nicht anspringt. Er wird das enttäuscht bemerken. Aber auch das erwartete Anspringen des Motors ist ein Widerfahrnis. Desgleichen das Aufleuchten des roten oder des grünen Lichtes der Ampel.

Widerfahrnisse sind also stets »erfreulich« oder »widrig«, angenehm oder unangenehm, »gut« oder »schlimm« (schlecht). Sie widerfahren uns *bezogen auf unsere Bedürftigkeit.* Einem Stein widerfährt nichts, auch einem Gerät nicht. Wird ein Auto bei einem Zusammenprall beschädigt, so trifft, recht verstanden, der Schaden nicht das Auto, sondern den Autofahrer.

Der Unterschied von »gut« und »schlecht« (»schlimm«) ist zunächst nicht ein moralischer Unterschied, sondern zunächst zu verstehen als Unterschied an Widerfahrnissen, die stets auf unsere Bedürftigkeit bezogen sind. Diesen – der Antike noch selbstverständlichen – Sachverhalt klarzustellen, ist heutzutage eine dringliche Aufgabe der Anthropologie.

Nehmen wir die Handlungen hinzu, dann ist der Unterschied von gut und schlecht zunächst der Unterschied von gelingen und mißlingen. Ein »guter Redner« ist einer, dem das Reden zu gelingen pflegt.

Auf Befragen sagen wir aber auch: »es geht mir gut«, ohne daß wir handeln und ohne auf ein Widerfahrnis als Ereignis zu verweisen. Wir befinden uns in guten oder schlechten »*Zuständen*«, wir haben Vermögen oder sind arm, wir sind gesund oder leiden an einer Krankheit, müssen für die Dauer den Verlust eines Gliedes, das Versagen eines Organs ertragen, wir haben Freunde oder haben keine, sind einsam. Altern, Rekonvaleszenz wiederum sind »*Vorgänge*«, desgleichen die Verhärtung einer Ehe, die Bevölkerungsexplosion. Der Terminus »Widerfahrnis« darf also nicht auf Ereignisse beschränkt werden.

Ein gutes Widerfahrnis, das ein langdauernder Vorgang ist, etwa das Zunehmen der Kräfte und Fähigkeiten in Kindheit und Jugend, wird wie das Anspringen des Motors meist nicht beachtet, *als* Widerfahrnis nicht vermerkt. Wohl dagegen ein schlechtes andauerndes Widerfahrnis wie das Altern, das obendrein von ereignishaften Widerfahrnissen des Versagens der Kräfte, schmerzhafter Beschwerden durchsetzt ist.

Dieser *Entzug* von Möglichkeiten kommt im Altern, wie man sagt, von selbst, wird aber auch zuvor als Schicksal erfahren. In manchen Fällen ist Entzug eine Nebenfolge des eigenen Handelns, sofern der Entschluß für eine Möglichkeit alle anderen

Möglichkeiten ausschließt: Berufswahl, Ehe.
Da also, von den puren Widerfahrnissen abgesehen, Widerfahrnis und Handlung gleichsam ineinandergreifen, ist mit dem Thema »Widerfahrnis« auch das Thema »*Handlung*« gegeben. Was sind Beispiele für Handlungen? Etwa: baggerführen, rasenschneiden, klavierspielen, einkaufen, demonstrieren, fußballspielen, schlafengehen, verreisen, reden. Gegenbeispiele sind: ertrinken, schlafen, erwachen, beleidigt werden, beschützt werden, verunglücken, der Orgasmus (»Orgasmus« ist ein Fachausdruck, kann aber hier einen synonymen umgangssprachlichen Ausdruck, den wir nicht haben, ersetzen). Beispiele für Handlungen sind also Gegenbeispiele für Widerfahrnisse und umgekehrt.
Im *Zusammenspiel* von Partnern, beim Tennis etwa, sind die Handlungen des einen Widerfahrnisse für den anderen. Ja, schon meine eigenen Schläge sind zwar meine Handlungen, die sich aber sofort, im Gelingen und Mißlingen, auch für mich selbst in Widerfahrnisse verwandeln. In einem Dialog handeln ebenfalls beide Partner, doch so, daß dem einen die Antwort des anderen widerfährt. Jeder ist im Wechsel »aktiv« und »passiv«. Handlungen und Rückhandlungen wechseln in allem menschlichen Miteinanderleben ab, woraufhin das ursprünglich gelehrte Wort »Reaktion« als Gebrauchsprädikator in die Umgangssprache eingegangen ist.
Nachdem das Verständnis des Menschen in Philosophie und Psychologie seit Descartes durch die Antithese von »Bewußtsein« und »Außenwelt« fixiert war, so daß man »Bewußtseinsakte« lange zum bevorzugten Gegenstand der psychologischen Untersuchung machte, hat sich im 19. und 20. Jahrhundert der *Pragmatismus* das unbestreitbare Verdienst erworben, diese Fixierung aufzubrechen und einen unbefangeneren Blick auf jegliche Weise menschlichen Handelns freizugeben. Jedoch Anthropologie als Handlungslehre wäre noch immer eine verengende Fixierung. Die Widerfahrnisse sind für unser Selbstverständnis den Handlungen mindestens ebenbürtig. Und sie beschränken sich wiederum nicht auf die physiologisch erforschbaren »Reize« der »Außenwelt«.
Diese Beschränkung als Ansatz der Anthropologie ist unter dem Namen »*Sensualismus*« historisch bekannt, den Namen einer Lehre, die seit dem 17. Jahrhundert die Geschichte des europäischen Denkens weitreichend durchherrscht. Als beliebiges Exempel lese man den Anfang von Condorcets »Esquisse d'un tableau historique des progrès de l'esprit humain« (1794): »Der Mensch wird mit der Fähigkeit geboren, Sinneseindrücke

(sensations) aufzunehmen, die einfachen Sinneseindrücke, aus denen jene zusammengesetzt sind, wahrzunehmen und zu unterscheiden, sie zu behalten, wiederzuerkennen, miteinander zu verbinden, diese Verbindungen miteinander zu vergleichen, zu erfassen, was sie gemeinsam haben und was sie voneinander unterscheidet, allen diesen Gegenständen Zeichen zuzuordnen, um sie besser wiederzuerkennen und neue Verbindungen zu erleichtern.«

Ein nicht minder klassisches Beispiel derselben Verengung ist das *Reiz-Reaktions-Schema*, sobald es als Grundmodell alles menschlichen Verhaltens von der Physiologie – wo es als Teilmodell seine Berechtigung hatte und noch hat – in die Psychologie übertragen wird. In einer heute geschätzten Einführung in die Psychologie steht zu lesen: »Die Reize aus der Umgebung oder aus dem Körperinneren werden durch die Sinnesorgane oder Rezeptoren weitergeleitet ins Gehirn. Die nun folgenden Gehirnvorgänge lösen Impulse aus, die zu den Effektoren gehen, zu den Muskeln und innersekretorischen Drüsen. Ihre Aktivierung ist das Verhalten oder die Handlung[1].« Hier wird gesagt, was eine Handlung »ist«. Offenbar ist eine »exakte« Einführung des Terminus »Handlung« beabsichtigt (die Termini »Verhalten« und »Handlung« werden als synonym verwendet), die nur dann als gewährleistet erscheint, wenn man sich der Modelle und der Terminologie der Naturwissenschaft bedient. Es ist vom Funktionieren einer Apparatur die Rede, nicht vom Menschen und seinem Handeln.

Schließlich soll nicht ungesagt bleiben, warum dem altertümlichen Wort »Widerfahrnis« nicht der bildungssprachlich geläufige Ausdruck »Erlebnis« vorgezogen wird. Gewiß ist das »Erleiden« von beglückenden oder bedrückenden Widerfahrnissen in vielen Fällen ein »bewußtes Erleben«. Aber den Schlaf, die Geburt, den Tod erleben wir nicht. Wir brauchen hier einen Terminus, der auch dergleichen uns Geschehendes umfaßt – abgesehen von der besonderen Färbung des Wortes »Erlebnis« in manchen Kontexten (»es war mir ein Erlebnis«), die dem hier benötigten Terminus nicht anhaften sollte.

Jedoch können wir sagen: Die Anthropologie befaßt sich mit dem Menschen, wie er sein Leben »wirklich erfährt und erlebt«, *ohne* durch methodische Reduktion – die für andere Wissenschaften vom Menschen notwendig ist – den Horizont dieses Erlebens, dieser »unmittelbaren Erfahrung« zu verlassen (»unmittelbar« im Unterschied von wissenschaftlicher Empirie, die durch besondere methodische Veranstaltungen »vermittelt« ist).

Dies wird in diesem Buch vielleicht zu oft gesagt – zu oft für denjenigen, der es verstanden hat. Es kann wiederum so lange nicht oft genug gesagt werden, als die Fehleinstellung der modernen Psychologie andauert. Die Psychologie kann und soll in Tuchfühlung mit der Physiologie arbeiten, sollte sich aber zugleich von der methodischen Verschiebung der Aspekte Rechenschaft geben, die im Hin- und Hergang zwischen Anthropologie und Biologie stattfindet. Anders ausgedrückt: Die Psychologie wird ins Detail gehen, wo die philosophische Anthropologie nur Umrisse gibt. Sie sollte aber als *spezielle Anthropologie* den Horizont der Anthropologie nicht verlassen. Heute ist die Psychologie oft nichts anderes als fragmentarische Physiologie mit bildungssprachlich formulierten Zusätzen.
Wer die heutige Diskussionslage kennt, wird folgendes erwarten dürfen: Gegen die hier für nötig erachtete »Wiederentdekkung des Widerfahrnischarakters des menschlichen Lebens« wird der Einwand erhoben werden, so zu denken sei eine Eigentümlichkeit der vorindustriellen agrarischen Kulturen gewesen, und so zu denken habe freilich damals in etwa der Lebenserfahrung von jedermann entsprochen, habe aber zugleich dazu gedient, die Menschen den damaligen Herrschaftsordnungen gefügig zu erhalten. Diesem Einwand ist zu erwidern: Sofern er so etwas wie kultur- und sozialgeschichtliche Aussagen enthält, dürfte er zutreffen. Auf dieser Ebene wäre dann aber hinzuzufügen: Mag man in agrarischen Kulturen den »Widerfahrnischarakter des Lebens« – ein Ausdruck, den ich hier nur im Vorübergehen verwende – überschätzt haben, so hat man ihn ebenso sicher unterschätzt, seit der Imperialismus der modernen Naturwissenschaft, Technik und Industrie sich durchgesetzt und philosophisch zum schieren Pragmatismus oder gar »Aktionismus« geführt hat. Es kommt also gewiß nicht darauf an, hier etwas »wiederzuentdecken« und dadurch etwa gar Haltungen quietistischer Fügsamkeit aufs neue zu fördern. Wohl aber kommt es darauf an zu sehen, daß auch die Industriekultur zu Selbsttäuschungen geführt hat, die es, unter Wahrung eines ruhigen Augenmaßes, nunmehr zu durchschauen gilt.

2.3. *Josef Derbolav: Strukturanalyse der Praxis*

2.3.1.

»Ein jedes Ding der Natur wirkt nach Gesetzen. Nur ein vernünftiges Wesen hat das Vermögen, nach der Vorstellung der Gesetze, d. i. nach Prinzipien zu handeln[1].« Diese kantische Unterscheidung zwischen Naturgegenständen und *Vernunftwesen* ist für das Grundverständnis menschlicher Praxis in doppelter Weise bedeutsam. Zum ersten ist damit das Handeln im eigentlichen Sinn des Wortes auf die vernünftigen, d. h. sich durch Gesetz und Sinn motivierenden Wesen, beschränkt. Alles Naturhafte kann sich nur seinen immanenten Bestimmungen gemäß verhalten. – Zum anderen nimmt die Handlungspraxis selber den Charakter eines *Behandelns* bzw. *Miteinanderhandelns* an, je nachdem sie sich auf Naturgegenstände oder vernünftige Wesen bezieht. Behandeln ist dabei das Formieren und Bearbeiten der Naturgegenstände nach Zweckprinzipien, wodurch sie in Güter oder Mittel verwandelt und den Menschen zum Gebrauche dienstbar gemacht werden. Die Antike sprach hier von »Techne«, wir können diese Behandlung im Hinblick auf ihr Ergebnis auch *Herstellung* nennen. – Miteinanderhandeln oder »Praxis« dagegen vollzieht sich niemals als schlichte Zweckverwirklichung im Material – das wäre bereits eine technische Deformation dieser »Praxis« –, sondern als Einwirken aufeinander im Rahmen verstehender Sinnkommunikation, und zwar auch dann, wenn es sich *nicht* etwa um friedliche Kooperation, sondern um Streit oder kämpferische Auseinandersetzung handelt. Überhaupt kann der Mensch den Anderen handelnd nur über den Weg seiner eigenen Motivationen bestimmen, und selbst dort, wo er ihn zu etwas zwingt, muß er zugleich die (unfreiwillige) Einstimmung des fremden in den eigenen Willen erzwingen.

Daher lassen sich Handeln und Herstellen folgendermaßen voneinander abgrenzen:

a) Im Bereich der Naturgegenstände ist kein Miteinanderhandeln möglich, weil Natürliches eben nicht vernünftig zu reagieren vermag.

b) Das Vernünftige kann zwar prinzipiell durchaus technisch behandelt werden – und zwar deshalb, weil es sich an seiner Leiblichkeit und Naturseite »nehmen« läßt –; gleichwohl ist eine solche technische Behandlung vernünftiger Wesen »unrecht«, da sie ihrer menschlichen Freiheit und Würde widerspricht. Deshalb hat *Kant* in seinem *Kategorischen*

Imperativ gefordert, die »Menschheit« der eigenen oder fremden Person niemals bloß als Mittel, sondern jederzeit zugleich als Zweck zu gebrauchen.[2]

2.3.2.

Trotz dieser Differenzierung nach dem gegenständlichen Bezug haben *Herstellung* und *Handlung* doch die Grundstruktur der normierenden Zwecksetzung und konkretisierenden Zweckverwirklichung gemeinsam und unterscheiden sich hier letztlich nur durch die gegenläufige Gewichtsverteilung voneinander. So haben sich beide etwa in analoger Weise bei der Durchführung ihrer Ziele mit den Realbedingungen der Situation zu verständigen, sie gleichsam in einem Handlungs- oder Herstellungsentwurf zu antizipieren. Dabei muß das Material berücksichtigt werden, das der Behandlung zugrunde liegt, müssen Mittel und Wege bedacht werden, die ihr zu Gebote stehen, und die besonderen Umstände, die sie fördern oder hemmen können. Wir verdanken *Aristoteles* eine erste und wegweisende Analyse der Handlungsmotivation und des Handlungsentwurfes. Danach verhält sich der Handlungsentwurf invers zur Handlungsdurchführung, d. h. er geht vom Ziel an den konkreten Realbedingungen entlang bis zu jenem Punkt zurück, wo der vollziehende Wille in Tätigkeit tritt. Weist die Kette der Realbedingungen einer geplanten Handlung nicht ausfüllbare Lücken auf, dann läßt sich die Handlung nicht vollziehen und muß unterbleiben.[3]

Solche Handlungs- oder Herstellungsentwürfe reflektieren freilich nur die *technische* Seite des praktischen Tuns, dergemäß dieses erst dann mit einem erfolgreichen Abschluß rechnen kann, wenn es dem Postulat der *Sachgerechtheit* genügt; sachgerecht aber heißt, daß die Mittel den Zwecken, die Wege den Zielen und die Situationsbedingungen den Erwartungen gemäß sind. Wo das nicht der Fall ist, wird das gewünschte Handlungsergebnis eben nicht erreicht, oder es treten unerwünschte Nebenfolgen auf. – Das Prinzip der Sachgerechtheit läßt sich also genauer besehen, in Mittelgerechtheit, Situationsgerechtheit und Normgerechtheit differenzieren und schließt damit nicht nur die materielle und psychologische, sondern auch die rechtliche Seite der Praxis mit ein, deren Berücksichtigung noch zu den Realbedingungen, d. h. zum technischen Aspekt der Handlungswirklichkeit gehört.

Die *Zwecksetzung* der Herstellung bzw. die zielgebende *Moti-*

vation der Handlung aber fallen nicht mehr in die technische Dimension des praktischen Tuns, sondern in seine *praktisch-sittliche* Dimension. Diese vermittelt sich einerseits in institutionell geregelten Rollen und Aufgabenstellungen, die wir als *Berufe* bezeichnen, andererseits aber in den Normensystemen des sittlichen Bewußtseins überhaupt. Das Postulat, dem Herstellung und Handlung unter diesem Aspekt genügen müssen, ist das der *Pflichtmäßigkeit.* Die Pflichten sind dabei im Bereich der Herstellung durch *Tradition und Ethos der Berufe* gleichsam auf Dauer gestellt, während sie im Raum der Handlung als Ansprüche bestimmter Situationstypen auftreten, auf welche der Mensch in Gestalt geübter *Tugenden* Antwort zu geben sucht. Die sittliche Qualität der Handlung läßt sich freilich durch Übung nicht vollkommen aneignen; vielmehr sieht sich der Mensch zufolge der Mannigfaltigkeit der Situationsansprüche häufig vor Entscheidungen gestellt, die der moralischen Anstrengung bedürfen und daher auch leicht verfehlt werden können.

Konfrontieren wir Handlung und Herstellung nochmals miteinander, so erweisen sie sich im Hinblick auf ihre technische und praktisch-sittliche Dimension, prinzipiell betrachtet, als *strukturell miteinander verschränkt*; d. h. auch die Handlung stellt den Täter bei der Durchführung vor technische Probleme, doch setzt deren Lösung in der Regel nur die Erfahrung des Umgangs, nicht aber beruflich-technisches Können voraus. Auch die Herstellung unterliegt andererseits sittlichen Maßstäben, nur hat sich der Technites (der *Sach-walter*) bereits mit der Wahl des Berufes vorweg für dessen generelle Zielsetzungen und Pflichten entschieden. Der Arzt z. B. wird in jeder seiner medizinisch-technischen Maßnahmen dem Ethos des selbstlosen Dienstes an der Gesundheit des Mitmenschen folgen, er braucht sich nicht stets aufs Neue dafür zu entscheiden, d. h. man muß ihn nicht immer wieder an den Sinn des Hippokratischen Eides erinnern. Vereinfacht gesagt, könnte man den Unterschied zwischen »Techne« und »*Praxis*« folgendermaßen charakterisieren. *Techne* ist auf Sachbewältigung gerichtet und gewinnt erst durch ihr Ergebnis mitmenschliche Relevanz; *Praxis* bezieht sich unmittelbar auf Personen, muß aber in der Durchführung ihrer Ziele den Weg über die Sache nehmen (und auch die Sprache gehört hier mit zur Sache), wenn sie wirksam werden will.

2.3.3.

In der langen Problemgeschichte von Techne und Praxis ist der technische Aspekt beider Tätigkeitsweisen zumeist dem *Verstande*, ihre sittliche Dimension aber der *Vernunft* zur Bewältigung überantwortet worden. Wissenschaftstheoretisch bedeutet dies, daß im erstgenannten Bereich die Einzelwissenschaften, im zweiten die *Philosophie* die Vermittlungsfunktion übernehmen. Nun hat sich im Verlauf dieser Problemgeschichte bis zur Gegenwart herauf das Verhältnis von Techne und Praxis antinomisch zugespitzt, und zwar so, daß die technische Entfaltung und Perfektion der Handlung deren praktische Sinndimension immer mehr einzuschränken und zu verdrängen scheint. Dieser Sachverhalt sei hier kurz durch eine Gegenüberstellung der antiken und modernen Problemsicht verdeutlicht.

2.3.3.1.

Im Rahmen des kosmischen Ordnungsglaubens der antiken Philosophie scheinen *Techne* und *Praxis* – wofür wir hier auch *Arete* setzen können – so miteinander verflochten zu sein, daß der technische Charakter der Herstellung weitgehend praktisch-sittlich verstanden wird und daher auch umgekehrt die Handlungspraxis in die erweiterte Sphäre der Techne einbezogen werden kann; d.h. genauer: insofern im geordneten Kosmos der Welt alles Seiende vom Ding über das Tier bis herauf zum Menschen durch seine Gestalt (Idee) und seine Aufgabe (Tauglichkeit – Arete) eindeutig bestimmt ist, muß man den Sinn und die Aufgabe der spezifisch-menschlichen Tätigkeit (als einer durch Verstand und vernünftige Einsicht geleiteten und dadurch jedem anderen Verhalten überlegenen) darin sehen, daß sie selber alles andere Seiende in Tätigkeit setzt, zur Ausübung seiner »Tugend« bringt und ihm darin nicht nur zur Verwirklichung seines Eigensinns, sondern auch zum angemessenen Dienst am Ganzen verhilft.[4] Die natürlich-kosmische Ordnungswelt ist dabei das selbstverständliche Reich der Muster und Leitbilder für die menschliche Handlung und Herstellung, d. h. der Mensch orientiert sich bei der Erzeugung von Werkzeugen ebenso wie etwa bei der Errichtung von Institutionen (z.B. des Staates) an »Naturgewachsenem« und billigt damit der Einsicht in den bestehenden Ordnungszusammenhang (dem Sachverstand im Kleinen und der vernünftigen

Weisheit im Ganzen) das Recht auf Herrschaft über das Verstandlose und Unvernünftige zu. Der Sachverstand des Technites reicht freilich nicht über sein Tätigkeitsfeld hinaus, man muß deshalb auch seine Herrschaftsfunktion auf das in jenen Horizont Fallende beschränken. Die den übergreifenden Zusammenhang der Welt durchschauende Weisheit der Vernunft aber darf für sich uneingeschränkte Herrschaftsrechte beanspruchen, da ihre Herrschaft nur auf fürsorgliche Behandlung dessen gerichtet ist, das jener Einsicht ermangelt und daher den Weg zum Besten von selber nicht zu finden vermag. Diese Herrschaft des Vernünftigen überspannt den Umkreis des Lebendigen und der Mitmenschen, aber so, daß sie das *Eine* nach den Regeln seiner Natur, das *Andere* über den Logos der Kommunikation und den Anspruch des Gesetzes lenkt und steuert. Dieser Unterschied zwischen Behandeln und Miteinanderhandeln ist also bereits der antiken Philosophie durchaus bekannt, doch stellt die Unverletzlichkeit der Freiheit des Anderen für sie noch kein Problem dar, denn unter den genannten Voraussetzungen kann der wahre Sinn menschlicher Freiheit nur darin bestehen, auch die offenen menschlichen Belange durch Einsicht und Geschick der natürlichen Ordnung gemäß zu gestalten, nicht aber Willkür oder Beliebigkeit einsichtslos zu exerzieren. Das Beste also, was das noch Unvernünftige tun kann, ist, sich dem Gebot der Vernunft, d.h. der Herrschaft der Wissenden bereitwillig unterzuordnen, wie das etwa *Platon* in der Tugendanalyse der *Politeia* gezeigt hat.[5]

2.3.3.2.

In der Ablösung des alten *natürlichen*, d. h. ontologischen, vom modernen System der Transzendentalphilosopie hat nun die menschliche Freiheit dem Ordnungsgedanken gegenüber die Aufwertung zu einem Fundamentalprinzip erfahren, und es liegt durchaus in der Konsequenz dieser *kopernikanischen Wendung* der Philosophie *(Kant)*, daß dabei die natürliche Welt zur bloßen Erscheinung herabgesetzt, ihre Ordnungsstruktur in einen geistlosen Kausalmechanismus verwandelt und ihr Ideengehalt auf den moralischen Horizont der menschlichen Handlungspraxis zurückgenommen werden. Für *Kant* repräsentieren das Sittengesetz den alten Ordnungsanspruch der Natur und die Ideen der *Freiheit* und *Menschheit* den Restbestand jener Musterbilder, an denen sich das menschliche Handeln früher unerschütterlich orientieren konnte. In Rücksichtnahme auf die Freiheit der anderen, zu welcher den Menschen die Freiheitsidee verpflichtet, konstituiert sich bei ihm die Sphäre des *Rechts*; aus Achtung vor der Menschheit in jedem Mitmenschen aber läßt er die Forderung resultieren, den Menschen stets als Zweck und nicht allein als Mittel, kurz, eben *sittlich* zu behandeln. Gewiß hat diese rechtliche und moralische Ordnungswelt schon bei *Kant* ihren substantiellen Inhalt verloren und bloß formellen Charakter angenommen. Aber dieser Formalismus der kantischen Ethik gründet noch auf »natürlichen«, d. h. übergeschichtlichen Voraussetzungen und verknüpft sich deshalb zu Recht mit dem Begriff der Idee. – Durch den zweiten kritischen Sündenfall der Moderne, den Sündenfall des *historischen Bewußtseins*, aber wird auch dieses formelle Allgemeine der übergeschichtlichen Vernunft aus der geschichtlichen Handlungs-Welt verwiesen; die praktische Vernunft wird historisiert, die eine und unteilbare Moral durch eine Pluralität von Moralen ersetzt *(Nietzsche)*, und die Restbestände naturrechtlichen Denkens werden schließlich dem Prinzip der Relativität unterworfen. In der Konsequenz dieses Wegs einer Tilgung der Idee und Inthronisation der reinen Positivität der Tatsachen liegt es, daß »Ordnung« dem Bereich des Rationalisierbaren entrückt und als Werthaftes, d. h. letztlich nur auf Entscheidung Gründendes, sogar in die Rolle einer Gegeninstanz zur Wissenschaftlichkeit abgedrängt wird. Diese Wissenschaftlichkeit aber ist heute nicht mehr bei der Philosophie – so meint man jedenfalls –, sondern nur bei den modernen Erfahrungs- und Funktionswissenschaften wirklich sichergestellt und verbürgt. Diese unterscheiden sich in gewichtigen Punkten und Hinsichten von der *Theoria* alten Stils. Die Einzelwissenschaft deckt nicht mehr Wesenszusammenhänge auf, sondern ermittelt Daten, Fakten und Relationen, sie forscht nicht mehr nach Wahrheit, sondern sucht ihre hypothetischen Erklärungsentwürfe der prozeßhaft gedachten Phänomene durch entsprechende Verifikationsverfahren als richtig zu erweisen. Sie überblickt nicht mehr das Ganze der Erfahrung, sondern vermittelt es in methodisch-homogenen engbegrenzten Aspekten; sie will auch nicht mehr der Gesamtorientierung des Menschen dienen, d. h. ihm sein Dasein als »Aufgabe« nahebringen, sondern bestimmte »Gegebenheiten« erklären, kurz, Informationen über sie vermitteln. Sie hat deshalb auch nicht mehr praktisch-weisenden Charakter, sondern begrenzt ihre Wirksamkeit auf die technische Effizienz.

2.3.3.3.

In dieser positivistischen Ausblendung aller *naturhaft-vernünftigen* (ideenbegründeten) Ordnungsvoraussetzungen auf der einen und der radikalen Entfaltung ihrer technologischen Dimension auf der anderen Seite liegt die Größe, aber auch die Gefährdung moderner Wissenschaftlichkeit. Sofern sie alles radikal zu versachlichen, in seinen Funktionszusammenhängen zu erklären und gemäß dem klassischen Wissenschaftsideal des Positivismus und seinen vier Stationen, dem *voir, savoir, prévoir, régler (A. Comte)* zu regulieren versteht, kann sich nichts mehr ihrem Verfügbarkeitshorizont entziehen. Das gilt nicht nur für den Bereich der Natur, sondern auch für den des menschlichen Handelns. Wir haben früher gezeigt, daß eine technische Behandlung der Vernunftwesen zwar möglich, doch »unrecht« ist, weil ihre Herabsetzung zu bloßen Mitteln ihrer Würde als freier Selbste widerspricht. Sofern wir uns aber im Raum des positivistischen (bzw. technologischen) Wissenschaftsverständnisses der Moderne bewegen, fällt dieser sittliche Vorbehalt dahin, da sich eine Differenz zwischen Selbst und Gegenstand hier nicht begründen läßt und Freiheit als eine gestaltbare psychische Qualität erscheint. Daher hat die moderne Wissenschaft viel sublimere Formen der technologischen Freiheitsmanipulierung des Menschen entwickelt als sie im Bereich des natürlichen Daseinsverständnisses vorstellbar waren. Wir denken hier an die perfekten Methoden politischer Indoktrination oder die Verfahren der vorbewußten Handlungssteuerung, wie sie von den Werbungstechniken der Wirtschaft gehandhabt werden.
Aber der Freiheitssinn des konkreten Handelns setzt nicht nur der technologischen Manipulierung, er setzt auch seiner wissenschaftlichen Behandlung letztlich keine prinzipiellen Grenzen. Als individuelles läßt sich das aus Freiheit motivierte Handeln freilich nur *beschreibend* einholen (ideographische Methode) und nicht in das *Relationsgefüge* einer Funktionstheorie der Praxis bannen. Doch hat die moderne Sozialwissenschaft einen Weg gefunden, die menschliche Handlungspraxis grundsätzlich zu rationalisieren. Unter Anwendung des Prinzips der großen Zahl (d. h. auf dem Wege einer statistischen Interpretation) lassen sich nämlich auch im menschlichen Handlungsraum übergreifende Regelmäßigkeiten sichtbar machen. So kann man etwa Zusammenhänge zwischen Ereignissen und Motivationen (z. B.: in Notzeiten steigt die Quote der Selbstmorde, in Zeiten wachsenden Wohlstandes wächst auch

die Zahl der Verbrechen usw. usw.), oder zwischen aufeinander folgenden Motivationslagen (Aufweisen sozialer Trends) konstatieren, aber auch tiefergreifende Strukturen des Gesellschaftswandels zu ermitteln suchen. – Hinsichtlich der technologischen und wissenschaftsmethodischen Effizienz hat der traditionelle Unterschied zwischen natürlicher und sozialer bzw. moralischer Welt also jede Bedeutung verloren.

2.3.3.4.

Diese Hypertrophie der technischen gegenüber der sittlichen Dimension hat zu einer Denaturierung moderner Lebenspraxis geführt. Während früher die Zwecke und Zielsetzungen des Handelns wie selbstverständlich vorgegeben waren und mit einiger Sachkenntnis auch in Handlungsentwürfen realisiert werden konnten, hat die moderne Trennung zwischen Handlungsmitteln und Handlungszielen, zwischen rationalisierbaren Handlungsentwürfen und irrationalen Entscheidungen über Ziele und Zwecke zu einer wachsenden Verunsicherung geführt. Nicht nur sind die verbindlichen positiven Maßstäbe dahingeschwunden, von denen sich früher sittlich-praktische Entscheidungen vermittelt haben; angesichts der raffinierten Apparatur des Faktischen sieht sich das Herstellen und Handeln heute immer stärker auch in die peinliche Rolle des »uneinsichtigen Sachdienstes« *(Th. Litt*[6]*)* hineingedrängt, der ihm nicht nur den Raum der Freiheit, sondern auch die Möglichkeit zur Selbstverantwortung beschneidet. Das gesellschaftliche Leben scheint sich in dieser Perspektive immer mehr in ein Gefüge schicksalsmäßiger Sachzwänge zu verwandeln, denen gegenüber moralische Proteste und Widerstand erfolglos bleiben. Unterstützt wird diese Erfahrung praktischer Entmündigung durch die Technik noch von ihrer Interpretin, der Soziologie, die dazu neigt, ihre Analysen ideologisch mit der sozialen Wirklichkeit selber zu identifizieren. Sie legt damit die logische Interdependenz ihrer Einsichten in eine kausale der Sozialbezüge um und vermittelt das Bild einer in allen ihren Momenten und Entwicklungsschritten streng determinierten Gesellschaft, in welchem Bilde *Kants* mechanistische Naturinterpretation nunmehr auch für die moralische Welt in Geltung gesetzt erscheint.

2.3.3.5.

Doch gibt es heute bereits Anzeichen dafür, daß dieser »Paroxysmus« positivistischer Selbstdeutung im Fallen ist und daß wir uns dem nachpositivistischen Zeitalter nähern *(H. Freyer*[7]*)*. So beginnt man zu durchschauen, daß das Modell einer vom Sachzwang beherrschten Ordnung als Aktionsfeld der Technokratie und das ihm korrespondierende Modell einer dezisionistischen, aller vernünftigen Normvoraussetzungen entbehrenden Situationsethik demselben Verstandesdenken entstammen, das sich durch das falsche Bewußtsein des »Objektivismus« ideologisch von seiner Praxis getrennt und die Vernunftreflexion als Brücke zu ihr zurück stillgelegt hat. Man erinnert diesen Verstandesobjektivismus heute an seine vergessenen »erkenntnisleitenden Interessen« *(J. Habermas*[8]*)*, man ist bereit, die Prinzipien einfacher Sittlichkeit an Stelle des hohen Ethos der Pflicht zu setzen *(O. F. Bollnow*[9]*, Th. Wilhelm*[10]*)* und gewinnt wieder ein tieferes Verständnis für die Rolle der Tugenden und Gewohnheitshaltungen im sittlichen Haushalt der Lebenspraxis. Es ist zu hoffen, daß auch die Wortführerin der Vernunft, die Philosophie, zunehmend wieder in ihre angestammte Rolle einer Vermittlerin zwischen Einzelwissenschaften und Praxis eingesetzt wird und sich angesichts dieser dornigen Aufgabe dazu durchringt, zu ihrem alten Ordnungsprinzip der Idee zurückzukehren und ihm einen dem kritischen Methodenbewußtsein der Gegenwart entsprechenden Sinn zu verleihen.

2.4. *Manfred Riedel: Freiheit und Verantwortung. Zwei Grundbegriffe der kommunikativen Ethik*

Von »Freiheit« zu reden ist leicht, von ihr Rechenschaft zu geben schwer, zumal in einer Zeit wie der unseren, die diesen Begriff zu zerreden scheint. »Freiheit« ist keine Parole, sondern ein Problem. Das ist sie in mehrfacher Hinsicht: begrifflich wie empirisch, theoretisch wie praktisch. Sie ist ein begriffliches Problem infolge der Vieldeutigkeit des Wortgebrauchs; ein empirisches Problem wegen der fehlenden Zuordnung zu einem bestimmten Erfahrungskreis; ein theoretisches Problem, weil sich das Denken, ohne dazu anderer Antriebe zu bedürfen, die Frage nach der Freiheit selbst vorlegt; und ein praktisches Problem, sofern die Antwort wahrscheinlich gar nicht im Denken, sondern im Tun liegt, – in der Praxis, die doch immer auch

Abdruck von Unfreiheit ist. Ob die Frage überhaupt entschieden werden kann, wissen wir nicht. Was wir wissen, ist erstens, daß es vor dieser Frage kein Ausweichen gibt, und zweitens, daß sie sich in unserer Zeit anders stellt als in allen vorherigen Zeitaltern. Die Andersartigkeit der Fragestellung ist an sich noch nichts, was unserem Zeitalter eigentümlich wäre. Denn die Freiheit gehört zu jenen Problemen, die sich nur in der Zeit stellen, d. h. dem Philosophieren nicht anders zugänglich sein können als in immer neuen, aktuellen Motivationen, die die Möglichkeit oder Wirklichkeit der Freiheit in immer neuem und anderem Sinne zur Fraglichkeit bringen.[1] Wovon wir uns Rechenschaft geben müssen, ist dies, daß sich heute das Problem zur Aporie zuspitzt: zur Negation von Freiheit im Namen der Freiheit.

»Aporie« ist ein zusammenfassender Ausdruck für die Schwierigkeiten und Hindernisse, denen wir uns bei der Lösung von Aufgaben oder der Klärung von Fragen gegenübersehen. Sie können unsere intellektuellen und moralischen Fähigkeiten wecken, aber auch so groß und unüberwindlich erscheinen, daß wir versagen. Das geschieht insbesondere dann, wenn sich die Aufgabe kompliziert und die Frage, um die es geht, nicht motiviert oder gar keine wirklich gefragte Frage ist. Das Problem erledigt sich dadurch, daß nicht mehr gefragt, daß sein Inhalt fraglos wird. In diesem Falle – es ist der aporetische Fall des heutigen Redens über »Freiheit« – kommt es darauf an, den Parolen die Fraglosigkeit zu nehmen. Was Freiheit meint, so lautet meine These, läßt sich nicht aus ihr selbst, durch Reflexion auf ihren Begriff, entscheiden. Wenn die Begriffsreflexion radikal, d. h. bis an den Ursprung der Aporie durchgeführt wird, stößt sie auf den Begriff der Verantwortung. Er ist, so werde ich zu zeigen versuchen, nicht nur der logisch umfassendere, sondern der sachlich fundierende Begriff, der einer Lösung der Aufgabe zugänglich ist.

2.4.1. *Zur Problemformulierung*

Daß der Freiheitsbegriff das Eigentümliche an sich hat, nicht durch sich selbst bestimmbar zu sein, diese Einsicht spricht sich in fast allen vorliegenden Formulierungen des Problems aus. Was der Begriff meint, scheint sich aus seinem Gegensatz zu ergeben. In den spätantiken Philosophenschulen – die klassisch–griechische Philosophie kennt diese Problemformulierung nicht – ist es der Gegensatz zwischen göttlichem Vorherwissen (providentia, praescientia) und menschlicher Willensfreiheit (voluntatis libertas),[2] in der Spätscholastik der Gegensatz zwischen der absoluten Freiheit Gottes und dem, was, unter dieser Voraussetzung, der Handelnde von sich weiß,[3] bei den Reformatoren der Gegensatz zwischen der Freiheit und der Dienstbarkeit eines Christenmenschen,[4] und in der neuzeitlichen Philosophie schließlich der Gegensatz zwischen der Kausalität der Natur und der Spontaneität menschlichen Handelns, – dem Vermögen, eine Reihe von Begebenheiten von selbst anzufangen.[5] In der Gegenwart ist es der Gegensatz von Kommunikation und Herrschaft, dem die Rede von der »Herrschaftsfreiheit« entspringt. Was diese im einzelnen sehr unterschiedlichen Positionen miteinander verbindet, ist eine bestimmte Spielart der Erkenntnis a priori. Die Möglichkeit der Freiheit steht nämlich entweder unter Bedingungen der Erkenntnis dessen, was in der Zukunft liegt: daß Gott alles Künftige im Voraus weiß, – ein theologischer Gedanke, der in der Moderne als Geschichtsphilosophie, im antizipierenden Vorgriff einer »herrschaftsfreien« Gesellschaft wiederkehrt; oder sie untersteht Bedingungen der Erkenntnis, die durch die Vergangenheit festgelegt sind: daß jede Wirkung der Natur ihre Ursache hat, die ihr vorhergeht, – an seinem Ursprung ein ebenfalls theologischer Gedanke, der in der reformatorischen Prädestinationslehre entfaltet und im Gesetzesbegriff der neuzeitlichen Naturwissenschaft säkularisiert wird. Obwohl die Motivation der Frage nach der Freiheit des Menschen in jeder der genannten Problemformulierungen eine andere ist, enthalten sie einen argumentationsgeschichtlich identischen Kern. Er besteht, kurz gesagt, darin, daß der Begriff nach den vorausgesetzten Erkenntnisbedingungen nur ex negativo bestimmt werden kann. Die Begriffsbestimmungen aus dem Theorem der allgemeinen Naturgesetzmäßigkeit und dem der allgemeinen Herrschaftsabhängigkeit unterscheiden sich dabei von den theologischen Theoremen nur graduell. Es handelt sich in jedem Fall um objektivistische Grundannahmen über die Zeit als einer subjektiven Bedingung a priori der Erkenntnis. Die Zeitbedingungen, nach denen sich unser Erkennen auf Teilinhalte der Erfahrung bezieht, werden in intellektueller Anschauung so vergegenständlicht, daß sie, statt begriffliche Möglichkeit und Grenzen einer Erfahrungserkenntnis zu klären, alle mögliche Erfahrung transzendieren. Wir sprechen daher von transzendenten Begriffen. Transzendent sind nicht nur die onto–theologischen Sprechweisen der vorneuzeitlichen Metaphysik, sondern auch der physikalische Gesetzesbegriff oder –

mutatis mutandis – der geschichts-philosophisch-soziologische Begriff einer Gesellschaft ohne Herrschaft, der »herrschaftsfreien« Kommunikation. Sie beruhen insgesamt auf einer Amphibolie, der Verkehrung der subjektiv bedingten Temporalität unseres Begriffsgebrauchs zu objektiven Bedingungen der Sache selbst.

Onto-theologisch drückt sie sich darin aus, daß die Anschauungsformen der Zeit für das Wissen des Menschen von sich als einem Handelnden und zugleich für das göttliche Vorherwissen als Apriori der Freiheit angenommen werden. Wie für alle erkennenden Wesen gilt, daß sie sich mehr ihrer Fähigkeit bedienen als derjenigen des zu Erkennenden, so ist die menschliche Erkenntnis in der Einheit von Sinn, Einbildungskraft und Verstand auf die Zeit angewiesen. Was in der Zeit lebt, geht als ein Gegenwärtiges vom Vergangenen weiter in die Zukunft, während Gott die Form der Zeit als ewige Gegenwart anschaut, nach der er alles weiß.[6] Kraft dieser Bedingung erkennt Gott dasjenige als notwendig, was uns im Blick auf die Zukunft als frei erscheint, – das klassisch-theologische Argument, das die Freiheit zwar nicht leugnet, aber die Möglichkeit des Begriffs von ihr aus der Negation zum Begriff der Notwendigkeit gewinnt.

Die Verwirrung im Freiheitsproblem, die daraus in der Neuzeit durch die Transformation in das Argument der allgemeinen Gesetzmäßigkeit der Natur, die »Determination« allen Geschehens, entstanden ist, hat sich inzwischen über das komplementäre Argument der allgemeinen Herrschaftsabhängigkeit, der Verhängung des »gesellschaftlichen Banns«,[7] vermehrt, – als ob der Begriff allein antithetisch, aus dem Gegensatz zur Gesetzmäßigkeit, oder antizipativ, aus der Überwindung von Herrschaft, bestimmt werden könnte! Freiheit selbst, sagt *Th. W. Adorno*, bei dem Gesetz und Herrschaft ein und denselben logischen Ort haben, ist »derart mit der Unfreiheit verfilzt, daß sie von dieser nicht bloß inhibiert wird, sondern sie zur Bedingung ihres eigenen Begriffs hat«.[8] Würde diese Bedeutung zutreffen, wären Gesetz und Herrschaft nicht nur identisch, sondern die Formen der Zeit Bedingungen des Begriffs, – ein von Adorno selbst gezogener Schluß, der das negativ-dialektische »Modell der Freiheit« in die Dauerreflexion gegen Natur und Gesellschaft hineintreibt, die sich bei seinen Nachfolgern teils im Theorem der »großen Weigerung« *(H. Marcuse)*, teils in dem der »Herrschaftsfreiheit« *(J. Habermas)* verstrickt. Weil er in der Reflexion keinen Ort hat, verläuft sie sich in der Ortlosigkeit anarchischer Praxis und Meta-Politik. In der Zuspitzung des Problems, der Negation von Freiheit im Namen eines negativen Begriffs von ihr, ist die Freiheit zum Gegenstand des Streits, von Parolen und Kämpfen zwischen gesellschaftlichen Gruppen, geworden. Während die einen davon sprechen, daß Freiheit ein Grundwert der modernen Welt ist, behaupten andere, daß der Begriff durch Klasseninteressen »entwertet« und im Grunde ganz entbehrlich sei. Ein *Ausweg* aus dieser Lage wird sich erst dann eröffnen, wenn wir wieder lernen, nach Bedingungen der Möglichkeit des Gebrauchs von Begriffen, ihrem logischen und hermeneutischen Ort sowie nach Argumenten für oder gegen begriffliche Ortsverschiebungen, zu fragen. Es ist die Grundfrage einer philosophischen Reformulierung des Problems, die *H. Krings* aufgeworfen und durch die Unterscheidung verschiedener »Begründungsniveaus« von Freiheit zu beantworten versucht hat.[9] Da sich Probleme nicht eigentlich »begründen«, sondern nur »erörtern« und bestenfalls klären lassen, ziehe ich vor, von unterschiedlichen Ebenen der Begriffserörterung zu sprechen. Wenn ich im folgenden die von *Krings* vorgeschlagene Unterscheidung zwischen realer, praktischer und transzendentaler Freiheit aufnehme, um sie in einigen Punkten zu differenzieren, so tue ich das, weil sie mir nicht nur hermeneutisch plausibel, sondern analytisch unvermeidlich erscheint. Ich beginne mit einigen begriffskritischen Erwägungen zu der von Krings so genannten realen Freiheit, die jenen Inbegriff aller politischen, sozialen und persönlichen Freiheiten des Menschen umfaßt, um den sich der heutige Wortstreit bewegt.

2.4.2. *Reale und politische Freiheit: Das Problem der Befreiung*

Der Ursprung des Streits liegt in einer speziellen Amphibolie: der Verwechslung der Begriffe Freiheit und Befreiung. Wenn Gesellschaft auf dem Boden der Neuzeit durch Ausbreitung von Herrschaft definiert ist, kann »Freiheit« nichts anderes als Unabhängigkeit von ihr, Befreiung von Abhängigkeit und Unterdrückung sein. Im gegenwärtigen Sprachgebrauch steht dafür das Plakatwort »Emanzipation«, das ursprünglich den Akt der Freilassung der Sklaven, abgeleitet die Entlassung von Kolonien aus dem Verband des Mutterlandes meint. Daß es mit Freiheit überhaupt verwechselt wird, ist kein begrifflicher Kurzschluß, sondern ein notwendiger, dem Begriffsgebrauch unvermeidlich anhängender Schein. In ihm bekundet sich die individual- wie gattungsgeschichtlich fundamentale Erfahrung, daß »Freiheit« dem Menschen nicht von Natur aus zukommt, daß er, um frei zu sein, frei werden muß. Dem Prädikat »frei«, so läßt sich diese Aporie umschreiben, korrespondiert gar keine Eigenschaft des Menschen, jedenfalls nicht so, wie dem Prädikat »zweibeinig« eine menschliche Natureigenschaft korrespondiert. Denn die Aussagen: »A ist zweibeinig« und »A ist frei« sind mindestens darin unterschieden, daß die erste einen bestimmten empirischen Sachverhalt wiedergibt, während die zweite nichts empirisch Bestimmtes beschreibt und auch praktisch nichts vorschreibt, so daß hier ein Bedürfnis zum Weiterfragen besteht, zumindest zu der Frage, wovon A frei ist. Freiheit, das sei zu einer ersten Klärung der Aporie festgehalten, ist keine Eigenschaft von A, sondern setzt eine Beziehung zu dem voraus, wovon A frei ist, so daß der Begriff, logisch gesehen, eine zweistellige Relation enthält: »A ist frei von Y«, F (A, Y).

Wir haben es damit noch immer mit dem negativen Begriff der Freiheit zu tun, der für sich selbst keinen bestimmten Ort hat. Er erhält ihn erst dann, wenn er in Beziehung auf einen anderen, bereits bestimmten, Ort gebraucht wird, der seinerseits ganz verschieden, z. B. politisch (a), rechtlich (b) oder pädagogisch (c) sein kann. Der Gebrauch des negativen Begriffs wird, im buchstäblichen Sinne, »ortlos«, sobald er sich von der pragmatischen Zugehörigkeit zu einem jener Örter ablöst. Das Verhältnis der Zugehörigkeit zu einem Ort sei die Topik eines Begriffs genannt. Am Beispiel der politisch bestimmten Freiheit möchte ich zeigen, daß der pragmatische Begriffsgebrauch auf eine transzendentale Topik oder darauf verweist, wie Begriffe nicht nur faktisch gebraucht, sondern in der Möglichkeit ihres Gebrauchs müssen gedacht und theoretisch oder praktisch ausgewiesen werden können. Was »politische Freiheit« meint, erschließt sich nicht im Rückgang auf den Akt der »Befreiung«, auch wenn dieser faktisch, in Gestalt von Revolutionen, den Anfang des Politischen bildet. Es bedarf vielmehr der Annahme eines normativen Aktes: daß die Freiheit als institutionell berufbar »gesetzt« wird, was nach der uns möglichen Erfahrung nur über die politische Grundinstitution »Staat« geschehen kann. Politische Freiheit ist nicht Freiheit vom, sondern im Staat, der seine Herrschaft begrenzt. Freiheit und Herrschaft sind, logisch gesehen, nicht dem Grad, sondern der Art nach unterschieden: Spezies von verschiedenem Genus. Weder ist der eine Begriff die Negation des anderen noch dieser die Position von jenem. Was Freiheit, politisch gesehen,

ist, läßt sich daher nur über einen dritten Begriff bestimmen, den das Recht an die Hand gibt. Es gehört zur Topik des Rechtsbegriffs, daß er Herrschaft nicht mehr transzendiert, sondern ihr immanent ist. Wir sprechen hier mit Kant von transzendentalen Begriffen, deren logische Funktion es ist, Begriffe, die sich wechselseitig auszuschließen scheinen, zum Zwecke der Ermöglichung von Erkenntnis miteinander zu verbinden. Im Falle des Rechts ist es die Vereinbarung von Herrschaft und Freiheit, der Kants Definition Rechnung trägt, wonach »Recht« mit der Befugnis zu zwingen verbunden ist. Der transzendentale Rechtsbegriff impliziert die Möglichkeit eines mit der Freiheit aller nach allgemeinen Gesetzen zusammenstimmenden, durchgängigen, wechselseitigen Zwangs.[10]
Es ist das jedem Menschen kraft seiner Menschheit zustehende Recht auf Freiheit, das ursprüngliche Menschenrecht, das als Unabhängigkeit von Herrschaft im Sinne eines einseitigen, auf bestimmte Klassen und Gruppen beschränkten, Zwangs verstanden werden muß. Die Berufung auf Freiheit findet nur dort einen Anhalt, wo diese als Recht positiviert wird. Der Positivierungsakt bleibt so lange faktisch oder ein Akt einseitigen Zwangs, wie das Gesetz ohne Freiheit konstituiert ist. Weil das Recht Bedingung der Wirklichkeit von politischer Freiheit ist, läßt sie sich nicht ausschließlich negativ, als Transzendieren von Herrschaft, bestimmen. Um wirklich und nicht nur in der Einbildung »frei« zu werden, muß jeder Bürger dazu berechtigt sein, sich in der ihm möglichen Freiheit auf das Gesetz seines Staats zu berufen. Die politische Freiheit ist andererseits auch nicht ausschließlich positiv, als bloße Setzung, zu bestimmen. Sie hat noch eine Voraus-setzung, nämlich die, daß der Bürger das Recht hat, kein anderes Gesetz zu befolgen, als zu dem er selbst zugestimmt haben kann. Daß Gesetze zustimmungsfähig sind, ist das formale Apriori der politischen Freiheit, – die Bedingung der Möglichkeit dafür, daß sie der Herrschaft immanent, d. h. zum freien Rechtsstaat konstituiert ist. Wir verstehen darunter den Begriff von einem Staat, der nicht Befreiung verheißt, sondern Freiheit durch Berufung auf Menschenrecht ermöglicht, im Unterschied zu allen Staatsgebilden, die Herrschaft menschenrechtswidrig ausüben, so daß »Herrschaftsfreiheit« notwendig ein Versprechen der Zukunft bleibt.
Die politische Freiheit, so hat sich aus unserer Analyse ergeben, schließt institutionelle Garantie des Menschenrechts und damit Begrenzung von Herrschaft voraus. In welchem Umfang sie begrenzt wird, ist der Konstitution des Staats, der Sprache seiner Verfassung zu entnehmen, die das Recht des Menschen

interpretiert. Kein Staat kann dem Akt der Interpretation ausweichen. Er vollzieht ihn auch dann noch, wenn er um der Herrschaft willen die Berufbarkeit auf das Recht gar nicht erst als Gesetz positiviert, – eine Situation, die angesichts des Menschenrechtskatalogs der Vereinten Nationen die Verfassungswirklichkeit ist aller heutigen Staaten, der westlich-liberalen ebenso wie der östlich-sozialistischen, berührt. Das Menschenrecht wird zuletzt freilich nicht durch Gesetzestexte, sondern durch die Tat interpretiert. Paradigma einer Tatinterpretation ist das Auswanderungsrecht. Der Staat verdient erst dann den Namen »freier Rechtsstaat«, wenn er es verfassungsmäßig garantiert. Indem er seinen Bürgern die Möglichkeit der Freilassung einräumt, verzichtet der Staat auf zeitlich unbegrenzte, und das heißt: auf politisch-absolute Herrschaft. Das Recht auf Auswanderung entläßt den Bürger nicht in Herrschaftsfreiheit, sondern läßt ihn Herrschaft frei wählen. Die Wählbarkeit von Herrschaft ist das materiale Apriori der politischen Freiheit, – die Bedingung der Möglichkeit dafür, daß sie rechtsstaatlich wirklich sein kann.

2.4.3. *Transzendentale und kommunikative Freiheit: Das Problem des Freiseins*

Reale Freiheit ist die politisch mögliche Realität der Freiheit, die der Staat in Gestalt von Grundrechten verwirklichen, d. h. garantieren muß. Was er damit als freier Rechtsstaat garantiert, ist eine Pluralität von Freiheiten, die vielfach bedingt sind. Ich meine damit nicht nur die subjektiv bedingte Temporalität unseres Begriffsgebrauchs, sondern objektive, nämlich technische und ökonomische, institutionelle und anthropologische Bedingungen der realen Freiheit selbst, die ihrerseits temporal strukturiert sind. So beziehen sich alle Grundrechtsgarantien auf Rechte, über die der Mensch frei geworden ist, die er geschichtlich erwirbt und deshalb auch wieder verwirken kann. Ihre Realität ist nicht gesichert, sondern hochgradig verletzlich, ja letztlich kontingent. Wie sie nach innen vom Wechsel der Generationen abhängt, so unterliegt sie nach außen der wechselnden Weltlage des Kampfes um die Erdherrschaft, dessen wirtschaftliche, militärische und ideologische Konstellationen sich ständig verschieben. Gibt es, im geschichtlichen Fluß der Weltbegebenheiten, einen festen Punkt, an dem der Begriff einen Anhalt finden könnte?

Wenn die Realität der Freiheit zeitlich bedingt ist, läßt sich diese Frage nur im Rückgang auf ein Unbedingtes beantworten, das weder subjektiven noch objektiven Bedingungen der Zeit untersteht. Das Unbedingte, das nicht mehr in eine Begriffspluralität zerfällt, nennen wir kommunikative Freiheit. Sie ist die Freiheit, die nur im Singular vorkommt, da ihre Unbedingtheit im freien Verhalten des Menschen zu sich selbst als Person gründet, so daß wir auch von personaler Freiheit sprechen dürfen. Wir verstehen darunter nicht den Inbegriff »persönlicher Freiheiten«,[11] der sich immer nur auf ein empirisches Individuum beziehen kann, sondern den Begriff selbst: die Freiheit in der Idee. Im Unterschied zur realen Freiheit wird die kommunikative Freiheit nicht geschichtlich erworben, wie sie umgekehrt deren Verlust nicht zu beeinträchtigen braucht, – obwohl sie es ist, die dem Kampf um Befreiung zugrunde liegt und ihm zuletzt die Orientierung gibt. Es ist die Freiheit, die kein Gesetz des Staats garantiert, die aber ebensowenig durch staatliche Gesetze aufhebbar ist. Während in der Sphäre des Politischen mit der Berufung auf Menschenrecht von »Rechtsfortschritt«, ja vielleicht sogar von einem geschichtlich fortschreitenden »Bewußtsein der Freiheit« (Hegel) die Rede sein kann, sind analoge Begriffsbildungen in dieser Sphäre nicht möglich. »Kommunikativer Fortschritt« ist eine contradictio in adjecto, da der Mensch als Person, unabhängig von politischen, sozialen und persönlichen Bedingtheiten, immer wieder von vorn, mit dem Apriori freier Kommunikation anzufangen hat. Wer frei zu werden strebt – mit dieser These sei der Übergang zu der neuen Problemebene umrissen –, muß in gewisser Hinsicht schon frei sein. Sonst wäre »Befreiung« ein ebenso sinnwie zielloser Prozeß. Die begriffsanalytisch notwendige Voraussetzung des »Freiseins« wurde bis in dieses Jahrhundert hinein mit dem ganz anderen, nämlich empirisch-anthropologischen Problem der Willensfreiheit, dem der Zeit nach bestimmten »Dasein« des menschlichen Willens verwechselt. Nach den Grundannahmen der neuzeitlichen Physik bedeutet »Dasein« soviel wie raum-zeitliche »Existenz«, weshalb die Freiheit als eine Natureigenschaft mißverstanden und unter dem Gesichtspunkt der kausalen Bestimmtheit des Naturgeschehens entweder indeterministisch bejaht oder deterministisch verneint wurde. Freiheit und Gesetzlichkeit – das ist die gemeinsame Prämisse der in der Neuzeit streitenden Parteien – sind miteinander unverträglich. Weil wir wissen, daß alles gesetzlich bestimmt wird, so schließt die eine Partei, ist die Behauptung der »Existenz« des »freien Willens« illusorisch; weil wir wissen, daß wir frei sind, so folgert die andere, ist der Determinismus falsch. Beide verwechseln die theoretische (metaphysische und/oder empirische) Frage der Willensfreiheit mit dem moralisch-praktischen Problem von personaler Freiheit inmitten der Bestimmtheit des Naturgeschehens. Determinismus wie Indeterminismus behaupten mehr, als wir wissen können. Daß alles mit Notwendigkeit geschieht, ist kein physikalischer Erfahrungssatz, sondern eine metaphysische Hypothese, die durch die moderne Physik als empirisch falsifiziert gelten darf. Es ist aber umgekehrt ebenso falsch, aus der notwendigen Unbestimmtheit gewisser quantenphysikalischer Sätze auf das Theorem der Willensfreiheit zu schließen. Seine Richtigkeit kann niemand mit empirisch-wissenschaftlichen Mitteln »beweisen«, d. h. theoretisch wissen, was Freiheit ist. Da das Freisein keine Eigenschaft von A darstellt, bleibt es das unbestimmte X, das der Indeterminismus folgerichtig als »Willkür« deutet. Obwohl danach keiner mehr zu wissen braucht, was er »will«, liegt der indeterministische Irrtum weniger an der Verwechslung dieses Begriffs mit dem der Freiheit. Er verdankt sich vielmehr dem Rückschluß von einer begrifflichen auf eine empirische, nämlich psychologische Unbestimmtheit, die dem menschlichen Sich-Entscheiden eignet. Nicht die indeterministische These: »A hat die Eigenschaft X«, sondern der ganz andere, nämlich moralisch-praktische Satz: »A ist sich gewiß, daß X« läßt sich mit Gründen verteidigen.

Um praktisch und nicht nur der Einbildung nach frei zu sein, müssen wir uns als frei denken können. Gerade diese Bedingung schließt der Indeterminismus aus. Bestünde das Freisein des Menschen tatsächlich in seiner »Willkür«, d. h. der gänzlichen Gesetzlosigkeit im Tun und Lassen, würde niemand mehr dessen gewiß sein, was er will; er »wüßte« lediglich, daß er will, – die rein aktivistische Entscheidungsgewißheit, die, für sich genommen, den festen Punkt verfehlt. Die Freiheit, so hat Kant aus der Undenkbarkeit des indeterministischen Ansatzes gefolgert, ist nicht Freiheit von, sondern unter Gesetzen, – einer Gesetzlichkeit, die den Willen erst als frei denken läßt. Freiheit und Gesetz sind, logisch betrachtet, nicht der Art, sondern dem Grad nach unterschieden: Spezies innerhalb eines Genus. Das Verhältnis von Gesetzlichkeit und Freiheit ist daher nicht das der wechselweisen Ausschließung, einer Alternative etwa des Typus: Wer nach Gesetzen handelt, handelt nicht frei; wer frei handelt, handelt gesetzlos. Was Freiheit ist, läßt sich nur im Blick auf den Gesetzesbegriff bestimmen, – eine Bestimmung über ein und dasselbe Genus, das beiden immanent ist und gleichwohl alle generische Bestimmtheit der realen Begriffe von »Freiheit« und »Gesetz« überschreitet. Sie transzendiert mit der natura generis die zeitlichen Bedingungen der realen Freiheit, ohne ihren Ort in der für sich gesetzten Zeitlosigkeit eines Aspekts der Zeit, sei es der Transzendenz der Zukunft oder der Reszendenz der Vergangenheit, zu verlieren. Im Gegenteil: einen Anhalt gewinnt sie inmitten der Zeit, in der Immanenz praktischer Entscheidung, die sich immer nur gegenwärtig, im Schritt über das Vergangene zum Künftigen hinaus, vollzieht. In diesem Sinne sprechen wir von transzendentaler Freiheit, womit in Anschluß an Kant die »absolute Spontaneität der Handlung« bezeichnet sei,[12] die gänzliche Unabhängigkeit von der Zeitfolge und von der Natur überhaupt voraussetzt, ohne die ein anderes Genus für Gesetz und Freiheit nicht einmal gedacht werden könnte.

Die Alternative: Determinismus oder Indeterminismus löst sich schon im Bewußtsein der realen Freiheit auf. Ihr werden wir uns nicht durch die Unbestimmtheit des Wollen-Könnens, sondern dadurch gewiß, daß sich das Wollen an Gesetzen orientiert. Reale Freiheit ist Handlungsfreiheit, die uns die reale Gesetzlichkeit der Natur selbst einräumt. Um überhaupt etwas wollen zu können, müssen wir sie als »Dasein unter Gesetzen« denken. Das Gleiche trifft auf die Gesetze des Staats zu, mit deren Geltung vorausplanend gerechnet wird. Der realen Freiheit sind wir uns pragmatisch gewiß, – eine notwendige, aber nicht hinreichende Bedingung des Freiseins, nach der wir uns mit der Ausweitung der Handlungsfreiheit immer mehr bedingen. Wer mit Umsicht und Selbstdisziplin alle möglichen Gesetze zum Zwecke seines Wollen-Könnens benutzt, mag sich darin noch so sehr als »emanzipiert« oder »befreit« wissen; er bleibt dennoch abhängig und unfrei, so lange er die gesetzliche Bedingtheit seines Tuns nicht in ein praktisch-unbedingtes Gesetz zurückzunehmen weiß.

Es ist die transzendentale Gesetzlichkeit des Wollens, der wir uns kommunikativ gewiß sind, mit Kant geredet: der Standpunkt der Moralität, auf dem wir den Begriff der Freiheit erst entdecken.[13] Leitfaden der Entdeckung ist das moralische Werturteil, das diese Gewißheit sprachlich artikuliert. In der Beurteilung von Handlungen nach den Prädikaten von »gut« und »böse« wird die generische Bestimmtheit der realen Freiheit überschritten. Immer dann, wenn wir von Handlungen sprechen, die »hätten geschehen sollen, ob sie gleich nicht geschehen sind«,[14] denken wir uns dem Willen nach als frei.

Dies ist das Urteilsfaktum der gemeinen Menschenvernunft, das Freiheit im kommunikativen Verstande in sich einschließt. Kant hat hier von praktischer Freiheit gesprochen, – ein Ausdruck, der in der kritischen Philosophie ursprünglich negativ, als »Unabhängigkeit der Willkür von der Nötigung durch Antriebe der Sinnlichkeit«, verstanden von ihr aus diesem Vorverständnis, trotz späterer Korrektur,[15] niemals ganz herausgeführt worden ist. Wer moralisch urteilt, muß notwendig sein empirisch bedingtes Dasein in der Zeit transzendieren; sonst wären die Urteilsprädikate »gut« und »böse« zeitlich bestimmbar, und wie könnte wohl das Tun des Guten jemals von Zeitterminen abhängig gedacht werden? Unter dem methodischen Gesichtspunkt, daß moralische Prädikate keine Anschauungsform zugrunde liegen haben, ist die These der ›Kritik der reinen Vernunft‹, wonach sich auf die transzendentale Idee der Freiheit der praktische Begriff derselben gründe,[16] sachlich ebenso gerechtfertigt wie die Zusatzthese der ›Kritik der praktischen Vernunft‹, die transzendentale Freiheit sei in der praktischen realisiert, d. h. erst ein positiv-gehaltvoller Gedanke.[17] Ungerechtfertigt ist nur die Einschränkung dieses Gedankens auf eine formale Gesetzlichkeit des Wollens, die der Grundformel des Kategorischen Imperativs das Gepräge gibt.
Wenn wir mit Kant den Kategorischen Imperativ als Prinzip der Beurteilung von Handlungen verstehen, erscheint die Einschränkung relativ unproblematisch, da der Imperativ: »Handle so, daß die Maxime deines Willens jederzeit als Prinzip einer allgemeinen Gesetzgebung gelten könne«[18], das Wollen lediglich als jenes X definiert, das einem moralischen Werturteil unterworfen, und das heißt: im praktisch-personalen Sinne als frei verstanden wird. Daß der Wille frei ist, ist das formale Apriori kommunikativer Freiheit[19] – die Bedingung der Möglichkeit dafür, daß sich der Mensch als Person begreift. Die Problematik in der Kantischen »Auflösung des Problems der Freiheit«[19] entsteht erst dadurch, daß der im Grunde forensisch konzipierte Imperativ zugleich als praktisches Entscheidungsprinzip fungiert.
Als Beurteilungsprinzip setzt der Kategorische Imperativ neben der Identität der erkennenden und handelnden Person (a) die Isolierbarkeit einer Handlung (b) und deren (nachträglicher) Zuordnung zur Person voraus. Die transzendentale Freiheit wird hier grundsätzlich von der Idee der Zurechenbarkeit (Imputabilität) der Einzelhandlung her gedacht.[20] Als Entscheidungsprinzip bezieht er sich auf die Willensbildung derselben Person, die auf sich und ihre Maxime isoliert ist. Der

kategorische Imperativ erscheint als die unbedingte Form gesetzlicher Willensbildung, in der sich der Handelnde in ein transzendental-praktisches Verhältnis zu sich als Person setzt, ohne daß der Inhalt dieser Form in seiner Unbedingtheit mitgedacht würde. Die Form der Willensbestimmung, in diesem Punkt ist Kants Ansatz unhintergehbar, ist sich hier ihr eigener Inhalt, denn es ist der personale Wille, der sich entscheidet. Was dabei ungedacht bleibt, ist das Implikat des Gesetzes, nämlich daß die Verallgemeinbarkeit der Maxime und die darauf begründete Entscheidung kommunikativ fundiert sein muß, weil die kategorisch gebotene Gesetzlichkeit des Wollens eine Pluralität miteinander kommunizierender Personen impliziert und ohne diese ein sinnleerer Gedanke ist. Diese formal unableitbare Implikation nenne ich das materiale Apriori der kommunikativen Freiheit. Es ist die Bedingung der Möglichkeit dafür, daß transzendentale Freiheit interpersonal realisiert sein kann.

2.4.4. *Freiheit, Zurechenbarkeit, Verantwortlichkeit*

Wenn wir der Freiheit kommunikativ gewiß sind und diese Gewißheit, wie Kant treffend bemerkt hat, für uns sekundär, d. h. über das Werturteilsfaktum und zuletzt über das praktische Vernunftfaktum des Moralgesetzes vermittelt ist, stellt sich die Frage nach einem Primärbegriff. Kants Analytik, die sich am forensischen Paradigma des Urteils nach dem Gesetz orientiert, greift hier durchgehend auf den Pflichtbegriff zurück. Auf dem Standpunkt der Moralität ist das Verhältnis des Handelnden zum Gesetz subjektiv ein Gefühl der Achtung, objektiv der Gedanke der Verpflichtung – ein Drittes kennt Kant nicht. Das zwischen beiden die Mitte haltende Grundphänomen kommunikativer Freiheit ist die Verantwortung.
Obwohl der »höchste Punkt« der Kritik der praktischen Vernunft, in Analogie zu dem der theoretischen Vernunftkritik, das »intelligible Ich« ist, außer welchem die Erscheinung praktischer Freiheit nur seine Handlung sein kann, hat Kant diese Beschränkung immer wieder durchbrochen. Das klassische Beispiel dafür ist die Konkretisierung des Kategorischen Imperativs zu der Formel, so zu handeln, daß die Menschheit sowohl in der eigenen Person als auch in der Person eines jeden anderen jederzeit als Zweck, niemals bloß als Mittel gebraucht wird.[21] Daß in ihr mehr gedacht ist, als die Grundformel des kategorischen Imperativs enthält, liegt auf der Hand. Aber es

wird auf der Grundlage des »Sowohl-als-Auch« gedacht, so daß die transzendental geforderte Synthesis des personalen Verhältnisses zu sich selbst mit dem sozialen Verhalten zum Anderen eigentümlich in der Schwebe bleibt. Darin scheint mir das Motiv zu bestehen, das H. Krings, im Anschluß an Fichte (und Hegel), zu seinem Versuch einer Tieferlegung des Fundaments der praktischen Regel des Kategorischen Imperativs bewegt hat. Die Generierung der primären transzendentalen Regel vollzieht sich nach Krings im Akt der Selbstaffirmation praktischer Freiheit durch praktische Freiheit – nach der Formel, daß Freiheit sich dadurch konstituiert, daß Freiheit anerkannt wird.[22] Wenn ich richtig sehe, erweitert Krings, im Unterschied zu Fichte, damit nicht eigentlich den Kantischen Gedanken der (praktischen) Realisierung transzendentaler Freiheit um eine neue transzendentallogische Dimension. Er entfaltet vielmehr, was in diesem Gedanken verwickelt, ja in gewisser Hinsicht verdeckt ist: die formale Begrifflichkeit der Verantwortung.
Im Unterschied zum Pflichtbegriff, der stets einen Imperativ und damit ein »Du sollst« impliziert, erfaßt der Begriff der Verantwortung Verhältnisse der Gegenseitigkeit und wechselseitiger Beanspruchung, die uns als moralische Primärphänomene ursprünglich vertraut sind. Wer etwas »verantwortet«, tut dies gegenüber einem Anderen, der ihn dazu nicht eigens aufzufordern braucht, da man Verantwortung im allgemeinen nur dann »hat«, wenn man selbst auf etwas hin »in Anspruch genommen« wird. Es sind, mit einem Wort, Erfordernisse kommunikativer Ordnung,[23] die uns »beanspruchen« – Anforderungen der »Sache selbst«, über die keiner für sich, aber ebenso wenig jemand für den anderen befinden kann.
»Verantwortung« ist ein kommunikativer Begriff, der ein Entsprechungsverhältnis von Personen und ihre Beanspruchung durch das Verhalten zu Sachen betrifft. »Verantwortlich« ist jemand, der irgendwelchen Anforderungen nicht »entspricht« und deshalb »Rede und Antwort« zu stehen hat. Wir »werden« für etwas verantwortlich gemacht, wofür wir es immer schon »sind«. Was in der Rede von der Freiheit formal bleibt, erfährt nun seine materiale Erfüllung. Wie frei jemand ist, erfährt er daran, wofür er verantwortlich »erklärt« werden kann. Freiheit und Verantwortung sind Wechselbegriffe, deren letzterer den ersteren übergreift. Er bezeichnet eine dreistellige Relation: A ist verantwortlich für etwas, das er getan oder unterlassen hat und zwar vor einem Anderen, der ihn dafür verantwortlich »machen« kann: »A ist B verantwortlich für Y«, V (A, B, Y).

Das Verhältnis der Entsprechung gründet in der dem Menschen eigentümlichen Sprachlichkeit, die sich im Wechselspiel von Anrede und Erwiderung aufbaut. Im eigentlichen Sinne läßt sich nur der zum Anderen Sprechende als verantwortlich bestimmen. Vor sich selbst kann man nur in übertragener Bedeutung verantwortlich sein, da die Verantwortung wie das Reden gerade darauf beruht, daß man sich selbst einem Anderen zur Rede stellt. Paradigma dieser Relation ist wiederum das Recht: Jemand wird vor Gericht für etwas zur Verantwortung »gezogen«. Verantworten heißt daher, sich gegenüber einem Ankläger in Rede und Gegenrede rechtfertigen oder verteidigen, wobei auch eine andere Person (der »Anwalt«) »antworten« kann. Seine spezifisch moralische Ausdeutung erhält der Begriff in der christlichen Religion. Gott stellt den »schuldig« gewordenen Menschen »zur Rede«, der sich hier nur im Glauben »rechtfertigen« und so seiner Verantwortlichkeit, d. h. der Möglichkeit einer Verantwortung gegenüber Gott und den Mitmenschen, gewiß sein kann.[24]

2.4.5. *Zurechnung und Verantwortlichkeit*

Wer von »Verantwortung« redet, nimmt auf Normen und Werte Bezug. Er spricht über »Abweichungen« von Normen und »Verletzungen« von Grundwerten und damit – direkt oder indirekt – von Schuld und Strafe. Dieses Problem hat im Grenzbereich zwischen Recht und Moral seinen Ort, und je nach dem, ob oder wo man hier eine scharfe Grenze zieht, nimmt es eine andere Gestalt an. Die juristische Frage lautet, wer im gegebenen Fall zu bestrafen, und das heißt zugleich: »schuldig« sei. Der Begriff der Verantwortung wird damit von dem der Zurechnung her gedacht: Wofür jemand verantwortlich »ist«, sind Handlungen oder Unterlassungen. »A ist verantwortlich für Y« meint demnach soviel wie: »Y ist A zurechenbar«. Der Ausdruck »Zurechenbarkeit«ist freilich zweideutig. Man kann darunter entweder das Urteil des Richters verstehen, der die Tat als Handlung dem Gesetz subsumiert und zum Täter »rechnet«, oder dessen Verantwortlichkeit, d. h. die Möglichkeit der Verantwortung, die seine (moralische) Schuld bezeichnet. Nach klassisch-juristischer Auffassung wird dabei von der Idee der Freiheit Gebrauch gemacht. Wer die Tat der Person zurechnet, »erklärt« sie für schuldig und dementsprechend für straffähig. Die Strafe beruht auf dem Vergeltungsprinzip; sie ist nicht nur »an sich gerecht«, sondern ein

Recht des Schuldigen selbst, der darin seine »Freiheit« beweist. Im Unterschied dazu geht das neuere Strafrecht durchweg vom Prinzip der »Vorbeugung« und damit von einer streng deterministischen Interpretation des Zurechnungsbegriffs aus. Zwar ist auch hier unumstritten, daß die Praxis des Verantwortlich-Machens zur Einübung in soziales Verhalten unverzichtbar bleibt. Ihre Effektivität verdanke sich aber gerade der kausalen Determiniertheit des Handelns; zumindest »rechnet« jene Praxis mit einer solchen Determination (etwas durch Belohnung und Strafe), die ein »Motiv« dafür schaffen, sozial unerwünschte Handlungsweisen zu unterlassen, so daß sich als Umkehr des herkömmlichen Strafverständnisses ergibt: Frei ist, wer resozialisiert, d. h. mit Erfolg verantwortlich gemacht werden kann.
Die empirische Bestätigung für die Richtigkeit dieses Ansatzes, der sich in der Strafpraxis erst allmählich durchsetzt, bleibt noch abzuwarten. In konsequent-deterministischer Fassung führt er sich selbst ad absurdum. Wenn nämlich menschliches Verhalten ausschließlich über seine Folgen determiniert ist, läßt es sich nach dem System von Belohnung und Strafe von außen steuern. Der Mechanismus der Steuerung – eine »Verstärkung« sozial erwünschter mit entsprechender Schwächung sozial unerwünschter Eigenschaften des Menschen – macht Zuschreibung von Verantwortlichkeit weder mehr möglich noch nötig, – eine Folgerung, die zwar nicht die Rechts-, aber die Verhaltenswissenschaft der jüngsten Zeit ausdrücklich gezogen hat.[25] An die Stelle der Idee der Verantwortung tritt das Faktum der »Kontrollierbarkeit« als technisch realisierte Fremdbestimmung, vor der die Ideen von Freiheit und Menschenwürde zum illusionären Schein vormoderner Gesellschaftsformationen herabsinken.
Wenn sich der Begriff weder aus dem traditionell-personalistischen Freiheitsverständnis noch aus Grundannahmen sozialer Determinierung widerspruchslos herleiten läßt, bleibt als Alternative zum kybernetischen Modell der Außenlenkung einzig das Faktum der Resozialisation. »Resozialisiert« ist jemand, der sich wiederum vor anderen »verantworten« und damit kommunikativ verhalten kann. Dabei besteht auch hier der Zirkel: Um verantwortlich zu »werden«, muß man es bereits »sein«. Tatsächlich bezieht sich die Praxis der Zuschreibung von »Verantwortlichkeit« nicht nur auf mögliche oder wirkliche Fälle von Einzelhandlungen, sondern auf Lebensformen mit einer Fülle recht unterschiedlicher Phänomene, die der strafrechtlich dominierende Sozialisationsbegriff nur unzurei-

chend erfaßt. Umgangssprachlich artikulieren sie sich in Sätzen von Lob und Tadel, indem z. B. gesagt wird, A habe sich »verantwortungsvoll« verhalten oder vor einer Verantwortung »gedrückt«. Verantwortlich werden wir nicht nur gemacht, sondern wir tragen oder übernehmen »Verantwortung«. In diesem Sinne erstreckt sich der Begriff, über den Vergangenheitsaspekt der »Zurechnung« von Handlungen hinaus, auf künftiges Handeln im Sozialzusammenhang von Institutionen. Er hat demnach mit Erwartungen auf der Grundlage wechselseitiger Beanspruchung wie »Vereinbaren« und »Leisten«, »Versprechen« und »Erfüllen« zu tun.

2.4.6. *Verantwortung als Grund der Freiheit*

»Wofür« wir verantwortlich sind, das ergibt sich daraus, »woraufhin« wir beansprucht werden und so Verantwortung tragen. Man »ist« verantwortlich als jemand, der im Zusammenhang mit bestimmten Personen und Sachen für bestimmte Aufgaben »einzustehen« und »aufzukommen« hat, sei es als Arbeiter einer Fabrik, der ein Werkstück fertigen, als Beamter eines Ressorts, der Beschwerden erledigen, als Hundebesitzer, der für Schaden haften muß. »Unverantwortlich« handelt einer, der sich nicht sachlich verhält, sofern er sich von Aufgaben »beanspruchen« läßt, ohne sie erfüllen zu können, aber gleichwohl damit »durchzukommen« rechnet. »Verantwortungslos« verhält sich dagegen jemand, der die Wechselseitigkeit von Beanspruchungen und Erwartungen überhaupt nicht kennt, sich über Ansprüche anderer hinwegsetzt und so Verantwortlichkeit für die »Sache selbst« – die Erhaltung kommunikativer Ordnungen unter Menschen – überspielt.[26]

Der eigentliche Ort der Verantwortung, an dem die doppelte Relationalität des Begriffs zur Deckung gelangt, liegt in den Institutionen des Miteinanderlebens, die zugleich Vergemeinschaftungen von Personen und Sachgemeinschaften, d. h. durch Bedürfnisbefriedigung, Aufgabenteilung und reziproke Erwartungen definiert sind. Wer im Rahmen unterschiedlicher Institutionen handelt – und das ist bei jedermann der Fall –, von dem wird in verschiedener Weise erwartet, daß er bestimmten Anforderungen »genügt«. Verschiedenes »erwarten« heißt nicht nur damit zu »rechnen«, sondern indem man von »Verantwortlichkeit« spricht, »verlangt« man je anderes. Der Satz, A sei verantwortlich für Y, kann daher ganz Verschiedenes meinen,[27] etwa daß A seiner beruflichen Arbeit nachkommt

(a), einen erteilten Auftrag ausführt (b), seiner Rolle als Vater oder Mutter, Bruder oder Freund gerecht wird (c), für Folgen seiner Handlungen einsteht (d) oder schließlich die kommunikative »Sache selbst«, die Bestandserhaltung und Fortentwicklung von Institutionen zur eigenen Sache macht.
Die den so Handelnden auszeichnende Verantwortlichkeit weist über ihn selbst als individuelle Person hinaus auf die Bedingungen der Möglichkeit kommunikativer Ordnungen, die geschichtlich über gemeinsame Teilnahme an der Praxis von Lebensformen vermittelt ist. Was der Mensch zu »verantworten« hat, sind die Aufgaben, die ihm das Angewiesensein auf den anderen in Familie und Betrieb, Verein und Gewerkschaft, Schule und Universität, Stadt und Staat, Partei und Kirche vorgibt; indem er sich ihnen »stellt«, »wird« er erst, im vollständigen Sinne dieses Wortes, »Person«. Moralische Verantwortlichkeit begründet sich personal und sozial zugleich und setzt so Zugehörigkeit zu Institutionen voraus. Sie »besteht« nicht in der Vorgegebenheit von »Ordnung«, sondern in der von ihr ermöglichten Kommunikation mit anderen. Der »Grund« einer je bestimmten Verantwortung liegt daher immer in der Achtung der Menschenwürde, die der Person und nicht der Institution »an sich« geschuldet ist. »Moralisch« ist die Übernahme von Verantwortung jedenfalls erst dann, wenn die Praxis einer Lebensform personale Teilnahme zuläßt, d. h. der Einzelne sich selbst als verantwortlich und in diesem Sinne als frei weiß.
Die Wirklichkeit der Verantwortung begründet zuletzt die dem Menschen mögliche Freiheit. Ihr Sinn – »wozu« wir frei sind – ergibt sich daraus, wofür wir verantwortlich sind. Der Mensch ist nicht »zur Freiheit verurteilt«, wie der Existenzialismus der Nachkriegszeit meinte, wohl aber dazu, Verantwortung zu übernehmen. Ohne sie »gibt« es keine Freiheit, weil erst dann jemand frei »für sich« ist, wenn er es auch für andere sein kann. Wer Freiheit nur in der Unbedingtheit personaler Selbstverantwortung sucht, verzichtet darauf, nach der Bedingtheit der Situation und den Folgen seines Handelns zu fragen. Er zählt zu dem von Max Weber so genannten Typ des »Gesinnungsethikers«, der sich nur dafür verantwortlich weiß, »daß die Flamme der reinen Gesinnung, die Flamme z. B. des Protestes gegen die Ungerechtigkeit der sozialen Ordnung, nicht erlischt«,[28] mag seine Protesthaltung sich auch in Taten des Gesinnungsterrorismus bis hin zur Zerstörung jeglicher Ordnung äußern. Der entgegengesetzte Typ des Verantwortungsethikers wird von M. Weber ausschließlich dem politisch Handelnden zugeordnet.

Die von Weber vorausgesetzte Trennung von Moral und Politik läßt sich jedoch ebensowenig aufrechterhalten wie die Typisierung der moralischen Grundprobleme nach zweierlei »Ethiken«, einer Ethik der Gesinnung und einer Verantwortungsethik – als ob der Streit um die Begründung der ethischen Theorie in der Praxis durch die einschränkende Klausel zu schlichten sei, daß die eine Theorie nur für die Individuen der Klasse A, die andere für die der Klasse B gelte! Wer sich in seinem Handeln verantwortungsethisch orientiert, muß (wie selbst M. Weber einräumt)[29] nicht der Gesinnung ledig, und umgekehrt ein Gesinnungsethiker nicht bar jeder Verantwortung sein. Der Grundsatz: bei den Handlungen die Folgen zu verachten, so hat bereits Hegel notiert, und der andere: die Handlungen aus den Folgen beurteilen und sie zum Maßstab dessen zu machen, was recht und gut sei, ist gleichermaßen »abstrakter Verstand«.[30] Wer sich verantwortlich weiß, »hat« immer schon eine Gesinnung, die praktisch, d. h. in seinem Handeln erscheint.

3. Ethische Vernunft und geschichtliche Praxis

Einführung von Dietrich Böhler:
*Entwicklungsprobleme und Entwicklungsschwellen der praktischen Vernunft – Schwierigkeiten, Sokrates zu begreifen?**

Wenn wir heute – angesichts der gegenwärtigen Begründungsdiskussion der Ethik, die gekennzeichnet ist durch die Besinnung auf das, was der Philosoph als Argumentierender tut und was er als Dialogpartner unausdrücklich anerkannt hat bzw. voraussetzt – die geschichtliche Entwicklung der *Begründung der Ethik aus der Vernunft* Revue passieren lassen, dann ergibt sich uns eine gewisse Verschränkung von Anfangslage und Gegenwartslage dieser Entwicklung. *Sokrates*, genauer gesagt seine reflexiv dialogische Argumentationsweise und der darin implizierte Grundsatz der dialogischen Verantwortung vor allen möglichen (kompetenten und dialogbereiten) Kritikern, erscheint uns dann als erläuterungswürdiges und erläuterungsfähiges Paradigma einer nachkonventionellen Moral und diskursiven Ethik. Denn Sokrates stellt sich – wie Hegel hervorhebt – als argumentierende Person über die Polis, insofern er ihre Tugenden und Normen nicht länger als fraglose Autorität anerkennt. Mit seiner kritisch reflexiven Gesprächsführung, die den Geltungsanspruch der Polisbürger, zu *wissen* was Tugend im allgemeinen und was die Polistugenden der Frömmigkeit, Tapferkeit und Besonnenheit im besonderen seien, als unberechtigt erweist, praktiziert er eine philo-sophische Lebensweise und führt exemplarisch ein kritisches Argumentationsverfahren ein: den kritischen Dialog oder »Diskurs« zur Prüfung von Wissensansprüchen und damit von Geltungsansprüchen. Dieser Dialogtyp enthält, wie *Gottfried Martin* in Kapitel 3.1. herausarbeitet, ein logisches und ein aporetisches Moment.[1]
In Anknüpfung an Gottfried Martin wollen wir hier den *kommunikativen Verfahrenscharakter* des, erstmals von Sokrates

* Mit diesem Essay verbindet sich Dank an Herrn Ministerialrat Karl-Heinz Peters, der die ersten Ideenskizzen zum Funkkolleg »Praktische Philosophie/Ethik« mitverfaßt hat, auf die der Essay teilweise zurückgreift.

konsequent praktizierten und vom (frühen) Platon, seinem (noch getreuen) Schüler, kunstvoll systematisierten, kritischen Dialogs herausstellen und seine Bedeutung für die Ethik würdigen. Eine solche kommunikationsphilosophisch sokratische Perspektive ermöglicht es, die erstmals in der, von *Karl Jaspers* so genannten, »Achsenzeit« der antiken Hochkulturen, also zwischen 800 und 300 v. Chr., aufkommende Orientierung des Menschen an Vernunft und Gewissen als ethikgeschichtlichen Paradigmawechsel zu begreifen und konsequent weiterzudenken:[2] als den Überstieg von einer »konventionellen Moral« der jeweils in Institutionen etablierten gesellschaftlichen Ordnung und Sittlichkeit zu einer »nachkonventionellen Moral« der Orientierung an universalen ethischen Grundsätzen und am Gewissen. Das Begreifen dieses Prozesses, den die Menschheit bis heute – mit zahlreichen Rückfällen – fortsetzt, wird nicht ohne die Termini des, von *Lawrence Kohlberg* entworfenen, Schemas der Moralentwicklung auskommen. Diskutieren und einführen können wir dieses Schema hier nur in einer exkursartigen Anmerkung.[3] Ein konsequentes Weiterdenken jenes Prozesses führt zur kritischen Beurteilung sowohl der europäischen Ethikgeschichte als auch einflußreicher ethischer Gegenwartsrichtungen. Wer sich nämlich auf das Reflexionsniveau einer philosophierenden Ethik einläßt, der hat damit schon die Ebene der nachkonventionellen, diskursiven Moral betreten und gerät daher mit zwei ethischen Zeitströmungen in Konflikt: mit der Forderung nach Rückkehr zur »einfachen Sittlichkeit« *(Bollnow)* und zu den Werten »unserer Gesellschaft« als hinlänglichem und fraglosem sittlichen Fundament[4] – aber auch mit dem Versuch, das gesellschaftliche Leben und das Naturverhältnis auf Prinzipien der Nützlichkeit (im weitesten Sinne) zu gründen, wie das der soziale Utilitarismus (Prinzip der Wohlfahrt), aber auch der ökologische Utilitarismus (Prinzip des Über-Lebens) tun.[5] Soviel vorweg zur Perspektive, die wir einnehmen, wenn wir versuchen, Sokrates zu begreifen und weiterzudenken, indem wir explizieren, was er als Dialogiker tat und was er dabei unterstellte. Buchstäblich bis zu seinem Tode führt Sokrates den »kritischen Dialog« (oder »Diskurs«) zur Prüfung der Geltungsansprüche der eingelebten Polis-Tugenden und -Normen. Dieses kommunikative Verfahren praktiziert er gemeinsam mit seinen Gesprächspartnern. Wer an einem solchen kritischen Dialog teilnimmt, unterstellt damit, daß sich die in dem Dialog untersuchten und etablierten Lebensformen, die sich an bestimmten Normen orientieren und in Gestalt be-

stimmter Tugenden verwirklichen, als bloße Konventionen und daher als unvernünftig herausstellen können. Er hat die »konventionelle Moral« *(Kohlberg)* überschritten und ein nachkonventionelles Urteilsniveau erreicht. Insofern *Sokrates* zur Beurteilung etablierter Lebensformen den Maßstab der logischen Stimmigkeit und Allgemeingültigkeit (*Konsistenz* und *Universalität*) heranzieht, insofern er mit Hilfe der »Was-ist-Frage« im Dialog jeweils nach dem *allgemeinen Begriff* einer Tugend sucht und insofern er sich dabei auf sein Gewissen, die Identität der moralisch urteilenden Person, beruft, entspricht er der letzten Stufe in *Kohlbergs* Schema der Entwicklung der moralischen Urteilsfähigkeit.
Im Blick auf die gegenwärtige Diskussion um eine Begründung der Ethik aus dem dialogischen Prinzip und im Blick auf die Idee der unbegrenzten, freien Kommunikationsgemeinschaft legt sich eine weiterführende Frage nahe: Bedenkt man den Sokratischen *Geltungsanspruch* – nämlich den Anspruch, nur das als wahr und gut anzuerkennen, das der kritischen Prüfung im Dialog standhält – und legt man die tragenden *Regeln* Sokratischer Dialoge offen, einerseits die logischen Regeln der Schlüssigkeit und Verallgemeinerbarkeit, andererseits die sozialen Regeln der gegenseitigen Redefreiheit und Redegleichheit –, dann ergibt sich die Frage, ob der wohlverstandene Sokratische Dialog als *kommunikatives Argumentationsverfahren* nicht eine Erweiterung des Kohlbergschen Schemas um eine *siebente* Stufe erforderlich macht.[6]
Denn *Kohlbergs* letzte *(sechste)* Stufe orientiert sich an der prinzipiengetragenen Gewissens- oder Gesinnungsethik *Kants*, die dem Einzelnen mit dem kategorischen Imperativ ein Moralprinzip an die Hand gibt, mit dessen Hilfe er *als Einsamer* moralische Handlungskonflikte entscheiden soll. Einen solchen im *Monolog* anwendbaren moralischen Grundsatz kennt *Sokrates* nicht. Statt dessen führt er das nur gemeinschaftlich realisierbare kommunikative Verfahren zur Prüfung erhobener Geltungsansprüche ein: den kritischen Diskurs.
Weist uns also ein kommunikationsphilosophisch weitergedachter *Sokrates* über *Kohlbergs* sechste Stufe hinaus auf eine siebente Stufe nachkonventioneller Moral? Diese Stufe wäre gekennzeichnet

- durch die Orientierung an dem kommunikativen Verfahren der Prüfung erhobener Geltungsansprüche,
- durch die damit verbundene Anerkennung der logischen und sozialen Regeln des Argumentierens in der Gemeinschaft all derer, die überhaupt Argumente vortragen können,

– durch die Einsicht, daß es zur Prüfung von Normen und zur Rechtfertigung von Vereinbarungen, Entschlüssen sowie Handlungen erforderlich ist, die möglichen Ansprüche und Bedürfnisse der betroffenen Menschen und ggfs. anderen Lebewesen zur Sprache zu bringen und sie als mögliche Gegenargumente im Diskurs stark zu machen.

Wenn das kommunikative Argumentationsverfahren von dieser Einsicht getragen ist, dann kann es zugleich als *Verantwortungs*diskurs gekennzeichnet werden, der sowohl dem formal dialogischen Sinn des Sich Ver-antwortens als *den Anderen Rede Stehen* Rechnung trägt wie auch dem praktisch ethischen Sinn der Verantwortungsbereitschaft und Verantwortungsübernahme für die *Folgen*, die Handlungen bzw. Vereinbarungen und Normen hinsichtlich *Dritter* haben können[7]. Der frühe *Karl Löwith* hat – wie wir in Kapitel 2.1. dokumentieren – jenen »formalen Sinn der Verantwortlichkeit« auf die, jeden verständigungsorientierten Dialog tragende Struktur der Gegenseitigkeit zurückgeführt. Vor dem Hintergrund Wilhelm v. Humboldts, Ludwig Feuerbachs und Martin Bubers hat er damit einen bedeutsamen Beitrag zur kommunikativ-diskursiven Ethik geleistet, den jedoch der späte, stoisch-kosmologisch orientierte, Löwith wieder naturalistisch zurückgenommen hat.[8]

Die Begründung einer solchen Ethik müßte den Grundsatz, den *Sokrates* praktizierte und für den er gestorben zu sein scheint, als den Inbegriff dessen aufweisen, was wir *als* Argumentierende in gewisser Weise schon akzeptiert haben: nämlich als gültig (als praktisch gut oder als theoretisch wahr) nur anzuerkennen, was gegenüber allen möglichen diskursbereiten und sich sachkundig machenden Dialogpartnern als praktisch gut bzw. theoretisch wahr verteidigt werden könnte. Für unsere ethische Urteilsbildung bedeutete das, nicht etwa unverbrüchliche Normen, unbezweifelbare Tugenden oder heilige Werte, nach denen viele in unserer verunsicherten Zivilisation wieder rufen, als solche anzuerkennen, sondern dem diskursiven Grundsatz zu folgen, stets nur solche Normen, Tugenden und Werte als *gut* gelten zu lassen, die sich – prinzipiell gegenüber allen argumentationswilligen und urteilsfähigen Wesen – in freien Dialogen als Handlungsorientierung in einer solchen Situation würden rechtfertigen lassen. »In einer Situation« – das heißt aber: als verantwortbar hinsichtlich rechtfertigbarer Ansprüche der möglichen Betroffenen. In diese Richtung weisen die Beiträge von *Jürgen Habermas, Karl-Otto Apel* und *Wolfgang Kuhlmann* in den Kapiteln 1.3. und 6.5., 4.3. und 4.4.

3.0.1. *Platon und Aristoteles. Kosmosvernunft oder praktische Klugheit?*

Sokrates' Schüler *Platon*, dessen frühe Dialoge uns allein ein philosophisch relevantes Bild von Sokrates übermitteln, hat dessen Philosophieren durch die Idee des Guten einerseits weiterentwickelt, andererseits ist er auf die Ebene einer konventionellen Moral zurückgefallen, die Sokrates überschritten hatte. Platon gründet die Ethik auf die aller »Wirklichkeit«, nämlich dem wandelbaren und unsteten Seienden der politisch zeitlichen (und der sinnlich wahrnehmbaren) Welt, *transzendente* Idee des Guten. Diese, von Platon nicht definierte und von allen materialen Inhalten strikt freigehaltene, reine Idee werde aber in gewisser Weise von jedem Handeln *antizipiert*, insofern es notwendigerweise nach demjenigen, was der Akteur für gut hält, strebt. Aber erst die bewußte und gebildete Orientierung der Praxis an der Idee des Guten befähige dazu, »alles andere, Besitztümer, Künste, Wissensinhalte richtig zu nutzen und zu gebrauchen ... Was sich instrumentalisieren und für irgendwelche Zwecke einsetzen läßt, bleibt notwendigerweise ambivalent« (Wieland).[9]

Angesichts der Ambivalenz bzw. der moralischen Neutralität der Dinge, der geschichtlichen Wandelbarkeit von Gebräuchen und Institutionen und, last not least, gegenüber der sophistischen Gleichsetzung von Vernunft mit der moralisch kriterienlosen »instrumentellen Vernunft« (Max Horkheimer) einer bloßen »Zweckrationalität« (im Sinne Max Webers) reflektiert Platon den normativen Grundbegriff der Ethik. Dieser ist nicht selber wertneutral, nicht selber geschichtlich und kann nicht selbst wieder als Mittel zu beliebigen Zwecken eingesetzt werden. Vielmehr ist er die logische Bedingung der Verwendung von Wertprädikaten, des möglichen Beurteilens geschichtlicher Wandlungen und des Rechtfertigens von Zwecken.

Einerseits ist Platon also für eine philosophische Ethik, die als argumentative nicht relativistisch und nicht bloß »zweckrational« sein kann, grundlegend: er ermöglicht ethische Vernunft. Andererseits zerstört er aber ihren dialogischen und konventionskritischen Charakter, indem er sie auf die, nicht auf Dialoge angewiesene, einsame Schau des Göttlichen und des ewigen Kosmos zurückführt. Denn er verbindet die Idee des Guten mit einem Bildungsbegriff der Entweltlichung und Orientierung an der vollkommenen Ewigkeitsordnung des Kosmos, sodann übergibt er die Bildung zum Guten einer politisch-moralischen Herrschaftselite.[10] Dadurch entzieht er sie gerade einem sokratischen Dialog und entwirft eine geschlossene Gesellschaft, einen totalitären Gesinnungs- und Verteilungsstaat, beherrscht von der Elite des Wächterstandes. Platons Staats- und Bildungskonzept setzt sich über all das, was wir heute unter Humanität verstehen, rigoros hinweg, weil das Menschliche eben immer das Besondere, das Veränderliche, das Unstete, das Geschichtliche, also das bloß zeitlich Seiende und Endliche sei, das gerade beherrscht und gebunden werden müsse, wenn das Gute und damit die Tugend zur Herrschaft kommen solle.

Eine Erziehung und Bildung, die das Gute zur Herrschaft bringen soll, müsse den Menschen »von Kindheit an gehörig beschneiden und das dem Werden und der Zeitlichkeit Verwandte an ihr ausschneiden«, weil dieses wie Blei das Gewicht der natürlichen Bedürfnisse verstärke und »das Gesicht der Seele nach unten«, zur Welt hin, wende. Von der Welt aber müsse der Mensch befreit werden, um »sich dem Wahren zuzuwenden«.[11] Zum Zweck einer solchen Herausbildung aus der menschlichen Lebenswelt, in der es stets Veränderung, Konflikt und Unruhe gibt, in der die Gerechtigkeit stets von dem Recht des Stärkeren bedroht und überhaupt das Gute gefährdet ist, dürfen und sollen die Herrscher im Platonischen Idealstaat zu Lüge, Täuschung und Betrug greifen. Sogar der staatliche Kindermord wird für nötig befunden, damit ausschließlich die Sprößlinge derjenigen Mitglieder der Herrscherklasse aufgezogen werden, die sich als die Tüchtigsten erwiesen haben: Man lese das nach im fünften Buch von Platons »Staat« (459a – 460c).

Oder man lese in Platons Alterswerk, den »Gesetzen«, in welcher Weise das Gute und die Tugend gewährleistet, auf welche Weise die Polis dem Bilde des Guten nachgebildet werden soll. Fühlt man sich nicht an George Orwells Roman »1984« erinnert, mit seinem totalen Überwachungsstaat und dem »Auge des großen Bruders«, wenn von Platon vorgeschlagen wird, daß die Jüngsten der Wächterklasse in der ganzen Stadt umherspähen und »den Älteren Meldung von allem, was in der Stadt vorgeht, machen« sollen?[12] Diese Älteren aber bilden die zugleich politische und moralische Elite, die unbemerkt in der Nacht oder in der Morgendämmerung zusammentreten und die Wohlfahrt des ganzen Staates bis in die Einzelheiten des Lebens seiner Bürger hinein, der Idee des Guten gemäß, durchsetzen und in festem Stand erhalten sollen.

Unter dem Eindruck des Faschismus hat Karl Popper diesen Entwurf einer radikalen Kritik unterzogen.[13]

Das politisch und pädagogisch ethische Denken des späten Platon ist nicht länger sokratisch-dialogisch orientiert, wenn Platon auch, mit Ausnahme des Alterswerks »Gesetze«, überall Sokrates als Gesprächspartner auftreten läßt. Vielmehr nimmt es eine paradoxe Übergangsstellung zwischen konventioneller und nachkonventioneller Moral ein, die deutlich regressive Tendenzen hat. Führt sie doch zu einer – bis in die Gegenwart wirksamen – Ersetzung der diskursiven Vernunft durch eine fromm schauende Vernunft und zur Verpflichtung auf die, von Platon entworfenen, aber als gottgemäß, kosmosgemäß und naturordnungsgemäß ausgegebenen Konventionen »der besten Polis«. Einerseits setzt der späte Platon das Gute als absolute Idee jenseits der menschlichen Welt und ihrer geschichtlich gesellschaftlichen Ordnungen mit besonderen Normen, Rechten und Pflichten an und gewinnt damit einen unrealisierbaren, stets kritisch bleibenden Maßstab für gutes Handeln und gute Ordnung. Repräsentiert er insofern nicht Kohlbergs sechste Stufe? Andererseits spricht Platon die moralische Urteilsfähigkeit allein der philosophisch erzogenen Elite zu, die durch besondere Lebensweise in die *Schau* des göttlichen und ewigen Guten vertieft ist und der Polis die göttliche Ordnung des Kosmos, den Kreislauf der Gestirne, als Vorbild setzt.

Im Gegensatz zu seinem Lehrer Platon erachtet *Aristoteles*, der die Praktische Philosophie von der Theoretischen ablöst und als eigenständige Disziplin begründet, den Ansatz bei dem Guten schlechthin, bei der Idee des Guten, für sinnlos, weil ein solches absolut Gute durch menschliche Praxis nicht verwirklicht werden kann und weil diese auch nicht danach strebe, sondern nach jeweils besonderen erreichbaren Gütern: der Arzt nach Gesundheit, der Stratege nach dem Sieg, der Architekt nach dem Bauwerk usw.[14] Nun streben darüber hinaus alle Menschen nach einem höchsten Gut, nach Glück, und dieses kann als Tätigsein der Seele gemäß ihres vernunftbegabten Teils definiert werden: als überlegtes Handeln des Menschen in der Polis, welches das »Ethos«, die in der Polis etablierten Normen und Sitten, verwirkliche. Ein solches Handeln habe die soziale Kompetenz der »Phronesis«, der Klugheit, die durch Sozialisation und Lebenserfahrung erworben werde, zur Voraussetzung – nicht aber ein Ideenwissen.[15]

Aristoteles setzt die ethische Vernunft also mit Phronesis (prudentia, prudence), mit praktischer Klugheit gleich.[16] Diese Klugheit ist freilich nur die, durch Lebenserfahrung in den Institutionen der Gesellschaft (genauer gesagt: der griechischen Polis) erwerbbare Fähigkeit, die allgemeinen Normen und Sitten, die in der Polis etabliert sind, auf die besonderen Lebenssituationen, und zwar zugleich normgemäß und situationsangemessen, anzuwenden. *Hans Georg Gadamer*, der neben *Joachim Ritter* bedeutendste Begründer des modernen Neo-Aristotelismus in der Praktischen Philosophie, sieht eben in diesem pragmatischen Ansatz die ethische (und auch die hermeneutische) Aktualität des Aristoteles.[17] Er erhebt die Ethik der klugen Anwendung (»Applikation«) der gesellschaftlich etablierten, also institutionalisierten, Sittlichkeit geradewegs zum Paradigma der Praktischen Philosophie – hier Kapitel 3.2. Damit ergreift er Partei gegen die, an der Idee des Guten und dem kritischen Dialog orientierte, Vernunftethik der Moderne, die durch *Kant* begründet worden ist und die ohne den sokratischen Dialog sowie ohne Platons Begriff der Idee des Guten undenkbar wäre.

Führt Gadamer, wie zwei Jahrtausende zuvor Aristoteles selbst, in gewisser Weise zu einer unkritischen konventionellen Moral und Ethik der Institutionen zurück? Auf die Nähe des Neo-Aristotelismus zu *Gehlens* Philosophie der Institutionen hat Joachim Ritter deutlich hingewiesen.[18] Eine bloße Klugheitsethik hat kein Kriterium zur Unterscheidung des wahrhaft Guten von dem vermeintlich Guten, sondern setzt das, was »man« in einer gegebenen Polis oder Gesellschaft für gut hält, mit *dem* Guten gleich.

Aristoteles konnte das nur unter der *naturrechtlichen* (und kosmostheologischen) *Voraussetzung* tun, daß die griechische Polis als autarke Sozialform und gerechte Lebensform die Vollendung der menschlichen Gemeinschaftsbildung ist und der Mensch in ihr seine *naturgemäße* Bestimmung, seinen natürlichen Endzweck (Telos) erreicht.[19] Die Polis *ist* – hinsichtlich ihrer Verfassung und ihrer Sitten – *gut*, weil sie der Kulturzweck der zweckmäßig – teleologisch – angelegten Natur ist.

Wer wollte und könnte auf dem modernen Reflexionsstand der Philosophie eine solche naturrechtliche Voraussetzung noch machen? Müßte er doch, wie die analytische Ethik George Edward Moores gezeigt hat, letztlich den »naturalistischen Fehlschluß« begehen und *gut* von Seinseigenschaften her definieren – also das, was man *tun soll*, weil es als gut gelten kann, aus dem ableiten, was in der Naturordnung und in einer bestimmten, ihr entsprechenden, Sozialordnung *faktisch ist*.[20] Zudem sind, von den Sophisten über Aristoteles und Thomas von Aquin bis zu Hobbes, von den Sozialdarwinisten über Nietzsche bis zu den Nationalsozialisten die verschiedenartigsten

Lebens- und Sozialformen als naturgemäß und deshalb gut ausgezeichnet worden. Die Orientierung des Sittlichen an der Natur scheint also der Beliebigkeit Tor und Tür zu öffnen; schließlich kann auch die spezifisch moderne Version einer Naturorientierung des Sittlichen, nämlich die philosophisch-anthropologische *Ableitung* der Notwendigkeit einer Lenkung menschlichen Handelns durch Institutionen *aus* der instinktarmen Beschaffenheit der *menschlichen Natur*, wie sie von *Herder* bis *Gehlen* unternommen worden ist, nur die leere Notwendigkeit von Institutionen überhaupt aufweisen, ohne ein Kriterium für gute Institutionen angeben zu können. Überdies kann die Vermittlung des Handelns durch Institutionen bloß als eine notwendige, nicht aber hinreichende Bedingung für gutes Handeln gelten; denn die Beziehung des Handelns auf nichts als Institutionen führt zu einem *bloß* konventionellen, also konformistischen Moralbegriff und zu einem kriterienlosen Pflichtbegriff, deren Ambivalenz oder Leerheit die »*Eichmann-Moral*« ermöglicht.[21]
Der moderne Neo-Aristotelismus, der auf *Gadamer* und *Ritter* zurückgeht, denkt viel zu geschichtlich, als daß er nochmals den Rückgang auf Natur versuchen würde. Aber seine pragmatische Klugheitsethik kann, ebensowenig wie Gehlens Institutionenethik, ein Kriterium für das Gute angeben. Am Ende weiß der Neo-Aristotelismus nicht mehr zu sagen, als daß die praktische Klugheit eben »das Tunliche erkennt, das was eine Situation fordert«. Und sie erkenne »dieses Tunliche auf Grund einer Überlegung, die die konkrete Situation auf das bezieht, was man überhaupt für recht und richtig hält.« Auch die Aufgabe der philosophischen Ethik bestehe darin, das »durchschnittlich-allgemeine Normbewußtsein« zur klugen und ausgewogenen, die Mitte treffenden, Anwendung seiner »allgemeinen Vorstellungen von dem, was gut und recht ist«, herauszubilden.[22] Fällt hier die philosophische Ethik in unkritische Bildungslehre ab?
Jürgen Habermas fragt – hier in Kapitel 6.5. –, wer dafür bürge, daß das allgemeine Normbewußtsein nicht bloß Gewohnheiten und Anpassungen an eine jeweils gegebene politische Herrschaft, sondern Vernunft und rechtfertigungsfähige Sittlichkeit enthalte: »Wenn philosophische Ethik und politische Theorie nichts anderes wissen können als das, was das alltägliche Normbewußtsein beliebiger Populationen ohnehin enthält, und wenn sie dies nicht einmal auf eine andere Weise wissen können, können sie auch eine legitime Herrschaft von einer illegitimen nicht *begründet* unterscheiden. Auch illegitime Herrschaft fin-

det Zustimmung, sonst würde sie nicht dauern können (man braucht sich nur an die Tage zu erinnern, da große Volksmassen ohne Pression auf Plätzen und Straßen zusammenliefen, um einem Reich, einem Volk und einem Führer zu akklamieren – was anders sollte sich darin ausgedrückt haben als ein untheoretisches, durchschnittliches Normbewußtsein?). Wenn hingegen philosophische Ethik und politische Theorie den sittlichen Kern des Allgemeinbewußtseins freilegen und als normativen Begriff des Sittlichen *rekonstruieren* sollen, dann müssen sie Kriterien nennen und Gründe angeben.«[23]

3.0.2. *Instrumentelle oder praktische Vernunft? Ein ethisches Dilemma der Neuzeit (zu Machiavelli, Hobbes und Kant)*

Eine erste Einführung in den typisch neuzeitlichen Geist der moralisch neutralen und wertfreien wissenschaftlich-technischen und strategisch-technischen Rationalität gibt der Beitrag *Kurt Schillings* in Kapitel 3.3. Aristoteles, dessen Geist das christliche Mittelalter wesentlich prägte, hatte in seiner praktischen Philosophie den Menschen und seine sozialen Verhältnisse (von der Familie bis zur Polis) an der naturgemäßen Ordnung und natürlichen Norm orientiert. Diese von der griechischen und der römischen Stoa weiterentwickelte, im christlichen Mittelalter gleichsam getaufte und durch die Lehre vom paradiesischen Naturzustand, der Urform der Schöpfungsordnung, fundierte »naturrechtliche« Orientierung der Ethik ermöglichte es, aus Strukturen des Seins, aus der Naturordnung, letztlich ein Sollen, das praktisch Gute im zwischenmenschlich sozialen Bereich, abzuleiten und der Politik das Ziel vorzugeben, sie solle die Verwirklichung des Menschen als soziales Wesen gemäß seiner natürlichen Bestimmung betreiben.[24]

Die Orientierung von Ethik und Politik am Telos (Endzweck) der Natur wurde fragwürdig, als die christlich mittelalterliche Natur- und Sozialauffassung und das alte geozentrisch-anthropozentrische Weltbild, das die Erde und den Menschen als Krone der Schöpfung in die Mitte der Schöpfungsordnung gestellt hatte, zusammenbrachen und eine neue, lediglich quantifizierende und messende, Ursachen erklärende und Wirkungen prognostizierende, Einstellung zu Natur und Sozialität auftraten. Es ist die Einstellung, die auf die kausale Erklärung und gesetzmäßige Erzeugung von Prozessen gerichtet ist und

die als Erkenntnisinteresse an der theoretischen Objektivierung sowie technischen Beherrschung beschrieben werden kann.[25] In Florenz führte sie gleichzeitig zur Ausbildung der Maschinentechnik durch *Leonardo* und der politischen Technik durch *Machiavelli* (1469–1527). Seit *Galileo Galilei* (1564 bis 1642) setzt sie sich als die leitende Einstellung der Naturwissenschaften durch und verbindet sich mit dem einheitswissenschaftlichen Ideal einer scientia generalis bzw. universalis, also dem Ideal einer einzigen Methode für alle Wissenschaften, das seit René Descartes (1596–1650) und Gottfried Wilhelm Leibniz (1646–1716) die Aufklärung fasziniert.[26]
Damit entfällt eine Erkenntnisvoraussetzung des Naturrechts und der ethischen Naturorientierung überhaupt – nämlich die Voraussetzung, als höchstes Naturwesen könne der Mensch durch unmittelbare Einfühlung oder durch ein quasi-dialogisches Verstehen des »Buchs der Natur« das Wesen des Kosmos erfassen. Der Topos (Gemeinplatz) vom Buch der Natur wird seit Galilei mathematisch-konstruktivistisch umgedeutet: im Buch der Natur könne nur lesen, wer ihre Sprache, nämlich die Mathematik, verstehe und wer ihr Alphabet, nämlich Dreiecke, Kreise und andere geometrische Figuren, buchstabieren könne.[27] Das lesende oder gar einfühlende Verstehen des Wesens der Natur als eines teleologischen Sinnzusammenhanges wird ersetzt durch das Erklären natürlicher Erscheinungen bzw. Prozesse nach kausalen Gesetzmäßigkeiten, die zuvor theoretisch als Gesetzeshypothesen entworfen worden sind.[28] Wenn sich diese Gesetzesannahmen bestätigen, ermöglichen sie Prognosen und damit gegebenenfalls die technische Beherrschung der kausal erklärten und prognostizierten Naturprozesse.
Ohne zureichendes Verständnis der neuen Naturwissenschaft hat der englische Lordkanzler *Francis Bacon* (1561–1626) doch ihre grundlegende Beziehung auf die Technik gesehen und wirkungsvoll das Selbstverständnis der heraufkommenden technisierten Zivilisation und ihre Tendenz vorweggenommen, Wissen mit (technisch kalkulierbarer) Macht und Vernunft mit wertfreier technischer Rationalität gleichzusetzen. Auch die, erst seit Marx und vollends in unserem Jahrhundert zum Zuge gekommene, Gleichsetzung des wissenschaftlich-technischen Fortschritts mit dem sittlich-humanen Fortschritt hat – wie *Kurt Schilling* in Kapitel 3.3. andeutet – in Bacon ihren Propheten. In Fortführung Machiavellis tendiert er dazu, die kausaltheoretische und prognostische Einstellung der galileischen Naturwissenschaften auf den Menschen zu übertragen: durch eine empirische Ethik sollen dessen gesetzmäßige Verhaltensweisen

(Affekte) erforscht und dann im Sinne eines – wie aber begründbaren? – technischen und sozialen Fortschritts manipuliert werden.[30]

Aber erst Bacons zeitweiliger Sekretär, *Thomas Hobbes* (1588–1679), der im Zeitalter und in der Furcht der konfessionellen Bürgerkriege lebte, hat die wertfreie Rationalität von Galileis Mechanik und Technologie konsequent mit Praktischer Philosophie verbunden. Angesichts der bedrohlichen Tendenz der gespaltenen christlichen Konfessionen, die Bürger (im eigenen Land und in anderen Ländern) zu einer bestimmten Gesinnung, zum rechten Glauben, zu zwingen und dadurch das bürgerliche Leben zu terrorisieren, sucht Hobbes nach einer weltlichen und rationalen Grundlage bürgerlicher Ordnung.[31]

Die Entfesselung bzw. Ermöglichung eines konfessionellen »Kampfs aller gegen alle«, in dem der eine zum Wolf des anderen wird, angstvoll vor Augen, greift Hobbes auf das naturgegebene Faktum des *Selbsterhaltungsinteresses* zurück und verbindet es mit einem Kalkül der wertfreien Rationalität: Der Mensch, der als Lebewesen den Willen zum Leben und damit seinen obersten Zweck schon hat, muß nun die geeigneten Mittel zu dessen Realisierung suchen.[32] Im Sinne eines Kalküls der »Zweckrationalität« (Max Weber – eigentlich spräche man besser von Mittelrationalität) entwickelt Hobbes eine Lehre vom Staatsvertrag, den die Menschen aus natürlichem Selbsterhaltungsinteresse eingehen. Und zwar ist es nicht – darin liegt ein wesentlicher, heute gern eingeebneter, Unterschied zur Ethik *Kants*[33] – der moralisch gesetzgebende Wille des Menschen als eines Vernunftwesens, sondern der empirische Lebenswille des Menschen, der als Basis des Vertrags angesetzt wird. Dies ist also keine *moralische* Basis im Sinne der ethischen Vernunft, die im Dialog der Menschen als Argumentierender unwiderlegliche Gründe für das Eingehen und Einhalten eines Staatsvertrags geltend machen würde, sondern eine *natürliche* Basis im Sinne der Naturkausalität, die von einer empirischen Wissenschaft der menschlichen Natur und ihrer Gesetze festgestellt werden soll. In der Sicht Immanuel Kants, der (freilich noch inkonsequent) die Ethik auf die diskursive Vernunft gründet, würde eine solche ethische Basis als bloß »heteronom« gelten – als Fremdbestimmung des vernunftfähigen Willens und damit als Entmündigung des menschlichen Vermögens zur moralischen Selbstbestimmung (im Sinne einer freien, diskursiven Orientierung des Verhaltens an dem verallgemeinerungsfähigen praktischen Guten), nämlich

als Fremdbestimmung durch natürliche Ursachen wie »Affekte« und »Neigungen«.
Diese kantianische Kritik an Hobbes erhält dadurch noch stärkeres Gewicht, daß Hobbes, worauf wir noch zurückkommen werden, auch den Übergang vom natürlichen Selbstinteresse zum bürgerlichen Vertragszustand keineswegs allein auf die Rationalität bzw. Klugheit des Interessenkalküls gründen konnte, sondern daß er diesen Übergang nur mit Hilfe einer weiteren Naturursache denken zu können und damit kausal erklären zu müssen glaubte: er greift zurück auf die Todesfurcht, genauer »die beständige Furcht eines gewaltsamen Todes«, unter der die Menschen in staatenlosen, anarchischen und kriegerischen Zuständen leiden.[34]
Die kritische Vernunftethik, die von Kant teils beabsichtigt, teils schon entwickelt wurde, kann nicht mit der utilitaristischen Vertragsethik des Hobbes harmonisiert werden, vielmehr gibt sie gerade den Blick auf deren Begründungsverlegenheiten frei. Es sind dies zunächst zwei:
Hobbes ersetzt die klassisch naturrechtliche Form des naturalistischen Fehlschlusses durch eine szientistische Version – er leitet das bürgerliche Sollen nicht mehr aus dem Sein der göttlich geordneten Natur ab, sondern aus dem Sein einer empirischen Naturkausalität in Verbindung mit der (freilich durch natürliche Affekte angestoßenen und zweckgerichteten) wertfreien Rationalität des Menschen als Kalkül-Vermögen. Hobbes ist nicht in der Lage, die Frage zu beantworten, *warum* Menschen auch dann Verträge schließen oder einhalten sollten, wenn das *nicht* ihrem egoistischen Selbstinteresse dient. Wir erläutern zunächst den zweiten Einwand.
Um den Vertragsbruch zugunsten des eigenen Vorteils zu verhüten, stattet er die Staatsmacht, die aus dem Staatsvertrag hervorgeht, nicht nur mit allen Sanktionsvollmachten eines absoluten Souveräns aus, sondern verleiht ihr absolute Autorität und installiert sie als irdischen Gott, als »Leviathan«.[35]
Insofern haben wir hier eine ähnliche Paradoxie wie bei Platon: Einerseits überschreitet Hobbes die konventionelle Moral und gründet Moral auf einen Vertrag, den die Bürger selbst zustande bringen, andererseits entzieht er eben diesen Bürgern die Möglichkeit eines kritischen Dialogs zur eventuellen Revision der staatlichen Normen – ja, er kann sogar, was *Ilting* scharf herausarbeitet, den Geltungsgrund dieser Normen mit der faktischen Staatsmacht gleichsetzen.[35a]
Wie bei Platon kommt auch dieser Rückfall in die bloß *konventionelle Moral* der allmächtigen Staatsinstitutionen, deren Ge-

walt ungeteilt beim Souverän liegt[36], nicht ohne Anknüpfung an eine zukunftsgleichgültige und statische, *un-eschatologische* Theologie aus. Knüpfte Platon an die zukunftslose, auf das ewige Kreisen der Gestirne als göttlicher Erscheinungen bezogene, Kosmostheologie an, so Hobbes an eine entchristianisierte, der eschatologischen Spannung zwischen irdischem Staat und Reich Gottes beraubte, Theologie der absoluten Willkürmacht Gottes, die ihm von den franziskanischen Willens-Theologen Duns Scotus und Wilhelm von Ockham überkommen war. Wie die absolute Verbindlichkeit eines göttlichen Befehls auf der unwiderstehlichen Willkürmacht Gottes beruhe, so auch die Verbindlichkeit staatlicher Gesetze auf der totalen Macht des Souveräns.[37]

Allein der Souverän sei – auf Erden – der Herr über Leben und Tod und daher die Todesstrafe ein unverzichtbares Attribut der Staatsmacht. Allein der Souverän verbürge auf Erden ein Friedensreich. Die staatliche Friedensordnung setzt Hobbes tendenziell sogar mit dem Reich Gottes auf Erden gleich.[38] Eben dadurch ebnet er die normativ-kritische Distanz zwischen positiver Rechtsordnung und idealer moralischer Ordnung, zwischen Legalität und Moralität, ein *und* nimmt der christlich augustinischen Idee des Reiches Gottes ihre utopische Anziehungskraft – wie sie gegenwärtig *Ernst Bloch* vor Augen geführt hat.[39] Hobbes verwirft das ihm gefährlich scheinende Erbe der augustinischen Lehre von den zwei Reichen. In dieser Lehre hatte *Augustinus* die Reich-Gottes-Hoffnung aus dem revolutionären Geist des frühen Christentums gerettet, geschichtstheologisch entfaltet und dadurch dem Abendland einen utopieträchtigen Unruheherd und eine kritisch-moralische Gegeninstanz zur jeweiligen realen politisch-sittlichen Ordnung vermacht.[40]

Über die Diesseitigkeit des absolutistischen Friedenssicherungsstaates hinaus will Hobbes nichts gelten lassen, wonach der Bürger als Bürger streben dürfte und von woher er den totalen Staat kritisieren könnte. Weder kritische Dialoge über die Legitimität der totalen Staatsordnung noch politisch-soziale Utopien, weder kritische Moralansprüche noch utopische Glücksansprüche darf es in Hobbes' Staat geben, weil sie den politischen Frieden bedrohen können.[41] Diese politische Liquidierung von Diskurs und Utopie wirkt deutlich bei *Arnold Gehlen, Helmut Schelsky* und anderen nach.[42] Hobbes ersetzt die »Zweidimensionalität« der christlich augustinischen Tradition, die sich an der Spannung zwischen Reich Gottes und irdisch-politischem Reich abgearbeitet hat und dadurch den

Fortschritt der Freiheit sowie den Fortgang der politisch-ethischen Diskussion immer wieder provoziert hat, durch eine transzendenzlose und ordnungsselbstgenügsame »Eindimensionalität« (Marcuse). Jedenfalls die Richtung auf eine solche, von Hobbes und auch von Gehlen in aller Radikalität gedachte, Eindimensionalität hat der politische Geist der Bundesrepublik – unter dem Motto einer »Tendenzwende« – in den siebziger Jahren eingeschlagen.
Die politische Aktualität von Hobbes geht aber noch tiefer. Denn er verkörpert gleichsam – und damit kommen wir zu unserem zweiten Einwand zurück – das moralphilosophische Begründungsdefizit der heute im Westen vorherrschenden *wertfrei liberalen Staatsideologie.* Diese bestreitet ja die rationale Begründung ethischer Normen, also die Möglichkeit ethischer Vernunft und will es bei der faktischen Anerkennung einer Rechtsordnung sowie bei der »Legitimation durch Verfahren« bewenden lassen.[43] Wenn aber – so betont *Apel* in Kapitel 4.4. – »eine Begründung intersubjektiver Gültigkeit ethischer Normen tatsächlich unmöglich ist, dann besteht keinerlei Verpflichtung dazu, freie Übereinkünfte einzugehen oder sie einzuhalten. Beides – und damit das gesamte Ethos liberaler Demokratie – reduziert sich dann auf zweckrationale Klugheitsveranstaltungen der Interessenten, wie sie prinzipiell auch in einer Gemeinschaft von Gangstern denkbar sind; und die Verbindlichkeit oder normative Geltung der Übereinkünfte und der auf sie gegründeten normativen Gesetze läßt sich dann, strenggenommen, auf ihre faktische Effektivität angesichts einer weiterbestehenden Interessenkonstellation zurückführen. Das heißt, jeder ist genau dann und insofern ›verpflichtet‹, Übereinkünfte einzugehen bzw. sie einzuhalten, wenn bzw. sofern er sich davon Vorteile verspricht bzw. wenn oder sofern er für den Fall eines anderen Verhaltens Nachteile befürchten muß«.[44]
Hatte schon Machiavelli das Sozialverhalten der Menschen aus Trieben und Affekten – als determinierten es Naturgesetze – erklären wollen, so erklärt Hobbes auch den Schritt der Menschen zum Staatsvertrag und noch die Einhaltung des Staatsvertrags sowie der bürgerlichen Ordnung sowohl aus einer natürlichen Anlage des Menschen zum bürgerlichen Friedens- und Rechtszustand, dem Selbsterhaltungsinteresse, als auch aus einem natürlichen Affekt, der Furcht.[45] Es sind also Naturgegebenheiten, letztlich die Angst vor einem gewaltsamen Tode in dem rechtlosen »Naturzustand« eines egoistischen Kampfes aller gegen alle, die den Menschen, nach Hobbes, zum

Staatsvertrag motivieren. Hobbes geht zwar nicht mehr von einer unmittelbar verstehbaren teleologischen Naturordnung aus, aber von einer theoretisch erklärbaren, empirischen Naturkausalität und verbindet diese mit dem Kalkül der Zweckrationalität. Wiewohl Hobbes – der als Bewunderer Galileis dessen Mechanik auf die Gesellschaft überträgt – an der Entsubstantialisierung des Naturbegriffs zum Inbegriff des nach den Gesetzen der Mechanik kausal Erklärbaren vollen Anteil hat, löst er sich nicht aus der klassisch-ethischen Argumentationsweise, die das moralische Sollen aus dem natürlichen Sein ableitet.

Erst ein Jahrhundert später zieht der englische Philosoph *David Hume* (1711–1776) aus der, mit der neuen methodischen Einstellung vermachten, Entsubstantialisierung des Naturbegriffs die moralphilosophische Konsequenz, daß aus dem Sein (der Natur) kein Sollen (des sozialen Handelns) abgeleitet werden kann, daß also Normen nicht aus Fakten begründet werden können. Genauer gesagt: auch Hume legt diese Konsequenz nur nahe.[46] Aber sie ist gleichsam fällig: Der deutsche Philosoph *Christian August Crusius* (1715–1775), der selbst in der Tradition des Naturrechts der Aufklärung steht, aber schon Grundgedanken der Kantischen Ethik vorwegnimmt, setzt das Sein der quantitativen Natur als Objekt der Physik, von dem Sollen der moralischen Gesetzgebung als Thema der Ethik in aller Schärfe ab: »Die physikalische Wirklichkeit ist, nach welcher etwas ist, die moralische, nach welcher es sein soll.«[47]

Immanuel Kant nimmt diese Herausforderung der Ethik an, indem er Ethik ohne Bezug auf Natur und erfahrbare Fakten allein aus der Idee der praktischen Vernunft des Menschen, insofern er einen Willen hat, sich selbst Gesetze gibt und auf dieses Vermögen reflektiert, zu begründen unternimmt. Diese Idee geht auf das praktisch Gute (nicht etwa auf das technisch Zweckdienliche), das ein Mensch, insofern er ein vernünftiges Wesen ist, als allgemeingültige Handlungsregel selbst muß *wollen* können, ohne mit sich selbst (als fiktivem Gesetzgeber) in Widerspruch zu geraten. Dieser, in dem Beitrag *Gerhard Gamms* – Kapitel 3.4. – analytisch und immanent vorgestellte, Ansatz kommt freilich über die Grenzen einer Gesinnungsethik oder Gewissensethik des einsamen Individuums nicht hinaus. Zudem ist er, worauf *Hans Ebeling* in Kapitel 3.5. hinweist, nur tragfähig, wenn seine kommunikativen Voraussetzungen entfaltet werden.

In der Geschichte der Ethikbegründung gewinnt Kant dadurch eine qualitativ neue Reflexionsebene, daß er »den *Grund der*

Verbindlichkeit« sittlicher Gesetze weder in dem Faktum eines Naturzustandes oder (wie es stillschweigend dann Marx tut) einer Naturgeschichte des Menschen noch in dem Faktum einer sozialvertraglichen Übereinkunft von Bürgern sucht, sondern daß er ihn in dem Gedanken einer *idealen Gemeinschaft der Vernunftwesen*, in dem »*Reich der Zwecke*« und *der Freiheit*, findet. Kant hat damit ein altes Motiv moralphilosophisch auf den Begriff gebracht und als Geltungsgrund für das »praktisch Gute« angesetzt. Jenes Motiv ist die, über Leibniz und Pufendorf auf Augustins civitas dei zurückgehende[48], Idee einer »Welt vernünftiger Wesen (*mundus intelligibilis*) als eines Reichs der Zwecke«.[49] Kant bestimmt das Reich der Zwecke als »die systematische Verbindung verschiedener vernünftiger Wesen« *allein* aufgrund solcher Gesetze[50], die würdig sind, als praktisch gut zu gelten, das heißt aber: in eben dieser Gemeinschaft hinsichtlich universalisierbarer Gründe anerkannt zu werden. Denn »praktisch *gut* ist ..., was vermittels der Vorstellungen der Vernunft, mithin ... aus Gründen, die für jedes vernünftige Wesen als ein solches gültig sind, den Willen bestimmt«.[51]

Hier wird erstmals formuliert, was die sokratische Dialogpraxis, das argumentative Suchen des Guten in der Gemeinschaft der Argumentierenden, als Geltungskriterium schon unterstellt hatte. Begreift also Kant, was Sokrates tat und dabei voraussetzte?

Ja und nein. Denn andererseits bewahrt Kant das Paradigma des einsamen Individuums, das moralische Konflikte *als* einsames durch Anwendung des »Kategorischen Imperativs« auf moralisch relevante Situationen vernünftig lösen kann, *ohne* daß es einen Diskurs mit den *Anderen* antizipieren müßte, die in die Situation verstrickt sind, oder mit denjenigen *Anderen*, die möglicherweise von den Folgen betroffen werden, die das Verhalten des einsam Entscheidenden hat.

Kants Ethik ist zwiespältig angesetzt: als *Vernunft*ethik, die ein Geltungsprinzip der Moral rekonstruiert, ist sie gemeinschaftsbezogen, während sie als *Gesinnungs*ethik, die die moralische Urteilsbildung des Einzelnen durch eine Grundnorm orientieren will, von dem solus ipse ausgeht. Als Vernunftethik, die ein letztes Kriterium zur Begründung einer allgemeinen Verhaltensnorm (»Moralprinzip«, »Sittengesetz«) sucht, bezieht sie sich auf die Idee einer reinen praktischen Vernunftgemeinschaft und unterstellt dabei das absolute dialogische Prinzip der uneingeschränkten Reziprozität der vernünftigen Wesen als vernünftiger Wesen untereinander.[52] Dabei setzt sie eben die volle Wechselseitigkeit von *Anspruch* und *Eingehen auf den Anspruch* im Medium der Argumentation voraus. Als Gesinnungsethik, die den moralischen »Wert«, das uneingeschränkt Gute in dem »guten Willen« einer Person lokalisiert[53], bestimmt Kants Ethik die praktische Vernunft nicht als gemeinschaftsbezogene dialogische Metapraxis, die sich in Diskursen vollzieht und dabei eine ideale Beurteilungsgemeinschaft antizipiert, sondern als das »Vermögen« des »*Willens*«, nach der Vorstellung universalisierbarer Gesetze zu handeln.[54]

Dieser Ansatz, den Gehlen, obzwar polemisch, so doch nicht zu Unrecht, als die Fiktion kritisiert hat, man könne »die Normen des Verhaltens aus der eigenen Brust ziehen«, geht von (apragmatischen) Voraussetzungen aus, die ihn als »transzendental solipsistischen« Ansatz charakterisieren. Er unterstellt, einer allein könne eine Handlungssituation im Hinblick auf den kategorischen Imperativ – als Richtschnur des guten Willens bzw. der guten Gesinnung – moralisch richtig beurteilen und eine »praktisch gute« Maxime für das Handeln durch eine *monologische* Anwendung des kategorischen Imperativs auf die Situation ableiten.

Kants Ansatz blendet die dialogischen Aspekte der ethischen *Urteilsbildung* von vornherein aus: Weder führt er – im Sinne einer Explikation des *Aristoteles* – für den *Normalfall* einer Applikation gegebener Normen das quasi dialogische Klugheitskriterium der Situationsgerechtigkeit bzw. »Billigkeit« ein, noch entwickelt er für den *kritischen* Fall einer dialogisch diskursiven Beurteilung von Situationen und Rechtfertigung von Normen das Vernunftkriterium der Verantwortung gegenüber möglichen Beteiligten und Betroffenen.

Dieser undialogische Charakter der Kantischen Ethik ist nicht zuletzt darin begründet, daß Kant die Frage, wie wir gut handeln können, auf die neuplatonisch-christliche Frage zurückführt, wie die Herrschaft der Vernunft über die sinnlichen Begierden und Neigungen im Einzelnen als Einzelnen praktisch werden kann. Das monologische Problem der Beherrschung des unteren durch das obere Seelenvermögen in der einzelnen Seele ist sein ethischer Ausgangspunkt. Dieser führt nicht zu einer Ethik des Handelns hinsichtlich zu verstehender, zu beurteilender und sowohl recht wie billig zu beantwortender Situationen, sondern zu einer Ethik des Gewissens oder der Gesinnung hinsichtlich der zu beherrschenden Sinnlichkeit und des *zu »nötigenden«*, weil »unreinen«, ja »bösen«, nämlich von »Bedürfnissen und sinnlichen Bewegursachen affizierten«, *Willens*.[55]

Das Schlüsselproblem heißt für Kant daher: Wie ist ein möglichst reiner Wille bzw. eine möglichst gute Gesinnung des Einzelnen als eines virtuellen Mitglieds des Reichs der Zwecke möglich? Das *Gute* kann allein im Willen bzw. in der Gesinnung gedacht werden, weil der Bereich der realen Handlungen der sinnlichen Welt angehört und damit dem determinierten Kausalzusammenhang der Natur unterliegt. Für diesen ist aber nicht der Mensch, sondern Gott der Schöpfer verantwortlich. Der christliche Glaube an Gott den *Schöpfer der Natur* und der augustinisch-christliche Glaube an Gott als letzthinnigen *Lenker der realen Weltgeschicke* einerseits und andererseits die, sowohl auf Luther und Augustinus als auch auf die humanistische »natürliche Religion« zurückgehende, Lehre einer *Rechtfertigung aus der persönlichen Gesinnung* sind die theologischen Voraussetzungen dieses Ansatzes. Denn sie besagen in ethischem Kontext, daß eine Rechtfertigung »aus den Werken«, also bezüglich der realen Handlungen nicht nötig sei, weil der personale christliche Gott wie schon der Gott Abrahams eine Rechtfertigung »allein aus Glauben«, nämlich hinsichtlich des personalen Verhältnisses des Gläubigen zu Gott verlange. Diese theologischen Voraussetzungen geben einen weiteren Grund für das dialogische und praktische Defizit der Ethik Kants ab.
Kant, der den personalen Gott als das »Oberhaupt« im Reich der Zwecke und den Schöpfergott als Oberhaupt des Naturreiches anerkennt,[56] *unterstellt* zwar mit dem Gedanken der ethischen Urteilsbildung durch Anwendung des kategorischen Imperativs in gewisser Weise das dialogische Prinzip. Denn durch die Prüfung »meiner« Maximen am kategorischen Imperativ als der Grundregel des Reichs der Zwecke beziehe »ich« mich indirekt auch auf dessen Oberhaupt, das allein einen »heiligen Willen« hat und deshalb diese Regel alleine verkörpert, sowie auf alle anderen Glieder dieses Reiches. Aber diese dialogische Beziehung im Rechtfertigungsdiskurs ist nur eine *weltabgewandte* Kommunikation der *Seele* bzw. des *Gewissens* von Ego, die »mich« gerade von einem Verantwortungsdialog mit anderen als vernunftfähigen *realen* Anderen frei stellt.
So kann Kant, wie Max Weber angedeutet hat, jedenfalls stillschweigend an der christlich gesinnungsethischen Maxime festhalten: »der Christ handelt recht und stellt den Erfolg Gott anheim.«[57]

3.0.3. *Revolution, Demokratie und praktische Vernunft. Karl Marx oder Max Weber? Dogmatisch-sozialistische Einheit oder dezisionistisch-liberale Trennung von »Theorie« und »Praxis«, Rationalität und Handlungsorientierung?*

Hatte Kant die ethische Vernunft auf die Gesinnung und den einsamen Gewissensdiskurs der Person bezogen und ihr dadurch einen eigenen Bereich gegenüber der wissenschaftlich technischen und der strategisch technischen Rationalität und damit gegenüber der »instrumentellen Vernunft« der Mittelwahl zurückgewonnen, aber die Realität eben jener überlassen, so sucht der Hegelianer *Marx* nach einer Verbindung der geschichtsmächtig gewordenen, aber ethisch leeren instrumentellen Vernunft mit der ethisch relevanten praktischen Vernunft. Er sucht eine Verbindung, die nicht etwa als subjektive Konstruktion von außen an die Sozialgeschichte der Moderne herangetragen würde, also »bloße« Utopie oder Idee bliebe, sondern die selbst geschichtsmächtig, »praktisch« und »kritisch« im Sinne eines emanzipatorischen »Prozesses« der Weltveränderung ist. Emanzipiert werden *soll* die Arbeit, die Lebenstätigkeit des Menschen, und zwar der Menschengattung im allgemeinen und im besonderen der Menschheitsklasse des Proletariats, deren Befreiung zugleich die ganze Menschheit definitiv von Ausbeutung, Entfremdung und Klassenherrschaft befreien *solle*.

Jenes Sollen, jene Aufforderung zum revolutionären Handeln aus moralischen Gründen, die er doch selbst von den Menschenrechten als den, im modernen politischen Staat etablierten, »Forderungen der praktischen Vernunft« und zuletzt vom »kategorischen Imperativ« her rechtfertigen kann – Kapitel 3.6.1. und 3.6.2. –, ersetzt Marx freilich durch die Tendenzanalyse des geschichtlich-gesellschaftlichen Seins, des »Bewegungsgesetzes« der kapitalistischen Produktionsweise: Kapitel 3.6.4. bis 3.6.6. Deren immanente »Dialektik« führe mit »objektiver Notwendigkeit« und geradezu »naturgesetzlich« zum »Widerspruch« zwischen der, durch die moderne Freisetzung der wissenschaftlich-technischen Rationalität immens beschleunigten, »Entfesselung der *Produktivkräfte*« des Menschen als »Basis« der menschlichen Praxis[58] auf der einen Seite und der Selbstbehauptung der kapitalistischen »*Produktionsverhältnisse*« und des »*Überbaus*« (also der Eigentums- und Herrschaftsverhältnisse sowie der, diese rechtfertigenden, Kultur samt Recht, Moral und Religion) auf der anderen Seite. Dieser

»Widerspruch« werde unvermeidlich den Zusammenbruch jener kapitalistischen Institutionen und Kultur bewirken und sich in der proletarischen Revolution entladen. »Der Sozialismus kommt von selbst«, konnte daher die frühe Sozialdemokratie mit August Bebel sagen und zuversichtlich den technisch-industriellen Fortschritt, seine beständige Umwälzung der Arbeitsbedingungen und Industrieorganisation sowie die Steigerung des wirtschaftlichen Wachstums und die »Akkumulation des Kapitals«, als den Garanten und den Motor des emanzipatorisch-praktischen Fortschritts der menschlichen Selbstverwirklichung betrachten.[59]

Dieser Fortschritt kann aber als *Emanzipations*prozeß weder widersprüchlich gedacht noch von einer revolutionären Klasse »mit Willen und Bewußtsein«, also selbstverantwortlich betrieben werden, wenn er als Phase einer wissenschaftlich objektivierbaren, prognostizierbaren und insofern steuerbaren, Gesetzmäßigkeit betrachtet wird. Dann nämlich ist es nur konsequent, wenn man den Emanzipationsprozeß auch gemäß diesem (angeblichen) Gesetzeswissen durch die Elite des »wissenschaftlichen Sozialismus« und »historischen Materialismus« zu steuern unternimmt – bei Marx zumindest im Sinne einer Geburtshilfe, seit Lenin im Sinne einer wissenschaftlich planvollen Entwicklung des Sozialismus durch sozialtechnische Beherrschung des gesellschaftlichen Lebens insgesamt. Aufgrund seiner naturalistisch-szientistischen Betrachtung menschlichen Handelns (in Form von Arbeit/Produktion und Verkehr/Interaktion) als eines gesetzmäßig kausal analysierbaren Verhaltens, das er mit der einheitswissenschaftlichen Perspektive von (Machiavelli,) Bacon und Hobbes gestern, von Positivismus und Behaviorismus heute gemein hat, kann der historische Materialismus nicht denken und anleiten, was er denken und anleiten will: emanzipatorische Weltveränderung. Vielmehr rechtfertigt und etabliert er deshalb regelmäßig – nicht etwa zufällig oder infolge mißlicher politisch-ökonomischer Bedingungen im industriell spätentwickelten und kapitalistisch eingekreisten Sozialismus – die »wissenschaftlich sozialistische« »Diktatur über das Proletariat« (Bloch) in Form einer staatssozialistischen Technokratie.[60]

Was aber, Marx zufolge, in der proletarischen Revolution, die die letzte Menschheitsrevolution sei, ans Licht kommt, sei die eigentliche *Bestimmung der menschlichen Natur,* ihre »Wesenskräfte« bzw. »Produktivkräfte« total zu entwickeln, indem sich der Mensch die äußere Natur und die Produkte seiner Arbeit frei aneignet. Marx kann die technische Rationalität der Beherrschung der äußeren Natur nur deshalb als das Vehikel einer Realisierung der praktischen Vernunft ansehen, weil er den Gang der Menschheitsentwicklung als *aristotelisch*-materialistischer Hegelianer an einem – dynamisch und prozeßhaft gedachten – Begriff der teleologischen menschlichen *Natur* bzw. der menschlichen »Naturgeschichte« orientiert: als zwei Momente der einen menschlichen Natur sind auch instrumentelle und praktische Vernunft im Grunde auf deren Endzweck bezogen und harmonieren miteinander.[61] Auf eine philosophische Ethik, die das *Sollen* eigens begründet, kann Marx scheinbar verzichten, weil er es (vermeintlich) wieder aus dem teleologischen (Auf dem Wege-) *Sein* der menschlichen Natur ableitet. Daraus, daß Marx das teleologische Prozeß-Sein der Menschengattung, also ihre zielstrebige »Naturgeschichte«, in den Begriffen der modernen Naturwissenschaft denkt *und* es damit der technologischen Beherrschungsrationalität, der instrumentellen Vernunft, freigibt, resultieren die ungeheure Erkenntnissicherheit und der ethische Dogmatismus der marxistisch-sozialistischen Theorie und Praxis. Für einen sokratischen Dialog bleibt kein Raum mehr, eine Ethik-Begründung und Handlungsrechtfertigung aus praktischer Vernunft sind überflüssig und werden als bürgerliche Ideologie abgetan.[62]

Dieser praktisch philosophische Rückfall hinter Kant und Hume wurde im Neukantianismus kritisiert; und *Max Weber* hat ihn durch die, bis heute vorherrschende, scharfe Trennung und Entgegensetzung von moralfreier, wertneutraler Rationalität der Wissenschaften überhaupt und moralischer, wertsetzender Gewissensentscheidung der Privatperson ersetzt.[63] Seit Max Weber gibt es so etwas wie eine offizielle Praktische Philosophie der liberal demokratisch verfaßten Staaten des Westens. *Hermann Lübbe* hat sie zustimmend aktualisiert und meint damit sowohl den Begriff der Demokratie entwickelt als auch die Unnötigkeit (und wohl in posthobbesschem Sinne auch die politische Gefährlichkeit) praktisch-philosophischer Letztbegründungsversuche erwiesen zu haben: Kapitel 4.1.[64] Ist dem so? Oder wird hier einiges vermengt?

Meines Erachtens sind Lübbes Hauptargumente nur unter der Voraussetzung einer diskursiven Vernunftethik und ihrer möglichen Letztbegründung sinnvoll und wichtig – nämlich als pragmatisch hermeneutische Bestimmung der Realisierungsbedingungen von Dialogen, insofern sie endliche und inhaltlich voraussetzungsreiche, daher in ihren Resultaten fallible (fehlbare), Veranstaltungen in der Zeit sind. Weil das für alle Dialoge zutrifft, sollen sie grundsätzlich die *Revisionsmöglich-*

keit offen lassen und dürfen niemandes Denken, Weiterfragen und Zweifeln binden. Es ist nun das große, eigentlich hegelianische, Verdienst Hermann Lübbes, aufgrund dieser Einsicht in die gültigkeitsbegrenzenden Realisierungsbedingungen von Dialogen das demokratische Beratungs- und Beschlußverfahren begriffen und damit auch philosophisch legitimiert zu haben.

Denn gerade dadurch, daß in demokratisch parlamentarischen Systemen auf die Beratung, in der Normen (z. B. in Form von Gesetzesvorlagen) begründet werden, eine Mehrheitsentscheidung folgt, wird der nur teilweise rationale, teilweise aber bloß endliche, situationsgebundene und interessen- bzw. überzeugungsbeschränkte, Charakter der Beratung zum Ausdruck gebracht. Zudem erkennt die Demokratie diesen nur teilweise rationalen Charakter realer politischer Dialog-Entscheidungs-Verfahren auf mögliche Kritik und Revision der Verfahrensresultate (der durch Beschluß gesetzten Normen) auch institutionell an. Denn die Inkraftsetzung der (nur teilweise rationalen) Resultate bindet ausschließlich die *äußeren politischen* Handlungen der Bürger – diese müssen legal, d. h. normenkonform sein, solange die jeweiligen Normen in Kraft sind; aber sie bindet nicht Vernunft und Gewissen – diese dürfen kritisch in der Öffentlichkeit und in den demokratischen Institutionen zur Sprache kommen. Die Legalität wird zwingend verlangt, aber die Moralität bleibt frei.

Die Demokratie verlangt zwar die Beachtung und Befolgung der so gewonnenen und durch Beschluß in Kraft gesetzten Normen (z. B. eines Gesetzes), sie läßt aber das Gewissen und die Vernunft der Bürger frei, indem sie Kritik erlaubt, *und* sie gibt ihnen eine Durchsetzungschance, indem sie die Möglichkeiten grundsätzlicher Revision (letztlich durch Wahl des Parlaments) und immanenter Verfassungskritik (durch Klage z. B. vor dem Bundesverfassungsgericht) institutionell sichert. Insofern verkörpert die demokratische Verfassung eine *diskursive Ethik der Realisierung der Vernunft* unter den kontingenten (zufällig-geschichtlichen) *Bedingungen der Endlichkeit.* Als Verkörperung dieser Ethik enthält die Demokratie eine doppelt kritische Spannung: erstens die Differenz zwischen *positivem* Recht als der Summe endlicher, nur teilweise rationaler Verfahrensresultate und der Idee eines wohlbegründeten *rationalen* Rechts; zweitens die (zugrundeliegende) Differenz zwischen der jeweiligen kontingenten, *realen* Beratungs- und Beschlußgemeinschaft eines Parlaments (samt einer Öffentlichkeit) »von heute« auf der einen Seite und der unterstellten unbegrenzten, *ideellen* Argumentationsgemeinschaft aller möglichen sachkundigen intelligenten Wesen auf der anderen Seite.

Dann ist die Idee eines demokratischen Systems von vornherein »zweidimensional« im wohlverstandenen Sinne Marcuses und nicht etwa eindimensional im selbstgenügsamen und tendenziell totalitären Sinne Hobbes'. Dann ist die Demokratie im Sinne des (sokratisch) dialogischen Prinzips, als gut letztlich nur gelten zu lassen, was in herrschaftsfreien Diskursen der Argumentierenden (einschließlich möglicher Betroffener) Bestand haben kann, immer auf *kritische Prüfung* ihrer Normen angewiesen. Dann ist sie zugleich darauf angewiesen, im Sinne des (postkantisch) dialogischen Imperativs, nach diesem argumentativ verallgemeinerbaren, daher wahrhaft Guten stets *reformbereit* zu streben.

Jenen Vernunftanspruch hat sie selbst durch Institutionalisierung der Revisionsmöglichkeit und der – als schlechthin vernünftig und daher als von jedem Menschen einsehbar geltenden – »Menschenrechte« schon anerkannt. Deshalb weist eine Demokratie, wie *Gustav Heinemann* stets betont hat – hier Kapitel 6.1. – immer über die *Realität* ihres Normenbestandes und ihrer (oft mehr schlechten als rechten) Diskussions-, Beratungs-, Beschluß- und Revisions-*Praxis* hinaus. Sie bleibt immer ein zu erfüllender Auftrag.

So gesehen kann die scharfe Kontroverse zwischen dem Konzept des Dezisionismus (insbesondere Lübbes) und den Konzepten der Letztbegründung (zumal von Habermas und von Apel), die in einen politischen Grabenkrieg umzuschlagen droht, auf der Ebene einer – pragmatisch hermeneutisch reflektierten, die Realisierungsbedingungen praktischer Vernunft mitdenkenden – dialogischen Vernunftethik aufgelöst werden. Denn aus dem, eben mit und gegenüber Max Weber–Lübbe skizzierten, *Begriff der Demokratie* läßt sich keineswegs ein Argument gegen praktisch philosophische Letztbegründung herleiten bzw. deren Überflüssigkeit demonstrieren, vielmehr setzt er deren Möglichkeit sowohl als Geltungsgrund der demokratischen Normengewinnung und Normenanerkennung wie auch als Sinnbedingung ihres Vernunftanspruchs und des Vernunftanspruchs der demokratischen Grundrechte gerade voraus. Deshalb kann aus diesem Begriff auch nicht abgeleitet werden, was seit *Max Weber* als offizielle Staatsphilosophie der Demokratie in der verwissenschaftlichten Zivilisation gilt: die Annahme eines »liberalen Komplementaritätssystems von wertfreiem Objektivismus der Wissenschaft einerseits, existentiellem Subjektivismus der religiösen Glaubensakte und ethischen Entscheidungen andererseits«, die *K.–O. Apel* kritisch bedenkt (hier Kapitel 4.4.).

3.0.4. *Die Herausforderung der praktischen Vernunft durch die ökologisch-technologische Krise*

Nun hatte es sich Max Weber, als er nach Ende des Ersten Weltkrieges jene Komplementarität einführte, insofern leicht gemacht, als er sie – wie *Erhard Eppler* in Kapitel 7.5 hervorhebt – durch einen abstrakten Dualismus von »Gesinnungsethik« und »Verantwortungsethik« abstützt und als er den Bezugsrahmen für die politische Verantwortung nochmals im souveränen Nationalstaat findet.

Damit hat Max Weber das Paradigma einer *national-demokratischen Ethik des Politischen* formuliert, das trotz Europabewegung und UNO sich bis heute behauptet. Die seinerzeitige Kritik Albert Schweitzers am Denken in nationalen Grenzen und das gegenwärtige Plädoyer für eine »*Welt*innenpolitik« (Willy Brandt) haben sich noch nicht durchgesetzt. Vorwiegend orientiert sich der demokratisch gewählte Politiker an der Verantwortung für den *nationalen Erfolg* innerhalb der kurzen Machtbestätigungsfrist von einer *Wahlperiode* zur nächsten.

Aber hier tut sich, wie Erhard Eppler bemerkt, »eine Kluft auf zwischen der notwendigen politischen Legitimation durch den Wähler – in anderen Regierungssystemen durch eine wenig artikulierte, aber spürbare öffentliche Meinung – und der ethischen Legitimation aus der Verantwortung dafür, ob und wie eine kommende Generation [sogar: alle noch möglichen Generationen – D. B.] weiterleben soll«. Die politische Praxis versucht diese Kluft, so gut es geht, noch zu verdecken. Selbst Fragen von planetarischer und menschheitszukünftiger Reichweite, wie z. B. die der Errichtung einer Wiederaufbereitungsanlage atomarer Brennelemente in Hessen, werden mit der Beschwörung, doch aus »nationaler Verantwortung« zu handeln, entschieden. Dieser alten politisch-ethischen Orientierung, die Ministerpräsident Börner am 10. Mai 1980 mit großem sittlichem Ernst vorbrachte, folgte der hessische Landesparteitag der Sozialdemokraten denn auch.[65] Damit handelte er im Sinne von Max Webers Beschränkung der politischen Verantwortung auf den Nationalstaat.

Heute hingegen, wo die Menschheit im Kriege wie im Frieden durch Einsatz technischer Mittel sowohl ihr eigenes Leben als auch das der gesamten Ökosphäre vernichten kann und auf dem Wege dieser Vernichtung schon gefährlich weit fortgeschritten ist, muß sowohl der ganze *Planet* einschließlich der Atmosphäre und des umgebenden Weltraumes als auch die unbegrenzte *Zukunft* der – hoffentlich – noch kommenden Generationen von Menschen als Bezugsrahmen der politischen Verantwortung und damit der Ethik gelten. Worin besteht angesichts dieser weltgeschichtlich neuen Situation die Herausforderung an die Praktische Vernunft?

Interessanterweise greift man dort, wo diese Herausforderung vor dem Hintergrund der christlich-philosophischen Tradition gegenwärtig erfahren wird oder schon gleichzeitig mit Max Weber antizipiert wurde, z. B. von *Robert Spaemann* bzw. von *Albert Schweitzer*, auf die (schöpfungstheologisch christianisierte) *aristotelische* Orientierung an der Natur zurück. So prophetisch und bedrängend aktuell Albert Schweitzers Kritik der anthropozentrischen Beschränkung der europäischen Ethik und so diskussionswürdig sein Plädoyer für eine planetarische Ethik heute auch ist – was wir durch den Abdruck zum Ausdruck bringen wollen –, ebenso kritikwürdig scheint sein unmittelbarer Rückgriff auf ein Prinzip Leben zu sein. Wird dieses doch aus der Beschreibung der (sympathetisch verstandenen) Tatsache des, alle Natur vereinenden, »Willens zum Leben« abgeleitet.[66] Zudem wird kein Moralprinzip aufgewiesen, das sowohl die Anerkennung des Willens zum Leben begründete als auch die Entwicklung von Präferenzkriterien in Konfliktsituationen ermöglichte.

Der auch von Robert Spaemann vertretene Grundsatz der Heiligkeit des Lebens als solchem ist als Prinzip der Urteilsbildung leer und als Maxime der Handlungsorientierung blind. Strenggenommen ermöglicht er nur eine vita contemplativa, ein Leben – oder ein Nicht-mehr-Leben – des reinen Lassens und Betrachtens, nicht aber ein Leben des Handelns und gewiß nicht des, auf unserer hochindustrialisierten und hochtechnisierten Zivilisationsstufe unentbehrlichen, technischen Handelns, das durch technologische Eingriffe in die Natur, welche notwendig Leben zerstören, gekennzeichnet ist. So kann, wie *Walter Schulz* in Kapitel 7.2. betont, jener Grundsatz nur als eine, freilich die anthropozentrische Einstellung der unbeschränkten Naturmanipulation mittels wissenschaftlich technischer Ratio in Frage stellende, moralisch-kritische Gegeninstanz gegenüber der technologischen Rationalität gelten: als eine *Gewissensorientierung*, die aber auf einen *Verantwortungsdiskurs* angewiesen bleibt.

Mit großem Recht stellt *Walter Schulz* im Rahmen seiner Rekonstruktion des ethischen Bewußtseins der Gegenwart neben dem Willen zum Leben und der Anerkennung des Willens zum Leben um uns die Forderung nach Glück bzw. nach Minderung des Leidens und Mehrung der Wohlfahrt als maßgebende ethische Maximen der Gegenwart heraus. Während die letztere Maxime vom klassischen *britischen Utilitarismus* entwickelt worden ist, wurde das Prinzip Leben als ethische Maxime der »ins Grenzenlose erweiterten Verantwortung gegen alles, was lebt« von *Albert Schweitzer* – übrigens in Auseinandersetzung mit Schopenhauer – formuliert und hat gegenwärtig durch die ökologische Krisenerfahrung sowie die darauf ethisch und politisch antwortende *ökologische Bewegung* brennende Aktualität erlangt. Genau betrachtet, handelt es sich bei beiden Maximen um utilitaristische Prinzipien des Lebens. Nur ist die Maxime der Wohlfahrt auf den Menschen als gesellschaftliches Wesen bezogen und daher vor allem ökonomisch und sozialpolitisch orientiert, während die Maxime der Anerkennung des Willens zum Leben und der Ehrfurcht vor dem Leben auf den Menschen als Teil der Natur und Verantwortlichen für die Natur bezogen, also vor allem ökologisch gerichtet ist. Insofern betreffen sie, wie Walter Schulz betont, die beiden wesentlichen Aspekte des Menschseins, der condition humaine. Darin liegt ihre Stärke. Gleichwohl sind sie als utilitaristische Prinzipien, nämlich als verallgemeinerte und im ersten Fall auf das Leben schlechthin ausgedehnte Maximen des Nutzens im weitesten Sinne, *moralphilosophisch unzureichend.* Eben darin liegt ihre Schwäche, die es mit zu bedenken gilt. Eine solche Kritik sei hier in bezug auf das Prinzip des Lebens bzw. Überlebens angedeutet.[67]

Die inhaltliche ethisch-politische Antwort, die heute von der Mehrheit der ökologischen Bewegung auf die Überlebenskrise der Menschheit gegeben wird und die den Antworten von Albert Schweitzer und Robert Spaemann zumindest verwandt ist, scheint sich in den Grenzen eines *«Überlebensutilitarismus«* (*Gunnar Skirbekk*) zu halten: sie setzt das Überleben der Menschengattung als höchstes Ziel. Von diesem Ziel her übt sie abstrakt Kritik an technologischen Eingriffen in die Natur und erweckt den Eindruck, als stünden diese von vornherein im Gegensatz sowohl zu einem ethischen Naturverhältnis des Menschen im Sinne einer *normativen Ethik* der Ehrfurcht vor dem Leben wie auch zu dem wohlverstandenen Glück des Naturwesens Mensch im Sinne einer *eudämonistischen Ethik* eines sinnvollen und genießenden Lebens. *Albert Schweitzer*

macht vor allem den ersten Gesichtspunkt geltend, Robert Spaemann auch den zweiten. Während Schweitzer als ein Nachfolger des Franziskus von Assisi die Heiligkeit allen Lebens zum Grundsatz erhebt, macht *Spaemann* auch das Glück des Menschen von der Unerschöpflichkeit des Lebens und damit von der unangetasteten Vielfalt und Komplexität des Öko- und Biosystems abhängig: »Warum sind wir denn traurig, wenn wir erfahren, daß irgendwo in der Welt eine Vogelart ausgerottet wurde, die wir wahrscheinlich ohnehin nie zu Gesicht bekommen hätten? Es ist offenbar so, daß das Glück des Menschen gerade mit dem nicht auf ihn bezogenen Reichtum des Wirklichen zusammenhängt. Die Reduktion der Welt auf das, was wir im Augenblick wahrzunehmen und zu genießen vermögen, würde jeden Genuß zerstören; denn zu diesem gehört ein Hintergrund der ›Unerschöpflichkeit‹.«[68]
Dann aber gälte, daß wir »über kein Kriterium der Selektion, nach welchem wir ›lebenswerte‹ und ›lebensunwerte‹ Arten unterscheiden könnten«, verfügen. »Es ist deshalb vernünftig . . ., daß die Vereinigten Staaten . . . ein Gesetz verabschiedet haben, wonach es unter keinen Umständen mehr erlaubt ist, eine Tierart zu vernichten. Vor kurzem wurde es gerichtlich untersagt, einen Staudamm in Tennessee in Betrieb zu nehmen, weil dadurch eine bestimmte kleine Fischspecies, die nur an dieser Stelle existiert, vernichtet worden wäre . . . In der Tat haben wir nicht das Recht, unsere augenblicklichen Wertschätzungen . . . zum Maßstab dafür zu machen, was wir künftigen Generationen als natürliches Erbe hinterlassen. Da wir dieses Erbe nicht vermehren und nicht ergänzen können, können ja unsere Eingriffe in den Bereich des Lebens immer nur auf Herbeiführung eines status quo minus hinauslaufen. Darum ist es falsch, bei Entscheidungen dieser Art das Prinzip der Güterabwägung statt eines unbedingten Verbotes einführen zu wollen.«[68a]
Strenggenommen dürften wir also, nach Spaemann, ebenso aus eudämonistisch ethischen Gründen wie schon, nach Albert Schweitzer, aus normativ ethischen Gründen überhaupt nicht mehr technologisch in die Natur eingreifen. Das aber käme einem Verbot unserer technischen Zivilisation gleich. Nun kann diese Weltfremdheit dadurch aufgehoben werden, daß man das Prinzip Leben – sicher in Übereinstimmung mit den Autoren – als ein regulatives Prinzip im Sinne *Kants* versteht. Aber damit ist das moralphilosophische Problem nicht behoben. Denn dieses ist grundsätzlicher Art, ist also nicht auf Realisierungsschwierigkeiten oder gar Realisierungsunmög-

lichkeiten bezogen. Es liegt vielmehr darin, daß hier die Ebene der *diskursiven Vernunftethik*, die mit Kant in gewisser Weise schon erreicht worden ist, wieder verlassen wird. Inwiefern ist das der Fall?
Die Antwort sei an einem Beispiel gegeben, das nicht aus der Luft gegriffen ist, sondern sowohl konservativen wie auch sozialistischen Denkern der ökologischen Bewegung naheliegt. So finden wir einerseits bei *Herbert Gruhl*, den wir als bedeutsamen Kritiker der Wachstums-Orientierung unserer Gesellschaft in Kapitel 7.4. zu Worte kommen lassen, die deutliche Tendenz zu einer formierten Ordnungsgesellschaft, sei es in der utopischen Form einer Weltregierung mit »diktatorischen Vollmachten«, sei es in Form eines starken Nationalstaates, den er Schulter an Schulter mit dem scharf konservativen Staatsrechtler Ernst Forsthoff zu verlangen scheint. Jedenfalls greift er stillschweigend den Institutionenbegriff *Arnold Gehlens* auf und teilt offenbar dessen Sehnsucht nach den »historisch erprobten, stabilen menschlichen Lebensformen« der archaischen Kulturen, die »über Jahrtausende der Menschheitsgeschichte bestanden haben«, die aber bekanntlich keine Freiheit und keine Begründungsdiskussionen, kurzum keine diskursive praktische Vernunft gekannt haben, sondern die Menschen auf eine blinde Institutionen-Moral verpflichteten.[69]
Andererseits plädieren revisionistische Sozialisten bzw. Kommunisten wie *Wolfgang Harich* für ein gesellschaftliches System der Planung und Zuteilung, der Naturbewahrung und Mängelverwaltung, das die Züge eines radikal asketischen Stalinismus trägt.[70] So kann der Lebensutilitarismus, ganz unabhängig von seiner politischen Herkunft und politischen Richtung, zu einer machtpolitischen Lösung der ökologischen Krise in Gestalt von Systemen der Unfreiheit führen, die in mehr oder weniger großer Nähe zu Dostojewskis Typ des Großinquisitors stehen würden. Denn eine solche Lösung läßt sich mit dem lebensutilitaristischen Ziel, das Überleben der Gattung sicherzustellen und physisches Leiden zu verhindern bzw. möglichst zu mindern sowie elementare ökonomische Mängel abzustellen, durchaus vereinbaren. Diese Vereinbarkeit aber bringt den Lebensutilitarismus überhaupt – d. h. auch dort wo eine solche Ordnungsgesellschaft und Institutionen-Moral nicht ausdrücklich gefordert oder für notwendig erachtet wird – in Gegensatz zur *diskursiv-kommunikativen* Vernunftethik. Denn diese geht von dem *Grundsatz* aus, nur dasjenige könne als gut gelten, das in einem, prinzipiell unbegrenzten, freien Diskurs aller argumentationsfähigen und sich sachkundig machenden Dialog-

partner einsichtig begründet und bezüglich der rechtfertigungsfähigen Ansprüche aller möglichen Betroffenen verantwortet werden kann.
Solche Ansprüche werden aber nicht nur ökologischer, sondern ebenso sozialer und politischer Art sein, die zudem in verschiedenen Teilen der Welt, auf der nördlichen und der südlichen Halbkugel sehr unterschiedlich und sehr ungleichzeitig sein dürften. Wenn man den argumentativ dialogischen Denkstil der diskursiven Vernunftethik – auf den sich jeder, der überhaupt argumentiert und publiziert, *als* Argumentierender und Publizierender stillschweigend schon eingelassen hat – sich *bewußt* macht und ihn *konsequent* befolgt, dann kann man keineswegs auf eine Abwägung dieser Ansprüche und damit auf »das Prinzip der Güterabwägung« verzichten, um an dessen Stelle »ein unbedingtes Verbot« (der technischen Eingriffe in den Bereich des Lebens) zu setzen. Eben das wäre der Rückfall hinter eine diskursiv kommunikative Vernunftethik, der die Verdrängung des dialogischen Argumentationsstils durch einen monologischen, und zwar einen apodiktisch-monologischen, Stil zur Folge haben würde.
Drastische Technologiebeschränkungen, die aus dem ökologischen Prinzip des Lebens und dem Grundsatz der Ehrfurcht vor dem Leben abgeleitet werden mögen, können einerseits mit elementaren sozialen Gerechtigkeitsansprüchen und elementaren sozialen Lebensansprüchen der hungernden und dürstenden Dritten bzw. Vierten Welt kollidieren; andererseits geraten sie jedenfalls dann mit legitimierbaren Freiheitsansprüchen – wie sie vor allem in der Ersten Welt geltendgemacht werden – in Konflikt, wenn sie nur von einem geschlossenen Ordnungsstaat durchgesetzt werden können.
In einen geschlossenen Ordnungsstaat würde, aller Voraussicht nach, jedoch ebenso die von der Großindustrie und von einer »wachstumsorientierten« Politik der Energie-Autarkie geplante massenhafte Verwendung der Atomenergie führen. Der geschlossene technokratische Atom-Polizeistaat dürfte dann unvermeidbar sein.[71] Sowohl diejenigen, die für eine weitgehende Nutzung der Kernenergie plädieren und dabei einen tendenziellen technokratischen Polizeistaat in Kauf nehmen müssen, als auch jene, die ein Nullwachstum und einen weitgehenden Technologieverzicht mit dem Instrumentarium eines geschlossenen Mängelverwaltungsstaates durchsetzen wollen, zerstören die Verwirklichungsbedingungen dessen, was sie *als Argumentierende* selber voraussetzen: *Freiheit* der Kommunikation und der Kritik und damit die Freiheit der Veränderung

solcher Lebensbedingungen, die – wie etabliert sie auch sein mögen – im Diskurs als nicht mehr begründbar bzw. als nicht mehr verantwortbar erwiesen werden. Aber sowohl ein totalitäres technokratisches System als auch ein totalitäres antitechnologisches System würden weltverändernde soziale Systemzwänge bzw. (im Falle einer beträchtlichen Kernenergienutzung) sogar jahrtausendelang irreversible Überwachungszwänge mit sich bringen. Hinzu kommt, daß die Entfesselung radioaktiver Strahlung, wie Spaemann betont, »einen Umstand schafft, der durch keinerlei spätere Entscheidung ungeschehen gemacht werden kann«. Dadurch aber wird die *Revisionsmöglichkeit*, die zur kommunikativen Freiheit des Argumentierens gehört und die, nach dem Selbstverständnis der Demokratie, zugleich ein Kennzeichen demokratischer Debatten und Beschlußverfahren ist, ad absurdum geführt.

Wenn unsere, hier nur begonnene, Argumentation stichhaltig ist, dann ist weder die Position der Atomenergiebefürworter noch die Position des Prinzips Überleben dem wohlverstandenen sokratischen Geltungskriterium angemessen: beide können dann letztlich nicht als *praktisch gut* gelten, weil sie nicht in freien, argumentativ geführten Dialogen (an denen prinzipiell alle möglichen Betroffenen als Argumentierende teilnehmen könnten) standhalten. Dann ist nämlich weder die vermeintlich verantwortungsethische Position der Atomenergiebefürworter in eine widerspruchsfreie Argumentation übersetzbar *und* als verantwortlich gegenüber den Ansprüchen künftiger Generationen zu rechtfertigen; noch kann ein ökologisches Prinzip Überleben, das zu einem Technologieverzicht tendiert *und* das einem freiheitsaufhebenden Ordnungsstaat mit entsprechender Institutionen-Moral keine Kritik entgegensetzen kann, in eine widerspruchslose Argumentation übersetzt werden und gegenüber berechtigten Ansprüchen Betroffener verantwortet werden.

Was sollen wir also tun? Meines Erachtens können wir, ohne die Dialogregeln des Argumentierens zu verletzen und die Verantwortung gegenüber legitimierbaren Ansprüchen Betroffener preiszugeben, nicht mehr und nicht weniger tun, als durch permanente Bemühung die *Realbedingungen* für eine möglichst weltweite, freie Diskussion der technologischen, ökologischen und ebenso der damit verbundenen ökonomischen, sozialen sowie militärischen Probleme zu schaffen, andererseits aber alles zu *unterlassen*, was die *Sinnbedingungen* für Diskussionen überhaupt und für Verantwortungsdiskurse insbesondere – wie Informations- und Kommunikationsfreiheit,

aber auch die Möglichkeit der Revision – außer Kraft setzen bzw. zerstören würde.
Zur Schaffung der Realbedingungen einer weltweiten, die Ansprüche dieser ganzen Welt berücksichtigenden, Diskussion bedarf es vielerlei kritisch weltökonomischer weltfriedenspolitischer sowie weltentwicklungspolitischer Anstrengungen *und* des Engagements einer Öffentlichkeit, ohne die eine Weltinnenpolitik zur geschlossenen Weltadministration sich verhärten würde. Zur Wahrung der Sinnbedingungen weltverantwortlicher Diskurse ist vor allem zweierlei erforderlich: politisch sollte, wie Spaemann betont, jede nicht revidierbare Lebensbelastung und Lebensgefährdung der künftigen Menschheit durch den Einsatz kurzfristig erfolgversprechender Technologien, wie Kerntechnik, verhindert werden. Dazu gehört die verantwortungsethisch politische Aufklärung darüber, daß das immer noch vorherrschende – von Max Weber befestigte, von Albert Schweitzer und Erhard Eppler kritisierte – Bezugssystem der nationalen Erfolgsverantwortung (im Hegelschen Sinne) *aufgehoben* werden muß in das Bezugssystem der planetarischen Menschheitsverantwortung; wenn anders politisches Handeln, das heute nicht mehr auf die Polis oder die Nation beschränkt ist, ethisch legitimiert werden und dem, nunmehr universalen und zukunftsbezogenen, sokratischen Dialog standhalten soll. Denn das Ziel einer solchen moralisch-politischen Strategie ist es, für die Menschheit ein Leben zu erhalten, das menschenwürdig wäre, weil es den Menschen erlaubte, in den Spiegel der dialogischen Vernunft zu blicken.

3.1. *Gottfried Martin: Sokrates und die Entdeckung der reflexiv-dialogischen Vernunft*[1]

3.1.1. *Über Leben und Quellen*

Vom Leben des Sokrates weiß man nicht viel. Nachweisen läßt sich, daß Sokrates im Jahre 399 wegen Gottlosigkeit und Jugendverführung angeklagt, verurteilt und hingerichtet worden ist. Damals war er 70 Jahre, er müßte also 469 geboren sein. Seine Eltern leben in bescheidenen Verhältnissen. Der Vater Sophroniskos ist Steinmetz, die Mutter, Phainarete, ist Hebamme, wie aus einer Stelle des Theaitetos hervorgeht, die uns noch beschäftigen wird.
Auch Sokrates selbst scheint Steinmetz gewesen zu sein, und es ist wahrscheinlich, daß er die Werkstatt seines Vaters weiterge-

führt hat. Er war mit Xantippe verheiratet und hatte mit ihr drei Kinder. Das jüngste muß im Jahre 399 noch sehr klein gewesen sein. Xantippe hat den Ruf eines bösen Weibes, aber zu Unrecht. Sie mußte, vielleicht mit Hilfe von Sklaven, die kleine Werkstatt weiterführen, Sokrates hatte anderes zu tun und die Zeiten besonders des Peloponnesischen Krieges waren schlecht. Sie war die letzte Nacht mit den Kindern im Gefängnis; daß Sokrates sie am Morgen wegschickt, und daß sie also auch beim Tod nicht zugegen ist, entspricht griechischer Auffassung.

Aus dem Leben des Sokrates werden einige wenige Ereignisse berichtet. Er hat die Rede des Perikles über den Bau der großen Mauer gehört, etwa 444/443. Im peloponnesischen Krieg hat er seine Pflicht als Soldat tapfer erfüllt, in den Schlachten von Potidäa (431–429), Delion (424) und Amphipolis (422). Von der Schlacht bei Delion, die eine schwere Niederlage der Athener war, erzählt Laches, selbst einer der Heerführer dieser Schlacht, in dem nach ihm benannten Dialog Platons: ›Denn bei der Flucht vor Delion ging er mit mir zurück, und ich versichere dir, wenn die übrigen sich hätten so beweisen wollen, unsere Stadt wäre damals bei Ehren geblieben, und hätte nicht einen so schmählichen Sturz erlitten‹ (181 B).[2]

Im Jahre 423 schreibt Aristophanes eine bittere Satire auf ihn, die ›*Wolken*‹, die für uns eine wichtige Quelle werden wird. In den ›*Wolken*‹ findet sich eine Zeile über das tapfere Verhalten des Sokrates bei Delion, die von Alkibiades im ›*Gastmahl*‹ (220 E) zitiert wird.

In den Zeiten der Gewaltherrschaft hat sich Sokrates der Willkür der Gewaltherrscher standhaft widersetzt (etwa 403). Diese wenigen Daten, die zudem meist aus den platonischen Dialogen gezogen sind, sind so ziemlich alle, die man weiß. Es folgt dann 399 die Anklage, die Verurteilung und die Hinrichtung [. . .]

Wer war dieser Sokrates? Was wissen wir von ihm und woher wissen wir es? Von Sokrates selbst haben wir kein geschriebenes Wort, aller Wahrscheinlichkeit nach hat Sokrates niemals selbst etwas geschrieben. Wir haben also nur Berichte über ihn. Die wichtigsten Berichte sind Platon und Xenophon. Zu ihnen treten die ›*Wolken*‹, also die Komödie, die Aristophanes im Jahre 423 geschrieben hat. Dazu kommen Berichte des Aristoteles. Allerdings muß sich Aristoteles auf das stützen, was ihm andere gesagt haben, denn Aristoteles ist erst etwa 30 Jahre nach dem Tode des Sokrates nach Athen gekommen. Alle anderen Berichte sind nur in Bruchstücken erhalten oder ganz verloren, so daß man nicht entscheiden kann, ob sie den Wert selbständiger Quellen haben oder ob sie sich auf Platon und Xenophon stützen. In der Gesamtheit dieser Berichte liegen viele Widersprüche, über das ›sokratische Problem‹, wie man es genannt hat, ist eine kaum übersehbare Literatur entstanden, die aber keineswegs zu allgemein anerkannten Ergebnissen geführt hat. Damit muß der einzelne eigene Entscheidungen treffen, die er nicht restlos beweisen kann, die er aber deutlich machen muß.[3] [. . .]

3.1.2. *Die Was-ist-Frage*

Es war das Gespräch, das für Sokrates die eigentliche Form seines Denkens und Lehrens darstellt. Von den frühen platonischen Dialogen dürfen der ›*Laches*‹ und der ›*Eutyphron*‹ in besonderer Weise als Wiedergaben sokratischer Gespräche, also als historische Berichte, betrachtet werden. Sie geben, wenn ich die Zusammenhänge richtig überschaue, sokratische Gespräche sogar in besonders reiner Form wieder. Das Gespräch ›*Laches*‹ findet mit Laches und Nikias statt. Beide sind bewährte Feldherren Athens, sie müssen sich also auf die Frage des Gesprächs: ›Was ist die Tapferkeit?‹ verstehen. Laches ist im Jahre 417 gefallen; über Nikias liegt der Schatten des Feldzuges gegen Syrakus, der das Ende Athens herbeigeführt hat. Nikias war genötigt worden, den Oberbefehl zu übernehmen, obwohl er gegen diese wahnsinnige Operation eingestellt war. Der Angriff auf Syrakus glückte nicht; nach langem Zögern begann Nikias den Rückzug. Dabei wurde das Heer von den Syrakusanern überwältigt. Die Gefangenen ließen die Syrakusaner bis auf wenige Ausnahmen verhungern. Nikias selbst ist entweder von den Syrakusanern getötet worden oder hat Selbstmord begangen.
Es ist wesentlich für ein sokratisches Gespräch, daß die Gesprächspartner sich auf das verstehen, wonach gefragt ist. Sokrates fragt immer nur nach dem, was der andere versteht oder zu verstehen glaubt. Die Einleitung des Gesprächs beginnt damit, daß zwei vornehme Athener die beiden Feldherren fragen, ob sie ihren Söhnen Unterricht in der Fechtkunst geben lassen sollen. Man sieht sich das Schaufechten eines Fechtmeisters an, aber die Meinungen bleiben verschieden. Sokrates wird herbeigerufen. Er wendet das Problem sofort von der konkreten Frage nach dem Fechtunterricht auf die allgemeine Frage nach der Tugend. Dafür muß man fragen: Was ist die

Tugend? Da die allgmeine Frage aber viel zu schwierig ist, schlägt Sokrates die konkrete Frage vor: Was ist die Tapferkeit?

Diese Frage des Sokrates ›Was ist die Tapferkeit?‹, muß doch leicht beantwortet werden können. Die beiden Feldherren wissen, was die Tapferkeit ist; sie sind ganz sicher, es zu wissen. So antwortet denn auch Laches ohne Zögern: ›. . . wenn jemand pflegt in Reih und Glied standzuhalten und die Feinde abzuwehren und nicht zu fliehen, so wisse, daß ein solcher tapfer ist (190 E)‹. Aber dies ist nicht das, wonach Sokrates gefragt hat. Laches stutzt, und Sokrates räumt ein, daß er vielleicht nicht genau genug gefragt hat. Sokrates will nicht ein Beispiel für die Tapferkeit, sondern er will den allgemeinen Begriff der Tapferkeit. Der dann folgende Abschnitt des Gesprächs, in dem Sokrates klarmacht, daß er nach dem allgemeinen Begriff der Tapferkeit fragt, dürfte in der gesamten philosophischen Literatur die beste Einführung in den Sinn eines allgemeinen Begriffs sein. Sokrates kann leicht zeigen, daß es auch andere Weisen der Tapferkeit gibt.

Laches räumt sofort ein, daß die Reiter in anderer Weise kämpfen und also auch in anderer Weise tapfer sind. Aber, so wendet Sokrates ein, in der Schlacht von Plataiai hat das Fußvolk der Spartaner auch in dieser Weise gekämpft: es ist zunächst zurückgewichen und hat dann erst wieder angegriffen. Das räumt der schlachtenkundige Laches sofort ein. So kann Sokrates jetzt den Sinn seiner Frage erläutern. Sokrates will nicht nur nach der Tapferkeit des Hopliten fragen, des schwerbewaffneten Bürgers von Athen, sondern auch nach der Tapferkeit der Reiter, und nach jeder Weise der Tapferkeit im Kriege. Es gibt doch auch Tapferkeit nicht nur im Kriege, sondern auch in der Politik, in der Krankheit und in der Armut. So gibt es viele Weisen der Tapferkeit. Was ist jede von ihnen? – das wollte Sokrates wissen. Laches versteht immer noch nicht ganz, und Sokrates gibt ein Beispiel. Es gibt doch viele Weisen der Geschwindigkeit; die Geschwindigkeit im Laufen, im Zitherspielen, im Reden, im Lernen. Wenn man nun Sokrates fragen würde, was man in allen diesen Geschwindigkeit nennt, so würde er antworten: die Fähigkeit, in kurzer Zeit viel auszurichten. So geht die Frage dahin, was die Tapferkeit ist als dieselbe in all diesen verschiedenen Situationen. Jetzt hat Laches begriffen und gibt die zweite Antwort: ›So dünkt sie mich eine gewisse Beharrlichkeit der Seele zu sein, wenn ich doch das in allem sich findende von der Tapferkeit sagen soll‹ (192 B). Damit ist eine erste Definition der Tapferkeit gegeben [. . .]

Wir sichern zunächst diese reine Struktur eines sokratischen Gesprächs an einem zweiten Dialog, am ›*Eutyphron*‹. Im ›*Eutyphron*‹ fragt Sokrates: Was ist die Frömmigkeit? Eutyphron ist ein Priester, er weiß also, was die Frömmigkeit ist, oder glaubt es doch zu wissen. Auch hier fragt Sokrates: ›So sage mir nun, was meinst du, was ist die Frömmigkeit und was ist die Unfrömmigkeit?‹ (5 D) Eutyphron antwortet ohne Zögern: Fromm ist das, was ich jetzt tue. Eutyphron ist nämlich auf dem Wege zum Gericht, um seinen Vater wegen Totschlags zu verklagen. Sein Vater hat, in gewisser Weise aus Fahrlässigkeit, einen Tagelöhner ums Leben kommen lassen. Sokrates räumt ein, daß er nicht genau genug gefragt hat. Eutyphron hat ihm etwas gesagt, was fromm ist. Aber es gibt doch noch vieles andere, was man auch ›fromm‹ nennt. Das ist ganz sicher so, sagt Eutyphron. Dann aber, so erwidert Sokrates, will ich nicht eine oder zwei fromme Handlungen wissen, sondern ich will das allgemeine Wesen der Frömmigkeit wissen, das, wodurch alles Fromme fromm ist. Darauf gibt Eutyphron die zweite Antwort: ›Das, was den Göttern lieb ist, ist fromm, das was den Göttern nicht lieb ist, ist unfromm‹ (6 E). Jetzt ist also etwas erreicht, was jedenfalls von Eutyphron als die allgemeine Definition der Frömmigkeit verstanden wird [. . .]
Eine Hinführung auf den allgemeinen Begriff durch ein Beispiel findet sich auch im ›*Menon*‹ [. . .] Die Frage des Sokrates geht dahin: Was ist die Tugend? (72 D). Menon antwortet, daß es so viele Tugenden gibt, daß man gar nicht in Verlegenheit kommen kann, zu sagen, was die Tugend ist. Sokrates antwortet spöttisch, daß er es offenbar glücklich getroffen hat. Er hat nach der einen Tugend gefragt, um einen ganzen Schwarm von Tugenden zu bekommen. An dies Bild anknüpfend, gibt Sokrates das Beispiel von den Bienen. Wenn man nach der Natur einer Biene fragt, so will man doch nicht die Antwort haben, es wären ihrer gar viele und mancherlei. Denn man will ja nicht wissen, worin sie alle verschieden sind, man will wissen, worin sie Bienen sind, also worin sie nicht verschieden sind [. . .]
Für uns ist diese Frage nach der Definition selbstverständlich geworden. Für uns ist es selbstverständlich geworden zu fragen: Was ist eine reelle Zahl? Was ist ein Atom? Was ist ein Element? Aber Sokrates war der erste, der diese Frage ausdrücklich gestellt hat, und es fällt uns immer wieder schwer zu begreifen, welche Leistung Sokrates vollbrachte, indem er als erster diese Frage ausdrücklich stellte [. . .]

3.1.3. *Das logische Moment und der dialogische Grundsatz*

Für die Untersuchung des logischen Momentes lassen wir uns [. . .] von Aristoteles leiten. Er sagt [. . .] (Met. XIII, 4) von Sokrates: er versuchte sichere Schlüsse zu ziehen. So findet Aristoteles bei Sokrates den Beginn der Definition und den Beginn des Syllogismus [ein aus drei Urteilen bestehender Schluß vom Allgemeinen auf das Besondere. Zum Beispiel läßt sich aus den beiden Urteilen: ›Alle Menschen sind sterblich‹ und ›Alle Könige sind Menschen‹ das Urteil ›Alle Könige sind sterblich‹ schlußfolgern] [. . .] Das beste Beispiel gibt wieder der ›*Laches*‹. Schon die Widerlegung der ersten Bestimmung ist eine logische. Laches hatte – wie bereits erwähnt – gesagt, tapfer sei, wer in der Schlachtreihe standhalte. Wenn Sokrates dagegen sagt, daß es auch andere Weisen der Tapferkeit gibt, so bedeutet dies doch, daß die von Laches vorgeschlagene Definition zu eng ist. Darauf gibt Laches die zweite Definition: Tapferkeit ist Standhaftigkeit (192 B). Allein es gibt doch auch eine Standhaftigkeit in törichten und schlechten Handlungen. Dies bedeutet vom Logischen her, wie Sokrates geltend macht, daß die vorgeschlagene Definition zu weit ist. Darauf wird die dritte Definition gewonnen: Tapferkeit ist eine weise Standhaftigkeit (192 D). Aber auch diese Definition muß zu weit sein. Wenn jemand planmäßig Geld einsetzt, weil er weiß, daß er es mit Gewinn wiederbekommen wird, so ist dies gewiß eine kluge Standhaftigkeit, aber doch keine Tapferkeit. Als vierte Definition wird dann gewonnen: die Tapferkeit ist Klugheit (194 D). Nun gibt es gewiß viele Weisen der Klugheit, aber viele von ihnen sind nicht Tapferkeit. Es ist also noch eine einschränkende Bestimmung notwendig, die zur fünften Definition führt: Tapferkeit ist das Sich-auskennen im Widrigen und im Günstigen sowohl im Krieg als auch in allem anderen (194 E). Aber auch hier kann Sokrates leicht zeigen, daß diese Definition zu weit ist.

Nachdem dieses Vorgehen ergebnislos geblieben ist, schlägt Sokrates einen neuen Weg ein. Er schlägt vor, das Verhältnis der Tapferkeit zur Tugend im Ganzen, aber auch zu den anderen Tugenden zu untersuchen (198 A). Aber auch diese Untersuchung bleibt ergebnislos. Unter einem Gesichtspunkt ist die Tapferkeit nur eine von mehreren Tugenden, unter einem anderen Gesichtspunkt ist sie mit der Tugend im Ganzen identisch, und beides kann offenbar nicht zugleich sein. So bleibt das ganze Gespräch ergebnislos. [. . .] Aber in dieser langwierigen und mühseligen Untersuchung taucht ein Gedan-

ke auf, der Positives anklingen läßt. Man muß, so sagt Sokrates, dem *Logos* [Rede, Untersuchung, Vernunft] gehorchen, der standhaft zu bleiben befiehlt (194 A). [. . .]
Die Bedeutung des Logos für Sokrates wird noch einmal im ›*Kriton*‹ deutlich. Der ›*Kriton*‹ gehört zu den vier Dialogen um den Tod des Sokrates. Das Gericht hat, wenn auch nicht mit einer sehr großen Mehrheit, das Todesurteil verkündet. Das Urteil darf aber nicht sofort vollstreckt werden, weil eine Festgesandtschaft nach Delos unterwegs ist, und weil während der Zeit dieser Gesandtschaft in Athen kein Todesurteil vollstreckt werden durfte. Sokrates muß daher im Gefängnis die Rückkehr des Schiffes abwarten. Als Sokrates erwacht, so beginnt der Dialog, sieht er Kriton, den alten Freund, an seinem Lager sitzen. Kriton bringt die Nachricht, daß das rückkehrende Schiff bereits in Sunion ist, daß es noch am selben Tage in Athen eintreffen wird, und daß Sokrates also am nächsten Tage sterben muß. Sokrates muß also, wenn er sein Leben retten will, ohne Zögern fliehen. Dies wird nicht schwer sein. Die Freunde haben alles zur Flucht vorbereitet. Vermutlich hat man allgemein in Athen angenommen, daß Sokrates sich der Hinrichtung durch die Flucht entziehen würde. Jedermann, das sagt Kriton ausdrücklich, würde es den Freunden des Sokrates übel anrechnen, wenn sie ihm nicht zur Flucht verhelfen würden. Sokrates aber lehnt es ab, der allgemeinen Meinung zu folgen. Man muß vielmehr dem Logos gehorchen, *indem man prüft, was das Richtige ist,* und das Richtige muß man dann tun. Hier spricht Sokrates den Satz aus, der schon immer als charakteristisch für ihn gegolten hat, und der mit Recht unter einer Herme [Büstenpfeiler] des Sokrates steht: ›Denn nicht jetzt zum ersten Mal sondern schon immer war ich so, daß ich *in allen meinen Dingen niemand anders gehorcht habe, als dem Logos,* der sich mir, wenn ich dem Logos folge, als der beste zeigt‹ (46 B). [. . .]
Man sieht [. . .], daß der Logos bei Sokrates immer in einer *Gesprächssituation* erscheint. Wenn Sokrates in tiefes Nachdenken versinkt, wie im Anfang des Symposiums und in der Alkibiadesrede desselben Dialoges, dann ist es immer ein Gespräch mit sich selbst [. . .] So wird es für Sokrates zur Aufgabe, im Gespräch, also im *gemeinsamen Überlegen,* den besten Logos zu finden. [. . .]

3.1.4. *Das aporetische Moment und die Kritik unberechtigter Wissensansprüche*

[. . .] Wir haben gesehen, daß im ›*Laches*‹ Sokrates nach dem Wesen der Tapferkeit fragt, und daß alle dafür vorgeschlagenen Definitionen sich als unzulänglich erweisen. Der Dialog beruht darauf, daß die drei Beteiligten, Sokrates, Laches und Nikias, sich jeder als tapfer gezeigt haben. Sie müssen also wissen, was tapfer ist, und sie benutzen auch das Wort ›tapfer‹ ohne Bedenken. Sie müssen also sagen können, was die Tapferkeit ist. Aber keine der Bestimmungen, die die Feldherren vorschlagen, hält der Prüfung durch Sokrates stand. Nach dieser mühsamen, aber ergebnislosen Prüfung lenkt Sokrates das Gespräch auf die Frage, wie sich die Tapferkeit zur Tugend im Ganzen verhält. Aber auch hier kommt es nicht zu einer Lösung. Einerseits steht fest, daß die Tapferkeit nur ein Teil der Tugend sein kann, denn es gibt auch andere Tugenden. Andererseits scheint die Tapferkeit mit der Tugend im Ganzen identisch zu sein. Beides aber kann unmöglich zusammen bestehen. Auf das Gespräch im Ganzen zurückblickend, muß Sokrates also sagen: ›Wir haben also nicht gefunden, lieber Nikias, was die Tapferkeit ist‹ (199 E). Dies wird aber nicht als eine endgültige Entmutigung betrachtet. Es wird beschlossen, das Gespräch fortzusetzen. Lysimachos lädt Sokrates zur Fortsetzung des Gesprächs am nächsten Morgen in sein Haus ein, und Sokrates verspricht zu kommen: ›Ja, das werde ich tun, und morgen früh zu dir kommen, so Gott will‹ (201 C).

In derselben Weise endet der ›*Eutyphron*‹. Das Gespräch hatte sich auf die Frage zugespitzt, wie sich ›fromm sein‹ und ›den Göttern lieb sein‹ zueinander verhalten. Sokrates hatte zeigen können, daß die Bestimmungen, die Euthyphron gegeben hatte, einer Prüfung nicht standhalten. Er sagt auch ausdrücklich, daß die Bestimmungen des Eutyphron sich immer wandeln und sich stets im Kreise drehen. Die Untersuchung hat also nichts gebracht, und sie muß noch einmal von vorne beginnen. ›Von Anfang an müssen wir noch einmal erwägen, was denn das Fromme ist‹ (15 C). Aber Eutyphron muß doch wissen, was fromm ist. Er muß es wissen, weil er ein Priester ist, und er muß es wissen, weil er im Begriff ist, seinen eignen Vater wegen des Totschlages zu verklagen. Wenn er nicht ganz sicher wäre, daß die Frömmigkeit dies erfordert, so würde er es doch niemals tun. So sagt denn Sokrates: ›Daher weiß ich gewiß, daß du ganz genau zu kennen meinst, was fromm ist und was nicht. Sage daher, bester Eutyphron, und verbirg nicht, was du davon

hältst‹ (15 E). Aber Eutyphron entzieht sich der Frage: ›Ein ander Mal denn, lieber Sokrates, denn jetzt bin ich in Eile, und es ist Zeit, daß ich gehe‹ (15 E).
Dieser negative Schluß findet sich überall in den frühen Dialogen, die man gern als sokratische Dialoge bezeichnet. [. . .]
[Ebenso steht es mit dem Dialog »*Lysis*«, wo nach der wahren Freundschaft, und mit dem »*Charmides*«, wo nach der Besonnenheit gefragt wird. Sokrates tritt hier stets als der Aporetiker (Aporie: »Weglosigkeit«, »Unauflösbarkeit eines philosophischen Problems«) auf, der seine Gesprächspartner verunsichert, indem er sie eines Scheinwissens überführt, und der sie in einer Weglosigkeit, aus der er selbst nicht heraus weiß, zurückläßt. Sokrates gibt, etwa im Dialog »*Theaitetos*«, wo nach der *Episteme* (Erkenntnis, Wissen, Wissenschaft) gefragt wird, ausdrücklich zu, daß er zwar frage, aber selbst nicht antworte; er sagt von sich, »daß ich der undurchsichtigste aller Menschen bin, und daß ich alle dahin bringe, daß sie keinen Weg mehr wissen (149 a)«. Gottfried Martin schlägt die Übersetzung vor: »daß ich der undurchsichtigste aller Menschen bin und daß ich sie alle in die Aporie bringe«. Noch in diesem späten, bereits wesentlich von Platons eigenem Gedankengut getragenen Dialog hält sich das negativ dialektische (oder unmißverständlich gesagt: negativ dialogische) Selbstverständnis des Sokrates durch, das wir aus seiner Verteidigungsrede vor Gericht, der »*Apologie*«, kennen. – Gottfried Martin fährt fort:]
»[. . .] als Platon die ›*Apologie*‹ schrieb, lebten noch viele, die Sokrates persönlich gekannt hatten, und vermutlich nicht wenige, die dem Prozeß beigewohnt und also die Verteidigung des Sokrates selbst gehört hatten. Die ›*Apologie*‹, die Platon geschrieben hat, muß also im Kern mit der Verteidigungsrede übereinstimmen, wie Sokrates sie gehalten hat. In dieser Apologie gibt Sokrates, wie es zu erwarten ist, eine Selbstinterpretation. Sokrates erzählt, daß ein alter Freund, Chairephon, der freilich am Tage der Verhandlung nicht mehr lebte, zum Orakel nach Delphi gegangen sei und dort gefragt habe, ob jemand weiser sei als Sokrates. Die Pythia aber antwortet, niemand sei weiser als Sokrates (21 A) [. . .] Sokrates findet den Orakelspruch befremdlich. Wie soll er weiser sein als alle die anderen, von denen doch jeder seine eigene Sache versteht. Aber in den vielen Gesprächen, die Sokrates führt, kommt er zu dem Schluß, daß alle anderen ihre Sache nicht wirklich verstehen. Immer wieder geschieht es: Der andere glaubt es zu wissen, weiß es aber nicht. Sokrates jedoch weiß es zwar auch nicht, er glaubt es aber auch nicht zu wissen (31 D). So erfüllt Sokrates

den Spruch des Orakels, niemand ist weiser als er. In diesem Zusammenhang fällt kurz darauf die ausdrückliche Erklärung. Die einem Gespräch Beiwohnenden sind immer überzeugt, daß Sokrates selbst das weiß, worin er den anderen überführt, daß der andere es nicht weiß (23 A). Aber Sokrates weiß es nicht, er weiß nur, daß er es nicht weiß. Diese Frage, ob Sokrates das weiß, woraufhin er den anderen prüft, wird oft in den platonischen Dialogen gestellt. Sie wird aber niemals so klar gestellt und so klar beantwortet, wie hier in der ›*Apologie*‹. Da die ›*Apologie*‹ als ein echtes Zeugnis betrachtet werden muß, ist die Frage geklärt. Auch Sokrates weiß nicht, was die Tapferkeit ist, auch Sokrates weiß nicht, was die Frömmigkeit ist.
Sokrates weiß also nicht die Antwort auf die Fragen, die er stellt [. . .] Die im ›*Theaitetos*‹ gestellte Frage: Was ist die Episteme? enthält auch die Frage: Was ist die Wissenschaft? Aber wenn Platon eine als endgültig gemeinte Definition der Wissenschaft gegeben hätte, wie sehr hätte die Entfaltung der Wissenschaften eine solche Definition widerlegt. Wie sehr sind die Definitionen der Wissenschaft im siebzehnten, im achtzehnten, im neunzehnten Jahrhundert durch die Entwicklung in der Physik des zwanzigsten Jahrhunderts als unzulänglich erwiesen worden. So werden alle Definitionen der Wissenschaft nicht viel mehr sein als Tautologien, nicht mehr als Beschreibungen des jeweiligen Standes. Dennoch ist die Frage: Was ist die Wissenschaft? immer eine notwendige. Es gehört zum Wesen der Wissenschaft, stets auf sich selbst zu reflektieren, und dabei muß sie wissen, daß eine endgültige Antwort niemals möglich sein wird [. . .]

3.1.5. *Logos und Aporie bei Sokrates*

Wenn wir den Logos und die Aporie als die Grundmomente des Sokrates erkennen, so stellt sich uns jetzt in der zusammenfassenden Betrachtung die Aufgabe, über das Verhältnis der beiden Grundmomente zu reflektieren. Dabei kann man sagen, daß das geschichtliche Verständnis des Sokrates sich im allgemeinen vom Logos leiten läßt. In besonderer Weise gilt dies für Hegel [. . .]. [Er] sagt (Geschichte der Philosophie, II 117) von Sokrates schlechthin: ›. . . er ist welthistorische Person‹. Hegel begründet das: ›Aber Sokrates ist ebensosehr der Heros, der das Recht, das absolute Recht des seiner selbst gewissen Geistes, des sich entscheidenden Bewußtseins in sich hat‹. Hegel hat recht. In diesem welthistorischen Augenblick stellt sich

Sokrates als das sich selbst gewisse Individuum gegen die Polis [Stadtstaat], die bis dahin den Anspruch erhob, alles Tun und Lassen des einzelnen zu bestimmen. Aber es ist doch der Logos, auf den Sokrates vertraute, und auf den vertrauend Sokrates sich gegen die Polis stellt und dafür sein Leben einsetzt [. . .] So ist die Bedeutung des Logos für Sokrates schon immer klar gesehen worden, dagegen ist die Bedeutung der Aporie fast immer im Dunkeln geblieben. Freilich erscheinen der Logos und die Aporie zunächst als völlig unvereinbare Gegensätze. Zerstört die Aporie nicht wiederum alles, was der Logos aufgebaut hat? Was bleibt denn vom Logos übrig, wenn das Gespräch mit der resignierenden Feststellung endet: Wir haben nicht gefunden, was die Tapferkeit ist. So bedeutsam dies nun ist, und wir haben uns bemüht, auch das Moment der Aporie klar herauszuarbeiten, so wäre es doch ganz verkehrt, bei Sokrates eine absolute Skepsis anzunehmen. Denken wir an das Gespräch mit Kriton. Hier ist es der Logos, der zu einem festen und unabänderlichen Ergebnis führt; hier ist es der Logos, dem man gehorchen muß, hier ist es der Logos, dem Sokrates gehorcht. Der Prozeß in seinem ganzen Ablauf bis zu dem bewußt hingenommenen Tod ist ein einziger Gehorsam des Sokrates gegen den Logos. So muß denn die Aporie nicht als eine Zerstörung des Logos, sondern als seine Begrenzung verstanden werden.

3.2. *Hans-Georg Gadamer: Philosophische Ethik als Klugheitsethik*

Daß eine ›philosophische‹ Ethik, eine Philosophie der Moral, etwas anderes ist als eine ›praktische‹ Ethik, das heißt als die Einrichtung einer Tafel der Werte, auf die der Handelnde blickt, und als das appellierende Wissen, das seinen Blick auf diese Werttafel beim Handeln lenkt, ist keineswegs eine Selbstverständlichkeit. In der antiken Tradition war es im Gegenteil selbstverständlich, daß die philosophische Pragmatie, die seit Aristoteles ›Ethik‹ hieß, selbst ein ›praktisches‹ Wissen war. Aristoteles hat es ausgesprochen, was im Grunde schon in der sokratisch-platonischen Lehre von dem Tugendwissen lag, daß wir nicht bloß wissen wollen, was Tugend ist, sondern es wissen wollen, um gut zu werden. Das ist zwar auch für Aristoteles das Besondere der ethischen Pragmatie, doch gehört es zum antiken Wissensbegriff überhaupt, daß solcher Übergang zur Praxis in ihm selber liegt: Wissenschaft ist nicht ein anonymer Inbe-

griff von Wahrheiten, sondern eine menschliche Haltung (ἕξις τοῦ ἀληθεύειν). Auch die ›Theoria‹ steht nicht im Gegensatz zur Praxis schlechthin, sondern ist selbst eine höchste Praxis, eine höchste Seinsweise des Menschen. Das bleibt für das oberste Wissen, das Wissen um das Erste, das Wissen der Philosophie, richtig, auch wenn es zwischen dem Wissen der Wissenschaft (ἐπιστήμη, τέχνη) und dem der Erfahrung, wie Aristoteles anerkennt, eine echte Spannung gibt, so daß der erfahrene Praktikus dem ›gelernten‹ Fachmann manchmal überlegen ist. Es gilt aber vollends für den ethischen Bereich, wo es eine solche Spannung von Theorie und Praxis gar nicht geben kann, da es dort kein Fachwissen ist, um dessen Anwendung es ginge. [. . .]
Orientieren wir uns statt dessen lieber an Aristoteles, bei dem es keinen Wertbegriff gibt, sondern ›Tugenden‹ und ›Güter‹, und der dadurch zum Begründer der philosophischen Ethik geworden ist, daß er die Einseitigkeit des sokratisch-platonischen ›Intellektualismus‹ berichtigte, ohne seine wesentlichen Einsichten preiszugeben. Der Begriff des Ethos, wie er ihn zugrunde legt, drückt ja eben das aus, daß die ›Tugend‹ nicht nur im Wissen besteht, daß die Möglichkeit des Wissens vielmehr von dem abhängt, wie einer ist, dieses Sein eines jeden aber wiederum durch Erziehung und Lebensweise seine vorgängige Prägung erfahren hat. Vielleicht ist der Blick des Aristoteles stärker auf die Bedingtheit unseres sittlichen Seins, auf die Abhängigkeit des einzelnen Entschlusses von seinen jeweiligen praktischen und gesellschaftlichen Determinanten gerichtet und weniger auf die Unbedingtheit, die dem ethischen Phänomen zukommt. Gerade diese hat Kant in ihrer Reinheit erfolgreich herausgearbeitet, so wie sie in Platos den gesamten Staatsentwurf tragender Fragestellung nach der ›Gerechtigkeit selbst‹ ihr großartiges antikes Gegenstück besitzt. Aber es gelingt Aristoteles, das Wesen des sittlichen Wissens so aufzuklären, daß es ebensosehr die Subjektivität des moralischen Bewußtseins, das den Konfliktfall beurteilt, im Begriff der ›Vorzugswahl‹ deckt, wie auch die tragende Substantialität von Recht und Sitte, die sein sittliches Wissen und sein jeweiliges Wählen bestimmt. Seine Analyse der ›Phronesis‹ erkennt im sittlichen Wissen eine Weise des sittlichen Seins selbst, die entsprechend nicht ablösbar ist von der ganzen Konkretion dessen, was er Ethos nennt. Das sittliche Wissen erkennt das Tunliche, das, was eine Situation fordert, und es erkennt dieses Tunliche auf Grund einer Überlegung, die die konkrete Situation auf das bezieht, was man überhaupt für recht und richtig

hält. Sie hat also die logische Struktur eines Schlusses, dessen eine Prämisse das allgemeine Wissen um das Recht ist, das in den Begriffen der ethischen Tugenden gedacht wird. Gleichwohl handelt es sich nicht um eine bloße Subsumtion, eine bloße Leistung der Urteilskraft. Denn es hängt von dem Sein des Menschen ab, ob er eine solche Besinnung unbeirrt durchführt. Dem von Affekten Überfluteten geht gerade diese Besinnung, das heißt die Orientierung an den Grundlagen seiner sittlichen Überlegung, verloren. Sie sind im Augenblick wie verdunkelt (εὐθὺς οὐ φαίνεται η ἀρχή[1]). Aristoteles verdeutlicht es etwa am Beispiel des Berauschten: Die Unzurechnungsfähigkeit, die ein Betrunkener hat, ist keine sittliche Unzurechnungsfähigkeit. Denn es lag ja bei ihm, im Trinken maßzuhalten.

So liegt der Schwerpunkt der philosophischen Ethik des Aristoteles in der Vermittlung zwischen Logos und Ethos, zwischen der Subjektivität des Wissens und der Substantialität des Seins. Nicht in den allgemeinen Begriffen von Tapferkeit, Gerechtigkeit usw. vollendet sich das sittliche Wissen, sondern in der konkreten Applikation, die das hier und jetzt Tunliche im Lichte solchen Wissens bestimmt. Man hat mit Recht darauf hingewiesen, daß die letzte Aussage des Aristoteles über das, was richtig ist, in der unbestimmten Formel des ›wie es sich gehört‹ (ως δεῖ) besteht. Nicht die großen Leitbegriffe einer heroischen Vorbildsethik und ihre ›Tafel der Werte‹ sind der eigentliche Inhalt der aristotelischen Ethik, sondern die Unscheinbarkeit und Untrüglichkeit des konkreten sittlichen Bewußtseins (ως ὁ λόγος ὁ ὀρϑὸς λέγει), das seinen Ausdruck in so nichtssagenden und alles umfassenden Begriffen findet wie: was ›sich gehört‹, was ›anständig‹, was ›gut und recht‹ ist. Es ist eine Verkennung, wenn man den Nachdruck, der auf dieser universellen Konkretisierungsformel bei Aristoteles liegt, selber wieder in eine Pseudogegenständlichkeit wendet und etwa darin den speziellen ›Wert der Situation‹ beschrieben sieht (N. Hartmann). Vielmehr ist das gerade der Sinn der Lehre von der ›Mitte‹, die Aristoteles entwickelt, daß alle begriffliche Bestimmung der überlieferten Tugendbegriffe nur eine schematisch-typische Richtigkeit besitzt, die aus den λεγόμενα geschöpft ist. Dann aber ist die philosophische Ethik in der gleichen Lage, in der sich ein jeder befindet. Das, was als recht gilt, was wir im Urteil über uns selber oder über andere bejahen oder beanstanden, folgt unseren allgemeinen Vorstellungen von dem, was gut und recht ist, gewinnt aber seine eigentliche Bestimmtheit erst in der konkreten Wirklichkeit des Falles, der kein Fall der

Anwendung einer allgemeinen Regel ist, sondern im Gegenteil das Eigentliche, um das es geht und für das die typischen Gestalten der Tugenden und die Struktur der ›Mitte‹, die Aristoteles an ihnen nachweist, nur ein vages Schema darstellen. Daher ist diejenige Tugend, kraft deren wir diese Mitte treffen und die Konkretisierung leisten, die überhaupt erst das Tunliche als das πρακτὸν ἀγάθόν erweist, die φρόνεσις, keineswegs eine besondere Auszeichnung dessen, der philosophiert. Vielmehr sieht sich umgekehrt auch der, der über das Gute und Rechte im allgemeinen nachdenkt, auf diesen praktischen λόγος genauso verwiesen wie jeder andere, der seine Vorstellungen von dem, was gut und recht ist, in die Tat umsetzen soll. Ausdrücklich erkennt es Aristoteles als den Fehler der Leute (der πολλοί), sich aufs Theoretisieren zu verlegen (ἐπὶ τὸν λόγον καταφεύγοντες) und, statt zu tun, was recht ist, darüber zu philosophieren.[2]

Es ist also ganz gewiß nicht so, wie es manchmal bei Aristoteles den Anschein hat, als hätte es die φρόνησις nur mit den rechten Mitteln zum vorgegebenen Zwecke zu tun. Sie bestimmt durch die Konkretion der sittlichen Überlegung den ›Zweck‹ selbst erst in seiner Konkretion, nämlich als den ›tunlichen‹ (als πρακτὸν ἀγαθόν).

Gewiß hat Kant recht, wenn er im Ideal der Glückseligkeit mehr ein Ideal der Einbildungskraft als der Vernunft sieht, und insofern ist es durchaus richtig, daß es keinen angebbaren Inhalt unserer Willensbestimmung geben kann, der allgemein verbindlich wäre und von unserer Vernunft als sittliches Gesetz behauptet werden könnte. Aber man muß sich doch fragen, ob nicht die Autonomie der praktischen Vernunft, die uns die Unbedingtheit unserer Pflicht gegen die Einrede unserer Neigungen absichert, mehr nur eine einschränkende Bedingung unserer Willkür darstellt, aber nicht das Ganze unseres sittlichen Seins bestimmt, das, von der Selbstverständlichkeit des Rechten durchherrscht, sich jeweils praktisch verhält, indem es das Tunliche wählt. (Mit ἕξις ist nicht eine Möglichkeit zu dem oder jenem, wie Können und Wissen es sind, gemeint, sondern eine Seinsverfassung wie die Natur, ein, ›so und nicht anders‹.)

Das Tunliche – das ist nun freilich nicht nur das, was recht ist, sondern auch, was nützlich, zweckmäßig und insofern ›richtig‹ ist. Die Durchdringung dieser beiden ›Richtigkeiten‹ im praktischen Verhalten des Menschen ist es offenbar, in der nach Aristoteles das menschliche Gute besteht. Gewiß handelt man im sittlich rechten Verhalten nicht in dem Sinne zweckentsprechend, wie das der Handwerker tut, der seine Sache kann (τέχνη) – sittliches Handeln ist nicht dadurch richtig, daß das, was dabei zustandegebracht wird, richtig ist, sondern seine Richtigkeit liegt auch und vor allem in uns selbst, im Wie unseres Verhaltens – wie es eben der Mensch, der ›richtig ist‹, tut (der σπουδαῖος ἀνήρ). Aber auch umgekehrt gilt, daß sittliches Handeln, das soviel mehr von unserem Sein als von unserem ausdrücklichen Bewußtsein (εἰδώς) abhängt, uns selbst beständig mit hervorbringt, wie wir sind (und nicht: wie wir uns wissen). Insofern aber das Ganze unseres Seins von Fähigkeiten, Möglichkeiten, Umständen abhängt, die nicht einfach in unsere Hand gegeben sind, umfaßt die αὐπξρεία, auf die unser Handeln zielt, und die εὐδαιμονία, auf die wir angelegt sind und nach der wir streben, mehr, als wir selber sind. Unser Handeln steht im Horizont der Polis und weitet damit unser Wählen des Tunlichen in das Ganze unseres äußeren gesellschaftlichen Seins hinein.

Die Ethik erweist sich als ein Teil der Politik. Denn die Konkretisierung unser selbst, deren Umriß in den Tugendgestalten und ihrer Hinordnung auf die höchste und wünschbarste Lebensform vorgezeichnet ist, reicht weit in das allen Gemeinsame hinein, das die Griechen Polis nannten und dessen rechte Gestaltung wir stets mitverantworten. Das erst macht verständlich, daß ein zentraler Gegenstand der aristotelischen Pragmatie die Freundschaft ist, nicht als ›Freundschaftsliebe‹, sondern als jenes Mittlere zwischen Tugenden und Gütern, das nur μετ' ἀρετῆς ist und dessen (stets gefährdeter) Besitz aus einem vollen Leben nicht wegzudenken ist.

So betont Aristoteles bei der sittlichen Entscheidung nicht jene erhabene Unbedingtheit, die Plato und Kant fordern. Zwar weiß auch Aristoteles, daß sittliches Handeln nicht einfach beliebig gewählte Zwecke zweckgerecht verfolgt, sondern um seiner selbst willen, weil es ›schön‹ ist, gewählt wird, aber es steht immer im Ganzen eines vielfach beschränkenden und bedingenden Seins, das es zu sehen und zu meistern gilt. Selbst das höchste Ideal menschlicher Existenz, die reine Kontemplation, auf die der ganze Aufbau der aristotelischen Ethik noch immer, wie bei Plato, hinausläuft[3], bleibt auf das handelnde Leben und seine rechte Bewältigung bezogen, von der es selber abhängt.

Darin aber wird dieser geniale Sinn für das vielfach Bedingte, der die spekulative Tiefe des Aristoteles ausmacht, moralphilosophisch fruchtbar, daß sich hier – und hier allein – eine Antwort auf die uns beunruhigende Frage ergibt, wie eine

philosophische Ethik, eine menschliche Lehre über das Menschliche möglich ist, ohne zu einer unmenschlichen Selbstüberhebung zu werden.
Die moralphilosophische Besinnung, die in der philosophischen Pragmatie der Ethik niedergelegt ist, ist nicht eine Theorie, die zu einer praktischen Anwendung geführt werden muß. Sie ist überhaupt nicht ein Wissen im allgemeinen, ein Wissen auf Abstand, das den konkreten Anspruch der Situation nur verdecken könnte, wie jenes Bewußtsein der Gesetzestreue im Falle des Priesters und Leviten im Gleichnis vom Barmherzigen Samariter. Das Allgemeine, Typische, das sich in einer der Allgemeinheit des Begriffes überantworteten philosophischen Untersuchung allein sagen läßt, ist vielmehr nicht wesensverschieden von dem, was das ganz untheoretische, durchschnittlich-allgemeine Normbewußtsein in eines jeden praktisch-sittlicher Überlegung leitet.

3.3. *Kurt Schilling: Zur Entstehung der technischen und strategischen Rationalität in Wissenschaft und Politik**

3.3.1. *Francis Bacon*

Redaktionelle Vorbemerkung: Der englische Lordkanzler und Philosoph Bacon von Verulam (1561–1626) hat – allerdings im Anschluß an die Entwicklung der politischen Technik der Machtausübung durch Niccolò Maciavelli – die Technik als Naturbeherrschung und überhaupt den neuen Vernunfttyp einer wertneutralen technischen Rationalität in epochemachender Weise gedacht. Dies vor allem in seiner Sozialutopie ›Nova Atlantis‹[1] und seinen, gegen den scholastisch aristotelischen Natur- und Wissenschaftsbegriff gerichteten, »Aphorismen von der Auslegung der Natur und der Herrschaft des Menschen«, die er unter dem Titel »Neues Organ der Wissenschaften«[2] publizierte.[3]

In der Philosophie ist Bacon Empirist. Er hat für die Neuzeit bindend das Wesen der Technik – allerdings im Anschluß an die Methode Machiavellis – richtig definiert. Aber er hat trotzdem die naturwissenschaftlichen Grundlagen der Technik nicht erkannt, weil er an der Mathematik vorbeigegangen ist. Seine Sozialutopie ist, wie schon ihr Titel – »Nova Atlantis« – zeigt, auch ein Nachbild Platons. Ihr Ziel ist aber nicht ethisch

* Die Überschriften stammen von den Herausgebern (Anm. d. Red.).

sozialrevolutionär wie bei Thomas Morus oder konfessionell pädagogisch wie bei Campanella, sondern rein technisch. Die Natur soll dem Menschen unterworfen, durch ihre Beherrschung sollen alle Wünsche und Bedürfnisse erfüllt werden. Allein dadurch sollen sich die sozialen Probleme lösen lassen. Bacon ist einer der sehr wenigen Denker, dessen Sozialidee – wenigstens als Wunschtraum – über seine eigene Epoche hinweg ins Industriezeitalter vorausweist.
Alles, was Bacon im 17. Jahrhundert vorschlägt, scheint im 20. Jahrhundert oder sogar für das 21. eine unmittelbare Aktualität zu besitzen. Er malt sich nämlich einen Staat aus, in dem vorzüglich die Wissenschaften und die Industrie organisiert sind, wo sich alles um Erfindungen, Herstellung und Machwerke bewegt. Mittelpunkt ist nicht wie bei Campanella das politisch-religiöse Propagandaministerium, sondern das »Haus Salomos«, eine große, zentralisierte und mit unbeschränkten Mitteln ausgestattete naturwissenschaftlich-technische Forschungsstätte. Hier wird das, was die Menschen brauchen, arbeitsteilig und planmäßig erfunden und zur Fabrikation vorbereitet. Und zwar von der Organisation der menschlichen Gesundheit und Krankheit im Zusammenhang mit Klima und Wetter, der rationellen Tier- und Menschenzüchtung, bis zu den Dingen, die es damals noch nicht gab, Mikroskopen, Fernrohren, Unterseebooten, Maschinen, Fabriken zur Anfertigung billiger Konsumartikel und Massenwaren aller Art, endlich sogar dem Perpetuum mobile, das ohne Verbrauch dauernd Energie liefert, noch praktischer als ein Atomofen. Dies aber wird geradeso wie bei uns heute in Laboratorien, Akademien, von Spezialistengruppen dauernd perfektioniert zu einem Fortschritt ohne Ende und ohne Sinn.
Bacon glaubt im Ernst – und das ist die philosophische Grundlage seines Phantasmas –, daß durch die Naturbeherrschung und unbeschränkte Bedürfnisbefriedigung die Menschen nicht nur begehrlicher, streitsüchtiger und mächtiger werden, sondern auch besser, gerechter, glücklicher und friedfertiger. So scheint er – wenigstens in seinem Fragment, soweit es vollendet ist – die Idee der sozialen Gerechtigkeit, bisher die Grundlage und das Ziel allen Sozialdenkens, gar nicht mehr nötig zu haben. Sie würde sich von selber durch die unbeschränkte Möglichkeit der Bedürfnisbefriedigung in der Naturbeherrschung einstellen, meint er. Die Technik allein, günstigenfalls eine Mittelüberlegenheit wie Wissen und Können der Sophisten in Griechenland[3] [. . .] wird zum Lebenszweck und Lebenssinn. Während sich aber die sophistische Mittelüberlegenheit

vorzüglich auf *Menschen*beherrschung bezog und darin noch humaner war, wenigstens leichter die eigene Erfahrung von der Abwegigkeit des im Hintergrund stehenden Tyrannenideals machen konnte, ist Bacons Mittelüberlegenheit in erster Linie *Natur*beherrschung. Sie war zu seiner Zeit noch nicht wirklich und nur ein fernes Bild der Phantasie. Heute, 300 Jahre später, ist sie in der Tat weitgehend erreicht. Und es zeigt sich, daß wir ratlos vor dem Sinnverlust stehen, den ihre Verselbständigung im Gefolge hat.

3.3.2 *Niccolò Machiavelli*

Man kann die Utopie in ihren drei ethisch-sozialrevolutionären, pädagogisch-konfessionellen und technisch-industriellen Abwandlungen entweder als Vorspiel des Industriezeitalters oder als reine Phantasie auffassen. Nur ein Denken, das sich unmittelbar auf die politische Wirklichkeit der Zeit bezog und davon ausging, konnte den Übergang vom Mittelalter zur Neuzeit einleiten. Dies findet sich das erste Mal bei Machiavelli (1469–1527). Er war Humanist und Diplomat. Im Dienst seiner Vaterstadt Florenz lernte er als Gesandter das Spiel der Politik seiner Zeit in und außerhalb Italiens aus eigener Anschauung kennen. Er machte aber auch etwas schmerzliche Erfahrungen damit. Als die Republik in Florenz von den Mediceern beseitigt wurde, verlor er seine Posten und mußte sich auf ein kleines Landgut zurückziehen. Hier erst hatte er Zeit und den Antrieb, über das Wesen der Menschen und der Politik nachzudenken. Die Erinnerung an eigene Erfahrungen verband sich mit dem Studium der antiken Quellen und ersetzte dem Städter in der notgedrungenen, etwas dürftigen Einsamkeit seine verlorene praktische Beschäftigung. Natürlich hat er auch Aristoteles gekannt. Mehr aber bedeuteten ihm die griechischen und römischen Historiker, vor allem Polybios und Livius. Sie verbanden die Gedanken der Philosophen mit der Geschichte. Sein erstes wichtiges Werk waren die »Discorsi«, Betrachtungen über die ersten zehn Bücher der römischen Geschichte des Livius. Später hat er noch das Buch vom Fürsten (»Il Principe«) hinzugefügt. Er wollte damit – vergeblich – die Gunst der Mediceer zurückgewinnen.

Die Selbständigkeit des weltlichen Staates ist ihm jetzt schon ganz selbstverständlich, er braucht sie nicht den Lehren des Marsilius von Padua zu entnehmen. Was ihn darüber hinaus vom Mittelalter trennt, ist sein geschwundener Glaube an das

Jenseits. Religion ist ihm nicht nur Privatsache außerhalb des Staates, sondern ganz kalt neben anderem eines der politischen Mittel zu seiner Erhaltung. An die Stelle des Christentums ist aber weder der pure Materialismus getreten, noch – wie er vielleicht selber glaubte – eine Rückkehr zur echten Naturfrömmigkeit des griechisch-römischen Altertums mit der Gebundenheit des Menschen in der Geschlechterfolge und der Gehaltenheit seines Geistes vom Kosmos, der Welt. Das *Ideal* der Renaissance war wohl die Antike. Aber aus der Rückkehr zu ihr (der das echte Mittelalter viel näher war) wurde doch nur die Vereinzelung der Menschen und eine ästhetische Verklärung seiner Schönheit, seines Ruhms und seiner möglichen Seelengröße *in* dieser diesseitigen Vereinzelung.
Machiavelli erdachte kein geschlossenes System der Politik. Das Erste, worauf es ihm ankam, war die nüchterne Beobachtung der gegenseitigen Abhängigkeit der menschlichen Leidenschaften, Einrichtungen und Verhältnisse, der Mittel der Klugheit, des Grads der Standhaftigkeit und Wandelbarkeit, des Machtwillens, Ehrgeizes, der Fügsamkeit, des Sicherheitsbedürfnisses und dergleichen. Aus der Analyse dieser Faktoren wollte er ihr Ineinandergreifen und Zusammenspiel in einer Art von politischem Kalkül mit einer gewissen Wahrscheinlichkeit berechnen. Er versuchte, seine Einsicht an den – gleichgültig, ob fiktiven oder historischen – Beispielen der alten römischen und der selbsterlebten italienischen Geschichte zu gewinnen. Sie sollte eine Reihe von allgemeinen Sätzen und Regeln mutmaßlichen menschlichen Verhaltens erbringen. Mit diesen Regeln wollte er dann die Zukunft von gegebenen und festgestellten, mit den alten Beispielen verglichenen Situationen aus abschätzen. Das Ziel war die Gewinnung von Mitteln zur Beherrschung und Lenkung der Politik auf Grund der Einsicht in ihre analysierten Verlaufsstrukturen.
Es ist eine begrifflich völlig klare Vorwegnahme der gesamten Methode der Technik in der Neuzeit. Bacon ist sicher nicht der wahre Begründer der Naturwissenschaft und Technik, weil er die Mathematik für unnötig und für ein Idol hielt. Dagegen hatte bereits zu seiner Zeit Galilei die Mathematik erfolgreich in den Dienst der Naturwissenschaft gestellt. Aber Bacons Formel für die Technik überhaupt ist doch eine klassische, bis heute gültige Aussage. Er hat gemeint, wir müssen der Natur in der Erkenntnis *gehorchen*, um sie dann durch Einrichtung unserer Experimente (in der Herstellung von geeigneten Ausgangslagen, die von selber zu gewünschten Effekten führen) *beherrschen* zu können (»Novum Organon« I, 3 und 129). Das

wird in der Technik auf das anorganische Gebiet, die Konstruktion von Maschinen und dergleichen, immer wieder angewandt. Und so hat es Bacon auch gemeint. Aber seine Definition dafür ist nur eine literarische Übertragung von Machiavellis Analyse *menschlich* natürlichen Verhaltens, der Berechnung und Lenkung der Menschen in der Politik, auf die anorganische Natur. Technik, Kalkül und Beherrschung der Situationen in der Politik waren viel früher als die eigentliche Technik der Maschinen. Sie waren für diese vorbildlich, längst bevor Galilei (1564–1642) durch die Begründung der kalkulatorischen Methode in Mathematik und Physik (Editio nazionale IV, 171) eine exakte wissenschaftliche Anwendung auf die anorganische Natur ermöglicht hatte. Allerdings, der Maler Leonardo da Vinci (1452–1519), ein Zeitgenosse Machiavellis, war Vorläufer Galileis auch in dieser Hinsicht.

Die Analyse der menschlichen Leidenschaften, Verhaltensweisen und Ausgangslagen zum Zweck ihrer Berechnung und Lenkung in der Politik setzt eine bestimmte Auffassung vom Menschen voraus. Nämlich die, daß er sich im Verhalten zu seinesgleichen zu allen Zeiten gleichbleibt, daß er nur wenig lernt aus seinen Erfahrungen, sich also überall wiederholt. In der Physik entspricht das genau der (wissenschaftlich unbegründbaren) Voraussetzung der Konstanz der Naturgesetze. Die Analogie zeigt, daß hier der Mensch rein als berechenbares, abschätzbares Naturwesen verstanden ist. Machiavelli hat in dieser Hinsicht ausdrücklich gesagt: »Bei Betrachtung der gegenwärtigen und alten Begebenheiten [der Geschichte] erkennt man leicht, daß in allen Städten und bei allen Völkern von jeher die gleichen Wünsche und Stimmungen herrschten. Wer also sorgfältig die Vergangenheit untersucht, kann leicht die zukünftigen Ereignisse in jedem Staat vorhersehen und dieselben Mittel anwenden, die von den Alten angewandt wurden. Oder wenn er keine angewandt findet, kann er bei der Ähnlichkeit der Ereignisse neue ersinnen.« (Discorsi I, 39.) Dieser Satz ist nicht nur Vorbild für das erwähnte klassische Selbstverständnis der Technik bei Bacon geworden, sondern auch Grundlage der Menschen- und Geschichtsauffassung David Humes und über Vilfredo Pareto sehr weitgehend der modernen Soziologie, vor allem westlicher Herkunft. Er verweist alles Geschehen von vornherein in eine bestimmte, aber beschränkte Ebene natürlicher Triebhaftigkeit, in der sich in der Tat die Menschen aller Zeiten weitgehend gleichen. Weder für die mittelalterliche Anthropologie, noch auch etwa für das deutsche Geschichtsverständnis seit Hegel hätte er Gültigkeit.

Wie sieht also der Mensch als soziales Wesen in seiner diesseitig triebhaften Vereinzelung im Unterschied zur mittelalterlichen Transparenz der Jenseitigkeit bei Machiavelli aus? Er ist weder ganz gut, noch ganz schlecht, weder Heiliger noch Teufel. Aber nichts tut er freiwillig. Nur Not, Hunger und Unbill machen ihn arbeitsam und treiben ihn – ähnlich wie schon bei Demokrit, den griechischen Sophisten und Platon – zur Vergesellschaftung. *In* der Gesellschaft aber sucht er sofort Streit, will er die Andern, mit denen zusammen er doch allein sich erhalten kann, egoistisch zu seinem Vorteil mißbrauchen. Er will ihnen *nicht* das Gleiche gönnen, das er von ihnen erwartet. So muß die Politik Mittel, Wege und Ziele suchen, die diese verzweifelt selbstzerstörerische Situation überwinden. Diese Ziele liegen noch völlig diesseits der Moral. Machiavelli hat – abgesehen von der literarischen Freude des Renaissanceschriftstellers an der Paradoxie – die Moral weder aufgehoben oder zerstört, noch – wie Meinecke richtig bemerkt hat – das Amoralische moralisch genannt, Gut und Böse modern relativistisch vermengt. Er hatte eine oft rohe und gewaltsame, oft sogar gemeine, nicht eine unwahre Natur. Er glaubte nur in der Mehrzahl der Fälle, und insbesondere auf dem Gebiet der Politik, nicht an die Wirksamkeit der Moral im Leben.
So sagt er sehr bezeichnend: »Zwischen dem Leben, wie es ist und wie es sein sollte, ist ein so großer Unterschied, daß derjenige, der das aufgibt, was man tut, für das, was man tun sollte, eher seinen Untergang als seine Erhaltung bewirkt. Ein Mensch, der immer nur das Gute tun wollte, müßte deshalb zugrunde gehen unter so Vielen, die nicht gut sind. Deshalb muß ein Fürst, der sich behaupten will [man könnte ruhig dazu setzen: und der die Verantwortung für sehr viele Andere trägt], auch imstande sein, *nicht* gut zu handeln und das Gute zu tun und zu lassen, wie es die Umstände erfordern.« (Principe 15.) Der gleiche Gedankengang – allerdings mit anderer Schlußfolgerung – wird sich später in der Grundlegung der Sozialtheorie von Hobbes finden (S. 176ff.). Er entspringt zwar dem Wegfall des unbedingten Gottvertrauens, seinem Ersatz durch den Glauben in die mögliche Herstellbarkeit menschlich gedeihlicher Zustände. Aber er entspringt weder einem Willen zum Bösen, noch sogar dem egoistisch selbstnützigen, verantwortungslosen und auf den puren Lebensgenuß zurückgefallenen individualistischen Tyrannenideal der griechischen Sophistik.
Was ist also Machiavellis Ziel in der politischen Kalkulation und Lebensbeherrschung? Weder Fürstenherrschaft noch Re-

publikanertum. Persönlich hatte er erst der Stadtrepublik Florenz gedient, später sich den Medici angeboten und sogar zeitweise auf den Condottiere Cesare Borgia gehofft und dessen Taten gefeiert. Dieses Schwanken zwischen den Parteien hat man ihm zu Unrecht übelgenommen. Er hat einmal seinen Gegnern erwidert, daß er nicht nur den Fürsten die Wege gewiesen hätte, sich an der Macht zu halten und die Völker zu unterdrücken, sondern auch den Völkern die Mittel gezeigt, sich von ihren Tyrannen zu befreien. Beides war ihm *nicht* entscheidend.

Er sieht vielmehr, daß die Menschen sich in ihren gegeneinandergekehrten Leidenschaften ohne einen starken Staat nur gegenseitig aufreiben. Die Korruption der Staaten verdirbt nicht bloß die Staaten, sondern auch die Menschen. Sein Ziel aber ist: grandezza del animo und fortezza del corpo, Größe der Seele und Stärke und Schönheit des Körpers. Es ist sicher kein echt antikes Ideal, wie er glaubt, wenn er die virtù seiner Zeit mit der altrömischen virtus gleichsetzt. Und natürlich noch weniger ein christliches. Aber es ist doch das echtbürtige Renaissanceideal in Italien. Es hat Freiheit genug, daß es den Menschen von sich und seinem erbärmlichen Genuß loskommen läßt, ihn über sich hinaushebt. Ein Jahrhundert später hat Shakespeare im Hamlet gesagt: »Wahrhaft groß sein heißt, nicht ohne großen Gegenstand sich regen.« (Vgl. dazu mein Shakespearebuch, 1953, S. 142ff.) So verlangt dieses Ideal keinen Krieg bis zur Selbstzerstörung, aber es schließt doch den Krieg in seiner damaligen Form als außenpolitische Aufgabe der Staaten und Steigerungsmittel menschlicher Kraft durchaus ein. Allein unter dem Aspekt dieser neuen Lebensziele wird der ganze Mechanismus der Berechnung und Beherrschung der menschlichen Triebe und sozialen Situationen *als Mittel* verständlich.

Im ganzen: Nur der starke und mächtige Staat kann den Menschen wirklich lohnende Aufgaben stellen. Er kann ihre Leidenschaften in Bahnen lenken, wo sie miteinander gehen und hier in der Welt etwas zuwege bringen, nicht sich selbst zerstören. Indem der Staat die Leidenschaften nicht unterdrückt, sondern vereinigt, vergrößert er menschliche Kraft und Schönheit, lehrt er die Menschen, gemeinsam das Schicksal (fortuna) mit Tüchtigkeit zu meistern und Ruhm zu erwerben in der Geschichte. So dient er auch in seiner Gewaltsamkeit, Ungerechtigkeit und Immoralität der Regeneration des Volkslebens im Sinn der Renaissanceziele. Die christlich-friedfertigen Tugenden der Demut, des Gehorsams, der Duldung von Unrecht

bedeuten hier nichts. [. . .]
Die Menschen, die Machiavellis Theorie zum Staat integriert, sind einzelne, vereinzelte. Sie sind bloße Triebwesen, die ihren eigenen Vorteil suchen und ihn nur schlecht kennen. Das ist eine bestimmte Schicht im Menschen, die in der Tat zu allen Zeiten da ist. Es ist aber fast niemals, auch nicht im 15. oder 16. Jahrhundert, der ganze Mensch. Nur deswegen kann Machiavelli mit Recht in seiner Lehre die Menschen als zu allen Zeiten gleich behandeln, weil er sich an diese naturale Schicht hält und das Übrige abblendet. Im echt antiken Heidentum waren gerade die natürlichen Leidenschaften eingebettet in den Geschlechterzusammenhang und religiös umfangen vom Kosmos. Der Einzelne war schon von Natur dessen Glied. Im Christentum ist dies zwar fortgefallen. Aber hier war der Mensch als natürlicher wirklich transparent gegenüber dem Gottesreich und der Hölle im Jenseits. In beiden Fällen glich er sich keineswegs und glich auch nicht dem Menschenbild Machiavellis. In der Renaissance war der christliche Glaube schon im Schwinden. Und wenn man erst den heidnischen Weltbezug zugunsten des Jenseitsglaubens zerstört und dann noch der Jenseitsglaube wegfällt, bleibt natürlich der in seinen egoistischen, naturalen Leidenschaften vereinzelte Mensch übrig, den Machiavelli im Auge hat. [. . .]

3.3.3. *Thomas Hobbes*

Thomas Hobbes (1588–1679), [. . .] ist derjenige Philosoph, der die bisherigen Ansätze und Begriffe der Sozialtheorie in der Neuzeit – die Frage nach dem Sinn des sozialen Lebens, Souveränität und Selbständigkeit der Staaten und ihre Begrenzung – zusammenfaßt und zu einem großen System entwickelt. Entscheidend dafür ist zweierlei: Der logische Unterbau und die Methode der Darstellung nach dem Muster der Mathematik und Naturwissenschaft der Zeit; und die geschichtliche Situation des Bürgerkriegs in England, in der Hobbes lebte, und die seinen Gedanken erst ihre sachliche Notwendigkeit gibt.
Hobbes ist als Sohn eines ungebildeten Landgeistlichen in der Nähe von Malmesbury geboren. Studiert hat er in Oxford, wo sich seit dem Mittelalter noch Reste der *nominalistischen Tradition* Ockhams gehalten hatten. Danach wurde er Hauslehrer bei dem Earl of Devonshire. Nach kurzer Zwischentätigkeit als Sekretär Bacons [. . .] kehrte er in das Haus des Grafen zurück. Er machte mit seinem Schüler große Reisen auf dem Kontinent,

wobei er auch Galilei und den Kreis um Descartes persönlich kennenlernte. Später, als sein Zögling erwachsen war, blieb er als Privatsekretär in dessen Diensten. Hier hat er sich in die monarchistische Tradition des hohen Adels eingelebt. [...]
In der Jugend hat er auch die Geschichte des Peloponnesischen Kriegs von Thukydides ins Englische übersetzt. Da er sich ebenso früh mit Geometrie und Mechanik beschäftigte und die neue Methode Galileis bewunderte, so verbanden sich diese Studien ganz natürlich zu der großen Aufgabe seines Lebens: das Wesen des Staates und der menschlichen Gesellschaft ebenso logisch exakt und methodisch sicher zu erkennen, wie das Galilei mit den Problemen der Physik getan hatte.
Den Inhalt dieser Fragestellung gab ihm das Leben selber. Die Monarchie war damals schwach in England. Karl I. hatte erhebliche absolutistische Neigungen. Er konnte sie aber im Spiel der Großen, Parteien und Konfessionen gegen die Selbständigkeit des Parlaments nicht mehr durchsetzen. Das Land war zerrissen, und die Willkür des Herrschers und seines Ministers Strafford steigerte und verschärfte noch die inneren Gegensätze. Es kam zur Revolution und 1649 zur Hinrichtung des Königs. Cromwell ging schließlich als Sieger über die Royalisten und alle auch unter sich uneinigen Parlamentsfaktionen hervor.
Hobbes stand in diesem Kampf auf seiten der Monarchie. Allerdings nicht aus blinder Königstreue. Bereits 1640 hatte er in einer kleinen Schrift zu erweisen versucht, daß die Macht des Königs unteilbar sei und nicht vom Parlament beschränkt und kontrolliert werden dürfe. Nur die unbedingte Souveränität könne den Frieden im Land garantieren. So wich er denn, als der König die zu ihm Haltenden nicht mehr schützen konnte, vor der Revolution nach Paris aus. Hier lebte er 11 Jahre lang in der Emigration, zeitweise als Geometrielehrer des Thronprätendenten, des späteren Königs Karl II. Da es ihm vor allem auf den Frieden, die starke Herrschaft und die Überwindung der Uneinigkeit und Zerrissenheit ankam, kehrte er wieder nach England zurück, als Cromwell sein revolutionäres Regime konsolidiert und mit neuer Autorität den inneren Frieden besser hergestellt hatte als früher die Monarchie.
Die Pariser Jahre sind vor allem der stillen Arbeit an seinem philosophischen Werk gewidmet. Es ist ein Gesamtsystem mit drei Teilen, die sich übereinander aufbauen: »De corpore« (Vom Körper, besser: vom Gegenstand überhaupt, insofern er rational definierbar ist), »De homine« (Vom Menschen), »De cive« (Vom Bürger). Daß aber der letzte Teil das Ziel des Systems war, auf das es vorzüglich ankam, beweist schon die

Tatsache, daß er zuerst geschrieben und veröffentlicht worden ist. Die in ihm enthaltene Sozialidee ist dann im Alter noch einmal dargestellt unter dem Titel »Leviathan«.

Zu Ende seines Lebens hat Hobbes noch die Restauration der Monarchie und die Rückkehr Karls II., seines ehemaligen Schülers, erlebt. Dessen Ungeeignetheit zum Herrscheramt kannte niemand besser als er. Im Grund ist Hobbes eben schon ein Monarchist ohne Monarch gewesen. Er erhielt jetzt zwar eine kleine Pension vom Hof, zog sich aber auf den Landsitz der Grafen von Devonshire zurück, mit deren Haus er sein Leben lang verbunden geblieben war. Hier ist er mit 91 Jahren gestorben.

Die Sozialidee des Hobbes entspringt unmittelbar der Situation des Bürgerkriegs. Hier besteht eine schwache, willkürliche und launenhafte Herrschaft, alle streiten sich mit dem Schein des Rechts. Es ist kein Friede möglich, das Land ist von außen bedroht, die Menschen leben im Innern ohne Sicherheit und Schutz. Das große Erlebnis dieses Zustands der latenten Gegensätze vor der Revolution und der blutige Ausbruch der Revolution selber, das Leiden Aller unter den Gegensätzen und dem Streit, bilden ohne Frage den anschaulichen Hintergrund für den Ausgangspunkt dieser Sozialidee: den als Krieg Aller gegen Alle (bellum omnium contra omnes) interpretierten Naturzustand der Menschen. *Ihn* soll die daraus entwickelte Sozialidee durch einen sozusagen methodisch und zwingend in der Einsicht hergestellten Frieden beenden. Der Friede ist das offene Ziel der Lehre, gerade weil er *nicht* besteht. Und nicht nur in dieser Zeit nicht, sondern weil er überhaupt nicht selbstverständlich, sondern immer bedroht ist unter den Menschen. [. . .]

Im Bürgerkrieg, ganz gleich wie tief die Auflösung jeweils geht, kommt also nur das zu offenem Ausbruch, was ständig als latente Gefahr aller menschlichen gemeinschaftlichen oder auch gesellschaftlichen Bindung zugrundeliegt: der Streit und die Vernichtung Aller durch den Streit. [. . .]

Ist [. . .] der Mensch ein Wesen, das ständig nur in der Bedürfnisbefriedigung leben kann, so hat er ein natürliches *Recht* auf das, was seine Bedürfnisse befriedigt. Das sind die Güter der Welt, alles, was er braucht zu seinem Leben. Von Natur aus hat jeder Mensch ein Recht auf die Güter der Welt. Wenn aber *Jeder* dieses natürliche Recht auf die Güter der Welt hat, so kommt er mit jedem Andern in Konflikt, der dieses Recht auch hat und dasselbe zu seinem Leben braucht. Die Folge des natürlichen, aus der bedürftigen Menschennatur entstehenden

Rechts auf die Güter der Welt ist also der Streit der Menschen um diese Güter. Weil dieser Streit mit Notwendigkeit aus ihrer Natur entspringt, nicht Willkür oder Zufall ist, nennt ihn Hobbes den »Naturzustand«. Da nun derjenige die meisten Chancen in diesem Streit hat, der den Andern zuerst angreift, wird der Mensch im Naturzustand, wie schon bemerkt, für den Menschen ein Wolf.

Der Krieg Aller gegen Alle ist nicht der utopisch erschlossene Anfang der Geschichte. So hat man ihn vielfach mißverstanden. Er ist vielmehr als Naturzustand in *jeder* Zeit – auch heute – latent genauso gegenwärtig wie am Anfang. Er ist das dauernde Motiv aller Geschichte, ihr Motor. Wenn zu irgendeiner Zeit oder an einem Ort einmal *nicht* der Krieg Aller gegen Alle herrscht, so heißt das zwar, daß er gerade auf irgendeine Weise überwunden, überbaut ist durch einen künstlich geschaffenen Friedenszustand. Es heißt aber nicht, daß deswegen die allgemeine und sogar immer wachsende Bedürftigkeit der Menschennatur aufgehört hätte und mit ihr die ständig latent wirkliche und aktuelle Gefahr, daß dieser Krieg wieder ausbrechen könnte, wenn er nicht durch künstliche Maßnahmen verhindert wird. [. . .]

Nun ist es aber merkwürdig. Der Streit geht wohl um Besitz und Genuß der Güter der Welt. Aber das Ziel, um das er geht, Sicherheit und Verläßlichkeit der Bedürfnisbefriedigung, Schutz vor der immer wieder drohenden Gefahr, daß die Güter einmal nicht mir, sondern dem Andern zufallen, erreicht eigentlich niemand. Dies *erfährt* jeder Einzelne immer wieder in diesem Streit, oder er muß es sich einmal für immer durch Vernunft *klar machen*. Nur dann wird er auf Mittel sinnen, diesem vergeblichen Streit des Naturzustands grundsätzlich abzuhelfen, ihn zu überwinden und zum Frieden kommen. Wie der Krieg Aller gegen Alle die notwendige Folge der natürlichen Bedürftigkeit der Menschen ist, so ist die Sehnsucht nach Frieden, in dem ich das Ziel meines Strebens in Ruhe und Sicherheit vor dem Angriff des Andern erreichen kann, die notwendige Folge des Kriegs Aller gegen Alle. [. . .]

Der Angriff auf den Andern ist im Naturzustand nicht Ziel, sondern nur Mittel. Mit diesem Mittel sucht der Mensch sein Recht auf die Güter der Welt durchzuführen. Auf die Güter kann man also nicht verzichten, auf den Angriff als bestes Mittel zur Sicherung der Bedürfnisbefriedigung aber sehr wohl. Allerdings nicht unmittelbar, sondern nur unter der Bedingung, daß alle Andern auch auf dieses ihnen im Naturzustand zustehende Recht auf den Angriff verzichten. Wir müssen uns

deshalb diesen Verzicht vorstellen als vollzogen in der Form eines Vertrags jedes Menschen mit jedem andern. [. . .] Hobbes faßt den Vertrag so, daß nicht nur auf alle Gewaltanwendung verzichtet wird; jeder Einzelne muß zugleich in diesem Verzicht sein Recht auf Gewaltgebrauch auf einen *bestimmten* Andern übertragen. Dieser Andere ist der Souverän, der dadurch die Gewalt aller Menschen in der Form ihres Beistands zu seinen Handlungen in seiner Hand vereinigt. Und zwar natürlich nur zu dem Zweck, die friedliche Güterverteilung an Alle so zu schützen, daß sie nicht durch den Streit beeinträchtigt wird. Jeder soll das Seine in Sicherheit genießen können und seine Bedürfnisse befriedigen. Der Souverän ist die oberste Staatsgewalt. Er stellt den Frieden mit der vereinigten Gewalt Aller her und sichert die Güterverteilung für Alle. Die jedem Einzelnen überlegene Staatsmacht [. . .] muß [. . .] gedacht werden als entstanden aus der einzig vernünftigen, freiwilligen Übertragung der vielen Einzelgewalten der Bürger zum Zweck der künstlichen Herstellung des Friedens. Darin besteht hier der Sinn des Vertragsgedankens. [. . .]
Der soziale Friede ist gegenüber dem Naturzustand des Kriegs immer ein künstliches Gebilde, in dem die Menschen die Ausweglosigkeit ihrer naturalen Existenz und Selbstzerstörung überwinden. Der Mensch ist so gut Natur- wie Vernunftwesen auch bei Hobbes; er hat der Möglichkeit nach an beiden Gebieten teil. Nur daß eben das Vernunftreich immer künstlich hergestellt werden muß, nicht von selber da ist. Wir würden also sagen: Kultur. Hobbes hat das überdies mit der Christlichkeit gleichgesetzt. [. . .]
In allen drei Fassungen seiner Sozialidee hat Hobbes die menschliche Friedensordnung als Reich Gottes auf Erden entwickelt und mit Zitaten aus der heiligen Schrift belegt (Elements of law Kap. 16 und 17; De cive I, 3; Leviathan I, 14 und 15). [. . .]

3.4. *Gerhard Gamm: Zu Kants Idee einer praktischen Vernunft*

3.4.1. *Was ist praktische Vernunft?*

Kants Versuch der Begründung einer Ethik besteht darin, für den Bereich der praktischen Vernunft den Nachweis zu erbringen, daß es für den Menschen als vernünftiges Wesen ethische Normen gibt, die nicht aus der Erfahrung abgeleitet sind,

sondern *a priori*, d. h. vor aller Erfahrung, allgemeine Geltung beanspruchen und somit gleichermaßen für alle Menschen verbindlich sind.
Um einen Vorbegriff von dem zu erhalten, was *Kant* unter praktischer Philosophie versteht, scheint es angebracht, schrittweise vorzugehen; und zwar auf die Weise, daß all jene »Gebiete« der Philosophie ausgegrenzt werden, die im strengen Sinne nicht zur praktischen gehören.

Theoretische und praktische Vernunft

Zunächst ist da die Unterscheidung von theoretischer und praktischer Philosophie:
»Unser gesammtes Erkenntnißvermögen hat zwei Gebiete, das der Naturbegriffe und das des Freiheitsbegriffs; denn durch beide ist es a priori gesetzgebend. Die Philosophie theilt sich nun auch diesem gemäß in die theoretische und die praktische [. . .] Die Gesetzgebung durch Naturbegriffe geschieht durch den Verstand und ist theoretisch. Die Gesetzgebung durch den Freiheitsbegriff geschieht von der Vernunft und ist bloß praktisch. Nur allein im Praktischen kann die Vernunft gesetzgebend sein; in Ansehung des theoretischen Erkenntnisses [der Natur] kann sie nur [als gesetzkundig vermittelst des Verstandes] aus gegebenen Gesetzen durch Schlüsse Folgerungen ziehen, die doch immer nur bei der Natur stehen bleiben.«[1]

Kant unterteilt also die Philosophie hinsichtlich ihrer grundlegenden Prinzipien in eine *theoretische* und eine *praktische.* Thema der praktischen Philosophie ist die Vernunft, deren charakteristische Kompetenz [Leistung/Vermögen] darin besteht, praktische Gesetze zu geben; das heißt, unter der Voraussetzung vernünftiger Einsicht zu bestimmen, *»was geschehen soll«* – im Gegensatz zur theoretischen Philosophie, deren Erkenntnisinteresse [Anliegen] darauf gerichtet ist zu begreifen, *»was geschieht«*.[2] Oder anders ausgedrückt: Die praktische Philosophie stellt die moralische Forderung als solche heraus, als dasjenige, was der Mensch tun soll; die theoretische Philosophie versucht alles, was in der Welt der Erfahrung erscheint, ohne Ausnahme vom Gesetz der Kausalität her zu erklären.

Damit ist aber das »Gebiet« der praktischen Vernunft im Sinne *Kants* noch nicht ausreichend bestimmt. Um sich gegen andere Vorstellungen von praktischer Vernunft abzugrenzen, setzt er innerhalb dieses Bezirks die *technisch-praktische* Verhaltensorientierung von der *moralisch-praktischen* ab:

»So [. . .] darf die mechanische oder chemische Kunst der Experimente oder der Beobachtungen für einen praktischen Teil der Naturlehre, endlich die Haus-, Land-, Staatswirtschaft, die Kunst des Umgangs, die Vorschrift der Diätetik [Ernährungslehre], selbst nicht die allgemeine Glückseligkeitslehre, sogar nicht einmal die Bezähmung der Neigungen und Bändigung der Affecten zum Behuf der letzteren zur praktischen Philosophie gezählt werden [. . .], weil sie insgesamt nur Regeln der Geschicklichkeit, die mithin nur *technisch-praktisch* sind, enthalten, um eine Wirkung hervorzubringen, die nach Naturbegriffen der Ursachen und Wirkungen möglich ist, welche [. . .] zur theoretischen Philosophie gehören. Dagegen machen die *moralisch-praktischen* Vorschriften, die sich gänzlich auf dem Freiheitsbegriffe mit völliger Ausschließung der Bestimmungsgründe des Willens aus der Natur gründen eine ganz besondere Art von Vorschriften aus: welche auch gleich den Regeln, welchen die Natur gehorcht, schlechthin Gesetze heißen, aber nicht wie diese auf sinnlichen Bedingungen, sondern auf einem übersinnlichen Prinzip beruhen und neben dem theoretischen Theile der Philosophie für sich ganz allein einen anderen Theil unter dem Namen der praktischen Philosophie fordern.«[3]

Es ist hieraus zu ersehen, daß dasjenige, was wir gemeinhin unter »praktisch« verstehen, von *Kant* zur Gänze dem technisch-praktischen Verhaltensbereich zugeordnet wird – also eben nicht im strengen Kantischen Sinn zur praktischen Philosophie gezählt werden kann. Dagegen hatte *Descartes* in seinem »*Discours de la méthode*« die technisch-praktische Orientierung vergegenständlichender naturbeherrschender Tätigkeit als einen bestimmenden Grundzug einer praktischen Philosophie sehr deutlich herausgestellt:

»Denn sie [einige allgemeine Grundbegriffe der Physik] haben mir gezeigt, daß es möglich ist, zu Kenntnissen zu kommen, die von großem Nutzen für das Leben sind, und statt jener spekulativen Philosophie, die in den Schulen gelehrt wird, eine praktische zu finden, die uns die Kraft und Wirkungsweise des Feuers, des Wassers, der Luft, der Sterne, der Himmelsmaterie und aller anderen Körper, die uns umgeben, ebenso genau kennen lehrt, wie wir die verschiedenen Techniken unserer Handwerker kennen, so daß wir sie auf ebendieselbe Weise zu allen Zwecken, für die sie geeignet sind, verwenden und uns so zu Herren und Eigentümern der Natur machen könnten.«[4]

Aber weder die naturbearbeitende »Praxis« der Menschen in ihrer wissenschaftlich-technischen und institutionellen Ausgestaltung noch die therapeutischen Maßnahmen der ärztlichen Kunst sind für *Kant* Gegenstand der praktischen Philosophie; ja nicht einmal die Verhaltensimperative zur Kontrolle der eigenen Affekte und Leidenschaften (»Bezähmung der Neigungen und Bändigung der Affecte«). Letztere müssen *Kant* zufolge zu den Themen der Verhaltenswissenschaften gezählt werden. Zur philosophischen Begründung der ethischen Vernunft können sie nichts beitragen.
Die praktische Vernunft, wie sie *Descartes, Bacon, Hobbes* u. a. verstehen, ist Mittel der Emanzipation des menschlichen Daseins aus natürlichen und gesellschaftlichen Zwangsverhältnissen. Ihr Ziel ist die *wissenschaftlich-praktische Beherrschung der Natur,* sowohl der äußeren, mit der wir als »Umwelt« konfrontiert sind, als auch der inneren, die von uns in den Leidenschaften und Trieben erfahren wird. Sie wird instrumentell eingesetzt, ist Mittel zum Zweck menschlicher Selbsterhaltung und Selbstbehauptung. Selbsterhaltung erscheint als letzter und einzig legitimer Zweck, der aus dem Sein abgeleitet werden kann. Praktisch im Cartesianischen Sinn ist diese Vernunft, insofern sie die Erhaltung und Verlängerung von Leben und Gesundheit mit Hilfe der Medizin zum Ziel hat; indem sie eine rationale Lebensführung durch psychologische und physiologische [die Lebensvorgänge im Organismus betreffende] Kontrolle affektiver Kräfte anstrebt; indem sie Rechtssicherheit in den gesellschaftlichen Verkehrsformen schafft und um eine effektivere Ausnutzung der Naturkräfte mit technischen Verfahren bemüht ist.
Kennzeichnender Grundzug der Cartesianischen Vernunft ist die wissenschaftliche Einstellung zu Mensch- und Gegenstandswelten. Wissenschaftliches Weltverhalten aber bedeutet, ein *methodisch geregeltes Verfahren* zur Bestimmung (konstruierende Beschreibung/Erzeugung) des Erkenntnisobjekts zur Anwendung zu bringen.
Zweierlei muß dementsprechend beachtet werden: einmal, daß Vernunft in der Gleichsetzung von Methode und Vernunft (methodische Vernünftigkeit) auf wissenschaftliche Rationali-

tät eingeschränkt wird und das andere Mal, daß praktische Vernunft am Modell wissenschaftlich-theoretischen bzw. technisch-praktischen Bewußtseins ausgerichtet wird. Zwar sind *Descartes, Bacon, Hobbes* u. a. in ihrem Denken dem »Primat des Praktischen«, der den Erfahrungshorizont neuzeitlicher Philosophie bestimmt, verpflichtet, doch läßt sie ihr Begriff von praktischer Vernunft noch nicht wirklich zu einer autonomen Begründung der Ehtik kommen. Diese leistet erst *Kant*, indem er die Moralbegründung von allen empirischen und technisch-praktischen Erwägungen freihält – gleichwohl aber auf der neuzeitlichen Idee der Vernunft als Identität [Gleichheit/Einheit] von Vernunft und Methode beharrt. Er kennt denn auch im genauen Wortsinn keine moralische Erfahrung (diese ist ihm ein Widersinn), sondern eine Begründung moralischer Normen aus methodischer Vernünftigkeit.

Anthropologie und praktische Vernunft

Um den Begriff der praktischen Vernunft noch klarer herauszuarbeiten, ist es sinnvoll, auf das Verhältnis von praktischer Philosophie und Anthropologie einzugehen. Die Anthropologie steht im Gegensatz zur Moralphilosophie, insofern es ihr auf die empirische Erforschung des faktischen Verhaltens der Menschen ankommt. Das wirkliche Tun und Lassen der Menschen können wir nur auf dem Weg der Erfahrung kennenlernen. Anthropologie ist daher Kenntnis der Vielfalt *tatsächlicher menschlicher Verhaltensweisen*; wohingegen die Moralphilosophie, in deren Zentrum die Frage der praktischen Vernunft steht, auf die Begründung einer unbedingt verpflichtenden *Verhaltensnorm* abzielt. Demgemäß kann *Kant* zusammenfassend schreiben:
»Die Anthropologie [. . .] betrachtet das wirkliche Verhalten des Menschen, allein die moralische Philosophie sucht sein gutes Verhalten unter Regeln zu bringen, nämlich was geschehen soll [. . .] Die Wissenschaft der Regel wie der Mensch sich verhalten soll, ist die praktische Philosophie und die Wissenschaft der Regel des wirklichen Verhaltens ist die Anthropologie.«[5]

Kant fährt dann fort, daß die Moral aber ganz »ohne die Anthropologie nicht bestehen« könne, insofern es notwendig sei, das Subjekt auch zu kennen, für welches das moralische Gesetz gelten soll. So eine anthropologisch grundlegende Cha-

rakterisierung ist die Bestimmung des Menschen als eines *vernünftigen Lebewesens.* Der Mensch besitzt eine Doppelnatur. Er ist einerseits ein Vernunftwesen, andererseits aber auch Triebwesen. Damit macht *Kant* – in der Tradition der abendländischen Philosophie – eine normative Anthropologie [eine unausgesprochen wertende Interpretation über das Wesen des Menschen] zur uneingestandenen Voraussetzung seiner transzendentalphilosophisch begründeten Ethik [eine Ethik, deren allgemeingültige Normen *nicht* aus der Erfahrung abgeleitet sind, gleichwohl aber diese Normen begründen soll]; das heißt, durch die anthropologische Bestimmung der menschlichen Doppelnatur führt *Kant* die entscheidende Frage nach dem Sollen, dem Wert und der Verhaltensnorm ein. Im »System der lebenden Natur« hat der Mensch den Charakter, »den er sich selbst schafft, indem er vermögend ist, sich nach seinen von ihm selbst genommenen Zwecken zu perfectionieren [vervollkommnen], wodurch er als mit *Vernunftfähigkeit* begabtes Thier (animal rationabile) aus sich selbst ein *vernünftiges* Thier (animal rationale) machen kann«.[6]
Die Bestimmung des Menschen, seine Aufgabe ist die Verwirklichung der Vernunft, sowohl in seinem Leben als in dem der Gattung. Anders als für *Aristoteles*, für den die Tugend darin besteht, ein über die rechte Mitte hinausschießendes Leben vernünftig zu mäßigen, geht es *Kant* darum, dem Wollen die Ziele seines Strebens allein aus der Vernunft vorzugeben. Das soll im folgenden ausführlicher erläutert werden.

»Wille« und praktische Vernunft

Handeln nach Maßgabe praktischer Vernunft ist ein solches, das sich eben nicht von der Seite der menschlichen Naturgebundenheit, seiner natürlichen Triebhaftigkeit (im Rahmen von Ursache-Wirkung-Beziehungen) *erklären* läßt, sondern das man nur von der Seite vernünftig motivierter Einsicht *verstehen* und *begründen* kann. Insofern ist Handeln aus Vernunft »übernatürlich«. Nicht ein Mechanismus der Natur ist »Triebfeder« der Handlung, sondern die Orientierung an den unabänderlichen Gesetzen der Vernunft. Wird die praktische Idee einer vernünftigen Ordnung als Motiv einer Handlung zugrunde gelegt, so wirkt diese (»auf unerklärliche Weise«) auf die Mechanismen der inneren Natur. »Ein jedes Ding der Natur wirkt nach Gesetzen. Nur ein vernünftiges Wesen hat das Vermögen, nach der Vorstellung der Gesetze, d. i. nach Prinzi-

pien, zu handeln, oder einen Willen.«[7]
Wie bestimmt nun *Kant* den philosophischen Zusammenhang von Vernunft und Wille? Seine Auffassung ist die der philosophischen Tradition seit *Sokrates* und *Platon*: Wenn der Mensch ein vernünftiges Wesen ist, dann *soll* Vernunft den Willen bestimmen und anleiten – wenngleich das selten geschieht. Nicht die in gesellschaftlichen Institutionen, Sitten und Rechtstraditionen eingewurzelten Verhaltensgewohnheiten sind letztlich – wie *Aristoteles* annimmt – die die menschliche Triebhaftigkeit eindämmenden Schutzvorkehrungen, sondern allein der an vernünftiger Selbstbestimmung ausgerichtete Wille eines einzelnen Subjekts. Die Selbstbestimmung wird verstanden als Bindung an die selbstgesetzte moralische Norm. Die Verwirklichung dieser Norm, die Erfüllung der praktischen Vernunftgebote, nennt *Kant* »Freiheit«.
Freiheit wiederum läßt sich zweifach bestimmen, einmal, wie *Kant* sagt, vom »negativen Begriff« her: dann meint Freiheit Unabhängigkeit und Freisein von sinnlichen Antrieben; das andere Mal von der positiven Bestimmung her: in der Überprüfung jeder Handlungsmaxime auf ihre Tauglichkeit zu einem allgemeinen Gesetz.[8]
Zwar weist *Kant* in seiner Angleichung von Wille, praktischer Vernunft und Freiheit (»so ist der Wille nichts anderes als praktische Vernunft«)[9] auf das idealistische Denken, insbesondere *Hegels*, voraus, in dem diese Begriffe zu einer in sich vermittelten Einheit selbstbestimmter Subjektivität gebracht werden, doch hält er an der unaufhebbaren Differenz zwischen dem menschlichen Sein und einer absoluten Vernünftigkeit fest. *Kants* Ethik ist darum eine Sollensethik, in deren Mittelpunkt ein Gebot, eine (allerdings absolut verpflichtende) Forderung zur Verwirklichung der Vernunft steht:
»Wenn die Vernunft den Willen unausbleiblich bestimmt, so sind die Handlungen eines solchen Wesens, die als objectiv nothwendig erkannt werden, auch subjectiv nothwendig, d. i. der Wille ist ein Vermögen *nur dasjenige* zu wählen, was die Vernunft unabhängig von der Neigung als praktisch nothwendig, d. i. gut erkennt. Bestimmt aber die Vernunft für sich allein den Willen nicht hinlänglich, ist dieser noch subjectiven Bedingungen (gewissen Triebfedern) unterworfen, die nicht immer mit den objectiven übereinstimmen; mit einem Worte, ist der Wille nicht *an sich* völlig der Vernunft gemäß (wie es bei Menschen wirklich ist): so sind die Handlungen, die objectiv als nothwendig erkannt werden, subjectiv zufällig, und die Bestimmung eines solchen Willens objectiven Gesetzen gemäß ist

Nöthigung; d. i. das Verhältniß der objectiven Gesetze zu einem nicht durchaus guten Willen wird vorgestellt als die Bestimmung des Willens eines vernünftigen Wesens zwar durch Gründe der Vernunft, denen aber dieser Wille seiner Natur nach nicht nothwendig folgsam ist.
Die Vorstellung eines objectiven Princips, sofern es für einen Willen nöthigend ist, heißt ein Gebot [der Vernunft] und die Formel des Gebots heißt *Imperativ.*« (IV, S. 412f.)

Vernünftigkeit, Gesetzmäßigkeit und Wille bilden im Bereich der moralischen Orientierung eine Einheit. Hatten wir oben versucht, das Verhältnis von Wille und Vernunft zu erläutern, so im folgenden das von Vernunft und Gesetz. Dieser Zusammenhang wird plausibel, denkt man einmal an die Bedeutung der Naturgesetze in den Naturwissenschaften. In diesen ist ein Gesetz ein ausnahmslos gültiger Ursache-Wirkung-Zusammenhang. Die Verbindung mit der Vernunft besteht darin, daß es der Vernunft in praktischer Ausrichtung auf nichts anderes als auf die – dem Naturgesetz analoge – allgemeine Gültigkeit ankommt. Der Wille war von *Kant* als praktische Vernunft aufgefaßt worden; demgemäß können wir jetzt sehen, worauf es ihm ankommt: nämlich auf die Ausrichtung des Willens an einem allgemein verbindlichen Gesetz. Wille ist eben damit nicht Willkür; beide unterscheiden sich in grundsätzlicher Weise voneinander, denn die willkürliche Entscheidung leitet sich von subjektiver Beliebigkeit her und nicht von einer objektiven, für alle Menschen ausnahmslos gültigen Gesetzmäßigkeit.
Aber eine vernünftige, am allgemeinen Gesetz orientierte Handlung ist deswegen nicht auch schon wirklich moralisch. Welches ist dann das entscheidende Kriterium dafür, ob man eine Handlung als moralisch, als gut beurteilen darf oder nicht? *Kants* definitive Antwort ist die, daß das subjektive Moment innerlich-zustimmenden Wollens, das sich in der »Gesinnung« oder dem »guten Willen« ausdrückt, hinzutreten muß und dieser allein das einzig gültige Beurteilungskriterium darstelle:
»Es ist überall nichts in der Welt, ja überhaupt auch außerhalb derselben zu denken möglich, was ohne Einschränkung für gut könnte gehalten werden als allein ein *guter Wille* . . . Der gute Wille ist nicht durch das was er bewirkt oder ausrichtet, nicht durch seine Tauglichkeit zu Erreichung irgendeines vorgesetzten Zweckes, sondern allein durch das Wollen, d. i. an sich, gut und, für sich selbst betrachtet, ohne Vergleich weit höher zu

schätzen als alles, was durch ihn zu Gunsten irgendeiner Neigung, ja wenn man will, der Summe aller Neigungen nur immer zu Stande gebracht werden könnte. Wenn gleich durch eine besondere Ungunst des Schicksals, oder durch kärgliche Ausstattung einer stiefmütterlichen Natur es diesem Willen gänzlich an Vermögen fehlte, seine Absicht durchzusetzen; wenn bei seiner größten Bestrebung dennoch nichts von ihm ausgerichtet würde, und nur der gute Wille (freilich nicht etwa als ein bloßer Wunsch, sondern als die Aufbietung aller Mittel, so weit sie in unserer Gewalt sind) übrig bliebe: so würde er wie ein Juwel doch für sich selbst glänzen, als etwas, das seinen vollen Werth in sich selbst hat. Die Nützlichkeit oder Fruchtlosigkeit kann diesem Werthe weder etwas zusetzen noch abnehmen.« (IV, S. 393 f.)

Kant setzt also hinsichtlich des moralischen Beurteilungskriteriums einer Handlung allein auf die Gesinnung oder den guten Willen; das heißt, er blendet den Aspekt möglicher Handlungskonsequenzen, den Erfolg oder Mißerfolg einer Handlung, aus der Bestimmung der Moralität aus. Eine Ethik dieser Art nennt man auch *Gesinnungsethik*. Für diese ist im Hinblick auf die moralische Beurteilung das Resultat ohne Belang. Das ist nicht unproblematisch, wenn man daran denkt, daß auch der gute Wille oder Handlungen aus bester Absicht zu katastrophalen Folgen führen können. Muß nicht in das moralische Beurteilungsverfahren einer Handlung das Objekt (der andere Mensch, die Natur) miteingeschlossen werden – gemäß dem jeweiligen Kenntnisstand über die zu erwartenden Folgen? Erstreckt sich der moralische Anspruch der praktischen Vernunft nicht auch auf die Reflexion und die Verantwortung für die Handlungsfolgen? Diese Überlegung freilich, die mögliche Konsequenzen einer Handlung in das methodische Beurteilungsverfahren moralischen Handelns miteinbezöge, würde die geforderte empirische Unbedingtheit und Reinheit (»Heiligkeit«) moralischen Wollens gefährden. Dieses motiviert sich einzig aus dem »Gefühl« der »Achtung fürs moralische Gesetz«. Dieses nicht sinnlich bedingte Gefühl der Achtung vor dem Sittengesetz nennt *Kant* »Pflicht«: »*Pflicht ist die Notwendigkeit einer Handlung aus Achtung fürs Gesetz.*« (IV, S. 400)

Kant begreift das Moralische im subjektiv-innerlichen Moment der Gesinnung oder der Absicht einer Handlung, nicht aus dem Werk, das aus ihr resultiert. Das bedeutet, daß die Grundlegung der Moralität, des moralischen Handelns im reinen (anthropozentrischen) Bezug des Subjekts auf sich selbst gesehen wird: in der Selbstbestimmung des Willens, insofern die Ver-

nunft als reiner Wille aufgefaßt wird. Der moralische Wert »kann nirgends anders liegen als *im Prinzip des Willens* unangesehen der Zwecke, die durch solche Handlungen bewirkt werden können« (IV, S. 400f.).
Das Prinzip des Willens unterscheidet *Kant* nach zwei Seiten: nach der subjektiven und nach der objektiven Seite. »Maxime« nennt er »das subjektive Prinzip des Wollens«; sie zählt zu den praktischen Grundsätzen, die nur subjektiv gültig sind. Vermittels der Frage, ob die Maxime eine Verallgemeinerung erlaubt, das heißt, ob sie als Prinzip einer möglichen allgemeinen Gesetzgebung dienen könne, ist zu entscheiden, ob sie zum »praktischen Gesetz« als dem objektiven Prinzip tauglich ist. Die *Maxime* stellt einen Zwischenschritt dar zwischen dem allgemeinen Prinzip moralischer Gesetzgebung und der konkreten, d. h. situationsbezogenen Handlung eines einzelnen Subjekts.
»Da ich den Willen aller Antriebe beraubt habe [. . .], so bleibt nichts als die allgemeine Gesetzmäßigkeit der Handlungen überhaupt übrig welche allein dem Willen zum Prinzip dienen soll, d. i. ich soll niemals anders verfahren als so, *daß ich auch wollen könne, meine Maxime solle ein allgemeines Gesetz werden.* Hier ist nun die bloße Gesetzmäßigkeit überhaupt [. . .] was dem Willen zum Prinzip dient [. . .]« (IV, S. 402).

Das Verfahren zur Prüfung der Tauglichkeit einer Maxime zu einem allgemeinen Gesetz ist der »kategorische Imperativ«.

3.4.2. *Der kategorische Imperativ*

Um den Charakter des kategorischen Imperativs besser herauszuarbeiten, scheint es angebracht, die Kantische Unterscheidung von kategorischem und hypothetischem Imperativ aufzunehmen.

Hypothetischer und kategorischer Imperativ

»Alle Imperative nun gebieten entweder *hypothetisch* oder *kategorisch.* Jene stellen die praktische Notwendigkeit einer möglichen Handlung als Mittel zu etwas anderem, was man will [. . .] zu gelangen vor. Der kategorische Imperativ würde der sein, welcher eine Handlung als für sich selbst, ohne Beziehung auf einen anderen Zweck, als objectiv-nothwendig vorstellte.« (IV, S. 414)

Beim hypothetischen Imperativ geht es um die Bestimmung der optimalen Wahl der Mittel zur Erreichung eines Ziels oder Zwecks; nicht um den Zweck selbst oder um den moralischen Wert, der diesem Zweck zuzumessen ist. *Kant* verdeutlicht das an einem Beispiel. Er vergleicht die Tätigkeit eines Giftmischers, der über die Mittel verfügt, einen Mann sicher zu töten, mit einem Arzt, der fähig ist, den Mann auf gründliche Art gesund zu machen. Beide Handlungen »sind insofern im gleichen Werth, als eine jede dazu dient, ihre Absicht vollkommen zu bewirken« (IV, S. 415). Es stellt sich also bei der Fassung des hypothetischen Imperativs gar nicht die Aufgabe zu entscheiden, ob »der Zweck vernünftig und gut sei [. . .] sondern nur was man tun müsse, um ihn zu erreichen« (IV, S. 415).
Deshalb ordnet *Kant* dem hypothetischen Imperativ auch die »Regeln der Geschicklichkeit« (IV, S. 416) zu. Diese bestehen in nichts anderem als in sachangemessener Weise den Gebrauch der Mittel zur Erlangung eines Zwecks zu definieren. Solches Handeln hat immer bestimmte, damit relative, niemals »unbedingte« oder »letzte« Zwecke. Der kategorische Imperativ hingegen handelt von der Konstitution [Grundlegung] des Zwecks aller Zwecke, von dem, was »Zweck an sich selbst« ist: von der Moralität der Handlung selbst, d. h. von der reinen, durch keine leiblich-sinnlich bedingten Antriebe bestimmten Selbstgesetzgebung. Diese ist letzthin identisch mit Freiheit. Der kategorische Imperativ formuliert die moralische Norm als Grundnorm des menschlichen Lebens, der selbst alles Tun, das zur Befriedigung und Erweiterung der Bedürfnisse geschieht, unterzuordnen ist. Ihr Zweck ist das »höchste Gut«.
Als das einzig Moralische hatten wir den »guten Willen« herausgestellt.

Der kategorische Imperativ

Da der Mensch ein Doppelwesen ist, das in seiner »natürlichen Dialektik« (S. 405) zwischen seinen Bedürfnissen, Neigungen und der Pflicht hin und hergerissen ist, ist sein tatsächlicher Wille nicht an sich gut; er hat vielmehr die Möglichkeit, gut zu sein. Dazu aber bedarf er der Nötigung durch den kategorischen Imperativ, der die Reinheit des Willens erfordert. Diese Reinheit des Willens ist aber nur unter der Voraussetzung gegeben, daß der Bestimmungsgrund des Willens einzig in der Vernunft liegt. Dementsprechend ist der kategorische Imperativ als »Grundgesetz der praktischen Vernunft« ein »Faktum der Vernunft«.[10]

Daß wir es mit einem Faktum zu tun haben, bedeutet, daß wir weder diese Tatsache aus einem höheren Prinzip ableiten noch stichhaltige empirische Beweise für ihre Existenz beibringen können; es ist einzig eine Einsicht, die sich uns aufdrängt – eben ein »Faktum«, das »vor allem Vernünfteln über seine Möglichkeiten und allen Folgerungen, die daraus zu ziehen sein möchten, vorhergeht« (S. 103).

»Endlich giebt es einen Imperativ, der ohne irgend eine andere durch ein gewisses Verhalten zu erreichende Absicht als Bedingung zum Grunde zu legen, dieses Verhalten unmittelbar gebietet. Dieser Imperativ ist *kategorisch.* Er betrifft nicht die Materie der Handlung und das, was aus ihr erfolgen soll, sondern die Form und das Princip, woraus sie selbst folgt, und das Wesentlich-Gute derselben besteht in der Gesinnung, der Erfolg mag sein, welcher er wolle. Dieser Imperativ mag der der *Sittlichkeit* heißen [. . .] Der kategorische Imperativ ist also nur ein einziger und zwar dieser: *handle nur nach derjenigen Maxime, durch die du zugleich wollen kannst, daß sie ein allgemeines Gesetz werde.*

Wenn nun aus diesem einigen Imperativ alle Imperativen der Pflicht als aus ihrem Princip abgeleitet werden können, so werden wir, ob wir es gleich unausgemacht lassen, ob nicht überhaupt das, was man Pflicht nennt, ein leerer Begriff sei, doch wenigstens anzeigen können, was wir dadurch denken und was dieser Begriff sagen wolle.

Was die Allgemeinheit des Gesetzes, wonach Wirkungen geschehen, dasjenige ausmacht, was eigentlich *Natur* im allgemeinsten Verstande [der Form nach], d. i. das Dasein der Dinge, heißt, so fern es nach allgemeinen Gesetzen bestimmt ist, so könnte der allgemeine Imperativ der Pflicht auch so lauten: *handle so, als ob die Maxime deiner Handlung durch deinen Willen zum allgemeinen Naturgesetze werden sollte* [. . .]«[11]

Verdeutlichen wir das an einem einfachen Beispiel: Um eines Vorteils willen bin ich bereit zu lügen. Die *Maxime* meiner Handlung (das ist mein subjektiver Grundsatz) könnte etwa so lauten: immer wenn mir ein Vorteil winkt, den ich nur über eine Lüge erreichen kann, dann lüge ich.

Die Frage, die ich gemäß dem Sittengesetz an mich richten muß, ist dann folgende: Kann ich auch wollen, daß meine Maxime ein allgemeines Gesetz werde? bzw. Kann ich auch

wollen, daß diese meine subjektive Orientierung an der Lüge um eines Vorteils willen ein allgemein anerkanntes Gesetz der menschlichen (ja überhaupt einer vernünftigen) Gesellschaft werde – mit der Konsequenz, daß sich niemand mehr auf den anderen verlassen könnte und letztendlich jeder vernünftige menschliche Umgang unmöglich würde? *Kant* fährt fort:
»Gesetzt aber, es gäbe etwas, *dessen Dasein an sich selbst* einen absoluten Werth hat, was als Zweck *an sich selbst* ein Grund bestimmter Gesetze sein könnte, so würde in ihm und nur in ihm allein der Grund eines möglichen kategorischen Imperativs, d. i. praktischen Gesetzes, liegen.
Nun sage ich: der Mensch und überhaupt jedes vernünftige Wesen *existirt* als Zweck an sich selbst, *nicht bloß als Mittel* zum beliebigen Gebrauche für diesen oder jenen Willen, sondern muß in allen seinen sowohl auf sich selbst, als auch auf andere vernünftige Wesen gerichteten Handlungen jederzeit *zugleich als Zweck* betrachtet werden. Alle Gegenstände der Neigungen haben nur einen bedingten Werth; denn wenn die Neigungen und darauf gegründete Bedürfnisse nicht wären, so würde ihr Gegenstand ohne Wert sein. Die Neigungen selber aber als Quellen des Bedürfnisses haben so wenig einen absoluten Werth, um sie selbst zu wünschen, daß vielmehr, gänzlich davon frei zu sein, der allgemeine Wunsch eines jeden vernünftigen Wesens sein muß. Also ist der Werth aller durch unsere Handlung zu *erwerbenden* Gegenstände jederzeit bedingt. Die Wesen, deren Dasein zwar nicht auf unserm Willen, sondern der Natur beruht, haben dennoch, wenn sie vernunftlose Wesen sind, nur einen relativen Werth, als Mittel, und heißen daher *Sachen*, dagegen vernünftige Wesen *Personen* genannt werden, weil ihre Natur sie schon als Zwecke an sich selbst, d. i. als etwas, das nicht bloß als Mittel gebraucht werden darf, auszeichnet, mithin so fern alle Willkür einschränkt (und ein Gegenstand der Achtung ist). Dies sind also nicht bloß subjective Zwecke, deren Existenz als Wirkung unserer Handlung *für uns* einen Werth hat; sondern *objective Zwecke*, d. i. Dinge, deren Dasein an sich selbst Zweck ist und zwar ein solcher, an dessen Statt kein anderer Zweck gesetzt werden kann, dem sie bloß als Mittel zu Diensten stehen sollten, weil ohne dieses überall gar nichts von *absolutem* Werthe würde angetroffen werden; wenn aber aller Werth bedingt, mithin zufällig wäre, so könnte für die Vernunft überall kein oberstes praktisches Princip angetroffen werden.
Wenn es denn also ein oberstes praktisches Princip und in Ansehung des menschlichen Willens einen kategorischen Im-

perativ geben soll, so muß es ein solches sein, das aus der Vorstellung dessen, das nothwendig für jedermann Zweck ist, weil es *Zweck an sich selbst ist*, ein *objektives* Princip des Willens ausmacht, mithin zum allgemeinen praktischen Gesetz dienen kann. Der Grund dieses Princips ist: *die vernünftige Natur existirt als Zweck an sich selbst.* So stellt sich nothwendig der Mensch sein eignes Dasein vor; so fern ist es also ein *subjectives* Princip menschlicher Handlungen. So stellt sich aber auch jedes andere vernünftige Wesen sein Dasein zufolge eben desselben Vernunftgrundes, der auch für mich gilt, vor; also ist es zugleich ein *objectives* Princip, woraus als einem obersten praktischen Grunde alle Gesetze des Willens müssen abgeleitet werden können. Der praktische Imperativ wird also folgender sein: *Handle so, daß du die Menschheit sowohl in deiner Person, als in der Person eines jeden andern jederzeit zugleich als Zweck, niemals bloß als Mittel brauchst.*« (IV, S. 428f.)

Moralität und Legalität

Mit der Grundlegung des Sittengesetzes im kategorischen Imperativ ist ein allgemeingültiges, für alle vernünftigen Wesen verbindliches Gesetz aufgestellt, an dem sich moralisches Handeln zu orientieren vermag. Die Motivation zu solchem Handeln entspringt allein der Achtung vor dem Gesetz. Aber nicht jedes Handeln, das dem Gesetz entspricht bzw. dem durch das Gesetz geforderten Verhalten nicht zuwiderläuft, erfüllt darum schon den durch die Moralität gesetzten Anspruch. Es ist bloß *rechtmäßig*:
»Das Wesentliche alles sittlichen Werths der Handlungen kommt darauf an, *daß das moralische Gesetz unmittelbar den Willen bestimme.* Geschieht die Willensbestimmung zwar *gemäß* dem moralischen Gesetze, aber nur vermittelst eines Gefühls, welcher Art es auch sei . . ., mithin nicht *um des Gesetzes willen*, so wird die Handlung zwar *Legalität*, aber nicht *Moralität* enthalten.«[12]

Eine Handlung ist also dann wahrhaft moralisch, wenn der Impuls zur Handlung der unmittelbaren Orientierung am moralischen Gesetz entspringt, das heißt, nur im Fall der unmittelbaren Einwirkung des Gesetzes auf den Willen besteht wahre Moralität. *Kant* nennt diese Einstellung auch Handeln »aus Pflicht«, im Gegensatz zum bloß »pflichtmäßigen« Handeln. Letzteres beruht auf einer bloß äußeren Übereinstimmung mit

dem Gesetz; solch ein Handeln ist *legal* oder *gesetzmäßig*. Es ist die Erfüllung des Gesetzes getreu dem Buchstaben. So befolgt man beispielsweise deshalb ein Gesetz, um eine Belohnung zu erhalten oder einer Strafe zu entgehen. Ein solches Verhalten, welches sich nur an der äußerlichen Übereinstimmung mit dem Gesetz orientiert, heißt *Kant* auch »juridisch«. Die gerichtliche Beurteilung einer Handlung erfolgt in der gegenwärtigen Rechtsprechung westlicher Demokratien unter dem Gesichtspunkt der Legalität, nicht unter dem der moralischen Gesinnung, wenngleich auch dieser zuweilen eine (gewichtige) Bedeutung zukommt. Diesen Prozeß der Ablösung des Rechts von der Moral hat *Kant* mit eingeleitet. Eine Handlung dagegen, in der allein die am moralischen Gesetz orientierte Idee der Pflicht innerer Bestimmungsgrund des Willens ist, nennt *Kant* »ethisch«. In der Einleitung zur Grundlegung der Metaphysik faßt *Kant* seine Überlegungen hierzu zusammen:
»Man nennt die bloße Übereinstimmung oder Nichtübereinstimmung einer Handlung mit dem Gesetze ohne Rücksicht auf die Triebfeder derselben die *Legalität* (Gesetzmäßigkeit), diejenige aber, in welcher die Idee der Pflicht aus dem Gesetze zugleich die Triebfeder der Handlung ist, die *Moralität* (Sittlichkeit) derselben«.[13]

Auf die Problematik der Trennung von Legalität und Moralität kann an dieser Stelle nicht eingegangen werden. Es soll aber wenigstens darauf hingewiesen werden, daß *Hegel* in seiner »*Rechtsphilosophie*« den Versuch macht, diese unvermittelte Trennung beider Aspekte kritisch in seiner Theorie der »substantiellen Sittlichkeit« »aufzuheben«; das heißt, *Hegel* akzeptiert die Kantische Unterscheidung in dem, was er »abstraktes Recht« und »Moralität« nennt (»Aufheben« im Sinne von »Aufbewahren«). Er versucht aber gleichzeitig das abstrakte Gegeneinander von Rechtssphäre und Moralität zu negieren [zu zerstören], indem er es auf einer höheren Stufe unternimmt, beide Momente auf eine neue Weise wieder kritisch miteinander zu verbinden (»Aufheben« im Sinne von konstruktiver Kritik). Solch eine höhere Stufe ist die substantielle Sittlichkeit, die sich *Hegel* zufolge in den objektiven Verhältnissen der Familie, der bürgerlichen Gesellschaft und vor allem im Staat verwirklicht.[14]
Hegels Theorie der Sittlichkeit versteht sich also als die Philosophie, die das *objektive Moment* institutionell geregelten Lebens, des in Sitte und Gewohnheit eingewurzelten moralischen Verhaltens – auf das *Aristoteles* seine Ethik gründet – mit dem

subjektiven Moment der Begründung der Moralität aus der Selbstgesetzgebung in reiner Innerlichkeit, wie wir es bei *Kant* gezeigt haben, zusammenzubinden in der Lage ist.
Kant vollzieht die Emanzipation des Rechts von der Moral. So fortschrittlich diese Entwicklung auch ist (gerade im Hinblick auf die Rechtsprechung), sie bleibt dennoch zweischneidig, weil sie der Tendenz Vorschub leistet, die gesellschaftlichen Lebensformen nicht mehr unter moralischen, sondern nur noch unter rechtlichen Gesichtspunkten zu betrachten. Das scheint aber letztlich zu einer bloß pragmatischen Beurteilung der öffentlichen Angelegenheiten zu führen, bei der die Moralität in die Privatsphäre abgeschoben wird.
Dieses mögliche Resultat ist aber nicht im Sinne *Kants*. Das soll noch kurz am Verhältnis von »praktischer Vernunft« und »Geschichtsphilosophie« gezeigt werden.

3.4.3. *Praktische Vernunft und Geschichtsphilosophie*

An dieser Stelle scheint es angebracht, nochmals auf die oben genannte fundamentale Unterscheidung von moralisch-praktischer und technisch-praktischer Vernunft zurückzukommen. Sie ist nämlich nicht nur moralphilosophisch, sondern auch geschichtsphilosophisch von hoher Bedeutung. Vor dem Hintergrund dieser Unterteilung stellt *Kant* die Frage nach dem Fortschritt im Verlauf der Menschheitsgeschichte: Bedingt die unvergleichliche Weiterentwicklung der technisch-praktischen Fähigkeiten des Menschen auch zugleich einen Fortschritt im Bereich des moralischen Verhaltens? In seiner Abhandlung »*Idee zu einer allgemeinen Geschichte in weltbürgerlicher Absicht*« schreibt *Kant*:
»[. . .] und *Rousseau* hatte so Unrecht nicht, wenn er den Zustand der Wilden vorzog, sobald man nämlich diese letzte Stufe, die unsere Gattung noch zu ersteigen hat [. . .] wegläßt. Wir sind in hohem Grade durch Kunst und Wissenschaft *cultiviert*. Wir sind *civilisiert* bis zum Überlästigen, zu allerlei gesellschaftlicher Artigkeit und Anständigkeit. Aber uns für schon *moralisiert* zu halten, daran fehlt noch sehr viel. Denn die Idee der Moralität gehört noch zur Kultur.«[15]

Dieser Gedanke ist von einer tiefen Skepsis gegenüber dem optimistischen Fortschrittsglauben der Aufklärung getragen. Er gestattet es *Kant*, dem geschichtlichen Fortschritt mit kritisch-distanziertem Blick zu begegnen. Das bedeutet aber nicht eine ablehnende Haltung gegenüber wissenschaftlich-technischem Fortschritt. Materieller Fortschritt ist nützlich und notwendig, sei es im Bereich der Industrietechnik, sei es im Bereich der politischen und gesellschaftlichen Einrichtungen; nur führt dieser Fortschritt nicht automatisch zu jener »letzten Stufe« in der Entwicklung gerechter Staats- und Gesellschaftsverhältnisse, die *Kant* als wahrhaft menschliches Ziel vor Augen gestanden haben mag. Insoweit zum technisch-praktischen Fortschritt nicht das Handeln aus »moralisch guter Gesinnung« hinzukommt, solange bleiben die menschlichen Lebensverhältnisse »nichts als lauter Schein und schimmerndes Elend« (S. 26).

3.5. *Hans Ebeling: Kommunikative Voraussetzungen der Ethik Kants*

Der Kantische Entwurf einer Selbsterhaltung und Selbststeigerung des Menschen, der kritische Versuch einer autonom gesetzten Vernunft, sich ihrer Autonomie zu versichern, hat erstmals zugelassen, eine strikt selbständige humane Subjektivität zu behaupten. Erst Kant hat mit vollem Ernst und insoweit ohne Nachsicht gegenüber der Tradition nach Wegen gesucht, ›Selbsterhaltung‹ als menschliche Leistung einsichtig und verständlich zu machen. Das Bewußtsein der Selbsterhaltung findet seinen Grund im Bewußtsein der Freiheit. Über das Freiheitsbewußtsein notierte Kant in einer Rezension von 1783:

»Selbst der hartnäckigste Skeptiker gesteht, daß, wenn es zum Handeln kommt, alle sophistische Bedenklichkeiten wegen eines allgemeintäuschenden Scheins wegfallen müssen. Ebenso muß der entschlossenste Fatalist, der es ist, solange er sich der bloßen Spekulation ergibt, dennoch, sobald es ihm um Weisheit und Pflicht zu tun ist, jederzeit so handeln, *als ob er frei wäre*, und diese Idee bringt auch wirklich die damit einstimmige Tat hervor und kann sie auch allein hervorbringen. Es ist schwer, den Menschen ganz abzulegen.«[1]

Solches Bewußtsein der Freiheit, das in praktischer Absicht auch noch dem Skeptiker und dem Fatalisten attestiert wird, ist schon an ihm selbst ein Bewußtsein der humanen Selbsterhaltung und Selbststeigerung. Denn ›den Menschen ganz ablegen‹ hieße: Verzicht tun auf den Menschen als den Täter *seiner* Taten, und mit dem aufgegebenen Täter wäre auch der Sichselbsterhaltende dahin.

Außer-Kantische, aber auch für den Kantischen Ansatz verbindliche Grenzen eines Freiheits-, Selbsterhaltungs- und Selbststeigerungsbewußtseins lassen sich vorauf durch die Hauptaxiome bedingter Kommunikation benennen:

(1) *Das Axiom des bedingten Kommunikationszwanges* besagt: Man kann nicht nicht kommunizieren.[2] Selbsterhaltung ist nur möglich unter der Voraussetzung eines Mitteilungszusammenhanges, der nicht hintergehbar ist, solange es Sichselbsterhaltende gibt. Jeder Akt noch so wildwüchsig isolierter oder noch so vorgeblich ›methodisch‹ reflektierter Ausgrenzung der eigenen Selbsterhaltung gegenüber derjenigen anderer steht im Mitteilungszusammenhang mit ihnen. Deshalb kann keinem Egoismus tatsächlich ein Solipsismus korrelieren, weder ein faktischer noch ein kontrafaktischer. Und eben deshalb sind auch die Programme eines ›methodischen‹ Solipsismus immer wieder zum Scheitern verurteilt.

(2) *Das Axiom des bedingten Kontinuitätsdrucks* besagt: Man kann nicht systematisch auf einen Selbstvernichtungswillen der Kommunizierenden setzen.[3] Denn als Kommunizierende sind sie primär auf Kontinuität der Kommunikation angelegt. Die Diskontinuität des Kommunikationsbruchs durch Selbstvernichtung ist nur möglich auf dem Grunde der Kontinuität des Mitteilungszusammenhanges. Der mögliche Selbstvernichtungswille der anderen bleibt deshalb ein grundsätzlich opakes Potential, und dieselbe Opazität gilt analog auch noch für den eigenen möglichen Selbstvernichtungswillen. Wer kommuniziert, muß zunächst immer darauf setzen, daß auch der andere an der Kontinuität seiner Existenz interessiert bleibt. Genau unter dieser Bedingung droht aber das Risiko des totalen Kontinuitätsbruchs unterschätzt zu werden: Wer sich die ungehinderte Möglichkeit zur Selbstvernichtung bewahren will, muß sich jedenfalls den Anschein eines kontinuierlichen Selbsterhaltungswillens geben. Das System des wechselseitig angenommenen bedingten Kontinuitätsdrucks begünstigt auch noch diesen Anschein.

(3) *Das Axiom des bedingten Wahrhaftigkeitsinteresses* besagt: Man kann nicht systematisch die Mitsubjekte für Lügner halten.[4] Denn Unwahrhaftigkeit kann nur fungieren, wenn sie nicht von Anfang an durchschaubar ist. Die Etablierung eines *Systems* der Unwahrhaftigkeit wäre die Etablierung eines Reichs der Wahrhaftigkeit: Denn für ›wahr‹ genommen würde jeweils das Gegenteil des Vorgespiegelten, und jede Vorspiegelung hätte dann aufgehört. Wenigstens aus diesem Grunde, wenn sich denn kein positiverer nennen läßt, behält ein beding-

tes Wahrhaftigkeitsinteresse der Sichselbsterhaltenden einen Vorrang vor der praktizierten Unwahrhaftigkeit. Ohne dieses führende Interesse gäbe es keinerlei Konsistenz der Behauptungssätze Sichselbsterhaltender.

Kant operiert ohne die drei Grundaxiome der bedingten Kommunikation, zumindest macht er sie nicht explizit, wenn er drei Grundpostulate der unbedingten Kommunikation entwirft:
(1) den kategorischen Imperativ,
(2) das Suizidverbot,
(3) das Unwahrhaftigkeitsverbot.

3.6. *Karl Marx: Von der kritischen Vernunftethik zur historisch-materialistischen Analyse und zum Mitvollzug des revolutionären Prozesses?*

3.6.1. *Vernunftanspruch des modernen Staates und Ideologiekritik*
(Aus: Deutsch-Französische Jahrbücher, Brief an Ruge, Sept. 1843)

Die Vernunft hat immer existiert, nur nicht immer in der vernünftigen Form. Der Kritiker kann also an jede Form des theoretischen und praktischen Bewußtseins anknüpfen und aus den *eigenen* Formen der existierenden Wirklichkeit die wahre Wirklichkeit als ihr Sollen und ihren Endzweck entwickeln. Was nun das wirkliche Leben betrifft, so enthält gerade der *politische Staat*, auch wo er von den sozialistischen Forderungen noch nicht bewußterweise erfüllt ist, in allen seinen *modernen* Formen die Forderungen der Vernunft. Und er bleibt dabei nicht stehen. Er unterstellt überall die Vernunft als realisiert. Er gerät aber ebenso überall in den Widerspruch seiner ideellen Bestimmung mit seinen realen Voraussetzungen.
Aus diesem Konflikt des politischen Staates mit sich selbst läßt sich daher überall die soziale Wahrheit entwickeln. Wie die *Religion* das Inhaltsverzeichnis von den theoretischen Kämpfen der Menschheit, so ist es der *politische Staat* von ihren praktischen. Der politische Staat drückt also innerhalb seiner Form *sub specie rei publicae* alle sozialen Kämpfe, Bedürfnisse, Wahrheiten aus. Es ist also durchaus nicht unter der *hauteur des principes*, die speziellste politische Frage – etwa den Unterschied von ständischem und repräsentativem System – zum Gegenstande der Kritik zu machen. Denn diese Frage drückt

nur auf *politische* Weise den Unterschied von der Herrschaft des Menschen und der Herrschaft des Privateigentums aus. Der Kritiker kann also nicht nur, er muß in diese politischen Fragen (die nach der Ansicht der krassen Sozialisten unter aller Würde sind) eingehen. Indem er den Vorzug des repräsentativen Systems vor dem ständischen entwickelt, *interessiert* er *praktisch* eine große Partei. Indem er das repräsentative System aus seiner politischen Form zu der allgemeinen Form erhebt und die wahre Bedeutung, die ihm zugrunde liegt, geltend macht, zwingt er zugleich diese Partei, über sich selbst hinauszugehen, denn ihr Sieg ist zugleich ihr Verlust.
Es hindert uns also nichts, unsere Kritik an die Kritik der Politik, an die Parteinahme in der Politik, also an *wirkliche* Kämpfe anzuknüpfen und mit ihnen zu identifizieren. Wir treten dann nicht der Welt doktrinär mit einem neuen Prinzip entgegen: hier ist die Wahrheit, hier kniee nieder! Wir entwikkeln der Welt aus den Prinzipien der Welt neue Prinzipien. Wir sagen ihr nicht: laß ab von deinen Kämpfen, sie sind dummes Zeug; wir wollen dir die wahre Parole des Kampfes zuschreien. Wir zeigen ihr nur, warum sie eigentlich kämpft, und das Bewußtsein ist eine Sache, die sie sich aneignen *muß*, wenn sie auch nicht will.
Die Reform des Bewußtseins besteht *nur* darin, daß man die Welt ihr Bewußtsein inne werden läßt, daß man sie aus dem Traume über sich selbst aufweckt, daß man ihre eigenen Aktionen ihr *erklärt*. Unser ganzer Zweck kann in nichts anderem bestehen, wie dies auch bei Feuerbachs Kritik der Religion der Fall ist, als, daß die religiösen und politischen Fragen in die selbstbewußte menschliche Form gebracht werden.
Unser Wahlspruch muß also sein: Reform des Bewußtseins nicht durch Dogmen, sondern durch Analysierung des mystischen, sich selbst unklaren Bewußtseins, trete es nun religiös oder politisch auf. Es wird sich dann zeigen, daß die Welt längst den Traum von einer Sache besitzt, von der sie nur das Bewußtsein besitzen muß, um sie wirklich zu besitzen. Es wird sich zeigen, daß es sich nicht um einen großen Gedankenstrich zwischen Vergangenheit und Zukunft handelt, sondern um die *Vollziehung* der Gedanken der Vergangenheit. Es wird sich endlich zeigen, daß die Menschheit keine *neue* Arbeit beginnt, sondern mit Bewußtsein ihre alte Arbeit zustande bringt.

3.6.2. *Ideologiekritik, Gesellschaftskritik und ihr kategorischer Imperativ*
(Aus: Zur Kritik der Hegelschen Rechtsphilosophie. Einleitung, 1844)

Wie die alten Völker ihre Vorgeschichte in der Imagination erlebten, in der *Mythologie*, so haben wir Deutsche unsere Nachgeschichte im Gedanken erlebt, in der *Philosophie*. Wir sind *philosophische* Zeitgenossen der Gegenwart, ohne ihre *historischen* Zeitgenossen zu sein. Die deutsche Philosophie ist die *ideale Verlängerung* der deutschen Geschichte. Wenn wir also statt die *œuvres incomplètes* unserer reellen Geschichte die *œuvres posthumes* unserer ideellen Geschichte, die *Philosophie*, kritisieren, so steht unsere Kritik mitten unter den Fragen, von denen die Gegenwart sagt: *that is the question*. Was bei den fortgeschrittenen Völkern *praktischer* Zerfall mit den modernen Staatszuständen ist, das ist in Deutschland, wo diese Zustände selbst noch nicht einmal existieren, zunächst *kritischer* Zerfall mit der philosophischen Spiegelung dieser Zustände.
Die *deutsche Rechts- und Staatsphilosophie* ist die einzige mit der *offiziellen* modernen Gegenwart *al pari* stehende *deutsche Geschichte*. Das deutsche Volk muß daher diese seine Traumgeschichte mit zu seinen bestehenden Zuständen schlagen und nicht nur diese bestehenden Zustände, sondern zugleich ihre abstrakte Fortsetzung der Kritik unterwerfen. Seine Zukunft kann sich weder auf die unmittelbare Verneinung seiner reellen noch auf die unmittelbare Vollziehung seiner ideellen Staats- und Rechtszustände *beschränken*, denn die unmittelbare Verneinung seiner reellen Zustände besitzt es in seinen ideellen Zuständen, und die unmittelbare Vollziehung seiner ideellen Zustände hat es in der Anschauung der Nachbarvölker beinahe schon wieder *überlebt*. Mit Recht fordert daher die *praktische* politische Partei in Deutschland die *Negation der Philosophie*. Ihr Unrecht besteht nicht in der Forderung, sondern in dem Stehenbleiben bei der Forderung, die sie ernstlich weder vollzieht noch vollziehen kann. Sie glaubt, jene Negation dadurch zu vollbringen, daß sie der Philosophie den Rücken kehrt und abgewandten Hauptes – einige ärgerliche und banale Phrasen über sie hermurmelt. Die Beschränktheit ihres Gesichtskreises zählt die Philosophie nicht ebenfalls in den Bering der *deutschen* Wirklichkeit oder wähnt sie gar *unter* der deutschen Praxis und den ihr dienenden Theorien. Ihr verlangt, daß man an *wirkliche Lebenskeime* anknüpfen soll, aber ihr vergeßt, daß der wirkliche Lebenskeim des deutschen Volkes bisher nur

unter seinem *Hirnschädel* gewuchert hat. Mit einem Worte: *Ihr könnt die Philosophie nicht aufheben, ohne sie zu verwirklichen.*

Dasselbe Unrecht, nur mit *umgekehrten* Faktoren, beging die *theoretische*, von der Philosophie her datierende politische Partei.

Sie erblickte in dem jetzigen Kampf *nur* den *kritischen Kampf der Philosophie mit der deutschen Welt*, sie bedachte nicht, daß die *seitherige Philosophie* selbst zu dieser Welt gehört und ihre, wenn auch ideelle, *Ergänzung* ist. Kritisch gegen ihren Widerpart, verhielt sie sich unkritisch zu sich selbst, indem sie von den *Voraussetzungen* der Philosophie ausging und bei ihren gegebenen Resultaten entweder stehenblieb oder anderweitig hergeholte Forderungen und Resultate für unmittelbare Forderungen und Resultate der Philosophie ausgab, obgleich dieselben – ihre Berichtigung vorausgesetzt – im Gegenteil nur durch die *Negation der seitherigen Philosophie*, der Philosophie als Philosophie, zu erhalten sind. Eine näher eingehende Schilderung dieser Partei behalten wir uns vor. Ihr Grundmangel läßt sich dahin reduzieren: *Sie glaubte, die Philosophie verwirklichen zu können, ohne sie aufzuheben.*

Die Kritik der *deutschen Staats- und Rechtsphilosophie*, welche durch *Hegel* ihre konsequenteste, reichste und letzte Fassung erhalten hat, ist beides, sowohl die kritische Analyse des modernen Staates und der mit ihm zusammenhängenden Wirklichkeit als auch die entschiedene Verneinung der ganzen bisherigen *Weise* des *deutschen politischen und rechtlichen Bewußtseins*, dessen vornehmster, universellster, zur *Wissenschaft* erhobener Ausdruck eben die *spekulative Rechtsphilosophie* selbst ist. War nur in Deutschland die spekulative Rechtsphilosophie möglich, dies abstrakte überschwengliche *Denken* des modernen Staates, dessen Wirklichkeit ein Jenseits bleibt, mag dies Jenseits auch nur jenseits des Rheins liegen: so war ebensosehr umgekehrt das *deutsche*, vom *wirklichen Menschen* abstrahierende Gedankenbild des modernen Staates nur möglich, weil und insofern der moderne Staat selbst vom *wirklichen Menschen* abstrahiert oder den *ganzen* Menschen auf eine nur imaginäre Weise befriedigt. Die Deutschen haben in der Politik *gedacht*, was die anderen Völker *getan* haben. Deutschland war ihr *theoretisches Gewissen*. Die Abstraktion und Überhebung seines Denkens hielt immer gleichen Schritt mit der Einseitigkeit und Untersetztheit ihrer Wirklichkeit. Wenn also der *status quo* des *deutschen Staatswesens* die *Vollendung des ancien régime* ausdrückt, die Vollendung des Pfahls im Fleische des modernen Staates, so drückt der *status quo* des *deutschen Staatswissens* die *Unvollendung des modernen Staates* aus, die Schadhaftigkeit seines Fleisches selbst.

Schon als entschiedener Widerpart der bisherigen Weise des *deutschen* politischen Bewußtseins verläuft sich die Kritik der spekulativen Rechtsphilosophie nicht in sich selbst, sondern in *Aufgaben*, für deren Lösung es nur ein Mittel gibt: die *Praxis.*

Es fragt sich: Kann Deutschland zu einer Praxis *à la hauteur des principes* gelangen, d. h. zu einer Revolution, die es nicht nur auf das *offizielle Niveau* der modernen Völker erhebt, sondern auf die *menschliche Höhe*, welche die nächste Zukunft dieser Völker sein wird?

Die Waffe der Kritik kann allerdings die Kritik der Waffen nicht ersetzen, die materielle Gewalt muß gestürzt werden durch materielle Gewalt, allein auch die Theorie wird zur materiellen Gewalt, sobald sie die Massen ergreift. Die Theorie ist fähig, die Massen zu ergreifen, sobald sie *ad hominem* demonstriert, und sie demonstriert *ad hominem*, sobald sie radikal wird. Radikal sein ist die Sache an der Wurzel fassen. Die Wurzel für den Menschen ist aber der Mensch selbst. Der evidente Beweis für den Radikalismus der deutschen Theorie, also für ihre praktische Energie, ist ihr Ausgang von der entschiedenen *positiven* Aufhebung der Religion. Die Kritik der Religion endet mit der Lehre, daß der *Mensch das höchste Wesen für den Menschen sei*, also mit dem *kategorischen Imperativ, alle Verhältnisse umzuwerfen*, in denen der Mensch ein erniedrigtes, ein geknechtetes, ein verlassenes, ein verächtliches Wesen ist, Verhältnisse, die man nicht besser schildern kann als durch den Ausruf eines Franzosen bei einer projektierten Hundesteuer: Arme Hunde! Man will euch wie Menschen behandeln!

3.6.3. *Die Entfremdung der Arbeit und die teleologische Naturgeschichte des Menschen*

(Aus: Ökonomisch-philosophische Manuskripte, 1844)

[. . .] *Die Nationalökonomie verbirgt die Entfremdung in dem Wesen der Arbeit dadurch, daß sie nicht das unmittelbare Verhältnis zwischen dem Arbeiter* (der Arbeit) *und der Produktion betrachtet.* Allerdings. Die Arbeit produziert Wunderwerke für die Reichen, aber sie produziert Entblößung für den Arbeiter. Sie produziert Paläste, aber Höhlen für den Arbeiter. Sie produziert Schönheit, aber Verkrüppelung für den Arbeiter.

Sie ersetzt die Arbeit durch Maschinen, aber sie wirft einen Teil der Arbeiter zu einer barbarischen Arbeit zurück und macht den anderen Teil zur Maschine. Sie produziert Geist, aber sie produziert Blödsinn, Kretinismus für den Arbeiter.

Das unmittelbare Verhältnis der Arbeit zu ihren Produkten ist das Verhältnis des Arbeiters zu den Gegenständen seiner Produktion. Das Verhältnis des Vermögenden zu den Gegenständen der Produktion und zu ihr selbst ist nur eine *Konsequenz* dieses ersten Verhältnisses. Und bestätigt es. Wir werden diese andere Seite später betrachten.

Wenn wir also fragen: Welches ist das wesentliche Verhältnis der Arbeit, so fragen wir nach dem Verhältnis des *Arbeiters* zur Produktion.

Wir haben bisher die Entfremdung, die Entäußerung des Arbeiters nur nach der einen Seite hin betrachtet, nämlich sein *Verhältnis zu den Produkten seiner Arbeit.* Aber die Entfremdung zeigt sich nicht nur im Resultat, sondern im *Akt der Produktion*, innerhalb der *produzierenden Tätigkeit* selbst. Wie würde der Arbeiter dem Produkt seiner Tätigkeit fremd gegenübertreten können, wenn er im Akt der Produktion selbst sich nicht sich selbst entfremdete: Das Produkt ist ja nur das Resümee der Tätigkeit, der Produktion. Wenn also das Produkt der Arbeit die Entäußerung ist, so muß die Produktion selbst die tätige Entäußerung, die Entäußerung der Tätigkeit, die Tätigkeit der Entäußerung sein. In der Entfremdung des Gegenstandes der Arbeit resümiert sich nur die Entfremdung, die Entäußerung in der Tätigkeit der Arbeit selbst.

Worin besteht nun die Entäußerung der Arbeit?

Erstens, daß die Arbeit dem Arbeiter *äußerlich* ist, d. h. nicht zu seinem Wesen gehört, daß er sich daher in seiner Arbeit nicht bejaht, sondern verneint, nicht wohl, sondern unglücklich fühlt, keine freie physische und geistige Energie entwickelt, sondern seine Physis abkasteit und seinen Geist ruiniert. Der Arbeiter fühlt sich daher erst außer der Arbeit bei sich und in der Arbeit außer sich. Zu Hause ist er, wenn er nicht arbeitet, und wenn er arbeitet, ist er nicht zu Hause. Seine Arbeit ist daher nicht freiwillig, sondern gezwungen, *Zwangsarbeit.* Sie ist daher nicht die Befriedigung eines Bedürfnisses, sondern sie ist nur ein *Mittel*, um Bedürfnisse außer ihr zu befriedigen. Ihre Fremdheit tritt darin rein hervor, daß, sobald kein physischer oder sonstiger Zwang existiert, die Arbeit als eine Pest geflohen wird. Die äußerliche Arbeit, die Arbeit, in welcher der Mensch sich entäußert, ist eine Arbeit der Selbstaufopferung, der Kasteiung. Endlich erscheint die Äußerlichkeit der Arbeit für den

Arbeiter darin, daß sie nicht sein eigen, sondern eines anderen ist, daß sie ihm nicht gehört, daß er in ihr nicht sich selbst, sondern einem anderen angehört. Wie in der Religion die Selbsttätigkeit der menschlichen Phantasie, des menschlichen Hirns und des menschlichen Herzens unabhängig vom Individuum, d. h. als eine fremde, göttliche oder teuflische Tätigkeit, auf es wirkt, so ist die Tätigkeit des Arbeiters nicht seine Selbsttätigkeit. Sie gehört einem anderen, sie ist der Verlust seiner selbst.

Es kommt daher zum Resultat, daß der Mensch (der Arbeiter) nur mehr in seinen tierischen Funktionen, Essen, Trinken und Zeugen, höchstens noch Wohnung, Schmuck etc., sich als freitätig fühlt und in seinen menschlichen Funktionen nur mehr als Tier. Das Tierische wird das Menschliche und das Menschliche das Tierische.

Essen, Trinken und Zeugen etc. sind zwar auch echt menschliche Funktionen. In der Abstraktion aber, die sie von dem übrigen Umkreis menschlicher Tätigkeit trennt und zu letzten und alleinigen Endzwecken macht, sind sie tierisch.

Wir haben den Akt der Entfremdung der praktischen menschlichen Tätigkeit, die Arbeit, nach zwei Seiten hin betrachtet. 1) Das Verhältnis des Arbeiters zum *Produkt der Arbeit* als fremden und über ihn mächtigen Gegenstand. Dieses Verhältnis ist zugleich das Verhältnis zur sinnlichen Außenwelt, zu den Naturgegenständen als einer fremden, ihm feindlich gegenüberstehenden Welt. 2) Das Verhältnis der Arbeit zum *Akt der Produktion* innerhalb der *Arbeit.* Dieses Verhältnis ist das Verhältnis des Arbeiters zu seiner eigenen Tätigkeit als einer fremden, ihm nicht angehörigen, die Tätigkeit als Leiden, die Kraft als Ohnmacht, die Zeugung als Entmannung, die *eigene* physische und geistige Energie des Arbeiters, sein persönliches Leben – denn was ist Leben [anderes] als Tätigkeit – als eine wider ihn selbst gewendete, von ihm unabhängige, ihm nicht gehörige Tätigkeit. Die *Selbstentfremdung*, wie oben die Entfremdung der Sache.

Wir haben nun noch eine dritte Bestimmung der *entfremdeten* Arbeit aus den beiden bisherigen zu ziehen.

Der Mensch ist ein Gattungswesen, nicht nur indem er praktisch und theoretisch die Gattung, sowohl seine eigene als die der übrigen Dinge, zu seinem Gegenstand macht, sondern – und dies ist nur ein anderer Ausdruck für dieselbe Sache – sondern auch indem er sich zu sich selbst als der gegenwärtigen, lebendigen Gattung verhält, indem er sich zu sich als einem

universellen, darum freien Wesen verhält.
Das Gattungsleben, sowohl bei Menschen als beim Tier, besteht physisch einmal darin, daß der Mensch (wie das Tier) von der unorganischen Natur lebt, und um so universeller der Mensch als das Tier, um so universeller ist der Bereich der unorganischen Natur, von der cr lebt. Wie Pflanzen, Tiere, Steine, Luft, Licht etc. theoretisch einen Teil des menschlichen Bewußtseins, teils als Gegenstände der Naturwissenschaft, teils als Gegenstände der Kunst bilden – seine geistige unorganische Natur, geistige Lebensmittel, die er erst zubereiten muß zum Genuß und zur Verdauung –, so bilden sie auch praktisch einen Teil des menschlichen Lebens und der menschlichen Tätigkeit. Physisch lebt der Mensch nur von diesen Naturprodukten, mögen sie nun in der Form der Nahrung, Heizung, Kleidung, Wohnung etc. erscheinen. Die Universalität des Menschen erscheint praktisch eben in der Universalität, die die ganze Natur zu seinem *unorganischen* Körper macht, sowohl insofern sie 1) ein unmittelbares Lebensmittel, als inwiefern sie 2) die Materie, der Gegenstand und das Werkzeug seiner Lebenstätigkeit ist. Die Natur ist der *unorganische Leib* des Menschen, nämlich die Natur, soweit sie nicht selbst menschlicher Körper ist. Der Mensch *lebt* von der Natur, heißt: Die Natur ist sein *Leib*, mit dem er in beständigem Prozeß bleiben muß, um nicht zu sterben. Daß das physische und geistige Leben des Menschen mit der Natur zusammenhängt, hat keinen anderen Sinn, als daß die Natur mit sich selbst zusammenhängt, denn der Mensch ist ein Teil der Natur.
Indem die entfremdete Arbeit dem Menschen 1) die Natur enfremdet, 2) sich selbst, seine eigene tätige Funktion, seine Lebenstätigkeit, so entfremdet sie dem Menschen die *Gattung*; sie macht ihm das *Gattungsleben* zum Mittel des individuellen Lebens. Erstens entfremdet sie das Gattungsleben und das individuelle Leben, und zweitens macht sie das letztere in seiner Abstraktion zum Zweck des ersten, ebenfalls in seiner abstrakten und entfremdeten Form.
Denn erstens erscheint dem Menschen die Arbeit, die *Lebenstätigkeit*, das *produktive Leben* selbst nur als ein *Mittel* zur Befriedigung eines Bedürfnisses, des Bedürfnisses der Erhaltung der physischen Existenz. Das produktive Leben ist aber das Gattungsleben. Es ist das Leben erzeugende Leben. In der Art der Lebenstätigkeit liegt der ganze Charakter einer species, ihr Gattungscharakter, und die freie bewußte Tätigkeit ist der Gattungscharakter des Menschen. Das Leben selbst erscheint nur als *Lebensmittel*.

Das Tier ist unmittelbar eins mit seiner Lebenstätigkeit. Es unterscheidet sich nicht von ihr. Es ist *sie*. Der Mensch macht seine Lebenstätigkeit selbst zum Gegenstand seines Wollens und seines Bewußtseins. Er hat bewußte Lebenstätigkeit. Es ist nicht eine Bestimmtheit, mit der er unmittelbar zusammenfließt. Die bewußte Lebenstätigkeit unterscheidet den Menschen unmittelbar von der tierischen Lebenstätigkeit. Eben nur dadurch ist er ein Gattungswesen. Oder er ist nur ein bewußtes Wesen, d. h. sein eigenes Leben ist ihm Gegenstand, eben weil er ein Gattungswesen ist. Nur darum ist seine Tätigkeit freie Tätigkeit. Die entfremdete Arbeit kehrt das Verhältnis dahin um, daß der Mensch, eben weil er ein bewußtes Wesen ist, seine Lebenstätigkeit, sein *Wesen* nur zu einem Mittel für seine *Existenz* macht.

Das praktische Erzeugen einer *gegenständlichen Welt*, die *Bearbeitung* der unorganischen Natur ist die Bewährung des Menschen als eines bewußten Gattungswesens, d. h. eines Wesens, das sich zu der Gattung als seinem eigenen Wesen oder zu sich als Gattungswesen verhält. Zwar produziert auch das Tier. Es baut sich ein Nest, Wohnungen, wie die Biene, Biber, Ameise etc. Allein es produziert nur, was es unmittelbar für sich oder sein Junges bedarf; es produziert einseitig, während der Mensch universell produziert; es produziert nur unter der Herrschaft des unmittelbaren physischen Bedürfnisses, während der Mensch selbst frei vom physischen Bedürfnis produziert und erst wahrhaft produziert in der Freiheit von demselben; es produziert nur sich selbst, während der Mensch die ganze Natur reproduziert; sein Produkt gehört unmittelbar zu seinem physischen Leib, während der Mensch frei seinem Produkt gegenübertritt. Das Tier formiert nur nach dem Maß und dem Bedürfnis der species, der es angehört, während der Mensch nach dem Maß jeder species zu produzieren weiß und überall das inhärente Maß dem Gegenstand anzulegen weiß; der Mensch formiert daher auch nach den Gesetzen der Schönheit.

Eben in der Bearbeitung der gegenständlichen Welt bewährt sich der Mensch daher erst wirklich als ein *Gattungswesen*. Diese Produktion ist sein werktätiges Gattungsleben. Durch sie erscheint die Natur als *sein* Werk und seine Wirklichkeit. Der Gegenstand der Arbeit ist daher die *Vergegenständlichung des Gattungslebens des Menschen*: indem er sich nicht nur wie im Bewußtsein intellektuell, sondern werktätig, wirklich verdoppelt und sich selbst daher in einer von ihm geschaffenen Welt anschaut. Indem daher die entfremdete Arbeit dem Menschen

den Gegenstand seiner Produktion entreißt, entreißt sie ihm sein Gattungsleben, seine wirkliche Gattungsgegenständlichkeit und verwandelt seinen Vorzug vor dem Tier in den Nachteil, daß sein unorganischer Leib, die Natur, ihm entzogen wird.
Ebenso indem die entfremdete Arbeit die Selbständigkeit, die freie Tätigkeit, zum Mittel herabsetzt, macht sie das Gattungsleben des Menschen zum Mittel seiner physischen Existenz.
Das Bewußtsein, welches der Mensch von seiner Gattung hat, verwandelt sich durch die Entfremdung also dahin, daß das Gattungsleben ihm zum Mittel wird.
Die entfremdete Arbeit macht also:
3) das *Gattungswesen des Menschen*, sowohl die Natur als sein geistiges Gattungsvermögen, zu einem ihm *fremden* Wesen, zum *Mittel* seiner *individuellen Existenz*. Sie entfremdet dem Menschen seinen eigenen Leib, wie die Natur außer ihm, wie sein geistiges Wesen, sein *menschliches Wesen*.
4) Eine unmittelbare Konsequenz davon, daß der Mensch dem Produkt seiner Arbeit, seiner Lebenstätigkeit, seinem Gattungswesen entfremdet ist, ist die *Entfremdung des Menschen* von dem *Menschen*. Wenn der Mensch sich selbst gegenübersteht, so steht ihm der andere Mensch gegenüber. Was von dem Verhältnis des Menschen zu seiner Arbeit, zum Produkt seiner Arbeit und zu sich selbst, das gilt von dem Verhältnis des Menschen zum anderen Menschen, wie zu der Arbeit und dem Gegenstand der Arbeit des anderen Menschen.
Überhaupt, der Satz, daß dem Menschen sein Gattungswesen entfremdet ist, heißt, daß ein Mensch dem anderen, wie jeder von ihnen dem menschlichen Wesen entfremdet ist.
Die Entfremdung des Menschen, überhaupt jedes Verhältnis, in dem der Mensch zu sich selbst steht, ist erst verwirklicht, drückt sich aus in dem Verhältnis, in welchem der Mensch zu den anderen Menschen steht.
Also betrachtet in dem Verhältnis der entfremdeten Arbeit jeder Mensch den anderen nach dem Maßstab und dem Verhältnis, in welchem er selbst als Arbeiter sich befindet. [. . .]
Aber der Gegensatz von *Eigentumslosigkeit* und *Eigentum* ist ein noch indiffenrenter, nicht in seiner *tätigen Beziehung* zu seinem *inneren* Verhältnis, noch nicht als *Widerspruch* gefaßter Gegensatz, solange er nicht als der Gegensatz der *Arbeit* und des *Kapitals* begriffen wird. Auch ohne die fortgeschrittene Bewegung des Privateigentums, im alten Rom, in der Türkei etc., kann dieser Gegensatz in der *ersten* Gestalt sich aussprechen. So erscheint er noch nicht als durch das Privateigentum

selbst gesetzt. Aber die Arbeit, das subjektive Wesen des Privateigentums als Ausschließung des Eigentums, und das Kapital, die objektive Arbeit als Ausschließung der Arbeit, ist das *Privateigentum* als sein entwickeltes Verhältnis des Widerspruchs, darum ein energisches, zur Auflösung treibendes Verhältnis.

Die Aufhebung der Selbstentfremdung macht denselben Weg wie die Selbstentfremdung. Erst wird das *Privateigentum* nur in seiner objektiven Seite – aber doch die Arbeit als sein Wesen – betrachtet. Seine Daseinsform ist daher das *Kapital*, das »als solches« aufzuheben ist (Proudhon). Oder die *besondere Weise* der Arbeit – als nivellierte, parzellierte und darum unfreie Arbeit – wird als die Quelle der *Schädlichkeit* des Privateigentums und seines menschenentfremdeten Daseins gefaßt – *Fourier*, der den Physiokraten entsprechend auch wieder die *Landbauarbeit* wenigstens als die ausgezeichnete faßt, während St. Simon im Gegensatz die *Industriearbeit* als solche für das Wesen erklärt und nun auch die *alleinige* Herrschaft der Industriellen und die Verbesserung der Lage der Arbeiter begehrt. Der *Kommunismus* endlich ist der *positive* Ausdruck des aufgehobenen Privateigentums, zunächst das *allgemeine* Privateigentum. Indem er dieses Verhältnis in seiner *Allgemeinheit* faßt, ist er 1) in seiner ersten Gestalt nur eine *Verallgemeinerung* und *Vollendung* desselben; als solche zeigt er sich in doppelter Gestalt: Einmal ist die Herrschaft des *sachlichen* Eigentums so groß ihm gegenüber, daß er *alles* vernichten will, was nicht fähig ist, als *Privateigentum* von allen besessen zu werden; er will auf *gewaltsame* Weise von Talent etc. abstrahieren. Der physische, unmittelbare *Besitz* gilt ihm als einziger Zweck des Lebens und Daseins; die Bestimmung des *Arbeiters* wird nicht aufgehoben, sondern auf alle Menschen ausgedehnt; das Verhältnis des Privateigentums bleibt das Verhältnis der Gemeinschaft zur Sachenwelt. [. . .]

Die erste positive Aufhebung des Privateigentums, der *rohe* Kommunismus, ist also nur eine *Erscheinungsform* von der Niedertracht des Privateigentums, das sich als das *positive Gemeinwesen* setzen will.

2) Der Kommunismus a) noch politischer Natur, demokratisch oder despotisch; b) mit Aufhebung des Staates, aber zugleich noch unvollendetem und immer noch mit dem Privateigentum, d. h. der Entfremdung des Menschen, affiziertem Wesen. In beiden Formen weiß sich der Kommunismus schon als Reintegration oder Rückkehr des Menschen in sich, als Aufhebung der menschlichen Selbstentfremdung, aber indem er das posi-

tive Wesen des Privateigentums noch nicht erfaßt hat und ebensowenig die *menschliche* Natur des Bedürfnisses verstanden hat, ist er auch noch von demselben befangen und infiziert. Er hat zwar seinen Begriff erfaßt, aber noch nicht sein Wesen.

3) Der *Kommunismus* als *positive* Aufhebung des *Privateigentums* als *menschlicher Selbstentfremdung* und darum als wirkliche *Aneignung des menschlichen* Wesens durch und für den Menschen; darum als vollständige, bewußt und innerhalb des ganzen Reichtums der bisherigen Entwicklung gewordene Rückkehr des Menschen für sich als eines *gesellschaftlichen*, d.h. menschlichen Menschen. Dieser Kommunismus ist als vollendeter Naturalismus = Humanismus, als vollendeter Humanismus = Naturalismus, er ist die *wahrhafte* Auflösung des Widerstreites zwischen dem Menschen mit der Natur und mit dem Menschen, die wahre Auflösung des Streits zwischen Existenz und Wesen, zwischen Vergegenständlichung und Selbstbestätigung, zwischen Freiheit und Notwendigkeit, zwischen Individuum und Gattung. Er ist das aufgelöste Rätsel der Geschichte und weiß sich als diese Lösung. [. . .]

Wir haben gesehen, wie unter Voraussetzung des positiv aufgehobenen Privateigentums der Mensch den Menschen produziert, sich selbst und den anderen Menschen; wie der Gegenstand, welcher die unmittelbare Betätigung seiner Individualität, zugleich sein eigenes Dasein für den anderen Menschen, dessen Dasein, und dessen Dasein für ihn ist. Ebenso sind aber sowohl das Material der Arbeit, als der Mensch als Subjekt, wie Resultat so Ausgangspunkt der Bewegung (und daß sie dieser *Ausgangspunkt* sein müssen, eben darin liegt die geschichtliche *Notwendigkeit* des Privateigentums). Also ist der *gesellschaftliche* Charakter der allgemeine Charakter der ganzen Bewegung: *wie* die Gesellschaft selbst den *Menschen* als *Menschen* produziert, so ist sie durch ihn *produziert.* Die Tätigkeit und der Genuß, wie ihrem Inhalt, sind auch der *Existenzweise* nach *gesellschaftlich, gesellschaftliche* Tätigkeit und *gesellschaftlicher* Genuß. Das *menschliche* Wesen der Natur ist erst da für den *gesellschaftlichen* Menschen; denn erst hier ist sie für ihn da als Band mit dem *Menschen,* als Dasein seiner für den anderen und des anderen für ihn, wie als Lebenselement der menschlichen Wirklichkeit, erst hier ist sie da als *Grundlage* seines eigenen *menschlichen* Daseins. Erst hier ist ihm sein natürliches Dasein sein *menschliches* Dasein und die Natur für ihn zum Menschen geworden. Also die *Gesellschaft* ist die vollendete Wesenseinheit des Menschen mit der Natur, die wahre Resurrektion der

Natur, der durchgeführte Naturalismus des Menschen und der durchgeführte Humanismus der Natur. [. . .]
Auch wenn ich *wissenschaftlich* etc. tätig bin, eine Tätigkeit, die ich selten in unmittelbarer Gemeinschaft mit anderen ausführen kann, so bin ich *gesellschaftlich*, weil als *Mensch*, tätig. Nicht nur das Material meiner Tätigkeit ist mir – wie selbst die Sprache, in der der Denker tätig ist – als gesellschaftliches Produkt gegeben, mein *eigenes* Dasein ist gesellschaftliche Tätigkeit. [. . .]
Es ist vor allem zu vermeiden, die »Gesellschaft« wieder als Abstraktion dem Individuum gegenüber zu fixieren. Das Individuum ist das *gesellschaftliche* Wesen. [. . .]
Der Mensch eignet sich sein allseitiges Wesen auf eine allseitige Art an, also als ein totaler Mensch. Jedes seiner menschlichen Verhältnisse zur Welt, Sehen, Hören, Riechen, Schmecken, Fühlen, Denken, Anschauen, Empfinden, Wollen, Tätigsein, Lieben, kurz, alle Organe seiner Individualität, wie die Organe, welche unmittelbar in ihrer Form als gemeinschaftliche Organe sind, sind in ihrem *gegenständlichen* Verhalten oder in ihrem *Verhalten zum Gegenstand* die Aneignung desselben. Die Aneignung der *menschlichen* Wirklichkeit, ihr Verhalten zum Gegenstand ist die *Betätigung der menschlichen Wirklichkeit*; sie ist daher ebenso vielfach, wie die menschlichen *Wesensbestimmungen* und *Tätigkeiten* vielfach sind. [. . .]
Das Privateigentum hat uns so dumm und einseitig gemacht, daß ein Gegenstand erst der *unsrige* ist, wenn wir ihn haben, [er] also als Kapital für uns existiert oder von uns unmittelbar besessen, gegessen, getrunken, an unserem Leib getragen, von uns bewohnt etc., kurz, *gebraucht* wird. Obgleich das Privateigentum alle diese unmittelbaren Verwirklichungen des Besitzes selbst wieder nur als *Lebensmittel* faßt und das Leben, zu dessen Mittel sie dienen, ist das *Leben* des *Privateigentums* Arbeit und Kapitalisierung.
An die Stelle *aller* physischen und geistigen Sinne ist daher die einfache Entfremdung *aller* dieser Sinne, der Sinn des *Habens* getreten. [. . .]
Die Aufhebung des Privateigentums ist daher die vollständige *Emanzipation* aller menschlichen Sinne und Eigenschaften; aber sie ist diese Emanzipation gerade dadurch, daß diese Sinne und Eigenschaften *menschlich*, sowohl subjektiv als objektiv, geworden sind. Das Auge ist zum *menschlichen* Auge geworden, wie sein Gegenstand zu einem gesellschaftlichen, *menschlichen*, vom Menschen für den Menschen herrührenden Gegenstand geworden ist. [. . .] Das Bedürfnis oder der Genuß haben

darum ihre *egoistische* Natur und die Natur ihre bloße *Nützlichkeit* verloren, indem der Nutzen zum *menschlichen* Nutzen geworden ist.
Ebenso sind die Sinne und der Genuß der anderen Menschen meine *eigene* Aneignung geworden. Außer diesen unmittelbaren Organen bilden sich daher *gesellschaftliche* Organe, in der *Form* der Gesellschaft, also z. B. die Tätigkeit unmittelbar in Gesellschaft mit anderen etc. ist ein Organ einer *Lebensäußerung* geworden und eine Weise der Aneignung des *menschlichen* Lebens.
Es versteht sich, daß das *menschliche* Auge anders genießt als das rohe, unmenschliche Auge, das menschliche *Ohr* anders als das rohe Ohr etc. [. . .]
Denn nicht nur die fünf Sinne, sondern auch die sogenannten geistigen Sinne, die praktischen Sinne (Wille, Liebe etc.), mit einem Wort der *menschliche* Sinn, die Menschlichkeit der Sinne wird erst durch das Dasein *seines* Gegenstandes, durch die *vermenschlichte* Natur. Die *Bildung* der fünf Sinne ist eine Arbeit der ganzen bisherigen Weltgeschichte. Der unter dem rohen praktischen Bedürfnis befangene Sinn hat auch nur einen bornierten Sinn. Für den ausgehungerten Menschen existiert nicht die menschliche Form der Sprache, sondern nur ihr abstraktes Dasein als Speise; ebensogut könnte sie in rohster Form vorliegen, und es ist nicht zu sagen, wodurch sich diese Nahrungstätigkeit von der *tierischen* Nahrungstätigkeit unterscheide. Der sorgenvolle, bedürftige Mensch hat keinen Sinn für das schönste Schauspiel; der Mineralienkrämer sieht nur den merkantilischen Wert, aber nicht die Schönheit und eigentümliche Natur des Minerals; er hat keinen mineralogischen Sinn [. . .].
Wir haben gesehen. Der Mensch verliert sich nur dann nicht in seinem Gegenstand, wenn dieser ihm als *menschlicher* Gegenstand oder gegenständlicher Mensch wird. Dies ist nur möglich, indem er ihm als *gesellschaftlicher* Gegenstand und er selbst sich als gesellschaftliches Wesen, wie die Gesellschaft als Wesen für ihn in diesem Gegenstand wird.

3.6.4. *Der Produktionsprozeß der bürgerlichen Industriegesellschaft und sein revolutionäres Ziel*
(Aus: Manifest der Kommunistischen Partei, 1872)

Bourgeois und Proletarier[1]

Die Geschichte aller bisherigen Gesellschaft ist die Geschichte von Klassenkämpfen.
Freier und Sklave, Patrizier und Plebejer, Baron und Leibeigener, Zunftbürger und Gesell, kurz, Unterdrücker und Unterdrückte standen in stetem Gegensatz zueinander, führten einen ununterbrochenen, bald versteckten, bald offenen Kampf, einen Kampf, der jedesmal mit einer revolutionären Umgestaltung der ganzen Gesellschaft endete oder mit dem gemeinsamen Untergang der kämpfenden Klassen.
In den früheren Epochen der Geschichte finden wir fast überall eine vollständige Gliederung der Gesellschaft in verschiedene Stände, eine mannigfaltige Abstufung der gesellschaftlichen Stellungen. Im alten Rom haben wir Patrizier, Ritter, Plebejer, Sklaven; im Mittelalter Feudalherren, Vasallen, Zunftbürger, Gesellen, Leibeigene, und noch dazu in fast jeder dieser Klassen wieder besondere Abstufungen.
Die aus dem Untergange der feudalen Gesellschaft hervorgegangene moderne bürgerliche Gesellschaft hat die Klassengegensätze nicht aufgehoben. Sie hat nur neue Klassen, neue Bedingungen der Unterdrückung, neue Gestaltungen des Kampfes an die Stelle der alten gesetzt.
Unsere Epoche, die Epoche der Bourgeoisie, zeichnet sich jedoch dadurch aus, daß sie die Klassengegensätze vereinfacht hat. Die ganze Gesellschaft spaltet sich mehr und mehr in zwei große feindliche Lager, in zwei große, einander direkt gegenüberstehende Klassen: Bourgeoisie und Proletariat.
Aus den Leibeigenen des Mittelalters gingen die Pfahlbürger der ersten Städte hervor; aus dieser Pfahlbürgerschaft entwickelten sich die ersten Elemente der Bourgeoisie.
Die Entdeckung Amerikas, die Umschiffung Afrikas schufen der aufkommenden Bourgeoisie ein neues Terrain. Der ostindische und chinesische Markt, die Kolonisierung von Amerika, der Austausch mit den Kolonien, die Vermehrung der Tauschmittel und der Waren überhaupt gaben dem Handel, der Schiffahrt, der Industrie einen nie gekannten Aufschwung und damit dem revolutionären Element in der zerfallenden feudalen Gesellschaft eine rasche Entwicklung.
Die bisherige feudale oder zünftige Betriebsweise der Industrie

reichte nicht mehr aus für den mit den neuen Märkten anwachsenden Bedarf. Die Manufaktur trat an ihre Stelle. Die Zunftmeister wurden verdrängt durch den industriellen Mittelstand; die Teilung der Arbeit zwischen den verschiedenen Korporationen verschwand vor der Teilung der Arbeit in der einzelnen Werkstatt selbst.

Aber immer wuchsen die Märkte, immer stieg der Bedarf. Auch die Manufaktur reichte nicht mehr aus. Da revolutionierte der Dampf und die Maschinerie die industrielle Produktion. An die Stelle der Manufaktur trat die moderne große Industrie, an die Stelle des industriellen Mittelstandes traten die industriellen Millionäre, die Chefs ganzer industrieller Armeen, die modernen Bourgeois.

Die große Industrie hat den Weltmarkt hergestellt, den die Entdeckung Amerikas vorbereitete. Der Weltmarkt hat dem Handel, der Schiffahrt, den Landkommunikationen eine unermeßliche Entwicklung gegeben. Diese hat wieder auf die Ausdehnung der Industrie zurückgewirkt, und in demselben Maße, worin Industrie, Handel, Schiffahrt, Eisenbahnen sich ausdehnten, in demselben Maße entwickelte sich die Bourgeoisie, vermehrte sie ihre Kapitalien, drängte sie alle vom Mittelalter her überlieferten Klassen in den Hintergrund.

Wir sehen also, wie die moderne Bourgeoisie selbst das Produkt eines langen Entwicklungsganges, einer Reihe von Umwälzungen in der Produktions- und Verkehrsweise ist.

Jede dieser Entwicklungsstufen der Bourgeoisie war begleitet von einem entsprechenden politischen Fortschritt. Unterdrückter Stand unter der Herrschaft der Feudalherren, bewaffnete und sich selbst verwaltende Assoziationen in der Kommune[2], hier unabhängige städtische Republik, dort dritter steuerpflichtiger Stand der Monarchie, dann zur Zeit der Manufaktur Gegengewicht gegen den Adel in der ständischen oder in der absoluten Monarchie und Hauptgrundlage der großen Monarchien überhaupt, erkämpfte sie sich endlich seit der Herstellung der großen Industrie und des Weltmarktes im modernen Repräsentativstaat die ausschließliche politische Herrschaft. Die moderne Staatsgewalt ist nur ein Ausschuß, die die gemeinschaftlichen Geschäfte der ganzen Bourgeoisklasse verwaltet.

Die Bourgeoisie hat in der Geschichte eine höchst revolutionäre Rolle gespielt.

Die Bourgeoisie, wo sie zur Herrschaft gekommen, hat alle feudalen, patriarchalischen, idyllischen Verhältnisse zerstört. Sie hat die buntscheckigen Feudalbande, die den Menschen an seinen natürlichen Vorgesetzten knüpften, unbarmherzig zerrissen und kein anderes Band zwischen Mensch und Mensch übriggelassen, als das nackte Interesse, als die gefühllose »bare Zahlung«. Sie hat die heiligen Schauer der frommen Schwärmerei, der ritterlichen Begeisterung, der spießbürgerlichen Wehmut in dem eiskalten Wasser egoistischer Berechnung ertränkt. Sie hat die persönliche Würde in den Tauschwert aufgelöst und an die Stelle der zahllosen verbrieften und wohlerworbenen Freiheiten die *eine* gewissenlose Handelsfreiheit gesetzt. [...]

Die Bourgeoisie hat [...] bewiesen, was die Tätigkeit der Menschen zustande bringen kann. Sie hat ganz andere Wunderwerke vollbracht als ägyptische Pyramiden, römische Wasserleitungen und gotische Kathedralen, sie hat ganz andere Züge ausgeführt als Völkerwanderungen und Kreuzzüge.

Die Bourgeoisie kann nicht existieren, ohne die Produktionsinstrumente, also die Produktionsverhältnisse, also sämtliche gesellschaftlichen Verhältnisse fortwährend zu revolutionieren. Unveränderte Beibehaltung der alten Produktionsweise war dagegen die erste Existenzbedingung aller früheren industriellen Klassen. Die fortwährende Umwälzung der Produktion, die ununterbrochene Erschütterung aller gesellschaftlichen Zustände, die ewige Unsicherheit und Bewegung zeichnet die Bourgeoisepoche vor allen früheren aus. [...]

Das Bedürfnis nach einem stets ausgedehnteren Absatz für ihre Produkte jagt die Bourgeoisie über die ganze Erdkugel. Überall muß sie sich einnisten, überall anbauen, überall Verbindungen herstellen.

Die Bourgeoisie hat durch die Exploitation des Weltmarkts die Produktion und Konsumtion aller Länder kosmopolitisch gestaltet. Sie hat zum großen Bedauern der Reaktionäre den nationalen Boden der Industrie unter den Füßen weggezogen. Die uralten nationalen Industrien sind vernichtet worden und werden noch täglich vernichtet. Sie werden verdrängt durch neue Industrien, deren Einführung eine Lebensfrage für alle zivilisierten Nationen wird, durch Industrien, die nicht mehr einheimische Rohstoffe, sondern den entlegensten Zonen angehörige Rohstoffe verarbeiten und deren Fabrikate nicht nur im Lande selbst, sondern in allen Weltteilen zugleich verbraucht werden. An die Stelle der alten, durch Landeserzeugnisse befriedigten Bedürfnisse treten neue, welche die Produkte der entferntesten Länder und Klimate zu ihrer Befriedigung erheischen. An die Stelle der alten lokalen und nationalen Selbstgenügsamkeit und Abgeschlossenheit tritt ein allseitiger

Verkehr, eine allseitige Abhängigkeit der Nationen voneinander. Und wie in der materiellen, so auch in der geistigen Produktion. Die geistigen Erzeugnisse der einzelnen Nationen werden Gemeingut. Die nationale Einseitigkeit und Beschränktheit wird mehr und mehr unmöglich, und aus den vielen nationalen und lokalen Literaturen bildet sich eine Weltliteratur.

Die Bourgeoisie reißt durch die rasche Verbesserung aller Produktionsinstrumente, durch die unendlich erleichterten Kommunikationen alle, auch die barbarischsten Nationen in die Zivilisation. Die wohlfeilen Preise ihrer Waren sind die schwere Artillerie, mit der sie alle chinesischen Mauern in den Grund schießt, mit der sie den hartnäckigsten Fremdenhaß der Barbaren zur Kapitulation zwingt. Sie zwingt alle Nationen, die Produktionsweise der Bourgeoisie sich anzueignen, wenn sie nicht zugrunde gehen wollen; sie zwingt sie, die sogenannte Zivilisation bei sich selbst einzuführen, d. h. Bourgeois zu werden. Mit einem Wort, sie schafft sich eine Welt nach ihrem eigenen Bilde. [. . .]

Die Bourgeoisie hat in ihrer kaum hundertjährigen Klassenherrschaft massenhaftere und kolossalere Produktionskräfte geschaffen als alle vergangenen Generationen zusammen. Unterjochung der Naturkräfte, Maschinerie, Anwendung der Chemie auf Industrie und Ackerbau, Dampfschiffahrt, Eisenbahnen, elektrische Telegraphen, Urbarmachung ganzer Weltteile, Schiffbarmachung der Flüsse, ganze aus dem Boden hervorgestampfte Bevölkerungen – welch früheres Jahrhundert ahnte, daß solche Produktionskräfte im Schoß der gesellschaftlichen Arbeit schlummerten.

Wir haben aber gesehen: Die Produktions- und Verkehrsmittel, auf deren Grundlage sich die Bourgeoisie heranbildete, wurden in der feudalen Gesellschaft erzeugt. Auf einer gewissen Stufe der Entwicklung dieser Produktions- und Verkehrsmittel entsprachen die Verhältnisse, worin die feudale Gesellschaft produzierte und austauschte, die feudale Organisation der Agrikultur und Manufaktur, mit einem Wort die feudalen Eigentumsverhältnisse den schon entwickelten Produktivkräften nicht mehr. Sie hemmten die Produktion, statt sie zu fördern. Sie verwandelten sich in ebenso viele Fesseln. Sie mußten gesprengt werden, sie wurden gesprengt.

An ihre Stelle trat die freie Konkurrenz mit der ihr angemessenen gesellschaftlichen und politischen Konstitution, mit der ökonomischen und politischen Herrschaft der Bourgeoisklasse.

Unter unsren Augen geht eine ähnliche Bewegung vor. Die bürgerlichen Produktions- und Verkehrsverhältnisse, die bürgerlichen Eigentumsverhältnisse, die moderne bürgerliche Gesellschaft, die so gewaltige Produktions- und Verkehrsmittel hervorgezaubert hat, gleicht dem Hexenmeister, der die unterirdischen Gewalten nicht mehr zu beherrschen vermag, die er heraufbeschwor. Seit Dezennien ist die Geschichte der Industrie und des Handels nur noch die Geschichte der Empörung der modernen Produktivkräfte gegen die modernen Produktionsverhältnisse, gegen die Eigentumsverhältnisse, welche die Lebensbedingungen der Bourgeoisie und ihrer Herrschaft sind. Es genügt, die Handelskrisen zu nennen, welche in ihrer periodischen Wiederkehr immer drohender die Existenz der ganzen bürgerlichen Gesellschaft in Frage stellen. In den Handelskrisen wird ein großer Teil nicht nur der erzeugten Produkte, sondern sogar der bereits geschaffenen Produktivkräfte regelmäßig vernichtet. In den Krisen bricht eine gesellschaftliche Epidemie aus, welche allen früheren Epochen als ein Widersinn erschienen wäre – die Epidemie der Überproduktion. Die Gesellschaft findet sich plötzlich in einen Zustand momentaner Barbarei zurückversetzt; eine Hungersnot, ein allgemeiner Vernichtungskrieg scheinen ihr alle Lebensmittel abgeschnitten zu haben; die Industrie, der Handel scheinen vernichtet, und warum? Weil sie zuviel Zivilisation, zuviel Lebensmittel, zuviel Industrie, zuviel Handel besitzt. Die Produktivkräfte, die ihr zur Verfügung stehen, dienen nicht mehr zur Beförderung der bürgerlichen Zivilisation und der bürgerlichen Eigentumsverhältnisse; im Gegenteil, sie sind zu gewaltig für diese Verhältnisse geworden, sie werden von ihnen gehemmt; und sobald sie dies Hemmnis überwinden, bringen sie die ganze bürgerliche Gesellschaft in Unordnung, gefährden sie die Existenz des bürgerlichen Eigentums. Die bürgerlichen Verhältnisse sind zu eng geworden, um den von ihnen erzeugten Reichtum zu fassen. – Wodurch überwindet die Bourgeoisie die Krisen? Einerseits durch die erzwungene Vernichtung einer Masse von Produktivkräften; anderseits durch die Eroberung neuer Märkte und die gründlichere Ausbeutung der alten Märkte. Wodurch also? Dadurch, daß sie allseitigere und gewaltigere Krisen vorbereitet und die Mittel, den Krisen vorzubeugen, vermindert.

Die Waffen, womit die Bourgeoisie den Feudalismus zu Boden geschlagen hat, richten sich jetzt gegen die Bourgeoisie selbst.

Aber die Bourgeoisie hat nicht nur die Waffen geschmiedet, die

ihr den Tod bringen; sie hat auch die Männer gezeugt, die diese Waffen führen werden – die modernen Arbeiter, die *Proletarier*. [. . .]
Die Lebensbedingungen der alten Gesellschaft sind schon vernichtet in den Lebensbedingungen des Proletariats. Der Proletarier ist eigentumslos; sein Verhältnis zu Weib und Kindern hat nichts mehr gemein mit dem bürgerlichen Familienverhältnis; die moderne industrielle Arbeit, die moderne Unterjochung unter das Kapital, dieselbe in England wie in Frankreich, in Amerika wie in Deutschland, hat ihm allen nationalen Charakter abgestreift. Die Gesetze, die Moral, die Religion sind für ihn ebenso viele bürgerliche Vorurteile, hinter denen sich ebenso viele bürgerliche Interessen verstecken.
Alle früheren Klassen, die sich die Herrschaft eroberten, suchten ihre schon erworbene Lebensstellung zu sichern, indem sie die ganze Gesellschaft den Bedingungen ihres Erwerbs unterwarfen. Die Proletarier können sich die gesellschaftlichen Produktivkräfte nur erobern, indem sie ihre eigene bisherige Aneignungsweise und damit die ganze bisherige Aneignungsweise abschaffen. Die Proletarier haben nichts von dem Ihrigen zu sichern, sie haben alle bisherige Privatsicherheit und Privatversicherungen zu zerstören.
Alle bisherigen Bewegungen waren Bewegungen von Minoritäten oder im Interesse von Minoritäten. Die proletarische Bewegung ist die selbständige Bewegung der ungeheuren Mehrzahl im Interesse der ungeheuren Mehrzahl. Das Proletariat, die unterste Schicht der jetzigen Gesellschaft, kann sich nicht erheben, nicht aufrichten, ohne daß der ganze Überbau der Schichten, die die offizielle Gesellschaft bilden, in die Luft gesprengt wird. [. . .]
Die wesentlichste Bedingung für die Existenz und für die Herrschaft der Bourgeoisklasse ist die Anhäufung des Reichtums in den Händen von Privaten, die Bildung und Vermehrung des Kapitals; die Bedingung des Kapitals ist die Lohnarbeit. Die Lohnarbeit beruht ausschließlich auf der Konkurrenz der Arbeiter unter sich. Der Fortschritt der Industrie, dessen willenloser und widerstandsloser Träger die Bourgeoisie ist, setzt an die Stelle der Isolierung der Arbeiter durch die Konkurrenz ihre revolutionäre Vereinigung durch die Assoziation. Mit der Entwicklung der großen Industrie wird also unter den Füßen der Bourgeoisie die Grundlage selbst weggezogen, worauf sie produziert und die Produkte sich aneignet. Sie produziert vor allem ihre eigenen Totengräber. Ihr Untergang und der Sieg des Proletariats sind gleich unvermeidlich.

3.6.5. *Basis, Überbau und teleologische Entwicklung der menschlichen Gesellschaft*
(Aus: Zur Kritik der politischen Ökonomie, 1859, Vorwort)

Mein Fachstudium war das der Jurisprudenz, die ich jedoch nur als untergeordnete Disziplin neben Philosophie und Geschichte betrieb. Im Jahr 1842/43, als Redakteur der »Rheinischen Zeitung«, kam ich zuerst in die Verlegenheit, über sogenannte materielle Interessen mitsprechen zu müssen. Die Verhandlungen des Rheinischen Landtags über Holzdiebstahl und Parzellierung des Grundeigentums, die amtliche Polemik, die Herr von Schaper, damals Oberpräsident der Rheinprovinz, mit der »Rheinischen Zeitung« über die Zustände der Moselbauern eröffnete, Debatten endlich über Freihandel und Schutzzoll, gaben die ersten Anlässe zu meiner Beschäftigung mit ökonomischen Fragen. [. . .]
Die erste Arbeit, unternommen zur Lösung der Zweifel, die mich bestürmten, war eine kritische Revision der Hegelschen Rechtsphilosophie, eine Arbeit, wovon die Einleitung in den 1844 in Paris herausgegebenen »Deutsch-Französischen Jahrbüchern« erschien. Meine Untersuchung mündete in dem Ergebnis, daß Rechtsverhältnisse wie Staatsformen weder aus sich selbst zu begreifen sind noch aus der sogenannten allgemeinen Entwicklung des menschlichen Geistes, sondern vielmehr in den materiellen Lebensverhältnissen wurzeln, deren Gesamtheit Hegel nach dem Vorgang der Engländer und Franzosen des 18. Jahrhunderts unter dem Namen »bürgerliche Gesellschaft« zusammenfaßt, daß aber die Anatomie der bürgerlichen Gesellschaft in der politischen Ökonomie zu suchen sei. Die Erforschung der letztern, die ich in Paris begann, setzte ich fort zu Brüssel. [. . .]
Das allgemeine Resultat, das sich mir ergab und, einmal gewonnen, meinen Studien zum Leitfaden diente, kann kurz so formuliert werden: In der gesellschaftlichen Produktion ihres Lebens gehen die Menschen bestimmte, notwendige, von ihrem Willen unabhängige Verhältnisse ein, Produktionsverhältnisse, die einer bestimmten Entwicklungsstufe ihrer materiellen Produktivkräfte entsprechen. Die Gesamtheit dieser Produktionsverhältnisse bildet die ökonomische Struktur der Gesellschaft, die reale Basis, worauf sich ein juristischer und politischer Überbau erhebt, und welcher bestimmte gesellschaftliche Bewußtseinsformen entsprechen. Die Produktionsweise des materiellen Lebens bedingt den sozialen, politischen und geistigen

Lebensprozeß überhaupt. Es ist nicht das Bewußtsein der Menschen, das ihr Sein, sondern umgekehrt ihr gesellschaftliches Sein, das ihr Bewußtsein bestimmt. Auf einer gewissen Stufe ihrer Entwicklung geraten die materiellen Produktivkräfte der Gesellschaft in Widerspruch mit den vorhandenen Produktionsverhältnissen oder, was nur ein juristischer Ausdruck dafür ist, mit den Eigentumsverhältnissen, innerhalb deren sie sich bisher bewegt hatten. Aus Entwicklungsformen der Produktivkräfte schlagen diese Verhältnisse in Fesseln derselben um. Es tritt dann eine Epoche sozialer Revolution ein. Mit der Veränderung der ökonomischen Grundlage wälzt sich der ganze ungeheure Überbau langsamer oder rascher um. In der Betrachtung solcher Umwälzungen muß man stets unterscheiden zwischen der materiellen, naturwissenschaftlich treu zu konstatierenden Umwälzung in den ökonomischen Produktionsbedingungen, und den juristischen, politischen, religiösen, künstlerischen oder philosophischen, kurz, ideologischen Formen, worin sich die Menschen dieses Konflikts bewußt werden und ihn ausfechten. Sowenig man das, was ein Individuum ist, nach dem beurteilt, was es sich selbst dünkt, ebensowenig kann man eine solche Umwälzungsepoche aus ihrem Bewußtsein beurteilen, sondern muß vielmehr dies Bewußtsein aus den Widersprüchen des materiellen Lebens, aus dem vorhandenen Konflikt zwischen gesellschaftlichen Produktivkräften und Produktionsverhältnissen erklären. Eine Gesellschaftsformation geht nie unter, bevor alle Produktivkräfte entwickelt sind, für die sie weit genug ist, und neue höhere Produktionsverhältnisse treten nie an die Stelle, bevor die materiellen Existenzbedingungen derselben im Schoß der alten Gesellschaft selbst ausgebrütet worden sind. Daher stellt sich die Menschheit immer nur Aufgaben, die sie lösen kann, denn genauer betrachtet wird sich stets finden, daß die Aufgabe selbst nur entspringt, wo die materiellen Bedingungen ihrer Lösung schon vorhanden oder wenigstens im Prozeß ihres Werdens begriffen sind. In großen Umrissen können asiatische, antike, feudale und modern bürgerliche Produktionsweisen als progressive Epochen der ökonomischen Gesellschaftsformation bezeichnet werden. Die bürgerlichen Produktionsverhältnisse sind die letzte antagonistische Form des gesellschaftlichen Produktionsprozesses, antagonistisch nicht im Sinn von individuellem Antagonismus, sondern eines aus den gesellschaftlichen Lebensbedingungen der Individuen hervorwachsenden Antagonismus, aber die im Schoß der bürgerlichen Gesellschaft sich entwickelnden Produktivkräfte schaffen zugleich die materiellen Bedingungen zur

Lösung dieses Antagonismus. Mit dieser Gesellschaftsformation schließt daher die Vorgeschichte der menschlichen Gesellschaft ab.

3.6.6. *Naturgesetzliche Entwicklung der kapitalistischen Produktion*

(Aus: Das Kapital. Erster Band, Vorwort zur ersten Auflage, 1867)

Der Physiker beobachtet Naturprozesse entweder dort, wo sie in der prägnantesten Form und von störenden Einflüssen mindest getrübt erscheinen, oder wo möglich, macht er Experimente unter Bedingungen, welche den reinen Vorgang des Prozesses sichern. Was ich in diesem Werk zu erforschen habe, ist die *kapitalistische Produktionsweise* und die ihr entsprechenden *Produktions- und Verkehrsverhältnisse.* Ihre klassische Stätte ist bis jetzt *England.* Dies der Grund, warum es zur Hauptillustration meiner theoretischen Entwicklung dient. Sollte jedoch der deutsche Leser pharisäisch die Achseln zucken über die Zustände der englischen Industrie- und Ackerbauarbeiter oder sich optimistisch dabei beruhigen, daß in Deutschland die Sachen noch lange nicht so schlimm stehen, so muß ich ihm zurufen: *De te fabula narratur!*

An und für sich handelt es sich nicht um den höheren oder niedrigeren Entwicklungsgrad der gesellschaftlichen Antagonismen, welche aus den Naturgesetzen der kapitalistischen Produktion entspringen. Es handelt sich um *diese Gesetze selbst,* um diese mit eherner Notwendigkeit wirkenden und sich durchsetzenden *Tendenzen.* Das industriell entwickeltere Land zeigt dem minder entwickelten nur das Bild der eigenen Zukunft. [...]

Eine Nation soll und kann von der anderen lernen. Auch wenn eine Gesellschaft *dem Naturgesetz ihrer Bewegung* auf die Spur gekommen ist, – und es ist *der letzte Endzweck dieses Werkes, das ökonomische Bewegungsgesetz der modernen Gesellschaft zu enthüllen* – kann sie naturgemäße Entwicklungsphasen weder überspringen noch wegdekretieren. Aber sie kann die Geburtswehen abkürzen und mildern.

3.7. *Albert Schweitzer: Ehrfurcht vor dem Leben. Zu einer Ethik der grenzenlosen Verantwortung für das Leben*

3.7.1. *Kritik der inhaltslosen und anthropozentrischen Ethik Kants*

Der allgemeinen Richtung seiner Gedanken nach lebt *Immanuel Kant* (1724–1804) ganz in der optimistisch-ethischen Weltanschauung des Rationalismus.[1] Aber er hat das Empfinden, daß ihre Fundamente nicht tief und fest genug sind. Sie auf in jeder Hinsicht sicheren Boden zu stellen, sieht er als seine Aufgabe an. Eine tiefere Ethik und eine weniger naive Gewißheit in den auf das Übersinnliche gehenden Behauptungen der Weltanschauung erscheinen ihm hierzu erforderlich.

Wie die englischen Intellektualisten und Intuitionisten nimmt Kant daran Anstoß, daß die Ethik, in der die Neuzeit Befriedigung und Tatendrang findet, nur aus Überlegung der allgemeinen Nützlichkeit des ethischen Handelns entsteht. Wie jene empfindet er, daß sie mehr als dies sei und ihren Ursprung letzten Grundes in der Nötigung des Menschen zur Selbstvervollkommnung haben müsse. Während seine Vorgänger dabei aber in Auskünften halbscholastischer Philosophie und Theologie stecken bleiben, geht er dem Problem auf den Wegen reinen ethischen Denkens nach. Dabei ergibt sich ihm, daß die Ursprünglichkeit und die Hoheit des Sittlichen nur dann gewahrt sind, wenn es uns immer nur als Selbstzweck, nie als Mittel zum Zweck bewußt wird. Mag das ethische Tun sich auch als allgemein nützlich und zweckmäßig erweisen, so muß es in uns doch aus rein innerlicher Notwendigkeit entstehen. Die utilitaristische Ethik soll vor der Ethik der unmittelbar und absolut gebietenden Pflicht abdanken. Dies ist der Sinn der Lehre vom kategorischen Imperativ.

Die englischen Anti-Utilitaristen hatten mit den Utilitaristen den Gedanken gemein, daß das Sittengesetz mit dem empirischen Naturgesetz wesensverwandt sei. Kant aber behauptet, daß es mit der natürlichen Weltordnung nichts zu tun habe, sondern ganz aus überweltlichen Anregungen entspringe. Als erster seit Plato empfindet er das Ethische wieder als die rätselhafte Tatsache in uns. In gewaltigen Worten führt er in der »Kritik der praktischen Vernunft« aus, daß Ethik ein Wollen ist, das uns über uns selbst erhebt, uns von der Naturordnung der Sinnenwelt frei macht und einer höheren Weltordnung angehören läßt. Dies ist seine große Erkenntnis.

In der Verarbeitung dieser Erkenntnis hat er aber keine glückliche Hand. Wer die Absolutheit der sittlichen Verpflichtung behauptet, muß auch einen absoluten, allgemeinsten Inhalt des Sittlichen angeben. Er muß ein Prinzip des Verhaltens dartun, das als absolut verbindlich und den verschiedenartigsten ethischen Pflichten zugrunde liegend einleuchtet. Gelingt ihm dies nicht, so hat er nur Stückwerk geboten.
Wo Plato die Überweltlichkeit und Rätselhaftigkeit der Ethik ausspricht, stellt ihm seine Weltanschauung ein der Überweltlichkeit und der Rätselhaftigkeit der Ethik entsprechendes, inhaltliches Grundprinzip des Ethischen zur Verfügung. Er ist in der Lage, Ethik als Rein- und Freiwerden von der sinnlichen Welt zu definieren. Diese seine eigentliche Ethik entwickelt er in den Stellen, wo er mit sich selbst konsequent ist. Wo er dann ohne tätige Ethik nicht auskommt, greift er auf die populäre Tugendlehre zurück.
Kant aber, als Kind des neuzeitlichen Geistes, kann Welt- und Lebensverneinung nicht als Ethik gelten lassen. So sieht er sich, da er mit Plato nur ein Stück des Weges gehen kann, vor die verwirrende Aufgabe gestellt, auf die empirische Welt gerichtete, zweckvoll tätige Ethik aus überweltlichen, durch keine empirische Zweckmäßigkeit bestimmten Anregungen entstehen zu lassen.
Zu lösen vermag er das so gestellte Problem nicht. In der Fassung, die er ihm gibt, ist es überhaupt unlösbar. Aber er ist sich nicht einmal klar darüber, daß er zum Problem des denknotwendigen Grundprinzips des Sittlichen vorgedrungen ist. Es genügt ihm, die ethische Pflicht formell als absolut verbindlich zu charakterisieren. Daß Pflicht, wenn ihr nicht zugleich ein Inhalt gegeben wird, ein leerer Begriff bleibt, will er nicht eingestehen. Die Erhabenheit des Grundprinzips des Sittlichen bezahlt er mit der Inhaltlosigkeit desselben.
Ansätze zu einem Versuche, ein inhaltliches Grundprinzip des Sittlichen aufzustellen, finden sich in der »Grundlegung zur Metaphysik der Sitten« (1785) und dann später in der »Metaphysik der Sitten« (1797). In dem Werke von 1785 gelangt er zu dem Satze: »Handle so, daß du die Menschheit sowohl in deiner Person als in der eines jeden andern jederzeit zugleich als Zweck, niemals bloß als Mittel brauchst.« Statt nun aber zu sehen, wie weit sich die Gesamtheit der ethischen Pflichten aus diesem Prinzip entwickeln läßt, zieht er es dann, in dem Werke von 1797, vor, der Ethik zwei Zwecke, die eigene Vollkommenheit und die fremde Glückseligkeit, zu setzen und sich über die dazu dienlichen Tugenden auszulassen.

In der Ergründung der auf die eigene Vervollkommnung gerichteten Ethik treibt er den Stollen mit sicherem Empfinden in der Richtung vor, daß alle hierher gehörigen Tugenden irgendwie als Äußerungen der Wahrhaftigkeit und der Ehrfurcht vor dem eigenen geistigen Sein aufgefaßt werden sollen. Aber er geht nicht darauf aus, dieses beides als eine Einheit zu begreifen. Ebensowenig gibt er sich damit ab, den inneren Zusammenhang des auf die eigene Vervollkommnung und des auf das Gemeinwohl gerichteten Strebens aufzudecken und so bis an die Wurzel des Ethischen als solchen herunterzugraben.

Wie weit Kant davon entfernt ist, das Problem des inhaltlich bestimmten Grundprinzips des Sittlichen einzusehen, ergibt sich daraus, daß er in einer ganz engen Auffassung des Gebietes des Ethischen verharrt. Er setzt seinen Eigensinn darein, die Grenzen der Ethik so eng wie möglich zu ziehen. Allein mit Pflichten des Menschen gegen Menschen läßt er sie beschäftigt sein. Das Verhalten des Menschen zu der nichtmenschlichen Kreatur bezieht er nicht in sie ein. Nur indirekt bringt er das Verbot der Tierquälerei in ihr unter. Er führt es unter den Pflichten des Menschen gegen sich selbst an. Durch grausame Behandlung der Tiere, sagt er, wird das Mitgefühl mit ihren Leiden in uns abgestumpft, wodurch »eine der Moralität im Verhältnis zu andern Menschen sehr dienliche natürliche Anlage geschwächt und nach und nach ausgetilgt wird«.

Auch der Vandalismus des Zerstörens der schönen, als unempfindlich angesehenen Gebilde der Natur soll nur dadurch unethisch sein, daß er den Pflichten des Menschen gegen sich selbst widerspricht, indem er dem die Moralität fördernden Gefühl, auch etwas ohne Absicht auf Nutzen zu lieben, Abbruch tut.

Wird das Gebiet des Ethischen auf das Verhalten des Menschen zu Menschen beschränkt, so sind alle Versuche, zu einem Grundprinzip des Sittlichen mit absolut verbindlichem Inhalt zu gelangen, von vornherein aussichtslos. Zur Absolutheit gehört die Universalität. Gibt es wirklich ein Grundprinzip des Sittlichen, so muß es sich irgendwie auf das Verhalten des Menschen zum Leben als solchem, in allen seinen Erscheinungen, beziehen.

Kant geht also nicht daran, eine seinem vertieften Begriffe des Ethischen entsprechende Ethik zu entwickeln. Im großen und ganzen tut er nichts anderes, als daß er die vorgefundene utilitaristische Ethik unter das Protektorat des kategorischen Imperativs stellt. Hinter einer stolzen Fassade führt er eine Mietskaserne auf.

Seine Wirkung auf die zeitgenössische Ethik ist zwiefacher Art. Er fördert sie, indem er zu vertieftem Nachdenken über das Wesen des Ethischen und über die ethische Bestimmung des Menschen anregt. Zugleich aber wird er ihr gefährlich, indem er ihr ihre Unbefangenheit nimmt. Die Stärke der Ethik des rationalistischen Zeitalters liegt in ihrem naiv utilitaristischen Enthusiasmus. Sie läßt den Menschen durch gute Zwecke unmittelbar in Dienst genommen werden. Kant macht sie unsicher, indem er diese Unmittelbarkeit in Frage stellt und eine aus viel weniger elementaren Überlegungen entspringende Ethik verlangt. Die Tiefe geht auf Kosten der Lebendigkeit, weil nicht zugleich ein in tiefer und elementarer Weise zwingendes inhaltliches Grundprinzip des Ethischen aufgestellt wird.
Manchmal legt Kant es geradezu darauf an, die natürlichen Quellen der Sittlichkeit zu verstopfen. So zum Beispiel will er das unmittelbare Mitleid nicht als ethisch angesehen haben. Das innerliche Miterleben des Leidens eines anderen soll nicht als Pflicht im wirklichen Sinne des Wortes gelten dürfen, sondern nur als Schwäche, durch die das Übel in der Welt verdoppelt wird. Alles Helfen muß aus der prinzipiellen Überlegung über die Pflicht, zu anderer Menschen Glückseligkeit beizutragen, hervorgehen. [...]

3.7.2. *Ethik ohne Tiere?* *Der enge Horizont der europäischen Ethik*

Wie die Hausfrau, die die Stube gescheuert hat, Sorge trägt, daß die Türe zu ist, damit ja der Hund nicht hereinkomme und das getane Werk durch die Spuren seiner Pfoten entstelle, also wachen die europäischen Denker darüber, daß ihnen keine Tiere in der Ethik herumlaufen. Was sie sich an Torheiten leisten, um die überlieferte Engherzigkeit aufrechtzuerhalten, und auf ein Prinzip zu bringen, grenzt ans Unglaubliche. Entweder lassen sie das Mitgefühl gegen Tiere ganz weg, oder sie sorgen dafür, daß es zu einem nichtssagenden Rest zusammenschrumpft. Lassen sie etwas mehr davon bestehen, so glauben sie dafür weithergeholte Rechtfertigungen, wenn nicht gar Entschuldigungen vorbringen zu müssen.
Es ist, als hätte Descartes mit seinem Ausspruch, daß die Tiere bloße Maschinen sind, die ganze europäische Philosophie behext.
Ein so bedeutender Denker wie Wilhelm Wundt entstellt seine

Ethik durch folgende Sätze: »Das einzige Objekt des Mitgefühls ist der Mensch. . . . Die Tiere sind für uns Mitgeschöpfe, ein Ausdruck, durch welchen die Sprache schon darauf hinweist, daß wir nur mit Bezug auf den letzten Grund alles Geschehens, die Schöpfung, hier eine Art Nebenordnung anerkennen. So können denn auch den Tieren gegenüber Regungen entstehen, die dem Mitgefühl einigermaßen verwandt sind; aber zum wahren Mitgefühl fehlt immer die Grundbedingung der inneren Einheit unseres Willens mit dem ihren.« Als Krönung dieser Weisheit stellt er zum Schlusse die Behauptung auf, daß von einer Mitfreude mit Tieren jedenfalls nicht die Rede sein könne, als hätte er nie einen durstigen Ochsen saufen sehen.
Kant betont ausdrücklich, daß die Ethik es nur mit Pflichten der Menschen gegen Menschen zu tun habe. Die »menschliche« Behandlung der Tiere glaubt er dadurch rechtfertigen zu müssen, daß er sie als eine Übung der Empfindlichkeit hinstellt, die unserem teilnehmenden Verhalten gegen Menschen förderlich ist.
Auch Bentham verficht die Barmherzigkeit gegen Tiere hauptsächlich als ein Mittel, dem Aufkommen eines herzlosen Verhaltens gegen Menschen entgegenzuwirken, wenn er sie in der oder jener Stelle auch als an sich selbstverständlich anerkennt.
Darwin, in seiner »Abstammung des Menschen«, erwähnt, daß das Gefühl der Sympathie, das in dem sozialen Triebe waltet, zuletzt so stark wird, daß es sich auf alle Menschen, ja sogar auf Tiere ausdehnt. Aber er geht dem Problem und der Bedeutung dieser Tatsache nicht weiter nach und begnügt sich damit, die Ethik der menschlichen Herde aufzustellen.
So gilt es dem europäischen Denken als ein Dogma, daß die Ethik es eigentlich nur mit dem Verhalten des Menschen zum Menschen und zur Gesellschaft zu tun habe. Die Anregungen zur Niederlegung der veralteten Umwallung, die von Schopenhauer und Stern und einigen anderen ausgehen, werden nicht begriffen.
Diese Rückständigkeit ist um so unbegreiflicher, als das indische und das chinesische Denken, kaum daß sie einigermaßen zur Entwicklung gekommen sind, die Ethik in dem gütigen Verhalten zu allen Geschöpfen bestehen lassen. Und zwar sind beide unabhängig voneinander dazu gekommen. Die so feinen und so weitgehenden Gebote der Rücksicht auf Tiere in der populären chinesischen Ethik des Buches »Kan Yin Pien« (»Von den Belohnungen und Strafen«) gehen gar nicht, wie

man gemeinhin annimmt, auf buddhistische Einflüsse zurück.[2] Sie stehen nicht mit metaphysischen Erwägungen über die Zusammengehörigkeit aller Wesen in Zusammenhang, wie sie bei der Erweiterung des ethischen Horizontes im indischen Denken wirksam waren, sondern sie kommen aus einem lebendigen, ethischen Empfinden, das wagt, die ihm natürlich scheinenden Konsequenzen zu ziehen. [. . .]

3.7.3. *Wille zum Leben und Ehrfurcht vor dem Leben*

Bei Descartes geht das Philosophieren von dem Satze aus: »Ich denke, also bin ich.« Mit diesem armseligen, willkürlich gewählten Anfang kommt es unrettbar in die Bahn des Abstrakten. Es findet den Zugang zur Ethik nicht und bleibt in toter Welt- und Lebensanschauung gefangen. Wahre Philosophie muß von der unmittelbarsten und umfassendsten Tatsache des Bewußtseins ausgehen. Diese lautet: »Ich bin Leben, das leben will, inmitten von Leben, das leben will.« Dies ist nicht ein ausgeklügelter Satz. Tag für Tag, Stunde für Stunde wandle ich in ihm. In jedem Augenblick der Besinnung steht er neu vor mir. Wie aus nie verdorrender Wurzel schlägt fort und fort lebendige, auf alle Tatsachen des Seins eingehende Welt- und Lebensanschauung aus ihm aus. Mystik ethischen Einswerdens mit dem Sein wächst aus ihm hervor.
Wie in meinem Willen zum Leben Sehnsucht ist nach dem Weiterleben und nach der geheimnisvollen Gehobenheit des Willens zum Leben, die man Lust nennt, und Angst vor der Vernichtung und der geheimnisvollen Beeinträchtigung des Willens zum Leben, die man Schmerz nennt: also auch in dem Willen zum Leben um mich herum, ob er sich mir gegenüber äußern kann oder ob er stumm bleibt.
Ethik besteht also darin, daß ich die Nötigung erlebe, allem Willen zum Leben die gleiche Ehrfurcht vor dem Leben entgegenzubringen wie dem eigenen. Damit ist das denknotwendige Grundprinzip des Sittlichen gegeben. Gut ist, Leben erhalten und Leben fördern; böse ist, Leben vernichten und Leben hemmen.
Tatsächlich läßt sich alles, was in der gewöhnlichen ethischen Bewertung des Verhaltens der Menschen zueinander als gut gilt, zurückführen auf materielle und geistige Erhaltung oder Förderung von Menschenleben und auf das Bestreben, es auf seinen höchsten Wert zu bringen. Umgekehrt ist alles, was in dem Verhalten der Menschen zueinander als böse gilt, seinem

letzten Wesen nach materielles oder geistiges Vernichten oder Hemmen von Menschenleben und Versäumnis in dem Bestreben, es auf seinen höchsten Wert zu bringen. Weit auseinanderliegende, untereinander scheinbar gar nicht zusammenhängende Einzelbestimmungen von Gut und Böse fügen sich wie zusammengehörige Stücke ineinander, sobald sie in dieser allgemeinsten Bestimmung von Gut und Böse erfaßt und vertieft werden.

Das denknotwendige Grundprinzip des Sittlichen bedeutet aber nicht nur Ordnung und Vertiefung der geltenden Anschauungen von Gut und Böse, sondern auch ihrer Erweiterung. Wahrhaft ethisch ist der Mensch nur, wenn er der Nötigung gehorcht, allem Leben, dem er beistehen kann, zu helfen, und sich scheut, irgend etwas Lebendigem Schaden zu tun. Er fragt nicht, inwiefern dieses oder jenes Leben als wertvoll Anteilnahme verdient, und auch nicht, ob und inwieweit es noch empfindungsfähig ist. Das Leben als solches ist ihm heilig. Er reißt kein Blatt vom Baume ab, bricht keine Blume und hat acht, daß er kein Insekt zertritt. Wenn er im Sommer nachts bei der Lampe arbeitet, hält er lieber das Fenster geschlossen und atmet dumpfe Luft, als daß er Insekt um Insekt mit versengten Flügeln auf seinen Tisch fallen sieht.

Geht er nach dem Regen auf der Straße und erblickt den Regenwurm, der sich darauf verirrt hat, so bedenkt er, daß er in der Sonne vertrocknen muß, wenn er nicht rechtzeitig auf Erde kommt, in der er sich verkriechen kann, und befördert ihn von dem todbringenden Steinigen hinunter ins Gras. Kommt er an einem Insekt vorbei, das in einen Tümpel gefallen ist, so nimmt er sich die Zeit, ihm ein Blatt oder einen Halm zur Rettung hinzuhalten.

Er fürchtet sich nicht, als sentimental belächelt zu werden. Es ist das Schicksal jeder Wahrheit, vor ihrer Anerkennung ein Gegenstand des Lächelns zu sein. Einst galt es als eine Torheit, anzunehmen, daß die farbigen Menschen wahrhaft Menschen seien und menschlich behandelt werden müßten. Die Torheit ist zur Wahrheit geworden. Heute gilt es als übertrieben, die stete Rücksichtnahme auf alles Lebendige bis zu seinen niedersten Erscheinungen herab als Forderung einer vernunftgemäßen Ethik auszugeben. Es kommt aber die Zeit, wo man staunen wird, daß die Menschheit so lange brauchte, um gedankenlose Schädigung von Leben als mit Ethik unvereinbar einzusehen.

Ethik ist ins Grenzenlose erweiterte Verantwortung gegen alles, was lebt.

In ihrer Allgemeinheit mutet die Bestimmung der Ethik als Verhalten in der Gesinnung der Ehrfurcht vor dem Leben kalt an. Aber sie ist die einzig vollständige. Mitleid ist zu eng, um als Inbegriff des Ethischen zu gelten. Es bezeichnet ja nur die Teilnahme mit dem leidenden Willen zum Leben. Zur Ethik gehört aber das Miterleben aller Zustände und aller Aspirationen des Willens zum Leben, auch seiner Lust, auch seiner Sehnsucht, sich auszuleben, auch seines Dranges nach Vervollkommnung.

Mehr schon sagt Liebe, weil sie Mitleiden, Mitfreude und Mitstreben in sich faßt. Aber sie bezeichnet das Ethische nur in einem Gleichnisse, wenn auch einem natürlichen und tiefen Gleichnis. Sie setzt die durch Ethik geschaffene Solidarität in Analogie zu derjenigen, die die Natur auf physische Art mehr oder weniger vorübergehend zwischen zwei sich geschlechtlich ergänzenden Wesen, oder zwischen diesen und ihrer Nachkommenschaft eintreten läßt.

Das Denken muß danach streben, das Wesen des Ethischen an sich zum Ausdruck zu bringen. Dabei kommt es dazu, Ethik als Hingebung an Leben zu bestimmen, die durch Ehrfurcht vor dem Leben motiviert ist. Mag das Wort Ehrfurcht vor dem Leben als sehr allgemein etwas unlebendig klingen, so ist doch das, was damit bezeichnet wird, etwas, das den Menschen, in dessen Gedanken es einmal aufgetreten ist, nicht mehr losläßt. Mitleid, Liebe, und überhaupt alles wertvoll Enthusiastische sind in ihm gegeben. Mit rastloser Lebendigkeit arbeitet die Ehrfurcht vor dem Leben an der Gesinnung, in die sie hineingekommen ist, und wirft sie in die Unruhe einer niemals und nirgends aufhörenden Verantwortlichkeit hinein. Wie die sich durch die Wasser wühlende Schraube das Schiff, so treibt die Ehrfurcht vor dem Leben den Menschen an. [. . .]

Ihre Wahrheit erweist die Ethik der Ehrfurcht vor dem Leben auch darin, daß sie das verschiedenartig Ethische in seinem Zusammenhang begreift. Keine Ethik hat noch das Streben nach Selbstvervollkommnung, in dem der Mensch ohne Taten nach außen an sich selbst arbeitet, und die tätige Ethik in ihrem Nebeneinander und Ineinander darstellen können. Die Ethik der Ehrfurcht vor dem Leben vermag es, und zwar so, daß sie nicht nur Schulfragen löst, sondern auch Vertiefung der ethischen Einsicht bringt.

Ethik ist Ehrfurcht vor dem Willen zum Leben in mir und außer mir. [. . .]

Daß Kant Wahrhaftigkeit gegen sich selbst so in den Mittelpunkt der Ethik rückt, zeugt für die Tiefe seines ethischen

Empfindens. Aber weil er in dem Suchen nach dem Wesen des Ethischen nicht bis zur Ehrfurcht vor dem Leben vordringt, kann er den Zusammenhang von Wahrhaftigkeit gegen sich selbst und tätiger Ethik nicht erfassen.

3.8. *Robert Spaemann: Technische Eingriffe in die Natur als Problem der politischen Ethik*

Vorbemerkung. Moderne Technologien auf physikalischem und biologischem Gebiet, insbesondere Atomspaltung und genetische Manipulation, stellen moralische Probleme, für deren Lösung traditionelle philosophische und theologische Argumentationen nur dann Hilfe bieten, wenn wir sie in ihrer abstraktesten und allgemeinsten Form heranziehen. Dies gilt insbesondere dort, wo die moralischen Probleme sich mit den politisch-rechtlichen überschneiden, d. h. mit der Frage nach der Verantwortlichkeit des Staates für die möglichen Folgen und Nebenfolgen der Anwendung dieser Technologien. Um hier zu Ergebnissen zu gelangen, die allgemeine Einsichtigkeit beanspruchen können, ist es deshalb erforderlich, sich der Grundlagen der Argumentation Schritt für Schritt zu versichern. Ich beginne daher mit einer Erörterung des allgemeinen moralphilosophischen Problems der Zumutbarkeit von Nebenwirkungen, um in einem zweiten Teil Gesichtspunkte zur Beurteilung technischer Eingriffe in die natürliche Umwelt zu entwikkeln.

Es liegt im Wesen menschlicher Handlungen, daß sie Nebenwirkungen hervorbringen. Dieser Satz ist nur die Kehrseite des anderen, daß Handeln auf Zwecke gerichtet ist. »Zweck« heißt jene Folge, die der Handelnde aus der Gesamtheit der Handlungsfolgen intentional heraushebt und im Verhältnis zu welchen er alle anderen Folgen zu Nebenfolgen, zu Mitteln oder zu Kosten herabsetzt. Nur durch solche Selektion wird Handeln überhaupt möglich, und nur durch sie wird es von »blinden« Naturereignissen unterscheidbar. Der Unterschied zwischen »Mitteln« und »Nebenwirkungen« liegt darin, daß Mittel selbst als diese gewollt werden müssen, also Unterzwecke sind, während Nebenwirkungen nicht gewußt, gewollt und herbeigeführt, sondern nur »in Kauf genommen« werden. So etwa ist die Zerstörung einer Kaserne im Krieg ein Mittel zur Erreichung des Kriegszieles, die Zerstörung der benachbarten Wohnhäuser aber eine Nebenwirkung, die mangels ausreichender Begrenzungsmöglichkeit der Sprengwirkung einer Bombe »in Kauf genommen« wird. Allerdings kann der Terroreffekt von Angriffen auf zivile Objekte auch selbst als Kriegsmittel beabsichtigt sein.

Daß der Handelnde in der Wahl der Mittel nicht frei ist, daß also nicht »der Zweck jedes Mittel heiligt«, ergibt sich aus einer einfachen Überlegung. Die Zwecke der Menschen sind verschieden. Die Mittelwahl des einen kann für den anderen Vereitelung seines Zweckes sein. Das Recht eines jeden, jeden anderen in seiner Zweckverfolgung nach Maßgabe der eigenen Zwecke beliebig zu behindern, würde den Begriff des Rechtes selbst unmittelbar aufheben. Eine solche Befugnis wäre gleichbedeutend mit dem Ende einer Rechtsordnung überhaupt. Andererseits heißt »Mittel anwenden«, oder »Kosten aufwenden« immer: die Möglichkeit der Verfolgung anderer Zwecke einschränken. Diese anderen Zwecke können sowohl die des Handelnden selbst als auch die Zwecke anderer sein. Die Kosten einer Ferienreise können den Bau eines Hauses verzögern. Und in einem sehr allgemeinen Sinne behindert auch jede Zielverfolgung eines Menschen mögliche Zielerreichungen eines anderen. Wenn die Ressourcen knapp sind, steht das Verbrauchte nicht mehr zur Verfügung, weder für den Verbraucher selbst noch für einen anderen.

In beiden Fällen kann sich ein moralisches Problem stellen. Es gibt Pflichten des Menschen gegen sich selbst. Wer für einen Augenblicksgenuß seine Gesundheit ruiniert, verletzt eine solche Pflicht. Dies zu begründen würde über unser Thema hinausführen. Den Pflichten gegen sich selbst korrespondieren nämlich keine einklagbaren Rechte. Das Verhältnis zu sich selbst ist kein durch Regeln der Gerechtigkeit normiertes Verhältnis. Volenti non fit iniuria (Dem, der bekommt, was er will, geschieht kein Unrecht). Wo es hingegen um das Verhältnis des Handelnden zu Betroffenen geht, die mit ihm nicht identisch sind, da entsteht das Problem der Gerechtigkeit, d. h. der Zumutbarkeit der Nebenfolgen des Handelns, und zwar stellen sich in diesem Zusammenhang vor allem zwei Fragen: 1. Welches sind die Kriterien der Zumutbarkeit? 2. Wer trägt die Verantwortung für die Zumutung von Handlungsnebenfolgen?

3.8.1. *Kriterien der Zumutbarkeit*

Hinsichtlich der Frage der Zumutbarkeit gibt es zwei extreme Auffassungen. Die erste ist die *anarchistische*. Sie geht davon aus, daß es kein anderes Kriterium für Zumutbarkeit gibt als die wirkliche Zustimmung der Betroffenen. Dahinter steht folgende richtige Erkenntnis: Die Freiheit des Menschen besteht gerade darin, daß nicht andere über den Wert und Rang seiner Wünsche und Interessen zu entscheiden haben. Zur Freiheit gehört, daß ich den Dingen für mich die Bedeutung geben kann, die ich selbst ihnen zu geben wünsche. Der Bereich, in dem die individuellen Präferenzen ohne Bevormundung den Ausschlag geben, ist der freie Markt.

Als Lösung des Gerechtigkeitsproblems stößt der Anarchismus jedoch auf einige grundsätzliche Schwierigkeiten.

a) Da jedes Handeln Nebenfolgen zeitigt, durch welche andere in Mitleidenschaft gezogen werden, würde jedes Handeln vereitelt werden können, wenn nur einer der auch noch so entfernt in Mitleidenschaft Gezogenen Widerspruch erhöbe. Niemand könnte mehr bauen, wenn jeder die Beeinträchtigung seines subjektiven Wohlbefindens durch den Bau des anderen geltend machen könnte, ohne die Unzumutbarkeit dieser Beeinträchtigung nach allgemeinen Kriterien für Zumutbarkeit aufzeigen zu müssen. Unterlassung jeden Handelns aber ist erst recht unzumutbar für ein freies Wesen.

b) Die anarchistische Forderung muß deshalb wenigstens eine von zwei Hilfsannahmen machen. Sie muß entweder voraussetzen, daß die menschlichen Wünsche »von Natur« mit den vorhandenen begrenzten Mitteln zu ihrer Befriedigung in prästabilierter Harmonie stehen. Oder sie muß voraussetzen, daß alle Menschen ihre Ansprüche von sich aus auf ein »gerechtes Maß« zurückschrauben. Die eine Voraussetzung macht den Menschen zum Tier, die andere zum Heiligen. Die erste Annahme wird durch die Geschichte widerlegt. Gäbe es jene prästabilierte Bedürfnisstruktur, dann hätten die Menschen nicht alles darangesetzt, durch Entfaltung der Produktivkräfte die Befriedigungsmöglichkeiten zu vermehren, und sie hätten nicht in Funktion dieser Vermehrung die Bedürfnisse selbst ausgeweitet. Die Widerlegung der zweiten Annahme folgt logisch aus der ersten. Mit der Bereitschaft zu einer »gerechten Lösung« von Interessenkonflikten könnte man nur dann mit Sicherheit rechnen, wenn sie angeboren wäre. Sie würde dann eine Art von

»natürlichem Bedürfnis« sein, was wiederum durch den Gang der Geschichte widerlegt wird. Die Bereitschaft, »gerechte Lösungen« zu akzeptieren, setzt die Tugend der Gerechtigkeit voraus. Für Tugenden aber gilt das Wort Spinozas: »Alles Vortreffliche ist ebenso schwierig wie selten.«

(Wegen der unter a) und b) genannten Schwierigkeiten des Anarchismus ist dieser historisch selten in Reinform aufgetreten, sondern öfter in einer sozialistischen Variante, die eine vorgängige Verschmelzung von Einzelinteressen und Kollektivinteressen ins Auge faßt. So fordert z. B. Proudhon, politisches Leben und private Existenz, gesellschaftliche und individuelle Interessen müßten zunächst miteinander identisch werden, »dann wird deutlich werden, daß aller Zwang verschwunden ist und wir uns in der vollen Freiheit der Anarchie befinden«. Marx hat richtig gesehen, daß eine solche Identität nur unter der Bedingung möglich ist, daß das Grundphänomen allen bisherigen Wirtschaftens beseitigt ist, das Phänomen der Knappheit. Da indessen, wie wir heute wissen, Knappheit aus ökologischen, physikalischen und anthropologischen Gründen prinzipiell unaufhebbar ist, bleibt die definitive Aufhebung des Dualismus von Individualinteresse und Allgemeininteresse eine Fiktion, der nur durch Zwang allgemeine Geltung verschafft werden kann, so daß der Anarchismus sich selbst aufzuheben genötigt ist.)

c) Die dritte Schwierigkeit, die der anarchistischen Lösung im Wege steht, ist die folgende: Wirklich zustimmen können den jeweiligen Handlungsfolgen nur die zur Zeit der Handlung existierenden mündigen Mitmenschen. Betroffen sind aber auch Unmündige und unter Umständen auch noch gar nicht geborene Menschen. Die Frage der Zumutbarkeit für diese muß also von anderen als von ihnen selbst entschieden werden. Die Kriterien für die Gerechtigkeit solcher Entscheidungen, also die Kriterien der Zumutbarkeit künftiger Zustimmung, müssen daher von der wirklichen Zustimmung der Betroffenen verschieden sein, oder es gibt gar keine Kriterien der Gerechtigkeit.

Die zweite Lösung des Problems der Zumutbarkeit ist das *konsensuelle Verfahren.* Dabei wird die Frage auf eine abstraktere Ebene verlegt. Angesichts der Unmöglichkeit, in jedem Einzelfall die faktische Zustimmung der Betroffenen zu einer Handlung mitsamt ihren Folgen zu erreichen, werden Verfahren eingeführt, mittels deren die Frage nach der Zumutbarkeit im Einzelfall entschieden wird. Nicht die Einzelentscheidungen selbst, sondern diese Verfahren bedürfen nun der allgemeinen Zustimmung. Im Unterschied zu der anarchistischen Konstruktion kann daher jederzeit ein Konflikt ausbrechen zwischen der allgemeinen Zustimmung zum Verfahren und dem Widerstand eines Betroffenen gegen eine bestimmte, für ihn nachteilige Lösung, die aufgrund des vereinbarten Verfahrens zustandekam. Für diesen Fall muß eine Zwangsgewalt installiert sein, die der auf legitime Weise zustandegekommenen Lösung zur Durchsetzung verhilft. In dieser, der rechtsstaatlichen Konzeption, gilt also als zumutbar, was in einem konsensuellen Verfahren für zumutbar erklärt wurde.

Auch diese Lösung stößt auf Schwierigkeiten, wenngleich nicht auf unüberwindliche. Es sind vor allem die beiden folgenden. Erstens: Der einstimmige Konsens aller bei der Errichtung von Verfahren – also bei der Verabschiedung einer Verfassung – ist zwar nicht so unmöglich wie der Konsens bezüglich bestimmter Einzelentscheidungen. Er ist aber ebenfalls normalerweise nicht zu erwarten. Eine Diskussion des Für und Wider kann nicht so lange dauern, bis der Letzte überzeugt ist. Es kann nicht für jeden neu Hinzukommenden die Verfassungsdebatte neu eröffnet werden. Zweitens: Es kann nicht ausgeschlossen werden, daß einzelne ungerecht sind, d. h. solche Verfahren begünstigen, durch die sie aufgrund bestimmter natürlicher oder sozialer Startbedingungen begünstigt werden. Zumindest kann nicht ausgeschlossen werden, daß einzelne sich durch die von der Mehrheit beschlossenen Verfahren benachteiligt fühlen. Damit der rechtsstaatliche Weg, Zumutbarkeit festzustellen, seinerseits für jedermann zumutbar ist, müssen daher bestimmte zusätzliche Bedingungen erfüllt sein:

a) Verfahren und Debatte über die Verfahren müssen institutionell getrennt sein. Die Verabschiedung von Gesetzen kann das Ende von Debatten nicht abwarten, sie darf dieses Ende aber auch nicht dekretieren. Der Grund ist der folgende: Es ist einleuchtend, daß Nichthandeln oft ebenso weitreichende Konsequenzen hat wie Handeln, ja daß es manchmal schlimmere Folgen hat als falsches Handeln. Es ist ferner einleuchtend, daß Handeln meistens unmöglich wäre, wenn dem abwägenden Für und Wider nicht ein Ende durch eine Entscheidung gesetzt würde. Es ist aber damit nicht gesagt, daß die Entscheidung stets richtig ist. Es gibt keine apriorische Identität von Machthabern und Rechthabern. Gehorsam gegenüber der Entscheidung des legitimen

Machthabers, also z. B. auch der Mehrheit, ist also nur zumutbar, wenn es nicht mit der Zumutung verbunden ist, dem Machthaber auch in der Sache recht zu geben. Daß der Machthaber sich bei seiner Entscheidung von dem leiten ließ, was er für das Wohl der Gesamtheit hält, kann aber nur dann unterstellt werden, wenn er sich nicht weigert, in der Sache selbst weitere Belehrung zu erhalten. Daraus folgt: die Debatte über die Richtigkeit einer Entscheidung muß weitergehen dürfen. Jeder muß das Recht haben, frei über politische Gegenstände zu sprechen, und die fortgesetzte Debatte muß die Möglichkeit haben, die Verfahren zu einem späteren Zeitpunkt zu beeinflussen: Rahmenentscheidungen dürfen nicht irreversibel sein.

b) Das letzte Wort, die Ordnung der Entscheidungsverfahren betreffend, muß bei der Mehrheit des Volkes liegen. Wo aber eine Minderheit die Entscheidung trifft, da muß die Mehrheit die Möglichkeit besitzen, über die Kriterien zu entscheiden, aufgrund deren jemand Mitglied dieser Minderheit ist. Dieses Recht der Mehrheit beruht nicht auf der irrigen Annahme, die Mehrheit hätte immer in der Sache recht. Sie beruht auch nicht auf der Annahme, es gäbe eine natürliche Autorität einer Gruppe von Menschen über eine andere, nur weil die erstere zahlreicher ist. Es beruht vielmehr umgekehrt auf der Abwesenheit von so etwas wie einer höheren Ermächtigung, wie wir sie etwa in bestimmten Institutionen, vor allem in Stiftungen, vor uns haben. Die Legitimität ihrer qualitativen Differenzierung kann auf verschiedene Art begründet werden. Solche Begründungen sollten normalerweise nicht voluntaristisch sein, sondern aus inhaltlichen Gesichtspunkten folgen, also aus ihrer »Vernünftigkeit«. Wo diese inhaltliche Begründung allerdings nicht einleuchtet, wo sie bestritten und wo gefragt wird, wer denn die Vernünftigkeit derer garantiere, die eine bestimmte Ordnung für vernünftig halten, da bedarf jede Legitimität letzten Endes der Verankerung in der Zustimmung der Mehrheit. Freilich kann eine Mehrheit nur dann beanspruchen, Repräsentant der Gesamtheit zu sein, wenn die Gesamtheit durch ein hohes Maß an Homogenität gekennzeichnet ist, so daß jeder prinzipiell die Chance hat, seine Meinung als Mehrheitsmeinung zu erleben. Ethnische oder religiöse Konflikte, aber auch fundamentale Gewissensfragen können nicht durch Mehrheitsentscheidungen legitimitätsstiftend gelöst werden.

c) Wem die Ordnung des Verfahrens oder eine bestimmte

Entscheidung über Zumutbarkeit als für ihn selbst unzumutbar erscheint, der muß die Möglichkeit haben, sich den Auswirkungen dieser Entscheidungen durch Auswanderung zu entziehen. Der Grund hierfür liegt im Folgenden: Zwar gehört es zum Menschen, in einer politischen Ordnung zu leben; aber jede bestimmte politische Ordnung und alle bestimmten Landesgrenzen bleiben deshalb doch »zufällig«. Der Aufenthalt in einem Land kann nur dann als stillschweigende Loyalitätserklärung interpretiert werden, wenn es jedermann freisteht, das Land, auch unter Mitnahme seines Eigentums, zu verlassen. Der Direktion eines Gefängnisses, in das man ohne eigene Schuld geraten ist, schuldet man keine Loyalität.

Aber auch, wenn alle diese Bedingungen erfüllt sind, garantiert die Gründung der Entscheidungsprozesse auf konsensuelle Verfahren noch nicht deren Gerechtigkeit, d. h. die Zumutbarkeit für jedermann, ihre Ergebnisse zu akzeptieren. Die Nebenwirkungen menschlicher Handlungen können nämlich Menschen betreffen, die an der Statuierung der Verfahren, in welcher über deren Zulässigkeit entschieden wird, prinzipiell nicht mitwirken können, weil sie zu diesem Zeitpunkt unmündig sind oder weil sie noch gar nicht existieren. Ihre Zustimmung muß also antizipiert werden. Dies kann nur geschehen, wenn wir, unabhängig von der wirklichen oder mit Gründen präsumierten Zustimmung zu den Entscheidungen oder Verfahren, über inhaltliche Kriterien verfügen, die die Grenzen des Zumutbaren markieren.
Alle Theorien, die die Rechtsphilosophie aufstellt, gründen auf dem Gedanken einer diskursiven Vermittlung von Interessen; sie finden ihre Grenze erstens in dem Umstand, daß wir es in der Gesellschaft auch mit Kindern und mit Geisteskranken zu tun haben, die an diesem Diskurs nicht teilnehmen können. Auch über diese dürfen die Diskursteilnehmer jedoch nicht beliebig disponieren. Warum nicht? Warum dürfen die Menschenrechte nicht an das Vorliegen bestimmter Voraussetzungen geknüpft werden, z. B. daran, daß jemand imstande ist, die Menschenrechte überhaupt zu verstehen und geltend zu machen? Deshalb nicht, weil jede inhaltliche Definition von Menschsein jene bestimmte Zahl von Menschen privilegieren würde, welche die Befugnis hätte, die Definition festzulegen und über das Vorliegen der Merkmale zu entscheiden. Es gäbe gar keine Menschenrechte, wenn es in das Belieben bestimmter Menschen gestellt wäre, darüber zu entscheiden, ob jemand

Träger solcher Rechte ist oder nicht. Daher bleibt nur die biologische Zugehörigkeit zur Species des Homo sapiens als Kriterium. Solange Menschen nicht mit Affen gekreuzt werden können, ist die Frage, wer Träger von Menschenrechten ist, so, aber auch nur so zweifelsfrei entscheidbar. Die zweite Grenze der Diskurstheorie der Gerechtigkeit liegt in dem Umstand, daß die Nebenfolgen unserer Handlungen und also auch unserer politischen Entscheidungen Menschen treffen, die zur Zeit unserer Handlungen und Entscheidungen noch gar nicht leben. Die menschliche Gemeinschaft übergreift die Generationen. Aber kein Instinkt begrenzt unsere Handlungsmöglichkeiten auf das Maß, das durch die Lebensbedürfnisse der später Lebenden gesetzt ist. Wir müssen dieses Maß selbst setzen. Wir haben unsere Handlungen vor künftigen Geschlechtern zu verantworten. Andererseits freilich haben wir durch Erziehung, durch »Einstimmung« der folgenden Generation in unseren Wertschätzungen dafür zu sorgen, daß diese imstande sind, in der Vergangenheit, deren Folgen sie zu tragen haben, etwas anderes als bloße Fremdbestimmung zu sehen, nämlich ihre eigene Geschichte. Diese Verantwortung gegenüber den Späteren folgt aus einer elementaren Billigkeitserwägung. Jeder Handelnde kann nur insoweit handeln, als andere zuvor ihm nicht seinen Handlungsspielraum durch exzessive Ausdehnung des ihren genommen haben. Ohne daß sich jede Generation als Glied in einer solidarischen Gemeinschaft der Generationen betrachtet – mit Schuldigkeiten nach hinten und nach vorn –, gibt es gar kein menschliches Leben auf der Erde. Um zu bestimmen, was diese Schuldigkeiten im einzelnen bedeuten, sind freilich weitere Überlegungen erforderlich.

3.8.2. *Das Subjekt der Verantwortung*

Ehe wir uns der Frage nach den inhaltlichen Kriterien der Zumutbarkeit für Betroffene, die selbst nicht zu Wort kommen, zuwenden, haben wir zunächst die Frage nach dem Subjekt der Verantwortung zu stellen. Es scheint, als trage von Natur jeder Handelnde die volle Verantwortung für die Nebenfolgen seiner Handlungen. Eine einfache Überlegung kann uns jedoch darüber belehren, daß das nicht möglich ist, und zwar deshalb nicht, weil es Handeln überhaupt unmöglich machen würde. Müßten wir stets versuchen, uns die unendlich komplexe Gesamtheit der langfristigen Folgen unseres Tuns vor Augen zu halten, ja darüber hinaus sogar die Folgen unserer Unterlassung, d. h. die mutmaßlichen Folgen aller alternativen Handlungsmöglichkeiten, dann würde die selektive Funktion der Zwecksetzung hinfällig und damit Handeln selbst illusorisch. Darum gehören zu den Voraussetzungen verantwortlichen Handelns Institutionen, die den Bereich der Nebenfolgen genau umschreiben, den das handelnde Individuum zu verantworten hat. Das »Erzeugerprinzip« bedarf der gesetzlichen Festsetzung und Definition. Nur durch eine solche Festsetzung eines beschränkten Bereichs der Verantwortung kann dann auch Unterlassung definiert werden, ohne daß dazu der Vergleich mit allen alternativen Handlungsmöglichkeiten erforderlich wäre. Solche institutionellen Vorgaben sind übrigens nicht nur bezüglich der Nebenfolgen erforderlich, sondern auch bezüglich der Zielsetzungen des Handelns und seiner konkreten Gestalt. Nur wo durch kulturelle »Selbstverständlichkeiten« der größte Teil unseres Handelns vorgezeichnet ist, findet jene Entlastung statt, die es überhaupt möglich macht, innerhalb des gegebenen Rahmens freie Entscheidungen zu treffen oder auch den vorgegebenen Rahmen selbst – nicht generell, aber mit bestimmter begrenzter Zielsetzung – in Frage zu stellen. Sind es vor allem die informellen, kulturellen, sittlichen und religiösen Traditionen, die diese Vorgabe leisten, so ist es vor allem Sache des Staates, die Verantwortung für die Nebenfolgen zu tragen, zu definieren und zu verteilen. Ja, dies ist seine wichtigste Aufgabe überhaupt. Für den Staat gilt nicht, wie für das Individuum, daß das Handeln nur durch partielle Blindheit gegen entferntere Folgen ermöglicht wird. Der Staat hat, im Unterschied zum Individuum, die Pflicht, so weit zu sehen, wie es unter Zuhilfenahme aller in einer bestimmten Epoche zur Verfügung stehenden Mittel möglich ist. Gerade deshalb kann er sich selbst nicht, ohne seine eigentliche Aufgabe zu verfehlen, als Verwirklicher von »Zielen«, von »Programmen« verstehen wollen. Er kann seiner primären Aufgabe, die unerwünschten Nebenfolgen menschlicher Zweckhandlungen zu neutralisieren, nur genügen, wenn er nicht selbst als der größte Realisierer von Zwecken auch die größten, und dann von niemandem mehr kontrollierten Nebenfolgen produziert. In Familie, Gemeinde und Staat, nicht im Individuum konkretisiert sich die Pflicht des Menschen, seine Zweckverfolgung so einzuschränken, daß nicht Risiken auf andere, insbesondere aber auf kommende Generationen abgewälzt werden.

Die Frage, welche Handlungsfolgen ihrer Natur nach unzumutbar sind, ist deshalb eine Frage der politischen Moral. Angesichts der ökologischen Probleme der Gegenwart, insbesondere der Frage der Nutzung der Kernenergie, sind wir dabei auf elementare Überlegungen angewiesen, denn die ökologische Situation stellt uns vor moralische Fragen, die ohne Beispiel sind. Die »Natur« im Ganzen war von der Antike bis zur Gegenwart nicht Gegenstand menschlichen Handelns, sondern Voraussetzung desselben. Das Handeln hatte sich in der traditionellen Ethik zwar nach der Natur zu richten, aber nicht deshalb, weil die Natur verletzlich wäre, sondern weil ein naturwidriges Handeln sich selbst zum Scheitern verurteilt. Der Mensch kann, das war die Überzeugung der Alten, nicht glücklich werden, wenn er sein Glück gegen die Natur zu erreichen sucht. Bis zum 16. Jahrhundert betrachtete der Mensch sich selbst als Teil der Natur, und zwar als deren Spitze. Die Lehre von der menschlichen Seele gehört für die ältere philosophische Tradition zur »Physik«. Das setzte voraus, daß die Natur ihrerseits nach Analogie menschlichen Lebens und Handelns verstanden wird, Naturprozesse also als zielgerichtete Prozesse. Naturbeherrschung ist deshalb im klassischen Verständnis selbst ein natürliches Verhältnis. Es ist eine Form von Symbiose. Natur wird von vornherein unter dem praktischen Gesichtspunkt ihrer Nützlichkeit für den Menschen gesehen. Aber diese Perspektive spricht der Natur nicht das Selbstsein ab. Zum Selbstsein der Natur gehört vielmehr ihre Dienlichkeit für Zwecke des höchsten Naturwesens, des Menschen.

Die Natur als ganze bleibt in diesem Weltverhältnis stets das Umgreifende. Sie kann den zerstören, der sich gegen sie und ihre Ordnung vergeht. Sie selbst bleibt immer dieselbe. Wir haben ihr So-und-nicht-anders-Sein nicht zu verantworten. Von diesem Hintergrund her ist es zu verstehen, wenn z. B. Thomas von Aquin in seiner Handlungstheorie die libertas specificationis, die Freiheit, so oder anders zu handeln, unterscheidet von der libertas exercitii, der Freiheit zu handeln oder nicht zu handeln. Wir sind heute, von einem totalen Begriff der Praxis her, geneigt, jedes Nichthandeln nur als eine andere Form von Handeln zu verstehen, die wir auf jeden Fall verantworten müssen. So etwa pflegt man zu sagen: Wer nicht wählt, wählt die stärkere Partei. Thomas von Aquin geht davon aus, daß wir zwar einen gewissen begrenzten Bereich pflichtmäßiger Verantwortung haben, innerhalb dessen wir zu handeln verpflichtet sind und innerhalb dessen Nichthandeln schuldhaftes Unterlassen sein kann. Darüber hinaus aber haben wir nicht zu verantworten, daß die Welt ist, wie sie ist. Wo uns ein eindeutig richtiges Handeln nicht möglich ist, da bleibt die Unterlassung

des Handelns immer ein legitimer Ausweg, für dessen Konsequenzen wir keine Verantwortung zu tragen haben.
Die Dynamisierung menschlicher Lebensverhältnisse in der Neuzeit hat diesen Gedanken fraglich gemacht. Mit Bezug auf gesellschaftliche Verhältnisse sind wir heute geneigt, jeden Zustand als einen von uns zu verantwortenden anzusehen; wenn er uns nicht der bestmögliche zu sein scheint, sind wir geneigt, eine Pflicht zu seiner Verbesserung zu unterstellen, was immer wir darunter verstehen mögen. Ob wir uns mit einer solchen generellen Optimierungspflicht nicht übernehmen, möchte ich hier dahingestellt sein lassen.
Die neuzeitliche Denkweise hängt eng zusammen mit der Dynamisierung der Naturbeherrschung. Sie hat gegenüber allen früheren Perioden der Menschheit eine qualitativ neue Dimension erreicht. Entscheidend ist, daß sie nicht mehr einen hierarchischen Aufbau der Natur mit dem Menschen an der Spitze voraussetzt, sondern einen dynamischen Prozeß progressiver Unterwerfung der Natur unter den Menschen, dem sich die Natur als Objekt entgegenstellt. Bis vor kurzem war der Prozeß noch dadurch charakterisiert, daß er einerseits zwar Natur fortschreitend menschlichen Zwecksetzungen unterwarf, sie andererseits aber doch noch als unendlich Umgreifendes betrachtete, dessen Regenerationsfähigkeit und dessen Kapazität, menschliche Handlungsfolgen zu neutralisieren, prinzipiell unbegrenzt ist. Herrschaft über die Natur besagte nicht: Verantwortung für die Erhaltung und Reproduktion der Natur, Verantwortung für die Erhaltung der elementaren Randbedingungen der menschlichen Existenz. Archaische Kulturen verhielten sich demgegenüber in diesem Sinne partiell verantwortlich; so etwa, indem sie diejenige Tierrasse, von deren Bejagung sie lebten, vor der Ausrottung schützten. Solche partielle Verantwortung zur Erhaltung der ökonomischen Basis eines Berufszweiges, z. B. der Fischerei, wird bis in die Gegenwart hinein wahrgenommen.

3.8.3. *Der Zusammenhang der ökologischen Systeme und die Pflicht gegenüber der Natur*

Erstmals aber tritt heute die Interdependenz *aller* ökologischen Systeme ins Bewußtsein. Diese Interdependenz ist von der Art, daß sie zwar von den verschiedensten partiellen Systemperspektiven aus wahrnehmbar ist und so etwas wie den Charakter eines Gesamtsystems hat, daß aber der funktionale Zusammenhang dieses Gesamtsystems, das ja den Menschen mit umgreift, wegen seiner hohen Komplexität nicht vollständig theoretisch faßbar und abbildbar ist. Schon die Anwendung des Systembegriffs wird hier problematisch, weil jedes System eine Umwelt voraussetzt, von der es sich abhebt, während die Natur als ganze gerade umweltlos ist. Die Unmöglichkeit einer wissenschaftlichen Theorie vom Ganzen der Natur wiederum hat zur Folge, daß Nebenfolgen unserer Handlungen mit Bezug auf die Natur als Ganzes nicht prinzipiell vorhersehbar sind. Die moderne Planungsforschung hat vielmehr gezeigt, daß jeder Versuch, durch Ausweitung planender und geplanter Eingriffe die Nebenfolgen in den Griff zu bekommen, nur neue und noch schwerer zu bewältigende Nebenfolgen erzeugt. [...]

Noch aus einem anderen Grund ist der Gesamtzusammenhang der Natur für uns kein möglicher Gegenstand kontrollierbarer Eingriffe. Das menschliche Wohlbefinden oder Glück ist nicht in der Weise mit Naturbedingungen verknüpft, daß die Faktoren, durch die es bedingt wird, eindeutig fixierbar wären. Aristoteles sagt, die menschliche Seele sei »in gewisser Weise alles«. Wir können schon keinen Katalog derjenigen Tiere und Pflanzen aufstellen, die für die menschliche Ernährung nützlich sind, denn wir kennen nicht die Möglichkeiten für Ernährung und Heilung, die noch in Lebewesen verborgen sind, welche uns im Augenblick nichts bedeuten. Viel weniger noch läßt sich eine funktional eindeutige Zuordnung von natürlichen Arten und menschlichem Glück herstellen. Warum sind wir denn traurig, wenn wir erfahren, daß irgendwo in der Welt eine Vogelart ausgerottet wurde, die wir wahrscheinlich ohnehin nie zu Gesicht bekommen hätten? Es ist offenbar so, daß das Glück des Menschen gerade mit dem nicht auf ihn bezogenen Reichtum des Wirklichen zusammenhängt. Die Reduktion der Welt auf das, was wir im Augenblick wahrzunehmen und zu genießen vermögen, würde jeden Genuß zerstören; denn zu diesem gehört ein Hintergrund der »Unerschöpflichkeit«. Zu wissen, daß das Wißbare und Sichtbare immer *mehr* ist als das aktual Gewußte und Gesehene, ist eine Bedingung dafür, daß der Mensch in der Welt heimisch sein kann.

Wenn wir jedoch nicht unsere augenblicklichen Bedürfnisse oder die von uns voraussehbaren Bedürfnisse unserer Nachkommen als letzten Maßstab zugrunde legen, verfügen wir über kein Kriterium der Selektion, nach welchem wir »lebenswerte« und »lebensunwerte« Arten unterscheiden könnten. Es ist deshalb vernünftig und konsequent, daß die Vereinigten Staaten

angesichts der wachsenden Bedrohung des Lebens auf der Erde ein Gesetz verabschiedet haben, wonach es unter keinen Umständen mehr erlaubt ist, eine Tierart zu vernichten. Vor kurzem wurde es gerichtlich untersagt, einen Staudamm in Tennessee in Betrieb zu nehmen, weil dadurch eine bestimmte kleine Fischspecies, die nur an dieser Stelle existiert, vernichtet worden wäre. Man hat versucht, an diesem Beispiel die Absurdität des Verbotes zu erweisen. Das Gegenteil ist richtig. In der Tat haben wir nicht das Recht, unsere augenblicklichen Wertschätzungen, also das, was uns wichtig erscheint, zum Maßstab dafür zu machen, was wir künftigen Generationen als natürliches Erbe hinterlassen. Da wir dieses Erbe nicht vermehren und nicht ergänzen können, können ja unsere Eingriffe in den Bereich des Lebens immer nur auf Herbeiführung eines status quo minus hinauslaufen. Darum ist es falsch, bei Entscheidungen dieser Art das Prinzip der Güterabwägung statt eines unbedingten Verbotes einführen zu wollen.
Da wir selbst keine natürlichen Arten neu schaffen können, haben wir die Pflicht, die natürlichen Arten in einer für die Arterhaltung erforderlichen Anzahl von Exemplaren weiterzugeben. Es gibt zwar ein natürliches Aussterben von Arten. Aber die Kapazität des Menschen, dieses Aussterben zu bewirken, ist so unverhältnismäßig und unbegrenzt, daß er nur dann verantwortlich handelt, wenn er sich als bewußter Beschützer der Natur versteht. Das ist die einzig mögliche Konsequenz aus seiner ambivalenten Lage, einerseits aufgrund seiner Instinktungebundenheit und Vernunft »über der Natur« zu stehen, andererseits aber doch natürliches Wesen mit seiner Existenz an natürliche Voraussetzungen gebunden zu bleiben. Weder ist die Natur bloßes Ausbeutungsobjekt für den Menschen, noch ist der Mensch so Teil der Natur, daß er ungestraft und ohne Schaden für das Ganze seinen natürlichen Expansionsbedürfnissen einfach freien Lauf lassen dürfte. Der biblische Herrschaftsauftrag an die Menschen wird im Bericht der Genesis zunächst dadurch realisiert, daß der Mensch den Tieren Namen gibt. Die Namengebung hat eine doppelte Funktion. Einerseits macht sie das Benannte für den Menschen verfügbar. Andererseits aber unterscheidet sich Benennen von bloßem Verwerten dadurch, daß das Benannte gerade in seinem Selbstsein bezeichnet wird. Man kann die Hegung der Natur anthropozentrisch verstehen. Der Mensch zerstört, wenn er die Natur zerstört, seine eigene Existenzgrundlage. Insofern geht es, wenn es um die Natur geht, stets um den Menschen. Dennoch, oder besser eben deshalb, ist es notwendig, die

anthropozentrische Perspektive heute zu verlassen. Denn solange der Mensch die Natur ausschließlich funktional auf seine Bedürfnisse hin interpretiert und seinen Schutz der Natur an diesem Gesichtspunkt ausrichtet, wird er sukzessive in der Zerstörung fortfahren. Er wird das Problem ständig als ein Problem der Güterabwägung behandeln und jeweils von der Natur nur das übrig lassen, was bei einer solchen Abwägung im Augenblick noch ungeschoren davonkommt. Bei einer solchen Güterabwägung im Detail wird der Anteil der Natur ständig verkürzt.

Die Sprache des heutigen Umweltschutzes bleibt noch weitgehend in solchem Funktionalismus befangen. So z. B. wenn in ihr Natur nur als Umweltträger« von »Umweltqualitäten« vorkommt, die ihrerseits einzig durch den Bezug auf menschliche »Bedürfnisse« qualifiziert werden. Die hier vorgetragene Argumentation ist zwar selbst funktionalistisch. Argumente können überhaupt nur funktionalistisch sein. Die Frage ist nur, was ein nur argumentatives Denken leisten kann und was nicht. Es kann viel leisten. Das Maximum seiner Möglichkeiten hat schon Platon aufgewiesen: es kann an seine eigene Grenze, d. h. an den Rand von Einsichten führen, die nicht mehr argumentativ, d. h. funktional herleitbar sind. Ein dem Wesen des Menschen gemäßer Funktionalismus kann zeigen, daß eine nichtfunktionale Ethik der dreifachen Ehrfurcht vor dem, was über uns, was unseresgleichen und was unter uns ist, auch unter Nützlichkeitspunkten aufs Ganze und auf die Länge gesehen für den Menschen das Beste ist. Freilich hat man so diese Ehrfurcht noch nicht. Sie bedarf anderer als argumentativer Grundlegungen. Aber daß Nützlichkeit und absolute Wertgesichtspunkte letztlich konvergieren, ist selbst Bestandteil eines sich nicht funktional begründenden Schöpfungsglaubens.

Nur wenn der Mensch heute die anthropozentrische Perspektive überschreitet und den Reichtum des Lebendigen als einen Wert an sich zu respektieren lernt, nur in einem wie immer begründeten religiösen Verhältnis zur Natur wird er imstande sein, auf lange Sicht die Basis für eine menschwürdige Existenz des Menschen zu sichern. Der anthropozentrische Funktionalismus zerstört am Ende den Menschen selbst.

Wieweit eine solche Pflicht gegenüber der Natur um der Natur willen auch die anorganische Materie einschließt, muß hier offenbleiben. Auch hier gibt es so etwas wie ein Selbstsein der Natur, so etwas wie substantielle Einheiten, die sich unter Bindung einer gigantischen Energiemenge in ihrer Identität behaupten. Zur Ausführung dieser naturphilosophischen Perspektive ist jedoch hier nicht der Raum. In unserem Zusammenhang kommt es nur darauf an, daß es eine Pflicht des Menschen gibt, die Welt in einem Zustand zu hinterlassen, in welchem Leben und Freiheit der Nachkommenden nicht auf eine Weise beeinträchtigt werden, von der wir billigerweise nicht erwarten können, daß sie von den Nachkommenden selbst als zumutbar akzeptiert wird. Das bedeutet erstens, daß keine irreversiblen Transformationen in relevanten Mengen in der Nähe der Erdoberfläche hinterlassen werden. Die Erde darf den Kommenden nicht als Kunststoffmüllplatz übergeben werden. Die späteren Generationen müssen die Möglichkeit haben, unsere Spuren entweder zu beseitigen oder das, was wir ihnen hinterließen, wiederum zu transformieren in das, was ihnen gut scheint. Wir müssen Substanzen hinterlassen, die weiterhin solche Transformationen möglich machen, und dies ohne Spekulation auf ungeahnte technische Fortschritte. Denn zu diesen können wir unsere Nachkommen nicht verpflichten. Das Zweite aber ist dies: Wir haben nicht das Recht, über die Gefahren hinaus, die der Natur innewohnen – Erdbeben, Vulkanausbrüche, Wirbelstürme usw. –, durch unsere Transformation von Materie zusätzliche Gefahrenquellen in unseren Planeten einzubauen. Die natürlichen Lebensmöglichkeiten, die die bewohnbare Welt bietet, sind die notwendige Voraussetzung für die Realisierung von Freiheit und Autonomie, also auch für so etwas wie Recht. Angesichts der Endlichkeit der Welt müssen deshalb diese Lebensmöglichkeiten wie ein Kapital betrachtet werden, von dessen Zinsen wir leben, das wir jedoch selbst nicht angreifen dürfen, ohne eine Pflicht gegen unsere Nachkommen zu verletzen, da ja das Grundkapital prinzipiell nicht wieder aufgefüllt werden kann. Jeder Einbau einer irreversiblen Gefahrenquelle kommt aber einem Anbrauchen eines Grundkapitals gleich. Natürlich spielt hier immer das Mengenproblem hinein. Unterhalb bestimmter Größenordnungen kann man die Fragen nach ihrer Zulässigkeit vernachlässigen, so wie ja auch Mundraub sich von Diebstahl durch die Geringfügigkeit unterscheidet. Im Unterschied zu archaischen Kulturen haben jedoch die Eingriffe der modernen Technik nicht mehr den Charakter des Mundraubs.

Während die Größenordnung bei der Beurteilung der hier anstehenden Frage eine Rolle spielt, kann es auf den Grad der Wahrscheinlichkeit künftiger Katastrophen nicht ankommen. Wahrscheinlichkeit ist eine subjektive Qualifikation künftiger Ereignisse. Wenn ein Ereignis eintritt, dann ist es gleichgültig, wie wahrscheinlich es zu einem früheren Zeitpunkt war. Die

Qualifikation eines Ereignisses als mehr oder weniger wahrscheinlich dient nur als Orientierung beim Eingehen eigener Risiken. Entscheidend dabei ist, daß derjenige, den Gewinn und Verlust betreffen, derselbe ist. Auch eine Gesellschaft kann konsensuell Risiken eingehen z. B. beim Autoverkehr, solange die vom Risiko Getroffenen prinzipiell dieselben sind wie die, die die Vorteile genießen. Das schließt nicht aus, daß dieses Risiko ungerechtfertigt und unvernünftig ist, wie dies beim heutigen Autoverkehr der Fall ist. Niemals aber kann es erlaubt sein, daß eine bekannte und feststehende Zahl von Menschen sich Vorteile verschafft auf Kosten des Risikos anderer Menschen, die überhaupt nicht gefragt werden. Wahrscheinlichkeitskalkül ist hier fehl am Platz. Niemand darf das Leben eines anderen verwetten, nur weil die Wahrscheinlichkeit eines günstigen Wettausganges sehr hoch ist.
Was nun die Gewinnung von Energie durch Kernspaltung betrifft, so ist alles, was ihre Befürworter gegenüber den Warnungen zu erwidern haben, der Hinweis auf die Unwahrscheinlichkeit möglicher Katastrophen. Eben dieses Argument aber zählt nicht. Und es zählt auch nicht der Hinweis auf die genügenden Sicherheitsvorkehrungen für den gelagerten radioaktiven Abfall. Die schädigende Potenz bleibt über Jahrtausende erhalten. Wir wissen nicht, ob die wissenschaftlich-technische Zivilisation mit ihrer Kenntnis der Natur dieser Gefahren die nächsten Jahrhunderte überleben wird. Wir wissen nicht, ob unseren Nachfahren an diesen Kenntnissen gelegen ist. Wir wissen nicht, wie lange die staatlichen Einrichtungen existieren, die den Schutz vor Einbrüchen in die Gefahrenzone gewährleisten. Wir haben nicht das Recht, unseren Nachkommen die Erprobung alternativer Formen gemeinschaftlichen Lebens unmöglich zu machen durch den Einbau nichttransformierbarer Sachzwänge. In diesem Zusammenhang ist auch darauf hinzuweisen, daß der prozentuale Anteil derjenigen, die über die theoretischen Voraussetzungen zur Erkenntnis und Bewältigung der genannten Gefahren verfügen, an der Weltbevölkerung ständig sinkt. Eine Wiederholung des zivilisatorischen Niedergangs nach Analogie der Völkerwanderungszeit ist daher nicht ausgeschlossen.
Es wird in diesem Zusammenhang nun darauf hingewiesen, daß ohne diese zusätzliche Energiequelle unser Wirtschaftssystem nicht zu erhalten sei, und daß eine Konsumeinschränkung soziale Konflikte erzeugen würde, die vielleicht nicht gebändigt werden können. Das aber heißt doch: um in den nächsten 30 Jahren nicht unseren Konsum einschränken oder unser Gesell-

schaftssystem modifizieren zu müssen, unterwerfen wir für Jahrtausende die kommenden Generationen dem Zwang, ihr Gesellschaftssystem so zu gestalten, daß es die von uns geschaffenen neuen Gefahrenquellen unter Kontrolle zu halten vermag. Diese Zumutung kann auf keine Weise gerechtfertigt werden. Der Hinweis auf die tödlichen Gefahren, die sich aus Energieverknappung und daraus resultierenden sozialen Konflikten in nationalem und internationalem Maßstab ergeben und die gegen jene anderen abgewogen werden müßten, ist unberechtigt.
Es gibt eine Tendenz, soziale Systemzwänge zu objektivieren und mit Naturzwängen gleichzusetzen. Eine solche Gleichsetzung provoziert aber geradezu revolutionäre Bestrebungen. Sie ist nämlich gleichbedeutend mit der Behauptung, das soziale System, in dem wir leben, sei nicht ein frei gewähltes und anderen vorgezogenes, daher auch nach Maßgabe von Einsichten modifizierbares, sondern das Ergebnis von naturwüchsigen Zwängen. Wenn das stimmt, entfällt jedes sittliche Argument gegen den Versuch, ein solches System durch eines zu ersetzen, das in Aussicht stellt, Ausdruck objektiver menschlicher Selbstbestimmung zu sein. Spätere Generationen müßten urteilen: man hat uns neue Naturzwänge hinterlassen, weil man den eigenen Willen, so und nicht anders zu leben, unehrlicherweise für einen Naturzwang ausgegeben hat. Der Freiheitsspielraum,wenn er bewußt realisiert wird, muß im übrigen bei Verzicht auf atomare Energiegewinnung keineswegs zu einer Aufgabe der rechtsstaalichen Ordnung führen. Die Leugnung dieses Spielraums geht nämlich im allgemeinen Hand in Hand mit einer nahezu mythologischen Annahme über eine prästabilierte Harmonie menschlicher Bedürfnisse und bestimmter wissenschaftlicher Entdeckungen. Daß in dem Augenblick, wo die traditionellen Brennstoffe der Welt zur Neige gehen, die Atomspaltung erfunden wurde, ist und bleibt ein kontingentes Faktum. Es muß erlaubt sein, gegenüber solchen nicht innerlich notwendigen Verknüpfungen die Frage zu stellen: Was wäre, wenn man diese Erfindung nicht gemacht hätte? Vermutlich wäre es nicht das Ende der Menschheit oder das Ende der Zivilisation gewesen. Gerade freie Gesellschaftssysteme haben eine ungeheure Kapazität, natürlichen Herausforderungen zu begegnen. Diese Kapazität liegt heute brach, weil der Ausweg der Atomenergie, in dessen Erarbeitung bereits viel investiert wurde, den Druck der Herausforderung beseitigt und damit auch die Nötigung zu jener intellektuellen Energieentfaltung, die erforderlich ist, um langfristig das Energieproblem auf eine

die Nachwelt weniger belastende Weise zu lösen. Es ist daher nötig, an die Stelle der weggefallenen Nötigung durch akute Notlage eine Nötigung durch sittliche Verantwortung zu setzen.

3.8.4. *Grenzen der Loyalitätspflicht gegenüber dem Staat?*

Ein Letztes ist noch zu bedenken. Die Legitimität des Staates und die Loyalitätspflicht der Bürger sind nicht unbedingt und unbegrenzt. Im ersten Teil dieser Ausführungen waren einige Minimalbedingungen genannt worden, denen ein Staat genügen muß, um für seine Zumutungen an seine Bürger Gehorsam zu verlangen. Nicht jede Mehrheitsentscheidung erfüllt diese Bedingung. Nur wo die Subjektstellung der Betroffenen durch die Entscheidung nicht negiert wird, kann auch der Gehorsam der Dissentierenden verlangt werden. Wo irgend jemandes Subjektstellung negiert wird, da steht es jedermann frei, diesem Betroffenen und aus der Loyalitätspflicht Entlassenen beizustehen und seinerseits die Loyalität aufzukündigen. Wo Juden von Staats wegen zum Mord freigegeben werden, da sind nicht nur Juden ihrer Loyalitätspflicht ledig, sondern jedermann, der diesen beizustehen wünscht. Für diejenigen, die in der industriellen Nutzung der Kernspaltung einen Angriff auf die Integrität des menschlichen Lebens sehen, stellt sich daher die Loyalitätsfrage. Es kann niemandem zugemutet werden, Mehrheitsentscheidungen zu akzeptieren, wo diese seiner Überzeugung nach Tod oder schwere gesundheitliche Schädigung seiner Kinder bedeuten.

[. . .] Die Entfesselung radioaktiver Strahlung schafft einen Umstand, der durch keinerlei spätere Entscheidung ungeschehen gemacht werden kann. Die kommenden Generationen haben das Faktum als ein unveränderbares und als solches unfruchtbares Datum in ihr Leben aufzunehmen. Wer sich mit diesen künftigen Generationen in einer geschichtlichen Solidarität weiß, kann daher einen solchen Mehrheitsentscheid nicht einfach akzeptieren, weil er ihn als Überschreitung der Kompetenz einer Mehrheit betrachten muß, die doch gegenüber den Betroffenen stets in der Minderheit bleibt. Wo es sich aber um einen Fall handelt, bei welchem Dissens Aufkündigung der Loyalität zur Folge haben kann und wo zur dissentierenden Minderheit sachkundige Fachleute gehören, da hat der Staat den Legitimitätsverlust selbst zu verantworten, wenn er das Ende der Debatte unter den Sachkundigen nicht abwartet,

sondern vorschnell vollendete Tatsachen schafft.
Der sachkundige Laie bildet sich sein Urteil, indem er die Argumente der Fachleute anhört und abwägt. Dabei muß er heute angesichts des Ausmaßes und der Irreversibilität der Schäden eine neue Beweislastverteilung fordern. Nicht die Schädlichkeit, sondern die Unschädlichkeit muß glaubhaft gemacht werden. Wann ist sie glaubhaft gemacht? Für den Laien dann, wenn praktisch alle Fachleute sich haben überzeugen lassen. Der Laie hat das Recht, der Überzeugungskraft eines Argumentes so lange zu mißtrauen, wie eine durch Qualifikation oder Zahl nennenswerte Minderheit von Fachleuten durch das Argument nicht überzeugt wurde. [. . .]
Wir sind uns heute bewußt geworden, daß es einen Besitz gibt, der jenem der Freiheit voraufliegt: die Integrität jener Natur, in deren ökologischer Nische Leben und Freiheit selbst angesiedelt sind. Damit aber kehren sich Präsumption und Beweislast erneut um. Die Begründungspflicht trägt wiederum der, der *diesen* Besitz antasten will. Der Beweis für die Notwendigkeit und die Harmlosigkeit des Eingriffs aber kann erst dann als erbracht gelten, wenn kein Sachverständiger mehr widerspricht. Die probabilistische Argumentationsfigur führt also in dieser unvermeidlichen Umkehrung notwendigerweise zu einem neuen Tutiorismus, der plausibler ist als der alte. Angesichts der Anforderungen, die wir an einen solchen Beweis zu stellen verpflichtet sind, kann ein solcher zur Zeit nicht als erbracht gelten. Das ist das Mindeste, was jeder wird zugeben müssen. Daher ist die Inbetriebnahme von Kernkraftwerken zur Zeit ethisch auf keinen Fall gerechtfertigt. Und da der Staat das Subjekt der Verantwortung für die langfristigen Nebenfolgen menschlicher Handlungen ist, muß er die Inbetriebnahme verhindern.

4. Probleme einer normativen Ethik

Einführung von Alfred Berlich

Die Beiträge dieses Teils stellen zwei Fragen: Ist eine philosophische Letztbegründung moralischer Normen nötig? und Ist eine philosophische Letztbegründung moralischer Normen möglich? Die Antworten auf diese Fragen sind kontrovers.

Worum geht es, wenn von ›philosophischer Letztbegründung‹ die Rede ist? Unser Wissen beruht nicht auf dem (auch noch so überzeugten) Fürwahrhalten unserer Behauptungen, sondern auf den zwingenden Gründen, die wir für die Wahrheit dieser Behauptungen anführen können. Diese Gründe sind aber ihrerseits wieder Behauptungen, die nicht weniger einer Begründung bedürfen. In allen Fällen, wo nicht – übrigens auf komplizierte Weise – auf Erfahrungs-›daten‹ zur Begründung zurückgegriffen werden kann, und das gilt vor allem für die Ethik, läßt sich das wiederholen, so daß wir vor dem Problem einer ständigen Iteration von Behauptung und Begründung stehen. Unser Anspruch, etwas zu wissen, ist im strengen Sinne so lange nicht einlösbar, bis es uns gelingt, diese Iteration zu beenden; das heißt aber: bis es uns gelingt, letzte Gründe zu finden, die insofern letzte sind, als es zu ihrer Begründung keiner weiteren außer ihnen selbst liegenden Gründe mehr bedarf. Diese Letztbegründung ist das Ziel einer von Aristoteles bis zur Gegenwart reichenden Bemühung um eine erste Wissenschaft (prima philosophia).

Eine Zäsur in der Geschichte dieser Bemühungen ist *Kants* Transzendentalphilosophie. Kant erkennt, daß die letzten Gründe nicht in einem gegenständlichen Wissen über die Welt gefunden werden können, sondern nur in einem reflexiven Wissen über unser gegenständliches Wissen; genauer: über die (subjektiven) Bedingungen, die uns ein gegenständliches Wissen erst möglich machen.

Freilich hat er selbst das reflexive Wissen wieder als gegenständliches Wissen höherer Stufe mißverstanden. Als ein solches könnte es sich selbst jedoch nicht in die Begründung einbeziehen, müßte also selbst unbegründet bleiben oder ein anderes Wissen bereits voraussetzen. Seit Kant aber läßt sich die Frage nach letzten Gründen unseres Wissens als Frage nach den Bedingungen der Möglichkeit unseres Wissens formulieren, und – über Kant hinaus – als die *argumentationsreflexive* Frage: »Was nehmen wir beim Argumentieren notwendig in Anspruch, damit unser Argument gelten kann?« Diese Frage erschöpft sich nicht in den Aspekten der formallogischen Konsistenz und der semantischen Struktur der Argumente, sie zielt auf die Bedingungen der Möglichkeit des Argumentierens als eines sprachlichen Handelns besonderer Art.

Die gegenwärtige Diskussion geht nicht zuletzt darum, ob ein die eigenen Sinnbedingungen reflektierendes Argumentieren möglich ist, geeignet, solche Gründe zu gewinnen, die nicht wiederum auf andere Gründe verweisen.

Schon Aristoteles hat von dem »apodeiktischen« (deduktiv beweisenden, d. h. sich nur auf der formallogisch-analytischen Ebene abspielenden) Begründen ein besonderes Begründen abgehoben, das seine pragmatischen Sinnbedingungen offenlegt:[1] das »elenktische« (überführende) Begründen besteht in dem Aufweis eines letzten Wissens dadurch, daß dieses selbst schon als Wissen vorausgesetzt werden muß – ob man nun für oder gegen es argumentiert. Aristoteles führt dies am Beispiel des Prinzips des zu vermeidenden Widerspruchs vor: Jeder, der gegen es argumentiert, wie auch jeder, der für es argumentiert, muß es bereits voraussetzen, um überhaupt argumentieren zu können. Es kann ohne Selbstwiderspruch nicht bestritten und ohne es vorauszusetzen nicht begründet werden. Diese Struktur haben auch gegenwärtige Versuche philosophischer Letztbegründung.

Die *erste* Frage, der es um die Notwendigkeit einer philosophischen Letztbegründung geht, ist sinnkritisch zu verstehen: Hat es überhaupt Sinn, nach so etwas wie letzten Gründen im Hinblick auf moralische Normen zu fragen? *Hermann Lübbes* Aufsatz (»Politische Praxis der Normenbegründung«) kann als verneinende Antwort auf diese Frage angesehen werden. Er geht aus von der Unterscheidung zwischen Normenbegründung(-sverfahren) und Normeninkraftsetzung(-sverfahren) in der politischen Praxis. Sie befassen sich mit zweierlei Geltungsansprüchen: Begründetheit (sachlicher Geltung) der Normen einerseits, Verbindlichkeit (sozialer Geltung) der Normen andererseits. Ein Letztbegründungsproblem gäbe es nur, wenn die Verbindlichkeit sozialer Normen von ihrer Begründetheit abhinge. Es gibt aber kein Bedingungsverhältnis zwischen beiden. Eine Norm ist verbindlich, wenn sie von einem kompeten-

ten Gremium und nach den Regeln des geltenden Verfahrens beschlossen worden ist. Die Diskussion um ihre Begründetheit ist wichtig und kann die Entscheidung über ihre Inkraftsetzung beeinflussen, maßgebend für ihre Verbindlichkeit ist dann aber lediglich die getroffene Entscheidung. Für die Verbindlichkeit von Normen hängt also nichts davon ab, wie zwingend oder unzureichend sie in der Sache begründet sind. Sie mögen letztbegründet sein, verbindlich werden sie ohnehin nicht deswegen, sondern allein durch eine Normeninkraftsetzung.
Auf die *zweite* Frage antwortet verneinend *Hans Alberts* Text (»Das Münchhausentrilemma und die Überwindung des klassischen Rationalitätsmodells«). Ihm zufolge gerät jeder Versuch, alles zu begründen, in ein Trilemma, das den Versuch unweigerlich scheitern läßt. Da nichttriviale Aussagen nur aus anderen Aussagen herleitbar sind, steht man vor der Wahl entweder eines unendlichen Regresses auf immer neue selbst erst zu begründende Aussagen oder eines logischen Zirkels, indem die zu begründende Aussage in der Begründung bereits vorausgesetzt wird, oder eines Abbruchs der Begründung in Form einer Dogmatisierung bestimmter Aussagen. In dieses Trilemma gerät nach Albert jeder Versuch einer Letztbegründung, sei es theoretischer, sei es praktischer Aussagen. Wir können daher nicht alles begründen und sind folglich in letzter Instanz auf Entscheidungen angewiesen, die selbst nicht wieder rational sein können, da alle Rationalität sich auf sie stützt.
Im Gegenzug zu diesen zwei Positionen beantwortet *Karl-Otto Apels* Aufsatz (»Die Konflikte unserer Zeit und das Erfordernis einer ethisch-politischen Grundorientierung«) die beiden Fragen nach Notwendigkeit und Möglichkeit einer philosophischen Letztbegründung moralischer Normen bejahend. Er stellt zwar Lübbes Unterscheidung für den Bereich positiver Normen (die per definitionem ja erst durch ihre Setzung verbindlich werden) nicht in Frage, bestreitet aber die Unterstellung, daß über diese positive Verbindlichkeit hinaus keine andere, die sich aus philosophischer Begründung erst ergibt, nötig sei. Er sucht in seinem Aufsatz die, auch von Lübbe geteilte, Position zu überwinden, derzufolge sich Intersubjektivität auf den Bereich des naturwissenschaftlichen und zweckrationalen Denkens beschränkt, so daß die moralischen Normen und Wertungen, von denen das zweckrationale Denken seine Zwecke herleitet, den Entscheidungen von einzelnen und Gremien überlassen bleiben müssen. Die Komplementarität des so eingeschränkten Rationalitätsbegriffs und des moralischen Dezisionismus bedeutet für die politische Praxis, daß sie nur als

Sozialtechnologie auf der Grundlage letztlich irrationaler privater Zweckentscheidungen denkbar ist. Die Überwindung dieses »Komplementaritätssystems«, dringlich geworden durch die Herausforderungen der Zeit an die moralische Verantwortung der Menschheit (Atombombe, ökologische Krise, Elend der ›Dritten Welt‹), ist nur möglich durch die Begründung (und nicht bloße Setzung) der Geltung fundamentaler moralischer Normen.

Was Karl-Otto Apel durch diskursive Problemerörterung entwickelt hat, versucht *Wolfgang Kuhlmann* in seinem Beitrag (»Ethik der Kommunikation«) systematisch aufzuweisen: wie eine philosophische Letztbegründung moralischer Normen möglich sei. Er stellt eine Voraussetzung des »Münchhausen-Trilemmas« in Frage, nämlich einen Begründungsbegriff, demzufolge »als Begründung allein der methodische Rekurs auf einen jenseits des zu Begründenden liegenden Grund angesehen werden kann«. Die Begründung im zu Begründenden selbst zu finden, ist ohne logischen Zirkel freilich nur möglich, wenn das angestrebte Wissen radikal als reflexives und nicht als gegenständliches Wissen (Theorie) verstanden wird. Wenn sich also das Letztbegründungsproblem, wie zu Anfang gesagt, als Frage nach den Geltungsbedingungen des Argumentierens formulieren läßt, so bedeutet das nicht, daß Letztbegründung durch eine Theorie der Argumentation, die Argumentieren zum Gegenstand abgehobenen Sachwissens macht, möglich wäre. Sie ist denkbar einzig als Wissen, das nicht *etwas,* sondern nur die pragmatischen Bedingungen seines eigenen Vollzugs, also des Argumentierens, weiß: Indem wir, argumentierend, den impliziten Verwendungssinn der Argumente (der das Argumentieren erst zum Argumentieren macht) als Instanz des in diesen Argumenten Behaupteten explizieren, wird deutlich, welche Behauptungen als Argumente nicht vertreten werden können, ohne als solche (hinsichtlich ihres Verwendungssinnes) sich selbst zu widersprechen. Auf diese argumentationsreflexive Weise lassen sich nach Kuhlmann bestimmte normative Prinzipien als Bedingungen sinnvollen und geltungsfähigen Argumentierens aufweisen, die als notwendige (und nicht bloß zufällige) Voraussetzungen des Argumentierens für jeden verbindlich sind, der sich aufs Argumentieren einläßt und damit die dialogische Rolle des Argumentationspartners übernommen hat.

4.1. *Hermann Lübbe: Politische Praxis der Normenbegründung*

Kürzlich lud ein deutsches Philosophisches Seminar eine Reihe von Philosophen und Methodologen der Sozialwissenschaften ein, sich zu der Frage zu äußern, ob Normen methodisch begründbar seien. Ich bestreite nicht, daß diese Frage Aspekte hat, unter denen die Kompetenzen des common sense zu ihrer Beantwortung nicht genügen. Andererseits handelt es sich ersichtlich um eine Frage, die den Anschein ihrer Relevanz der Unterstellung verdankt, es gebe Leute, die die methodische Begründbarkeit von Normen bezweifeln. Es ist eine Frage, die an den fortdauernden Werturteilsstreit anknüpft und diejenigen herausfordern möchte, von denen man annimmt, daß sie Werturteile, näherhin Normen, allgemeine Handlungsvorschriften also, für Gebilde halten, deren Konstitution nicht auf rationale Weise erfolgt und somit auch nicht von den Wissenschaften erwartet werden kann. Unter diesem vertrauten Aspekt ist nun allerdings unsere Frage, ob sich Normen methodisch begründen lassen, geeignet, in der exoterischen Öffentlichkeit den Verdacht zu wecken, Philosophen und sozialwissenschaftliche Methodologen, die so fragen, könnten einen akademisch bedingten Realitätsverlust erlitten haben. Ob sich Normen methodisch begründen lassen? Wie kann man so fragen! Es liegt doch auf der Hand, daß von den Parlamenten bis zu den höchsten Gerichten und von den Parteitagen bis zu den Synoden ständig Instanzen tätig sind, nach bewährten und üblichen Regeln, methodisch also, Normen zu begründen, allgemeine Gesetze nämlich oder Statuten, die im Bereich ihrer Zuständigkeit dann für alle gelten. Soziale Geltung erlangen Normen institutionell zumeist durch Zustimmung beschlußkompetenter Mehrheiten, und es ist billig zu unterstellen, daß diese Mehrheiten ihre Zustimmung nicht erteilt hätten, wenn sie die einschlägigen Normen nicht für wohlbegründete Normen hielten. Insofern darf man dann auch unterstellen, daß es in der herrschenden Öffentlichkeit, in der sich solche Mehrheiten bilden, für trivial gilt, daß sich Normen methodisch begründen lassen.

Auch die weiterführende Frage, wie denn nun tatsächlich Normen zustimmungsfähig begründet werden, ist exoterisch eine Frage ohne jeden dramatischen Akzent. Immerhin ist es ja ein wesentlicher Bestandteil unserer öffentlichen politischen Kultur, daß man als Bürger weiß, welche Begründungsverpflichtung übernimmt, wer in beschlußkompetenten Gremien vorschlägt, eine Norm einzuführen, und daß man außerdem die Verfahren kennt, über die Normen in Kraft gesetzt werden. Damit habe ich bereits die Unterscheidung getroffen, die uns noch eingehender beschäftigen soll, nämlich die schlichte Unterscheidung von Normenbegründungsverfahren und Normendurchsetzungsverfahren oder Normeninkraftsetzungsverfahren.

Wer die Einführung einer Norm vorschlägt, muß sie begründen, und kein Parlament würde von der Regierung oder von einer Fraktion einen unbegründeten Gesetzesentwurf akzeptieren. Aber auch die methodisch sauberste Begründung einer Norm, die auf der kognitiven Ebene die Geltung dieser Norm sichert, stiftet ja nicht eo ipso die soziale Geltung dieser Norm. Diese ergibt sich stets erst als Resultat eines institutionellen Normeninkraftsetzungsverfahrens, von welchem die Normenbegründung stets nur ein Teil ist.

Es läßt sich nun natürlich nicht leugnen, daß Normenbegründungen, wie sie beispielsweise in den Reden zur Einbringung von Gesetzesentwürfen nachzulesen sind, vielfach Mängel aufweisen. Seltener ist es schon, daß das niemand merkt und daß selbst der politische Gegner das nicht tadelt. Glücklicherweise tritt dieser häufige Fall eines Begründungsmangels, den niemand moniert, vor allem dann ein, wenn ohnehin alle geneigt sind, dem Vorschlag zur Einführung einer Norm vernünftigerweise zuzustimmen, so daß insoweit von der größeren oder geringeren Solidität der expliziten Begründung nichts abhängt. Hängt von ihr etwas ab, weil sie Einsicht und Zustimmung, die nicht vorhanden sind, erst noch zu bewirken hätte, so kann man sich naturgemäß Begründungsmängel nicht leisten. Treten sie trotzdem auf, so ist der Grund zumeist nicht, daß die methodischen, verfahrensmäßigen Anforderungen für die Begründung einer Norm nicht bekannt oder ihrerseits mangelhaft wären. Vielmehr liegen dann objektive Schwierigkeiten vor, die uns bei dem Versuch hindern, den bekannten und anerkannten Normenbegründungsanforderungen voll zu entsprechen. In vielen Fällen gelingt es nicht, gewisse Lücken unserer Kenntnis der Realität, auf die sich unsere Normenvorschläge stützen, voll zu schließen, und unsere Prognosen über soziales Verhalten zum Beispiel, die uns erwünschte Wirkungen normenentsprechenden Handelns erwarten lassen, erweisen sich als unzuverlässig. Alsdann sind nicht die Regeln überholungsbedürftig, denen wir in der Praxis der Normenbegründung folgen, sondern die Annahmen über die Wirklichkeit, die Regelteil solcher Begründung sind.

Meine zusammenfassende Behauptung lautet, daß wir in den exoterischen Zusammenhängen der uns ständig und zahlreich betreffenden Normeninkraftsetzungsvorgänge zwar immer wieder auf faktische Mängel in den zugehörigen Begründungen stoßen, daß aber unstrittig ist, welche Anforderungen grundsätzlich an eine Normenbegründung zu richten seien.

Wieso fragt man also, ob Normenbegründungen möglich sind und was sie, sofern sie möglich sind, zu leisten hätten? Daß solche Zweifel in der parlamentarischen Praxis oder in der Aktivität der Parteiprogrammkommissionen nicht walten, muß freilich für den Philosophen kein Grund sein, einschlägige Fragen esoterisch auch seinerseits nicht zu stellen. Die Philosophie hat es nicht nur mit Fragen zu tun, die auch außerhalb ihrer wissenschaftlichen Disziplin längst gestellt sind. Sie wirft auch in kritischer Absicht Fragen auf, um Mängel behebbar zu machen, die man ohne diese Fragen gar nicht bemerkt hätte. Bloß so zu fragen, was niemand sonst fragt und was als fragwürdig auch nicht dargetan werden kann, wäre allerdings müßig.

Wo lägen entsprechend in unserem öffentlichen Leben die Mängel, die uns zwingen, die Methodik unserer Normenbegründungspraxis in Frage zu stellen? Trivialerweise sind wir der Geltung vieler Normen unterworfen, die mehr oder weniger dringend geändert, ersetzt oder abgeschafft werden sollten. Aber das beweist nicht, daß unsere Normenbegründungspraxis im argen liegt. Es genügt, daß wir in bezug auf das, was der Fall ist, dazugelernt oder daß sich die Verhältnisse geändert haben. Normenänderungen werden dann allein schon aus diesem Grund fällig.

In solchen Fällen liegt viel im argen, aber nicht deswegen, weil unsere Normenbegründungspraxis methodisch im argen läge. Ich behaupte, daß das unsere Lage ist. Wenn diese Behauptung zutrifft, so stellt sich die Frage, wieso überhaupt in den philosophischen Diskussionen der Gegenwart die methodische Begründung von Normen zum Problem gemacht werden konnte. Soweit ich sehe, gibt es dafür, exoterisch gesehen, primär eine literarische Veranlassung. Nicht die evidente Misere öffentlicher Normenbegründungspraxis provoziert die aktuellen Bemühungen zur methodischen Rekonstruktion dieser Praxis, sondern die tatsächlichen oder vermeintlichen Behauptungen von Philosophen oder sonstigen Intellektuellen, Normen seien einer methodischen Begründung nicht fähig. Hinzu kommt dann noch die interpretatorische Annahme, mindestens einige Übel in den sozialen Zuständen und in der politischen Praxis, die uns und andere betrafen und noch betreffen, könnten

Folgen einer praktischen Orientierung an jener Behauptung sein, daß Normen einer methodischen Begründung nicht fähig seien.

Es ist natürlich Max Weber, der in diesem Zusammenhang die Rolle des Klassikers einer Theorie spielt, die eine Begründung von Normen nach Analogie der Begründung von Behauptungen über die Wirklichkeit für unmöglich erklärt und die entsprechend die politische Geltung von Normen auf die Dezisionen von Machthabern zurückführt. In der Tat können wir bei Max Weber Sätze lesen, die zu einer solchen Theorie zu gehören scheinen. Einen der meistzitierten einschlägigen Sätze möchte ich hier zitieren. Aus Max Webers Darlegungen zum Sinn der sogenannten Wertfreiheit der Sozialwissenschaften zitiere ich den Satz, in welchem Max Weber sich zur Frage äußert, »wie Konflikte zwischen mehreren in concreto kollidierenden, gewollten oder gesollten Zwecken zu schlichten seien«. Der schlimme Satz lautet: »Es gibt keinerlei (rationales oder empirisches) wissenschaftliches Verfahren irgendwelcher Art, welches hier eine Entscheidung geben könnte.«[1]

Das ist nun ein Satz, der eindeutig zu belegen scheint, was, neben anderen Kritikern, besonders wirkungsreich Max Horkheimer der Weberschen Philosophie vorgeworfen hat. In dieser Philosophie danke, so Horkheimer[2], die Vernunft als »praktische Vernunft« ab und verbleibe als »instrumentelle«. Max Weber, so Horkheimer, habe sich »keinerlei Rationalität« vorzustellen vermocht, »vermöge deren der Mensch einen Zweck von einem anderen unterscheiden kann«. Sein Werk sei die Verzichturkunde »der Philosophie und Wissenschaft, was ihr Bestreben angeht, das Ziel des Menschen zu bestimmen«. Jürgen Habermas hat später diese Weber-Interpretation zu der personalisierenden Qualifikation gesteigert, »daß Carl Schmitt ein legitimer Schüler Max Webers«[3] sei.

Nun kommt es mir hier auf eine Reinwaschung Max Webers von solchen Vorwürfen nicht an. Wollte man sich auf eine Erörterung dieses Problems einlassen, so müßte man auch die Frage stellen, ob und in welchem Umfang jemand für Mißverständnisse, die er bewirkt hat, verantwortlich gemacht werden kann. Meine Absicht ist zu zeigen, daß man Max Weber tatsächlich mißversteht, wenn man ihn so versteht, wie es uns die einschlägigen Interpretationen der Frankfurter Schule, auch der Erlanger Schule, nahelegen.

Ich möchte zeigen, daß die These Max Webers von der Untauglichkeit der Wissenschaft, in Normenkonfliktsituationen eine Entscheidung herbeizuführen, mit der These von der methodischen Begründbarkeit von Normen durchaus vereinbar ist. Wenn es tatsächlich so ist, wie ich hier gegen die Philosophie mit dem bürgerlichen common sense unterstelle, daß Normenbegründungen in unserem öffentlichen Leben überall fraglos-klaglos praktiziert werden – dann kann das ja auch Max Weber wohl kaum übersehen haben. Zwar war auch er ein Philosoph, aber kein realitätstranszendenter. Wieso konnte Max Weber alsdann, was ich zitiert habe, behaupten? Wieso konnte er behaupten, es gebe »keinerlei (rationales oder empirisches) wissenschaftliches Verfahren irgendwelcher Art«, welches in Fällen politisch kollidierender Ziele eine Entscheidung geben könnte? Eben diese Frage läßt sich mit Hilfe der eingangs bereits erwähnten Unterscheidung von Normenbegründungsverfahren und Normendurchsetzungsverfahren oder Normeninkraftsetzungsverfahren plausibel machen. Die Unterscheidung entspricht genau einer leicht übersehbaren Zweideutigkeit in der Bedeutung des Wortes »gelten«, wenn wir davon reden, daß Normen gelten. Was hier »gilt«, sind einmal die Normen, sofern sie gut begründet sind. Was hier »gilt«, sind zum anderen die Normen, soweit sie eine sozial wirksame Verbindlichkeit erlangt haben. Im ersten Fall gelten die Normen, so könnte man sagen, der Sache nach oder, was den Ableitungszusammenhang der sie begründenden Sätze anbelangt, logisch. Im zweiten Fall gelten sie sozial. Für die erste Geltung sorgt das Normendurchsetzungsverfahren; für die zweite Geltung sorgt das Normendurchsetzungsverfahren. Beide Verfahren lassen sich nicht trennen; aber sie sind stets unterscheidbar. Das gilt selbst für den Sonderfall der Normenpädagogik. Für die moralische Erziehung gilt, daß sie stets dann erst an ihr Ziel gelangt ist, wenn der Zögling die Norm, deren Beachtung ihm zugemutet wird, aus Zustimmung zu den guten Gründen befolgt, die die Norm tragen. Andererseits ist, seit Isaaks Opferung und den Hessischen Richtlinien für den Sozialkundeunterricht zum Trotz, keine moralische Erziehung vernünftig, die nicht eine Erziehung zur Fähigkeit einschlösse, in begründeten Fällen sein Handeln an Normen zu orientieren, die nun einmal (sozial) gelten, obwohl ihre Begründung dunkel oder ersichtlich mangelhaft ist. Diese Regel gilt deswegen, weil die Integrität der Normeninkraftsetzungsverfahren im Regelfall sozial wichtiger ist als die Solidität der Begründung der Norm, deren soziale Geltung verfahrensmäßig in Kraft gesetzt worden ist. Genau darauf beruht auch die Legitimität des Mehrheitsprinzips. Die Geltung des Mehrheitsprinzips in parlamentarischen und analogen Normendurchsetzungsverfahren setzt die Bereitschaft zur Anerkennung der sozialen Geltung von Normen unabhängig davon voraus, ob man diesen Normen auch kraft ihrer Begründung zuzustimmen vermag. Genau das meint die Luhmannsche Formel von der Legitimation durch Verfahren.

Mehr als die somit explizit gemachten Unterscheidungen braucht man nun nicht, um Max Webers berühmt-berüchtigte These von der Untauglichkeit der Wissenschaft zur normativen Entscheidung in Fällen real konfligierender Zwecke zu rekonstruieren. Max Webers These wird, so scheint mir, plausibel, wenn man sie auf Schwierigkeiten in der Normendurchsetzungspraxis bezieht.

»Es gibt«, so lautet die Webersche These in der zitierten Fassung, »keinerlei (rationales oder empirisches) Verfahren irgendwelcher Art, welches hier eine Entscheidung geben könnte.« In welchem Fall? Im Fall der politischen Existenz eines Konflikts »zwischen mehreren in concreto kollidierenden, gewollten oder gesollten Zwecken.« Aus dem Blickpunkt expliziter Unterscheidungen von Normenbegründungs- und Normendurchsetzungsverfahren wird die These Max Webers plausibel. Unterstellen wir den einfachen exemplarischen Fall, daß die »kollidierenden Zwecke« die »gewollten oder gesollten« Zwecke zweier oder mehrerer sind, Rechte zu behaupten und zu nutzen, deren allseitige uneingeschränkte Nutzung die Sache zerstört, um deretwillen der Besitz dieser Rechte wertvoll ist. Die Konkurrenz mehrerer Staaten in der antarktischen Walfängerei ist genau von dieser Struktur, und bislang ist der entsprechende Konflikt nicht definitiv beigelegt worden. In bezug auf einige der fraglichen jagdbaren Spezies besteht Hoffnung, daß es gelingen könnte, den Konflikt noch rechtzeitig zu lösen. Gibt es ein »wissenschaftliches Verfahren irgendwelcher Art, welches hier eine Entscheidung geben könnte«? Wer diese Frage mit Ja beantwortet, verwechselt schlicht das einschlägige Verfahren der Begründung der längst bekannten rettenden Norm, die die generelle Beachtung der speziesrettenden Abschußquoten seitens aller Beteiligten zur Pflicht erhöbe, mit dem politischen Verfahren, dieser Norm sozial in multilateralen völkerrechtlichen Verträgen Geltung zu verschaffen. Auch in diesem Fall ist es natürlich so, daß die einschlägige Normenbegründung ein Bestandteil des Verfahrens zur Durchsetzung ihrer sozialen, nämlich in internationalen Verträgen fixierten Geltung ist. Die ökologischen Probleme genießen ja seit mehr als einem halben Jahrzehnt weltweite Publizität, und überall gehören die laienzoologischen Serien mit ihren ständigen Tierschutzappellen zu den Televisionsprogrammen mit den höchsten Beliebtheitsquoten. In einer solchen Zeit vermöchte jedes aufgeweckte Fernsehkind mit der Adresse »An Alle!« die Norm zu begründen, deren Beachtung den Konflikt lösen, die staunenswerten Meeressäuger vorm Aussterben retten und uns für unabsehbare weitere Jahre, in Maßen, Tran für Ernährungs- und Schmierzwecke sowie Ambra für unsere Parfümierungskultur sichern könnte. Darüber hinaus sind die mannigfachen Spezialitäten des Problems den biologischen und meereskundlichen Fischereifachleuten wohlbekannt, und soweit nicht, forschen sie noch, und ganze Forschungsflotten sind dafür, international, ausgerüstet. An Denkschriften, für Konferenzzwecke aufbereitet, fehlt es nicht, und sie sind Bestandteil der Tagungsunterlagen. Dennoch ist bislang die längst bekannte rettende Norm nicht beschlossen.

Die Lage ist also genau die, die ich eingangs unterstellt habe: Mängel im Normenbegründungsverfahren sind gar nicht das Problem, um das es sich handelt, und nicht einmal die verfahrensmäßig gerechtfertigte Begründung selbst weist, soweit ich das als Laie beurteilen kann, materiell Mängel unzureichend gesicherter Annahmen über die unterstellte Wirklichkeit auf. Was im argen liegt, ist einzig die Normendurchsetzungspraxis, und es ist evident, wie wenig die korrekte Normenbegründung, die zu ihr gehört, als solche daran etwas zu ändern vermöchte. Es ist eben diese, worauf Max Weber uns zur Warnung vor den törichten Hoffnungen vieler Wissenschaftler aufmerksam gemacht hat. Was ansteht, ist eine Entscheidung, durch die eine bekannte, wohlbegründete und insofern (sachlich und logisch) geltende Norm zur sozial geltenden Norm erhoben würde.

Ich sehe nicht, was man gegen Max Webers bereits dreimal zitierte These einwenden sollte, wenn man sie auf genau diese Entscheidung bezieht. Um ihre schlichte Evidenz sichtbar zu machen, die sie gewinnt, wenn man sie so versteht, zitiere ich sie jetzt abschließend ein viertes Mal: »Es gibt keinerlei (rationales oder empirisches) wissenschaftliches Verfahren irgendwelcher Art, welches hier eine Entscheidung geben könnte.«

Die Geltung einer Norm, die durch ihre Begründung gestiftet wird, ist also mit ihrer sozialen Geltung nicht identisch, und die erste ist im Regelfall auch nicht geeignet, ohne weiteres die zweite herbeizuführen. Der Hiatus, mit dem wir es insoweit zu tun haben, ist, wie man sieht, nicht der uns aus den einschlägigen Diskussionen seit David Hume so wohlvertraute Hiatus von Sein und Sollen, sondern – um auf analoger Höhenlage zu sprechen – der uns seit Sokrates so wohlvertraute Hiatus von

Sollen und Wollen. Was sie wollen sollten, ist ja in unserem exemplarischen Fall allen Beteiligten durchaus bekannt. Sie wollen es nur noch nicht mit normenbeschließender Wirkung, und genau an diesem Punkt endet die Kunst des wissenschaftlichen Normenbegründungsexperten. Freilich hindert ihn im Prinzip nichts, nach wohlgetaner Normenbegründungsarbeit, von der Stärke seiner Gründe bewegt, sich als Normendurchsetzungsexperte zu engagieren und in die Rolle des Pädagogen, Publizisten oder Politikers zu schlüpfen. So geschieht es vielfach, gelegentlich sogar mit Glück, und auch mit der Biographie Max Webers ließe sich belegen, daß Wissenschaft als Beruf und Politik als Beruf, obwohl es sich dabei in unserer sozialen Welt um zwei Berufe handelt, in gewissen Grenzen als Doppelberuf, jedenfalls zeitweise, ausübbar sind. Der Regelfall wird das indessen nicht sein, und wir alle haben Beispiele vor Augen, in denen der Versuch, nun sogar eine Verpflichtung zu beiden Berufen für jeden Wissenschaftler zu konstituieren, teils in lachhaften, teils in institutionenzerstörenden Effekten endete. In der Zeit des Ersten Weltkriegs war diese Verpflichtung in Deutschland auch schon einmal verkündet worden; und zahllose politisierende Professoren entsprachen ihr in den bekannten publizistischen Akten der Demonstration ihres politischen Engagements, um zu bekunden, daß sie wüßten, was sie sollten, und es entsprechend wollten und hiermit täten.

Es ist mir nicht zweifelhaft, daß der Webersche Sarkasmus in der Schilderung der verheerenden Folgen des Untergangs der Unterscheidung von Normenbegründungs- und Normendurchsetzungspraxis auch in den Phänomenen des jüngsten universitätspolitischen Kurzschlusses zwischen Wissenschaft und Politik zahllose Beispiele fände, auf die er paßt. Ich unterstelle damit nicht, daß Normenbegründungspraxis, die ich allerdings für eine Tätigkeit auch von Wissenschaftlern halte, sich mit politischem Engagement für die soziale Geltung der entsprechenden Normen nicht vertrüge. Die Meinung ist vielmehr die, daß die spezielle Bürgerpflicht der Normenbegründungsexperten sich im Regelfall gerade in der Solidität ihrer Normenbegründungspraxis erfüllt. Das ist die Rolle, die ihnen in den Zusammenhängen der Normendurchsetzungspraxis verfahrensmäßig zugedacht ist. Von extraordinären Situationen abgesehen würde nur ein Beitrag zur Zerstörung des entsprechenden Normeninkraftsetzungsverfahrens geleistet sein, wenn der Normenbegründungsexperte plötzlich, statt seine Begründung überzeugend vorzuführen, Anklagen wider die Sowjets, die Japaner, wider alle Beteiligten schleuderte, daß sie noch immer nicht wollen, was sie doch evidenterweise wollen sollten, nämlich die wohlbegründete Fangquotennorm zu beschließen und hinfort zu beachten.

Sollte denn nun aber nicht die Begründung einer Norm, die anerkannt ist, eo ipso auch ihre soziale Geltung stiften? Das wäre schön und sollte gefordert sein. Aber es wäre das ja wieder nur die schon vertraute Forderung, daß wir, was wir sollen, auch wollen sollten. Der Hiatus zwischen beiden ist unser Problem seit Sokrates, und selbst Platon, der diesen Hiatus nicht ertrug, mußte die Lösung dieses Problems, ihn zu schließen, normendurchsetzungsverfahrensmäßig über Institutionen suchen. Seine institutionelle Lösung dieses Problems war die Verschmelzung der Institutionen, die der Normenbegründung einerseits und der Normendurchsetzung andererseits gewidmet sind, das heißt: die Verschmelzung der Republik mit der Akademie. Es ist hier nicht der Ort zu erörtern, wieso Versuche, in dieser Weise Normenbegründung und Normendurchsetzung verfahrensmäßig kurzzuschließen, zur Erziehungsdiktatur und zu schlimmerem Terror drängen. Es genügt, zur Kenntnis zu nehmen, daß der Hiatus zwischen Sollen und Wollen in der sozialen Realität faktisch gähnt, um einzusehen, daß die Einrichtung spezieller Normendurchsetzungsverfahren sinnvoll ist, die mehr sind als Katheder und Kanzeln zum Vortrag irresistibel auf den Willen wirkender Normenbegründungen. Geschäftsordnungen, Satzungen, ja das ganze System des Parlamentarismus sind solche Normeninkraftsetzungsverfahren, die voraussetzen, daß sonnenklare Begründungsberichte nicht immer zur tätigen praktischen Einsicht zwingen, so daß es vernünftig ist, über das, was sozial gelten soll, nach Reden und Diskussionen, die der Begründung dienen, abzustimmen und die geltende Abstimmungsdezision mit dem üblichen Sanktionenschutz auszustatten. In Kenntnis dessen, daß in der Mehrzahl der Fälle die Übel des sozialen Lebens ihren Grund nicht in Mängeln unseres Normenbegründungsverfahrens, sondern im Mangel an zweckmäßigen Normendurchsetzungsverfahren haben, waren diese der bevorzugte Gegenstand der politischen Soziologie Max Webers.

Mit diesem Versuch einer Rekonstruktion der Weberschen einschlägigen These mit Hilfe der Unterscheidung von sächlicher oder logischer und sozialer Geltung von Normen ist nun noch nichts zur Beantwortung der Frage getan, wie sich die Normen begründen lassen. Das ist nicht schlimm, wenn zutrifft, was ich eingangs unterstellt habe, daß nämlich das Verfahren der Normenbegründung, im Unterschied zu den Normen-

durchsetzungsverfahren, unproblematisch ist.
Ist es das? Zur Beantwortung dieser Frage müßten wir nun ein reiches und repräsentatives Material von Exempeln gelungener Normenbegründungspraxis vorführen und analysieren, zum Beispiel anhand der Parlamentsprotokolle oder ähnlicher Dokumente. Aus Abkürzungsgründen beschränke ich mich darauf, das allgemeine Schema anzugeben, welchem gemäß Normenbegründungen in unserem öffentlichen Leben tatsächlich erfolgen. Ich beschreibe dieses Schema so, daß ich mich dem Einwand aussetze, ich hätte nur das Schema für die Begründung von Normen für technisches Handeln beschrieben. Auf diesen Einwand komme ich noch zurück. Alsdann sieht das Schema folgendermaßen aus:

1. Man konstatiert einen Willen, den alle am Verfahren Beteiligten einvernehmlich teilen.
2. Man beschreibt die Verhältnisse, die dem, was man einvernehmlich will, ersichtlich nicht entsprechen.
3. Man gibt auf der Grundlage von Theorien über die Wirkung von Handlungen diejenigen Handlungen an, die geeignet wären, die Verhältnisse so zu ändern, daß sie dem einvernehmlichen Willen entsprächen.
4. Man formuliert die Norm, die, wenn sie in Kraft gesetzt werden würde, allen Beteiligten entsprechend zu handeln, vorschriebe.

Das ist im Grunde so einfach und durchsichtig, daß es nicht einmal nötig ist, das an Exempeln faktischer Begründungen insbesondere öffentlich-rechtlicher allgemeiner Vorschriften zu demonstrieren – von der wasserrechtlichen Verpflichtung, für Vorflut zu sorgen, bis zur allgemeinen Haftpflichtversicherungspflicht zum Beispiel für Jäger.
Indessen: die skizzierte Struktur unterstellt den Fall des Ausgangs vom Rekurs auf einen einvernehmlichen Willen. Nun ist es über gewisse Erinnerungen an Aristoteles wieder üblich geworden zu sagen, eine Norm, die Handlungen generell mit der Wirkung regelt, daß, was ist, sich unserem einvernehmlichen Willen fügt, sei »technisch«, während der eigentlich interessante Fall der einer Begründung »praktischer« Normen sei. »Praktisch« pflegt man in dieser Argumentation eine Norm zu nennen, die, im Fall eines Konflikts im Willen Beteiligter, in einer Weise zu handeln vorschreibt, die eine konfliktlösende Änderung des Willens der Beteiligten einschließt:
Die Unterscheidung von Willensdissens und Willenskonsens ist nun allerdings eine gewichtige Unterscheidung, und in Zuord-

nung dazu ist es ein Unterschied, ob wir bemüht sind, einen Konsens in Fällen eines Konflikts im Willen Beteiligter herbeizuführen, oder ob wir tun, was unserem einvernehmlichen Willen entspricht. Politik als Kunst, Zustimmung zu gewinnen, und Technik als die Kunst, das, was wir solcher Zustimmung entsprechend einvernehmlich wollen, machbar zu machen, sind auf diese Unterschiede bezogen. Nur sehe ich nicht, daß von ihnen auch die Struktur der Normenbegründung betroffen wäre. Wenn nämlich überhaupt zwischen solchen, die mit Konfliktfolgen Verschiedenes wollen, ein Zwang oder eine Bereitschaft besteht, den Konflikt, anstatt ihn einer Machtprobe auszusetzen, durch eine Einigung beizulegen, so ist das einzig mögliche Verfahren solcher Einigung dieses, auf einen übergeordneten gemeinsamen Willen zu rekurrieren, in bezug auf den der Willenskonflikt, sofern er nicht beigelegt würde, verhindernd wirken müßte. Eben das ist aber wieder der übliche Ausgangspunkt für das bereits skizzierte generelle Verfahren der Begründung von Normen, durch deren Beachtung dann der herrschende Willenskonflikt mit der Wirkung beigelegt werden würde, den von diesem Konflikt betroffenen übergeordneten gemeinsamen Willen erfolgreich zu machen. Der exemplarisch zitierte Konflikt der Walfängernationen ist genau von der skizzierten Struktur. Im Konflikt sind sie durch ihren gegenwärtigen Willen, jeder für sich soviel Beute zu machen, daß in der nicht beabsichtigten Konsequenz dem jeweils anderen, insgesamt also allen, dazu alsbald die Gelegenheit fehlen müßte. Die konfliktlösende Norm, die die generelle Beachtung der speziesrettenden Fangquoten vorschreibt, ist, wie man sieht, gemäß der skizzierten Struktur nur begründbar im Ausgang vom übergeordneten gemeinsamen Willen, auch künftig noch Beute machen zu können. Sie ist, wie insoweit jede Norm, »technisch«, nämlich durch ihre Eignung als das Mittel, das angibt, was sie tun müssen, damit sie können, was sie wollen. Es ist nicht erforderlich, breit zu schildern, woran es liegt, daß im exemplarischen Walfängereifall unbeschadet erfolgreicher, auch materiell relativ problemloser Normenbegründung die Normendurchsetzung Schwierigkeiten bereitet. Es liegt, kurz gesagt, daran, daß die Norm, wenn sie erst einmal sozial gelten würde, eben dadurch in anderen Handlungszusammenhängen neue, analoge Konflikte provozieren müßte, zum Beispiel den Konflikt mit denjenigen, deren grundsätzlich berechtigtes Interesse an der Amortisation der Fangflotten oder deren grundsätzlich berechtigtes Interesse an der Konservierung von Arbeitsplätzen der seefahrenden Bewohner unwirtlicher Gegenden mit der reduzierten Fangquotennorm unverträglich ist. So begänne hier, auf höherer Stufe, das Problem der Normenbegründung von anderen, höheren Normen von neuem, und wieder brauchten wir, wie stets, um es lösen zu können, das Faktum eines übergeordneten einvernehmlichen Willens. Denn nur dann können wir sagen, was jedermann geboten ist, damit alle können, was sie einvernehmlich wollen, nämlich in letzter Instanz zum Beispiel gut und in Frieden leben, und es wäre nun möglich, auch eine auf diesen letztinstanzlichen Willen bezogene Norm letzter Instanz, eine Grundnorm, wie man heute zu sagen pflegt, zu formulieren, die dann auf den charakterisierten Willen letzter Instanz in der skizzierten Art bezogen wäre.

Aus der Geschichte der praktischen Philosophie sind uns nun etliche Sätze bekannt, die wir als Formulierungen dieser Grundnorm auffassen können. Auch gegenwärtig ist es den Philosophen unbenommen, solche »Grundnormen« zu formulieren, auf die man in diesem Prozeß fortschreitender Konfliktlösungen in letzter Instanz rekurrieren müßte. Mit Wilhelm Kamlah mag man dann begründeterweise niederschreiben: »Es ist jedermann jederzeit geboten zu beachten, daß seine Mitmenschen bedürftig sind wie er, und demgemäß zu handeln.« Was man damit praktisch geleistet hat, läßt uns die Unterscheidung von sächlicher und sozialer Geltung erkennen –: was gut begründet ist, ist ja damit noch nicht durchgesetzt. Dabei scheint es im Fall dieser Grundnorm so zu sein, daß ein Verfahren ihrer Durchsetzung, das mehr wäre als das Verfahren, Beispiele ihrer Befolgung ohne die Gewißheit zu geben, daß alle diesen Beispielen folgen werden, nicht existiert. Unbenommen bleibt dann noch die lehrmäßige Verbreitung ihrer Begründung, die auch in diesem Fall, wie in allen anderen Normenbegründungsfällen, nichts anderes ist als der Nachweis, daß sie das geeignete Mittel sei, welches uns angibt, was wir tun müssen, damit wir allenfalls wollen können, was wir alle wollen, nämlich gut und in Frieden leben. Auch die »Grundnorm« ist insofern »technisch«, und eben das war auch, rekonstruiert, Max Webers Behauptung, daß wir nämlich mit wissenschaftlichen oder sonstigen rationalen Mitteln, in »Verfahren irgendwelcher Art«, nie mehr zu leisten vermögen als die Unverträglichkeit dessen, was Verschiedene wollen, zu analysieren und die Bedingungen der Verträglichkeit sowie die Mittel der Realisierung dessen, was wir verträglich wollen, anzugeben, während es ein zweites Problem ist, dem, was wir so mit sächlicher oder logischer Geltung angegeben haben, auch die soziale Geltung verschaffen.

4.2. *Hans Albert: Die Unmöglichkeit einer philosophischen Letztbegründung*

Die Frage, wie man sich eine zureichende Begründung vorzustellen hat, scheint in die Wissenschaft führen zu müssen, die in erster Linie in Betracht kommt, wenn es darum geht, Argumente auf ihre Gültigkeit hin zu beurteilen: in die *Logik*. Wir dürfen annehmen, daß logische Folgerungen bei der Begründung von Auffassungen aller Art eine wesentliche Rolle spielen. Man kann das Problem der logischen Folgerung aber als das zentrale Thema der formalen Logik ansehen.[1] Sie gibt uns Auskunft darüber, wie ein gültiges deduktives Argument aussieht und was ein solches Argument leistet. Es empfiehlt sich hier, in aller Kürze darauf einzugehen.

Ein gültiges deduktives Argument – eine logische Folgerung – ist eine Folge von Aussagen, von Prämissen und Konklusionen, zwischen denen bestimmte logische Beziehungen existieren, nämlich: eine Konklusion ist jeweils mit Hilfe logischer Regeln aus den in Frage kommenden Prämissen deduzierbar. Dabei sind »Prämisse« und »Konklusion« als deduktionsrelative Begriffe aufzufassen; sie beziehen sich auf die logische Rolle der betreffenden Aussagen in einem bestimmten Folgerungszusammenhang, nicht auf diese Aussagen »an sich«. Für unsere Zwecke – das heißt im Kontext unserer Begründungsproblematik – sind einige einfache Zusammenhänge von Interesse, die aus der formalen Logik bekannt sind:

1. Durch logische Folgerung kann niemals Gehalt gewonnen werden.[2] Der Spielraum der in Betracht kommenden Aussagen wird in der Deduktionsrichtung jeweils größer oder er bleibt gleich; ihr Gehalt an Information wird dabei kleiner oder er bleibt gleich. Man kann gewissermaßen durch ein deduktives Verfahren aus einer Aussagenmenge nur die Information herausziehen, die in ihr schon enthalten ist. Ein solches Verfahren dient dazu, eine Aussagenmenge zu »melken«, nicht dazu, neue Information zu erzeugen. Das bedeutet unter anderem, daß aus analytischen Aussagen keine gehaltvollen Aussagen deduzierbar sind. Wohl aber sind umgekehrt aus gehaltvollen Aussagen analytische Aussagen deduzierbar, denn sie sind deduzierbar aus beliebigen Aussagen. Daß eine Aussage aus informativen Aussagen logisch deduzierbar ist, sagt also an sich noch nichts über ihren eigenen Gehalt. Andererseits sind aus kontradiktorischen Aussagen stets beliebige Aussagen deduzierbar.[3]
2. Ein gültiges deduktives Argument sagt nichts über die Wahr-

heit seiner Komponenten, das heißt genauer: In einem solchen Argument können alle Komponenten falsch sein, es können auch die Prämissen alle oder teilweise falsch und die Konklusionen wahr oder auch falsch sein; nur ein Fall kann nicht eintreten: aus ausschließlich wahren Prämissen können nicht falsche Konklusionen folgen. Sind also alle Prämissen wahr, dann sind auch jeweils die zugehörigen Konklusionen wahr. Anders ausgedrückt: Ein gültiges deduktives Argument garantiert nur:

a) den *Transfer des positiven* Wahrheitswertes – der *Wahrheit* – von der Prämissen-Menge auf die Konklusion; und damit auch:
b) den *Rücktransfer* des *negativen* Wahrheitswertes – der *Falschheit* – von der Konklusion auf die Prämissen-Menge

3. Ein ungültiges deduktives Argument liefert einen Fehlschluß, bei dem keine solche Garantie gegeben ist. Daher ist hier keine Kombination von positiven oder negativen Wahrheitswerten für die Komponenten des Argumentes ausgeschlossen. Soweit unser Exkurs in die Logik.

Nun zurück zum Begründungsproblem. Welche Rolle kann hier die logische Folgerung spielen? Nach dem oben formulierten Prinzip können wir davon ausgehen, daß das Ziel des Begründungsverfahrens jeweils darin bestehen muß, die Wahrheit der betreffenden Auffassungen und damit der Aussagen, in denen sie formuliert sind, zu sichern. Die Wahrheit – der positive Wahrheitswert – ist aber übertragbar durch logische Folgerung. Also liegt die Idee nahe, die Begründung einer Überzeugung – und damit die einer Aussagen-Menge bzw. eines Aussagen-Systems – durch Rückführung auf sichere – und damit unbezweifelbare – Gründe mit logischen Mitteln, das heißt: mit Hilfe logischer Folgerungen, zu erreichen, und zwar so, daß sich alle Komponenten der betreffenden Aussagen-Menge aus dieser Grundlage durch logische Folgerung ergeben.

Nun entsteht aber, wenn unser Prinzip ernst genommen wird, sogleich folgendes Problem: Wenn man für *alles* eine Begründung verlangt, muß man auch für die Erkenntnisse, auf die man jeweils die zu begründende Auffassung – bzw. die betreffende Aussagen-Menge – zurückgeführt hat, wieder eine Begründung verlangen. Das führt zu einer Situation mit drei Alternativen, die alle drei unakzeptabel erscheinen, also: zu einem Trilemma, das ich angesichts der Analogie, die zwischen unserer Problematik und dem Problem besteht, das der bekannte Lügenbaron einmal zu lösen hatte, das *Münchhausen-Trilemma* nennen möchte. Man hat offenbar nämlich nur die Wahl zwischen:

1. einem *infiniten Regreß*, der durch die Notwendigkeit gegeben erscheint, in der Suche nach Gründen immer weiter zurückzugehen, der aber praktisch nicht durchzuführen ist und daher keine sichere Grundlage liefert;
2. einem *logischen Zirkel* in der Deduktion, der dadurch entsteht, daß man im Begründungsverfahren auf Aussagen zurückgreift, die vorher schon als begründungsbedürftig aufgetreten waren, und der, weil logisch fehlerhaft, ebenfalls zu keiner sicheren Grundlage führt; und schließlich:
3. einem *Abbruch des Verfahrens* an einem bestimmten Punkt, der zwar prinzipiell durchführbar erscheint, aber eine willkürliche Suspendierung des Prinzips der zureichenden Begründung involvieren würde.

Da sowohl ein infinitiver Regreß als auch ein logischer Zirkel offensichtlich unakzeptabel zu sein scheint, besteht die Neigung, die dritte Möglichkeit, den Abbruch des Verfahrens, schon deshalb zu akzeptieren, weil ein Ausweg aus dieser Situation für unmöglich gehalten wird. Man pflegt in bezug auf Aussagen, bei denen man bereit ist, das Begründungsverfahren abzubrechen, von Selbstevidenz, Selbstbegründung, Fundierung in unmittelbarer Erkenntnis – in Intuition, Erlebnis und Erfahrung – zu sprechen oder in anderer Weise zu umschreiben, daß man bereit ist, den Begründungsregreß an einem bestimmten Punkt abzubrechen und das Begründungspostulat für diesen Punkt zu suspendieren, indem man ihn als archimedischen Punkt der Erkenntnis deklariert. Das Verfahren ist ganz analog zu Suspendierung des Kausalprinzips durch Einführung einer causa sui. Nennt man aber eine Überzeugung oder Aussage, die selbst nicht zu begründen ist, aber dabei mitwirken soll, alles andere zu begründen, und die als sicher hingestellt wird, obwohl man eigentlich alles – und also auch sie – grundsätzlich bezweifeln kann, eine *Behauptung*, deren *Wahrheit gewiß* und die daher *nicht der Begründung bedürftig* ist: ein *Dogma*, dann zeigt sich unsere dritte Möglichkeit als das, was man bei einer Lösung des Begründungsproblems am wenigsten erwarten sollte: als Begründung durch *Rekurs auf ein Dogma*. Die Suche nach dem archimedischen Punkt der Erkenntnis scheint im Dogmatismus enden zu müssen. An irgendeiner Stelle nämlich muß das Begründungspostulat der klassischen Methodologie auf jeden Fall suspendiert werden. Auch der Rückgriff auf außersprachliche Instanzen irgendwelcher Art schafft, wie man leicht sieht, in dieser Beziehung keine Abhilfe. Ganz abgesehen von den besonderen Problemen, die im Hinblick auf solche Instanzen entstehen können, besteht auch in bezug auf sie immer die Möglichkeit, nach einer Begründung zu fragen. Jede Selbstbegründungsthese für letzte Instanzen dieser Art muß ebenso wie entsprechende Thesen für bestimmte Aussagen als eine Maskerade für den Entschluß betrachtet werden, das Prinzip für diesen Fall außer Kraft zu setzen. Es sieht also so aus, als ob ein solcher Entschluß unvermeidlich wäre, so daß der mit ihm verbundene Dogmatismus den Anschein eines notwendigen Übels oder gar den der Harmlosigkeit gewinnt. Übrigens wird die Situation im wesentlichen nicht dadurch geändert, daß man andere Ableitungsverfahren als die der deduktiven Logik einführt, um den Begründungsregreß zu bewerkstelligen. Weder die Verwendung induktiver Verfahrensweisen irgendwelcher Art noch der Rückgriff auf eine transzendentale Deduktion kann etwas zu ihrer Verbesserung beitragen, und sie wird auch dadurch nicht grundsätzlich anders, daß man das Problem gewissermaßen aus der Horizontalen, das heißt: aus der Analyse von Aussagenzusammenhängen der gleichen sprachlichen Ebene, auf die Vertikale verlagert, also nach einer zureichenden Begründung der Kriterien für verwendbare Ableitungsverfahren und für als Ableitungsbasis benutzbare letzte sprachliche oder außersprachliche Instanzen fragt. Auch hier muß sich das Trilemma von infinitem Regreß, Zirkel und jener Art von Dogmatismus ergeben, der dann als Resignationslösung akzeptabel erscheinen mag, weil die anderen beiden Alternativen offensichtlich untauglich sind.

4.3. *Karl-Otto Apel: Die Konflikte unserer Zeit und das Erfordernis einer ethisch-politischen Grundorientierung*

4.3.1. *Problemstellung*

Ich wurde gebeten, über »Die Konflikte unserer Zeit und den Trend zur Systemüberwindung« zu sprechen. Diese Themenstellung suggerierte mir zunächst derart spezielle politisch-ökonomische Tagesprobleme der bundesrepublikanischen Gegenwart, daß ich mich als Philosoph in meiner Kompetenz überfordert fühlte. Es gehört ja in der Tat zu den schmerzlichen Erfahrungen dieser letzten Jahre, daß die (von der Neuen

Linken erneuerte, Marxsche) Forderung nach der dialektischen Einheit oder wenigstens Vermittlung von philosophisch begründeter Theorie und politisch-ökonomischer Praxis sich wieder einmal dem Druck der Randbedingungen und Komplexitäten des Alltags nicht gewachsen zeigte.
So jedenfalls stellt sich die Lage in der Bundesrepublik dar, wenn man die hochgespannten Erwartungen vieler Intellektueller in den späten sechziger Jahren mit der pragmatischen Resignation und restaurativen Ernüchterung unserer Tage vergleicht. Nicht ohne eigenes Verschulden haben sich die Träger der linken Studentenbewegung bei vielen linksliberalen Intellektuellen, die anfangs der Bewegung mit großen Hoffnungen gefolgt waren, als potentielle »Linksfaschisten« diskreditiert. Und die Vertreter einer positivistisch-seriösen Sozialwissenschaft waren schnell bei der Hand, in vordergründig geistreichen sozialpsychologisch-historischen Erklärungen die pathologischen Ursachen hinter diesem »Aufstand« der Jugend in der »Überflußgesellschaft« bei dieser Jugend selbst und nicht in den Strukturen dieser Gesellschaft zu suchen.
Zu den geistreichsten »Erklärungen«, die in diesem Zusammenhang aufgestellt wurden, gehört zweifellos die These Hermann Lübbes, die aufständischen »Wiedertäufer der Wohlstandsgesellschaft« seien in Wahrheit gar keine Vorkämpfer des sozialen Fortschritts; sie seien vielmehr reaktionäre Versager, die von den Anforderungen des permanenten Fortschritts in der komplexen und mobilen modernen Industriegesellschaft frustriert seien. Wie alle konservativen Romantiker sehnten sie ein goldenes Zeitalter herbei, in dem die Mobilität und unvermeidliche Instabilität aller Verhältnisse in einer offenen, demokratischen Industriegesellschaft – nicht zuletzt die Notwendigkeit, in immer neuen Lernprozessen mit komplexen Sachzwängen sich auseinanderzusetzen – durch einen stabilen Zustand ideologisch durchschaubarer und emotional eindeutiger menschlicher Beziehungen abgelöst wäre. Sogar die Forderung nach »Lebensqualität« ist in diesem Zusammenhang von Lübbe als konservative »Fortschrittskritik von links« entlarvt worden[1].
Daß solche »Erklärungen der Studentenbewegung« einen gewissen Wahrheitsgehalt besitzen, läßt sich m. E. nicht leugnen. Es läßt sich ebensowenig leugnen wie die beklagenswerte Tatsache, daß die Studenten, nach großartigen Anfängen, besonders in den letzten Jahren durch Verlust des Realitätsbewußtseins, durch ständige Vermengung (ja Verwechslung) des Anliegens der Gesellschaft oder sogar der Menschheit mit den zum

Teil fragwürdigen Forderungen einer Studenten-Lobby und durch unleugbar undemokratisches Verhalten dazu beigetragen haben, die Glaubwürdigkeit ihres Anliegens in den Augen der Bevölkerung zu zerstören. Sie haben es in der Tat fertiggebracht, wie der marxistische Politologe Duverger[2] feststellt, sogar die »liberalen Wohlmcinenden« in jene angstvolle Ecke zu drängen, aus der sie nur mit Repressionen antworten. Trotz dieser unleugbaren Tatsachen scheint mir die skizzierte Einschätzung des Anliegens der weltweiten Studentenbewegung im Kern falsch, ja sogar in gefährlicher Weise provinziell zu sein. Sie ist nämlich nur allzusehr geeignet, dem politisch-ökonomischen und dem wissenschaftlichen Establishment unserer westlichen und östlichen Industriegesellschaft zu einer vorschnellen Selbstrechtfertigung zu verhelfen und die echten Probleme, die hinter dem (inzwischen ridikülisierten) Ruf nach »Systemüberwindung« standen und stehen, zu verschleiern.

Man braucht nämlich keineswegs zu den utopischen Schwärmern zu gehören, ja, man braucht nicht einmal im Besitz eines Rezepts für systemverändernde Reformen zu sein, um gleichwohl bemerken zu können, daß die Institutionen, die gegenwärtig in der sogenannten ersten und zweiten Welt der führenden Industrienationen den zivilisatorischen Fortschritt regulieren, kaum geeignet sein dürften, das Problem Nummer eins unserer Ära zu lösen: das Problem der Rettung der menschlichen Bio- und Ökosphäre, das angesichts der Überbevölkerung, der Grenzen der Energievorräte und der Belastbarkeit unserer natürlichen Umwelt sich stellt. Freilich ist auch dieses Problem, kaum recht zur Kenntnis genommen, schon wieder als bloßes Modethema verharmlost und von den kurzfristigen Sorgen der pragmatischen Tagespolitik verdrängt worden. Wer aber nur die *Diskussion* um die vom Club of Rome angeregten Studien von *D. L. Meadows* (»Die Grenzen des Wachstums«) und von *Mesarovic* und *Pestel* (»Menschheit am Wendepunkt«) tatsächlich verfolgt hat, der wird kaum bestreiten können, daß gegenwärtig ernste Gründe – über die von Marx analysierten Gründe hinaus – dafür sprechen, die Rationalität und echte Fortschrittlichkeit unseres sozioökonomischen Systems in Frage zu stellen: und er wird kaum bestreiten können, daß die Frage nach der Lebensqualität mit Recht gegen das »eindimensionale« Konzept einer Bemessung des Fortschritts in Kategorien des Bruttosozialprodukts ausgespielt wurde. (Mir scheint sogar, daß es geschichtsdialektisch falsch und praktisch irreführend ist, die Forderung nach Lebensqualität, so wie sie im

Konzept der Neuen Linken ihren Platz hat, als »konservativ« zu charakterisieren und das gängige ökonomische Wachstumsdenken unter den Bedingungen der Gegenwart schlichtweg mit dem Prinzip des Fortschritts zu identifizieren.)

Ich möchte jedenfalls das soeben berührte Problem der Gefährdung der menschlichen Bio- bzw. Ökosphäre zum Anlaß nehmen, um das Problem der Konflikte unserer Zeit und auch das der eventuellen Notwendigkeit einer »Systemüberwindung« in angemessener philosophischer Distanz stellen zu können. Und um meine politischen Meinungen, die ich als Bürger habe, nicht mit meiner philosophischen Kompetenz zu verwechseln, möchte ich das Thema als philosophische Frage nach der *Möglichkeit einer ethisch-politischen Grundorientierung* angesichts der Konflikte unserer Zeit behandeln. Damit soll genau die Frage erneut gestellt und durchreflektiert werden, die in den vergangenen Jahren von vielen jungen Intellektuellen allzu selbstverständlich und optimistisch im Sinne der möglichen *Einheit von Theorie und Praxis* beantwortet wurde – genau die Frage aber auch, die in der Gegenwart von den tonangebenden Pragmatikern schon wieder als unbeantwortbare, ja als überholte, altmodische Frage angesehen wird. Tatsächlich meine ich mit der Möglichkeit einer ethisch-politischen Grundorientierung nicht die Aussicht, aus einem philosophischen Grundprinzip die in der Tagespolitik notwendigen Entscheidungen logisch ableiten zu können; aber ich meine doch die Möglichkeit einer ethisch begründeten *Zielsetzung*, an der eine langfristige politische Programmatik sich orientieren kann und an der selbst die an sogenannten Sachzwängen pragmatisch orientierte Tagespolitik noch einen *Maßstab* für die Bewertung der (wünschenswerten und nicht wünschenswerten) Folgen und Nebenfolgen ihrer Entscheidungen finden kann. Doch selbst in diesem Sinn einer letzten Zielsetzung und einer Etablierung von Bewertungsmaßstäben ist die Möglichkeit einer ethisch-politischen Grundorientierung problematisch genug. Denn schon dies ist kontrovers, ob es überhaupt möglich ist, angesichts der Konflikte unserer Zeit und der zugehörigen Ideologien die Kantsche Frage »Was sollen wir tun?« im Sinne einer *intersubjektiv verbindlichen* Ethik zu beantworten. Und ich möchte pedantischerweise zunächst die paradoxe und scheinbar aussichtslose Situation skizzieren, als die sich die Frage nach einer intersubjektiv verbindlichen Ethik heute für die Fachphilosophen darstellt.

Die *Paradoxie* der Lage ist hier m. E. durch das folgende *Dilemma* gekennzeichnet: *Einerseits* ist die Notwendigkeit einer intersubjektiv verbindlichen Ethik solidarischer Verantwortung der Menschheit für die Auswirkungen menschlicher Aktivitäten und Konflikte noch nie so dringend gewesen wie in der Gegenwart, und zwar wegen der ungeheuren Vergrößerung des Risikos aller menschlichen Aktivitäten und Konflikte durch die technischen Potenzen der Wissenschaft. *Andererseits* ist die rationale Begründung einer intersubjektiv gültigen Ethik scheinbar noch nie so schwierig gewesen wie in der Gegenwart, und zwar deshalb, weil die moderne Wissenschaft (Science) den Begriff rationaler, intersubjektiv gültiger Begründung im Sinne der Wertneutralität präokkupiert hat und alle nicht wertneutralen Theoriebildungen von diesem Maßstab her als bloße Ideologien erscheinen. Auf diese Weise scheint gerade eine rationale Ethik der Konfliktbewältigung unmöglich zu sein, da ja die Ethik von vornherein bloß als mögliche Ideologie *einer* Konfliktpartei erscheint. Betrachten wir die beiden Seiten dieses Dilemmas etwas genauer.

4.3.2. *Das Bedürfnis nach einer Ethik solidarischer Verantwortung in der ökologischen Krise der technisch-wissenschaftlichen Zivilisation*

Zu 4.3.1: Auf der einen Seite hat, wie gesagt, die technologische Potenz der Wissenschaft dazu geführt, daß die Reichweite und damit das Risiko der menschlichen Aktivitäten eine geradezu ungeheuerliche Erweiterung erfuhr. Konrad Lorenz hat die ethologische und ethische Problematik dieser Tatsache einmal durch den Vergleich des mit Faustkeil bewaffneten Steinzeitmenschen mit dem Atombomber-Piloten über Hiroshima illustriert: Schon der Faustkeilschwinger hatte die angeborenen Tötungshemmungen gegen Artgenossen, die bei seinen tierischen Vorfahren funktionierten, offenbar mit der Erfindung seiner Waffen zugleich prinzipiell unwirksam gemacht; gleichwohl funktionierten bei ihm zweifellos noch starke Hemmungsinstinkte, da er ja seinem Gegner Auge in Auge gegenübertreten mußte. Demuts- und Kapitulationsgesten des besiegten Feindes z. B. hat er zweifellos als wirksamen Aggressionshemmungs-Appell erlebt, und gerade die starke emotionale Erfahrung des Konflikts zwischen seiner Aggression und den angeborenen Hemmungsinstinkten muß für den Ursprung des religiös-moralischen Gewissens aus dem Sündenbewußtsein relevant gewesen sein. Ganz anders ist die Situation für den modernen Atombomber-Piloten: Weder Aggression noch Aggressionshemmung spielen für sein Tun eine wesentliche Rolle, da er ja durch die Art und die Dimensionen der modernen Waffentechnik von der menschlichen Begegnung mit dem sogenannten Feind völlig abgeschirmt ist. Er drückt nur befehlsgemäß auf den Knopf; die Auswirkungen seiner Bombenauslösung aber sind so gewaltig, daß er sie sinnlich-emotional gar nicht mehr erleben kann. An diesem Beispiel wird schon ein charakteristischer Aspekt der heute geforderten Verantwortungsethik deutlich: Sie kann, im Gegensatz zu der noch heute bei allen Völkern vorherrschenden Nachbarschafts- bzw. Freund-Feind-Moral, kaum noch unmittelbar an die instinktresidualen Emotionen anknüpfen, die das Leben in der Intimgruppe bestimmen. Schon deshalb ist die geforderte Ethik auf ein *rationales Fundament* angewiesen, allerdings auch auf die Mobilisierung einer *spezifisch moralischen Phantasie*, die u. a. imstande sein müßte, die Nächstenliebe im Sinne der Fernstenliebe zu verallgemeinern.[3]

Genau in diese Richtung weisen nun auch die übrigen Auswirkungen der technischen Potenzierung menschlicher Aktivitäten: So wie die Atombombe zum erstenmal den Krieg mit einem Risiko für die gesamte Menschheit belastet hat, so gilt dies in beinahe noch höherem Maße für die Potenzierung der menschlichen Naturausbeutung durch die zivile Technik der modernen Industriegesellschaft insgesamt. Aus biologisch-ökologischer Sicht könnte man den Eindruck gewinnen, als werde jene Störung des natürlichen Gleichgewichts, die schon mit der Durchbrechung der tierischen Instinktschranken durch den »Homo faber« verbunden war, erst heute voll effektiv würde, indem die ungehemmten Eingriffe menschlicher Technik in die Natur den Lebensraum alles Lebendigen auf dieser Erde zu zerstören drohen. Erst in den letzten Jahren ist diese Problematik allmählich in das Bewußtsein der Humanwissenschaften getreten. Lange Zeit hindurch hatte man sich an die Vorstellung gewöhnt, daß die wissenschaftlich-technologische Kontrolle des Menschen über die Natur endgültig erreicht sei und man sie lediglich durch die Kontrolle des Menschen durch den Menschen im »social engineering« zu ergänzen habe; in unseren Tagen aber wird allmählich klar, daß das Verhältnis des Menschen zur Natur noch ganz andere Probleme einschließt als lediglich die technologische Ausnutzung unserer Kenntnis der *Kausal*gesetze (des Anorganischen) für die Realisierung subjektiver menschlicher Handlungs-*Zwecke*. Aus der Perspektive einer biologisch orientierten funktionalen Systemtheorie zeigte sich, daß wir es bisher weitgehend versäumt haben, unsere subjektiven Zwecksetzungen selbst in Beziehung zu setzen zu den quasi-zweckmäßigen Funktionssystemen, die ohne unser Zutun in der Natur bestehen und das Leben der menschlichen Gattung mitbedingen. (Der Triumph des mechanistischen Denkens in der Neuzeit und die Verketzerung alles objektiv-teleologischen Denkens dürften an diesem Versäumnis nicht unschuldig sein.) Dem Versäumnis, menschliche Zwecksetzungen zu den natürlichen Funktionssystemen in Beziehung zu setzen, entsprach das Versäumnis, auf die biologisch-ökologischen Funktionsbedingungen menschlicher Sozialsysteme auch unter ökonomischen und juristischen Gesichtspunkten zu reflektieren: So ist z. B. erst in den letzten Jahren deutlich geworden, daß die planetare Ökosphäre (z. B. Luft und Wasser) ein nur in begrenztem Ausmaße zur Verfügung stehendes *Kapital* darstellt – ein *Gut*, das allen Menschen gehört, das aber von der Industrie weitgehend als nicht ausgewiesenes Produktionskapital verbraucht wird. Weder die kapitalistischen noch die sozialistischen Wirtschaftstheorien hatten bis dahin die Biosphäre als Produktionskapital in Betracht gezogen, wenn auch Marx im ersten Band des »Kapital« bereits bemerkt, daß der Kapitalismus die zwei Quellen des Reichtums, die menschliche Arbeit und die Natur, zu zerstören drohe[4]. Damit ist nun aber derjenige Bereich der ökologischen Problematik angesprochen, in dem die *sozialen Konflikte* berührt werden.

Man könnte zunächst meinen, die neue Problemsituation im Verhältnis des Menschen zur Natur, konkreter: das Bewußtsein der drohenden Erschöpfung bzw. Zerstörung der Ökosphäre durch Überbevölkerung, Umweltverschmutzung und Verbrauch der Energievorräte, müßte geeignet sein, die vitale Bedeutung der Konflikte zwischen den Menschen de facto zu verringern. Das gemeinsame ökologische Schicksal – so könnte man denken – müßte die Bewohner dieser Erde mit dem Solidaritätsgefühl derer erfüllen, die in einem Boot sitzen, und sie dazu veranlassen, dem gemeinsamen Interesse am Überleben alle divergierenden Interessen unterzuordnen. Der »Club of Rome« hat seine Aufklärungs- und Aufrüttlungspolitik ersichtlich mit der Hoffnung auf einen solchen Solidarisierungseffekt verbunden. Die bislang vorliegenden Analysen der Situation lassen jedoch eher das Gegenteil erwarten: Zunächst ist hier noch einmal zu bedenken, daß die mit der Bedrohung der Ökosphäre zusammenhängenden Tatsachen trotz aller modischen Diskussion dieses Themas selbst unter Wissenschaftlern nur selten in ihrer vollen Tragweite erkannt und als Tatsachen

akzeptiert sind. So ist z. B. noch wenig bekannt bzw. anerkannt, daß selbst in dem Falle, daß es gelingt, neue Energien – wie z. B. die Sonnenenergie – nutzbar zu machen, die damit verbundene Wärmebelastung der Ökosphäre sehr schnell eine kritische Grenze erreichen würde. Auf der Ebene der Alltagspolitik hat sich jedenfalls gezeigt, daß die von den Experten beschworene ökologische Gefahr vorerst noch nicht so konkret sichtbar gemacht werden konnte, daß sie den Konflikt der »pressure groups«, die den Spielraum der Politiker begrenzt, ernsthaft hätte beeinflussen können. (Charakteristisch ist etwa die völlig deplacierte und irreführende Zeitungsüberschrift »Die Propheten des Weltuntergangs sind optimistischer geworden«, mit der in der FAZ der zweite Bericht an den Club of Rome »Menschheit am Wendepunkt« von Mesarovic und Pestel angezeigt wurde.)
Man kann jedoch an dieser Stelle mit Recht einwenden, daß der Einfluß der ökologischen Krise auf die Entwicklung der sozialen Konflikte nicht auf der Bewußtseinsebene der Alltagspolitik sich bemerkbar machen muß. Er kann und wird wahrscheinlich in naher Zukunft einfach dadurch automatisch wirksam werden, daß die ökonomische Wachstumspolitik nicht mehr im alten Stil fortgesetzt werden kann und daß die durch Überbevölkerung bedingten Hungerkatastrophen in der dritten Welt, die zur Zeit schon begonnen haben, sich in gesteigertem Maße wiederholen. Eine solche Entwicklung wird jedoch aller Wahrscheinlichkeit nach nicht zu einer Verringerung der unter Menschen bestehenden Konflikte führen, sondern eher zur Wiederbelebung klassischer Konflikte und zur Entstehung neuer Konflikte.
Ich möchte in diesem Zusammenhang nur zwei fundamentale Konflikttypen ins Auge fassen, die m. E. nicht aufeinander reduzierbar sind:

1. den sozialen Klassenkonflikt, der gegenwärtig in den regional divergierenden Aspekten des Konfliktes zwischen Arm und Reich (so als Nord-Süd-Konflikt) und des Konfliktes zwischen »Herr und Knecht« (Hegel) auftritt, und
2. den Prestige- und Machtkonflikt zwischen gleichen, insbesondere zwischen Nationen (Hegels »Kampf um die Anerkennung bis zum Tod«, der dem Klassenkampf noch vorausliegt und ihn wohl auch in einer Gesellschaft ohne Mangel überleben würde).

Es läßt sich nun wohl kaum bestreiten, daß in den letzten hundert Jahren die von Marx vorausgesagte revolutionäre Zuspitzung des Klassenkonflikts in den westlichen Industriestaaten hauptsächlich dadurch zugunsten institutionalisierter Klassenkompromisse vermieden wurde, daß immer erneut ein permanentes Wirtschaftswachstum in Aussicht gestellt werden konnte. Der Konflikt der Tarifpartner konnte z. B. in den USA und in der Bundesrepublik nach der Devise des Futurologen Kahn entschärft werden, derzufolge man die Armen nicht schneller reich machen kann als dadurch, daß man die Reichen noch reicher macht[5]. Auch der Konflikt von Arm und Reich, der in den letzten Jahrzehnten zwischen den Industriestaaten des Nordens und den neuen Staaten der dritten Welt entstand, konnte, unter der Voraussetzung ständigen Wirtschaftswachstums, bislang im Sinne der sogenannten »Entwicklungspolitik« kanalisiert werden. Wenn nun – wie zu erwarten – das Wirtschaftswachstum aus ökologischen Gründen nicht mehr fortgesetzt oder sogar zugunsten eines anzustrebenden Systemgleichgewichts eingestellt werden muß, dann entfällt damit das Motiv für die Kompromißbereitschaft der Armen oder auch nur Unterprivilegierten. Es muß dann vermutlich mit *zwei alternativen Versionen einer erneuten Zuspitzung des Klassenkonfliktes* gerechnet werden:

Die eine Version würde dann eintreten, wenn die reichen Nationen auf Kosten der Entwicklungsländer ihren Lebensstandard um jeden Preis weiter zu steigern oder doch zu halten versuchen: In diesem Fall wäre – wenn man von störenden Randbedingungen absieht – eine katastrophale Zuspitzung des Nord-Süd-Konfliktes zu erwarten, während der Klassenkonflikt innerhalb der Industriestaaten vielleicht vorläufig noch entschärft werden könnte. Die andere Version würde eintreten, wenn – wie nicht gerade wahrscheinlich – die reichen Industriestaaten tatsächlich einer Einschränkung des eigenen Wirtschaftswachstums und womöglich sogar des Lebensstandards ihrer Einwohner zugunsten der von den Entwicklungsländern geforderten Umverteilung des Reichtums stattgeben würden. In diesem Falle käme es sofort zu einer erneuten Zuspitzung des klassischen Klassenkonflikts innerhalb der Industriestaaten – es sei denn, die Ursachen eines solchen Konflikts könnten durch systemverändernde Reformen beseitigt werden und die zweifellos unpopuläre Politik der Umverteilung im Weltmaßstab könnte als unvermeidliche Antwort auf die Frage des gemeinsamen Überlebens einsichtig und akzeptabel gemacht werden.

Der Umstand nun, daß der Konflikt zwischen Arm und Reich im Sinne des Nord-Süd-Konflikts weitgehend zusammenfällt

mit einem »internationalen« Konflikt im Sinne des *außenpolitischen Macht- und Prestigekampfes*, macht unmittelbar deutlich, daß auch dieser Aspekt menschlicher Konflikte durch die ökologische Krise kaum gemildert, sondern eher verschärft werden dürfte. Das derzeitige Engagement einer potentiellen Weltmacht wie China im Nord-Süd-Konflikt zeigt besonders augenfällig, daß auch die im Sinne Rankes klassischen *außenpolitischen* (»internationalen«) *Konflikte* sich zuspitzen würden – es sei denn, die reichen Industrieländer könnten sich mit den Entwicklungsländern effektiv über einen Ausgleich der Entwicklungsniveaus oder vielleicht besser noch: über gemeinsame Einschränkungen, vor allem auf dem Gebiet des Bevölkerungswachstums, einigen. Wie schwierig eine solche Einigung ist, hat zuletzt noch wieder die Weltbevölkerungskonferenz in Bukarest gezeigt. Aber auch abgesehen von der Problematik des Nord-Süd-Konflikts scheint die ökologische Krise kaum die internationale Verständigungsbereitschaft zu fördern. Eher hat es den Anschein, als ob jeder Staat zehn Minuten vor zwölf noch sein Vorrecht auf die Ausbeutung der Ökosphäre durchsetzen möchte. Man denke z. B. an die zunehmende Einschränkung der »Freiheit der Meere« im Sinne des klassischen Völkerrechts zugunsten erweiterter nationaler Festlandsockel oder an das Scheitern aller Bemühungen um die Rettung der Wale oder an die Weigerung Brasiliens, das ökologisch extrem gefährliche Projekt einer Abbrennung des tropischen Regenwaldes im Amazonasgebiet aufzugeben.
Diese Hinweise auf die wahrscheinliche Zuspitzung der klassischen Konflikte im Zusammenhang mit der ökologischen Krise sollten jedoch im Kontext unseres Themas nur die *praktische Notwendigkeit* einer ethisch-politischen Grundorientierung gerade in unserem durch Wissenschaft und Technologie geprägten Zeitalter illustrieren. Doch wie steht es mit der *Möglichkeit* einer solchen Grundorientierung im Hinblick auf die philosophische Ethik?

4.3.3. *Die scheinbare Unmöglichkeit einer rationalen Begründung einer intersubjektiv gültigen Ethik solidarischer Verantwortung*

Daß die geforderte Grundorientierung nicht einfach auf der Grundlage der traditionellen religiös-ethischen Normensysteme der verschiedenen Kulturen gewonnen werden kann, erhellt schon aus dem Umstand, daß diese Systeme primär auf die

Ehe-, Familien- und Nachbarschaftsbeziehungen innerhalb kleiner Gruppen bezogen waren und allenfalls durch gesinnungsethische Verallgemeinerungen dieser interpersonalen Normen eine kosmopolitische Dimension gewannen – so etwa in den Weltreligionen und im philosophischen Humanismus. Schon die Bereiche des »internationalen« Machtkampfes (der sogenannten »Staatsräson«) und des sozialen Klassenkampfes waren bis heute weitgehend aus der ethischen Reflexion ausgeklammert – nicht zu reden von dem eigentlichen Makrobereich der Menschheitsinteressen, die in der ökologischen Krise auf dem Spiel stehen. Die Ethik war zuletzt in Europa weitgehend eine solche der privaten Gesinnung, in der man mit Kant davon ausging, daß es allein auf den *guten Willen* (die »Maxime der Gesinnung«), nicht aber auf den *Erfolg* unserer Handlungen in der Welt (z. B. in der Welt der Politik!) ankomme. Gerade der Erfolg unserer Handlungen aber – oder anders gesagt: das Risiko der Wirkungen und Nebenwirkungen unserer technisch-industriellen Aktivitäten im planetaren Maßstab – müßte heute von uns verantwortet werden. Also nicht »Gesinnungsethik«, sondern »Verantwortungsethik« wäre gefordert, um mit Max Weber zu sprechen. Doch selbst diese Parole ist nicht eindeutig bzw. zureichend; denn die situationsbezogene Verantwortungsethik der einsamen politischen Entscheidung, an die M. Weber dachte, die Situationsethik, die später im Existentialismus – z. B. von Sartre – als Ethik der existentiellen Grenzsituation ausgearbeitet wurde, entspricht auch nicht der Forderung der Stunde – obwohl sie keineswegs überholt ist, da es ja die Grenzsituationen der einsamen Entscheidung durchaus gibt (Situationen, in der jeder seine Götter wählen muß, wie M. Weber sagte, oder in denen jeder sich selbst und darin die Menschheit wählen muß, wie Sartre es ausdrückte). Was aber in der gegenwärtigen Krise der technisch-wissenschaftlichen Zivilisation im planetaren Maßstab gefordert wäre, ist weit mehr als eine – womöglich auf irrationale Letztentscheidungen angewiesene – Ethik der existentiellen Grenzsituationen. Gefordert wäre offenbar so etwas wie eine Ethik der gemeinsamen solidarischen Verantwortung der Menschheit im Sinne einer kommunikativen Interessenvermittlung und Situationsberatung. Doch wie steht es mit der *Möglichkeit einer rationalen Begründung der intersubjektiven Gültigkeit* einer solchen Ethik?

Ich deutete im vorigen schon an, daß sich bei dem Versuch einer Beantwortung dieser Frage eine paradoxe Situation zu ergeben scheint: dieselbe Wissenschaft nämlich, die durch ihre technologischen Folgen eine Hauptursache für die praktische Notwendigkeit einer Ethik solidarischer Verantwortung darstellt: dieselbe Wissenschaft scheint durch den von ihr geprägten Rationalitätsbegriff im Sinne wertfreier Objektivität Ursache oder Grund der Unmöglichkeit rationaler Begründung intersubjektiv gültiger Ethik zu sein. So jedenfalls stellt sich die Lage dar, wenn man die Denkmittel der sogenannten »analytischen« Philosophie des Westens in Betracht zieht. Es müssen dann nämlich, grob gesagt, die folgenden axiomatischen Prämissen jeder Begründung ethischer Normen vorangestellt werden:

1. *Rationale Begründung* ist gleichbedeutend mit *formallogischer Deduktion* von Sätzen aus Sätzen in einem axiomatisierten syntaktisch-semantischen Satz-System.
2. *Intersubjektive Geltung* von Sätzen ist gleichbedeutend mit *objektiver Geltung im Sinne wertfreier Tatsachenfeststellung oder formallogischer Schlußfolgerung.*
3. Aus *Tatsachenfeststellungen* lassen sich mittels logischer Schlüsse keine *Werturteile* oder *normativen Aussagen* ableiten (D. Humes Diktum).

Man kann leicht zeigen, daß unter der Voraussetzung dieser Prämissen eine Begründung ethischer Normen logisch unmöglich ist.

Strenggenommen genügt schon die erste Prämisse allein, um dies zu erweisen; denn, wie die Popperianer – z. B. H. Albert[6] – hervorgehoben haben, führt jeder Versuch einer formallogischen Letztbegründung von Sätzen aus Sätzen in ein *logisches Trilemma*: Entweder nämlich

1. entsteht ein *unendlicher Regreß*, weil die Axiome selbst wieder in einem axiomatisierten Satzsystem abgeleitet werden müssen usw. ad infinitum; oder
2. es entsteht ein *logischer Zirkel*, wenn man nämlich bei der Deduktion Sätze zugrunde legt, die vorher schon als begründungsbedürftige Sätze aufgetreten waren, oder
3. der Begründungsprozeß muß durch eine *dogmatische Auszeichnung bestimmter Prämissen* abgebrochen werden.

Ich werde jedoch *diesen* Beweis der Unmöglichkeit der Letztbegründung in unserem Problemzusammenhang beiseite lassen, da er nicht nur die Unmöglichkeit ethischer Normenbegründung, sondern die Unmöglichkeit jeder Art von (Letzt-)Begründung, auch z. B. der Begründung seiner selbst, zeigt, was aber – trivialerweise – nur darauf beruht, daß hier – im Sinne der ersten Prämisse der analytischen Philosophie

(s. o.) – Begründung mit formallogischer Deduktion von Sätzen aus Sätzen gleichgesetzt wurde. Diese Prämisse verurteilt also jede Art von ethischer *und* theoretisch-wissenschaftlicher Begründung von vornherein zum Scheitern.
Wichtiger und für das philosophische Bewußtsein im Westen charakteristischer ist m. E. die Kombination der zweiten und dritten Prämisse: Aus dieser Kombination folgt nämlich, daß die intersubjektive Geltung gerade normativer Sätze nicht möglich ist. Diese Sätze sind ja einerseits aus Tatsachenfeststellungen prinzipiell nicht ableitbar, wie die dritte Prämisse besagt; sie müßten aber andererseits, um *intersubjektiv gültig* zu sein, gerade auf formallogischer Ableitung aus objektiv gültigen Tatsachen beruhen, wie die zweite Prämisse fordert. Demnach kann es also eine rationale Begründung intersubjektiv gültiger ethischer Normen nicht geben, und in der analytischen Philosophie des Westens wird dies allgemein dahin ausgelegt, daß Normen oder Wertungen letztlich auf bloß subjektive Gefühle oder (Willkür-)Entscheidungen zurückgeführt werden müßten. Man kann zwar in einer sogenannten »deontischen Logik« – die für die Jurisprudenz wichtig werden dürfte – unter der Voraussetzung gleichbleibender pragmatischer Situationsbedingungen (»ceteris paribus«) Normen aus Normen oder Verpflichtungen aus Verpflichtungen deduzieren und dergestalt konsistente Normensysteme aufbauen, aber die dabei axiomatisch zugrunde gelegten letzten Normen kann man gerade nicht begründen. Man kann sie – so scheint es – lediglich *metaethisch* als Gegebenheit des »moral discourse» bzw. der »language of morals« analysieren, und eine solche Analyse scheint dann eben zum Ergebnis zu haben, daß die moralischen Urteile als Ausdruck subjektiver Gefühle oder als imperativische Formulierung von (Willkür-)Entscheidungen zu verstehen sind.
An dieser Stelle wird nun ein sehr interessanter Zusammenhang zwischen den (meta-)ethischen Konsequenzen der »analytischen« Philosophie und den ethischen Konsequenzen des Existentialismus, die wir bereits berührt haben, sichtbar: Diese beiden repräsentativen Richtungen der westlichen Philosophie kommen offenbar darin überein, daß die Ethik eine Angelegenheit subjektiver, privater und letztlich irrationaler Entscheidungen ist. Es verhält sich also in diesem praktisch relevanten Punkt keineswegs so, daß Existentialismus und analytische Philosophie (z. B. »Logischer Positivismus«) – wie man im Westen oft annimmt – unvereinbare Gegensätze darstellen. Vielmehr zeigt sich, daß sie in einem *komplementären,* d. h.

einander ausschließenden, aber auch ergänzenden Verhältnis zueinander stehen: Die analytische Philosophie hat es als Wissenschaftslogik mit dem öffentlich gültigen Bereich der Rationalität wertfreier Wissenschaft zu tun, der Existentialismus andererseits mit der privaten Sphäre subjektiver Gewissensentscheidungen. Und es ist nicht schwer, in diesem *Komplementaritätssystem der wertfreien Ideologie* das konsequente Ergebnis einer jahrhundertelangen Auseinandersetzung zwischen den Ansprüchen christlicher Dogmatik einerseits, naturwissenschaftlich orientierter Rationalität andererseits zu erblicken. Im Grunde enthält schon die vom Liberalismus durchgesetzte Trennung von Staat und Kirche[7] das ganze Komplementaritätssystem in der Nuß; denn diese Trennung hat die Säkularisierung und Privatisierung der religiösmoralischen Normen im Sinne der privaten Gewissensmoral erzwungen und eben dadurch den Weg frei gemacht für eine öffentlich gültige Rationalität, die sich scheinbar auf kein anderes Fundament zu gründen vermochte als auf das Paradigma wertfreier Objektivität im Sinne der Naturwissenschaft.
Freilich hat der kämpferische Liberalismus, der diese Entwicklung vorantrieb – z. B. als Entmoralisierung des juristischen Bereichs –, dabei selbst noch so etwas wie eine intersubjektiv verbindliche Moral der persönlichen Gewissensfreiheit vorausgesetzt; und erst die jüngste Phase radikaler Begründungskritik in der westlichen Philosophie hat gezeigt, daß unter den Voraussetzungen des szientistischen Rationalitätsbegriffs (s. die angegebenen drei Prämissen!) überhaupt keine rationale Rechtfertigung irgendwelcher Normen mit intersubjektivem Geltungsanspruch möglich ist – auch nicht die Rechtfertigung der intersubjektiven Geltung des Prinzips der persönlichen (Gewissens-)freiheit und etwa der freien Übereinkunft zwischen Interessenvertretern, das die Grundlage liberaler Demokratie bildet.
Es ist nicht unwichtig, sich diese letzte Konsequenz des westlichen Komplementaritätssystems in all ihren praktisch relevanten Implikationen klarzumachen. Dazu gehört z. B. der nur ungern reflektierte Umstand, daß freie Übereinkünfte zwischen Interessenvertretern zwar eine ethisch *notwendige Bedingung* demokratischer Institutionen, insbesondere des positiven Rechts, bilden, daß sie aber keineswegs etwa ethische Verbindlichkeiten *begründen* können. Wenn eine Begründung intersubjektiver Gültigkeit ethischer Normen tatsächlich unmöglich ist, dann besteht keinerlei Verpflichtung dazu, freie Übereinkünfte einzugehen oder sie einzuhalten. Beides – und

damit das gesamte Ethos liberaler Demokratie – reduziert sich dann auf zweckrationale Klugheitsveranstaltungen der Interessenten, wie sie prinzipiell auch in einer Gemeinschaft von Gangstern denkbar sind; und die Verbindlichkeit oder normative Geltung der Übereinkünfte und der auf sie gegründeten normativen Gesetze läßt sich dann, strenggenommen, auf ihre faktische Effektivität angesichts einer weiterbestehenden Interessenkonstellation zurückführen. Das heißt, jeder ist genau dann und insofern »verpflichtet«, Übereinkünfte einzugehen bzw. sie einzuhalten, wenn bzw. sofern er sich davon Vorteile verspricht bzw. wenn oder sofern er für den Fall eines anderen Verhaltens Nachteile befürchten muß. Genauso hat man sich ja auch bis heute in dem von der traditionellen Ethik ausgeklammerten Bereich der »internationalen« Beziehungen verhalten (und der radikalste Staatsdenker des westlichen Liberalismus, Thomas Hobbes, hat nicht gezögert, auch die normative Verbindlichkeit innerstaatlicher Rechtsverhältnisse im weitesten Sinn auf die Effektivität zweckrationaler Strategien der einzelnen Interessenten zu reduzieren).
Wir haben jedoch im vorigen darauf hingewiesen, daß gerade in diesem Umstand einer fehlenden Ethik der menschlichen Solidarität auch im internationalen Bereich ein *Entwicklungsdefizit* der menschlichen Gattung angesichts der planetären Reichweite menschlicher Aktivitäten zu erblicken ist. Darüber hinaus möchte ich behaupten, daß auch und gerade das Pathos liberaler Gewissensentscheidung (das, über Max Weber vermittelt, in der Konzeption der existentiellen Selbstwahl in der Grenzsituation seine letzte Steigerung erfährt) seinen substantiellen Inhalt verliert, wenn diese Entscheidung nicht in einer *intersubjektiv gültigen* Norm begründet werden kann, sondern alle normative Verbindlichkeit selbst erst begründen soll. Nicht einmal die Autonomie einer sogenannten freien Entscheidung läßt sich gewährleisten, wenn diese nur rein privat aus sich selbst »begründet« werden kann; denn das *rein Private* ist nicht nur das Irrationale, sondern auch Heteronome im Sinne bloßer Kausaldetermination. Daß es sich so verhält, zeigt in extremer Form der Zerfall der persönlichen Identität beim Geisteskranken, der seine Selbstbestimmung nicht mehr durch die intersubjektiv verbindlichen Normen der Kommunikation zu vermitteln vermag (»Idiotie« heißt wörtlich »Privatheit«). In weniger extremer, aber soziologisch relevanter Form zeigt m. E. die von D. Riesmann konstatierte Ablösung des innengeleiteten durch ein außengeleitetes – und daher in höherem Maße manipulierbares – Verhalten, daß die Identifizierung von privater Ent-

scheidung mit existentiell freier Entscheidung, von der die Ideologie des westlichen Komplementaritätssystems ausgeht, auf einer Illusion beruht. Die Ideologie des westlichen Komplementaritätssystems bricht damit natürlich praktisch zusammen.

Mancher Soziologe oder Sozialpsychologe mag sich nun mit dieser Entlarvung zufriedengeben und sozusagen die liberalistisch-existentialistische Seite des westlichen Komplementaritätssystems zugunsten einer Verabsolutierung der objektivistisch-szientistischen Seite preisgeben. In massiver Direktheit tut dies z. B. der amerikanische Behaviorist B. Skinner in seinem Buch »Beyond Freedom and Dignity«: Er setzt gewissermaßen die Forderung solidarischer Verantwortung einer Gemeinschaft autonomer Subjekte angesichts der drohenden Weltkatastrophe durch die szientistische Forderung einer verantwortlichen Konditionierung des Verhaltens der Massen durch die Wissenschaftler. Doch dieser massive »Szientismus«[8] zeigt sogleich seine eigene Paradoxie; denn Skinner vermag natürlich nicht die Frage zu beantworten, wer denn die Konditionierer – also die Wissenschaftler – (verantwortlich?) konditioniert (oder konditionieren soll)?

In weniger massiver, aber letztlich doch analoger Form verwikkeln sich manche soziologischen »Systemtheoretiker« in die Aporien eines Szientismus, der seine eigenen Bedingungen der Möglichkeit nicht mehr bedenkt. Nicht zufrieden mit der Einsicht, daß auch menschliche Handlungszwecke, ja sogar Erkenntnisse als verstehbare Sinngebilde den Bedingungen funktionaler Systembildung unterworfen sind, wenn sie lebensfähig sein sollen – nicht zufrieden, wie gesagt, mit der legitimen Feststellung einer solchen *conditio sine qua non* auch geistigen Lebens, meinen sie, die soziale Systembildungs- bzw. Erhaltungsfunktion als *zureichende Bedingung* für eine Erklärung aller menschlichen Sinnintentionen, einschließlich des Wahrheitsanspruchs von Erkenntnis, auffassen zu müssen. Unter diesen Voraussetzungen verliert dann natürlich schon die Forderung einer ethischen Verantwortung von Handlungen und erst recht die Forderung ethischer Legitimation von sozialen Institutionen oder ganzen Systemen jeden Sinn: Sie muß mitsamt dem verantwortlichen Subjekt einer solchen Forderung als hybride Illusion des bürgerlichen Subjekts und seines Traums von Autonomie und Verantwortung abgetan bzw. für überholt erklärt werden[9]. Es ist aber auch in diesem Fall – prinzipiell nicht anders als bei *Skinner* – klar, daß das *Wissen* und der *Wahrheitsanspruch* des Wissenschaftlers mit der szientistischen Reduktion des Sinns menschlicher Handlungen unverträglich ist. Durch sein Wissen um die lebenspraktische Notwendigkeit der Systembildung und der Systemerhaltung nämlich und durch die Veröffentlichung dieses Wissens transzendiert der Systemtheoretiker selbst schon den Bereich des *bloß funktional Erklärbaren*: Er wirft unweigerlich für sich und sein Publikum die Frage nach der *verantwortlich* zu leistenden Systembildung und damit zugleich die Frage nach der *Interpretation* und *Legitimation* des Systems auf. Mit seinem Wahrheitsanspruch vollends, der ohne die prinzipielle Möglichkeit einer unbegrenzten Bestätigung durch autonome Erkenntnissubjekte sinnlos wird, führt er selbst seine soziologistische Reduktion dieses Subjekts auf eine bürgerliche Illusion ad absurdum.

So einfach ist es also nicht, aus der gegenwärtigen ideologischen Misere des westlichen Komplementaritätssystems eine Tugend zu machen und einfach die korrumpierte Seite des Systems, die Seite der subjektiven Freiheit und Verantwortung, zugunsten der wertfreien wissenschaftlichen Objektivität der anderen Seite zu streichen. Wenn man dies versucht, zeigt sich der unaufgebbare Wahrheitsgehalt des westlichen Komplementaritätssystems: *Objektive* Wissenschaft und *subjektive Freiheit und Verantwortlichkeit* der Subjekte der Wissenschaft setzen sich wechselseitig voraus. Eines steht und fällt mit dem anderen. Nicht darum kann es also gehen, die Freiheit und Verantwortlichkeit der Menschen als der Handlungssubjekte prinzipiell zu bestreiten (oder sie für überflüssig oder überholt zu erklären), sondern darum, sie nicht im Sinne *irrationaler Privatheit* zu verstehen und sie auch in der Praxis nicht in der Ohnmacht der manipulierbaren Privatheit verkommen zu lassen, sondern sie als *Potential solidarischer Verantwortung* zu mobilisieren. Als rein private Entscheidungswillkür ist ja die Freiheit nicht nur der ethischen Verantwortung unfähig: Sie bleibt auch – in noch höherem Maße als zuvor schon die rein innerliche Freiheit der Kantschen »Gesinnungsethik« – politisch ohnmächtig. Faßt man diesen Aspekt der Krise des westlichen Komplementaritätssystems ins Auge, so hat man m. E. eine Chance, das (im Sinne einer internen Rekonstruktion der Geschichte) berechtigte und großartige Motiv der weltweiten Studentenbewegung der späten sechziger Jahre zu *verstehen:* denjenigen Aspekt dieser Bewegung, der sich nicht durch geistreiche sozialpsychologische Theorien extern (kausal) *erklären* läßt.

An dieser Stelle ist es nun erforderlich, in aller Kürze auf den *Marxismus* als eine mögliche Antwort auf die skizzierte paradoxe Situation der praktischen Notwendigkeit und scheinbaren

Unmöglichkeit einer Ethik solidarischer Verantwortung einzugehen. Zweifellos war ja der Neomarxismus der Studentenbewegung zumindest im Anfang in erster Linie von der Forderung inspiriert, die politisch ohnmächtige Scheinfreiheit der privaten Innerlichkeit durch eine reale Freiheit zu ersetzen – gemäß der Marxschen Vision, daß die menschliche Gattung ihre Vorgeschichte beenden und erstmals in solidarischer Kooperation und Verantwortung ihre Geschichte gestalten müsse. Daß diese Forderung, ganz abgesehen von der Problematik ihrer Realisierung, eine philosophisch relevante Antwort auch und gerade auf die gegenwärtige Krisensituation der wissenschaftlich-technischen Zivilisation darstellt, wird man kaum bestreiten können. Freilich wird man m. E. mit Rücksicht auf die Entwicklung der ökologischen Krise einerseits, der neomarxistischen Bewegung andererseits eine Differenzierung vornehmen müssen: Ging es im Anfang (in der internen Entsprechung der ökologischen Krise und der neomarxistischen Bewegung) vor allem um die Rettung und Entfaltung der »Lebensqualität« und im Zusammenhang damit um die Emanzipation von nicht mehr rational zu rechtfertigenden autoritären Zwängen, so geht es in der gegenwärtigen Phase schon eher um die sehr viel brisantere Frage, ob die Durchführung der Maßnahmen, die notwendig sein könnten, um nicht die Lebensqualität, sondern die menschliche Biosphäre überhaupt zu retten, unter parlamentarisch-demokratischen Bedingungen überhaupt möglich ist. Nahezu alle von den 25 westlichen Wissenschaftlern, die in »Pro und contra« zu Meadows' »Grenzen des Wachstums« Stellung genommen haben, werfen diese unvermeidliche Frage auf. Dem entspricht nun zum Teil eine Wendung der neomarxistischen Bewegung von der antiautoritären Position zurück zum Leninismus der Parteidisziplin und der Vorstellung einer notwendigen Repräsentation der wahren Interessen der breiten Massen durch eine Funktionärselite. Ich möchte daher jetzt die Antwort des orthodoxen Marxismus-Leninismus auf die Frage nach einer Ethik solidarischer Verantwortung als *Alternative* zur Antwort des westlichen Komplementaritätssystems ins Auge fassen:

Im gegenwärtigen Kontext kann dies natürlich nur in der schematischen Form geschehen, daß ich die orthodox leninistische Konzeption des Verhältnisses von objektiver Wissenschaft und ethisch relevanter Parteiergreifung zu den Prämissen des westlichen Komplementaritätssystems in Beziehung setze. Es ergibt sich auf diese Weise, daß der Marxismus als dialektische Philosophie außer der ersten Prämisse vor allem die dritte

Prämisse in Frage stellt: Nicht nur ist für ihn philosophische Begründung nicht auf formallogische Deduktion zu reduzieren; auch den Humeschen (und Kantschen) Dualismus von Sein und Sollen, Tatsachen und Normen erkennt er nicht an: Er überspielt ihn gewissermaßen durch die Unterstellung einer geschichtsdialektischen Bewegung des Seins, in der an die Stelle der ethischen Sollensforderung die *bestimmte Negation* des Bestehenden im Sinne der objektiv einsehbar notwendigen Fortentwicklung des Seins tritt. (An die Stelle des Dualismus von Sein und Sollen tritt also die auf die Zukunft hin extrapolierte These Hegels, daß die Wahrheit das Ganze ist und unter dieser Perspektive das Vernünftige das eigentlich Wirkliche und das eigentlich Wirkliche zugleich das Vernünftige ist.) Man kann in dieser Konzeption eine geschichtsdialektische Erneuerung der vorneuzeitlichen aristotelisch-thomistischen Gleichsetzung des Seins und des Guten erblicken; freilich impliziert die geschichtsdialektische Transformation der metaphysisch-theologischen Lehre einen entscheidenden Unterschied: Das Sein oder das Wirkliche wird nicht mehr deshalb für gut und vernünftig gehalten, weil es jetzt und immer schon als von Gott geschaffenes Sein gut oder vernünftig ist, sondern nur insofern, als es bei einsichtiger Fortsetzung der natürlichen Entwicklung durch die menschliche Praxis so ist. Wer aber hat diese Einsicht? Das praktisch und somit ethisch relevante Problem liegt für den orthodoxen Marxismus-Leninismus darin, daß die praktisch unleugbar bestehende Kluft zwischen Sein und Sollen – die Kluft der Ungewißheit, die sich in der Frage »Was sollen wir tun?« artikuliert –, daß diese Kluft durch die Einsicht derer überbrückt werden muß, die über das dialektische Wissen vom notwendigen Gang der Geschichte verfügen.
Dies hat nun die folgende *theoretische Konsequenz:* Die Alternative des orthodoxen Marxismus-Leninismus zum westlichen Komplementaritätssystem liegt nicht etwa darin, daß jetzt die objektive wertfreie Wissenschaft durch eine rationale Begründung intersubjektiv gültige Ethik ergänzt wurde; eine solche Ergänzung wird vielmehr scheinbar überflüssig, da eine dialektische Überwissenschaft postuliert wird, die je in der geschichtlichen Situation zwischen Sein und Sollen die einsichtige und notwendige Vermittlung herstellt. Die *praktische Konsequenz* dieses theoretischen Systemanspruchs aber liegt darin, daß die ethische Grundfrage des Sollens gar nicht eigentlich mehr gestellt und schon gar nicht in dem Sinne beantwortet wird, daß die Antwort immer erneut über die solidarische Verantwortung aller Bürger vermittelt würde. Vielmehr läuft es im Grunde auf

das Konzept Platons und Papst Innozenz' III. hinaus: Die Elite der Wissenden nimmt den Massen die eigentliche Verantwortung ab und erzwingt eine Entpolitisierung und Privatisierung der moralischen Verantwortung der einzelnen – eine Situation, die womöglich noch weiter von der Ethik solidarischer Verantwortung entfernt ist als die liberalistische Privatisierung der Moral im Westen.
(Man könnte im Sinne dieses schematischen Vergleichs der westlichen und der östlichen Ideologie die ideologische Weltsituation durch das *Modell eines doppelten Komplementaritätssystems* verdeutlichen: Im westlichen System besteht eine Komplementarität zwischen privater und öffentlicher Sphäre in dem Sinne, daß der wertneutrale Szientismus die öffentlich gültige Rationalität bestimmt und der subjektivistische Existentialismus die private Sphäre artikuliert; im östlichen System dagegen ist offiziell die Einheit von privater und öffentlicher Sphäre, von Theorie und Praxis, Wissenschaft und Ethik vorausgesetzt, so daß dieses Integrationssystem im ganzen zum westlichen System in einem Verhältnis der Komplementarität steht.)

4.3.4. *Konsequenzen*

Welche Konsequenzen ergeben sich aus der skizzierten Situation für die Beantwortung der von uns gestellten Frage nach der Möglichkeit einer ethisch-politischen Grundorientierung?
Ich erwähnte bereits, daß fast alle prominenten Wissenschaftler, die zu einer Stellungnahme zum ersten Bericht an den Club of Rome aufgefordert wurden, die Frage nach der Notwendigkeit einer Änderung unserer politischen Institutionen aufwarfen. Mein Versuch einer Analyse des ideologischen Dilemmas angesichts der Frage nach den möglichen Grundlagen einer Ethik solidarischer Verantwortung könnte denselben Eindruck erwecken: den Eindruck der Notwendigkeit eines *dritten Weges* im ideologischen und politisch-institutionellen Sinne dieses Slogans. Ich möchte dem nicht widersprechen; ich möchte aber auch nicht den Eindruck erwecken, als ob ich ein *politisches Rezept* anzubieten hätte für den m. E. geforderten Ausweg zwischen der Skylla der Freiheit ohne ethische Substanz und solidarische Verantwortung, die das System des westlichen Kapitalismus kennzeichnet, und der Charybdis einer erzwungenen Solidarität, die nicht mehr durch die freie Verantwortung der Bürger vermittelt werden kann, wie sie das System des totalitären Sozialismus kennzeichnet. Statt dessen möchte ich

den philosophischen Ansatz einer Ethik skizzieren, die m. E. immerhin den Schein der Unmöglichkeit einer rationalen Begründung intersubjektiv gültiger Normen aufzuheben vermag und einen kritischen Maßstab für die gesuchte politische Neuorientierung liefern könnte.[10]

Um eine rationale Begründung der Ethik als möglich zu erweisen, ist es offenbar erforderlich, die zuvor erwähnten drei Prämissen des westlichen ideologischen Komplementaritätssystems zumindest teilweise in Frage zu stellen. Oft geschieht dies dadurch, daß man versucht, die dritte Prämisse, derzufolge Normen grundsätzlich nicht aus Tatsachen logisch ableitbar sind, als ungültig zu erweisen. (So hat man z. B. versucht, Normen aus sozialen Bedürfnisgegebenheiten abzuleiten, ohne dabei schon Normen vorauszusetzen: in jüngster Zeit hat J. R. Searle sogar mit den Mitteln der sprachanalytischen Philosophie versucht, die besonders mit dieser philosophischen Richtung geleistete Kritik an der sogenannten »naturalistic fallacy«, zu widerlegen, indem er in seiner Sprechakttheorie Normen aus den »institutionalen Tatsachen« des Vorliegens von Sprechakten – z. B. von Versprechen – logisch abzuleiten versuchte[11].) Ich halte diesen Weg nicht für gangbar und werde statt dessen die beiden anderen Prämissen in Frage stellen: Die Gleichsetzung von *philosophischer Begründung mit logischer Ableitung* von Sätzen aus Sätzen und die Gleichsetzung von *intersubjektiver Gültigkeit* mit der *objektiven* Gültigkeit wertfreier Schlußfolgerungen oder Tatsachenfeststellungen.

Ich glaube erstens, zeigen zu können, daß *philosophische Letztbegründung* nicht mit formallogischer Deduktion gleichzusetzen ist, sondern eher mit der Reflexion auf die subjektiv-intersubjektiven Bedingungen der Möglichkeit intersubjektiv gültiger Argumentation und damit des sprachvermittelten Denkens überhaupt[12], und ich glaube zweitens, zeigen zu können, daß zu den subjektiv-intersubjektiven Bedingungen der Möglichkeit aller Argumentation die Grundnormen einer intersubjektiv gültigen Ethik gehören.

Für den der Philosophie fern Stehenden mag es zunächst wenig plausibel erscheinen, daß die Reflexion auf die Bedingungen der Möglichkeit der Argumentation etwas mit der Frage nach der Möglichkeit einer Ethik allgemein menschlicher Solidarität zu tun haben soll. Hilfreich dürfte jedoch die folgende Vorüberlegung sein: Ich habe im vorigen zu zeigen versucht, daß unter der Voraussetzung der angeführten Prämissen bezüglich der Unmöglichkeit rationaler Letztbegründung von Normen die ideologische Entwicklung des westlichen Komplementaritätssystems tatsächlich zu einer praktisch relevanten Paralysierung unserer praktischen Vernunft, das heißt unserer potentiellen solidarischen Verantwortung, geführt hat. Wer dies einleuchtend fand, der wird sich auch der folgenden Überlegung nicht verschließen: Wenn man zeigen kann, daß schon die logische Argumentation (und damit auch die Wissenschaft) als Bedingung ihrer Möglichkeit eine intersubjektiv gültige Ethik voraussetzt, dann ist man in der Lage, die szientistische Blokkierung der ethischen Rationalität in rational zwingender Form aufzuheben und ein für alle Argumentationswilligen unbestreitbares Prinzip der Ethik anzugeben. Versuchen wir, nach dieser Vorüberlegung, in aller Kürze die wesentlichen Gedankenschritte einer philosophischen Begründung der Ethik anzudeuten:

Zu den Bedingungen der Möglichkeit gültiger Argumentation (und damit auch objektiver Wissenschaft) gehört nicht nur die *operative* – logischlinguistische – *Kompetenz,* die jeder einzelne von sich aus mitbringen muß, sondern darüber hinaus die Voraussetzung einer – im Prinzip unbegrenzten – *idealen Kommunikationsgemeinschaft,* in der eine Sinnverständigung und eine Konsensbildung über Wahrheitsansprüche im Prinzip möglich sein muß. Ohne diese – ausdrückliche oder unausdrückliche – Unterstellung würde offenbar jede ernstgemeinte Diskussion ihren Sinn verlieren. Mit der a priori notwendigen Unterstellung einer idealen Kommunikationsgemeinschaft – die auch im Prinzip realisierbar, ja in einem gewissen Maße schon realisiert sein muß, wenn Argumentation möglich sein soll –, mit dieser Voraussetzung muß aber auch die intersubjektive Gültigkeit einer normativen Ethik der idealen Kommunikationsgemeinschaft immer schon unterstellt werden. Dies besagt unter anderem: Niemand kann auch nur mit sich selbst sich aufrichtig im Denken verständigen, der nicht schon im Prinzip alle Normen einer aufrichtigen Kommunikation unter Bedingungen wechselseitiger Anerkennung der Kommunikationspartner anerkannt hat. – Damit ist nun aber auch schon die zweite Prämisse des westlichen Komplementaritätssystems als falsch erwiesen: Der Begriff *intersubjektiver Gültigkeit* kann nicht im Sinne des Szientismus auf die *Objektivität* im Sinne der Geltung von Aussagen wertfreier Wissenschaft reduziert werden; denn die Objektivität wertfreier Wissenschaft setzt selbst noch die intersubjektive Geltung ethischer Normen voraus.

Man könnte nun vielleicht meinen, damit sei für die Ethik noch wenig gewonnen, da in der Kommunikationsgemeinschaft der Argumentierenden lediglich eine *Ethik der aufrichtigen Argu-*

mentation unter Abstraktion von allen individuellen Bedürfnissen der Argumentierenden vorausgesetzt werde. Diese Meinung scheint mir jedoch auf einem abstraktiven Trugschluß zu beruhen; sie übersieht m. E., daß der Bereich möglicher Inhalte der Argumentation – das »Diskurs-Universum« – durch das Prinzip der Argumentation, das ja immer schon anerkannt ist, nicht eingeschränkt werden kann; dies ist im Prinzip ebensowenig möglich wie eine willkürliche Begrenzung der Gemeinschaft kompetenter Kommunikationspartner. Daraus folgt aber, daß im Prinzip alle Ansprüche der Kommunikationspartner untereinander anerkannt werden müssen, die sich durch Argumente als mit den Ansprüchen aller übrigen Mitglieder der Kommunikationsgemeinschaft kompatibel erweisen lassen. Als argumentativ vertretbare *Ansprüche* in diesem Sinne können aber alle individuellen *Interessen* oder *Bedürfnisse* zur Geltung gebracht werden, die mit denen aller anderen vereinbar sind. Es ergibt sich demnach als Implikation einer Ethik der idealen Kommunikationsgemeinschaft die Forderung einer inhaltlichen Vermittlung aller menschlichen Interessen als möglicher *Ansprüche* in einer herzustellenden Institution universaler, repressionsfreier Beratung. Diese Institution, die eigentlich im Apriori der Kommunikation schon impliziert ist, wäre zugleich als Meta-Institution aller kontingenten, geschichtlich entstandenen Sozialinstitutionen anzusehen, d. h. als Legitimationsinstanz für alle faktischen Institutionen.
Es ist m. E. bemerkenswert, daß die hier skizzierte Ethik des praktischen Diskurses weit über die normale Ethik des »kategorischen Imperativs« im Sinne Kants hinausgeht. Sie wendet sich nicht nur an das solitäre Subjekt mit der Forderung, die Maxime seiner Gesinnung a priori im Sinne einer möglichen Vermittlung aller Ansprüche im Sinne einer allgemeinen Gesetzgebung zu bestimmen, sondern sie fordert darüber hinaus, daß die Situation repressionsfreier Beratung – d. h. also politischer und nicht nur innerer Freiheit – hergestellt wird: die Situation, in der über alle inhaltlichen Ansprüche aller Mitglieder der Kommunikationsgemeinschaft ein Konsens herbeigeführt werden kann.
Spätestens an dieser Stelle muß nun aber in Erinnerung gebracht werden, daß alle bislang angeführten Forderungen eine Antwort auf die Frage nach dem *letzten idealen Prinzip oder Maßstab der Ethik* darstellen. Wer nicht an transzendentalphilosophisches Denken gewöhnt ist, der wird diese Maßstabsfunktion leicht mißverstehen; er wird die angedeuteten Forderungen unvermittelt mit allen möglichen Einsichten des Com-

mon sense über menschliche Unzulänglichkeit und objektive Sachzwänge und dergleichen konfrontieren – so, als ob die normative Geltung der ethischen Maßstäbe mit der empirischen Einschätzung ihrer Realisierbarkeit gleichzusetzen wäre.

Die Funktion der idealen ethischen Maßstäbe und ihrer Konfrontation mit der Realität liegt jedoch gerade darin, die realen Schwierigkeiten und Grenzen einer ethisch-politischen Praxis überhaupt erst in den Blick zu bringen und eine Grundlage langfristiger Realisierungsstrategien zu gewinnen. Dies läßt sich z. B. an zwei ethisch-politischen Postulaten zeigen, die sich gerade aus dem Widerspruch zwischen dem Ideal der Kommunikationsethik und der politisch-gesellschaftlichen Realität ableiten lassen:

1. Zunächst wäre hier die Grundtatsache ins Auge zu fassen, daß jeder, der argumentiert, einerseits mit Notwendigkeit eine ideale Sprechsituation und eine ideale Kommunikationsgemeinschaft voraussetzt, andererseits aber – vom Common sense her – ganz genau weiß, daß er selbst und seine Partner weder von der Kompetenz noch von der Gesinnung her dem notwendigen Anspruch genügen. Aus der Einsicht in den fundamentalen Widerspruch zwischen der Beschaffenheit der realen Kommunikationsgemeinschaft und der notwendigerweise kontrafaktisch antizipierten idealen Kommunikationsgemeinschaft ergibt sich zunächst einmal das Postulat, daß der Widerspruch geschichtlich aufzuheben ist; m. a. W.: gerade aus dem Grundwiderspruch ergibt sich das Ziel einer langfristigen Strategie ethisch-politischer Emanzipation. (Ich definiere »Emanzipation« als Realisierung der idealen Kommunikationsgemeinschaft repressionsfreier Beratung in der realen Kommunikationsgemeinschaft.)
2. Aus der Einsicht, daß die ideale Kommunikationsgemeinschaft in der realen Kommunikationsgemeinschaft, also in der geschichtlich gewordenen Gesellschaft, verwirklicht werden muß, ergibt sich aber sogleich auch das ethische Postulat, *daß die Existenzerhaltung der realen Kommunikationsgemeinschaft sichergestellt werden muß*. Damit ist nun eine notwendige und zugleich einschränkende Vorbedingung der emanzipatorischen Strategie der Realisierung der idealen Kommunikationsgemeinschaft bezeichnet. Daraus folgt, daß in der konkreten geschichtlichen Situation stets eine *Vermittlung* zu bewerkstelligen ist zwischen der Forderung der Verwirklichung der idealen Kommunikationsge-

meinschaft und der Forderung der Existenzerhaltung der realen Kommunikationsgemeinschaft. Wissenschaftstheoretisch läuft dies m. E. auf eine Vermittlung der Prinzipien kritisch-emanzipatorischer Sozialwissenschaft mit quasi-biologischen, systemtheoretischen Imperativen hinaus. Unter den Bedingungen der gegenwärtigen ökologischen Krise der wissenschaftlich-technischen Zivilisation z. B. muß die Realisierung einer sozial gerechten Gesellschaftsordnung, die den Bedingungen der idealen Kommunikationsgemeinschaft entspricht, im internationalen Maßstab vermittelt werden mit der systemtheoretischen Vorbedingung, daß die Rettung der menschlichen Ökosphäre zu bewerkstelligen ist. Denn zum erstenmal in der menschlichen Geschichte ist die Existenzerhaltung ein Problem, das die menschliche Gattung insgesamt angeht und von ihr insgesamt gelöst werden muß.

Nun kann aber die politische Lösung dieser Aufgabe Nummer eins unserer Zeit noch nicht Gegenstand einer idealen Beratung und Konsensbildung sein, da die dafür vorausgesetzte ideale Kommunikationsgemeinschaft ja allererst zu realisieren ist. Damit ist m. E. die charakteristische Pointe und das Kreuz einer *politischen Ethik* in der gegenwärtigen Situation der menschlichen Gattung gekennzeichnet: Die Forderung der solidarischen Verantwortung der Menschen muß erfüllt werden, obwohl die Bedingungen der Möglichkeit ihrer Erfüllung noch gar nicht hergestellt sind.
Für eine *ethisch-politische Grundorientierung* ergibt sich aus dieser Analyse immerhin eine Situationserhellung, die der realen Problematik des ethisch verantwortlichen Politikers erheblich näher kommt als Kants reine *Gesinnungsethik* (die vom möglichen Erfolg des guten Willens abstrahiert) und die andererseits mehr an normativer Orientierung zu bieten vermag als Max Webers irrationalistische *Situations- und Verantwortungsethik*. Es zeigt sich nämlich, daß ein Politiker, dem wir aufrichtiges Verantwortungsbewußtsein und eine ethische Grundorientierung im Sinne unserer Prinzipien unterstellen wollen, sich etwa in der folgenden Lage befindet: Er muß einerseits bestrebt sein, mit politischen Mitteln im Sinne einer langfristigen Strategie (etwa im Sinne der Ausarbeitung des Langzeitprogramms einer politischen Partei) auf die unter den geschichtlichen Situationsbedingungen optimale Vermittlung der emanzipatorischen und der quasi-biologischen Imperative hinzuwirken. Praktisch dürfte das z. B. in unseren Breiten auf eine Strategie

der kontrollierten Systemtransformation (mit möglichst weitgehender Rücksichtnahme auf die entsprechenden Vermittlungsprobleme im planetaren Maßstab einer kontrollierten Transformation des Systems Menschheit) hinauslaufen. Für den von uns fingierten Politiker sind aber andererseits – wie für jeden von uns – schon jetzt die Normen jener Kommunikations- und Beratungsethik verbindlich, deren reale Bedingungen er zu realisieren bestrebt ist. Dadurch wird er bei der Wahl der politischen Mittel eingeschränkt. Praktisch bedeutet das m. E. unter den Voraussetzungen der westlichen Demokratie, daß eine Politik systemverändernder Reformen einerseits gefordert ist, daß sie aber andererseits unter dem regulativen Prinzip steht, nicht jene Spielregeln der Demokratie zu verletzen oder gar zu liquidieren, die als partielle institutionelle Realisierung der idealen Kommunikationsgemeinschaft gelten können.
Es sind nicht nur die Zeitgründe, sondern die Grenzen der philosophischen Kompetenz, die mich zwingen, meinen Vortrag mit diesem vagen Hinweis zu beschließen. Dies besagt natürlich nicht, daß nicht mehr gesagt werden müßte und könnte, wenn es um die Vorbereitung konkreter Entscheidungen geht. Hier wird jedoch der Politiker und der politisch verantwortliche Bürger heute außer der ethisch-politischen Grundorientierung eine Fülle weiterer Informationen über die Randbedingungen politischen Handelns in Anspruch nehmen müssen. Und er wird letztlich Entscheidungen zu fällen haben, die nicht restlos durch sein Wissen begründet sind. Das besagt aber m. E. nicht, daß er im Sinne des westlichen Komplementaritätssystems auf eine Kombination moralfreier Erfolgstechnologie und rein subjektiv-irrationaler Gewissensentscheidungen angewiesen wäre. Die rationalen Maßstäbe der ethischen Grundorientierung, die ich anzudeuten versuchte, begleiten ihn als Maßstäbe bis in die konkreten Entscheidungen hinein. Gelingen oder Scheitern seiner Handlungen wird er letztlich an ihnen bemessen müssen.

4.4. *Wolfgang Kuhlmann: Ethik der Kommunikation**

Der Ausdruck »Ethik der Kommunikation« kann auf zwei Weisen verstanden werden. Einmal läßt er sich verstehen als Titel einer Spezialdisziplin der Ethik, einer regionalen Ethik

* Die Arbeit entstand als Beitrag für eine Tagung in Loccum (1978) zum Thema: »Was ist ein gutes Gespräch?«

analog etwa zu »Ethik der Medizin«. In diesem Fall wird mit dem Ausdruck »Kommunikation« auf einen bestimmten Bereich menschlichen Handelns Bezug genommen, als Bereich, der durch ethische Normen (über deren Herkunft wir hier nichts erfahren) reguliert werden kann oder soll. Kommunikatives Handeln selbst wird dann betrachtet als Handeln, das, wie jedes andere menschliche Handeln auch, immer schon sinnvoll auf seine Konformität mit geltenden oder als geltend unterstellten Normen hin befragt und bewertet werden kann. Es kommt in Betracht als Gegenstand moralischer Beurteilung.

Der Ausdruck »Ethik der Kommunikation« kann aber auch so verstanden werden, daß mit dem Prädikat »Kommunikation« nicht der besondere Anwendungsbereich einer speziellen Ethik, sondern vielmehr der Ursprungsort ethischer Normen angegeben werden soll. Bei dieser Lesart geht es nicht um Probleme der Anwendung ethischer Normen auf einen besonderen Bereich menschlicher Praxis, sondern um das Problem der Begründung ethischer Normen überhaupt. Entsprechend kommt hier kommunikatives Handeln ins Spiel nicht als bestimmte, anderen gleichgeordnete Art des ethisch zu regulierenden und zu bewertenden Handelns, sondern vielmehr als etwas, das in einer noch zu erläuternden Weise für jedermann schlechthin verpflichtende Normen impliziert.

Ich denke, daß das Thema in beiden Lesarten es verdient, ausführlich behandelt zu werden, wenn sich auch eine noch aufzuklärende Schwierigkeit dahinter verbirgt, daß kommunikatives Handeln legitim als beides betrachtet werden können soll, als Gegenstand moralischer Beurteilung und als dasjenige, aus dem die Maßstäbe einer solchen Beurteilung sich allererst ergeben sollen. An dieser Stelle werde ich allerdings nur ein paar Bemerkungen zum Thema im Sinne der zuletzt explizierten Auffassung machen. Die Konzeption der Ethik der Kommunikation, auf die ich hier eingehen werde, ist im wesentlichen die von K.-O. Apel.[1] Sehr nahe zu dieser Konzeption steht die von J. Habermas[2], und eine gewisse Verwandtschaft besteht auch zu der von P. Lorenzen.[3] Apels Vorschlag zur Normenbegründung unterscheidet sich von dem der anderen beiden Philosophen vor allem durch die sehr weitgehende und im übrigen auch sehr unpopuläre These, daß es möglich und vernünftig sei, für praktische wie auch theoretische Philosophie eine Letztbegründung zu suchen[4], d. h. insbesondere für unser Thema, daß es möglich sei, im Rahmen einer Ethik der Kommunikation bestimmte Normen als schlechthin und für jedermann absolut verpflichtend auszuweisen.

Wer einen so weitgehenden Anspruch erhebt, sieht sich vor allem den folgenden drei Einwänden ausgesetzt:

1. Der Haupteinwand ist zunächst selbstverständlich der, daß das ganze Unternehmen aussichtslos ist, weil so etwas wie Letztbegründung unmöglich ist. Dazu kurz folgendes: Die eigentliche Entkräftung des Einwandes kann natürlich nur in dem Hinweis auf die erfolgreich durchgeführte Letztbegründung selbst bestehen. Das vollständige, im einzelnen durchgeführte Letztbegründungsargument, das aus einer ganzen Reihe von Schritten besteht, kann hier aus Zeitgründen nicht vorgetragen werden. Dennoch ist aber darauf zu bestehen, daß bislang niemand (auch Albert nicht[5]) endgültig hat beweisen können, daß Letztbegründung wirklich unmöglich ist, und darüber hinaus darauf, daß ein durchgeführter Beweis der Unmöglichkeit von Letztbegründung einer philosophischen Letztbegründung selbst zum Verwechseln ähnlich sähe. Ein solches Argument wäre dann wohl so etwas wie eine philosophische Letztbegründung des Kritischen Rationalismus und somit sicherlich nicht das, was der Kritische Rationalist zu geben wünscht.
2. Der zweite Einwand besagt, daß dergleichen wie philosophische Letztbegründung, insbesondere solche von ethischen Normen, ein ziemlich überflüssiges, praktisch jedenfalls ganz bedeutungsloses Geschäft sei, weil philosophische Normenbegründung in aller Regel nur zur Begründung von solchen Normen tauge, die ohnehin von keinem bestritten werden. Dazu dies: Das Problem, um das es bei dem Versuch einer philosophischen Letztbegründung ethischer Normen primär geht, heißt: Gibt es *überhaupt* jedermann ausnahmslos bindende Verpflichtungen und wenn, welche? Wer der Ansicht ist, philosophische Letztbegründung sei unmöglich, behauptet in Wahrheit: Es gibt keine Normen, die im Prinzip *jedem* auf rationale Weise als unbedingt verbindlich einsichtig gemacht werden können. Es ist unmöglich, eine Norm so zu begründen, daß die Frage nach noch vollständigerer Rechtfertigung endgültig abgewiesen werden kann. Jeder kann im Prinzip immer *sinnvoll* weiterfragen: »Und warum soll ich dies anerkennen?« D. h. aber, er braucht dies (die Rechtfertigung und die zu rechtfertigende Norm) nicht anzuerkennen. Es gibt keine notwendig anzuerkennenden Normen: Es gibt keine wirklichen Verpflichtungen. Wer behauptet, philosophische Letztbegründung von Normen sei überflüssig, behauptet daher, der Nachweis, daß es wirklich Verpflichtungen gibt, sei überflüssig. Das ist nicht eben

plausibel. Ebensowenig einleuchtend scheint mir die These zu sein, daß Letztbegründung von Normen praktisch folgenlos sein werde. Wenn sich die Wahrheitsfähigkeit praktischer Fragen zwingend erweisen ließe, dann sind damit zwar die Probleme der Konkretisierung, Anwendung und Durchsetzung letztbegründeter Normen noch nicht aus der Welt, aber eine grundsätzliche Änderung in der Einschätzung praktischer Fragen – derart, daß nicht mehr selbstverständlich unter der heute weithin üblichen Generalprämisse argumentiert und gehandelt wird, daß Fragen letzter normativer Orientierung eigentlich irrationale Privatsache seien – wäre gewiß eine nennenswerte Konsequenz.

3. Der dritte Einwand schließlich macht geltend, daß philosophische Normenletztbegründung nicht nur ein überflüssiges, sondern im Grunde genommen sogar schädliches, ja gefährliches Unternehmen darstelle, und zwar insofern, als zum einen eine Letztbegründung der Ethik mit großer Wahrscheinlichkeit den Freiheiten, die wir gerade der skeptisch-liberalistischen Tradition der Demokratietheorie verdanken, gefährlich werden würde (so Werner Becker[6]), zum anderen, als eine allzu starke Legitimationsbasis die von der Geltung einer Ethik überzeugten Verfechter derselben sehr anfällig für Intoleranz machen werde, ja sogar für den »Terror der Tugend« gegenüber denen, die dann nicht in der Wahrheit sind (so Hermann Lübbe[7]).
   Ich halte den Einwand für sehr bedenkenswert, dennoch aber nicht für durchschlagend. Bedenkenswert, weil er auf gewisse Risiken aufmerksam macht, die zweifellos mit einem solchen Unternehmen verbunden sind und die gewiß nicht unterschätzt werden dürfen. Nicht durchschlagend allerdings, weil auf solche Risiken ernsthaft nur hingewiesen werden kann, wenn bestimmte Verpflichtungen als wirklich gültig unterstellt werden, nämlich z. B. erworbene Freiheiten nicht leichtfertig aufs Spiel zu setzen, oder die Verpflichtung zu Toleranz. Der Einwand kann also nicht von außen gegen das ganze Programm erhoben werden, sondern nur von innerhalb gegenüber bestimmten Varianten, die das genannte Risiko unvorsichtig übersehen.

Damit nun zu dem Ansatz selbst. Der Kern der hier vorzustellenden Konzeption transzendentalpragmatischer Normenbegründung, die hier nur in ganz groben Strichen angedeutet werden kann, liegt in etwa folgenden Überlegungen.

Wenn wir uns um die Letztbegründung ethischer Normen

bemühen, also um eine rationale, für jedermann verbindlich begründete Antwort auf die Frage: »Was sollen wir tun?«, dann finden wir uns zunächst in einer aussichtslosen Situation. Denn das, was gefordert zu sein scheint, nämlich bestimmte letzte Normen so zu begründen, daß wir methodisch auf einen jenseits diesen letzten Normen liegenden Grund ihrer Geltung zurückgehen, das ist unmöglich. Wir können weder auf Fakten zurückgehen, um diese Normen zu begründen, noch auf andere Normen. Wir können das erste nicht, weil aus dem Sein nun einmal kein Sollen folgt, und wir können das zweite nicht, weil dann die Normen, auf die wir zur Begründung rekurrieren würden, ihrerseits die letzten und damit die philosophisch zu begründenden Normen wären. Was auch immer wir als Begründungsbasis in Anspruch nehmen, wir müssen uns seiner als tragfähiger Basis eigens versichern und d. h. von einer anderen Begründungsbasis aus begründen. In jedem Fall geraten wir so in das Münchhausentrilemma mit seinen drei gleichermaßen unerfreulichen Alternativen: 1. dem infiniten Regreß der Begründung, 2. dem Begründungszirkel oder der petitio principii und 3. dem Abbruch der Begründung oder dem Rekurs auf ein Dogma.[8] Die Lage ist also hoffnungslos. Es scheint unmöglich, durch Begründung etwas Sicheres zu etablieren.

Nun ist dieses Resultat für uns, die wir an Normenbegründung interessiert sind, gänzlich unbefriedigend. Und zwar einmal, weil wir damit unserem Ziel, letzte Normen zu begründen, also z. B. rational zu zeigen, daß wir, was wir doch alle glauben, tatsächlich verpflichtet sind, Versprechen zu halten, um nichts näher gekommen sind. Zum anderen aber, weil das Resultat sich bei näherer Betrachtung als höchst suspekt erweist. Denn wenn wir die Sache wirklich für aussichtslos halten, dann doch darum, weil wir es jetzt als sicher demonstriert ansehen, daß nichts sicher zu demonstrieren ist. Wenn wir es dagegen nicht als sicher bewiesen ansehen, dann haben wir gar keinen überzeugenden Grund, die Sache für aussichtslos zu halten.

Diese Paradoxie, die sich letztlich (wir überspringen einige Zwischenschritte) aus dem Widerspruch zwischen dem ergibt, was aktuell von uns in Anspruch genommen werden muß, damit wir überhaupt etwas behaupten – und d. h. etwas als wahr behaupten –, können einerseits und dem, was hier behauptet wird, andererseits, nämlich daß wir keine Wahrheit, sondern höchstens Plausibilität und in letzter Konsequenz nicht einmal diese zu unseren Behauptungen beanspruchen dürfen[9] (ein Widerspruch, in den sich jede konsequente Form des Skeptizismus notwendig verwickelt, dies ist nur die für die Popperschule

zuständige Variante), diese Paradoxie also kann uns auf zweierlei aufmerksam machen, das wir bisher übersehen hatten. Sie verweist uns zum einen auf einen Bereich von Aussagen und Unterstellungen, den wir bisher bei unseren Bemühungen vollständig vernachlässigt hatten, und sie legt es andererseits nahe, die bisher zugrunde gelegte – üblicherweise auch verabsolutierte – Konzeption von Begründung, nach der als Begründung allein der methodische Rekurs auf einen jenseits des zu Begründenden liegenden Grund angesehen werden kann, zu überdenken und eine Alternative zu dieser Konzeption ins Auge zu fassen.
Bisher sind wir nämlich der natürlichen Einstellung des Theoretikers gefolgt, dessen Tugend darin besteht, von sich abzusehen, sich gerade nicht eigens ins Spiel zu bringen, und haben nur das berücksichtigt, was sozusagen *vor uns* als Gegenstand theoretischer Betrachtung liegt, nicht aber das, was wir als Betrachter, als Argumentierender, der etwas vor sich bringt und es behauptet oder bestreitet, immer schon in Anspruch nehmen, was wir als gegeben unterstellen oder schon anerkannt haben. Dieser Bereich aber, auf den wir jetzt bei unseren Überlegungen zur Normenbegründung gestoßen sind als der Bereich von Aussagen, Unterstellungen und Voraussetzungen, die selbst der Skeptiker noch anerkennen und gelten lassen muß, sofern er seinen Skeptizismus noch behaupten, vielleicht sogar begründen und verteidigen will und nicht einfach stumm aus der Diskussion ausscheidet, dieser Bereich, der sich also gerade im Durchgang durch den Skeptizismus als besonderer Bereich auszeichnet, erweist sich nun als der für das Letztbegründungsproblem eigentlich interessante Bereich. Denn es ist klar: Das, was wir – wie z. B. das Prinzip vom zu vermeidenden Widerspruch – notwendig voraussetzen und anerkennen, sofern wir sinnvoll argumentieren (wie wir von uns mitten in der Normenbegründungsproblematik stehend unterstellen müssen, damit es für uns Sinn hat, überhaupt weiterzureden), das können wir nicht sinnvoll, ohne Selbstwiderspruch bestreiten, das ist als Bedingung der Möglichkeit sinnvollen Bestreitens, ja Zweifelns, vor allem Zweifel sicher und bietet sich darum geradezu an als geeignete Basis für philosophische Letztbegründung.
Und es gilt weiter: Was wir immer schon notwendig qua sinnvoll Argumentierende in Anspruch nehmen, das kann offensichtlich nicht seinerseits noch so begründet werden, daß man auf eine noch dahinterliegende Quelle der Geltung zurückgeht und jenes aus dieser regelrecht ableitet. Spezifisch philosophische Begründung, Letztbegründung, die nicht bloß relativ zu

prinzipiell aufhebbaren Prämissen begründet, kann nur darin bestehen, etwas als immer schon notwendig in Anspruch genommene Argumentationsvoraussetzung und damit als in der Argumentation (in Begründung oder Kritik) nicht zu hintergehende letzte Basis allen Begründens *aufzudecken.* Die transzendentalpragmatische Alternative zur Konzeption von Begründung als Ableitung ist Aufdecken letzter Argumentationsvoraussetzungen als rational und d. h. überhaupt unhintergehbarer letzter Prämissen.

Ein ganz entscheidender Punkt für die sich nun abzeichnende Letztbegründungsstrategie, ein Punkt, mit dem das Argument steht oder fällt, ist die Frage, ob es uns gelingt, diese Voraussetzungen sinnvoller Argumentation einerseits *explizit* ins Spiel (der Normenbegründungsargumentation) zu bringen – nur so können sie als Begründungsbasis fruchtbar werden – andererseits aber zugleich ihnen den Status von aktuell gerade in Anspruch genommenen, in der Argumentationssituation aktuell als gültig unterstellten (Spiel-)Voraussetzungen zu belassen. Denn gerade dieser Status, diese Funktion als die die Argumentation aktuell ermöglichende Bedingung, verbürgt ja gerade ihre Unbezweifelbarkeit. Es kommt also darauf an, daß wir uns nicht, nachdem wir diesen verlockenden Bereich von Argumentationsvoraussetzungen entdeckt haben, aus der Situation der Argumentation als Theoretiker zurückziehen und nun von außen eine Theorie der Argumentation entwerfen, derart, daß die Argumentationsvoraussetzungen wieder nur als theoretische Gegenstände ins Spiel kommen, nicht aber zugleich als aktuell in Anspruch genommene Voraussetzungen, derart also, daß sie als gerade (vom Theoretiker) in Anspruch genommene Voraussetzungen wieder im Rücken des selbstvergessenen Theoretikers zu liegen kommen. Unterstellungen, die wir qua sinnvoll Argumentierende machen und deren wir uns in der Argumentationssituation als aktuell gemachter *reflexiv* versichern können, lassen sich nicht sinnvoll bestreiten, wohl aber theoretische Aussagen über diese (vergegenständlichten) Argumentationsvoraussetzungen. Diese können, wie alle theoretischen Aussagen, sinnvoll auf ihre Begründung hin untersucht werden, und wir geraten, wenn wir in der Einstellung des Theoretikers verharren, unausweichlich in das schon überwunden geglaubte Münchhausentrilemma zurück. Letztbegründung ist in der Einstellung des reflexionslosen, selbstvergessenen Theoretikers nicht durchführbar. Es geht für uns genauer gesagt darum, in der Situation der Argumentation selbst (z. B. im Dialog mit dem Skeptiker) und ohne sie zu verlassen, das, was in einem Argument behauptet wird – der propositionale Gehalt – mit dem zu konfrontieren, was wir auf der Ebene der Metakommunikation von dem Argument illokutiv[10] verstanden haben müssen, damit wir angemessen darauf reagieren können (z. B. daß es sich im gegebenen Fall um einen Versuch, etwas zu bestreiten, handelt). D. h. die Aufgabe wird lösbar dadurch, daß wir die bislang als Voraussetzung kritischer Thematisierung unthematisch auf der Ebene der Metakommunikation in Anspruch genommenen Unterstellungen nun als Verifikations- bzw. Falsifikationsinstanzen für das in Propositionen (die auf der Ebene der Kommunikation über etwas liegen) Behauptete verwenden und sie so, ohne ihren Status als Voraussetzungen für unser aktuelles Handeln zu ändern, dennoch explizit ins Spiel (der jeweils thematischen Propositionen) bringen.[11]

Ich gebe ein Beispiel, um das Letztbegründungsprinzip deutlicher zu machen und um vor allem zu demonstrieren, daß sich tatsächlich die immer erneute Frage nach Begründung sinnvoll abweisen läßt. Die These etwa, daß die Argumentationsregeln für mich gelten, eine These, die zwar trivial, aber nicht tautologisch ist, kann ich dadurch begründen, daß ich zeige, daß der Versuch, sie zu bestreiten, mißlingen muß. Ich behaupte also: »Die Argumentationsregeln gelten für mich nicht«, und prüfe, ob sich diese Behauptung halten läßt. Es stellt sich heraus, daß ich, damit ich sie überhaupt sinnvoll auf ihre Wahrheit hin prüfen kann, sie schon verstanden haben muß als ernstgemeinte, sachliche Behauptung, die unter Berufung auf Gründe einerseits (die hier freilich nicht explizit gemacht sind, von mir aber als hinter ihr stehend zu unterstellen sind) und auf das Prinzip vom zu vermeidenden Widerspruch andererseits uns dazu rational motivieren soll, die Gegenthese, daß die Argumentationsregeln für mich gelten, aufzugeben. Kurz: Ich muß die Behauptung, wenn ich ihre Wahrheit prüfen will, schon verstanden haben als nach den Regeln sinnvoller Argumentation produziertes und plaziertes Argument (bzw. als Teil eines solchen) und sehe unmittelbar, daß es sich selbst widerlegt. Und zwar wird der Inhalt der Behauptung widerlegt durch das Faktum, das die Behauptung selbst darstellt.

Der Begründungsregreß und damit das Problem des Münchhausentrilemmas kann hier aus folgendem Grund nicht entstehen: Wenn wir die Wahrheit der Behauptung prüfen und dabei darauf stoßen, daß der Status der Behauptung selbst als Argument, bzw. als Teil eines Arguments, mit den beschriebenen Charakteristika als Falsifikationsinstanz zu der Behauptung in

Frage kommt, dann können wir jetzt nicht mehr die skeptische Frage stellen, ob denn die Behauptung wirklich ein Argument, bzw. Teil eines solchen, ist und womöglich nach Gründen für diese These fragen. Das haben wir vielmehr schon vorausgesetzt. Das ist die aktuell von uns in Anspruch genommene Basis für das Problem, ob die Behauptung wahr ist, und ebenso auch für die zuletzt erwähnte skeptische Frage.

Ganz anders aber sieht die Sache aus, wenn wir uns in theoretischer Einstellung, also so, daß wir von dem, was wir aktuell in Anspruch nehmen, absehen, an die Prüfung der Aussage machen. Dann hängt, ob die Aussage wahr ist, ab von den Bestimmungen, die wir dem in der Aussage gemeinten »Ich« zuschreiben, für das die Argumentationsregeln nicht gelten sollen. Das »Ich« ist der Sprecher der Behauptung, und welche notwendigen Charakteristika dem Sprecher einer Behauptung zukommen, das ergibt sich aus einer Theorie der Kommunikation. In diesem Fall wird also die Behauptung nicht mit dem Faktum, das sie selbst darstellt, konfrontiert, sondern mit Konsequenzen einer Theorie.[12] Diese aber müssen wir begründen und geraten so in das Münchhausentrilemma zurück.

Nach diesen allgemeinen Bemerkungen zur Struktur philosophischer Letztbegründung überhaupt zurück zur praktischen Philosophie. Wie lassen sich nun im Rahmen der angedeuteten Begründungskonzeption ethische Normen begründen? Zunächst, welche Argumentationsvoraussetzungen sind für unser Vorhaben überhaupt relevant? Auf ein ausgearbeitetes transzendentalpragmatisch abgesichertes System von Bedingungen der Möglichkeit sinnvoller Argumentation kann ich nicht zurückgreifen. Ich nenne daher hier nur rhapsodisch und ohne ausführliche Begründung die wichtigsten unter ihnen.

Zu den Bedingungen der Möglichkeit sinnvoller Argumentation gehört zunächst die Existenz einer Argumentations- oder Kommunikationsgemeinschaft, der wir immer schon als Mitglied angehören und auf die wir immer schon qua Argumentierende Bezug nehmen. In der These, daß Argumentation nicht sinnvoll als Handlung eines grundsätzlich einsamen Subjekts gedacht werden kann, liegt der entscheidende Unterschied zwischen der sprachphilosophisch transformierten Transzendentalphilosophie, der Transzendentalpragmatik, und dem klassischen Vorbild für dieses Begründungsmodell, der Kantischen Transzendentalphilosophie. Man kann die These vielleicht am einfachsten und kürzesten durch den Hinweis plausibel machen, daß die zu allen sinnvollen Argumenten erhobenen Geltungsansprüche nicht gegenüber *einem* irgendwie ausge-

zeichneten Subjekt (z. B. dem faktisch Argumentierenden selbst) erhoben werden, sondern grundsätzlich gegenüber jedermann. Die Formel: »Ich behaupte hiermit, daß x sich so und so verhält«, kann nicht anders verstanden werden als: »Ich behaupte hiermit gegen jedermann, daß x sich so und so verhält und erkläre mich bereit, meine Behauptung auch gegen jedermann zu verteidigen.« Irgendwelche Einschränkungen hinsichtlich des Kreises derer, gegenüber denen der Geltungsanspruch erhoben wird, wären in Wahrheit Einschränkungen des Wahrheitsanspruchs selbst und tangierten sofort den Status der Änderung als Behauptung.[13] Mit der Anerkennung dieser Voraussetzung wird zugleich anerkannt, daß Argumentation an Kommunikation gebunden ist, daß Argumentation eine bestimmte Form der Kommunikation darstellt, und wir erhalten damit das Recht, von der hier vorzutragenden Konzeption als von einer Ethik der Kommunikation zu reden.
Zu den Bedingungen der Möglichkeit sinnvoller Argumentation bzw. Kommunikation gehört weiter, daß in der Argumentationsgemeinschaft bestimmte ethische Normen anerkannt werden. Das Ziel sinnvoller Argumentation – die Gewinnung von intersubjektiv gültigen Aussagen bzw. in praktischen Diskursen die Etablierung von intersubjektiv verbindlichen Normen – ist von vornherein nicht erreichbar, d. h. die gemeinsame Anstrengung wird sinnlos, wenn nicht von den Argumentierenden anerkannt wird, daß sie weder sich selbst noch andere belügen, noch sich selbst oder anderen die Argumentation verweigern, oder die Anerkennung gerechtfertigter Argumente ablehnen dürfen. Es ist ferner erforderlich, daß sich die Argumentierenden wechselseitig als wahrheits- und zurechnungsfähige, gleichberechtigte, aufrichtige Subjekte, kurz: als Personen im emphatischen Sinne des Wortes anerkennen. Schließlich muß gelten, daß die Argumentation weder hinsichtlich der zu behandelnden Themen noch hinsichtlich der möglichen Teilnehmer irgendwelchen grundsätzlichen Einschränkungen unterliegen darf. Es folgt: »Wer argumentiert, der anerkennt implizit alle möglichen Ansprüche aller Mitglieder der Kommunikationsgemeinschaft, die durch vernünftige Argumente gerechtfertigt werden können (sonst würde der Anspruch der Argumentation sich selbst thematisch beschränken), und er verpflichtet sich zugleich, alle eigenen Ansprüche an andere durch Argumente zu rechtfertigen . . . Menschliche Bedürfnisse sind als interpersonal kommunizierbare »Ansprüche« ethisch relevant; sie sind anzuerkennen, sofern sie durch Argumente interpersonal gerechtfertigt werden können.«[14]

Daraus ergibt sich das Prinzip, »daß alle Bedürfnisse von Menschen – als virtuelle Ansprüche – zum Anliegen der Kommunikationsgemeinschaft zu machen sind, die sich auf dem Wege der Argumentation mit den Bedürfnissen aller übrigen in Einklang bringen lassen.«[15]

Von diesen Normen, auf die ich inhaltlich hier nicht weiter eingehen möchte, gilt nun zunächst: Wir haben sie, insofern wir uns argumentierend um die Begründung ethischer Normen bemühen, immer schon notwendig anerkannt und sind nicht imstande, sie sinnvoll, d. h. ohne sie zugleich anzuerkennen und so uns selbst zu widersprechen, in ihrer Geltung zu bestreiten. Von ihnen gilt aber auch, daß wir sie nicht sinnvoll, ohne sie schon als gültig vorauszusetzen, also ohne petitio principii, durch Rekurs auf einen Grund ihrer Geltung begründen können. Damit findet jetzt der zweite, bisher vernachlässigte Aspekt der Aporie, mit der wir angefangen hatten, seine Auflösung. Es hatte sich als unmöglich herausgestellt, letzte Normen durch Rückgang auf einen Grund ihrer Geltung, durch Rekurs auf eine Legitimationsquelle zu begründen. Die Geltung letzter Normen kann nicht – wie bei näherer Betrachtung sofort klar wird – auf eine jenseits ihrer selbst liegende Quelle der Geltung zurückgeführt werden. Denn sofern sie letzte Normen sind, sind sie selbst die letzte Quelle der Geltung und können als solche – wie sich auch im Rahmen der transzendentalpragmatischen Konzeption gezeigt hat – nur *aufgedeckt,* reflexiv einsichtig gemacht werden, aufgedeckt als dasjenige, das wir qua Argumentierende als Basis aller Geltung und Geltungsrechtfertigung immer schon notwendig anerkannt haben.[16]

Bevor ich nach dieser globalen Skizze der Gesamtkonzeption transzendentalpragmatischer Normenbegründung zum Schluß noch einige Einzelpunkte diskutiere, möchte ich die entscheidenden Charakteristika dieses Ansatzes noch einmal übersichtlich zusammenstellen.

1. Philosophische Normenletztbegründung kann nicht in der Ableitung letzter Normen aus irgendwelchen Prämissen bestehen. So wäre allenfalls eine bedingte Begründung möglich, nicht aber eine Letztbegründung. Philosophische Normenbegründung kann also nur in der Aufdeckung letzter Prämissen für alle weiteren Normenbegründungen (die etwa mit Hilfe der deontischen Logik vorgenommen werden könnten) bestehen, und sie muß zugleich sicherstellen, daß angesichts des Aufgedeckten die Frage nach weiterer Begründung als sinnlos abgewiesen werden kann.
2. Dies Ziel ist erreichbar durch Besinnung auf die von uns qua

Normenbegründungssubjekten immer schon in Anspruch genommenen Bedingungen der Möglichkeit sinnvoller Argumentation und Kommunikation, und zwar weil erstens zu diesen Bedingungen selbst ethische Normen gehören und weil zweitens diese Normen als Bedingungen der Möglichkeit sinnvoller Argumentation nicht widerspruchsfrei in der Argumentation bestritten werden können.

3. Der Nachweis, daß wir qua Argumentierende immer schon bestimmte ethische Normen anerkannt haben, kann freilich nur dann zwingend geführt werden, wenn wir uns *nicht* zu diesem Zweck auf eine *Theorie* der Argumentation und ihrer Voraussetzungen berufen (und somit die ursprüngliche Argumentationssituation zum Gegenstand machen und sie als externer Betrachter verlassen), sondern wir vielmehr in der Situation der Argumentation bleibend als aktuell Argumentierende die üblichen Abstraktionen der theoretischen Einstellung zurücknehmen und so nicht nur das berücksichtigen, was jeweils behauptet wird, sondern zugleich auch das, was implizit an Bedingungen der Argumentation aktuell in Anspruch genommen wird, und wenn wir dann schließlich dieses mit jenem, ohne die Ebenendifferenz zu verwischen, zusammenbringen.

Ich werde nun noch auf zwei oft erhobene Einwände eingehen, um zwei wichtige Aspekte des vorgeführten Ansatzes etwas schärfer zu beleuchten.

Dem ersten Einwand läßt sich etwa folgende Form geben: Das, was auf diese Weise – wenn überhaupt – erreicht werden könne, sei eine Ethik für Personen, die schon miteinander kommunizieren, ja sogar schon miteinander argumentieren. Das aber sei zu wenig, denn 1. seien die eigentlich interessanten Verhältnisse, in die eine Ethik regulierend eingreifen sollte, diejenigen Konfliktfälle, in denen die beteiligten Parteien nicht oder nicht mehr miteinander reden, sondern sich z. B. mit Gewalt auseinandersetzen und 2. folgten aus einer solchen Ethik allenfalls hypothetische Imperative der Form: „Wenn wir argumentieren, dann sind wir verpflichtet . . .« Die Frage aber, ob wir auch argumentieren sollen, bleibe unbeantwortet. Mit alledem erweise sich der Rekurs auf die Normen, die wir in der sehr speziellen Situation der Argumentation im Hinblick auf Normenbegründung immer schon anerkannt haben, als nur beschränkt fruchtbar.

Zunächst zum letzten Punkt: Die Situation, in der wir uns befinden, wenn wir uns um Normenbegründung bemühen, ist nicht so speziell und ausgefallen, wie es auf den ersten Blick scheinen mag. Wenn wir uns um Normenbegründung bemühen, dann geht es uns ja nur um eine besonders sorgfältige rationale Beantwortung der Frage: »Was sollen wir tun?« Dies aber ist eine Frage, vor der wir als *Normensubjekte*, nicht erst als Normen*begründungs*subjekte, ständig stehen und in der wir uns ständig mit Gründen entscheiden müssen, geschehe das nun explizit und ausführlich oder implizit und ohne deutliches Bewußtsein davon. Wir zählen nur so lange als zurechnungsfähige Normensubjekte, als von uns unterstellt wird, wir hätten uns jeweils mit Gründen (also argumentierend) mit dieser Frage auseinandergesetzt, so lange also, wie das, was wir tun, als Resultat einer Entscheidung und nicht vielmehr als etwas, das uns nur zustößt oder widerfährt, verstanden werden kann. Damit kommen wir zur eigentlichen Antwort auf den Einwand. Der Einwand beruht auf einer falschen Voraussetzung, und diese Voraussetzung wird nahegelegt durch eine Unklarheit im Begriff »Argumentation«. Wenn wir unter »Argumentation« eine förmliche Veranstaltung, die explizite Auseinandersetzung mit Behauptungen und Einwänden, die von anderen Personen aufgestellt oder erhoben werden, verstehen, dann ist die Voraussetzung, von der der Einwand abhängt, richtig, nämlich daß wir uns zum Argumentieren entschließen können oder auch nicht, daß wir einer Argumentation fernbleiben und von außen über sie reden können. Der Ausdruck »Argumentation« muß aber, gerade wenn auf die Bedingungen der Möglichkeit sinnvoller Argumentation abgehoben wird, in einem weiteren Sinn verstanden werden, so daß alle Arten rationaler Erwägung darunter begriffen werden können, was auch immer das Thema sei, ob praktisch, technisch, theoretisch etc., sei sie nun explizit oder implizit und nur ex post rekonstruierbar, sei sie von einem allein ausgeführt oder in Auseinandersetzung mit realen anderen Personen, seien die Gründe, die erwogen werden, gut oder weniger gut, wenn nur das Interesse an der richtigen Lösung des Problems, das Interesse an Wahrheit oder Richtigkeit leitend ist. Denn für aller erwähnten Formen rationaler Erwägung gilt, daß die Bedingungen der Möglichkeit sinnvoller Argumentation unterstellt werden müssen, soll das Ziel der Erörterung erreichbar sein. Versteht man den Ausdruck »Argumentation« so, dann ist es schon weniger plausibel, anzunehmen, man könne sich von einem Standpunkt außerhalb dazu entschließen, in Argumentation allererst einzutreten oder ihr fernzubleiben. Es stellt sich im Gegenteil heraus, daß es keinen Ort gibt, von wo aus man sich sinnvoll, ohne sich selbst zu widersprechen, gegen Argumentation in diesem Sinn entscheiden kann, von wo aus man sinnvoll die Geltung der genannten Normen relativieren oder bestreiten kann. Denn wer sich gegen etwas entscheidet, steht immer schon in einer Argumentationssituation, insofern, als er angesichts einer ihm verständlichen Alternative sich durch Gründe rational dazu motivieren läßt, die eine zu wählen. Entsprechendes gilt für das Relativieren und Bestreiten. Es ergibt sich also das eigentlich Selbstverständliche: Was man als sinnvoll Argumentierender nicht bestreiten kann, das kann überhaupt nicht und von niemand sinnvoll bestritten werden. Die Situation der Argumentation erweist sich als unhintergehbar und damit zugleich die vom Argumentierenden notwendig immer schon anerkannten Normen als schlechthin bindend und nicht nur bedingungsweise oder hypothetisch. Freilich ist damit über ihre Befolgung noch nichts gesagt. Aber das ist auch nicht primär Sache der Philosophie, sondern eher der Polizei.

Der zweite Einwand, den wir hier behandeln wollen, lautet: Argumentation, so wie wir sie hier und heute verstehen, ist ein sehr voraussetzungsreiches historisches Phänomen, das Resultat einer langen Entwicklungsgeschichte.[17] Es ist nicht auszuschließen, ja sogar wahrscheinlich, daß es Alternativen zu unserem System der Argumentation gegeben hat, vielleicht sogar gibt, sicher aber geben wird, die sich derart von dem uns bekannten System unterscheiden, daß eine ähnliche Reflexion, wie sie hier angestellt wurde, im Hinblick auf vorausgesetzte Normen bei ihnen zu ganz anderen Resultaten führen würde. Die derart aufgedeckten Normensysteme würden sich von dem unseren unterscheiden und womöglich sogar damit in Konflikt geraten, wären aber auf die gleiche Weise und gleich gut gerechtfertigt. Wer nun den Anspruch erhebt, eine endgültige Letztbegründung für ethische Normen zu geben, muß die Möglichkeit einer solchen Konkurrenz oder Kollision von Normensystemen ausschließen. Das aber ist unmöglich.

Darauf ist zu antworten: Wir müssen unterstellen, daß wir im Prinzip die Wahrheit erreichen können, wenn wir uns lange genug um sie bemühen. Sonst hat es keinen Sinn, die Sache weiter zu erörtern. Dies gilt auch für denjenigen, der den Einwand vorbringt. D. h. aber, wir müssen unterstellen, daß wir wirklich sinnvoll, nämlich so, daß wir die Wahrheit erreichen könnten, argumentieren können, daß unsre Form der Argumentation die vernünftige Art zu argumentieren ist. Zu dieser von uns als sinnvoll zu unterstellenden Form der Argumentation können wir keine gleichberechtigte oder gar überlegene alternative Form der Argumentation denken, die bei gleicher Fragestellung in the long run zu einer anderen, ebenfalls als wahr auszuzeichnenden Antwort führen würde, als die, die wir geben könnten. Nur wenn aber eine solche Alternative zu unserem Argumentationssystem gedacht werden könnte, wäre der Einwand stichhaltig. Wir können sie darum nicht konsistent denken, weil wir uns damit die Möglichkeit nehmen würden, die wir doch, schon um die Alternative zu denken, in Anspruch nehmen müssen, die Möglichkeit nämlich, überhaupt jemals etwas wirklich zu behaupten, d. h. zu einer Aussage den Anspruch zu erheben, das Ausgesagte sei wahr. Wir könnten dann allenfalls den Anspruch erheben, das Ausgesagte sei wahr für uns, die wir nun einmal so und (leider) nicht anders denken. Ja, genau genommen könnten wir nicht einmal diesen Anspruch erheben, weil auch die schon relativierte Behauptung noch wieder durch einen Vorbehalt relativiert werden müßte usw ...[18] Auch der relativistische Skeptiker widerspricht, sofern er überhaupt spricht, sich selbst.

Ferner: Eine Alternative zu unserer Form des Argumentierens und des Denkens kann nur ins Spiel (in unser Spiel) eingebracht werden, wenn sie von unserem Argumentationssystem, von dem System unserer Rationalität aus, gedacht wird. Damit sie aber überhaupt von uns als eine Form der Argumentation oder Rationalität vorgestellt oder erkannt werden kann, muß sie bestimmten Kriterien genügen. Diese Kriterien jedoch können nur aus unserem System der Rationalität stammen, das damit sozusagen immer das letzte Wort behält.

Wir sind eben nicht imstande, unser Argumentationssystem, das System unserer Rationalität, von außen anzusehen und als ein bestimmtes System unter anderen, das nur historisch bedingte Wahrheit ermögliche, zu relativieren, denn dazu müßten wir dieses System gerade in Anspruch nehmen und ihm zugleich zutrauen, daß es ungetrübte Einsicht, also nicht nur historisch bedingte Wahrheit ermöglicht.

Zum Schluß noch einmal kurz zurück zu der eingangs angedeuteten Schwierigkeit, wie kann Kommunikation sinnvoll als beides zugleich betrachtet werden, als Bereich menschlicher Praxis, der durch ethische Normen zu regeln ist, als Bereich, für den man eine Spezialethik sinnvoll eigens wünschen kann, und zugleich als das Handeln, aus dem sich ethische Normen allererst gewinnen lassen, weil es die Geltung ethischer Normen immer schon voraussetzt. Die Schwierigkeit erweist sich bei näherem Betrachten als ein ganzes Bündel von recht verwickelten Problemen. Ich kann hier nur zwei davon herausgreifen und in ganz groben Strichen andeuten, in welcher Richtung die Aufklärung zu suchen ist, ohne daraus Folgerungen zu ziehen.

1. Nach dem bisher Vorgetragenen liegt es auf der Hand zu fragen: Wie kann man überhaupt sinnvoll redend in der Kommunikation gegen die ethischen Normen *verstoßen*, wenn gilt, wir müssen die Normen immer schon anerkannt haben, um überhaupt sinnvoll argumentieren und kommunizieren zu können? Nur unter der Voraussetzung aber, daß es möglich ist, in der Kommunikation gegen ethische Normen zu verstoßen, ist die Frage nach einer Ethik der Kommunikation im Sinne von Ethik *für* die Kommunikation sinnvoll. Wie also kann man jetzt noch verstehen, daß wir doch offenbar in der Lage sind, zu lügen oder zu täuschen, und dies manchmal sogar sehr geschickt? Wir können uns hier nicht so helfen, daß wir Lügen einfach als sinnlose, grundsätzlich mißglückende Rede qualifizieren.
   Ich denke, in folgender Analyse werden beide prima facie einander widersprechenden Aspekte miteinander vereinbar: Wenn wir jemanden belügen, dann kommunizieren wir in gewisser Weise mit ihm, aber in gewisser Weise auch wieder nicht. Jedenfalls spielt der Belogene für uns nicht ausschließlich die Rolle eines Kommunikationspartners, *mit* dem wir uns über etwas verständigen, sondern er hat für uns zugleich auch den Status eines manipulierbaren Objekts, *über* das wir uns – um überhaupt zweckrational mit ihm umgehen zu können – mit anderen Subjekten (das folgt aus dem Privatsprachenargument) verständigen. In dieser Kommunikation mit anderen über den Belogenen sind die normativen Bedingungen unverzerrter Rede, ist die Ethik der Kommunikation notwendig immer schon vorausgesetzt, solange wir rational – und d. h. hier nur: zweckrational – in Beziehung auf den Belogenen handeln. D. h. die Aspekte werden vereinbar dadurch, daß wir bei Lügen, Täuschungen und Manipulation zwei Dimensionen der kommunikativen Beziehung unterscheiden und auch unterscheiden müssen, auf die sich die unvereinbar erscheinenden Aspekte so verteilen lassen, daß wenigstens die Möglichkeit von dergleichen wie Lüge, Manipulation etc. konsistent gedacht werden kann.
2. Wie kann man als argumentierendes Subjekt immer schon die normativen Voraussetzungen sinnvoller Kommunikation anerkannt haben und dennoch die Frage nach einer Ethik für die Kommunikation stellen, eine Frage, die nur unter der Voraussetzung sinnvoll ist, daß es einen Spielraum

von möglichen Normensystemen gibt, die von Kommunizierenden anerkannt werden könnten, unter denen es also das Richtige zu finden gilt, eine Frage, die also voraussetzt, daß nicht jedermann, der kommuniziert, *die* Ethik der Rede immer schon notwendig als verbindlich anerkannt hat.

Die Schwierigkeit hängt an einer Äquivokation im Begriff »Anerkennen«. Außerhalb der Philosophie verwenden wir das Wort überwiegend so, daß gilt: Wer etwas anerkannt hat, der hat explizit anerkannt und weiß in aller Regel, daß und was er anerkannt hat. Im Rahmen der Philosophie jedoch wird der Ausdruck sehr oft gebraucht, um auf etwas Bezug zu nehmen, das nur so rekonstruiert werden kann, als hätte es einen Akt der Anerkennung zu einem unbestimmten Zeitpunkt gegeben. So wird z. B. davon geredet, daß wir die Existenz der Ideen, die Bedingungen der Möglichkeit von Erfahrung oder die Regeln einer elementaren Logik *immer schon* anerkannt haben. Gleichwohl aber bedarf es einer besonderen Leistung der Erinnerung, der Anamnesis, der kritischen Rekonstruktion, um das schon Anerkannte allererst explizit in Besitz zu nehmen bzw. das know how in das know that umzuwandeln. Nun kann einmal der Fall eintreten, daß bestimmte Bereiche dessen, was wir vortheoretisch wissen, noch gar nicht rekonstruiert sind, zum anderen ist auch nicht auszuschließen, daß eine faktische Rekonstruktion fehlerhaft ist. Werden diese Möglichkeiten eingeräumt, dann läßt sich ohne Schwierigkeiten denken, daß jemand etwas, das er schon immer anerkannt hat, auf der Ebene des expliziten know that bestreitet. Und damit dürfte deutlich geworden sein, daß die von vernünftigen Subjekten – nämlich von den Veranstaltern dieser Tagung – gestellte Frage: »Was ist ein gutes Gespräch?« den hier vorgetragenen Ansatz nicht ipso facto erledigt.[19]

5. Grenzprobleme einer Vernunftethik

Einführung von Alfred Berlich

Die Einsicht in die Verbindlichkeit moralischer Normen verbürgt noch nicht ein Leben in ihrem Sinne. Wir müßten, mit Kant zu sprechen, reine Vernunftwesen sein, um in unserem Handeln nur von unserer Einsicht bestimmt zu werden. Da unser Handeln aber unter dem Einfluß der verschiedensten Neigungen steht, wird uns die Einsicht zur Nötigung, zur Pflicht, gegen die wir verstoßen können.
Zur Durchsetzung der Einsicht im Handeln bedarf es Verbündeter. Als einen solchen stellt *Walter Schulz* in dem Kapitel »Mitleid als ethische Instanz« das Mitleid vor. Er beschreibt es als ein unmittelbares Verhalten, das im Gegensatz zur Grausamkeit steht. Die Unmittelbarkeit wird freilich eingeschränkt durch die Charakterisierung des vollentwickelten Mitleids als Ferntugend und als vorgreifender Bereitschaft, die von der bestimmten Person absieht. Freilich zeigen diese Bestimmungen, daß Mitleid blind bleibt und zum falschen (ungerechten und vernachlässigenden) Mitleid werden kann, wenn es sich nicht an der ethischen Einsicht grundsätzlich orientiert. Das Mitleid ist keine Instanz der Verbindlichkeit von Normen (das kann allein Vernunft sein), es ist vielmehr eine Motivation zur Umsetzung von Normen in die Tat. Jede Handlung aus Mitleid bleibt daher selbst der Beurteilung im Sinne der ethischen Einsicht unterworfen.
Die Möglichkeit gegen die vernünftige Einsicht in das moralisch Gebotene handeln zu können, wirft auch die Frage nach der angemessenen Charakterisierung des Zuwiderhandelns auf. In Philosophie wie Theologie wird diese Frage unter dem Begriff des Bösen diskutiert.
Hans P. Schmidt setzt in Kapitel 5.2. den Begriff des Bösen von dem des abweichenden Verhaltens ab. Denn nicht alles, was nach den herrschenden Wertvorstellungen einer Gesellschaft jeweils als Fehlverhalten angesehen wird, kann vernünftigerweise als solches und daher als »böse« gelten. Schmidt skizziert den Begriff des »geschichtlich konkreten Bösen« als Verweige-

rung der Lebens- und Weltverantwortung und kritisiert die behavioristische Psychologie, die das Böse wegerklärt. Denn dadurch löst sie auch dessen ethischen Gegenbegriff, nämlich »Verantwortung«, auf.

In dem Kapitel »Gut und Böse« weist *Walter Schulz* den Ideologieverdacht gegen den Begriff des Bösen zurück. Dessen Ersetzung durch wissenschaftlich-erklärende Begriffe kann die »Dimension verantwortlichen Tuns« nicht erfassen: »Die Ethik muß den Menschen sehen, wie er ist, und trotzdem an seine Freiheit appellieren.« Schulz sieht, auf die Philosophie des deutschen Idealismus zurückgreifend, die Möglichkeit des Bösen in der Freiheit, dem Ich-werden des Menschen begründet: Das Abheben seiner selbst vom anderen trägt die Möglichkeit der Negation der anderen in sich – vom Egoismus bis zur widersinnigen Freude an der reinen Zerstörung und Vernichtung.

Der letzte Beitrag ist moralphilosophisch und religionsphilosophisch zugleich. *Paul Ricoeur* geht sprachphänomenologisch von symbolischen und sprachlichen Äußerungen der Erfahrung des Bösen aus, vor allem vom Sündenbekenntnis, vom Eingeständnis einer Schuld und vom skrupulösen oder schlechten Gewissen. Dabei deckt er die geschichtliche Tendenz zur zunehmenden Individualisierung der Schuld auf. Eine Reflexion der Erfahrung des Bösen führt ihn zu der doppelten Beziehung, die das Böse zur Pflicht einerseits und zur Freiheit andererseits hat. Im Anschluß an Kant bestimmt er das Böse als »eine Wahlentscheidung, die nicht sein *sollte*« und die als solche sowohl Freiheit als auch moralische Pflicht voraussetzt. Freilich kehrt sie die moralische Beziehung von Freiheit und Pflicht um und verzerrt den Willen zur Willkür. Schließlich geht Ricoeur über eine nur moralische Betrachtung des Bösen hinaus, indem er an Jesu Verkündigung vom nahe herbeigekommenen Reich Gottes anknüpft. Im Lichte der Hoffnung auf das Reich Gottes, die Ernst Bloch als den Angelpunkt utopischen Denkens herausgestellt hat, beurteilt er das Böse einerseits als die absolute Herrschaftsanmaßung des Menschen, andererseits aber als lehrreiche Provokation im Bildungsprozeß der Menschheit und als Anlaß des Erbarmens.

5.1. *Walter Schulz: Mitleid als ethische Instanz?*

In der Tradition spielt die Frage nach den ethischen Instanzen eine wesentliche Rolle. An welche *Kräfte und Vermögen* im

Menschen kann der Ethiker sich wenden? Es geht hier nicht allein darum, daß er seine Forderungen einsichtig und verständlich macht und deren Verbindlichkeit nachweist, sondern vor allem ist es wichtig, die *Quellen* zu erschließen, von denen her ihre *Verwirklichung* möglich erscheint.
Die klassische Philosophie hat diese Frage zu beantworten gesucht durch den Rückgriff auf eine anthropologische Grundschematik, die ihrerseits zumeist wiederum in einer *Metaphysik* fundiert war. [. . .] Durchmustert man diese Tradition, so sieht man, daß von den Griechen bis zum Deutschen Idealismus die *Vernunft* als maßgebende Instanz deklariert wurde. Dieser Ansatz ist auch für uns wesentlich. Wir suchen nun aber noch eine andere ethische Instanz herauszustellen. Das ist das *Mitleid,* das in der Tradition nicht hoch bewertet wurde. Daß wir uns auf die Erörterung von Vernunft und Mitleid beschränken, besagt natürlich nicht, daß es nicht noch andere ethische Instanzen gibt. Gleichwohl läßt sich an Vernunft und Mitleid die Möglichkeit eines ethischen Engagements, wie es für unsere Zeit erfordert ist, besonders deutlich aufzeigen.

Vernunft

Der Rückgriff auf »letzte Überzeugungen« ist heute eigentümlich suspekt geworden, insofern er sich der Diskussion entzieht. Das *Gewissen* bleibt zwar für den abendländischen Menschen, der faktisch durch den reditus in se ipsum geprägt ist, eine gültige Instanz. Aber das Gewissen ist, wenn es als individuelles Gesetz dem Zusammenhang mit dem Allgemeinen entnommen wird, doch eine zweideutige Bestimmung. Hegel hat das klar erkannt. Er erklärt einerseits: »Das *Gewissen* drückt die absolute Berechtigung des subjektiven Selbstbewußtseins aus, nämlich in sich und aus sich selbst zu wissen, was Recht und Pflicht ist, und nichts anzuerkennen, als was es als das Gute weiß, zugleich in der Behauptung, daß, was es so weiß und will, *in Wahrheit* Recht und Pflicht ist.«[1] Aber Hegel hat andererseits diesen absoluten Rückzug auf die Subjektivität getadelt. Er ist dabei aber zweifellos zu weit gegangen, wenn er erklärt, daß das Gewissen von dem Staat als Träger der Sittlichkeit aufgehoben werde. Es gibt ethische Konflikte, die nicht von überpersönlichen Mächten her entscheidbar sind. Hier hat der einzelne sich gegen den Anspruch solcher Mächte zu erwehren. Auf sich zurückgeworfen kann er nur der Stimme des Gewissens gehorchen. Vor allem aber: angesichts der Tatsache, daß die Welt im argen liegt, so daß ethisches Tun immer die Möglichkeit des Scheiterns in sich trägt, ist das Gewissen nicht nur die letzte Entscheidungsinstanz, sondern auch der letzte Ausweis und der letzte Halt für ein Handeln, von dem man weiß, »daß es sich nicht lohnt«, obwohl es ethisch geboten ist.[2]

Der Rückzug auf das Gewissen darf aber nicht, wie wir schon darlegten, mit einer Negation des zwischenmenschlichen Bezuges identisch sein. Anders gesagt: die Bereitschaft, auf die Mitmenschen zu *hören,* muß heute auch in der Ethik in den Vordergrund gestellt werden. Das bedeutet aber, daß der *Vernunft* in der Ethik eine zentrale Bedeutung zukommt. Ferne und Nähe zu *Kants Vernunftansatz* sind hier aufschlußreich. Kant erklärt in der »Grundlegung zur Metaphysik der Sitten«: »Praktisch gut ist aber, was vermittels der Vorstellung der Vernunft mithin nicht aus subjektiven Ursachen, sondern objektiv, d. i. aus Gründen, die für jedes vernünftige Wesen als ein solches gültig sind, den Willen bestimmt.«[3] Diesen Ansatz gilt es zu bejahen: die Vernunft vermag, mit Hegel gesprochen, das Allgemeine zu bedenken.

Freilich – und darin zeigt sich ein Gegensatz zu Kant und Hegel –: das vernünftige Bedenken des Allgemeinen ist heute nicht mehr metaphysisch bestimmt. Die Vernunft ist für uns kein fester Inbegriff eindeutiger Wahrheiten, die es bei gegebenem geschichtlichen Anlaß nur zu eruieren gälte. Die Vernunft ist selbst geschichtlich bestimmt und solchermaßen ein offenes Vermögen. Sie muß als die Möglichkeit betrachtet werden, Ordnungen zu konstituieren, die nie endgültig und perfekt sind, sondern nur das, was zu einer bestimmten Zeit optimal zu erreichen ist, darstellen. Kants Schrift »Über den ewigen Frieden« ist ein immer noch aktuelles Beispiel für ein Denken aus der Vernunft, das die reale Lage nicht vergißt.

Mitleid

Das Mitleid ist von den Philosophen zumeist *negativ* beurteilt worden. Es ist nur ein Affekt. Impulsiv aufbrechend ist es unzuverlässig im Gegensatz zur sich ausweisenden Vernünftigkeit. Sodann: das Mitleid erscheint sentimental. Vom Gesichtspunkt der Disziplin fordernden Ethik ist sie ein Zeichen der Spätkultur, das heißt, so meint man, einer »verweichlichten Humanisierung«. *Gehlen* gibt in seiner Ethik für diese »Verweichlichung« mehrere Beispiele, die sicher nicht zufällig zumeist das Mitleid gegen Tiere betreffen, so monierte man im späten Rom, daß die Zufahrtsstraßen zu den Tempeln für die Tiere zu steil wären und forderte, dies zu ändern. Und schließlich ist von der psychologischen Sicht her zu sagen, daß das Mitleid ein neugieriges und schamloses Verhalten sei. Man dringt in den intimen Bereich des anderen ein, der unter Umständen dies Eindringen als unangemessen und peinlich empfindet.

Nietzsche, der immer wieder auf das Mitleid zu sprechen kommt, hat alle diese Einwände gegen das Mitleid herausgestellt. Der eigentliche Grund für seine negative Einschätzung des Mitleids ist aber die Abwertung des Leidenden, das heißt nach ihm, des schwächlichen Lebens überhaupt. Nur das gesunde und starke Leben ist im Recht. Wenn man aber das kranke Leben als abwegig deklariert, muß man es verachten. Man darf ihm nicht helfen. Nietzsche erklärt: »Der Kranke ist ein Parasit der Gesellschaft. In einem gewissen Zustand ist es unanständig, noch länger zu leben. Das Fortvegetieren in feiger Abhängigkeit von Ärzten und Praktiken, nachdem der Sinn vom Leben, das Recht zum Leben verlorengegangen ist, sollte bei der Gesellschaft eine tiefe Verachtung nach sich ziehen. Die Ärzte wiederum hätten die Vermittler dieser Verachtung zu sein.«[4]

Sicher: das sind Äußerungen Nietzsches, denen durchaus gegensätzliche gegenübergestellt werden können. Nietzsche legt dar, daß Gesundheit eo ipso Borniertheit bedeutet. Gleichwohl spricht sich in der Negation des Mitleides ein grundsätzliches Verständnis des Lebens aus, das von dem antiken Ideal der Stärke und Gesundheit bestimmt in der Tradition eine nicht unerhebliche Rolle spielt.

Im Gegensatz zu diesen Argumentationen erscheint uns das Mitleid als ethische Instanz von hoher Bedeutung. Es kann hier nicht unsere Aufgabe sein, eine Phänomenologie des Mitleids zu entwerfen. Schopenhauer ist – so meinen wir – immer noch als derjenige Philosoph anzusehen, der die Bedeutung des Mitleids am stärksten anerkannt hat. Wir begnügen uns jetzt mit einigen Hinweisen, die insbesondere auf die Universalität des Mitleides abheben.

Das Mitleid ist ein *unmittelbares Verhalten.* Es ist ein Gefühl, das direkt einsetzt beim Anblick des Leidens anderer. Man kann es insofern in Gegensatz zur Vernunft setzen, die als Überlegung des Allgemeinen sich [...] wesentlich auf die Gestaltung der großen Ordnungen bezieht. Gleichwohl wäre es vollkommen inadäquat, das Mitleid auf das Verhalten innerhalb kleiner Gruppen einzuschränken, insofern für deren Konstitution der personell-individuelle Umgang wesentlich ist.

Beim Mitleid sieht man gerade von der bestimmten Person ab und meint nur noch den Leidenden *als Leidenden.* Das Mitleid muß daher von vornherein als ein von persönlichen Bedingungen entschränktes Verhalten angesehen werden, und dementsprechend kann es nicht auf den Bezug zu Menschen, die mir als Vertraute im Nahhorizont begegnen, eingegrenzt werden.
Die Universalität kommt auch dem entsprechenden Gegensatz zum Mitleid, nämlich der *Grausamkeit,* zu. Auch die Grausamkeit ist jedenfalls in ihren radikalen Formen ein apersonales Verhalten. Der andere wird zum *reinen Objekt* der zerstörenden Lust freigesetzt, das heißt, er wird entpersönlicht, sei es in psychischer oder physischer Hinsicht. Das Ziel ist es, seine Menschlichkeit zu negieren. Dieser Vorgang der Entpersönlichung aber ist und bleibt ein direkter Bezug: man braucht den anderen als *unmittelbares* Objekt, wenn man sein Leiden ansehen und genießen will.
Fälle solcher extremer Grausamkeit mögen zu ihrer Aktualisierung Ausnahmesituationen voraussetzen. Aber gerade Ausnahmesituationen zeigen im Negativen und Positiven Möglichkeiten menschlichen Verhaltens, die der Mensch sich im allgemeinen verdeckt. Um den Sachverhalt beispielhaft zu verdeutlichen: in sogenannten regulären Kriegshandlungen ist der Feind nicht als bestimmte Person gemeint. Man tötet ihn als Angehörigen einer gegnerischen Gruppe, die unter Umständen nicht einmal nach der Sündenbockthese zum Träger des Bösen hochstilisiert werden muß. Wenn aber einmal der für solche Kriegshandlungen geforderte und als notwendig erachtete Wille zur Vernichtung freigesetzt ist, dann kann er sich steigern zu Formen der Vernichtung, wie sie etwa das Foltern darstellt. Diese Formen werden gegenüber einem Gegner angewandt, der gerade wehrlos ist. Der Übergang von den sogenannten regulären Kriegshandlungen zu solchen Vollzugsformen der Grausamkeit aber geschieht in eigentümlich gleitender Weise. Er ist durch keine äußere oder innere Sanktion im vorhinein zu verhindern.
Das gegensätzliche Pendant zur Grausamkeit ist nun, wie wir sagten, das Mitleid. Auf den einzelnen bezogen: Grausamkeit und Mitleid kämpfen im einzelnen *unmittelbar* gegeneinander, und der Ausgang des Kampfes ist ungewiß, insofern auch im einzelnen die Bereitschaft zur Grausamkeit latent vorhanden ist. Gleichwohl scheint uns das Mitleid die *einzige* Instanz und Gegenkraft gegen mögliche Perversionen, wie sie das Böse in seinen extremen Formen darstellt, zu sein. Um noch einmal an den vorhin dargelegten Befund zu erinnern: Mitleid setzt Nähe

voraus, nämlich das anschauliche Leiden eines Gegenüber. Angesichts dieses Leidens erwacht der unmittelbare Wille zu helfen, gleichgültig, woher das Leiden kommt, ob durch unverschuldete Umstände oder durch menschliche Grausamkeit. Dieser unmittelbare Wille zu helfen ist der Wesenscharakter des Mitleids. Von hier aus läßt sich sagen: das Mitleid ist die äußerste und letzte Möglichkeit, den Menschen in seiner »nackten Existenz« zu retten angesichts der unmittelbaren Negation dieser Existenz.

Das Mitleid ist aber nicht nur ein bei einem gegebenen Anlaß einsetzender Affekt. Mitleid kann auch über den vorliegenden Fall hinausgehen und sich als *vorgreifende Bereitschaft* konstituieren, Leiden, wo auch immer und wie auch immer es auftritt, zu verhindern oder zu lindern. Wir haben hier wieder eine Form des Erweiterungsgesetzes, von dem oben die Rede war, vor uns. Die ethische Einstellung geht über die Bindung an das Anschauliche hinaus. Und eben dieses Hinausgehen erwirkt – das ist das eigentlich Relevante – einen »allgemeinen Gegenwillen« zu der latenten Bereitschaft, den anderen leiden zu lassen. Dieser Gegenwille betrifft zuerst und zunächst mich selbst, insofern auch in mir diese Bereitschaft lebendig ist.

Im Mitleiden vollzieht sich, so sagt *Schopenhauer,* eine Identifikation von Ich und Du, oder vorsichtiger: die Schranken der Individualität und damit des Egoismus fallen. Dieser Vorgang ist, so sagt Schopenhauer, ein Mysterium, denn indem ich mit dem anderen mitempfinde, sein Leid als meines fühle, wird meine Identität und die des anderen aufgehoben. Die Universalität des Mitleids ist also keine quantitative, sondern eine qualitative. Sie negiert die Dimension, in der wir im allgemeinen leben und leben müssen, wenn wir uns von den anderen unterscheiden, sei es in egoistischer oder altruistischer Einstellung.

Wir schließen unseren Hinweis auf das Mitleid mit einer Anmerkung ab. Das Mitleid als *Ferntugend*[5] ist keineswegs eine selbstverständliche Haltung. Die Tatsache der Distanzierung angesichts fernen Leidens, das durch Massenmedien in Bild und Ton unmittelbar vermittelt wird, ist bekannt. Ähnlich wie im Schauspiel erscheint hier das Leiden trotz seiner Anschaulichkeit eigentümlich irreal. Es ist aber neben der soeben angedeuteten negativen Wirkung der Massenmedien doch auch ein positiver Affekt zu beachten. Wenn man das Leiden von Menschen in fernen Ländern auf Grund dieser Medien anschaulich vor sich hat, drängt sich die Forderung auf, sich für die Milderung dieses Leidens einzusetzen. Grundsätzlich gesagt: in der technisch erwirkten Vereinheitlichung der Welt schrumpft die äußere und die innere Möglichkeit einer Isolierung *auch* in moralischer Hinsicht zusammen. Es ist nun erfordert, »allgemein zu helfen«.[6]

5.2. *Hans Paul Schmidt: Das Problem des Fehlverhaltens und des Bösen*

(1) Nicht jeder, der eines Fehl-Verhaltens bezichtigt wird, muß auch einen Fehler begangen haben. Zunächst scheint er nur mit dem jeweils typischen Verhalten sich nicht in Übereinstimmung befunden zu haben.

(2) *H. P. Dreitzel* hat in seinen »Vorstudien zu einer Pathologie des Rollenverhaltens« (Die gesellschaftlichen Leiden und das Leiden an der Gesellschaft, Stuttgart 1968, S. 374) im Hinblick auf das Verhalten eine fruchtbare Unterscheidung verschiedener Verhaltensformen eingeführt:

». . . ist das *typische* Verhalten dasjenige welches mit den jeweiligen Typisierungsschemata in Übereinstimmung sich befindet (was auch und gerade im Konflikt der Fall sein kann), so zeichnet sich das *untypisierte* Verhalten dadurch aus, daß es sich nicht innerhalb des gleichen Relevanzbereiches bewegt, auf den sich die Rolle bezieht, und daher notwendig auch am Thema der Situationen, die zum Handlungsfeld der Rolle gehören, vorbeigeht. Wer sich untypisiert verhält, fällt im eigentlichen Sinn des Wortes aus der Rolle.

Anders das *atypische* Verhalten: es bewegt sich zwar innerhalb des gleichen Relevanzbereiches, hält sich aber nicht an die üblichen Typisierungsschemata, und zwar unter Umständen so wenig, daß die sinnvolle Einheit des Rollenverhaltens und sein intentionaler Charakter sich auflösen. Es darf also nicht verwechselt werden mit dem individuell variablen Verhalten in Rollen, die (typischerweise) große Ich-Leistungen verlangen, also von Gestaltungsnormen [und z. B. von Vollzugsnormen oder Qualitätsnormen – H. P. Schmidt] geprägt sind. Denn die variable Gestaltung des Rollenspiels stört nicht den intentionalen Charakter der Rolle, sondern ist im Gegenteil bei bestimmten Rollen gerade dessen Voraussetzung.

Schließlich bleibt das *abweichende* Verhalten: zwar untypisiert im Hinblick auf die ursprüngliche Rolle (jener also, von der es abweicht), weil es sich in einem anderen Relevanzbereich bewegt, kann es aber andererseits trotzdem nicht untypisiert genannt werden, weil es eigenen und oftmals sogar viel festeren

Typisierungsschemata folgt und nicht etwa außerhalb *aller* normativen Festlegungen sich bewegt. Nur eben, daß diese Normen abweichende Normen, das heißt von anderen nicht gebilligte Normen sind.«

Nicht alles, was als Verhaltensstörung erscheint, ist demnach auch schon ein gestörtes, d. h. ein a-typisches Verhalten.

Und Menschen, die als Stören-friede verurteilt werden, wie z. B. *Jesus,* da sie sich der »Verhaltensgestörten« annahmen, für die der Relevanzbereich der Gesellschaft ihrer Zeit bedrükkend und ethisch unzumutbar geworden ist, zeichnen sich durch ein produktiv abweichendes Verhalten aus, das neue Verhaltensmöglichkeiten eröffnet.

Auch wenn man den Begriff der »Rolle«, den Dreitzel durch eine weitgehende Differenzierung erneut verwendungsfähig machen will, kritischer einschätzt, ist doch die Unterscheidung der verschiedenen Verhaltensformen sehr hilfreich, um nicht alles, was als Fehl-Verhalten bezeichnet wird, auch als solches hinzunehmen.

(3) Liegt *wirklich* ein Fehl-Verhalten vor, das heißt ein Verhalten, das die *Verantwortung* für eigenes und fremdes Leben verfehlt, Lebensmöglichkeiten verletzt, verstümmelt oder gar zerstört, so kann es freilich nicht nur als mißglückte Anpassung an die allgemeinen Verhaltensregeln betrachtet werden.

(4) Dieser Betrachtungsweise neigt zum Beispiel die experimentelle Verhaltenspsychologie zu, deren behavioristische Richtung die Radikalität des Bösen entschärft, indem sie den Konflikt nicht mehr dem menschlichen Handlungsbewußtsein zur Last legt, sondern ihn nur als Ausdruck einer unzulänglichen Internalisierung etablierter Verhaltensmuster betrachtet. In der Konsequenz dieser Betrachtungsweise wird das Fehlverhalten in seine einzelnen Komponenten zerlegt, damit die entscheidenden Komponenten in einer zweckdienlicheren Komposition neu konditioniert werden können und der Mensch den allgemeinen Verhaltensregeln wieder (Resozialisierung) oder endlich »gut« *angepaßt* ist.

Die sozialen Verhaltensformen des Menschen werden bei diesem Verfahren wie tierische Verhaltensformen objektiviert. Andere, etwa verstehende Ansätze, die nicht einer mathematisch-statistischen Erfassung dienen, gelten als irrelevant und als überflüssige Sprachspiele, die die Phänomene nicht exakt zu benennen vermögen.

(5) Diese objektivistische Verwissenschaftlichung der anthropologischen Forschung führt zur systematischen Entwertung der Ethik. Ihre vielgerühmte Sachlichkeit redet von Erkran-

kungen, Hemmungen, biologisch, psychologisch, politisch und ökonomisch bedingten Störungen, erörtert die verschiedenen Frustrationshypothesen und Apathie-Theorien und vermag doch die spezifisch menschlich/geschichtliche Verhaltensstufe in diesem Problemzusammenhang nicht mehr zu thematisieren.
(6) Im Zusammenhang einer »Theorie der sozialen Evolution« könnte das Böse auf folgende Weise verstanden werden:
Der Mensch ist das erste Lebewesen, das bewußt an den Prozessen der »Evolution« teilnimmt und damit auch ihre Mühsale und vielfältigen Übel, ihre faktischen Nebenprodukte zu erfahren bekommt. Für ihn führt die bewußte Wahrnehmung der eigenen Lebensminderung, sowie das Gefühl, durch Schmerz und Leid in der eigenen Lebensentfaltung gehemmt zu werden und bedroht zu sein, zu einer Potenzierung des Übels. Er ist in seinem Handlungs*bewußtsein* angefochten und versucht, sich den Übeln des Lebens zu entziehen oder sich wider sie aufzubäumen. Erst mit der Erkenntnis der Übel wird insofern die »Krise« des menschlichen Verhaltens akut. Es kann zur Verweigerung und zur Verdrängung, zur Rebellion und zum Protest kommen, zur Verblendung und zu den vielfältigen Versuchen, die erkannten Übel auf Kosten anderer sich selbst vom Hals zu schaffen.
(7) Wer sich dabei den Erfahrungen des Übels persönlich versagt, trägt sein Teil zu den Folgelasten der verdrängten und überspielten Übel bei: er ist mitbeteiligt an dem Übel der Übel, an den Formen menschlicher *Selbst-* und *Weltverleugnung*.
Das menschliche Verhalten erfolgt in der dramatischen Spannung von Treue und Verrat (nicht in der tragischen Dialektik von Wissen und Nichtwissen; vgl. Kl. Heinrich, Parmenides und Jona, Frankfurt 1966, S. 61ff).
(8) Die Verleugnung und der Verrat am Leben gehen als menschliches Fehl-Verhalten zu Lasten der persönlichen Verantwortung. Sie sind das *geschichtlich konkrete Böse*.
(9) Auch dann, wenn dieses Böse in seinen Folgewirkungen größer erscheint als der Mensch selbst, darf es jedoch nicht durch *transhumane* Erklärungsmuster entschärft werden, zu denen auch die Annahme eines Verführers, die Satansvorstellungen und die Personifizierung der Sünde als übermenschliche Macht gehören.
Zentrum des Bösen wie des Guten ist »das menschliche Herz«, das zeitliche und leibhaftige Handlungsbewußtsein.
(10) Die Folgewirkungen des geschichtlich-konkreten Bösen sind im Unterschied zu vielen primären Übeln auch geschichtlich konkret aufhebbar.

(11) Die Kräfte des Übels sollten nicht unterschätzt, aber die Macht des Bösen darf auch nicht fetischisiert und verdinglicht werden, um die Erfahrung des Übels nicht zu verdrängen, sondern gegen das Böse bewußt und gezielt anzugehen, um unbegriffene Mächte und Kräfte nicht einfach hinzunehmen, sondern das Böse zu überwinden.
(12) Die Fragen nach dem Guten und dem Bösen sind als unausweichliche Leitfragen jeder Ethik zu thematisieren.

Bibliographischer Hinweis

Hans P. Schmidt: Das Problem des Fehlverhaltens und des Bösen. Auszug aus der Vorlesung »Einführung in die Ethik« (unveröffentlicht).

5.3. *Walter Schulz: Gut und Böse*

Gut und Böse werden heute nicht mehr ohne weiteres als leitende Begriffe der Ethik anerkannt, ebensowenig wie in der Ästhetik der Begriff des Schönen oder in der Wissenschaft der Begriff des Wahren als fraglos maßgebende Bestimmungen gelten. Wir weisen auf einige Gründe dieser *Entwertung der Bestimmung Gut und Böse* hin.
Es handelt sich, so meint man, bei diesen Begriffen offensichtlich um sehr allgemeine und abstrakte Begriffe, die Leerformeln darstellen. Sodann: der sprachliche Gebrauch dieser Bestimmungen ist vielfältig und vieldeutig; es erscheint unmöglich, eine einheitliche Bedeutung dieser Begriffe herauszustellen. Weiterhin: die geschichtliche Entwicklung zeigt, daß die abstrakte Leerheit dieser Begriffe durch Auffüllung nicht nur mit verschiedenen, sondern sogar mit widersprüchlichen Inhalten ausgeglichen wird. Vergleicht man etwa die Vorstellung eines »Primitiven« vom Guten mit Konzeptionen, die die mittelalterliche Theologie oder die idealistische Philosophie über das Gute entwickelt hat, dann ist es nicht leicht, wirklich überzeugende Gemeinsamkeiten zu finden. Und schließlich: die Begriffe Gut und Böse sind metaphysisch belastet. Das zeigt bereits ein flüchtiger Blick auf die abendländische Tradition, die durch griechische Philosophie und christliches Denken bestimmt wird. Die Maßstäbe dieser Tradition sind aber für uns nicht mehr verbindlich. Diese Einwände, die sich durchaus noch differenzieren und ergänzen ließen, sind nicht von der Hand zu weisen, insbesondere der zuletzt erwähnte scheint für unseren Zusammenhang wichtig. Wir suchen daher noch einmal, die ihm zugrunde liegenden Vorurteile herauszustellen.

In der gegenwärtigen Situation steht die Ethik »nicht hoch im Kurs«. [...] Die Gegenwart gilt als eine »wirklichkeitsnahe Epoche«, das heißt: sie ist eine *Zeit des Ideologieverdachtes.* Dieser betrifft auch die Wirksamkeit ethischer Argumentationen, vor allem ethischer Appelle. Wer »ethische Einstellung« als Allheilmittel propagiert, der erscheint als Illusionist. Oder noch schärfer: wer glaubt, daß es nur an der Etablierung einer moralischen Gesinnung läge, daß die Welt in Ordnung käme, der macht es sich »unverantwortlich leicht«. Wahrscheinlich bleiben die Menschen, so wird argumentiert, genauso gut oder schlecht, wie sie immer waren. Wenn sich ihr Verhalten verbessern sollte, wenn etwa die Aggression abnehmen würde, dann geschähe dies nicht durch die Gesinnungsmoral, sondern durch eine Stärkung der Rationalität.
Das besagt aber: wenn die Ethik heute noch Sinn hat, dann nicht als folgenlose Forderung einer moralisch einwandfreien Gesinnung, sondern eben nur in Anlehnung an Rationalität. Die Ethik muß *entmetaphysiziert* werden. Positiv gesagt: sie muß *verwissenschaftlicht* werden. Damit werden aber die Begriffe Gut und Böse irrelevant. Sie sind durch zeitnahe Bestimmungen zu ersetzen. Diese Bestimmungen zeichnen sich dadurch aus, daß sie in einer kritisch-empirischen Zeitanalyse nachprüfbar sind. Wir ... [stoßen dabei auf] *Ersatzbegriffe* für das Gute..., insbesondere ... [auf] den Begriff der Freiheit. [...] Ob man von Selbstbestimmung, Emanzipation, Mündigkeit, Selbstreflexion, neuer Sensibilität redet: alle diese Bestimmungen sind Umschreibungen einer Freiheit, die keinen reinen inneren Wert darstellt, sondern wesentlich in der gesellschaftlichen Dimension ihren Ort hat. An die Stelle des Bösen treten diesem Ansatz entsprechend alle Verhaltensweisen, die in politischer, gesellschaftlicher und ökonomischer Hinsicht die Freiheit verhindern und solchermaßen den Menschen frustrieren und aggressiv machen. Das Böse ist im Grunde Unvernünftigkeit. Auf dieser beruhen alle Formen negativen Verhaltens, auch die Formen der Unterdrückung.
Sucht man das Gesagte zusammenzufassen, das heißt, die sich hier zeigende Grundtendenz herauszustellen, so bietet sich das Programmwort der Epoche an: *Aufklärung.* Wir sind alle heute vom Willen zur Aufklärung bestimmt. Ob wir uns als Sozialisten, Liberale, kritische Rationalisten, Positivisten oder Technologen verstehen, wir meinen, daß der Fortschritt wesentlich darauf beruhe, daß Unvernunft und Irrationalität aufgehoben würden.
Wenn wir im Gegenzug zu diesem allgemeinen Trend der Zeit

an den Begriffen Gut und Böse festhalten, so geschieht dies in der Überzeugung, daß dies Festhalten im Grunde der Zeit entspricht. »Zeitgemäß« kann – mit Nietzsche geredet – gerade das »Unzeitgemäße«, das heißt, das nicht allgemein Anerkannte sein. Genauer gesagt: wir meinen, daß in den Worten Gut und Böse ein Sachverhalt zur Ausdrücklichkeit kommt, den wir auch heute anzuerkennen haben. Dies sei kurz angedeutet – die nachfolgenden Analysen werden das Gesagte konkretisieren.

Die für uns hermeneutisch maßgebende Bestimmung ist das *Böse.* Das Böse läßt sich nicht eindeutig definieren, weder wissenschaftstheoretisch noch moralphilosophisch oder metaphysisch. Gleichwohl: was wir mit dem Bösen meinen, ist ein sehr realer Sachverhalt, gleichsam ein anthropologisches »Urphänomen«, dessen Wurzel der *Egoismus* und dessen eklatanteste Ausprägung der Hang des Menschen zur *Grausamkeit* ist. Das sich in der Grausamkeit in seiner radikalen Form zeigende Böse erscheint uns als eine ständig drohende Gefahr des Menschen, und diese Tatsache wird – so meinen wir – durch die heute maßgebende Ethik der rationalen Aufklärung zugedeckt.

[...]

Wie ist es möglich, daß Grausamkeiten nicht aus Mangel an aufklärerischer Emanzipation oder in irrationalem Rausch passieren, sondern in bürokratischer Überlegung rational geplant werden? Diese Frage läßt sich, so argumentiert man, nur beantworten, wenn man das negative Verhalten auf seine verschiedenen Faktoren hin analysiert. Als wissenschaftlicher Analytiker redet man aber zweckmäßig nicht von Grausamkeit, sondern von Aggression. Und nun muß man unterscheiden: etwa allgemeine Aggressionsneigung, spezifische Aggressionsneigung, objektspezifische Aggression, versetzte Aggression, vor allem Aggression im einzelnen und Aggression als Massenphänomen. Diese Fakten sind wiederum auf generelle Theorien zu beziehen. Hier ist zu fragen: beruht Aggression auf Anlage, Frustration oder auf schlechten Vorbildern? Die Beantwortung dieser Fragen geschieht nach den Maßstäben analytischer Wissenschaft, das heißt im Wechselverhältnis von Theorie und Empirie.

Es wäre sicher verkehrt, solche Untersuchungen a limine als verfehlt anzusetzen. Sie sind in ihrer Funktion einer wissenschaftlichen Aufklärung über menschliches Verhalten unentbehrlich. Aber man muß zugleich wissen, daß die verwissenschaftlichte Fragestellung die Gefahr einer Verharmlosung der Probleme mit sich bringt. Dieser Gefahr begegnet man nur, wenn man sich von vornherein klarmacht, daß das Böse in all seinen Erscheinungen nicht wissenschaftlich restlos zu erklären ist – gelänge dies, dann würde das Böse kein wirklich ernst zu nehmendes Problem darstellen.[1]

Das besagt für uns: eine zeitgemäße Ethik muß sich gegen die Illusion wenden, daß eines Tages der Mensch, emanzipiert, mündig und sich selbst reflektierend, nur noch von der Vernunft gesteuert wird, jenseits von Gut und Böse. Die Ethik muß den Menschen sehen wie er ist und trotzdem an seine Freiheit appellieren. Dieser Appell wird gerade heute nur in Verbindung mit der wissenschaftlichen Erforschung der menschlichen Situation im allgemeinen und im besonderen sinnvoll sein. Aber die wissenschaftliche Forschung und die von ihr her mögliche technologische Manipulation ersetzt nicht die Dimension verantwortlichen Tuns, die unter den Grundworten »Gut und Böse« steht.

Von dem soeben Entwickelten her fällt auch ein gewisses Licht auf die oben erwähnten Einwände, daß Gut und Böse sprachlich und geschichtlich vieldeutige Begriffe seien. Diese Tatsache wird kein vernünftiger Mensch leugnen. Wir haben ja gerade oben den Wandel der Ethik herausgestellt, der besagt, daß der metaphysische Begriff des Guten, wie er die Ontologie der Tradition beherrscht, für uns nicht mehr verbindlich ist. Gleichwohl ist – so meinen wir – innerhalb der Ethik eine »formale Konstanz« festzustellen. Sie zeigt sich darin, daß die Menschen sich immer um eine *Ordnung ihres Zusammenlebens* bemühen müssen, weil sie selbst diese Ordnung gefährden. Daß die Gestalten der Ordnung wechseln, ist klar. Aber die Differenz zwischen Ordnung und deren Negation ist ein Urphänomen des menschlichen Lebens. Auf diese Differenz weisen die beiden Begriffe Gut und Böse hin. Sie zeigen an, daß der Mensch selbst die Ordnung als das Gute nur herstellen kann im Gegenzug gegen seine eigene Tendenz zu deren Negation, das heißt dem Bösen.

Der zwischenmenschliche Bezug und seine Gefährdung durch das Böse

Der Vollzug des menschlichen Lebens ist nicht von einer isolierten Subjektivität her zu erklären. Der »Außenanspruch« gehört zum menschlichen Leben unabdingbar dazu. Ich gehe die anderen an und werde von den anderen angegangen in den vielfältigen Formen des Miteinander. Dieser Bezug »fluktu-

iert«. Wir leben in ihm und beachten ihn zunächst kaum, weil wir auf den anderen intentional eingestellt sind. Die Unterscheidung von Subjekt und Objekt ist hier nicht maßgebend, sie erscheint von dem Bezug her gesehen als nachträgliche Bestimmung der Reflexion. Die *Gegenseitigkeit* ist das Primäre: Beanspruchen und Beanspruchtwerden haben das gleiche Gewicht. Man fragt und antwortet in der Weise der »Entsprechung«.
Von einer »pragmatischen Anthropologie« her formuliert: unsere Lebensvollzüge verlaufen weithin in gekonnten Bahnen. Sie vollziehen sich in der funktionalen Ordnung von Gewohnheiten, die als gelernte gleichsam eine Garantie ihrer selbst darzustellen scheinen – wie *Wittgenstein* es von den Sprachspielen vermeint.
Aber diese *Unmittelbarkeit* des Lebensvollzuges ist nur eine Seite. Blickt man auf das Leben im ganzen, so zeigt sich, daß zu ihm Spannungen vielfältiger Art gehören. Das Miteinander ist immer schon weitgehend aufgehoben oder durchkreuzt durch ein Widereinander, dessen Vorformen das Einander-nichts-angehen und das Aneinandervorbeigehen sind. Diese vielfältigen »Begegnungen« sind nur dann auf *einen* Nenner zu bringen, wie es Heidegger in »Sein und Zeit« versucht, wenn man sie als formal-ontologische Bestimmungen ansetzt.[2] Im realen Leben zeigen sich die positiven und die negativen Formen des Zusammenlebens als Gegenmöglichkeiten, die nicht aufeinander reduzierbar sind.
Damit aber ergibt sich die Notwendigkeit, die Einigkeit des Lebenszusammenhanges, das heißt die Ordnung, ausdrücklich gegen den Verfall zu bewahren, oder wenn sie aufgehoben ist, wieder herzustellen. Und hier setzt nun die *Ethik* an. Sittlichkeit und Moralität sind nur dort geboten, wo die Zwiespältigkeit die Einigkeit des menschlichen Zusammenlebens so radikal in Frage stellt, daß die Chance, daß das faktische Zusammenleben in sich selbst die Garantie seiner Sicherheit bietet, nicht mehr gegeben ist.
Plato hat in seiner »Politeia« die Genese der Zwiespältigkeit herausgearbeitet, indem er am Werden des Staates die Entstehung des *Gegensatzes von Gerechtigkeit und Ungerechtigkeit* aufzeigt.[3] Er entwirft zunächst das Bild eines gesunden Staates, des sogenannten »Schweinestaates«. Dieser Staat funktioniert reibungslos. Er beruht auf einer genauen Arbeitsteilung. Auf Grund dieses Perfektionismus ist jedermann glücklich. Sokrates sagt von diesem Staat, daß die Menschen in ihm in Frieden und Gesundheit leben; sie werden recht alt und hinterlassen ihren Nachkommen ein gleiches Los. Der Mitunterredner

Glaukon erklärt darauf, daß ein Staat von Schweinen wahrscheinlich nicht anders aussehen würde. [...]
Das Werk des Bösen ist – Freud hat dies klar gesehen – die Zerstörung des Lebens als einer Einheit. Diese Zerstörung ist außerordentlich vielfältig. Sie reicht von der Spannung über das Zerwürfnis und den Streit bis zur physischen und psychischen Vernichtung des anderen. Daß der Ursprung dieser Negation etwas mit der Konstituierung des *Ich* zu tun hat, ist von jeher behauptet worden: wir meinen mit Recht. Freilich sind die Zusammenhänge weit komplizierter als es auf den ersten Blick erscheint.
Die *Ich-Konstitution,* die sich im Leben des einzelnen natürlich nicht auf einen einmaligen Akt zurückführen läßt, sondern sich allmählich vollzieht, ist von Grund aus zweideutig. Sie erscheint – davon gehen wir aus – als die notwendige Bedingung der *Selbständigkeit.* Als solche ist sie die *Negation der unmittelbaren Bindung an anderes,* seien es Personen oder Sachen. In der Sprache der Tradition formuliert: Ich ist die Setzung seiner selbst, das heißt, ich weiß von mir als einem Wesen, das sich gegen die Objektwelt *abzuheben* vermag – natürlich nicht jederzeit abzuheben braucht. Das latente Bewußtsein, daß ich nicht im unmittelbaren Sein zu und mit ... aufgehe, sondern auch »anders kann«, ist, auch wenn es nur beiherspielt, für das Menschsein wesentlich. Das zeigt seine jederzeit, aus welchen Anlässen auch immer, mögliche Aktualisierung.
Die immer noch beste Erläuterung dieser Ichsetzung findet sich in den Texten der *idealistischen Denker.* Auf diese Erläuterungen greifen wir zurück, wobei wir allerdings den transzendentalen Ansatz, durch den ein konstituierendes Ich als das reine Ich von einem konstituierten Ich als dem empirischen Ich abgetrennt wird, einklammern. *Fichte* [...] identifiziert das Ich mit der Selbstkonstitution der *Freiheit.* Ich löse mich ab von der Dingwelt, weil ich nicht außengesteuert sein will, sondern mich selbst durch mich selbst zu dem machen möchte, was ich sein kann. Daß diese Ichkonstitution ein unbedingtes Positivum bedeutet, insofern der Selbsteinsatz die Grundbedingung jeder Ethik ist, sei noch einmal ausdrücklich hervorgehoben. Wie will ich Verantwortung tragen, wenn ich mich nicht selbst ergreife, das heißt, in mir das Bewußtsein erwecke: es liegt an mir?
Zugleich aber ist dieser Akt der Selbstkonstitution des Ich die Setzung der »Egoität« im Sinne des *Egoismus. Kant* hat auf Grund der ihm eigenen Welterfahrung in seiner »Anthropologie« beide Aspekte des Ich herausgestellt. Der § 1, überschrieben »Vom Bewußtsein seiner selbst«, beginnt mit folgender

Feststellung: »Daß der Mensch in seiner Vorstellung das Ich haben kann, erhebt ihn unendlich über alle andere auf Erden lebende Wesen. Dadurch ist er eine *Person* . . .« Als Person hat der Mensch Rang und Würde und unterscheidet sich von den Tieren. Der § 2, überschrieben »Vom Egoism«, beginnt folgendermaßen: »Von dem Tage an, da der Mensch anfängt, durch Ich zu sprechen, bringt er sein geliebtes Selbst, wo er nur darf, zum Vorschein, und der Egoism schreitet unaufhaltsam fort; wenn nicht offenbar (denn da widersteht ihm der Egoism anderer), doch verdeckt, um mit scheinbarer Selbstverleugnung und vorgeblicher Bescheidenheit sich desto sicherer im Urteil anderer einen vorzüglichen Wert zu geben.«

Noch schärfer als Kant haben *Fichte* und *Schelling* die Zweideutigkeit des Ich expliziert. Wir weisen zunächst kurz auf Fichtes Trieblehre hin [. . .] Der Trieb ist für Fichte nichts Negatives. Triebe sind Energien und gehen vom Ich aus: Das Ich ist ursprünglich Triebkraft. Als aktive Intention »von mir auf anderes zu« ist das Ich »aggressiv«. Die Aggression ist der Ausgriff, das Tätigseinwollen und Durchsetzen gegen und im Außen als dem bloßen Material. Die Beherrschung der Natur bezeugt die Kraft des Ich. Aggressivität ist als menschlicher Trieb aber zugleich rückbezüglich, und das heißt »egoistisch«: ich will etwas durch mich und für mich. Das ist der primitive Sinn meiner Tätigkeit. Und in diesem ursprünglichen Wollen liegt eben die *Möglichkeit* der Negation der anderen bis zu deren Vernichtung. Es ist eine der tiefsten Einsichten Fichtes, daß er erklärt, daß abstrakt-theoretisch gesehen der andere von mir als einem selbstbewußten Ich ebenso negiert werden kann wie die Objektwelt, und daß allein der moralische Aspekt mich an dieser Vernichtung hindert, indem er mich auffordert, mich dem anderen gegenüber einzugrenzen und ihn *anzuerkennen*.[4]

Hier zeigt sich die dialektische Struktur des Ich sehr deutlich. Das Ich gibt sich als Selbstbewußtsein die Möglichkeit, den anderen zu vernichten, und deswegen kann das Ich es nur selbst sein, was sich als moralisches Bewußtsein diese Möglichkeit versagt. Alle Ethik beruht auf Selbstdisziplin, das heißt, dem Gegenzug gegen den Egoismus in mir selbst.

Wir führen den Egoismus auf den rückbezüglichen Trieb zurück: ich will etwas durch mich und für mich selbst. Der Egoismus hat nun viele Spielarten. Eine seiner alltäglichen Erscheinungen ist der »Utilitarismus«, der unter der bewußten oder unbewußten Devise steht, alles nur als Mittel unter dem Gesichtspunkt des Eigennutzes zu gebrauchen. Das Ideal ist hier der Selbstgenuß als Stillung aller Bedürfnisse. Die eigentli-

che Struktur des Bösen aber – wir deuteten bereits darauf hin – zeigt sich erst dort, wo dieser utilitaristische Bezug nicht leitend ist, sondern die zwecklose, ja sogar widersinnige Freude an der reinen Destruktion vorherrscht. Erst hier entdeckt man die unheimlichen Züge des menschlichen Ich: den Machtrausch, der Zerstörung genießt. *Gehlen* hat in seiner »Ethik« offensichtlich in der Nachfolge Schopenhauers auf die Züge des Bösen hingewiesen. Er erklärt dort: »Im allgemeinen Begriff besteht das Böse wohl aus der Aggression gegen Wehrlose, sei es Tötung, Quälerei, Erniedrigung, Entwürdigung oder was auch immer.«[5]
Angesichts dieser Gestalt des Bösen als zweckloser reiner Negation muß die Aussage, daß die Ichhaftigkeit die Möglichkeit des Bruches im Verhältnis zu anderen eröffnet, wesentlich verschärft werden, und zwar durch eine differenziertere Analyse des Ich. Nur weil und insofern das Ich sich *in sich selbst* pervertiert, vermag es das Verhältnis zu anderen zu verkehren in den eben erwähnten Formen der Quälerei, Erniedrigung und Entwürdigung. Kant hat – wenigstens im Umriß – diesen dialektischen Zusammenhang gesehen. In seiner Religionsschrift erklärt er in dem berühmten Abschnitt vom radikal Bösen, das Böse läge weder in den Trieben und der Sinnlichkeit, noch in einer boshaften Vernunft, sondern darin, daß der Mensch die Ordnung in sich selbst umkehrt: er stellt die Triebfeder der Selbstliebe über das moralische Gesetz und macht sie zu dessen Bedingung. Allein diese Perversion meiner selbst ergibt die »*Verkehrtheit des Herzens*«, das heißt das Böse, das sich dann gegen andere auswirkt.[6]
Am weitesten in der Erhellung der dialektischen Struktur des Bösen als einer Perversion meiner selbst ist *Schelling* vorgedrungen. Schellings Spätphilosophie ist für die Geschichte der Anthropologie im nachidealistischen Zeitalter von kaum zu überschätzender Bedeutung.[7] [. . .]
Schelling erkennt die Dialektik des Bösen. Das Böse ist der Gegenzug zu jeder Ordnung, der Ordnung in mir und außer mir. Sein Möglichkeitsgrund ist das Ichhafte am Ich, gleichsam der Ichkern: die *reine dranghafte Potentialität.* Seine Wirklichkeit erlangt das Böse durch die Tat der Freisetzung dieser Potentialität, die die Negation jeder Bindung ist. Durch diese Perversion wird die Ordnung im Menschen verkehrt und damit der Raum konkreter Perversionen eröffnet. Das Böse ist also das *Sinnlose* und *Sinnwidrige,* das in sich nicht zu erhellen ist. Auch wenn der Mensch sich bewußt den Perversionen hingibt, sie berechnet und nach raffinierter Überlegung ausgestaltet,

bleibt das Böse *dunkel.* Der Mensch – das ist das Fazit – ist als Ich seiner selbst nicht sicher, weil er von Grund aus zweideutig ist.[8]

Dieser Ansatz Schellings ist im späteren 19. Jahrhundert radikalisiert worden. Wir denken an Kierkegaard, Schopenhauer, Nietzsche und schließlich Freud. Insbesondere *Schopenhauer* hat gezeigt, daß der Egoismus, der als Drang zum Dasein den ursprünglichen Grundtrieb darstellt, sich in sich außerordentlich modifizieren und steigern kann. Wenn die äußeren Bedürfnisse gestillt sind, muß der Überschuß des egoistischen Wollens neue Quellen erschließen. Man unterjocht nun die anderen nicht aus Not, sondern aus Freude an ihrem Leiden. Die Herbeiführung des Schmerzes bei anderen wird erstrebt, weil, wie Schopenhauer sagt, fremdes Leid einen Anblick gewährt, an dem ich mich schadlos weiden kann.[9]

Schopenhauer ist der letzte große Denker, der das Böse unter moralischem Aspekt thematisiert. *Nietzsche* versucht die zweideutige Lust des Zerstörens amoralisch zu verherrlichen. Bei *Freud* und in der *modernen Anthropologie* wird im Zuge der *Verwissenschaftlichung* schließlich die moralische Betrachtung eliminiert. Das altmodische Wort »das Böse« wird dementsprechend durch wissenschaftliche, zumeist psychologische und biologische Termini ersetzt, deren Berechtigung man empirisch nachzuweisen versucht, wie etwa beim Todestrieb. Wir haben die Struktur der Verwissenschaftlichung ausführlich diskutiert und auf den entscheidenden Ansatz hingewiesen, der darin liegt, daß nun die Meinung aufkommt, daß man dem Bösen eigentlich nur durch Stärkung der Rationalität beikommen könne. Gleichwohl: Freuds Skepsis, die auch in den höheren Regionen des Menschen das Negierende wirksam findet, hat – zwar nicht dem Wort aber der Sache nach – die Macht des Bösen in seinen *vielfältigen* Formen aufgewiesen, nicht nur im Leben des einzelnen, sondern auch in der Kultur. Es ist fraglich, so erklärt Freud, ob der Eros, den er ausdrücklich als Kraft zur Vereinigung bestimmt, in der Gesamtentwicklung gegen den Destruktionstrieb aufkommen kann.[10]

Wir brechen diesen Hinweis auf das Böse ab. Es liegt uns daran, gemäß dem Grundgedanken der Verantwortung, unter den wir die Ethik stellen, das Böse als *dialektische Bezugsbestimmung* zu verstehen. Das Böse gründet seiner Möglichkeit nach im Ich, aber das Ich ist nicht als solches das Böse, das Ich ist »ambivalent«. Indem es über die unmittelbare zwischenmenschliche Bindung hinausgeht, eröffnet es sich die Möglichkeit, sich von sich aus zu dem anderen einzustellen, sei es positiv oder negativ.

Hegel hat diese Dialektik klar erkannt. Er sagt in seiner Philosophie des Rechts, das Selbstbewußtsein sei »ebensosehr die Möglichkeit, das *an und für sich Allgemeine*, als die *Willkür*, die *eigene Besonderheit* über das Allgemeine zum Prinzipe zu machen, und sie durch Handeln zu realisieren – *böse* zu sein«.[11]

5.4. *Paul Ricoeur: Schuld und Ethik. Ethische und religiöse Dimensionen des Bösen*

In der vorliegenden Untersuchung möchte ich vor allem die Momente herausarbeiten, die in der Frage der Schuld den ethischen Diskurs vom religiösen unterscheiden.
Doch bevor ich den Boden dieser sukzessiven Diskurse betrete, um sie voneinander abzugrenzen und ihre wechselseitige Beziehung zu erhellen, bemühe ich mich um eine Übereinkunft über die Bedeutungen, die hierbei im Spiel sind. Zu diesem Zweck sei es mir gestattet, vor jedem weiteren Schritt den Begriff der Schuld als solchen einer semantischen Analyse zu unterziehen.

5.4.1. *Semantische Analyse der Schuld*

Mein erster Vorschlag geht dahin, diesen Begriff nicht nach seiner psychologischen, psychiatrischen oder psychoanalytischen Anwendung zu untersuchen, sondern im Sinne der *Texte*, in denen sich seine Bedeutung herausbildet und fixiert hat. Damit meine ich die Texte der Bußliteratur, die den Glaubensgemeinschaften dazu dienten, das Geständnis des Bösen zu formulieren. Die Sprache dieser Texte ist von besonderer Art; man kann sie, sehr allgemein genommen, als »Bekenntnis der Sünden« bezeichnen, ohne an diesen Ausdruck eine begrenzte konfessionelle Konnotation oder gar eine spezifisch jüdische oder christliche Bedeutung zu knüpfen. R. Pettazzoni hat eine Anzahl Werke verfaßt, die das Gesamtfeld der vergleichenden Religionswissenschaft unter eben diesem Titel »Bekenntnis der Sünden« beschreiben. Doch gehe ich für meinen Teil unser Problem nicht aus dem Blickwinkel der vergleichenden Forschung an. Ich wähle meinen Ausgangspunkt vielmehr in einer *Phänomenologie des Bekenntnisses* oder des *Geständnisses*. Phänomenologie nenne ich hier *die Beschreibung der Bedeutungen, die in der Erfahrung als solchen impliziert sind*, wobei es sich um die Erfahrung der Dinge, der Werte, der Personen oder anderer Phänomene handeln kann. Eine Phänomenologie des

Bekenntnisses versteht sich somit als Beschreibung der Bedeutungen und der Bedeutungsintentionen, die *in einer bestimmten Sprachhandlung, im Bekenntnis,* gegeben sind. Im Rahmen dieser Phänomenologie haben wir die Aufgabe, das Bekenntnis des Bösen in uns selbst zu wiederholen (*re-enacting*), um dessen Zielrichtungen herauszukristallisieren. Der Philosoph nimmt mit Hilfe der Sympathie und der Imagination die Motive und Absichten des bekennenden Bewußtseins wieder auf; was in diesem Bewußtsein erfahren worden ist, will er zwar nicht unmittelbar wieder »erleben«, es aber in einem neutralen Modus, im Modus des »als ob« »nachfühlen«.

Doch von welchen Ausdrucksformen sollen wir ausgehen? Jedenfalls nicht von den am meisten durchgearbeiteten, den rationalisiertesten Äußerungen des Bekenntnisses, zum Beispiel nicht vom Begriff oder Quasi-Begriff der Erbsünde, mit dem sich die Philosophie häufig gemessen hat. Im Gegenteil, die philosophische Vernunft soll zunächst die am wenigsten reflektierten, die nur ansatzweise artikulierten Ausdrücke des Bekenntnisses des Bösen befragen.

Es darf uns hier nicht verwirren, daß hinter diesen rationalisierten Ausdrucksformen, hinter diesen Spekulationen bestimmte Mythen zum Vorschein kommen, d. h. überlieferte Erzählungen, die uns Ereignisse, welche sich am Ursprung der Zeit zugetragen haben, übermitteln und die den rituellen Handlungen eine sprachliche Stütze leihen. Wir betrachten die Mythen heute nicht mehr als Erklärungen der Wirklichkeit; doch gerade weil sie ihren ätiologischen Anspruch verloren haben, kommt ihre explorative Bedeutung zur Geltung. Sie zeigen eine symbolische Funktion, d. h. eine Weise, die Verbindung des Menschen mit dem, was ihm heilig ist, indirekt auszusagen. Und so paradox dies scheinen mag, der dieserart in der Konfrontation mit der Physik, der Kosmologie, der wissenschaftlichen Geschichtsforschung entmythologisierte Mythos verwandelt sich zu einer Dimension des heutigen Denkens. Seinerseits verweist er uns aber auf eine Ausdrucksschicht, die noch tiefer ansetzt als jede Erzählung und jede Spekulation; zum Beispiel schöpft der Sündenfall-Bericht des Alten Testaments seinen Gehalt aus einer Sündenerfahrung, die im Leben einer bestimmten Gemeinschaft verwurzelt ist: Die Kulthandlung und der Appell der Propheten an die »Gerechtigkeit« und das »Erbarmen« liefern dem Mythos den Unterbau seiner Bedeutungen.

Somit müssen wir auf diese Erfahrung und ihre Sprache zurückgreifen; oder vielmehr auf diese Erfahrung *in* ihrer Sprache.

Denn die Bekenntnissprache selbst führt eine mit Emotionen, mit Furcht und Angst befrachtete Erfahrung ins Licht der Rede. Die Bußliteratur läßt eine Sprachschöpfung erkennen, welche die Stufen der existentiellen Eruptionen des Verfehlungsbewußtseins markiert.
Untersuchen wir nun anschließend diese Sprache im einzelnen. Ihr auffälligstes Merkmal besteht darin, daß sie die ursprünglichen symbolischen Ausdrücke enthält, auf die uns der Mythos aufmerksam macht. Die Bekenntnissprache hat symbolischen Charakter. Ich verstehe unter symbolischer Ausdrucksweise eine Sprache, die eine Sache indirekt bezeichnet, indem sie gerade eine andere Sache bezeichnet, auf die sie unmittelbar hinzielt; so spreche ich symbolisch von »hohen Gedanken«, »tiefen Gefühlen«, »klaren Ideen«, vom »Licht des Verstandes«, vom »Himmelreich« usw. So verlangt die Wiederholung der Äußerungen des Bösen im wesentlichen eine Entfaltung, eine Entwicklung der verschiedenen Schichten der direkten und indirekten Bedeutungen, die sich im selben Symbol verschränken. Das habe ich andernorts ausführlicher erörtert.[1] Die archaischste Symbolik, die man antreffen kann, ist die eines Bösen, das als Befleckung aufgefaßt wird, d. h. einem Flecken gleich, der von außen verunreinigt. Entwickeltere Literaturen wie die der Babylonier und vor allem der Hebräer jedoch sprechen von der Sünde und bringen diese in anderen Symbolismen zum Ausdruck; ich nenne nur Beispiele: das Ziel verfehlen; einen gewundenen Pfad beschreiten; sich auflehnen; halsstarrig sein; nach Art eines Ehebrechers untreu werden; tabu sein; verloren sein; umherirren; sich leer und hohl fühlen; unbeständig sein wie der Staub im Wind.
Dieser linguistische Sachverhalt ist insofern erstaunlich, als das in der Erfahrung des Bösen so geschärfte Selbstbewußtsein zunächst nicht über eine abstrakte Terminologie verfügt; es drückt sich vielmehr in einer konkreten Sprache aus, an der sich dennoch eine spontane Interpretationsarbeit vollzieht.
Der zweite auffällige Aspekt dieser Sprache zeigt sich darin, daß sie sich symbolisch weiß und daß sie, bevor irgendeine philosophische oder theologische Interpretation einsetzt, ihre eigene Auslegung beginnt. Wie ich an anderer Stelle erklärt habe, gibt das Symbol zu denken; der μῦθος enthält embryonal den λόγος. Dies trifft selbst auf die archaische Vorstellung der Befleckung zu; in der Vorstellung eines quasi-materiellen Etwas, das von außen infiziert und mittels unsichtbarer Eigenschaften schadet, liegt ein symbolischer Reichtum, ein Potential der Symbolisierung, dessen fortwirkende Kraft gerade durch

das Überleben des Symbols in mehr und mehr allegorischen Abwandlungen bestätigt wird. So spricht man noch heute in einem nicht-medizinischen Sinn von der Ansteckung durch die Profitgier, durch den Rassenhaß usf.; die Symbolik des Reinen und Unreinen beeinflußt auch uns noch teilweise. Dies hat seinen Grund eben darin, daß die quasi-materielle Vorstellung der Befleckung bereits für etwas anderes symbolisch ist; sie verfügt von Anfang an über die Potenz des Symbols. Die Befleckung bedeutet nie wörtlich einen Flecken, die Unreinheit nie wörtlich den Schmutz; diese Vorstellung hält sich im Hell-Dunkel einer quasi-psychischen Verunreinigung und einer quasi-moralischen Schande. Deutlich erkennbar wird dies an den Reinigungsriten, die nie ein bloßes Abwaschen darstellen; die Waschung und das Reinigungsopfer sind nur partielle und fiktive Handlungen, die über die Ebene des Leiblichen hinaus eine umfassende Wirkung meinen, welche die Person als ein unteilbares Ganzes beeinflussen soll.

Die Sündensymbolik, wie man sie in der babylonischen und hebräischen Literatur oder bei den griechischen Tragikern und den orphischen Weisen antrifft, ist zweifellos reicher als die der Befleckung, von der sie sich einschneidend abhebt. Dem Bild der unreinen Berührung stellt sie das einer verletzten Beziehung gegenüber, den Bruch einer Beziehung zwischen Gott und dem Menschen, zwischen den Menschen untereinander und zwischen dem Menschen und seiner eigenen Person selbst; doch wird diese Beziehung, die erst der Philosoph als eine solche denkt, mit allen Mitteln der Dramatisierung, die die Alltagserfahrung bietet, veranschaulicht. Gleichwohl reduziert sich der Gedanke der Sünde nicht auf die begrenzte Vorstellung einer gebrochenen Beziehung; er fügt dieser das Bild einer Macht hinzu, die den Menschen unterwirft, wobei er gleichzeitig eine gewisse Affinität und Kontinuität zur Befleckungssymbolik aufrechterhält; diese Macht verweist ihrerseits auf die Leere, die Nichtigkeit des Menschen, die in den Bildern des Windhauchs und des Staubes ihren Ausdruck finden. So symbolisiert die Sünde bald ein Negatives (den Bruch, die Entfernung, die Abwesenheit, die Nichtigkeit) und bald ein Positives (eine Macht, eine Besessenheit, die Gefangenschaft, die Entfremdung).

Unsere Analyse der *Schuld* müssen wir demnach in diesen Symbolzusammenhang, in dieses Geflecht von Bildern und erwachenden Interpretationen hineinstellen.

Wenn man die spezifische Intention der Wörter achtet, erkennt man, daß der Ausdruck »Schuld« nicht das ganze semantische

Feld des »Bekenntnisses« deckt. Die Vorstellung der Schuld bildet die Endgestalt der Verinnerlichung, die wir beim Übergang von der Befleckung zur Sünde sich abzeichnen sahen; die Befleckung war noch eine Ansteckung von außen, die Sünde bedeutete bereits den Bruch einer Beziehung. Dennoch hat dieser Bruch auch dann seine Realität, wenn der Sünder sich darüber keine Rechenschaft gibt; die Sünde ist eine reale Verfassung, eine objektive Situation, ja ich behaupte sogar: eine ontologische Dimension der Existenz.

Die Schuld hingegen trägt einen entschieden subjektiven Akzent: Ihre Symbolik ist weit innerlicher; sie spricht das Gefühl aus, von einer schweren Last zu Boden gedrückt zu werden; sie besagt ferner den Gewissensbiß, der von innen her, in der grüblerischen Nachwirkung des Vergehens an einem nagt. Diese beiden Metaphern der Belastung und des Gewissensbisses veranschaulichen plastisch die Bedrängnis auf der Ebene der Existenz selbst. Die Schuld findet ihre bezeichnendste Symbolik jedoch im Zyklus der Gerichtsszenerie. Der Gerichtshof ist eine Einrichtung des öffentlichen Lebens; transponiert man ihn metaphorisch in das Innere der Psyche, wird er das, was wir das »moralische Gewissen« nennen. Die Schuld ist dann das Gefühl, gleichsam vor einem unsichtbaren Gericht zu stehen, das die Fehltaten beurteilt, die Verurteilung verkündet und eine Strafe verhängt. Am äußersten Punkt der Verinnerlichung verdichtet sich das Gewissen zu einem bloßen Blick, der überwacht, urteilt und verurteilt. Das Schuldgefühl ist das Bewußtsein, von diesem inneren Gerichtshof angeklagt und des Verbrechens überführt zu werden; zuletzt fällt es mit einer Vorwegnahme der Bestrafung zusammen; kurz, die *culpa* kennzeichnet sich als Selbst-Beobachtung, Selbst-Anklage und Selbst-Verurteilung durch ein *verdoppeltes Bewußtsein.*

Diese Verinnerlichung der Schuld zeitigt zwei Ergebnisreihen. Auf der einen Seite bringt das Schuldbewußtsein einen unleugbaren Fortschritt in bezug auf das mit sich, was wir als »Sünde« beschrieben haben. War die Sünde noch eine kollektive Realität, die eine Gemeinschaft als ganze implizierte, so tendiert die Schuld dahin, sich zu individualisieren. In Israel waren die Propheten des Exils die Urheber dieser Neuerung[2]; ihre Verkündigung löste eine befreiende Wirkung aus, denn zu der Zeit, da sich eine dem früheren Auszug aus Ägypten vergleichbare kollektive Rückkehr aus dem Exil als unmöglich erwies, erschlossen sie jedem Individuum einen persönlichen Weg der Umkehr. Im antiken Griechenland waren es die tragischen Dichter, die den Übergang vom erblichen Verbrechen zur

Schuld des einzelnen Helden, der seinem eigenen Schicksal ganz allein ausgesetzt ist, gewährleisteten. Ferner, in dem Maß wie die Schuld sich individualisiert, erhält sie Abstufungen; dem *egalitären* Aspekt der Sündenerfahrung stellt sich der *graduelle* der Schulderfahrung entgegen: Der Mensch ist vollständig und von Grund auf ein Sünder, aber nur mehr oder weniger schuldig. Die Fortschritte des Strafrechts selbst, hauptsächlich in Griechenland und Rom, bewirken hier eine Verwandlung des moralischen Bewußtseins; das gesamte Strafrecht ist darauf ausgerichtet, die Strafe entsprechend der Größe der Verfehlung zu bestimmen und zu bemessen. Der Gedanke einer parallelen Ordnung von Verbrechen und Strafe verinnerlicht sich seinerseits dank der Gerichtsmetapher; und das Gewissen selbst verwandelt sich in ein abgestuftes Bewußtsein der Schuld.

Diese Individualisierung und Abstufung der Schuld bedeutet zweifellos einen Fortschritt im Vergleich zum kollektiven und undifferenzierten Charakter der Sünde. Dasselbe kann man jedoch nicht von einer anderen Ergebnisreihe sagen: Mit der Schuld entsteht in der Tat eine Art Forderung, die man *Skrupel* nennen und deren zweideutiger Aspekt nicht übersehen werden kann; ein skrupulöses Gewissen ist ein empfindliches, geschärftes Bewußtsein, das stets nach größerer Vollkommenheit strebt; es ist sorgfältig darauf bedacht, alle Gebote zu beachten, in jeder Hinsicht dem Gesetz zu entsprechen, ohne dabei den geringsten Teilbereich der Existenz auszusparen, ohne die äußeren Hindernisse, ja die Verfolgung des Ichs in Rechnung zu stellen, und es gibt den unscheinbarsten wie den größten Dingen genau soviel Bedeutung. Gleichzeitig aber bezeichnet der Skrupel auch den Eintritt des Gewissens in seine eigene Pathologie; der Skrupelhafte schließt sich in einem ausweglosen Labyrinth von Geboten ein. Die Pflicht nimmt bei ihm den Charakter einer bloßen Aufzählung und Anhäufung an, der mit der Einfachheit und Nüchternheit des Gebots, Gott und die Menschen zu lieben, nichts mehr zu tun hat. Das skrupulöse Gewissen wird nicht müde, immer neue Vorschriften auszudenken. Diese Atomisierung des Gesetzes zieht eine endlose Juridisierung des Handelns nach sich und eine geradezu zwanghafte Ritualisierung des Alltagslebens; nie kommt der Skrupelhafte damit zu Ende, allen Geboten und jedem einzelnen von ihnen gerecht zu werden. Gleichzeitig pervertiert sich der Gedanke des Gehorsams selbst. Die beflissene Erfüllung der Gebote – weil sie geboten sind – wird wichtiger als die Nächstenliebe und als die Gottesliebe selbst; diese Pedanterie in der Pflichterfüllung ist das, was wir Legalismus nennen. Mit ihm betreten wir den Höllenkreis der Schuld, den Paulus beschrieben hat: Das Gesetz selbst wird eine Quelle der Sünde; indem das Gesetz die Erkenntnis des Bösen vermittelt, weckt es den Wunsch nach Übertretung und bringt den endlosen Prozeß von Verurteilung und Strafe in Gang. Das Gebot, sagt Paulus, »hat der Sünde Leben gegeben« und »mir damit den Tod gebracht«[3]; Gesetz und Sünde erzeugen einen Teufelskreis, der in seiner Ausweglosigkeit tödlich wird.

So enthüllt die Schuld den Fluch eines Lebens unter dem Gesetz. An ihrer äußersten Grenze, wo das Vertrauen und die Zärtlichkeit, die sich noch in den Ehemetaphern des Propheten Hosea äußerten, schwinden, kündet die Schuld eine Anklage ohne Ankläger an, ein Gericht ohne Richter, einen Urteilsspruch ohne Rechtsprecher. Die Schuld wird hier jenes aussichtslose Unglück, das uns Kafka beschrieben hat: Die Verurteilung geht über in die Verdammnis.

Diese semantische Analyse macht deutlich, daß die Schuld sich tatsächlich nicht mit dem ganzen Feld der menschlichen Erfahrung des Bösen deckt; die Untersuchung konnte sie innerhalb der symbolischen Ausdrucksformen als ein besonderes Moment dieser Erfahrung abgrenzen, und zwar als ihr zweideutigstes Moment. Einerseits lassen diese Ausdrucksformen eine Verinnerlichung der Erfahrung des Bösen erkennen und folglich die Heraufkunft eines moralbewußten, verantwortlichen Subjekts, und anderseits bezeichnen sie die Anfänge einer spezifischen Pathologie, in der der Skrupel einen Punkt der Inversion darstellt.

Damit können wir unsere Frage nun präziser umreißen: Was machen die Ethik und die Religionsphilosophie aus dieser zweideutigen Erfahrung und der Symbolsprache, in der diese sich äußert?

5.4.2. *Die ethische Dimension*

Inwiefern hat das Problem des Bösen eine ethische Bedeutung? In einem zweifachen Sinn, scheint mir. Oder vielmehr aufgrund einer zweifachen Beziehung: einerseits zur Frage der Freiheit, anderseits zur Frage der Pflicht. Das Böse, die Freiheit, die Pflicht bilden ein sehr komplexes Geflecht, das wir zu entwirren und in mehrere Reflexionsmomente aufzugliedern suchen. Ich beginne meine Überlegungen mit der Freiheit und schließe sie mit ihr ab, denn in ihr verdichtet sich das Wesentliche.

In einem ersten Schritt erkläre ich: Die Freiheit bejahen ist soviel wie den Ursprung des Bösen auf sich nehmen. Mit dieser Aussage fasse ich das Band zwischen dem Bösen und der Freiheit so eng, daß sich die beiden Termini wechselseitig implizieren. Das Böse hat seine Bedeutung als Böses, weil es ein Werk der Freiheit ist; ich bin der Urheber des Bösen. Die Behauptung, das Böse existiere nach Art einer Substanz oder einer Natur, es habe den Status der durch einen äußeren Betrachter beobachtbaren Dinge, weise ich als ein bloßes Alibi zurück; auf diese Meinung, die ich entschieden ablehne, trifft man nicht nur in den phantastischen Metaphysiken, wie sie zum Beispiel Augustinus bekämpfte – im Manichäismus und in den Ontologien jeder Art, die dem Bösen ein Sein zuschreiben; sie gibt sich auch einen positiven, ja wissenschaftlichen Anschein in der Gestalt des psychologischen oder soziologischen Determinismus. Den Ursprung des Bösen auf sich nehmen heißt die Behauptung als eine unhaltbare Ansicht ablehnen, das Böse sei ein Etwas, es sei eine Auswirkung in der Welt der beobachtbaren Dinge, ob es sich dabei nun um physische, psychische oder soziale Realitäten handeln mag. Ich sage: Ich bin es, der es getan hat . . . *Ego sum qui feci.* Das Böse hat kein Sein. Es gibt nur das Ich-tue-Böses. Das Böse auf sich nehmen ist ein Sprechakt, den man als Performativ verstehen kann, insofern es sich hier um eine Sprache handelt, die etwas tut; sie *rechnet* mir den Akt *zu.*

Wie ich hervorhob, ist die Beziehung wechselseitig. In der Tat, wenn die Freiheit das Böse als ein »Tun« qualifiziert, dann macht gerade das Böse die Freiheit sichtbar. Damit meine ich: Das Böse ist ein privilegierter Anlaß, der eigenen Freiheit bewußt zu werden. Denn was heißt es, mir meine Taten *zuzurechnen?* Zunächst bedeutet das, im Blick auf die Zukunft, die Folgen der Tat zu übernehmen; es bedeutet die Setzung: Derjenige, der es getan hat, ist derselbe wie der, der die Konsequenzen des Vergehens tragen, der den Schaden beheben, der die Schande ertragen wird; mit anderen Worten, ich biete mich als Träger der Sanktion an, akzeptiere es, in die Dialektik von Anerkennung und Mißbilligung einzutreten. Doch indem ich mich *nach vorn,* an die Spitze der Folgen meiner Tat stelle, versetze ich mich zugleich *nach rückwärts,* hinter meine Tat zurück, ich betrachte mich als derjenige, der sie nicht nur vollbracht hat, sondern der auch anders gekonnt hätte. Die Überzeugung, die Tat aus freien Stücken getan zu haben, ist keine bloße Feststellung, sondern ebenfalls ein Performativ. Ich erkläre *nachträglich,* daß ich derjenige bin, der anders gekonnt hätte. Diese nachträgliche Feststellung bildet die Rückwirkung des Aufsichnehmens der Folgen: Wer die Folgen auf sich nimmt, erklärt sich als frei und sieht diese Freiheit bereits im schuldhaften Akt am Werk; so kann ich sagen, ich habe ihn *begangen.* Diese Bewegung der Verantwortlichkeit von vorn nach rückwärts ist entscheidend: Sie konstituiert die *Identität* des moralischen Subjekts durch das Vergangene, das Gegenwärtige und das Zukünftige hindurch; wer das Unrecht *tragen wird,* ist identisch mit dem, der die Tat jetzt auf sich nimmt, und mit dem, der sie begangen hat. Ich setze eine Identität zwischen dem, der sich freiwillig an die Spitze der Folgen stellt, und dem, der die Tat ausgeführt hat; und die beiden Dimensionen des Künftigen und des Vergangenen verknüpfen sich im Gegenwärtigen. Das Zukünftige der Sanktion und das Vergangene der vollbrachten Tat verbinden sich in der Gegenwart des Geständnisses.

Das ist das erste Reflexionsmoment der Erfahrung des Bösen: die wechselseitige Konstitution der Bedeutung *frei* und der Bedeutung *Böses* in einem spezifischen Performativ: dem *Geständnis.* Das zweite Reflexionsmoment betrifft den Zusammenhang zwischen dem Bösen und der *Pflicht.*

Ich möchte hier nicht die Bedeutung von Ausdrücken wie »Du sollst« noch deren Beziehung zu den Prädikaten »gut« und »böse« diskutieren. Wie man weiß, wird dieses Problem ausführlich in der angelsächsischen Philosophie abgehandelt. Ich beschränke mich auf den Beitrag, den eine Reflexion über das Böse zu diesem Problem beisteuern kann.

Gehen wir von der Aussage und Erfahrung aus: »Ich hätte anders gekonnt.« Wie wir sahen, ist das eine Implikation des Aktes, aufgrund dessen ich mir die Verantwortung für eine vergangene Handlung zuschreibe. Nun steht aber das Bewußtsein, daß ich anders gekonnt hätte, in engster Verbindung zur Einsicht, daß ich hätte anders handeln *sollen:* Weil ich mir Pflichten zuerkenne, gestehe ich mir auch Vermögen zu; ein Wesen, das sich selbst verpflichtet, setzt voraus, daß es kann, was es soll. Man weiß, wie Kant diese Feststellung anwendet: Du sollst, also kannst Du. Zweifellos haben wir es hier nicht mit einer Schlußfolgerung zu tun, die ein Vermögen von einem Sollen deduzierte. Ich würde vielmehr sagen, das Sollen dient hier als ein Detektor; ich fühle oder glaube oder weiß mich verpflichtet, weil ich ein Wesen bin, das nicht nur unter dem Antrieb oder Zwang des Wunsches und der Furcht handeln kann, sondern auch unter der Voraussetzung eines Gesetzes, das ich mir vorstelle. In diesem Sinn muß man Kant recht

geben: Der Vorstellung eines Gesetzes entsprechend zu handeln ist etwas anderes als bloß nach Gesetzen zu handeln. Und dieses Vermögen, der Vorstellung eines Gesetzes gemäß zu handeln, ist der Wille. Diese Erkenntnis führt uns aber weit: Denn zusammen mit dem Vermögen, das Gesetz zu befolgen (oder das, was ich als Gesetz für mich betrachte), entdecke ich auch das *beängstigende* Vermögen, *gegen* eine Einsicht handeln zu können. Die Erfahrung der Gewissensbisse, die eine Erfahrung der Beziehung der Freiheit zur Pflicht ist, enthält in der Tat ein Zweifaches: Einerseits schreibe ich mir ein Sollen zu, also ein Vermögen, das diesem Sollen entspricht, anderseits aber *gestehe ich mir ein,* gegen das Gesetz gehandelt zu haben, das ich nach wie vor als verpflichtend betrachte. Diese Erfahrung nennt man gemeinhin eine Übertretung. Die Freiheit ist das Vermögen, der Vorstellung eines Gesetzes gemäß handeln *und* gegen die Pflicht verstoßen zu können. Auf der einen Seite steht das, was ich hätte tun sollen und somit vermocht hätte, und auf der andern das, was ich getan habe. Somit schöpft die Zurechnung der Tat ihre moralische Qualifikation aus deren *Beziehung* zu einer Pflicht und einem Vermögen.
Gleichzeitig treten gemeinsam eine neue Bestimmung des Bösen und eine neue Bestimmung der Freiheit in Erscheinung, die sich den oben beschriebenen Formen der Wechselseitigkeit anfügen. Die neue Bestimmung des Bösen kann man in kantischen Termini ausdrücken: Sie besteht aus einer Umkehrung der Beziehung zwischen dem Beweggrund und dem Gesetz innerhalb der Maxime meines Handelns. Diese Definition meint folgendes: Wenn ich unter Maxime die praktische Formel dafür, was ich zu tun vorhabe, verstehe, ist das Böse nichts an sich, weder in der Natur noch im Bewußtsein, sondern nur eine bestimmte Verkehrung einer Beziehung; es ist eine Beziehung, nicht eine Sache; und verkehrt ist diese Beziehung in Anbetracht einer Ordnung der Wahl und der Unterwerfung, die von der Pflicht vorgeschrieben wird. Gerade damit gelangen wir an den Endpunkt der »Entwirklichung« des Bösen: Nicht nur zeigt sich, daß das Böse allein durch den Akt existiert, der es auf sich lädt, der es akzeptiert, der es in seine Verantwortung übernimmt. Was es darüber hinaus vom sittlichen Standpunkt aus charakterisiert, ist die Ordnung, der gemäß ein Handelnder seine Maxime disponiert; es ist eine Wahlentscheidung, die nicht sein *sollte*. Wir nennen es die Verkehrung einer Beziehung.
Zu gleicher Zeit tritt eine neue Bestimmung der Freiheit hervor: Ich sprach vom *beängstigenden* Vermögen, *gegen* eine

Einsicht zu handeln. Tatsächlich entdecke ich im Geständnis des Bösen das Vermögen einer Umkehrung des Willens; bezeichnen wir es als *Willkür*[4], die sowohl das *liberum arbitrium* bedeutet, d. h. das Vermögen der Wahl zwischen gegensätzlichen Möglichkeiten, welches wir im Bewußtsein, anders gekonnt zu haben, wahrnahmen, wie auch das Vermögen, eine Pflicht nicht zu befolgen, obwohl ich sie im selben Augenblick als billig anerkenne.

Haben wir damit die Bedeutung des Bösen in der Ethik erschöpfend dargestellt? Ich glaube nicht. In der Abhandlung über *das radikale Böse,* welche die *Religion innerhalb der Grenzen der bloßen Vernunft* einleitet, wirft Kant das Problem eines Ursprungs auf, der allen bösen Maximen gemeinsam ist. In der Tat hat man sich in der Reflexion über das Böse noch nicht weit genug vorgewagt, solange man getrennt eine böse Absicht betrachtet, dann eine andere, dann noch eine andere; »es müßte sich«, sagt Kant, »aus einigen, ja aus einer einzigen mit Bewußtsein bösen Handlung *a priori* auf eine böse zum Grunde liegende Maxime und aus dieser auf einen in dem Subjekt allgemein liegenden Grund aller besonderen moralisch-bösen Maximen, der selbst wiederum Maxime ist, schließen lassen, um einen Menschen böse zu nennen«[5].

Dieser Vertiefungsprozeß, der von den bösen Maximen zu deren bösem Grund führt, bildet die philosophische Transposition des Wegs von den Sünden zu *der* Sünde (in der Einzahl), den wir im ersten Teil erwähnten, als wir von den symbolischen Ausdrucksformen, insbesondere von den Mythen sprachen. Der Adamsmythos enthält unter anderem die Bedeutung, daß sich alle Sünden auf eine einzige Wurzel beziehen, die gewisserweise jeder partikulären Äußerung des Bösen vorangeht. Und der Mythos konnte erzählt werden, weil sich die bekennende Gemeinschaft zu einem Geständnis des Bösen erhoben hat, das alle Menschen umfaßt; weil die Gemeinschaft eine fundamentale Schuld *eingesteht,* die der Mythos als ein Ereignis darstellt, das ein einziges Mal erfolgt ist, als ein einmaliges Auftreten des Bösen. Die kantische Lehre vom radikalen Bösen will die philosophische Wiederaufnahme dieser Erfahrung und dieses Mythos sein.

Was gibt dieser Wiederaufnahme ihren philosophischen Charakter? Im wesentlichen die Behandlung des radikalen Bösen als Grund der vielfältigen bösen Maximen. Darum muß sich die kritische Anstrengung auf diesen Begriff des Grundes ausrichten.

Was kann ein Grund der bösen Maximen sein? Mit gutem

Recht kann man ihn eine Bedingung *a priori* nennen, um zu unterstreichen, daß es sich nicht um ein Faktum handelt noch um einen zeitlich erfaßbaren Ursprung. Wir haben es hier nicht mit einer empirischen Tatsache zu tun, sondern mit einer primären Disposition der Freiheit, die man voraussetzen muß, um zu verstehen, warum sich der Erfahrung das universale Schauspiel der menschlichen Bosheit darbieten kann. Man darf sich auch nicht einen zeitlichen Ursprung vorstellen, will man nicht auf die Theorie einer Naturkausalität zurückfallen. Das Böse wäre nicht mehr das Böse, wenn es aufhörte, eine »Beschaffenheit der Freiheit, die ihr von der Freiheit selbst zukommt«, zu sein. Somit hat das Böse keinen Ursprung im Sinn einer vorgängigen Ursache: »Eine jede böse Handlung muß, wenn man den Vernunftursprung derselben sucht, so betrachtet werden, als ob der Mensch unmittelbar aus dem Stande der Unschuld in sie geraten wäre.«[6] Alles ist in diesem »als ob« enthalten, das ein philosophisches Äquivalent zum Fall-Mythos bildet; und hierin haben wir den rationalen Mythos des Hervortretens, des unvermittelten Übergangs von der Fehllosigkeit (innocence) zur Sünde. *Wie* Adam (vielmehr als *in* Adam) beginnen wir das Böse.

Doch wie ist dieses *einmalige* Hervortreten zu fassen, das alle bösen Maximen in sich enthält? Wir müssen uns tatsächlich eingestehen, daß wir über keinen Begriff mehr verfügen, um einen bösen Willen zu denken.

Denn diese Heraufkunft bildet keineswegs mehr einen Akt meines freien Willens, den ich tun oder lassen könnte; das Rätsel dieses Grundes liegt darin, daß die Reflexion ihn als etwas Gegebenes vorfindet: Die Freiheit hat schon immer schlecht gewählt. Das Böse ist *bereits vorhanden.* In diesem Sinn hat es radikalen Charakter, d. h., es ist jeder bösen Absicht, jeder bösen Tat vorgängig, wenn auch auf eine nichtzeitliche Weise.

Dieses Scheitern der Reflexion ist jedoch nicht fruchtlos; es hilft einer *Philosophie* der Grenzen, ihren eigenen Charakter näher zu bestimmen und sie von einer Systemphilosphie hegelscher Art zu unterscheiden.

Die Grenze ist eine zweifache: Begrenzung meiner Erkenntnis, Begrenzung meines Könnens. Einerseits *kenne ich* den Ursprung meiner Freiheit zum Bösen *nicht;* diese Unkenntnis hinsichtlich des Ursprungs gehört wesentlich zum Akt des Geständnisses selbst, in dem ich mich zu meiner radikal bösen Freiheit bekenne. Die Unkenntnis hat Anteil am Performativ des Geständnisses oder, in einer anderen Sprache ausgedrückt, an der Anerkennung und Aneignung meiner selbst. Auf der anderen Seite entdecke ich das *Un-Vermögen* meiner Freiheit. Ein seltsames Unvermögen, denn ich gestehe, dafür verantwortlich zu sein, daß ich etwas nicht vermag. Dieses Unvermögen ist ganz das Gegenteil zu der Auffassung, ein fremder Zwang wirke auf mich ein: Ich gestehe vielmehr, daß meine Freiheit sich bereits in eine Un-Freiheit begeben hat. Dieses Eingeständnis ist das größte Paradox der Ethik. Es scheint unserer ersten Aussage zu widersprechen: Wir begannen mit der Erklärung, das Böse sei das, was ich *hätte* unterlassen *können;* daran ist auch jetzt noch festzuhalten. Zugleich aber gestehe ich, daß das Böse diese vorgängige Gefangenschaft ist, die mich dazu bestimmt, daß ich gar *nicht anders kann, als* das Böse zu tun. Dieser Widerspruch ist der Freiheit inhärent, er bezeichnet das Unvermögen des Vermögens, die Unfreiheit der Freiheit.

Ist das eine Lektion der Verzweiflung? Keineswegs: Dieses Geständnis führt uns im Gegenteil zu der Stelle, wo alles von neuem beginnen kann. Die Rückkehr zum Ursprung ist die Rückkehr zu diesem Ort, wo die Freiheit sich als zu befreiende entdeckt, kurz, dorthin, wo sie *hoffen* kann, befreit zu werden.

5.4.3. *Die religiöse Dimension*

Nun habe ich versucht, mit Hilfe der kantischen Philosophie das Problem des Bösen als ethisches Problem herauszuarbeiten. Das Charakteristische dafür schien mir in der doppelten Beziehung des Bösen zur Pflicht und zur Freiheit zu liegen.

Wenn ich jetzt frage, worin der eigentlich religiöse Diskurs über das Böse besteht, zögere ich nicht zu antworten: im Diskurs der *Hoffnung.* Diese These erfordert eine Erklärung. Und dazu muß ich für einen Augenblick die Frage des Bösen, auf die ich gleich wieder zu sprechen komme, verlassen, um hier die zentrale Stellung der Hoffnung in der Theologie zu rechtfertigen[7]. Diese hat in der Hoffnung selten ihren zentralen Begriff gesehen, obwohl sich die Verkündigung Jesu doch stets essentiell auf das Reich Gottes bezog: Das Reich ist nahe, das Reich ist euch nahegekommen; das Reich ist mitten unter euch. Wenn sich die Verkündigung Jesu und der Urkirche in dieser Weise auf den eschatologischen Brennpunkt bezieht, so muß man die gesamte Theologie von der Eschatologie aus neu durchdenken. Der Gott, der kommt, ist ein *Name,* der Gott, der sich zeigt, ein

Idol. Der Gott der Verheißung eröffnet eine Geschichte, der Gott der natürlichen Epiphanien beseelt eine Natur.
Was ergibt sich daraus für die Freiheit und für das Böse, die das sittliche Bewußtsein in ihrer Einheit erfaßt hat? Ich beginne meine Ausführungen bei der Freiheit; der Grund dafür wird sich alsbald zeigen. Die Religion, so scheint mir, unterscheidet sich darin von der Moral, daß sie verlangt, die Freiheit selbst im Zeichen der Hoffnung zu denken.
In spezifisch evangelischen Termini würde ich sagen: Wenn ich die Freiheit im Licht der Hoffnung denke, heißt das, daß ich meine Existenz in die Bewegung zurückversetze, die man mit Jürgen Moltmann die Zukunft der Auferstehung Christi nennen kann. Diese »kerygmatische« Formel läßt sich auf verschiedene Weise in eine moderne Sprache übersetzen.[8] Die Freiheit im Licht der Hoffnung können wir mit Kierkegaard zunächst als eine Leidenschaft für das *Mögliche* bezeichnen. Im Gegensatz zur Weisheit der Gegenwart und zu jeder Ergebung in die Notwendigkeit unterstreicht diese Formel das Mal, das die Verheißung der Freiheit aufprägt; die Freiheit, die auf den kommenden Gott setzt, ist offen für das radikal Neue; sie bildet die schöpferische Imagination des Möglichen.
Doch tiefer noch ist die Freiheit *im Licht* der Hoffnung eine Freiheit, die sich *dennoch* setzt, trotz des Todes, und die sich, allen Zeichen des Todes zum Trotz, als Widerruf dieses Todes verstehen will.
Ihrerseits ist die Kategorie des »dennoch« das Gegenstück oder die Kehrseite eines Lebenselans, einer Perspektive der Bereicherung, die sich in dem berühmten *um wieviel mehr* des Paulus ausdrückt. Diese Kategorie, die noch grundlegendere Bedeutung hat als das »dennoch«, umfaßt das, was man die Logik der Überfülle, die eine Logik der Hoffnung ist, nennen kann.
Es gilt, diese Logik des Überschusses und des Übermaßes im Alltag, in der Arbeit und in der Freizeit, in der Politik und in der Weltgeschichte zu entziffern. Das »dennoch«, das für uns den Widerruf bereit hält, bildet nur die Kehrseite, die Schattenseite dieses frohen »um wieviel mehr«, durch das die Freiheit sich zur Ökonomie der Überfülle zugehörig fühlt, weiß und will.
Der Begriff einer Ökonomie der Überfülle erlaubt uns nun, zum Problem des Bösen zurückzukehren. Gerade von ihm aus und in ihm können wir einen religiösen oder theologischen Diskurs vortragen. Die Ethik hat über das Böse alles gesagt, indem sie es erstens als ein Werk der Freiheit bezeichnete, zweitens als eine Umkehrung der Beziehung der Maxime zum

Gesetz, drittens als eine unergründliche Disposition der Freiheit, wodurch diese sich ihr selbst unverfügbar macht.
Die Religion formuliert einen anderen Diskurs über das Böse. Und dieser hält sich voll und ganz im Umkreis der Verheißung und unter dem Zeichen der Hoffnung. Zunächst stellt er das Böse *vor* Gott. Gegen Dich, gegen Dich allein habe ich gesündigt, vor Deinen Augen habe ich böse gehandelt. Die Anrufung, die das moralische Geständnis in ein Sündenbekenntnis verwandelt, scheint auf den ersten Blick hin das Bewußtsein des Bösen noch zu beschweren. Das ist aber ein Irrtum, der moralisierende Irrtum der Christenheit; denn sofern man das Böse vor Gott stellt, bringt man es in die Bewegung der Verheißung zurück. Die Anrufung enthält bereits den Anfang einer Wiederherstellung des verletzten Bandes, den Keim einer Neuschöpfung. Im Geständnis des Bösen arbeitet bereits die »Leidenschaft für das Mögliche«; und die Reue, die sich vollständig auf die Zukunft hin ausrichtet, hat sich schon von den Gewissensbissen abgespalten, die nur eine Reminiszenz der Vergangenheit bilden.
Darüber hinaus verändert der religiöse Diskurs zutiefst den Gehalt des Bewußtseins des Bösen selbst. In der moralischen Perspektive ist das Böse wesentlich eine Übertretung, d. h. die Subversion eines Gesetzes; so kommt auch die Mehrzahl der frommen Menschen nicht davon ab, die Sünde dieserart einzuschätzen. Und trotzdem, wenn man das Böse vor Gott zurückbringt, verwandelt es sich qualitativ. Es besteht nun weniger in einer Gesetzesübertretung als in der *Anmaßung* des Menschen, Herr des eigenen Lebens zu sein. So bildet selbst der Wille, nach dem Gesetz zu leben, eine Äußerung des Bösen und gar die verhängnisvollste, weil sie sich am meisten verschleiert. Noch schlimmer als die Ungerechtigkeit ist die Selbstgerechtigkeit. Das ethische Gewissen sieht dies nicht; nur das religiöse weiß es. Auch diese zweite Entdeckung kann in Termini der Verheißung und der Hoffnung formuliert werden.
In der Tat wird der Wille nicht, wie wir es im Rahmen der ethischen Analyse zu glauben vorgaben, nur durch die Beziehung der Willkür zum Gesetz konstituiert (in kantischen Termini: durch die Beziehung zwischen der »Willkür« und dem »Willen« oder der Bestimmung durch das Vernunftgesetz). Der Wille konstituiert sich grundlegender noch durch den Wunsch nach Erfüllung oder Vollendung. Wie ich andernorts in Erinnerung brachte[9], hat Kant selbst in der »Dialektik« der *Kritik der praktischen Vernunft* diese *Absicht* auf die Totalität erkannt; gerade sie erzeugt die »Dialektik«, so wie die Bezie-

hung zum Gesetz die »Analytik« begründet. Diese Absicht aufs Ganze verlangt nun aber nach Kant die Versöhnung der beiden Momente, die die strenge Analyse zunächst getrennt hatte: die Versöhnung der Tugend, d. h. der gehorsamen Erfüllung der reinen Pflicht, mit der Glückseligkeit, d. h. der Erfüllung des Wunsches. Diese Vereinigung bildet das kantische Äquivalent der Hoffnung.
Wenn hier die Philosophie des Willens wieder in den Vordergrund tritt, überschreitet damit auch die Philosophie des Bösen eine neue Stufe. Soweit sich nämlich die Absicht aufs Ganze als Triebkraft des Willens erweist, hat man noch nicht die Wurzel des Problems des Bösen erreicht, solange man dieses in den Grenzen einer Reflexion über die Beziehungen der Willkür zum Gesetz hält. Das eigentliche Böse, das Böse des Bösen, zeigt sich in den falschen Synthesen, d. h. in der heutigen Verfälschung der großen Totalisierungsbestrebungen der Kulturerfahrung, wie sie in den politischen und kirchlichen Institutionen betrieben wird. Hier kommt das wahre Gesicht des Bösen zum Vorschein; das Böse des Bösen besteht in der Lüge der verfrühten Synthesen, in der Lüge der gewaltsamen Versuche der Totalisierung.
Doch diese Vertiefung der Problematik des Bösen bedeutet einen weiteren Gewinn der Hoffnung: Weil der Mensch die *Absicht* auf das Ganze, das Verlangen nach vollkommener Erfüllung ist, stürzt er sich in totalitäre Vorstellungen und Institutionen, welche schlechthin die Pathologie der *Hoffnung* konstituieren; die Dämonen treiben, wie das antike Sprichwort sagt, ihr Unwesen nur im Vorhof der Götter. Gleichzeitig aber spüren wir auch, daß das Böse selbst Anteil hat an der Ökonomie der Überfülle. In Abwandlung der Worte des Paulus wage ich zu erklären: Wo das Böse »mächtig« geworden ist, zeigt sich die Hoffnung im »Übermaß«. Man muß also den Mut haben, das Böse in das Epos der Hoffnung einzugliedern; das Böse selbst kooperiert auf eine Weise, die uns unbekannt ist, mit der Ankunft des Gottesreiches. Darin besteht die Sicht des Glaubens über das Böse.
Das ist jedoch nicht die Sicht des Moralisten. Der Moralist stellt das *Prädikat* »bös« dem *Prädikat* »gut« gegenüber; er verurteilt das Böse; er rechnet es der Freiheit an; und schließlich bleibt er an der Grenze des Unerforschlichen stehen. Denn wir wissen nicht, wie es kommen konnte, daß sich die Freiheit in Unfreiheit begeben hat. Der Glaube aber blickt nicht in diese Richtung. Sein eigentliches Problem sieht er nicht im Anfang des Bösen, sondern in dessen *Ende;* und dieses Ende integriert er

mit den Propheten in die Ökonomie der Verheißung, mit Jesus in die Verkündigung des kommenden Gottes, mit Paulus in die Perspektive des Gesetzes der Überfülle. Der Glaube betrachtet darum die Ereignisse und die Menschen von Grund auf mit einem *wohlwollenden* Blick. Letztlich gibt er der Aufklärung, die dem Bösen im großen Kulturgeschehen eine bedeutsame Rolle bei der Erziehung des Menschengeschlechtes zumißt, mehr Recht als dem Puritaner; denn diesem gelingt es nie, von der bloßen Verurteilung zum Erbarmen hinüberzukommen; eingesperrt in die ethische Betrachtungsweise, findet er nie den Zugang zum Gesichtspunkt des kommenden Reiches.

6. Freiheit und Gerechtigkeit – Moralische Grundnorm und politische Grundrechte

Einführung von Gerhard Plumpe

Um die Verwirklichung von Menschenrechten wird heute weltweit gestritten. Es scheint, daß die mit ihnen erhobenen Geltungsansprüche, die in der bürgerlichen Aufklärung erstmals systematisch formuliert wurden, all jene Postulate unüberholt zum Ausdruck bringen, die mit der Idee eines gerechten und glücklichen Lebens der Menschen verbunden sind. »Freiheit«, »Gleichheit« und »Solidarität« gelten daher als höchste Beurteilungskriterien neuzeitlicher Politik.
Dennoch sind diese Maximen außerordentlich auslegungsbedürftig. Denn gerade der Streit um sie läßt deutlich werden, daß mit ihnen ganz verschiedene, ja gegensätzliche Interessen verfochten werden können. Gelten den einen die Forderungen der Menschenrechte als im bürgerlichen Verfassungsstaat prinzipiell eingelöst, so daß systemgefährdender Opposition die Legitimierung durch jene Geltungsansprüche glatt bestritten wird, so antizipieren andere im Namen dieser Ansprüche eine sozialistische Gesellschaft, die die Borniertheiten des bürgerlichen Privatinteresses hinter sich gelassen hat. Diese Kontroverse wirft die Frage auf, wie sich die faktische geschichtliche Entstehung zu der normativen Geltung der Menschenrechte, zu ihrer Legitimation aus Gründen, verhält. Begrenzt der frühkapitalistische Entstehungskontext, in dem Ideale wie »Freiheit«, »Gleichheit«, »Brüderlichkeit« programmatische Relevanz erlangten, zugleich ihre begründbare Geltung oder zumindest ihren Anwendungsspielraum? Oder haben sie universalen Charakter, zumal wenn sie im Lichte moderner kommunikativer Ethik rekonstruiert werden? Gesteht man dies zu, ist man freilich mit der überaus schwierigen Aufgabe konfrontiert, Ethik und Politik nicht allein deklamatorisch, sondern moralisch-strategisch miteinander zu vermitteln. Denn die allgemein gehaltenen Losungen der Menschen- und Freiheitsrechte schaffen nicht im Selbstlauf die ihnen entsprechende praktische Politik, sondern bedürfen der je bereichsspezifisch reflektierten Umsetzung in politisches Handeln.

Die hier zusammengestellten Texte diskutieren die Prinzipien des bürgerlichen Verfassungsstaates und verweisen auf die Spannung zwischen Anspruch und politischer Realität, die etwa das Stichwort »Radikalenerlaß« pointiert (*Heinemann, Denninger*). Sie thematisieren die Tradition der Menschenrechte als noch nicht abgegoltenen Anspruch auf glückliches Leben (*Bloch*), auch bestimmen sie von dieser Tradition her das Grundgesetz der Bundesrepublik sowohl als politisches Angebot wie auch als zukunftweisenden Anspruch und Auftrag (*Heinemann*). Zudem erwägen sie die Möglichkeit einer wirklich konsensfähigen politischen Ordnung, die keiner ideologischen ›Legitimationsbeschaffungsstrategie‹ mehr bedürfte, weil sie diskursiv gerechtfertigt werden kann (*Habermas*); schließlich reflektieren sie die Schwierigkeiten einer rationalen Vermittlung moralischer Geltungsansprüche mit den Erfordernissen praktischer Politik (*Höffe*).

6.1. *Gustav Heinemann: Das Grundgesetz – demokratische Verfassung als Angebot und Auftrag*

Frau Präsidentin, meine Damen und Herren,
liebe Mitbürger draußen im Lande!
[. . .] Unser heutiges Gedenken bezieht sich auf 25 Jahre Grundgesetz und auf 25 Jahre Bundesrepublik Deutschland.
[. . .] Geburtstage haben nicht die Verheißung, daß sie sorgenfrei sind. Im internationalen Geflecht sind wir jedenfalls von schwerwiegenden Fragen bedrängt, die uns auch heute nicht aus dem Kopfe gehen und der neu gebildeten Regierung mit auf den Weg gegeben sind.
Vor fünf Jahren erklärte U Thant, der damalige Generalsekretär der Vereinten Nationen, es bleibe nur wenig Zeit, die Lebensfragen der Menschheit in weltweiter Partnerschaft zu lösen, bevor deren Bewältigung die menschliche Fähigkeit übersteigen werde. Haben sich die Nationen der Lösung dieser Fragen wirklich zugewandt, oder sind sie durch Versäumnisse noch bedrängender geworden?
Die Ölkrise hat nur kurze Zeit munter gemacht. Bevölkerungsexplosion, Rohstoffknappheiten und Umweltverschmutzung bis in die Meere hinein zwingen uns schon längst zu einer Besinnung über unser aller Zukunft. Die Weltwährungsprobleme sind ungelöst. Der Stand der Bemühungen um europäische Einigkeit ist bedrückend. Der Frieden im Nahen Osten ist

bislang nicht gewonnen. Kurzum – von diesen und noch anderen Fragen stellt uns auch der heutige Tag nicht frei, weil wir nicht auf einer Insel leben. [. . .]
Die erste gesamtdeutsche Verfassung, die vor 125 Jahren, am 27. März 1849, von der Nationalversammlung in der Paulskirche beschlossen wurde, scheiterte nach blutigem Kampf am Widerstand der Fürsten. Im kaiserlichen Deutschland kämpfte ein größerer Teil des Volkes bis zum Untergang des kaiserlichen Deutschland um staatsbürgerliche Gleichberechtigung. Die Weimarer Verfassung von 1919 blieb von dem erbitterten Streit um die Staatsform, um Republik oder Monarchie, samt dem Flaggenstreit um Schwarz-Rot-Gold oder Schwarz-Weiß-Rot, überlagert und wurde schließlich durch die nationalsozialistische Diktatur mit ihrer Hakenkreuzflagge zerstört und abgelöst.
Hundert Jahre nach dem ersten Anlauf zu einer deutschen Verfassung hat der Parlamentarische Rat zumal bei den Grundrechten manches bis in die Wortwendung hinein aus der Frankfurter Reichsverfassung in unser heutiges Grundgesetz übernommen. Damit spannt sich über die Jahre von 1849 bis heute eine bedeutungsvolle und uns verpflichtende Klammer der Bewahrung und der Fortsetzung.
Die Einwurzelung des Grundgesetzes in unser Bewußtsein war auch deshalb nicht selbstverständlich, weil die Demokratie zweimal nach verlorenen Kriegen und in Anlehnung an ausländische Vorbilder eingeführt worden ist. Diese Belastung der Demokratie ist überwunden.
Dazu half und hilft die Erinnerung daran, daß demokratische Bestrebungen unserer Geschichte keineswegs fremd sind. Im Gegenteil: Unsere Geschichte ist von einer Fülle von Anläufen zu einer freiheitlichen Ordnung und zu sozialer Gerechtigkeit durchzogen, deren wir uns besser erinnern sollten. Ihre Vorkämpfer haben dabei – zuletzt noch im Dritten Reich – ihr Leben und ihre Freiheit eingesetzt.
Es gehört deshalb in den Zusammenhang unseres heutigen Gedenkens an den 25jährigen Bestand des Grundgesetzes, daß in einigen Wochen in Rastatt in Baden, dem letzten Schwerpunkt des Kampfes von 1849, eine Erinnerungsstätte für die Freiheitsbewegungen in unserer Geschichte eröffnet werden wird. Sie kommt in einem dankenswerten Zusammenwirken des Bundes, des Landes Baden-Württemberg und der Stadt Rastatt zustande. [. . .] Das Inkrafttreten des Grundgesetzes vor 25 Jahren zählt zu den Sternstunden unserer Geschichte. Es unterbreitet uns das große Angebot, zum ersten Mal eine

freiheitlich-rechtsstaatliche und soziale Demokratie zu verwirklichen.
Im Mittelpunkt seines Ordnungsgefüges steht der mündige Bürger. Er soll mitverantwortliches und in freier Selbstbestimmung mitwirkendes Glied einer nicht von oben geformten und genormten Gesellschaft sein. Ihm ist das Recht zugesprochen, aber auch die staatsbürgerliche Verpflichtung zugedacht, unseren Staat als seine eigene Angelegenheit anzunehmen und im Rahmen der verfassungsrechtlichen Grundsätze mitzugestalten. Dieser Bürger als eigentlicher Inhaber aller Staatsgewalt verleiht im Bund, in den Bundesländern und in den Gemeinden eine Herrschaft auf Zeit, wobei er seine Repräsentanten unter mehreren Parteien oder Bewerbern wählen kann. Die Staatsgewalt ist zwischen dem Parlament, der aus dem Parlament gebildeten Regierung samt ihren Behörden sowie den Gerichten aufgeteilt.
Regierung und Verwaltung dürfen nur nach Maßgabe förmlicher Gesetze handeln. Der Bürger kann den Schutz unabhängiger Gerichte anrufen, die ihrerseits in Bindung an Verfassung und Gesetz nach vorgeschriebenen Verfahrensordnungen zu entscheiden haben. Die Verfassung im ganzen und zumal ihre Grundrechte stehen unter dem besonderen Schutz des Bundesverfassungsgerichtes.
Auch die andere Gewaltenteilung durch Aufgliederung der Staatsangehörigkeit auf Bund, Länder und Gemeinden zu grundsätzlich selbstverantwortlicher Wahrnehmung ihrer Aufgaben ist ein Schutz des Bürgers vor übermächtiger öffentlicher Gewalt. Sie vergrößert zugleich seine Möglichkeit zu staatsbürgerlicher Mitwirkung.
Diese Ordnung ist kein Heilsplan, sondern wie alles irdische Tun nur unvollkommenes Menschenwerk. Ihre Würdigung kann auch nicht verschweigen, daß außerdem zwischen Verfassungsaussage und Verfassungswirklichkeit ein Graben klafft. Es gehört sogar zum Wesen freiheitlich-demokratischer Ordnung, daß sie von keinem Zustand behauptet, er stimme mit dem Ideal überein, daß sie vielmehr die jeweiligen Verhältnisse für ständig verbesserungsbedürftig, aber eben auch verbesserungsfähig hält und uns damit die nie zu Ende kommende Aufgabe stellt, die Wirklichkeit in beharrlicher Annäherung auf das Leitbild der Verfassung hin fortzuentwickeln.
Es wäre das Ende aller Politik, wenn Bestehendes nur noch verwaltet, aber nicht mehr verbessert würde. Die Einheit von Demokratie, Rechtsstaat und Sozialstaat bedarf ständiger Bemühung.

Das Grundgesetz hat uns auf den Weg der Demokratisierung gebracht. Sie zielt im Staat, aber auch in Bereichen der Gesellschaft auf immer mehr Freiheit und mehr Mitbestimmung der Bürger. [...]
Ich greife nun einige Probleme heraus, die uns auch heute noch auf den Nägeln brennen. Artikel 14 des Grundgesetzes nimmt das Eigentum in Sozialpflicht. Im Vordergrund steht dabei das Eigentum an Grund und Boden, das für jedermann lebenswichtig ist und nicht vermehrt werden kann. Deshalb darf es nicht Objekt einer Spekulation sein, durch die das Gemeinwohl behindert oder geschädigt wird.
Die Pressefreiheit und die öffentliche Aussprache über Vorgänge und Personen sind Lebenselemente jeder Demokratie. Sie sind durch die Pressekonzentration gefährdet. Es bedarf einer Vorsorge, damit die Vielfalt der Meinungen in der Presse wie auch in Rundfunk und Fernsehen wirklich zu Worte kommt.
Das Grundrecht auf Verweigerung des Kriegsdienstes mit der Waffe aus Gewissensgründen durchbricht einen Zwang, unter dem viele Menschen in der Vergangenheit gelitten haben. Gewiß kann dieses Grundrecht mißbraucht werden. Es gibt aber auch Beschwerden über Mißachtung von Gewissensbindung, die der Abstellung bedürfen. Wir sollten meines Erachtens überlegen, ob es nicht für den ganzen Fragenkreis staatlicher Dienstpflicht bessere und zugleich gerechtere Lösungen gibt.
Meine Damen und Herren, seit dem Inkrafttreten des Grundgesetzes vor 25 Jahren ist inzwischen eine ganze Generation nachgewachsen. Sie ist die erste Generation, die die Unfreiheit des Dritten Reiches nicht erlebt hat. Sie ist zugleich eine Generation, die von ihrem Lebensbeginn an in eine Welt der Bedrohungen und der Umbrüche eintritt. Wie kann sie – wie können wir – mit dieser Welt zurechtkommen?
Was ich meine, ist dieses: Für viele Menschen in der sogenannten Dritten Welt gibt es heute und in absehbarer Zeit keine Lebensgrundlage. Mit Massenvernichtungsmitteln kann sich die Menschheit selber ausrotten und die Erde unbewohnbar machen. Der Umbruch zumal überkommener Wertvorstellungen ist in allen Lebensbereichen spürbar. Das Verhältnis der Geschlechter hat sich geändert. Über- und Unterordnungen in der Gesellschaft, in der betrieblichen Arbeit, in Schulen und Hochschulen werden in Frage gestellt. Alte Autorität wird grundsätzlich in Zweifel gezogen. Bewußt oder unbewußt fragen viele Bürger nach dem Gehalt unserer Rechtsordnung, wie

etwa nach dem Sinn eines Strafrechtes, und wollen anstelle der Sühne eine folgerichtige Bemühung um Sozialisierung des Rechtsbrechers im Vordergrund sehen.
Auch die Kirchen sind von der Unruhe nicht ausgenommen. Der Zweifel an ihren Glaubensaussagen oder deren Bestreitung greift um sich. Überkommene Antworten auf die Frage nach dem Sinn des Lebens werden weithin nicht mehr angenommen.
Der Mangel an Gerechtigkeit in dieser Welt ist heute bewußter als zuvor. Er ist ein großer Anstoß für die Unruhe, zumal unter der jungen Generation. Viele aus ihren Reihen drängen, oft mit Ungeduld, auf Verbesserungen oder gar auf totale Änderungen der gegenwärtigen Ordnung hier und draußen in der Welt.
Kann das Grundgesetz dem allen standhalten?
Kein Grundgesetz kann die Nöte der Welt im ganzen lösen. Es gibt auch keine Antwort auf die Frage nach dem Sinn des Lebens und kann sie nicht geben. Das Grundgesetz bietet uns Demokratie, es bietet uns den Rechtsstaat, es bietet uns den Sozialstaat, es bietet uns Regeln für deren ständige Verbesserung. Es ermöglicht der Bundesrepublik Deutschland, nach Kräften an den Bemühungen teilzunehmen, die Welt um uns herum zu bessern.
Das mag bescheiden erscheinen und ist doch zugleich ein Höchstmaß dessen, was eine Verfassung bieten kann. Von einer Staatsverfassung mehr zu verlangen, halte ich für wirklichkeitsfremde Utopie.
Wenn wir aber uns alle und zumal die ungeduldigen Gesellschaftsveränderer unter uns zur Besinnung auf diesen Gehalt des Grundgesetzes rufen wollen, so muß immer wieder hinzugefügt werden, daß es der ständigen erkennbaren Bemühung um Gerechtigkeit, aber auch der Bewahrung der Freiheit als der Grundlage für alle Bemühung um Gerechtigkeit bedarf.
Freiheit ohne Gerechtigkeit ist gewiß ein Übel. Ein Leben aber ohne die Freiheitsrechte des Glaubens, des Gewissens, der Rede, der Versammlung, der Berufswahl, der Freizügigkeit, wie sie das Grundgesetz sichert, wäre selbst bei Erfüllung aller materiellen Wünsche und höchster sozialer Gerechtigkeit immer noch ein menschenunwürdiges Leben. Deshalb sollte jeder Bürger bei allem, woran er sich stößt, nicht vergessen, daß nur eine Freiheitssicherung, wie sie das Grundgesetz gewährt, ihm und uns allen die Möglichkeit bietet, offen aufzutreten. Noch in der Weimarer Demokratie konnten etliche Grundrechte durch einfache Gesetze wirkungslos gemacht werden, während heute ein Grundgesetz in keinem Falle in seinem Wesensgehalt ange-

tastet werden darf (Art. 19 Abs. 2 GG). [. . .]
Heute gedenken wir des Tages, an dem wir uns in Freiheit und Selbstbestimmung ein Grundgesetz gegeben haben, das uns den Weg in diese Gegenwart ermöglichte und uns aufruft, unser und das Leben kommender Generationen in der Gemeinschaft der Völker in Frieden zu gestalten.
Das ist nach allem, was hinter uns liegt, ein Tag der Freude!
Ich schließe mit der Erinnerung daran, daß sich in diesem Jahr zum hundertsten Male der Todestag des Verfassers unserer Nationalhymne jährt. Heinrich Hoffmann von Fallersleben war ein politisch Verfolgter. Er wurde 1848 aus mehreren deutschen Bundesstaaten ausgewiesen und als Flüchtling von Land zu Land getrieben. Das Asylrecht in Artikel 16 unseres Grundgesetzes hätte ihm dieses Schicksal ersparen können.
Hoffmann von Fallersleben hat manches zu Papier gebracht, in dem er sich als Kind seiner Zeit erweist. Dazu gehören auch Aussagen seines 1841 geschriebenen Gedichtes »Das Lied der Deutschen«. Dessen dritte Strophe aber, die wir bei festlicher Gelegenheit singen, spricht bündig aus, worauf es in dieser Bundesrepublik Deutschland ankommt:

»Einigkeit und Recht und Freiheit
für das deutsche Vaterland!
Danach laßt uns alle streben
brüderlich mit Herz und Hand!«

In diesen wenigen Worten sind die vier Grundwerte unserer Verfassung genannt: Einigkeit unter uns und, darin eingeschlossen, die Einheit Deutschlands als Auftrag; Rechtsstaatlichkeit und Menschenrechte; freiheitliche demokratische Grundordnung; und als viertes die Brüderlichkeit oder Solidarität.

6.2. *Otfried Höffe: Strategien politischer Gerechtigkeit*

6.2.1. *Einleitung*

Als »Strategien politischer Gerechtigkeit« bezeichne ich Prozesse öffentlicher Entscheidungsfindung, die sich der ethisch-pragmatischen Grundaufgabe zeitgenössischer Politik stellen, Prinzipien der Humanität, vor allem der politischen Gerechtigkeit, mit den Funktionsanforderungen hochkomplexer Industriegesellschaften und ihrer jeweiligen soziokulturellen Situation auf methodischem Weg zu vermitteln. Sofern es zur Aufgabe politischer Ethik bzw. normativer Rechts- und Staatsphilosophie gehört, Prinzipien politischer Gerechtigkeit allererst zu begründen, bedeuten Strategien der Gerechtigkeit nicht die Substitution politischer Ethik bzw. normativer Rechts- und Staatsphilosophie, sondern Verfahren ihrer methodischen Applikation.

Ich gehe davon aus, daß allem politischen Bemühen ein höchster normativer Anspruch immanent ist, demgemäß öffentliche Entscheidungsfindung der Idee eines humanen, vor allem eines gerechten Zusammenlebens verpflichtet ist.[1] Diese Verpflichtung besteht heute nicht mehr bloß ideell. Sie wird nicht nur in philosophischen Traktaten und gesellschaftskritischen Programmen erhoben, die – rechtlich-politisch unverbindlich – in ihrer Realisierung der Einsicht und dem Wohlwollen der jeweils Herrschenden überlassen bleiben. Durch die wohl größte politische Errungenschaft der Neuzeit, den demokratischen Verfassungsstaat, wird die – etwa von Machiavelli und Hobbes verfochtene – »ethische« Neutralisierung der Politik vehement zurückgewiesen. Die Herrschenden werden zu Regierenden[2], deren Verfügungsgewalt grundsätzlich eingeschränkt ist und die als Verwalter der Staatsmacht in all ihren Gewalten an fundamentale normative Leitprinzipien als unmittelbar geltendes Recht gebunden sind (vgl. für die Bundesrepublik Deutschland Art. I (2). GG: ganz allgemein an die Menschenwürde[3] (Art. I (I) GG), näherhin an die Menschenrechte als institutionalisierte Grundrechte (Art. I (2) – Art. 19 GG)[4] sowie an das Prinzip des demokratischen und sozialen Rechtsstaates (Art. 20 (I) GG); vgl. für die Schweiz den Verfassungsentwurf (1977) Art. I (I), Art. 2, Art. 8–26.

Nach einem berühmten, oft mißverstandenen Diktum Platons sollen die Philosophen Könige werden oder die Könige sich aufrichtig und gründlich mit Philosophie befassen; denn nur wenn beides zusammenfalle, politische Macht und Philosophie, gäbe es ein Ende des Unheils für die Staaten (Der Staat, 473 c II ff.; vgl. 499 a II ff.). Damit beansprucht Platon keineswegs die Staatsmacht für jene Bürger, die ein akademisches Philosophiestudium erfolgreich abgeschlossen haben, oder für jene, die darüber hinaus Hochschullehrer für Philosophie geworden sind. Denn Platon nennt jene Menschen Philosophen, die – auf dem Weg einer Vernunftwissenschaft, der Dialektik – das sich immer Gleichbleibende zu erfassen vermögen (Der Staat, 484 b 3–5), d. h. die Ideen, letztlich die Ideen des Guten.[5] Nach Kant können wir in diesem Zusammenhang auch vom – rein a priori, keinesfalls durch Erfahrung gewonnenen – Vernunftbegriff von Recht bzw. vom Prinzip der Gerechtigkeit sprechen. Wenn

man das Zusammenfallen von politischer Macht und Philosophie (Weisheit) weniger als Personalunion denn als Sachzusammenhang liest, dann fordert Platon, daß die Herrschenden bzw. die Regierenden bei der Ausübung ihres Amtes Prinzipien der Gerechtigkeit als letztem Maßstab ihres Tuns, als höchstem Kriterium der Gesetzgebung verpflichtet sind. Demokratische Verfassungsstaaten – so könnte man sagen – versuchen diese Forderung dadurch zu erfüllen, daß sie die Menschenrechte – verstanden als Ausfaltungen und Grundlage von Gerechtigkeit (vgl. Art. I (2) GG) – in der Form von Grundrechten und dem Gebot des sozialen Rechtsstaates als verbindlichen Maßstab allen öffentlichen Handelns institutionalisieren.
Solche Fundamentalkriterien der Politik lassen sich – gemäß der rational, nicht historisch zu verstehenden Vertragsidee[6], also gemäß der Idee der universalen Zustimmungsfähigkeit – teils als streng allgemeingültige Grundbedingungen jeder Art von Zusammenleben, als allgemeine Gesetze der wechselseitigen Einschränkung und Sicherung von Freiheit legitimieren, so die Idee der Rechtsstaatlichkeit und die Grundrechte (persönliche Freiheits-, politische Mitwirkungsrechte), teils als generell gültige Bedingungen der *Realisierung* eben dieser Grundbedingungen, so die Idee der Sozialstaatlichkeit (soziale Grundrechte). In diesem gestuften Verständnis handelt es sich bei den genannten Fundamentalkriterien um allgemeine Bedingungen von Kommunikation, nämlich um allgemeine Voraussetzungen der gegenseitigen Anerkennung von Personen und ihrer freien Entfaltung, durch die die Personen vor Übergriffen sowohl der Staatsorgane als auch der Mitbürger geschützt werden und die Chance zur Selbstverwirklichung erhalten. Wenn es sich aber bei den Prinzipien der Gerechtigkeit um allgemeine Bedingungen von Kommunikation[7] handelt, dann sind öffentliche Entscheidungsprozesse, die der Idee der Gerechtigkeit verpflichtet sind, eben Strategien politischer Gerechtigkeit, von vornherein und in einem fundamentalen Sinn Kommunikationsprozesse. Die folgenden Überlegungen zur *Demokratie als methodischem Dialog* setzen diese Tiefendimension von Kommunikation als die sachlich erste und grundlegende Kommunikationsdimension voraus.
Die verfassungsrechtlich institutionalisierten Fundamentalkriterien einer gerechten Politik sind aber zum Teil, so vor allem in ihren demokratiefunktionalen und ihren sozialstaatlichen Aspekten, erst allgemeine Grundsätze, die in erster Linie regulative, nicht operationale Bedeutung haben. Denn für sich allein genommen gebieten sie zum geringsten Teil unmittelbar

ein Tun oder Lassen. Weit mehr stellen sie normative Leitprinzipien (Normen zweiter Ordnung) dar, auf die das öffentliche Handeln verpflichtet ist, d. h. nach deren Maßgabe die politischen Verhältnisse wahrgenommen, beurteilt, entworfen und eingerichtet werden sollen, ohne daß sie genau angeben, was aus ihnen für die verschiedenen Lebensbereiche (für das Bildungswesen, die Arbeitswelt, das Pressewesen, den Strafvollzug usf.) folgt und wie man sie unter ihren jeweiligen Lebensbedingungen als *das hier und jetzt Gerechte* konkret verwirklicht.

So ist z. B. – außer dem Schutz der Jugend und der demokratiefunktionalen Bedeutung der Presse – die Pressefreiheit Kriterium für das Pressewesen, d. h. für die Gründung, den Bestand sowie jene Tätigkeit der Presseunternehmen, die von der Informationsgewinnung über deren Verarbeitung bis zur Verbreitung von Nachrichten und Meinungen reicht. Die Pressefreiheit ist Kriterium für die Beziehungen zwischen der (periodisch wie nichtperiodisch erscheinenden) Presse und dem Staat; für die Beziehungen zwischen der Presse und den Personen, Gruppen und Verbänden, über die berichtet wird; für die Beziehungen zwischen den Teilen eines Presseunternehmens; zwischen Verleger, Herausgeber, Redakteuren, freien Mitarbeitern und technischem Personal, sowie zwischen den verschiedenen Presseunternehmen untereinander. Gemäß dem Grundsatz der Pressefreiheit soll dieser höchst komplexe Zusammenhang von Beziehungen insgesamt die Qualität der Freiheit haben. Dazu gehört sowohl die Freiheit zu publizieren als auch das Recht auf Schutz der Person. Wie man diesen Doppelaspekt der gleichen Freiheit konkret realisiert (durch Redaktionsgeheimnis, Gegendarstellungsanspruch, Abwehr von Konzentrationsgefahren usf.), kann man nicht a priori sagen. Vielmehr sind dafür empirische Kenntnisse und deren Beurteilung erforderlich, was eine empirisch-analytische Erschließung des Pressewesens im allgemeinen und seiner derzeitigen historisch-gesellschaftlichen Situation im besonderen, was eine Beurteilung und gegebenenfalls Fortentwicklung nach Maßgabe von (Presse-)Freiheit nötig macht. Überdies ist mit der Pressefreiheit ein notwendiges, keineswegs schon das zureichende Prinzip eines wirklichen Pressewesens benannt. Ohne weitere Kriterien technischer, wirtschaftlicher und sozialer Natur läßt sich ein konkretes Pressewesen nicht konstituieren.

Entsprechendes gilt in bezug auf das Bildungswesen: Die Bildungseinrichtungen im primären, sekundären und tertiären Bereich, der Zugang zu ihnen, die Durchlässigkeit zwischen

ihnen, ihr Verhältnis zur Berufswelt, ihre Lernziele, Lerninhalte und Lehrmethoden sollen so strukturiert werden, daß sie insgesamt den hier relevanten Grundrechten genügen, etwa den Rechten auf freie Entfaltung der Persönlichkeit (Art. 2 GG), auf Gleichheit vor dem Gesetz (Art. 3), auf freie Meinungsäußerung (Art. 5), dem Recht der Eltern auf Pflege und Erziehung der Kinder (Art. 6 (2)), dem Recht auf freie Wahl von Beruf, Arbeitsplatz und Ausbildungsstätte (Art. 12) sowie dem Sozialstaatsgebot (Art. 20 (1)). Ein konkretes Bildungswesen ist aber nicht nur in diesen Grundrechten, sondern auch von pädagogischen, entwicklungspsychologischen, schulrechtlichen, bildungsökonomischen und anderen Kriterien bestimmt.
Allgemein formuliert: Die Grundsätze, die von der Idee der politisch-sozialen Gerechtigkeit her begründet werden, sind normative Leitprinzipien, die noch bereichsspezifisch und situationsgerecht aufgearbeitet, dabei auch mit Funktionsanforderungen des jeweiligen Sachbereichs vermittelt werden müssen. Diese Vermittlung von Grundsätzen politischer Gerechtigkeit mit den weiteren Anforderungen und Kriterien sowie vor allem auch mit den geschichtlich konkreten, deshalb auch geschichtlich veränderlichen Lebensverhältnissen ist die ständige Aufgabe eines konkreter politischer Gerechtigkeit verpflichteten Gemeinwesens.
Man betrachtet die Grundsätze politischer Gerechtigkeit, die normativen Leitprinzipien von Recht und Staat, gern als Teile eines idealen Plans, den man schrittweise verwirklichen soll, oder als Elemente eines idealen Vorbilds, das man getreu abzubilden hätte. Die einen, die »Pragmatiker« oder »Realisten«, fügen dann – wenn auch nicht ohne Resignation – hinzu, die vollständige Realisierung bzw. die getreue Abbildung sei doch nie möglich. Man müsse vielmehr mit der Wirklichkeit mehr oder minder große Kompromisse eingehen. Die anderen, die »Idealisten« oder »Utopisten«, betrachten dagegen den idealen Plan als konkrete Utopie[8], nach deren Vorbild alle politischen und sozialen Verhältnisse eingerichtet werden sollen. Solche Vorstellungen sind schon methodisch falsch, was sich mit Hilfe einer Analogie erläutern läßt. Die Grundsätze politischer Gerechtigkeit verhalten sich zur politisch-sozialen Wirklichkeit nicht wie der ideale Entwurf eines Hauses zum realen Bau des Hauses, wobei sich beim tatsächlichen Bauen unvorhergesehene, weil nicht vorhersehbare oder aber leichtfertig übersehene Schwierigkeiten (der Statik, der Finanzierung usw.) auftun können, die eine Modifikation des ursprüng-

lichen Plans erzwingen mögen. Und zwar sind die normativen Leitprinzipien deshalb kein idealer Plan, weil ihr methodischer Status eine Dimension grundlegender ist. Sie verhalten sich zur politisch-sozialen Wirklichkeit wie die normativen Kriterien für den Bauplan, wie Forderungen nach Wohnlichkeit, Bequemlichkeit, Wärmeschutz udgl. sich zum konkreten Entwurf eines Hauses und seiner Realisierung verhalten. Die Gerechtigkeitsprinzipien sind weder ideale Pläne noch konkrete Utopien für die politisch-soziale Welt, aus denen man rechtliche Normen oder institutionelle Strukturen direkt ableiten könnte. Es handelt sich vielmehr um kritische Beurteilungsmaßstäbe, nach denen die politisch-soziale Welt allererst betrachtet, beurteilt, entworfen und gestaltet werden soll.

Die Realisierung von Grundsätzen politischer Gerechtigkeit, die Bestimmung und dann Verwirklichung des *jeweils* Gerechten für einen bestimmten Lebensbereich in einer gewissen Situation, geschieht also nicht nach dem Muster »Abbildung eines Vorbilds« oder »Durchführung eines Plans«, sondern als ein (in der Regel mühsamer, höchst komplizierter und keineswegs seines Erfolges sicherer) Prozeß der Überlegung, Vermittlung und Beurteilung. Ein solcher Prozeß ist nur unter Voraussetzung einer Kenntnis der konkreten Lebensverhältnisse (der heutigen Pressewelt, des gegenwärtigen Bildungswesens, der Rechtspflege, der Wirtschafts- und Arbeitswelt usf.) möglich, einer Kenntnis, die sich sowohl auf die allgemeinen Gesetzlichkeiten wirtschaftlicher, sozialer und politischer Prozesse überhaupt als auch auf die besonderen Randbedingungen der entsprechenden Gesellschaft zu erstrecken hat und die sich nicht ohne die methodische Erforschung dieser Wirklichkeit gewinnen läßt.

Zudem ist konkretes öffentliches Handeln wie erwähnt nicht bloß den genannten normativen Leitprinzipien verpflichtet. Es steht ebenso unter den entsprechenden Funktionsanforderungen einer hochkomplexen Industriegesellschaft, Funktionsanforderungen, die ebenfalls auf methodischem Weg erst näher bestimmt werden müssen. Das aber bedeutet, daß die normativen Grundsätze, die sich von der Idee politischer Gerechtigkeit her legitimieren, nicht nur bereichsspezifisch und situationsgerecht aufgearbeitet, sondern auch mit Funktionsanforderungen vermittelt werden müssen. Die Prozesse öffentlicher Entscheidungsfindung, die sich dem Aufgabenkomplex stellen, bezeichne ich als »Strategien politischer Gerechtigkeit«. Mit ihnen sind also nicht die Verfahren zur Explikation und Legitimation der Fundamentalnormen gemeint. Es geht aber auch nicht um eine

»ethisch« neutrale Sozialtechnologie oder Sozialpragmatik, die gerechtigkeitsindifferente Spielräume politischen Handelns erschließt. Vielmehr stehen die – von der Philosophie bislang stark vernachlässigten – Verfahren zur *Realisierung* der Fundamentalnormen zur Diskussion: die öffentlichen Entscheidungsprozesse, insofern sie den Leitprinzipien der Gerechtigkeit verpflichtet und durch ihre Grundstruktur geeignet sind, diese Verpflichtung so weit wie möglich methodisch zu übernehmen.

6.2.2. *Ein Alternativmodell*

Im Unterschied zu den rein nutzenkalkulatorischen Entscheidungsmodellen ist öffentliche Entscheidungsfindung als ein informations-, lern- und korrekturoffener Prozeß zu gestalten. Diese Aufgabe, so meine Grundthese, wird noch am ehesten von einem methodischen Kommunikationsprozeß erfüllt.

6.2.2.1. *Strukturmerkmale von Kommunikation*

Für einen Kommunikationsprozeß sind ganz allgemein drei Strukturelemente charakteristisch:

1. Kommunikative Entscheidungsfindung ist ein ausdrücklicher Beratungsprozeß, der angesichts theoretischer und praktischer Konflikte nicht den Kampf, sondern eine friedliche Lösung, der das Miteinanderreden, -überlegen, die Einsicht, die gemeinsame Überzeugung, die Einigung, den Konsens sucht, und zwar sowohl über Ziele und Zwecke als auch über Mittel. In einer *praktischen* Beratung soll aus den ursprünglich in Streit liegenden Bedürfnissen, Zielen und Interessen ein gemeinsamer Wille über die Ziele und in einer *theoretischen* Beratung aus den ursprünglich konkurrierenden Meinungen (über die angemessenen Mittel und Wege für die Ziele und Interessen) eine gemeinsame Überzeugung über die Mittel und Wege erarbeitet werden.
2. Soll der praktische Konsens über die Ziele und der theoretische über die Mittel möglich werden, so darf man in die kommunikative Beratung zwar mit eigenen und miteinander kollidierenden Interessen und Meinungen eintreten; andernfalls läge gar kein Konflikt vor, und die Beratung wäre überflüssig. Man darf seine Meinungen und Interessen jedoch nicht als Kritik enthoben und endgültig betrachten. Sie müssen den für das Paradigma Nutzenkalkulation spezifi-

schen Charakter eines vorgegebenen, unumstößlichen Datums verlieren. Das setzt bei den Beratungsteilnehmern die Fähigkeit und die Bereitschaft voraus, Interessen und Meinungen zur Disposition zu stellen und, falls es sich als begründet erweist, in bezug auf die Lernprozesse durchzumachen. Die Beratung ist nicht bloß eine kognitive Aktivität, in der schlüssige Argumente gesucht werden. Sie ist auch ein Prozeß, in dessen Verlauf man die Argumente auf sich selbst bezieht und auf der einen Seite theoretische Lernprozesse durchmacht, indem man Irrtümer und Vorurteile reduziert, neue Aspekte, Kriterien und Argumentationsfiguren aufgreift, kurz, sich ein begründetes Urteil bildet; sowie auf der anderen Seite praktische Lernprozesse zuläßt, indem man sich bereit findet, seine Interessen, Einstellungen und Normen gegebenenfalls zu verändern. Das kommunikative Lernen geschieht nicht nur adaptiv und reaktiv: als Antwort auf veränderte Umweltverhältnisse usf., sondern auch und primär reflexiv: als Folge von gemeinsam gewonnenen Erfahrungen und Einsichten. Als Bedingung der Möglichkeit einer einsichtigen Konsensbildung ist bei den Beratungsteilnehmern die Fähigkeit und die Bereitschaft zu einem Lernen und Sich-Verändern vorausgesetzt, so daß weder die Ziele und Mittel einmal für immer fix und starr vorgegeben sind noch eine Veränderung sich nur nach Maßgabe von Vor- und Nachteil, von Macht und Ohnmacht vollzieht.

3. Kommunikation entsteht jeweils dann, wenn sich mindestens zwei Personen gegenseitig als gleichberechtigte Partner akzeptieren. Ein Gespräch ist immer mehr als das Kundtun von Sätzen, mehr als Plaudern, Sich-Unterhalten oder als ein Austausch von Argumenten. Vor allem in der besonderen Form des wissenschaftlich-argumentativen Redens ist man leicht geneigt, das Gespräch für einen ausschließlich kognitiven Prozeß zu halten. Tatsächlich wird ein Gespräch aber durch ein nicht- und prä-kognitives Moment reziproker Anerkennung konstituiert. Wer sich auf Kommunikation einläßt, erkennt den anderen als Mitmenschen gleichen Rechtes und gleicher Würde an. Als Bedingung der kommunikativen Lernbereitschaft ist also ein Moment freier und reziproker Anerkennung zu denken, aus dem die Entscheidungsfindung, sofern sie nur kommunikativ sein will, logisch ihren Ursprung nimmt. Wenn man so will, wird in den Menschen- bzw. Grundrechten dieses Moment freier wechselseitiger Anerkennung näher entfaltet, ausgefächert.

6.2.2.2. *Das Beispiel einer politischen Praxis: Konzeptorientierte wissenschaftliche Politikberatung*

Was das erste Strukturelement, das Sich-Überlegen und Sich-miteinander-Beraten, in bezug auf öffentliche Entscheidungsprozesse des näheren bedeutet, will ich an einem Beispiel und Ausschnitt skizzieren, dem der institutionalisierten wissenschaftlichen Politikberatung als Konzeptplanung. Ich gehe einerseits davon aus, daß unsere Lebensverhältnisse sich in vielen Bereichen so kompliziert haben, daß sie nicht mehr immer in allen für die politischen Entscheidungen relevanten Aspekten von jedem Bürger oder auch nur Politiker hinreichend durchschaut werden können. Andererseits läßt sich eine immense Steigerung jenes empirisch-analytischen Wissens und der ihm entsprechenden wissenschaftlichen Kapazitäten beobachten, wodurch unsere Lebensverhältnisse nicht ausschließlich der persönlichen Erfahrung und Weltkenntnis überlassen, vielmehr methodisch erforscht werden. Während die Komplizierung unserer Lebenswirklichkeit deren gründliche methodische Erschließung und damit – in bezug auf verantwortliche öffentliche Entscheidungsfindung – wissenschaftliche Politikberatung (gerade auch als Konzeptplanung) nötig macht, wird sie durch die Entwicklung von Wissenschafts-Kapazitäten zugleich möglich.

Konzeptorientierte wissenschaftliche Politikberatung ist eine sich etablierende, dabei von Rückschlägen allerdings nicht verschonte politische Praxis. Diese Praxis soll über sich selbst: über ihre Struktur, ihre Möglichkeiten und Grenzen, aufgeklärt werden, um damit einen neuen, einen legitimen Status zu gewinnen. Konzeptorientierte wissenschaftliche Politikberatung steht hier für Entscheidungsverfahren, die einen umfassenderen Begriff von wissenschaftlicher Rationalität implizieren als den der Nutzenkalkulation; vor allem steht sie für Verfahren, die nicht nur durch wissenschaftliche, sondern auch durch kommunikative Elemente bestimmt sind, die beide Elemente zu vermitteln suchen, auf diese Weise eine verhängnisvolle Abschottung unterschiedlicher Rationalitätsbegriffe auflösen und die zudem für eine Orientierung an der Idee und an Prinzipien politischer Gerechtigkeit offen sind. Insofern könnte institutionalisierte wissenschaftliche Politikberatung ein für reale Politik richtungweisendes Modell abgeben.

Planung, verstanden als methodisches Entwerfen von Handlungsmöglichkeiten, ist vereinfacht ausgedrückt entweder der Entwurf eines Zieles (Zielsystem) oder der Entwurf der dazu geeigneten Mittel und Wege. Das Charakteristische von Konzeptplanung liegt nun darin, daß sie sich nicht auf eine der Möglichkeiten festlegen läßt. In einem Konzept werden weder zu vorgegebenen Zielen nur die Mittel und Wege noch unter Ausklammerung der Frage nach Mitteln und Wegen nur die Ziele bestimmt. Das Konzept richtet sich vielmehr auf beide Aspekte in ihrer Verknüpfung und wechselseitigen Dependenz, z. B. auf die Grundstruktur eines Bildungswesens.[9] Politikberatung als Konzeptplanung beschränkt sich deshalb *nicht* auf Vorschläge für *inkrementale Verbesserungen* (vgl. Poppers Modell der Stückwerktechnologie[10]). Denn aufgrund der mannigfachen Interdependenzen darf eine vernünftige Planung ihre Aufgaben nicht als streng isolierte Einzelprobleme behandeln und sich auf punktuelle ad-hoc-Maßnahmen beschränken. Ohne die Gesellschaft als ganze und auf einmal verplanen zu wollen – angesichts der Komplexität, Dynamik und Interdependenz der verschiedenen Sozialprozesse und Sozialsysteme reichen schon die Steuerungskapazitäten dafür bei weitem nicht aus –, bleibt die Möglichkeit, Konzepte zu entwerfen und sie als Grundlage politischer Entscheidungen zu empfehlen. Konzepte konzentrieren sich auf Grundstrukturen und Rahmenbedingungen, die durch weitere Planungs- und Entscheidungsprozesse noch ausgefüllt, korrigiert und vor allem mit anderen Bereichen und Gesichtspunkten abgestimmt werden können. Konzeptplanung stellt einerseits nur die erste Stufe in einem mehrstufigen Planungsprozeß dar[11]; andererseits entwirft sie schon das Grundmuster der Sache: ihre wesentlichen Elemente und Momente. Sie bringt die Teile und Aspekte in einen Zusammenhang, richtet ihn an normativen Grundsätzen der Verfassung sowie an konsensfähigen gesellschaftspolitischen Zielvorstellungen und Prinzipien aus und weist auf problem- und ausschnittspezifische Wege der Realisierung hin. Indem Konzepte die einzelnen Sektoren und Aspekte unter übergreifenden Kriterien organisieren, vermeiden sie die Gefahr des Inkrementalismus, die Schwierigkeiten erst gar nicht zu lösen oder sie nur an andere Stellen oder auf später zu verschieben.

Ferner: Auch wenn Konzeptplanung durch krisenähnliche Entwicklungen ausgelöst sein mag (die weltweite Bildungsplanung u. a. durch das lawinenartige Ansteigen der Schüler- und Studentenzahlen), verfällt sie doch *nicht* in einen punktuellen und grundsatzlosen Interventionismus, der den je auftretenden Problemen und ihrer krisenhaften Zuspitzung immer bloß nachläuft *(Krisenmanagement)*. Die Probleme sollen vielmehr, und zwar rechtzeitig, in ihrem Zusammenhang gesehen und nach Maßgabe normativer Leitprinzipien gelöst werden. Einen Beitrag dazu leistet konzeptorientierte wissenschaftliche Politikberatung, sofern sie bestimmte Strukturbedingungen erfüllt:

6.2.2.2.1. *Infrastruktur: Wissenschaftliche Rationalität*

Problemanalyse

Eine Konzeptplanung hat als erstes die schon selbstverständliche Aufgabe, die Situation des entsprechenden Planungsbereiches mit ihren Problemen zu erkennen, sie gründlich zu analysieren und auf dem Allgemeinheitsgrad von Konzeptproblemen präzis zu formulieren. Diese *wissenschaftliche Problemdiagnose* besteht aus mehreren Elementen. So braucht es Kategorien (Begriffe), die als Kriterien die Wahrnehmung der Probleme (Mängel) orientieren und strukturieren (Lehrermangel, Sprachbarrieren usw.), wobei Begriffsbildung und Mängelwahrnehmung sich wechselseitig beeinflussen. Aufgrund der verschiedenen Erhebungs- und Auswertungstechniken ermittelt die empirische Sozialforschung die erforderlichen Daten, deren Interpretation zu einer methodisch abgestützten Bestandsaufnahme führt.[12] Da Konzeptplanung die sozialen Prozesse und Institutionen in ihrer künftig gültigen Struktur entwerfen soll, ist es über Begriffsbildung, Erhebung und Auswertung hinaus erforderlich, die gegenwärtige Situation zu extrapolieren und mit Hilfe von Gesetzen oder Quasi-Gesetzen (Trends, Entwicklungslinien oder Tendenzen) zu Prognosen über jene zukünftige Situation zu kommen, in der die Konzepte, sofern sie tatsächlich zur Grundlage politischer Entscheidungen werden, ihre politisch-sozialen Konsequenzen zeigen.[13]. Je nach Forschungslage kann die Konzeptplanung bei den skizzierten Teilaufgaben auf schon vorliegende Forschungsergebnisse zurückgreifen, oder sie muß sie selbst organisieren bzw. in Auftrag geben.[14]
Nach der methodischen Ermittlung von Daten und Prognosen gilt es, die Befunde zu Konzeptproblemen aufzuarbeiten. Die Mängel sind in ihrem Zusammenhang mit dem gegebenen Bildungssystem: seinen Organisationsformen, Lernzielen, Bildungsinhalten sowie seiner sozialen Umwelt, zu stellen und aus bestimmten Eigenschaften des Bildungs- und Gesellschaftssystems zu erklären. Erst durch die *Diagnose* solcher *systemati-*

scher Mängel liegen wissenschaftlich aufbereitete Probleme vor.

Zielbestimmung

Die weitere Aufgabe der Konzeptplanung, die Antizipation einer für lebenswert und auch realisierbar gehaltenen Zukunft, nimmt Bezug auf allgemeine Grundsätze, die zum einen von der Idee und von Prinzipien politischer Gerechtigkeit und zum anderen von Funktionsanforderungen einer Industriegesellschaft bestimmt sind. Die Konzeptplanung sucht solche allgemeinen Ziele für ihren jeweiligen Problemkreis zu spezifizieren. Für den Bildungsbereich etwa hat man vier Ziele benannt. Aufgrund einer Interpretation der entsprechenden Verfassungsabschnitte über die Grundrechte sowie den demokratischen und sozialen Rechtsstaat lassen sich (I.) Chancengerechtigkeit und (II.) individuelle Förderung[15], aus den Funktionsanforderungen einer Industriegesellschaft lassen sich (III.) Dekkung des ökonomischen und sozialen Bedarfs an gebildeten Menschen sowie (IV.) ein effizienter Einsatz der materiellen Ressourcen als angemessene bildungspolitische Ziele gewinnen. Mit Hilfe solcher Ziele werden gegebene Situationen überhaupt als veränderungsbedürftig, die beobachteten und kategorial aufgegliederten Mängel als Mängel und damit als Herausforderung zur Behebung legitimiert. Zugleich geben solche (bildungspolitischen) Grundsätze die Richtlinien ab, nach denen das Bildungswesen neu zu organisieren ist. Die durch hermeneutische (Verfassungsexegese) und andere Verfahren gewonnenen Ziele bezeichnen aber erst einen sehr allgemeinen Grundrahmen, der für konkrete Planung noch zu unbestimmt ist. Besonders ist nichts darüber ausgesagt, wie man solche Ziele realisieren kann.
Auch unter dem Gesichtspunkt der zielangemessenen Realisierungsmöglichkeiten kann die Konzeptplanung auf wissenschaftliche Resultate zurückgreifen. In bezug auf Chancengerechtigkeit und individuelle Förderung rekurriert sie auf Ergebnisse der Pädagogik, vor allem der Begabungsforschung.[16] Mit deren Hilfe werden die Grundsätze zu pädagogischen Leitmotiven, zu Zielen mittlerer Allgemeinheit, spezifiziert. Der Grundsatz der Chancengerechtigkeit wird etwa zu den Forderungen nach Durchlässigkeit, frühem Lernen sowie wissenschaftsbestimmtem Lernen nicht nur für Gymnasiasten, sondern für alle Schüler des Sekundarschulwesens präzisiert;

das Kriterium der individuellen Förderung wird zum Leitmotiv der Förderung statt zu dem der Auslese und zu einer inneren und äußeren Differenzierung der Schule konkretisiert.[17] Bei den anderen Zielen kommen bildungsökonomische Forschungen und ihre verschiedenen Ansätze in Betracht.[18] Insgesamt ist eine Vielzahl wissenschaftlicher Disziplinen und Forschungszweige vonnöten.

Konstruktiver Entwurf

Auf der Basis der Problemdiagnose und nach Maßgabe der pädagogischen und bildungsökonomischen Leitmotive ist schließlich ein Zusammenhang von Bildungseinrichtungen zu entwerfen. Das Entwerfen ist eine Tätigkeit kreativer Vorstellungen, ein freies Spiel mit Möglichkeiten und deshalb zunächst nicht durch Wissenschaft, sondern durch Phantasie bestimmt. Aber die Phantasie erhält keinen unbegrenzt freien Lauf; sie steht im Dienst einer rationalen und humanen Politik. Sie soll Möglichkeiten entwerfen, die zielangemessen und unter den gegebenen sozioökonomischen Bedingungen auch realisierbar sind. Zu diesem Zweck muß Konzeptplanung auf die für sie relevanten wissenschaftlichen Erkenntnisse und Einsichten zurückgreifen.
Im allgemeinen reichen die vorhandenen Forschungsresultate aber nicht aus, um Folgen und Nebenfolgen, Kosten und Nebenkosten mit hinreichender Gewißheit zu übersehen. Konzeptplanung kann dann ihre Empfehlungen einer systematischen Bewährung in der Erfahrung aussetzen. Als eine erste Annäherung bieten sich internationale Erfahrungen an. Genauer und verläßlicher ist es, Modellversuche zu initiieren und durch eine begleitende wissenschaftliche Untersuchung systematisch auszuwerten.

Zur wissenschaftlichen Rationalität von Konzeptplanung

Schon dieser knappe Strukturaufriß stößt auf eine Mannigfaltigkeit von wissenschaftlichen Disziplinen und Verfahren. Deren Beiträge zur Konzeptplanung stehen nicht beliebig nebeneinander, sondern bilden einen komplexen, in sich strukturierten und folgerichtig aufgebauten Prozeß, dessen *Grundmuster* durch das Ineinandergreifen von drei Momenten: der Problemanalyse, der Zielbestimmung und des konstruktiven Entwurfs, gekennzeichnet ist. Die sinnvoll gestellte Frage nach der Methode von Konzeptplanung zielt deshalb nicht auf ein einziges Verfahren. Es treten verschiedene: etwa begriffsanalytische, empirische und hermeneutische Methoden zusammen, die in den einen Prozeß der Konzeptplanung zu integrieren sind. Deshalb sind all die wissenschaftstheoretischen Vorstellungen abzuwehren, die die Konzeptplanung auf ein einziges Verfahren festlegen wollen, gleich ob es als sozialtechnologische Konstruktion, als Nutzenkalkulation oder als kritisches Sinnverstehen identifiziert wird. Unter dem Aspekt des wissenschaftlichen Beitrags ist Planung vielmehr ein »hochkomplexes interdisziplinäres Unternehmen«[19], wobei nicht nur die einzelnen Fachbeiträge, sondern auch ihre Vermittlung zu einem Ganzen, dem Konzept, wissenschaftlichen Kriterien folgen sollen.

In der Wissenschaft, die ganz allgemein als Inbegriff von Theoriekompetenzen zu definieren ist, lassen sich strukturanalytisch zwei Aspekte unterscheiden. Als Sachverstand interpretiert, ist die Wissenschaft für Fachkenntnisse, als Methodenverstand für die systematische Durchführung von Denk- und Beobachtungsprozessen zuständig. Die Theoriekompetenz in diesen beiden Aspekten kann zur Konzeptplanung auf verschiedenen, mindestens drei Ebenen in eine Beziehung treten. Die drei Ebenen stellen Formen fortschreitenden Einflusses von Wissenschaft auf gesellschaftliche Planung dar:

1. Auf der untersten Stufe ihres Einflusses liefern die Wissenschaftler für die Planung *sachkompetente Informationen.* Die politischen Instanzen stellen die genauen Fragen, die Wissenschaftler geben die Antworten. Verstanden als Inbegriff der dem jeweiligen Forschungs- und Diskussionsstand entsprechenden Ergebnisse, erscheint die Wissenschaft hier als Summe von methodisch abgesicherten Daten, von Erkenntnissen und Einsichten, die man in kleineren oder in größeren Portionen abfragt.
2. In der Regel sind die wissenschaftlichen Erkenntnisse aber nur für die Fachkollegen formuliert. Überdies bewegen sie sich auf einem Abstraktionsniveau, das ihre planungsspezifische Relevanz unmittelbar gar nicht einsichtig macht. Aus diesem Grund reicht es nicht aus, daß Wissenschaftler lediglich Resultate liefern. Sie müssen die gegebenen Resultate auch im Licht der Planungsprobleme interpretieren und nach den Erfordernissen der Praxis auswerten. Für diese *planungsorientierte Interpretation* muß zur Fachkompetenz eine mit ihr als solcher nicht notwendig gegebene fachübergreifende Beurteilungsfähigkeit treten, die die oft kompli-

zierten Vermittlungsprozesse zwischen allgemeinen wissenschaftlichen Erkenntnissen und konkreten Planungsproblemen angemessen durchführt.

3. Die Konzeptplanung gewinnt die volle Qualität wissenschaftlicher Rationalität erst dann, wenn nicht nur die Einzelbeiträge und ihre Interpretation, sondern wenn auch die *Integration der interpretierten Fachbeiträge* methodisch geschieht. Dann steht aber nicht mehr der fachspezifische Sachverstand im Mittelpunkt. Wissenschaftliche Konzeptplanung ist auf eine übergreifende Methodenkompetenz angewiesen: auf die Fähigkeit, auch in solchen Bereichen folgerichtige und zielorientierte Denkprozesse durchzuführen, die nicht schon aus der bisherigen Forschungspraxis geläufig sind.[20] Deshalb ist es sinnvoll, zu den Planungsaufgaben auch fachunspezifische Wissenschaftler heranzuziehen, für Gremien der Bildungsplanung also nicht nur Vertreter der Pädagogik, Bildungsökonomie oder der empirischen Sozialforschung, sondern auch Naturwissenschaftler, Historiker, Soziologen und Philosophen.[21] Denn ein Konzept entsteht weder durch die Verschmelzung von Partialwissen noch als Resultante aus einer Vielzahl fachspezifischer Beiträge. Durch eine Addition der einzelnen Teile: der empirischen Sozialforschung mit Bildungsökonomie, Verfassungsexegese und Pädagogik, ergibt sich noch kein Grundriß des Bildungswesens. Dazu gehört es, daß man die konzeptspezifischen Beiträge als solche überhaupt identifiziert, sie gezielt abruft und mit konstruktiver Phantasie zu einem Ganzen integriert. Das Konzept ist – soweit wissenschaftlich bestimmt – nicht die Summe seiner einzelwissenschaftlichen Beiträge, sondern deren produktive Synthese.

6.2.2.2.2. *Wissenschaft als negative Instanz*

Verläßlichkeitsgrenzen der Wissenschaft

Wissenschaftler können weder eindeutige noch zweifelsfrei gewisse Rezepte liefern, und zwar aus Gründen, die zum Teil schon aus dem wissenschaftlichen Forschungsprozeß selbst, zum Teil erst aus seiner Vermittlung mit (Konzept-)Planung stammen. In lockerer Folge lassen sich mindestens sieben Argumente aufführen.

1. Für die hochkomplexen Probleme der politischen Planung ist ein Teil der wissenschaftlichen Instrumentarien oft nur

schwierig anwendbar. So sind die Algorithmen der mathematischen Optimierung zu präzise und damit zu voraussetzungsreich, um bei Rahmenplanungen mit ihren nicht exakt definierten Strukturen, mit ihren Spielräumen und Vorbedingungen eindeutig anwendbar zu sein.[22] – Zu den Grenzen der Eindeutigkeit treten solche der Verläßlichkeit von Wissenschaft:

2. Die Entwicklung der Naturwissenschaften und ihre wissenschaftstheoretische Diskussion hat die naive Vorstellung kritisiert, die empirischen Wissenschaften würden aufgrund methodisch durchgeführter Verifikationsverfahren zu absolut gewissen und unbezweifelbar richtigen Erkenntnissen führen[23]. Wissenschaftliche Resultate haben vielmehr den Rang von (mehr oder minder stark bewährten) Hypothesen, die, der kritischen Diskussion ausgesetzt, modifiziert und revidiert werden können.
3. Was für die Naturwissenschaften zutrifft, ihr fallibilistischer Charakter, gilt in einem ungleich höheren Maß für jene Wissenschaften, auf die sich gesellschaftspolitische Planung naturgemäß in erster Linie stützt, für die Humanwissenschaften. Ihre wissenschaftlichen Beiträge zur politischen Planung haben in der Regel nicht denselben, oft sehr hohen Bewährungs- und Anerkennungsgrad naturwissenschaftlicher Forschungsresultate.
4. Dazu tritt die Unsicherheit komplexer Zukunftsprognosen im Bereich der Gesellschaftswissenschaften, so daß der politischen Planung oft exakte Grunddaten fehlen.[24] Die Auseinandersetzung über Konzepte beginnt deshalb zu Recht bei der Darstellung und Beurteilung der Ausgangslage.[25] Zudem fehlt häufig selbst das für eine empirische Sozialforschung noch relativ leicht zu erstellende Material.[26]
5. Gesellschaftspolitische Pläne beziehen sich in der Regel auf neuere Entwicklungen. Infolgedessen ist das entsprechende Wissen noch nicht so lang der kritischen Diskussion ausgesetzt und daher noch relativ ungesichert. Zwar steht die politische Planung nicht unter dem Entscheidungszwang tagespolitischer Entscheidungsprozesse. Planung braucht auf die kritische Diskussion nicht zu verzichten; sie kann sogar Experimentalprogramme initiieren und erste Befunde abwarten. Im Unterschied zur autonomen wissenschaftlichen Forschung steht sie jedoch unter einem mittleren Handlungszwang: die problematisch gewordene Wirklichkeit drängt auf eine Lösung; die Politiker, die sich beraten lassen, warten auf Empfehlungen. Das in die Konzeptpla-

nung einfließende wissenschaftliche Wissen nimmt auch im Rahmen des für einen gesellschaftswissenschaftlichen Forschungsgang möglichen Gewißheitsgrades einen relativ niedrigen Rang ein.

6. Außerdem gehen in die Konzeptplanung Beiträge von vielen wissenschaftlichen Ansätzen, Verfahren und Disziplinen ein. Es sind nicht nur fachinterne (*intra*disziplinäre), sondern auch fachübergreifende (*inter*disziplinäre) Beratungsprozesse vonnöten. Da diese Beratungsprozesse oft ganz neu und zudem zwischen heterogenen Wissenschaften durchzuführen sind, werden sie von Sprach- und Verständigungsschwierigkeiten begleitet und durch eine fachspezialisierte Ausbildung gehemmt; in der Verläßlichkeit ihrer Resultate sind sie ein weiteres Mal eingeschränkt.
7. Schließlich läßt sich die allgemeine Methodenkompetenz, die für eine methodische Organisation der Einzelbeiträge zu einem Konzept erforderlich ist, nicht so leicht abschätzen wie eine fachspezifische Methodenkompetenz. Die für die politische Planung entscheidende Frage, wer hier eigentlich als wissenschaftlicher Experte gelten kann und deshalb in das Planungsgremium berufen werden soll, läßt sich nicht so einfach beantworten wie im Fall von fachspezifischen Fragen. Zwar bezieht sich die innerfachliche Urteilsbildung, die Diskussion unter den Fachgenossen, ganz allgemein nicht nur auf Meinungen, sondern auch auf die relative Zuständigkeit, den Rang und die Kompetenz von Personen und führt zur Qualifikation einzelner als Experten.[27] Für das Allgemeine gibt es aber kein eigenes Fach, daher auch keine innerfachliche Urteilsbildung über relative Kompetenzen.

»Rollende Reform«

Wissenschaftliche Konzeptplanung kann die begrenzte Verläßlichkeit nicht aufheben; sie kann ihr jedoch entgegensteuern. Dies geschieht zunächst dadurch, daß man nicht – aus Verzweiflung, keine absolut verläßlichen Verfahren zu finden – auf methodische Konzeptplanung überhaupt verzichtet, sondern Methoden mittlerer Verläßlichkeit sucht. Vor allem begegnet man der Situation, indem man einmal erarbeitete Konzepte nicht gegen Kritik und Revisionen abschirmt, sie vielmehr für Veränderungen offenhält. Gesellschaftspolitische Reformen sind auf die Weise eines revolvierenden Prozesses in Angriff zu nehmen, der innovatorische Maßnahmen mit parallelen wissenschaftlichen Untersuchungen verbindet, um auch während des Reformprozesses Änderungen der wissenschaftlichen Grundlagen: der Hypothesen sowie der empirischen Befunde, als solchen wahrzunehmen und zu berücksichtigen. Wie das in concreto durchgeführt werden kann, läßt sich ohne organisatorische, juristische und andere, auch pädagogische Überlegungen nicht entscheiden. – Ein weiterer Grund für eine »rollende Reform« findet sich in der steten Veränderung der Bedürfnisse und Interessen, der ökonomischen Randbedingungen usf.

Wissenschaft als negative Instanz

Was folgt aus diesen Hinweisen für die Relevanz der Wissenschaften in der Konzeptplanung? Planung im Dienst politischer Praxis kann die Ziele und Grundsätze, an denen sie sich orientiert, nicht selbstherrlich wählen. Damit Konzeptentwürfe zustimmungsfähig sind, müssen sie sich auf den politischen Raum beziehen: auf Verfassungsbestimmungen, parlamentarische Beschlüsse, auf (höchst-)richterliche Urteile, auf einen informellen gesellschaftspolitischen Konsens, auf die Bedürfnisse und Interessen der Betroffenen sowie die öffentliche Diskussionslage. Dieser politische Raum signalisiert allerdings noch nicht den gesellschaftspolitischen Konsens eines homogenen, klaren und seiner selbst sicheren politischen Willens, der auf dem Wege einer empirischen Erhebung bloß festzustellen und zur Grundlage der Konzepte zu erklären wäre. Angesichts der Unsicherheiten, Unklarheiten, der Dishomogenitäten und Konflikte braucht die Konzeptplanung jedoch nicht zu kapitulieren. Unter Anerkennung von Verfassungsprinzipien, (höchst-)richterlichen Urteilen sowie anderen Formen eines gesellschaftspolitischen Rahmenkonsenses als den Leitprinzipien und unter Berücksichtigung der vielfältigen Meinungs- und Willensäußerungen in der Gesellschaft besteht die kritisch-hermeneutische Aufgabe darin, Bedürfnisse und Interessen aufzugreifen, dabei auf die oft unbewußten oder noch unklaren Zielvorstellungen zu achten, die Bedürfnisse und Interessen im Licht der Leitprinzipien zu interpretieren und ggf. kritisch zu modifizieren. Der analytische Aspekt besteht darin, angesichts von begrifflichen Unklarheiten und Widersprüchen die Ziele und Kriterien zu präzisieren und zu kompatiblen Zielbegriffen zu gelangen. Bei diesen Teilaufgaben kann wissenschaftliche Konzeptplanung auf ihre (empirisch-analytischen und kritisch-hermeneutischen) Theoriekompetenzen rekurrieren. Die gesellschaftspolitischen Ziele sind ganz offensichtlich nicht Vorgaben im Sinne unumstößlicher positiver Daten. Zielüberlegung, Zielfeststellung und Zielpräzisierung sind selbst integrale Bestandteile einer wissenschaftlichen Konzeptplanung. Aber weder der Sachverstand noch der fachspezifische Methodenverstand und auch nicht eine fachübergreifende Methodenkompetenz legen die Ziele und die an sie geknüpften Konzepte letztlich fest; sie fällen nicht die Entscheidung für oder gegen sie. Die wissenschaftliche Konzeptplanung stellt grundsätzlich keine kategorischen Behauptungen auf: eine integrierte Gesamtschule, ein Ausbildungswechsel zwischen den Lernorten Schule und Betrieb usf. sollen sein. Sie argumentiert vielmehr hypothetisch: »Wenn diese oder jene Grundsätze und Kriterien übernommen werden – und dafür spricht eine Vielzahl von Argumenten –, dann ist – nach dem derzeitigen Stand der Wissenschaft – das Konzept Ki eine empfehlenswerte, rationalen Kriterien genügende Möglichkeit.«

Eine Konzeptplanung, die sich auf politische Vorgaben bezieht, ohne sie als eindeutig festgelegte Daten vor sich zu haben, kritisiert die gängige Vorstellung, nach der zwischen Politik auf der einen und den Wissenschaften auf der anderen Seite eine komplette Arbeitsteilung vorliege. Zugleich kritisiert sie die entgegengesetzte Position. Die wissenschaftlichen Planungsgremien verstehen sich sinnvollerweise *weder* als zweckrationale Dienstleistungen *(instrumentelle Vernunft),* die die Bestimmung der Ziele, Richtwerte und Führungsgrößen ganz jenen politischen Prozessen überläßt, die sich vor und außerhalb der Planung abspielen, *noch* halten sie sich, in planer Entgegensetzung, für die *zielkompetente kritische Intelligenz.* Gegenüber der Vernünftigkeit der Ziele weder ahnungslos noch gleichgültig, beschränken sie sich nicht darauf, eindeutig vorgegebene Ziele in sozialtechnologische Vorschriften zu übersetzen und die Resultate den Politikern zur Verfügung zu stellen. Problemadäquater ist folgende Vorstellung: Aufgrund der Mannigfaltigkeit ihrer Sachkenntnisse und methodischen Verfahren prüfen die Wissenschaftler insgesamt alternative Vorschläge und eliminieren jene, die ihren Anforderungen auf konsistente Begriffsbildung, methodische Bewährung an der Erfahrung usf. nicht genügen. Alle Vorschläge, die zu den Rationalitätskriterien – in einem weiten, auch hermeneutische, kritische und reflexive Verfahren einschließenden Sinn von Rationalität – im Widerspruch stehen, sind auszuschließen. Dieses Verfahren führt in der Regel zu einem Lösungsraum und nur in Sonderfällen zu einer einzigen Lösung. Aber selbst in diesen Sonderfällen hat die Wissenschaft nicht den Rang einer positiven Entscheidungsinstanz. Die Transformation dessen, was rational möglich ist, zu etwas, das tatsächlich realisiert werden soll, geschieht durch außerwissenschaftliche Momente: durch die teils vor, teils während und nach der Planung vollzogene Anerkennung der rationalen Möglichkeiten als etwas, das aufgrund der Ziele, der Mittel, der wahrscheinlichen Folgen und Nebenfolgen von der betroffenen Kommunität und ihren Repräsentanten gewollt ist. Die Wissenschaft, so meine These zur Infrastruktur wissenschaftlicher Politikberatung, hat für die Politik den Rang einer negativen Instanz.[28]

6.2.2.2.3. *Zur Binnenstruktur: experimenteller Konsens*

Der politische Raum, auf den sich die Planung bezieht, hat unterschiedliche Bedeutung. Die Verfassungen enthalten normative Leitprinzipien, die – wie die Grundrechte und der Auftrag, den demokratischen und den sozialen Rechtsstaat zu entwickeln – von den Ideen der Humanität und vor allem der politischen Gerechtigkeit bestimmt sind und die die rechtliche Grundordnung festlegen, somit den Spielraum eingrenzen, innerhalb dessen Konzepte humanitäts- und gerechtigkeitsorientiert sowie verfassungskonform sind. Die Leitprinzipien bedeuten gleichsam die höchste Berufungsinstanz, vor der sich die Ziele und Kriterien als »legitim« ausweisen müssen. Indessen sind die Leitprinzipien so allgemein formuliert, daß sie für den jeweiligen gesellschaftspolitischen Bereich und die konkrete soziokulturelle Situation noch näher zu bestimmen sind.[29] Auch ist die inhaltliche Ausfüllung für die Konkurrenz politischer Anschauungen offengehalten. Die auf einem relativ hohen Abstraktionsgrad formulierten Verfassungsgrundsätze werfen nicht nur Interpretationsprobleme auf, sondern geben auch den Raum für politisch legitime Zielkontroversen frei. Die präzise Bestimmung der Ziele kann daher nicht lediglich als ein Ableiten aus übergeordneten, noch vagen Zielformulierungen verstanden werden.[30] Im Ausgang von der Situation legitimer Kontroversen sind vielmehr in einem offenen Prozeß der Willensbildung solche Ziele zu gewinnen, die über die Negativkriterien der Konsistenz, Präzision und der Verfassungskonformität hinaus die Bedingung erfüllen, sich als Basis eines neuen gesellschaftspolitischen Konsenses zu eignen. Deshalb ist auch die öffentliche Diskussion aufzugreifen, allerdings nicht kritiklos und unqualifiziert.

Durch die Aufgabe, auch einen Zielkonsens zu erarbeiten, obwohl sie für ihn nicht entscheidungskompetent ist, wird die Konzeptplanung zu einem Kommunikationsprozeß, in dem ein Konsens erprobt wird. Die Konzeptplanung muß nicht nur rationale Möglichkeiten entwerfen, sondern auch *politische Vorgaben* aufgreifen und sie *experimentell zu einem aufgeklärten Konsens forttreiben.* Die Ausdrücke »erproben« und »experimentell« sind hier emphatisch gemeint. Gesellschaftspolitische Konzeptplanung ist ein Experiment, dessen Ergebnis zeigen soll, was in der jeweiligen gesellschaftspolitischen Situation an unter Aspekten von Gerechtigkeit, Rationalität und Kommunikation aufgeklärten Handlungsentwürfen möglich ist.
Es wurde schon darauf hingewiesen, daß die moderne wissenschaftstheoretische Diskussion gezeigt hat, daß kein Verfahren existiert, das unbezweifelbar gewisse Forschungsergebnisse garantiert. Dies gilt um so mehr für den komplizierteren und nicht vollständig verwissenschaftlichten Bereich, die Konzeptplanung. Insofern das gesellschaftspolitische Konzept durch einen Konsens begründet wird, der nicht zwingend beweisbar ist, ist es auch nicht für jedermann schlechthin gültig. Gleichwohl ist der Inhalt des experimentellen Konsenses nicht unverbindlich, da er methodisch herbeigeführt wird, so daß Zufall, persönliche Vorurteile usf. nicht gerade ausgeschlossen, aber doch erheblich reduziert werden. Zu den methodischen Regeln gehört es, daß man nicht nach dem einen »Weisen« sucht, sondern ein Gremium bildet, das sich zu gemeinsamen Lernprozessen bereit finden und in dem Gespräch, in der Diskussion einen gemeinsamen Willen bilden muß.[31] Ferner müssen die Mitglieder so ausgewählt sein, daß willkürliche Aussagen und Gegenaussagen mit hoher Wahrscheinlichkeit auf Widerspruch stoßen und eine sachliche Argumentation herausfordern. Dazu sind Personen erforderlich, die weder voneinander abhängig noch aufeinander angewiesen sind. Vor allem aber müssen die Konzeptplaner gegenüber den gesellschaftlichen und politischen Kräften relativ unabhängig sein; sie dürfen sich nicht bloß als Interessenvertreter verstehen. Ein Konzept soll ja nicht der (möglicherweise nutzenkalkulatorisch, nämlich spieltheoretisch berechenbare) *Kompromiß* zwischen antagonistischen Kräften sein. Weitere wirksame Vorkehrungen finden sich in der Institution des Minderheitengutachtens; im Zwang, Konzepte zu begründen und öffentlich Rechenschaft über sie abzugeben; in der Erwartung und der Durchführung einer kritischen öffentlichen Diskussion.
Derartige Bestimmungen schaffen in der Regel weit idealere

Kommunikationsbedingungen, als sie sich in homogenen Gruppen oder den Querelen, Vorurteilen und Handlungszwängen der Tagespolitik darbieten. Sie bedeuten eine »Rationalisierung« der Konsensfindung, ohne sie deshalb zu verwissenschaftlichen. Konzeptplanung, die sich derartigen Regeln unterwirft, erhöht die Chancen für aufgeklärte Handlungsentwürfe.

Um die Quintessenz noch einmal zu formulieren: Konzeptplanung als methodischer Kommunikationsprozeß basiert auf der Übereinstimmung in der Anerkennung bestimmter Ziele und Kriterien, einer Übereinstimmung, die – durch kritisch-hermeneutische und empirisch-analytische Methoden abgestützt – durch ein Verfahren der Konsenserprobung in relativer Distanz zu den politischen Instanzen und Kontroversen experimentell gefunden wird.

6.2.2.2.4. *Zur Außenstruktur: Kooperation zwischen Wissenschaft und Politik*

Wissenschaftliche Politikberatung soll eine Mittlerrolle zwischen Politik und Wissenschaft ausüben. Diese Mittlerrolle kann sie aber nur dann erfüllen, wenn beide Seiten – Politik und Wissenschaft – sich einander zuwenden, ohne ihre Eigenart aufzugeben. Indem die Politik wissenschaftliche Beratungsgremien institutionalisiert, reduziert sie nicht einfach die politische Kompetenz auf Sachkompetenz und läßt die Wissenschaftler als Wissenschaftler die öffentlichen Entscheidungen treffen (Technokratie). Wohl öffnet sich die Politik dem Sach- und Methodenverstand. Sie stellt sich ausdrücklich unter die Ansprüche von Wissenschaft, deren Eigenrecht (die Sach- und Methodenkompetenz) sie anerkennt. Dadurch erhält die Wissenschaft ein politisches Mitwirkungsrecht, allerdings kein pauschales, sondern bezogen auf bestimmte Aufgaben, die sie nach Maßgabe ihrer eigenen Kriterien und Kompetenzen ausfüllt. Und umgekehrt: Wissenschaft, die sich zur Politikberatung bereit findet, gibt nicht ihr Eigenrecht auf, um sich Erkenntnisse von der Politik vorschreiben zu lassen. Doch schränkt sie ihre Autonomie ein und wendet sich den Aufgaben zu, für deren Lösung man sie in Anspruch nimmt. Darüber hinaus greift sie normative Leitprinzipien sowie gesellschaftspolitische Diskussionslagen auf, womit sie sich den Ansprüchen der Politik stellt.

Wissenschaftliche Politikberatung kann nur dort gelingen, wo

Wissenschaft und Politik aufeinander zugehen, ohne sich einander zu bemächtigen. Sowohl die Herrschaftsanmaßung von Wissenschaftlern gegenüber der Politik als auch die konträre Anmaßung von Politikern gegenüber der Wissenschaft würde die Vermittlungsaufgabe unmöglich machen. In dem einen Fall würde die demokratische Willensbildung und Entscheidungsfindung, in dem anderen Fall die wissenschaftliche Rationalität manipuliert. Um beide Gefahren zu vermeiden, muß die relative Autonomie von Wissenschaft und Politik sichergestellt werden. Dazu gehört es, daß auf beiden Seiten die Freiheit der Kritik gewahrt bleibt: Einerseits muß das Beratungsgremium unabhängig sein, wozu auch materielle und personelle Mittel (vor allem ein eigener Arbeitsapparat und eine genügende Anzahl wissenschaftlicher Mitarbeiter) zählen; andererseits dürfen die Pläne keinen imperativen, sondern nur einen Empfehlungscharakter haben.[32]

Im Prozeß öffentlicher Entscheidungsfindung nehmen Wissenschaft und Politik je verschiedene Funktionen wahr. Die Politik sucht den Rat des Sachverstandes; die Wissenschaft plant nach Maßgabe politischer Leitprinzipien und praktischer Bedürfnisse. Zugleich behalten beide Seiten ihre relative Autonomie; die Impulse, die sie abgeben, sind verschiedener Natur. Die Wissenschaft gibt Auskunft über rationale Möglichkeiten. Sie entwirft Konzepte, die in sich widerspruchsfrei, die zielklar, zieleffizient sowie durch empirische Forschung abgestützt sind und darüber hinaus das Resultat eines aufgeklärten Konsenses darstellen. Die Politik schreibt über die Verfassungen normative Leitprinzipien vor, und in ihren Entscheidungsgremien nimmt sie Rücksicht auf das unmittelbar Notwendige, auf das Machbare und das Durchsetzbare; sie bewertet die alternativ möglichen Ziele, setzt die Prioritäten und entscheidet über den Zeitplan. Mit einem Wort: die Wissenschaft trägt Sachlegitimation: Rationalität und Reflexion, bei, die Politik die politische Legitimation.

Die Zusammenarbeit unter Wahrung der je eigenen Prinzipien ist terminologisch als partnerschaftliche Kooperation zu fassen, ein Verhältnis, das weder konfliktlos noch grundsätzlich feindlich ist. Organisatorisch kann es recht verschiedene Formen annehmen. Während der Vorgänger des Deutschen Bildungsrates, der Deutsche Ausschuß für das Erziehungs- und Bildungswesen, ohne eine Mitwirkung von seiten der Regierung und der Verwaltung arbeitete, besteht der Wissenschaftsrat und bestand der Bildungsrat je aus zwei Kommissionen: aus der Wissenschaftlichen bzw. der Bildungskommission auf der einen und der Verwaltungs- bzw. der Regierungskommission auf der anderen Seite, so daß die Kooperation zwischen Sachverstand und Politik schon innerhalb der Beratungsinstitutionen stattfindet. Die wissenschaftlichen Berater werden frühzeitig auf die Fragen der politischen Realisierbarkeit, die Vertreter der Exekutive frühzeitig auf die Einsichten des Sachverstandes aufmerksam gemacht. Der gemeinsame Lern- und Kooperationsprozeß beginnt schon vor der Verabschiedung und Veröffentlichung der Empfehlungen.

Das Gelingen einer durch wissenschaftliche Politikberatung rationalisierten Politik hängt sehr stark von solchen und anderen organisatorischen Unterschieden ab. Durch eine kritische Auswertung der bisherigen Erfahrungen lassen sich sicherlich noch bessere Formen finden, auch wenn man ein für alle Situationen gleichermaßen optimales Modell nicht erwarten kann.[33] In diesem Zusammenhang ist auch nur das gemeinsame Merkmal: die kooperative Grundstruktur im institutionalisierten Zusammenwirken von Wissenschaft und Politik, entscheidend.

Obwohl sich die wissenschaftliche Politikberatung in erster Linie an jene entscheidungskompetenten Politiker wendet, durch die sie zur Beratung aufgerufen wurde, ist Gesellschaftspolitik in demokratischen Staaten doch keine Geheimpolitik. Sie findet vor den Augen und unter der Beteiligung der (aktiven) Öffentlichkeit statt. Auch die wissenschaftlich abgestützten Empfehlungen richten sich nicht allein an die gewählten Repräsentanten (Parlamentarier) und/oder an die Exekutive. Aus diesem Grund und um die politische Unabhängigkeit der Beratungsgremien zu verstärken, gehört es zu den Empfehlungen, daß man sie publiziert. So rufen sie auch in der öffentlichen Diskussion Kritik und Gegenkritik hervor und stimulieren Lern- und Veränderungsprozesse. Der aus pluralistisch zusammengesetzten Beratungsgremien hervorgehende experimentelle Konsens soll für die pluralistisch strukturierte Öffentlichkeit Beispiel- und Fermentcharakter haben und ein – unter Gerechtigkeits-, Rationalitäts- und Kommunikationsaspekten gesehen – höheres Wissen sowie ein entsprechend hohes Problembewußtsein und Argumentationsniveau provozieren.[34]

Die mit der öffentlichen Diskussion initiierten Lern- und Veränderungsprozesse beeinflussen wiederum die politischen Instanzen. Außer dem direkten Lernprozeß zwischen den Beratungsgremien und den Politikern findet noch ein indirekter, ein über die öffentliche Diskussion vermittelter statt und erhöht den Einfluß der Empfehlungen. Gleichwohl bleiben diese ein

Angebot. Um die vorgeschlagene aufgeklärte Politik selbst zu realisieren, fehlt ihnen die politische Legitimation. Das Angebot muß von den Angesprochenen, vor allem den Politikern, dann auch von der Öffentlichkeit wahrgenommen werden. Ob das tatsächlich geschieht, muß in einem als Kooperationsprozeß verstandenen Verhältnis der Wissenschaft zur Politik den Angesprochenen freigestellt bleiben. Wissenschaftliche Beratungsprozesse können und sollen sich der Fragilität von Anerkennungsprozessen nicht entziehen.
Je besser die wissenschaftlichen und kommunikativen Bedingungen innerhalb der Beratungen sind und je besser das Kooperationsverhältnis zur Politik ist, desto höher sind die Chancen der Anerkennung. Und werden die Empfehlungen anerkannt, dann wird in die Politik nicht nur ein höheres Argumentations-, sondern auch ein höheres Entscheidungsniveau getragen. Die tatsächliche Anerkennung hängt von vielerlei Gründen ab. Es kommt nicht nur auf die Qualität der Ratgeber, sondern auch auf die der Ratsuchenden: auf die Urteilsfähigkeit und das Verantwortungsbewußtsein der Politiker, dann auch auf die Qualität der öffentlichen Meinung an. Diese nur sehr allgemein bezeichneten Qualifikationen hängen selbst von mancherlei Bedingungen ab, nicht zuletzt von dem, worum es zum Beispiel bei der Reform des Bildungswesens inhaltlich geht: von der Ausrichtung der Lernprozesse auf die Entwicklung von sprachlichen, sozialen und humanen Kompetenzen sowie von der chancengerechten Verteilung des entsprechenden Bildungsangebots.

6.2.2.2.5. *Wissenschaftliche Politikberatung als Chance zu Gerechtigkeit und Humanität*

Die Inhalte der Empfehlungen, die von seiten wissenschaftlicher Politikberatung ausgesprochen werden, sind nicht schon deshalb gerecht, weil sie nach rationalen und kommunikativen Kriterien erarbeitet worden sind. Eine Gleichsetzung von Rationalität und Kommunikation mit politischer Gerechtigkeit ist unzulässig. Zwar stellt die intersubjektive Verständigung über Ziele und ihre freie Anerkennung selbst ein Element des Gerechten dar. Auch ist die Rationalität der Mittel und Wege ein konstitutives Moment politischer Gerechtigkeit. Denn wenn Leitprinzipien der Gerechtigkeit tatsächlich zur Anwendung kommen sollen, dann ist eine Überlegung der angemessenen Mittel und Wege vonnöten. Die Planung des Erfolges gehört zur Ernsthaftigkeit einer Orientierung an politischer Gerechtigkeit hinzu. Aber insofern es der wissenschaftlichen Politikberatung um das Aufgreifen und problemspezifische Ausarbeiten, nicht um die philosophische Legitimation und die politisch-rechtliche Anerkennung der Prinzipien der Gerechtigkeit geht, ist die fundamentale Orientierung an inhaltlichen Kriterien von Gerechtigkeit mit dem Beratungsverfahren selbst nicht mitgegeben, sondern ihm methodisch vorgeordnet. Dort, wo – etwa durch das Aufgreifen der entsprechenden Verfassungsbestimmungen – die grundsätzliche Orientierung an politischer Gerechtigkeit gegeben ist, kann auch die Aufgabe der Vermittlung von Gerechtigkeitsansprüchen mit geschichtlicher Wirklichkeit übernommen werden. Und nur dort sind die von rationalen und kommunikativen Kriterien bestimmten Entscheidungsprozesse im vollen Sinn als Strategien politischer Gerechtigkeit zu qualifizieren.

Allerdings darf man auch dann nicht die Erwartungen überziehen. Eine Politik, die ihre Gerechtigkeitsansprüche recht versteht, sorgt sich nur zu einem Teil unmittelbar um Humanität im Sinne von Selbstverwirklichung der Bürger. Sie tut es nämlich nur unter dem Aspekt, daß politische Kommunikationsprozesse selbst ein Stück humanen Lebens bedeuten. Von diesem allerdings wichtigen Aspekt abgesehen, konzentriert sich eine humanitäts- und gerechtigkeitsorientierte Politik auf limitierende Grundbedingungen von Humanität. Ihr geht es darum, Barrieren zu einem humanen Leben abzubauen, Dispositionen und Kompetenzen entwickeln zu helfen, die dem Menschen ein Zusichselbstkommen erlauben, sowie die erforderlichen ökonomischen und sozialen Voraussetzungen bereitzustellen. Die entsprechende Selbstverwirklichung muß aber den Betroffenen überlassen bleiben, soll Politik nicht totalitär werden. Die Suche nach Strategien politischer Gerechtigkeit ist auch gar nicht an die Annahme gebunden, es sei möglich und erstrebenswert, Humanität als das Zusichselbstkommen der Menschheit mittels öffentlicher Entscheidungsprozesse unmittelbar und vollständig zu realisieren. Im Unterschied zur politischen Gerechtigkeit kann Humanität weitgehend lediglich als das indirekte, nicht auch das direkte Ziel von Politik gelten.

Die Detail-Analyse zur konzeptorientierten wissenschaftlichen Politikberatung war exemplarisch gemeint. Am Beispiel einer sich etablierenden, aber auch von Rückschlägen bedrohten politischen Praxis sollten Struktur und Sinn eines Entscheidungsverfahrens deutlicher werden, das sich den Ansprüchen von Gerechtigkeit, Rationalität und Kommunikation stellt sowie die Ansprüche zu vermitteln sucht. Aufgrund der skizzierten Verfahren eröffnet sich dem politischen Handeln ein Maß an gerechtigkeitsorientierter, an rationaler und kommunikativer Aufklärung, das einer Entscheidungsfindung nach dem Paradigma Nutzenkalkulation methodisch verschlossen ist. Durch die Grundelemente: die Tatsache, daß sich die Politik unter die Ansprüche der Wissenschaft stellt; durch einen Wissenschaftsbegriff, der sich nicht auf bestimmte Disziplinen und Methoden festlegt, sondern ganz allgemein Sach- und Methodenkompetenz meint; durch die Anerkennung der Wissenschaften insgesamt als einer negativen und nicht einer positiven Entscheidungsinstanz; durch die Idee des experimentellen Konsenses, den Begriff einer kooperativen Beziehung zwischen Wissenschaft und Politik, vor allem auch durch die Orientierung an Leitprinzipien politischer Gerechtigkeit werden methodische Beschränkungen überwunden, die mit den gegenwärtig vorherrschenden, den rationalen Entscheidungstheorien verbunden sind.

Die damit anvisierten Verbesserungen bestehender Sozialpragmatiken gehen in zwei Richtungen. Mit dem in Ansätzen skizzierten Modell rationaler und kommunikativer Entscheidungsfindung werden die Möglichkeiten einer methodischen Beziehung zur Idee politischer Gerechtigkeit erweitert. Zugleich ist die Vorstellung abzuwehren, hier könne politische Gerechtigkeit oder gar Humanität vollständig geplant und rational verfügbar werden. Weder die kritischen Hinweise auf einige der gegenwärtig vorherrschenden Entscheidungstheorien noch die exemplarisch gemeinte Analyse einer sich etablierenden politischen Praxis sind auf Methoden oder Verfahren gestoßen, die aus sich heraus Gerechtigkeit und Humanität verbürgen. Schon wegen der vielfältigen Verläßlichkeitsgrenzen der Wissenschaft, dann wegen ihrer Bedeutung als negativer Entscheidungsinstanz, wegen der Fragilität kommunikativer Beziehungen und weil die Leitprinzipien politischer Gerechtigkeit die methodische Bedeutung von allgemeinen Vorgaben haben, kann wissenschaftliche Politikberatung konkrete Gerechtigkeit nicht garantieren. Und in bezug auf Humanität gilt: Weil das Zusichselbstkommen der Menschen weitgehend lediglich ein indirektes Ziel von Politik sein kann, ist insofern eine öffentliche Verfügung über Humanität grundsätzlich, das heißt auch aufgrund gerechtigkeitsorientierter Entscheidungsprozesse, nicht möglich.

Diese Grenzen von öffentlichen Entscheidungsverfahren gegenüber politischer Gerechtigkeit und dem Zusichselbstkommen der Menschen bedeuten jedoch nicht, daß die Entscheidungsverfahren und ihre Verbesserung gegenüber der Realisierung von Gerechtigkeit und Humanität gleichgültig seien. Der Sinn, den ein rational und kommunikativ bestimmtes Entscheidungsverfahren für Gerechtigkeit und Humanität hat, und die Überlegenheit gegenüber anderen Verfahren liegt vielmehr darin, daß eine Grundorientierung an Prinzipien politischer Gerechtigkeit bereichs- und situationsgerecht erschlossen werden kann, eine Aufgabe, ohne die sich die Verpflichtung auf Gerechtigkeit und Humanität nicht erfüllen läßt. Wenn öffentliches Handeln tatsächlich Humanität befördern und das Befördern nicht dem Zufall überlassen, sondern so weit wie möglich methodisch durchführen will, dann braucht es Entscheidungsverfahren, die sowohl an Gerechtigkeitsgrundsätzen orientiert als auch durch die formellen Bedingungen von Rationalität und Kommunikation bestimmt sind. Mit solchen Verfahren werden zwar Gerechtigkeit und Humanität nicht garantiert, jedoch wird eine maßgebliche Chance zu ihnen eröffnet.

6.3. *Erhard Denninger: Prinzipien der freiheitlich demokratischen Grundordnung und Probleme ihrer Anwendung*

6.3.1. *Motivationale Grundlagen einer freiheitlichen Demokratie*

Wir fragen nach der von der geschriebenen Verfassung *vorausgesetzten Grundverfassung des Bürgers,* ohne welche die vom Bundesverfassungsgericht[1] [. . .] nicht abschließend katalogisierten institutionellen Elemente der freiheitlichen demokratischen Grundordnung leerlaufen, ihren Zweck verfehlen (müssen). Umgekehrt sind aber gerade die Institutionen dieser Ordnung, etwa: Grundrechte, Gewaltenteilung, Pluralismus und Selbstbestimmungsprinzip so beschaffen, daß sie bei vernünftigem Einsatz jene weiteren Grundvoraussetzungen beim Bürger zu bewirken, mindestens zu fördern, zu festigen und zu erhalten vermögen.[2] Diese Wechselwirkung zwischen den institutionellen (d. h. derzeit: den die Definition der BVerfGE 2, 12 f. ausmachenden) und den sozusagen »vorinstitutionellen« Elementen der freiheitlichen demokratischen Grundordnung, ferner der instrumentale Charakter jener in bezug auf diese wird sofort einleuchten, wenn ich vorschlage, den definitorischen Katalog um die folgenden Elemente zu ergänzen:

1. *Freiheit von Angst,* 2. *Vertrauen,* 3. *Bereitschaft zum Engagement.*

Die umfassende Bedeutung dieser drei Grundelemente für die Konstitution sowohl des Rechtsstaates als auch des politischen Prozesses der Demokratie und für deren reziproke Bedingtheit kann hier nur angedeutet werden. Am Anfang steht die *Freiheit von Angst,* – freedom from fear – jenes schon von *Hobbes* benannte[3], genau 300 Jahre später von *F. D. Roosevelt*[4] wiederentdeckte, weltweit verkündete Leitmotiv nicht nur der Staats*gründung,* sondern, zumal im Zeitalter totalitärer Systeme, auch der Staatsmacht*begrenzung.* In diesem Sinne hat man neuerdings in unterschiedlichen Zusammenhängen auf die *rechtliche* Funktion der Freiheit von Angst hingewiesen: als Bestandteil des Rechts auf freie Entfaltung der Persönlichkeit gegenüber der heimlichen oder der sogar offenen Observierungspraxis der Verfassungsschutzämter[5], ferner als Element der aktivbürgerlichen, demokratieverwirklichenden Grundrechtsbetätigung, als Freiheit von antizipierter ökonomischer Existenzangst (im Hinblick auf karriereschädliche politische Aktivitäten)[6]. Aus diesem, aber nicht nur aus diesem Grund sind Ausforschungen durch Verfassungsschutzagenten an Schulen und – abgesehen von *konkreten* Gefahrenfällen – auch an Hochschulen rechtlich ein Ding der Unmöglichkeit[7].

Freiheit von Angst gehört aber nicht nur zur Atemluft lebendiger Demokratie; sie ist ein Grundbaustein rechtsstaatlicher Freiheit und umgekehrt erfüllen rechtsstaatliche Institutionen ihren Sinn dann, wenn sie zur Befreiung von Angst beitragen. Niemand hat dies eindrucksvoller bedacht als *Montesquieu.* Politische, besser staatsbürgerliche Freiheit bestehe in der Sicherheit des Einzelnen, oder mindestens in der *Überzeugung* von der eigenen Sicherheit; die Freiheit des Bürgers beruhe deshalb entscheidend auf der Güte der Strafgesetze[8]. Notabene: *Montesquieu* hat nicht die »Innere Sicherheit« im Auge, wie die Konferenz der Innenminister den Begriff versteht, nämlich als möglichst effektiven Schutz der Rechtsgüter der Allgemeinheit, als hohe Verbrechensaufklärungsquote und drakonische Strafdrohungen, nein, der Franzose denkt an Garantien des due process, an Tatbestandsbestimmtheit, rechtsstaatliche Beweisführung und Verteidigung, Schutz gegen falsche Anschuldigungen, an richterliches Gehör u. ä. Man lese seine Kritiken an der Strafpraxis aufgrund des uferlosen crimen laesae majestatis, man setze statt dessen den »Mißbrauch zum Kampf gegen die freiheitliche demokratische Grundordnung«, und es wird deutlich, wo hier und heute die Probleme liegen. Dies gilt für seine

Warnungen vor der Verwendung von Indiskretionen[9], dies gilt insbesondere für die Kritik an Verurteilungen aufgrund bloßen Verdachts und, ebenso schlimm, wegen bloßer Gesinnungen. Es war eine böse Tyrannei des Dionysios, einen gewissen Marsyas hinrichten zu lassen, bloß weil dieser *geträumt* hatte, er würde den Herrscher umbringen. Gesetze haben, so *Montesquieu,* dafür zu sorgen, daß nur *äußere* Handlungen mit Strafe belegt werden[10]. Grund hierfür ist die Sicherheit, die Freiheit von Furcht, die aus der Berechenbarkeit und der durch eigenes Verhalten möglichen Steuerung der Rechtsfolgen entspringt. Dies gilt prinzipiell nicht allein für Strafgesetze. Diese Bedingungen der Freiheit von Angst entfallen, wenn die Gesetze dem Bürger nicht mehr nur meßbares, jedenfalls beobachtbares, damit beweisbares äußeres Verhalten abverlangen, sondern Gewissensproben, Überzeugungen, Gesinnungen. Die Gesellschaft polarisiert sich dann in die Tugendhaften, die in der rechten Gesinnung sind, und in jene, die es nicht sind, in »Freunde« oder »Feinde der Freiheit«. »Die Gesinnung aber kann nur von der Gesinnung erkannt und beurteilt werden. Es herrscht somit der *Verdacht*; . . . Es herrschen jetzt die *Tugend* und der *Schrecken*; denn die subjektive Tugend, die bloß von der Gesinnung aus regiert, bringt die fürchterlichste Tyrannei mit sich«[11]. Diese Revolutionskritik *Hegels* trifft jegliche Art von Jakobinismus; ex negativo läßt sie die Fundamente des rechtsstaatlichen Legalitätssystems um so leuchtender hervorscheinen. An die Stelle der Tugend tritt der Gesetzesgehorsam, an die Stelle von Verdacht, Mißtrauen und Schrecken treten Bestimmtheit, Vertrauen, Sicherheit. Das Grundmuster der Bürger-Staat-Beziehung muß deshalb von *wechselseitigem Vertrauen* geprägt sein. Dem *favor legis* entspricht der *favor civis,* eine *Vermutung für die Verfassungstreue des Bürgers.* Dieser vertraut seinerseits darauf, daß der doppelte Gewaltverzicht (auf Faust- oder Selbsthilferecht und auf Revolution), den er mit der Anerkennung des staatlichen Rechtsschutz- und Gesetzgebungsmonopols geleistet hat, durch die Herrschaft im Recht auch in doppelter Hinsicht wettgemacht wird: durch den Schutz erworbener Rechte und ausgeübter Grundrechte einerseits, durch die Offenhaltung der Innovationschance, d. h. der *legalen* Änderungsmöglichkeit der Verteilungsregeln andererseits.

Das rechtsstaatliche Legalitätssystem kann seine Funktion der Friedenswahrung durch Rechtsgüterschutz *und* normativ geleiteten sozialen Wandel auf Dauer nur erfüllen, wenn es von der Bereitschaft eines großen Teiles der Bürger getragen wird, sich im permanenten Prozeß der Staatshervorbringung und der »Gemeinwohl«-Bestimmung zu engagieren und sei es nur in der bescheidenen Rolle des vernünftig überlegenden freien Wählers. Dieser so ungemein wichtige Ausdruck einer realisierbaren politischen Autonomie hat ebenso wie jedes intensivere demokratische Engagement zur elementaren Voraussetzung, daß die erst aufgrund politischer Auseinandersetzung zu findenden Lösungen und zu treffenden Entscheidungen nicht bereits durch staatlich vorfixierte Werte-Canones vorweggenommen sind. Der Staat, in dem sich nicht nur der Beamte, sondern in erster Linie der Bürger zu Hause fühlen soll, muß diesem die Chance lassen, sich aktiv und kooperativ in diesem »Hause« einzurichten. Bereitschaft zu demokratischem Engagement erweist sich sowohl als Bedingung als auch als Bedingtes einer Verfassung offener Kritikmöglichkeit, pluralen Ideen- und Interessenwettbewerbes, politischer Toleranz und, nicht zuletzt, der Revidierbarkeit staatlicher Entscheidungen. In bestimmte Bezirke der Persönlichkeitsentfaltung darf der Staat überhaupt nicht eintreten; das Dekretieren letzter Wahrheiten und existenzieller Sinngebung ist ihm ebenso verwehrt wie einer politischen Partei die Durchsetzung eines mit dem Anspruch auf den Besitz absoluter Wahrheit auftretenden Programmes. Die freiheitliche Demokratie muß streitbar sein gerade um der Erhaltung dieser pluralistischen Offenheit willen; gerade die streitbare Demokratie ist die eigentlich »relativistische«, die eben diesen relativistischen Pluralismus absolut verteidigt. Hierin liegt die konsequente Fortführung des alten, von *Kelsen*[12] entwickelten und oft mißverstandenen Zusammenhanges von philosophischem Relativismus und demokratischem Prinzip[13], den ich in der verfeinerten Fassung durch den *Popper*-Schüler und -kritiker *H. F. Spinner* aufgreifen möchte: Während erkenntnistheoretischer Monismus mit seiner Orientierung an Rechtfertigung bzw. Verifizierung in der politischen Praxis zu autoritären Einstellungen führt, »enthält das fallibilistisch-pluralistische Erkenntnis- und Handlungsmodell den Keim einer humanitären Ethik sowie einer Philosophie der Demokratie«[14].

6.3.2. *Folgerungen und Beurteilungen*

Wir haben versucht, die *Freiheit von Angst*, das *Vertrauen* und die *Bereitschaft zum Engagement* als aufeinander aufbauende Elemente nicht einer politischen Soziopsychologie im allgemeinen, sondern speziell der sozialpsychologischen Fundierung einer freiheitlichen Demokratie aufzuzeigen. In diesem Sinne kann man, normativ gewendet, von vorinstitutionellen Elementen der freiheitlichen demokratischen Grundordnung sprechen. Versuchen wir nun, die Bedeutung dieser Elemente als Kriterien für die Beurteilung dogmatischer Einzelfragen im Bereich des Verfassungsschutzes abzuklären.

6.3.2.1. *Beamtentreue*

Für Beamtenbewerber wie für bereits ernannte Beamte spricht eine Ausgangsvermutung zugunsten ihrer Verfassungsloyalität[15]. Für Angehörige beider Gruppen gilt insoweit nichts anderes als für jeden anderen Staatsbürger auch. Ohne eine solche Vermutung ließe sich die beamtengesetzliche Gewährbieteklausel rechtsstaatlich, d. h. willkürfrei gar nicht handhaben, denn wie sollte ein junger Beamtenbewerber, ein politisch unbeschriebenes Blatt, sonst den Beweis über ein *zukünftiges* Verhalten überhaupt führen können? Auch den Fortbestand der verfassungstreuen Gesinnung beim ernannten Beamten muß diese Vermutung sichern, die allein ihn davon entbindet, andernfalls täglich, stündlich, immerfort Bekenntnisse im Sinne des § 35 BRRG ablegen zu müssen. Zum Probierstein für den Rang der Loyalitätsvermutung wird die Frage[16], ob die einfache Mitgliedschaft in einer von einer (oder mehreren) Einstellungsbehörde(n) für verfassungswidrig gehaltenen Partei oder in einer sonstigen Gruppe – ohne daß ein entsprechendes Verbot durch das Bundesverfassungsgericht bzw. die nach § 3 VereinsG zuständige Behörde vorläge – nicht nur im Einzelfall ausräumbare Zweifel an der Treue, sondern, wie gesagt wurde, bereits eine »erdrückende Vermutung«[17] für mangelnde Verfassungstreue begründet. Nicht zuletzt an dieser Differenz ist 1974 der Versuch einer gesetzgeberischen Entschärfung des Extremistenproblems gescheitert. Mit Sicherheit kann man hier im Hinblick auf ein parteipolitisch wohlgefälliges Beamtencorps nicht einfach unter Berufung auf Art. 79 Abs. 3 i. V. m. Art. 20 GG, auf den Rang also der sozialen Rechtsstaatlichkeit, einen Vorrang des Staates und folglich des für seine Erhaltung notwendigen öffentlichen Dienstes im Verhältnis zur Funktion der politischen Parteien herleiten[18]. Denn Rechtsstaat ist nicht gleich Staat und Staat ist nicht gleich Beamtentum; Art. 79 Abs. 3 i. V. m. Art. 20, zumal Abs. 1, garantiert also nicht »primär Staatlichkeit« im Gegensatz zum politischen

Parteileben, vielmehr wird eine rechts- und sozialstaatliche *Demokratie* garantiert und zwar als *parteienplurale*. Eine den Prinzipien der Angstfreiheit und der vertrauensvollen Bereitschaft zum demokratischen Engagement gerecht werdende Problemlösung wird hier nicht mit pauschalen Verurteilungen im Sinne des auch hierzulande unzulässigen »guilt by association«[19], sondern nur mit einer sorgfältigen Einzelfallprüfung arbeiten dürfen. Können Art und Umfang der Identifikation eines Mitgliedes mit dem Programm seiner Partei nur individuell ermittelt werden, dann ist es methodisch fragwürdig und sachlich unzulässig, aus dem Wortlaut einer Parteisatzung eine »besondere Inpflichtnahme« jedes einzelnen Mitgliedes und hieraus wieder eine volle Identifizierung mit dem Programm zu folgern[20]. Und wenn obergerichtliche Rechtsprechung sich zwar bei einem NPD-Mitglied eine innere Distanznahme von verfassungsfeindlichen Zielen der Partei auch ohne Parteiaustritt vorstellen kann, hingegen bei einem DKP-Mitglied nur die volle Identifizierung, dann vermag so feine Unterscheidungskunst bei einem, der auf die Welt kam, als die erste Republik im braunen Strudel versank, nur noch Trauer und Sorge zu bewirken[21].

6.3.2.2. *Überverfassungsgesetzlicher Notstand?*

»Schutz der Verfassung« bedeutet mehr als nur Verteidigung einer abstrakten Normenordnung, bedeutet, wie auch die Formel »Bestand und Sicherheit des Bundes oder eines Landes«[22] zeigt, den Schutz realer Rechtsgüter bis hin zur territorialen Integrität. Außergewöhnlich intensive oder massenhafte Angriffe auf diese Rechtsgüter führen, wie sich aus den Art. 35 Abs. 2, 87 a Abs. 4, 91 und 115 a ff. GG ergibt, zu einer Konzentration und Zentralisation der staatlichen Kräfte, meistens mit Vorrangkompetenz der Exekutive. Einzelheiten wären unter dem Titel »Recht des Ausnahmezustandes« zu erörtern, jedenfalls verläßt man damit den Rahmen der rechtsstaatlichen Verfassung nicht. Diese Grenze überschreitet man jedoch, wenn man sich, wie der Bundesminister des Innern im Abhörfall Traube hilfsweise[23] oder wie andere staatliche Stellen bei der Kontaktsperre vor Erlaß des Kontaktsperregesetzes und im Abhörfall im Stammheimer Gefängnis auf einen »übergesetzlichen Notstand« – richtig dann: »über*verfassungsgesetzlichen* Notstand« – beruft, der staatliche Notmaßnahmen bei sonst fehlender einfachgesetzlicher oder verfassungsrechtlicher

Handlungsermächtigung rechtfertigen soll[24].[. . .]
Kann es in der Rechtsordnung des durch das Grundgesetz verfaßten Staates eine Norm geben, die jenseits aller geschriebenen und gewohnheitsrechtlichen Rechtssätze, jenseits des normierten Ausnahmezustandes, staatliches Handeln »aus der dem Staat wesensimmanenten Obliegenheit der Selbsterhaltung«[25] auch bei klarer Verletzung geltenden Verfassungsrechts erlaubt? Gilt der Satz »Not kennt kein Gebot!« für die Amtsträger im Verfassungsstaat? Auf die Gefahr hin, von der einschlägigen, dem Ernst der Frage freilich nicht ganz angemessenen Polemik in der Staatstheorie ebenfalls einer »Art von Hurrapatriotismus der Freiheit« geziehen zu werden, möchte ich die Frage verneinen. Dabei möchte ich mich nicht nur in die rechtsstaatsbewußte Tradition großer Vorbilder wie *Georg Jellinek*[26], *Richard Thoma*[27], *Hans Kelsen*[28] und *Adolf Arndt*[29] einreihen, sondern zum Abschluß noch einmal auf den wechselseitigen Bedingungszusammenhang von freiheitssicherndem Rechtsstaat und staatshervorbringender freiheitlicher Demokratie hinweisen, wie er in der Dreiheit: Freiheit von Angst, Vertrauen und Bereitschaft zum Engagement begründet ist. Die rechtsstaatliche Republik oder der demokratische Verfassungsstaat trägt seine Legalität nicht als ein Akzidens, das er in der Stunde der Gefahr, die, innerhalb der Verfassung, durchaus die Stunde der Exekutive sein mag, wie ein beengendes Kleid abzustreifen vermöchte, um darunter als mächtige »Staatlichkeit an sich« zum Vorschein zu kommen. Unter der Geltung des Grundgesetzes ist Staatsgewalt immer und nur *verfaßte* Staatlichkeit. Dieser Staat verlöre seine Identität, gäbe er diese Verfaßtheit – und sei es auch nur eine Sekunde lang – preis. Was übrig bliebe, wäre nicht *Staats*gewalt, schon gar nicht »eigentliche Staatlichkeit«, sondern allenfalls Gewalt schlechthin, ohne rechtliche Verbindlichkeit, der verfassungstreue Bürger u. U. Widerstand leisten dürften, Art. 20 Abs. 4 GG.[. . .]
Die scheinbare Schwäche der rechtsstaatlichen res publica, daß sie nicht über ihren eigenen Schatten: die Legalität aller Staatsgewalt, springen kann, ohne ihre Identität zu verlieren, möge sich als ihre eigentliche Stärke erweisen: Sie befreit von der Angst vor dem Leviathan als vor einer unmeßbaren Übermacht, die sich anderenfalls stets mit dem Schein des Rechts (kraft der staatsnotrechtlichen »Legalitätsreserve«) zu umgeben vermöchte; sie stärkt das Vertrauen des Bürgers in die Rechtmäßigkeit des Handelns der Organwalter, indem sie deren Gesetzes- *und* Verfassungstreue zur absoluten Handlungsmaxime setzt, ohne »flexible« situative Abstriche und Locke-

rungen, und sie stimuliert die Wachsamkeit und Bereitschaft der Bürger, die Staatsgewalt von Rechts wegen zur Abwehr auch äußerster Bedrohungen instand zu setzen. Solange in diesem Sinne Staatsschutz immer zugleich Verfassungsschutz ist und umgekehrt, solange ist die Verfassungstreue aller Bürger – wie der Schwabe *Justinus Kerner* schon vor 150 Jahren gesungen hat[30] – der kostbarste, beste und dauerhafteste Schutz der Verfassung.

6.4. *Ernst Bloch: Glück und menschliche Würde. Sozialistisches Erbe der Menschenrechte*

Was rechtens sei? – darum kommt man nicht herum. Diese Frage läßt immer aufhorchen, sie drängt und richtet. Ein als naturrechtlich bezeichnetes Denken hat sich ihr gewidmet, grundsätzlich, nicht von Fall zu Fall. Und gleich wie man dazu stand, ablehnend oder unentschlossen: das in ihm Gemeinte, so abstrakt es vielfach war, konnte nicht gleichgültig gemacht werden. Wo alles veräußerlicht wurde, stechen unveräußerliche Rechte sonderlich heraus. Und weil sie keinen bestehenden Platz für sich hatten, stärkte das den jasagenden Untertan wenig. »Kein Mensch muß müssen«, dieser naturrechthafte Satz, im Gewohnten so falsch, wirkte als ungewohnter, als Anlage und Anmeldung, desto richtiger. Gegen diese revolutionäre Anlage trat im neunzehnten Jahrhundert erst die historische Rechtsschule auf, wirkte restaurierend dann der Rechtspositivismus, moderner, anpassungsfreudig, also empiristisch. Aber beide Ablehnungen waren zu heftig, um so abgeklärt zu erscheinen, wie sie das ausgaben. Das aufsteigende Bürgertum hatte in seinem Naturrecht oft nur sich selber idealisiert, aber dann, als arriviertes, hat es sich mit Anti-Naturrecht lediglich smart gemacht, klar zum Profit, oft zynisch. Das Denken eines rechtlichen Maßstabs überhaupt schien erledigt, die alten Versuche dazu galten als lächerlich, mindestens als verdächtig, und das eben, scheinobjektiv, in Bausch und Bogen.[. . .]

6.4.1. *Naturrecht und Sozialutopien, Menschenrechte und Ende der Ausbeutung*

Überraschender, ganz und gar nicht regulär ist, daß sozialistisch, wo expressis verbis der wirkliche, nämlich der zu befreiende und zu erfüllende Mensch im Mittelpunkt steht, noch weithin Ablehnung von Naturrecht im Schwange ist. Der oft abstrakte, nur genushafte, statisch-ewige Charakter in den alten Naturrechtslehren wurde dazu sehr betont, begründet negativ: es gibt freilich noch andere Gründe. Und doch geht genau jetzt, an diesem Punkt, eines der entscheidendsten Themen des Humanismus in Aktion. Zu ihm gehört die Frage nach den *echten* Intentionen des alten Naturrechts, gehört die Aufgabe eines sozialistischen Erbes an diesen ehemals liberalen, nicht nur liberalen *Menschenrechten.* Die Etablierung des aufrechten Gangs, auch gegen gepolsterte, auch gegen umgetaufte, ja retrograde Abhängigkeiten, – es ist ein Postulat aus dem Naturrecht und nirgends woanders her, woanders auch nur findbar. Die Erbitterung war nicht nur moralisch, wenn es Kant als keine Kleinigkeit ansah, daß der Mensch von seinen Herrschern als eine solche behandelt wird, »indem sie ihn teils tierisch, als bloßes Werkzeug ihrer Absichten, belasten, teils in ihren Streitigkeiten gegeneinander aufstellen, um ihn schlachten zu lassen«. Und folgende Weisung bei Marx ist nicht nur ökonomisch, wenn er lehrt, »alle Verhältnisse umzuwerfen, in denen der Mensch ein erniedrigtes, ein geknechtetes, ein verlassenes, ein verächtliches Wesen ist«. Verständlich daher, daß dergleichen ebenso als bloß »soziologisches« Wesen ausgeschaltet oder abgemattet wurde, wie es immer wieder aufhorchen läßt. Altes Eisen also sieht anders aus, das Überalterte steckt mehr in dem, was das Naturrecht angriff, als in ihm selber. Der einfache kritische Spruch: »Tausend Jahre Unrecht machen noch keine Stunde Recht«, die konstruktive Definition: »Aufklärung ist der Ausgang des Menschen aus seiner selbst verschuldeten Unmündigkeit«, beide haben ihren Lohn noch nicht dahin. Dergestalt also, daß weder menschliche Würde ohne ökonomische Befreiung möglich ist noch diese, jenseits von Unternehmern und Unternommenen jeder Art, ohne die Sache Menschenrechte. Beides geschieht nicht automatisch im selben Akt, sondern ist wechselseitig aufeinander angewiesen, bei ökonomischem Prius, humanistischem Primat. Keine wirkliche Installierung der Menschenrechte ohne Ende der Ausbeutung, kein wirkliches Ende der Ausbeutung ohne Installierung der Menschenrechte. Ein Stück Beethoven ist bei ihnen, die Widmung der Eroica zerreißend, als Napoleon Kaiser wurde. Der Grundzug vor allem des klassischen Naturrechts ist mannhaft, ein Pochen auf die facultas agendi endlich unentfremdeter Menschen in der norma agendi einer endlich unentfremdeten Gemeinschaft.[. . .]

Die Sozialutopien gehen mit Erzählung voran, mit Ausmalung,

mit romanhaft nicht nur eingekleidetem Entwurf einer besseren Zukunftsgesellschaft. Die Naturrechtslehren dagegen arbeiteten, selbst bei Rousseau, mit Ableitungen aus einem Prinzip, eiferten um die Strenge einer demonstrativen Wissenschaft. Was nun wieder mit dem dritten, wichtigsten Unterschied zusammenhängt, dem der *gegenständlichen* Intention: Die Sozialutopien gehen überwiegend auf *Glück*, mindestens auf Abschaffung der Not und der Zustände, die diese erhalten oder produzieren. Die Naturrechtstheorien gehen, wie so deutlich erhellte, überwiegend auf *Würde*, auf Menschenrechte, auf juristische Garantien der menschlichen Sicherheit oder Freiheit, als Kategorien des humanen Stolzes. Demgemäß richtet sich die Sozialutopie vor allem auf Abschaffung des menschlichen *Elends*, das Naturrecht vor allem auf Abschaffung der menschlichen *Erniedrigung*.[1] Die Sozialutopie will wegräumen, was der *Eudämonie aller*, das Naturrecht, was der *Autonomie* und ihrer *Eunomie* im Wege steht. So ist das humanistische Timbre in Sozialutopien und Naturrechtslehren weitgehend different; das Sinnfälligste der hier einschlägigen Unterschiede betreffend, kann gesagt werden: beim einen geben die Phäaken, beim andern Brutus ein Modell.[. . .]
Vor Tische las man's anders, wie oft ist das wahr. Als sich die bürgerliche Klasse noch nicht zur Macht gesetzt hatte, war oder schien sie menschlich wie keine zuvor. Vertrat den freien Mann, die Kinder des Vaterlands, das allgemein Menschliche zugleich. An dem freien Mann war ein Haken, der nationale Sinn konnte nationalistisch werden, das Menschliche immer allgemeiner. Was aber so rein zu beginnen schien und erst nachher, in der Ausführung, nachläßt, gar sich verkehrt, das pflegt besonders nachzuleuchten. Öfter wird in anderen Fällen versucht, genau dort, am Anfang, neu zu beginnen, gleich als wäre alles dort noch recht gewesen. Und als läge insgesamt nur Abfall vom alten Kurs vor. Wird alles nur dem später Gekommenen zur Last gelegt, so wird auch nur dieses geprüft.

6.4.2. *Ideologiekritik und sozialistische Verwirklichung der Menschenrechte*

Aber man las ja vor Tische gar nicht alles anders, auch nicht vorliegenden Falls. Das muß genau um des angestrebten Erbes willen immer wieder festgehalten werden, auch am Bild des Citoyen. Was sich seines illusionshaften und doch noch mehr antizipierenden Bilds bediente, war die gleiche ökonomischsoziale Tendenz, die nachher den befreiten Bourgeois hervorbrachte. Dessen ebenfalls, doch unvergleichbar anders und düster progressives Wesen, diese bloße Freiheit des Erwerbs bildete notwendig auch am Citoyenbild mit, mindestens an seinem wichtigen Rahmen. Ja bereits 1791, als die Menschenrechte noch gläubig deklariert wurden, war in den Maienträumen, die nicht reiften, bereits ein Stück jenes Bourgeois, das dann so gewaltig gereift ist. Das klarerweise, weil damals der Bourgeois, als egoistische Triebkraft der industriellen Produktion, und noch nicht der Citoyen, mit wirklicher Freiheit, Gleichheit, Brüderlichkeit, auf der ökonomischen Tagesordnung stand. Privateigentum ist daher einer der wesentlichen Inhalte der vier bürgerlichen Menschenrechte von 1791 gewesen: »propriété« regiert die »sûreté«, die »résistance«. Das Privateigentum bestimmte vor allem den Inhalt der Freiheit, gemäß der Verfassung von 1793, Art. 16: »Das Eigentumsrecht ist dasjenige jedes Bürgers, willkürlich (à son gré) sein Vermögen, sein Einkommen, die Früchte seiner Arbeit und seines Fleißes zu genießen und über sie zu verfügen.« All dieser Untergrund am Citoyen entsprach bereits vor dem Thermidor dem kapitalistischen Interesse, sofern das Volk noch nicht den Boden abgab, worin die Blumen der wirklichen Freiheit wurzelten, sofern das Volk also, wie Marx sagt, in der Idee des Interesses der Französischen Revolution nicht die Idee seines wirklichen Interesses besaß. Marx trennt derart den egoistischen Inhalt der damaligen droits de l'homme scharf von dem damaligen politischen, noch abstrakt-idealistischen Idealbild des Citoyen. Der besondere Anlaß zur besonderen Schärfe dieser Trennung war durch den hochmütigen Unsinn Bruno und Edgar Bauers geliefert worden, die erklärt hatten, daß die »reine Idee« der Französischen Revolution durch die »unkritische Masse« verdorben worden sei. Marx und Engels wiesen statt dessen auf den vollen Erfolg dieser Revolution hin, als der Emanzipation des Bourgeois und der damals ökonomisch notwendigen Profitwirtschaft – ein Hinweis, der eben nicht ohne scharfe Kritik an der Ideologie der Menschenrechte selber möglich war. Und in der Tat muß, über den so gegebenen besonderen Anlaß hinaus, jedes sozialistisch anzutretende Erbe ein kritisches sein, keines mit belorbeerter Gipsfigur. Indem die bürgerlichen Freiheiten zunächst immer noch mehr bürgerliche als Freiheiten sind, ist die Prüfung der Menschenrechte auf ihren ideologischen Inhalt ganz selbstverständlich; und zunächst ergaben sich daraus sogar Vorsicht, partiale Negation, Einschränkung. Derart erklärt Marx in der Schrift »Zur Judenfrage«, 1844, »daß die sogenannten Menschenrechte, die droits de l'homme im Unterschied von den droits du citoyen, nichts anderes sind als die Rechte des Mitglieds der bürgerlichen Gesellschaft, d. h. des egoistischen Menschen, des vom Menschen und vom Gemeinwesen getrennten Menschen . . . Der Mensch wurde daher nicht von der Religion befreit, er erhielt Religionsfreiheit. Er wurde nicht vom Eigentum befreit, er erhielt die Freiheit des Eigentums. Er wurde nicht von dem Egoismus des Gewerbes befreit, er erhielt die Gewerbefreiheit« (MEGA I 1, S. 593). Und weiter, in der »Heiligen Familie«, 1845: »Eben das Sklaventum der bürgerlichen Gesellschaft ist dem Schein nach die größte Freiheit, weil die scheinbar vollendete Unabhängigkeit des Individuums, welches die zügellose, nicht mehr von allgemeinen Banden und nicht mehr vom Menschen gebundene Bewegung seiner entfremdeten Lebenselemente, wie z. B. des Eigentums, der Industrie, der Religion etc. für seine eigne Freiheit nimmt, während sie vielmehr seine vollendete Knechtschaft und Unmenschlichkeit ist . . . Welche kolossale Täuschung, die moderne bürgerliche Gesellschaft, die Gesellschaft der Industrie, der allgemeinen Konkurrenz, der frei ihre Zwecke verfolgenden Privatinteressen, der Anarchie, der sich selbst entfremdeten natürlichen und geistigen Individualität – in den Menschenrechten anerkennen und sanktionieren zu müssen und zugleich die Lebensäußerungen dieser Gesellschaft hinterher an einzelnen Individuen annullieren und zugleich den politischen Kopf dieser Gesellschaft in antiker Weise bilden zu wollen« (MEGA I 3, S. 291 ff.). Es sind das die gleichen Selbsttäuschungen, welche Marx später, sogleich zu Beginn des »Achtzehnten Brumaire«, 1852, »weltgeschichtliche Totenbeschwörungen« nannte. Allerdings – und nun kommt aus der Prüfung das bedeutende Positivum, nicht die Menschenrechte schlechthin, wohl aber die »Rechte des Citoyen« betreffend –, allerdings nannte Marx im Beginn der gleichen Schrift die Selbsttäuschungen der Robespierres und vorher auch der Cromwells solche, »deren sie bedurften, um den bürgerlich beschränkten Inhalt ihrer Kämpfe sich selbst zu verbergen und ihre Leidenschaft auf der Höhe der großen geschichtlichen Tragödie zu halten«. Es galt also, »die neuen Kämpfe zu verherrlichen, . . . die gegebene Aufgabe in der Phantasie zu übertreiben, . . . den Geist der Revolution wiederzufinden«. Den Geist der Revolution also: diesen hielten die »Rechte des Citoyen« fest, und er wird, wie Marx nun gerade nach aller Kritik in der Schrift »Zur Judenfrage« abschließend sagt, er wird verwirklicht, »erst wenn der wirkli-

che individuelle Mensch den abstrakten Staatsbürger in sich zurücknimmt . . ., erst wenn der Mensch seine ›forces propres‹ als gesellschaftliche Kräfte erkannt und organisiert hat und daher die gesellschaftliche Kraft nicht mehr in der Gestalt der politischen Kraft von sich trennt« (MEGA I 1, S. 599). Der abstrakte Staatsbürger, der vom »profanen Menschen« losgerissene, obwohl in ihm enthaltene, der abgehobene »wahre Mensch«, das ist der Citoyen, doch eben: er ist es auch als die »politische Kraft«, als der Träger der vergesellschafteten Freiheit. Wonach der Nebenmensch nicht mehr, wie im Egoismus der droits de l'homme, als Schranke der Freiheit, sondern als deren Verwirklichung lebt. Trotzdem hat das Citoyenbild, bereits im bürgerlichen Mutterleib sozusagen, einen Schaden empfangen, der in der Folge nachwirkte, indem man ihn nicht original erkannte. Aber trotzdem wiederum wirkte sich das heile Citoyenbild, ungeachtet andersartiger Quellen, gar verderblicher Verwalter, selbst noch als Phrase kritisch gegen sein gekommenes Gegenteil aus, ja hatte, wie Hölderlin zeigt, stets wieder Selbstreinigung in sich.
Von hier ab läßt Marx auch auf die Menschenrechte viel wärmeres Licht fallen. Er hat den bürgerlichen Klasseninhalt in ihnen aufgezeigt, mit unübertrefflicher Schärfe, doch ebenso einen künftigen, der damals noch keinen Boden hatte. Er entdeckte das Privateigentum als regierend unter den anderen Menschenrechten, doch diese anderen treten dadurch desto abgebrochener hervor. Lehnt Marx, wenn er das Privateigentum als bürgerliche Schranke in den Menschenrechten anzeigt, Freiheit, Widerstand des Volkes gegen Unterdrückung, Sicherheit als die anderen Anmeldungen des Rechten ab? Durchaus nicht, wie sich von selbst versteht, er trieb vielmehr auf ihre weiterlaufende, durch kein Privateigentum verhinderte und wachsend vernichtete Konsequenz. Die Freiheit ist bei ihm so wenig kritisiert, daß so umgekehrt dasjenige Menschenrecht ist, durch dessen Glanz und Menschlichkeit Marx das Privateigentum selbst kritisiert. Von daher gerade die Marxschen Konsequenzsätze: nicht Freiheit des Eigentums, sondern vom Eigentum, nicht Freiheit des Gewerbes, sondern vom Egoismus des Gewerbes; nicht Emanzipation des egoistischen Individuums von der bloßen Feudalgesellschaft, sondern Emanzipation aller von jeder Klassengesellschaft. Mit solcher Gründlichkeit wird also liberté statt propriété unter den Menschenrechten endlich regierend, macht sich gegen Faschismus, auch gegen Diktatur als Selbstzweck aktuell und wirklich. Folglich gelten mehr denn je die Kampfrechte auf Versammlungsfreiheit, Koalitionsfrei-

heit, Pressefreiheit, Sicherheit, gelten die Widerstandsrechte der Werktätigen gegen Ausbeutung und Unterdrückung. Im *Programm* des Sozialismus aber, wo Ausbeutung und Unterdrückung der Werktätigen verschwunden sind, erfließen die Kampfrechte nicht weniger rezent, doch positiv: als Rechte rücksichtslos sachlicher, praktisch eingreifender Kritik zum Zweck des sozialistischen Aufbaus, im Zielrahmen der Solidarität. Wonach Solidarität des Sozialismus bedeutet, daß der Mensch in den Menschenrechten nun nicht mehr das egoistische Individuum darstelle, sondern das sozialistische, welches nach der Marxschen Prophezeiung seine »forces propres« in gesellschaftlich-politische verwandelt habe. Dergestalt, daß der Citoyen aus dem abstrakt-moralischen Jenseits, welches er in der Ideologie der Französischen Revolution bewohnte, ins Diesseits der vergesellschafteten Menschheit zurückgeholt ist. Überall aber soll es das gleiche Banner der Menschenrechte sein, welches die Werktätigen als Widerstandsrecht in kapitalistischen Ländern erheben, welches sie in sozialistischen durch Aufbau des Sozialismus, Kritikrecht, ja Kritikpflicht in diesem Aufbau vorantragen. Sonst würde ja – contradictio in adjecto – autoritärer Sozialismus gelten, indes doch die Internationale das Menschenrecht erkämpft: organisierte Mündigkeit.[. . .]
Als letzte Quintessenz des klassischen Naturrechts, ohne das andere Beiwerk, bleibt allemal das Postulat menschlicher Würde; auch der Mensch, nicht nur seine Klasse hat, wie Brecht sagt, nicht gern den Stiefel im Gesicht, und das Bleibende am Naturrecht gab dieser Abneigung, einer schon seit Spartacus revolutionären, begriffliches, ob auch noch abstraktes Format. Wenn die gesellschaftliche Tendenz, als wahrhaft befördert, hier konkreter zu werden erlaubt, dann nicht desto schlimmer, sondern desto besser für dies Format. Es war nicht das des Anti-Mammon, wohl aber das des Anti-Nero, en gros und en detail. Beide hängen zwar eng zusammen, auch mit dringlichem Vorrang des Anti-Mammon, doch sie sind nicht ohnehin das gleiche. Daher als eigenes Erbe am revolutionär gewesenen Naturrecht: Aufhebung aller Verhältnisse, in denen der Mensch mit den Dingen zur Ware entfremdet ist und nicht nur zur Ware, sondern zur Nullität an Eigenwert. Keine Demokratie ohne Sozialismus, kein Sozialismus ohne Demokratie, das ist die Formel einer Wechselwirkung, die über die Zukunft entscheidet.

6.5. *Jürgen Habermas: Legitimationsprobleme im modernen Staat**

Legitimität bedeutet, daß der mit einer politischen Ordnung verbundene Anspruch, als richtig und gerecht anerkannt zu werden, gute Argumente für sich hat; eine legitime Ordnung verdient Anerkennung. *Legitimität bedeutet die Anerkennungswürdigkeit einer politischen Ordnung.* Mit dieser Definition wird hervorgehoben, daß Legitimität ein bestreitbarer Geltungsanspruch ist, von dessen (mindestens) faktischer Anerkennung die Stabilität der Herrschaftsordnung (auch) abhängt. Sowohl historisch wie analytisch findet daher der Begriff vor allem Anwendung für Situationen, in denen die Legitimität einer Ordnung strittig wird, in denen, wie wir sagen, Legitimationsprobleme auftreten. Die einen bestreiten, die anderen behaupten die Legitimität. Das ist ein *Vorgang* – Talleyrand bemüht sich um die *Legitimierung* des Hauses Bourbon. Vorgänge dieser Art werden im modernen Verfassungsstaat (mit der Institutionalisierung einer Opposition) entdramatisiert, d.h. entschärft und normalisiert. Deshalb ist es realistisch, heute von Legitimation als einem Dauerproblem zu sprechen. Natürlich entbrennen in diesem Rahmen Legitimationskonflikte auch nur über Grundsatzfragen (wie beispielsweise 1864 über das Budgetrecht des preußischen Landtages). Solche Konflikte können zu einem vorübergehenden Legitimationsentzug führen; und dieser kann unter Umständen für ein Regime bestandskritische Folgen haben. Wenn der Ausgang solcher Legitimationskrisen mit einer Veränderung von Basisinstitutionen nicht nur des Staates, sondern der Gesellschaft im ganzen verbunden ist, sprechen wir von Revolutionen. (Es trägt nicht gerade zu einer Klärung bei, wenn man die Reformation oder die Einführung des mechanischen Webstuhls oder den Deutschen Idealismus Revolutionen nennt und so den Ausdruck inflationiert).

Weniger trivial ist der Anwendungsbereich des Legitimitätsbegriffs. Nur politische Ordnungen können Legitimität haben und verlieren, nur sie brauchen Legitimation. Multinationale Korporationen oder der Weltmarkt sind nicht legitimationsfähig. Das gilt auch für vorstaatliche, sog. primitive Gesellschaften, die nach Verwandtschaftsbeziehungen organisiert sind. Gewiß,

* Dieser Text gibt Auszüge aus einem Korreferat wieder, das Jürgen Habermas auf dem Duisburger Kongreß der Deutschen Vereinigung für Politische Wissenschaft (1975) zu dem Eröffnungsreferat des Freiburger Politologen Wilhelm Hennis gehalten hat.

in diesen Gesellschaften gibt es Mythen, die die Natur- und Gesellschaftsordnung interpretieren. Sie legen die Zugehörigkeit zum Stammesverband (und dessen Grenzen) fest und sichern so eine kollektive Identität. Hier haben mythische Weltbilder für die gesellschaftlichen Normen eher eine konstituierende als eine im nachhinein legitimierende Bedeutung.[1] Von Legitimität sprechen wir erst bei politischen Ordnungen. Politische Herrschaft hat sich geschichtlich um die Funktion eines königlichen Richteramtes, um den Kern einer Konfliktregelung auf der Grundlage anerkannter Rechtsnormen (und nicht mehr nur kraft Schiedsgewalt) herumkristallisiert. Rechtsprechung auf diesem Niveau begründet eine Position, die ihre Autorität der Verfügung über die Sanktionsgewalt eines Rechtssystems verdankt, und nicht mehr allein einem Verwandtschaftsstatus (und der Vermittlerrolle eines Schiedsrichters). Die legitime Macht des Richters kann zum Kern eines Herrschaftssystems werden, an das die Gesellschaft die Funktion abgibt, einzuspringen, wenn die Integrität der Gesellschaft gefährdet ist.[2] Der Staat stellt zwar die kollektive Identität der Gesellschaft nicht selber her; noch kann er die gesellschaftliche Integration über Werte und Normen, die ihm ja nicht zur Disposition stehen, selbst vollziehen. Aber indem der Staat die Garantie übernimmt, soziale Desintegration über bindende Entscheidungen zu *verhindern*, wird mit der Ausübung staatlicher Gewalt der Anspruch verknüpft, die Gesellschaft in ihrer jeweils normativ bestimmten Identität zu erhalten. Daran bemißt sich dann die Legitimität der staatlichen Gewalt; und als legitim muß sie anerkannt werden, wenn sie dauern soll [. . .].
Unter *Legitimität* verstehe ich die Anerkennungswürdigkeit einer politischen Ordnung. Der *Legitimitätsanspruch* bezieht sich auf die sozialintegrative Wahrung einer normativ bestimmten Identität der Gesellschaft. *Legitimationen* dienen dazu, diesen Anspruch einzulösen, d. h. zu zeigen, wie und warum bestehende (oder empfohlene) Institutionen geeignet sind, politische Macht so einzusetzen, daß die für die Identität der Gesellschaft konstitutiven Werte verwirklicht werden. Ob Legitimationen überzeugen, ob sie geglaubt werden, hängt gewiß von empirischen Motiven ab; aber diese Motive bilden sich nicht unabhängig von der formal zu analysierenden Rechtfertigungskraft der Legitimationen selber, wir können auch sagen: vom Legitimationspotential oder von den *Gründen*, die mobilisiert werden können. Was als Grund akzeptiert wird und konsenserzielende, damit motivbildende Kraft hat, hängt vom jeweils geforderten *Niveau der Rechtfertigung* ab [. . .].

Die historisch bekannten Rechtfertigungsniveaus kann ich nicht nach ihren formalen Eigenschaften charakterisieren (wie es nötig wäre), sondern nur mit wenigen Hinweisen illustrieren. In den frühen Hochkulturen haben sich herrschende Familien mit Hilfe von Ursprungsmythen gerechtfertigt. So haben sich die Pharaonen zunächst selbst als Götter, z. B. als Gott Horus, Sohn der Osiris, dargestellt. Auf dieser Ebene genügen narrative Gründe, nämlich mythische Erzählungen. Mit der imperialen Entfaltung der alten Hochkulturen wächst der Legitimations*bedarf*; nicht mehr allein die Person des Herrschers muß gerechtfertigt werden, sondern eine politische Ordnung (gegen die sich der Herrscher vergehen kann). Dazu dienen die kosmologisch begründeten Ethiken, die Hochreligionen und Philosophien, die auf die großen Stifter: Konfuzius, Buddha, Sokrates, auf die israelischen Propheten und Jesus zurückgehen.[3] Diese rationalisierten Weltbilder haben die Form dogmatisierbaren Wissens. Argumente treten an die Stelle von Erzählungen. Es gibt freilich letzte Gründe, einheitsstiftende Prinzipien, die die Welt im ganzen (Natur- und Menschenwelt) erklären. Auf dieser Stufe steht auch die ontologische Denktradition. In der Neuzeit schließlich, zumal seit Entstehung der modernen Wissenschaft, lernt man, theoretische Argumentationen strenger von praktischen zu unterscheiden. Der Status letzter Gründe wird problematisch. Das klassische Naturrecht wird rekonstruiert; die neuen Naturrechtstheorien, die den entstehenden modernen Staat legitimieren, erheben unabhängig von Kosmologien, Religionen oder Ontologien Anspruch auf Geltung.

Diese Entwicklung führt bei Rousseau und Kant zu der Konsequenz, daß in praktischen Fragen, in Fragen der Rechtfertigung von Normen und Handlungen, an die Stelle inhaltlicher Prinzipien, wie Natur oder Gott, das formale Prinzip der Vernunft tritt. Hier *stützen* sich Rechtfertigungen nur auf Argumente – das war auch im Rahmen der philosophisch geprägten Weltbilder der Fall. Jetzt, da letzte Gründe theoretisch nicht mehr plausibel gemacht werden können, *erhalten die formalen Bedingungen der Rechtfertigung selber legitimierende Kraft.* Die Prozeduren und Voraussetzungen vernünftiger Einigung werden selber zum Prinzip. In den Vertragstheorien von Hobbes und Locke bis John Rawls[4] hat die Fiktion des Naturzustandes oder einer original position *auch* den Sinn, die Bedingungen zu spezifizieren, unter denen eine Vereinbarung das gemeinsame Interesse aller Beteiligten ausdrücken wird – und insofern als vernünftig gelten darf. In den tranzendental gewendeten Theorien von Kant bis Karl-Otto Apel[5] werden diese Bedingungen als allgemeine und unvermeidliche Präsuppositionen der vernünftigen Willensbildung, sei's in ein Subjekt überhaupt oder in eine ideale Kommunikationsgemeinschaft verlegt. In beiden Traditionen sind es formale Bedingungen möglicher Konsensbildung, die anstelle letzter Gründe legitimierende Kraft erhalten.[...]

Die sozialwissenschaftliche Behandlung von Legitimationsprozessen bewegt sich heute, auch bei marxistischen Theoretikern[6] im »Bannkreis Max Webers«. Die Legitimität einer Herrschaftsordnung bemißt sich am Legitimitäts*glauben* der Herrschaftsunterworfenen. Dabei handelt es sich um den »Glauben, daß Strukturen, Verfahrensweisen, Handlungen, Entscheidungen, Politiken, Beamte oder politische Führer eines Staates die Qualität der Richtigkeit, der Angemessenheit, des moralisch Guten besitzen und wegen dieser Qualität anerkannt werden sollten.«[7] Für die Systemtheorie (Parsons, Easton, Luhmann) stellt sich die Frage, mit Hilfe welcher Mechanismen ein hinreichendes Maß an Legitimation beschafft oder durch welche funktionalen Äquivalente fehlende Legitimation ersetzt werden kann.[8] Lerntheoretiker bringen die Frage nach den sozialpsychologischen Bedingungen, unter denen ein Legitimitätsglaube entsteht, in einer Theorie der Gehorsamsmotivation unter.[9] Die empiristische Vertauschung der Legitimität mit dem, was man dafür hält, erlaubt also sinnvolle soziologische Untersuchungen (über deren Wert der Erfolg der system- und verhaltenstheoretischen Ansätze insgesamt entscheiden wird). Dabei handelt es sich nicht, wie Hennis meint, um eine deutsche Idiosynkrasie, sondern um den Stand der internationalen Forschung.

Allerdings wird man sich nach dem Preis erkundigen dürfen, den der Empirist für die Umdefinition seines Gegenstandes entrichten muß. Wenn der Objektbereich so gefaßt wird, daß darin keine legitimen, sondern nur noch *für legitim gehaltene* Ordnungen auftreten können, wird der Zusammenhang, der beim kommunikativen Handeln zwischen Gründen und Motiven besteht, aus der Analyse ausgeblendet; jedenfalls wird eine vom Aktor unabhänige Bewertung der Gründe methodisch ausgeschlossen. Der Forscher selbst enthält sich der systematischen Beurteilung der Gründe, auf die sich Legitimitätsansprüche stützen. Das gilt seit den Tagen Max Webers zwar als Tugend; selbst wenn man sich diese Interpretation zu eigen macht, bleibt der Verdacht bestehen, daß Legitimität, der Glaube an Legitimität und die Bereitschaft, einer legitimen Ordnung Folge zu leisten, etwas mit der Motivation durch

»gute Gründe« zu tun haben. Ob Gründe »gute Gründe« sind, läßt sich aber nur in der performativen Einstellung des *Teilnehmers* an einer Argumentation feststellen, nicht durch die neutrale *Beobachtung* dessen, was dieser oder jener Diskursteilnehmer für gute Gründe hält. Gewiß, der Soziologe befaßt sich mit der Faktizität von Geltungsansprüchen, beispielsweise mit der Tatsache, daß der für eine politische Ordnung erhobene Legitimitätsanspruch in bestimmten Populationen mit bestimmten Häufigkeiten anerkannt wird; aber darf er den Umstand vernachlässigen, daß normative Geltungsansprüche Anerkennung unter anderem deshalb finden, weil man sie für diskursiv einlösbar, für richtig, eben für begründet hält? Es ist wie mit Wahrheitsansprüchen: die Universalität dieses Anspruchs gibt einem Soziologen die Möglichkeit der systematischen Nachprüfung der Wahrheit einer Behauptung unabhängig davon, ob sie in einer bestimmten Population für wahr gehalten wird oder nicht. Es kann für eine Analyse entscheidend sein, zu wissen, ob eine Population aufgrund einer zutreffenden oder einer falschen Meinung gehandelt hat (beispielsweise um festzustellen, ob kognitive Fehler oder andere Ursachen für beobachtete Mißerfolge maßgeblich waren). Ähnlich könnte es sich mit dem normativen Geltungsanspruch von politischen Institutionen verhalten; man möchte beispielsweise gerne wissen, ob eine bestimmte Partei den Gehorsam aufkündigt, weil die Legitimität des Staates ausgehöhlt *ist*, oder ob andere Ursachen im Spiel sind. Um das zu beurteilen, müßten wir auf vernünftige, intersubjektiv nachprüfbare Weise Legitimitätsansprüche systematisch bewerten können. Können wir das?
Hennis ist offenbar dieser Meinung. Er hält eine »kritisch-normative Abgrenzung von Legitimität und Illegitimität« für unabdingbar. Aber Verfahren oder Kriterien der Abgrenzung nennt er nicht. Er erwähnt Legitimitätsfaktoren: das Ansehen von Personen, die Effizienz bei der Bewältigung öffentlicher Aufgaben, die Zustimmung zu Strukturen. Nun soll aber die persönliche Autorität aus »nicht begründbaren Quellen stammen«. Was als effiziente Aufgabenbewältigung gelten darf, bemißt sich an Standards. Diese wiederum hängen mit den Strukturen zusammen, über deren Legitimität Hennis nur sagt, daß sie sich in verschiedenen nationalen Varianten durchsetzt. Was als Grund der Legitimität von Herrschaft gelten darf, sagt er nicht. Dazu bedarf es eines normativ gehaltvollen Begriffs der Legitimität. Einen solchen führt Hennis nicht ein; mindestens stillschweigend muß er sich aber darauf

beziehen. Der alteuropäische Zuschnitt der Argumentationsstrategie läßt Verbindungen zur klassischen Lehre von der Politik vermuten.

In dieser auf Plato und Aristoteles zurückgehenden Tradition stehen bedeutende Autoren, die noch über einen substantiellen Begriff der Sittlichkeit, über normative Begriffe des Guten, des Tugendhaften, des Gemeinwohls usw. verfügen.[10] Besonders der Neuaristotelismus hat in Schriften von Hannah Arendt, Leo Strauss, Joachim Ritter und anderen eine Renaissance erfahren. Schon der Titel, unter dem Ritter seine Aristotelesstudien veröffentlicht hat: »Metaphysik und Politik« gibt einen Hinweis auf die Schwierigkeit der Argumentationslage. Das klassische Naturrecht ist eine weltbildabhängige Theorie. Für Christian Wolff war es, am Ende des 18. Jahrhunderts, noch ganz klar, daß die praktische Philosophie »in allen ihren Lehren die Ontologie, natürliche Psychologie, Kosmologie, Theologie und so die ganze Metaphysik voraussetzt.«[11] Die Ethik und die Politik des Aristoteles sind ohne den Zusammenhang mit Physik und Metaphysik, in der die Grundbegriffe Form und Substanz, Akt und Potenz, Zweckursache usw. entwickelt werden, undenkbar. In der Polis wird, so ist die Vorstellung, das von »Natur aus Rechte« verwirklicht, »weil mit der Polis die Natur des Menschen zu ihrer Verwirklichung kommt, . . . während der Mensch sonst, wo die Polis nicht ist ... nur der Möglichkeit nach, nicht aber actu als Mensch zu existieren vermag.«[12] Der Ansatz dieses metaphysischen Denkens läßt sich heute nicht mehr leicht plausibel machen. Es nimmt daher nicht wunder, daß die neuaristotelischen Schriften keine systematischen Lehren enthalten, sondern Werke hoher Interpretationskunst darstellen, die die Wahrheit klassischer Texte eher durch Auslegung suggerieren als begründen.

Größere Chancen haben daher gewisse Reduktionsformen des Aristotelismus. Sie bilden die praktische Philosophie, unter Abzug ihres theoretischen Anspruchs, auf eine Hermeneutik von Alltagsvorstellungen des Guten, Tugendhaften und Gerechten zurück, um dann zu versichern, daß sich in der klugen Applikation dieses Wissens ein unveränderlicher Kern substantieller Sittlichkeit erhalte. Ein Beispiel ist Hennis' Inanspruchnahme der Topik für die politische Wissenschaft, ein anderes Gadamers Deutung der Nikomachischen Ethik: »Die philosophische Ethik (ist) in der gleichen Lage, in der sich ein jeder befindet. Das, was als recht gilt, was wir im Urteil über uns selber oder über andere bejahen oder beanstanden, folgt unseren allgemeinen Vorstellungen von dem, was gut und recht ist, gewinnt aber seine eigentliche Bestimmtheit erst in der konkreten Wirklichkeit des Falles, der kein Fall der Anwendung einer allgemeinen Regel ist« ... »Das Allgemeine, Typische, das sich in einer der Allgemeinheit des Begriffs überantworteten philosophischen Untersuchung allein sagen läßt, ist nicht wesensverschieden von dem, was das ganz untheoretische, durchschnittlich allgemeine Normbewußtsein in eines jeden praktisch-sittlicher Überlegung leitet. Es ist vor allem insofern nicht von ihm unterschieden, als es seinerseits die gleiche Applikationsaufgabe auf gegebene Umstände einschließt, die allem sittlichen Wissen zukommt, dem des Einzelnen so gut wie dem des staatsmännisch für alle Tätigen.«[13] Wenn aber philosophische Ethik und politische Theorie nichts anderes wissen können als das, was das alltägliche Normbewußtsein beliebiger Populationen ohnehin enthält, und wenn sie dies nicht einmal auf eine andere Weise wissen können, können sie auch eine legitime Herrschaft von einer illegitimen nicht *begründet* unterscheiden. Auch illegitime Herrschaft findet Zustimmung, sonst würde sie nicht dauern können (man braucht sich nur an die Tage zu erinnern, da große Volksmassen ohne Pression auf Plätzen und Straßen zusammenliefen, um einem Reich, einem Volk und einem Führer zu akklamieren – was anders sollte sich darin ausgedrückt haben als ein untheoretisches, durchschnittliches Normbewußtsein?). Wenn hingegen philosophische Ethik und politische Theorie den sittlichen Kern des Allgemeinbewußtseins freilegen und als normativen Begriff des Sittlichen *rekonstruieren* sollen, dann müssen sie Kriterien nennen und Gründe angeben [...].

Eine interessante, von Wittgenstein inspirierte sprachanalytische Variante der gleichen Verlegenheit findet sich bei Hannah Pitkin. Sie interpretiert den Dialog zwischen Sokrates und dem Sophisten Thrasymachos über die Gerechtigkeit, den Plato im ersten Buch der Republik wiedergibt.[14] Thrasymachos vertritt, wenn wir ihn in heutige Diskussionslagen versetzen, einen empiristischen Standpunkt: für ihn ist Gerechtigkeit ein anderer Name für das partikulare Interesse des jeweils Stärkeren. Sokrates entwickelt einen normativen Begriff der Gerechtigkeit: jeder, der eine Sache ungerecht nennt, muß Standards anwenden und diese auch begründen können. Beide Seiten gehen davon aus, daß zwischen dem normativen Gehalt des Begriffs ›Gerechtigkeit‹, wie ihn die Griechen damals verstanden, und den zeitgenössischen Institutionen, Handlungen, Praktiken, von denen man unterstellt, daß sie legitim sind und Gerechtigkeit verkörpern, eine große Diskrepanz entstanden

ist. Aber Sokrates wendet den Begriff kritisch gegen die Institutionen, während sein Gegenspieler den Begriff zum Zwecke der Beschreibung eines im Namen der Gerechtigkeit praktizierten Verhaltens deflationiert.
Hannah Pitkin zeigt nun, worin sich die Grammatiken der beiden Sprachspiele, in denen derselbe Terminus, einmal ohne und einmal mit Anführungsstrichen, verwendet wird, unterscheiden. Wir nehmen verschiedene »grammatisch« geregelte Einstellungen ein, je nach dem, ob wir sagen »das Bild gefällt mir« oder »das Bild ist schön« (denn im zweiten Falle können wir fortfahren: »und trotzdem gefällt es mir nicht«). Analog verhält es sich, wenn wir sagen »X kämpfte für eine gerechte Sache« oder »X gab vor, für eine gerechte Sache zu kämpfen« (denn in diesem Falle können wir fortfahren »in Wahrheit folgte er aber seinen eigenen Interessen«). Die Einstellung, die wir beim Gebrauch von normativen Begriffen wie Gerechtigkeit, Schönheit, Wahrheit (mit denen universale Geltungsansprüche verbunden sind) einnehmen, ist offenbar tief in menschlichen Lebensformen verwurzelt; ein Einstellungswechsel zur neutralen Beobachterposition muß die Bedeutung dieser Terme verändern. Allein, was folgt daraus für eine Rekonstruktion der Geltungsansprüche und des normativen Gehalts der zugehörigen Begriffe? »Unsere Begriffe sind konventionell«, meint Hannah Pitkin, »aber die Konventionen, auf denen diese Begriffe beruhen, sind nicht willkürlich; sie sind durch die allgemeinmenschliche Situation (human condition and conduct) und durch unsere Lebensformen geprägt.«[15] Das mag wohl sein. Aber wer bürgt dafür, daß die Grammatik dieser Lebensformen nicht nur *Gewohnheiten* regelt, sondern *Vernunft* zum Ausdruck bringt? Von dieser sprachspielkonservativen Aneignung der großen Tradition ist es nur ein kleiner Schritt zum Traditionalismus eines Michael Oakeshott.[16] Das ist der Ort, den auch Hennis einnimmt, wenn er zwar Tugend und Gerechtigkeit als Geltungsgrund legitimer Herrschaft voraussetzt, dann aber doch nur auf Gewohnheiten rekurriert.
Ich habe zwei Legitimationsbegriffe erörtert – den empiristischen und den normativistischen. Der eine ist sozialwissenschaftlich anwendbar, aber unbefriedigend, weil er vom systematischen Gewicht der Geltungsgründe abstrahiert; der andere wäre in dieser Hinsicht befriedigend, ist aber wegen des metaphysischen Kontextes, in den er eingebettet ist, unhaltbar. Ich schlage deshalb einen dritten Legitimationsbegriff vor, den ich den rekonstruktiven nenne.
Ich möchte davon ausgehen, daß die Aussage: »Empfehlung X

ist legitim« gleichbedeutend ist mit der Aussage: »Empfehlung X ist im allgemeinen (oder öffentlichen) Interesse«, wobei X sowohl eine Handlung wie eine Handlungsnorm sein kann (in unserem Fall: ein Herrschaftssystem). Nun soll »X ist im allgemeinen Interesse« bedeuten, daß der mit X verbundene normative Geltungsanspruch als berechtigt gilt.[17] Über die Berechtigung konkurrierender Geltungsansprüche dieser Art entscheidet ein System möglicher Rechtfertigungen; eine einzelne Rechtfertigung nennen wir eine Legitimation. Die Rekonstruktion von gegebenen Legitimationen kann zunächst darin bestehen, das Rechtfertigungssystem aufzufinden, das erlaubt, die gegebenen Legitimationen als gültig oder ungültig in S zu bewerten. »Gültig in S« soll nur heißen, daß jeder, der S, also einen Mythos oder eine Kosmologie oder eine politische Theorie akzeptiert, auch die in gültigen Legitimationen angegebenen Gründe akzeptieren muß. Diese Nötigung drückt einen Konsistenzzusammenhang aus, der sich aus den internen Beziehungen des Rechtfertigungssystems ergibt.
Wenn wir die Rekonstruktion bis an diese Schwelle führen, haben wir einen Legitimitätsglauben interpretiert und auf seine Konsistenz geprüft. Auf diesem hermeneutischen Wege allein gelangen wir indessen nicht zu einer Beurteilung der Legitimität, *an* die geglaubt wird. Auch der Vergleich des Legitimitätsglaubens mit dem gerechtfertigten Institutionensystem hilft nicht viel weiter; unter der Voraussetzung, daß Idee und Wirklichkeit nicht auseinanderklaffen, bedarf es vielmehr einer Bewertung des rekonstruierten Rechtfertigungssystems selber. Damit kehren wir zur Grundfrage der praktischen Philosophie zurück. Sie ist in der Neuzeit reflexiv als Frage nach den Prozeduren und Voraussetzungen wieder aufgenommen worden, unter denen Rechtfertigungen konsenserzielende Kraft haben können. Ich habe die Gerechtigkeitstheorie von J. Rawls erwähnt, der untersucht, wie die Ursprungssituation beschaffen sein müßte, damit ein vernünftiger Konsens über die Grundentscheidungen und Basisinstitutionen beliebiger Gesellschaften zustande kommen kann. P. Lorenzen untersucht die methodischen Normen der Redepraxis, die in solchen praktischen Fragen einen vernünftigen Konsens ermöglichen. K.-O. Apel radikalisiert schließlich diese Fragestellung im Hinblick auf die allgemeinen und notwendigen, d. h. transzendentalen Voraussetzungen praktischer Diskurse, wobei der normative Gehalt allgemeiner Kommunikationsvoraussetzungen den Kern einer universalen Sprachethik bilden soll.[18] Diese ist der Konvergenzpunkt, auf den die Versuche einer Erneuerung der prakti-

schen Philosophie heute zuzustreben scheinen.
Auch wenn wir dieser These zustimmen, liegt ein Einwand auf der Hand. Jede allgemeine Theorie der Rechtfertigung bleibt gegenüber den historischen Ausprägungen legitimer Herrschaft eigentümlich abstrakt. Wenn man Maßstäbe diskursiver Rechtfertigung an traditionale Gesellschaften heranträgt, verhält man sich historisch »ungerecht«. Gibt es eine Alternative zu dieser historischen Ungerechtigkeit allgemeiner Theorien auf der einen und der Maßstablosigkeit bloßen historischen Verstehens andererseits? Das einzige aussichtsreiche Programm,[19] das ich sehe, ist eine Theorie, die die historisch zu beobachtende Aufeinanderfolge von verschiedenen Niveaus der Rechtfertigung strukturell klärt und als einen entwicklungslogischen Zusammenhang rekonstruiert. Die gut bestätigte kognitivistische Entwicklungspsychologie, die für die Ontogenese Stufen des moralischen Bewußtseins in dieser Weise rekonstruiert hat, kann zumindest als eine heuristische Anleitung und als Ermutigung verstanden werden.[20]

7. Glück und Verantwortung

Einführung von Alfred Berlich

Das Verhältnis von Glück und Verantwortung ist in diesem Abschnitt das Thema unterschiedlicher Betrachtungen. Der Bogen spannt sich von dem mahnenden Hinweis auf die Begrenztheit der menschlichen Möglichkeiten bis zur Ermutigung zum utopischen Denken.

Ernst Bloch und *Theodor W. Adorno* fragen nach der Bedeutsamkeit utopischen Denkens, das von Schwärmerei und ›wishful thinking‹ zu unterscheiden ist als ein Denken anhand der Kategorie der Möglichkeit, und zwar nicht nur im Sinne des subjektiv Möglichen (Denkbaren), sondern auch des objektiv-real Möglichen. Das utopische Denken ist, weil es auf das Ganze der menschlichen Freiheit und des menschlichen Glücks geht, mit keiner Stufe des Erreichten zufriedenzustellen. Gegen das bornierte Glück des Sich-bescheidens, das weder die eigene Person noch den bestehenden Zustand transzendiert, stellt es sein hartnäckiges ›etwas fehlt‹ und die ebenso unnachgiebige Hoffnung auf eine mögliche Erfüllung menschlichen Lebens.

Den Gegensatz von Sich-bescheiden und Streben nach Erfüllung thematisiert *Robert Spaemann* in seinem Aufsatz »Philosophie als Lehre vom glücklichen Leben« unter drei antinomisch zugespitzten Fragestellungen: Sollen wir Bedürfnisse mäßigen oder steigern? – Geht es darum, Leid zu vermeiden oder möglichst viel Freude zu gewinnen (auch auf Kosten von Leid)? – Besteht das Glück in der Zustimmung zu dem, was ist, oder in der Veränderung dessen, was ist? Diese Fragen sind zugleich Konkretisierungen der praktisch-philosophischen Grundfrage: »Was wollen wir eigentlich im Grunde und letzten Endes wirklich?«

Jene Grundfrage zielt auf ein Prinzip der Identität unseres Wollens, wie es als erster der Hedonismus in seinem Prinzip, daß der Wert alles Erstrebten einzig im Vergnügen liege, das wir daraus ziehen, zu geben versuchte. In seiner Kritik des Hedonismus (mit den Argumenten der Selbstaufhebung, des solipsistischen Mißverständnisses des Menschen als eines, der

je mit sich selbst allein ist, und vor allem des fehlenden Außenaspekts im Glück) führt der Aufsatz zum Verhältnis von Glück und Verantwortung. Denn ein Außenaspekt des Glücks liegt darin, daß unser Glücksstreben Folgen für die anderen hat. Damit stellt sich die Frage, ob es sinnvoll ist, ein ›glückliches‹ Leben um den Preis des Unglücks anderer zu führen.
Die Dimension der Verantwortung im Glück(-sdenken) behandelt *Walter Schulz* in dem Kapitel »Ethische Maximen der Gegenwart«. Er sucht die Idee der gegenseitigen Anerkennung als Selbstzweck, wie sie zuerst von Kants Bestimmung des Menschen als Zweck an sich selbst herausgestellt worden ist, durch zwei Prinzipien zu konkretisieren: Zum einen durch Albert Schweitzers Prinzip der ins Grenzenlose erweiterten Verantwortung gegen alles, was lebt (mit dem Gebot, das Leben und den Willen zum Leben als nicht zu hinterfragende Grundtatsache anzuerkennen); zum anderen durch das utilitaristische Prinzip der Minderung des Leidens und der Mehrung der Wohlfahrt, hinter dem der Gedanke des größtmöglichen allgemeinen Glückes steht. Schulz versucht Max Webers Entgegensetzung von Gesinnungs- und Verantwortungsethik zu vermitteln, indem er jene beiden Prinzipien als gesinnungsethische Grundhaltungen versteht, die eine verantwortliche Praxis fordern, sie aber nicht in ihren konkreten situativen Erfordernissen vorwegbestimmen können.
In dem Kapitel »Politische Ethik und weltweite Verantwortung« spricht sich *Erhard Eppler* angesichts der lebensbedrohenden Entwicklungen und Krisen für ein universales verantwortungsethisches Denken aus. Es könne gerade heute nicht darum gehen, das eigene Gewissen rein zu erhalten (und sich aus der Affäre zu ziehen), vielmehr sei erfordert, sondern die Verantwortung für alle, aus unserem Handeln und Nicht-Handeln erwachsenden Folgen zu sehen und zu übernehmen. Inwieweit aber kann ein Politiker im Rahmen und in den Grenzen unseres politischen Legitimations- und Entscheidungssystems dieser Verantwortung gerecht werden?
Sowohl *Herbert Gruhl* in dem Kapitel »Glück durch Wachstum? Ethos der Industriegesellschaft und ökologische Krise« als auch *Georg Picht* in dem Kapitel »Mut zur Utopie« stellen die Frage nach der Verantwortung vor dem Hintergrund der möglichen atomaren oder ökologischen Katastrophe, durch die zum ersten Mal in der Geschichte die Menschheit als ganze bedroht ist.
Herbert Gruhl fordert, ausgehend von der Einsicht in die Endlichkeit des Planeten Erde, ein Umdenken, das die mensch-

lichen Wünsche und Bedürfnisse statt, wie bisher, in der Frage »Was will ich noch alles?« in der Frage »Was könnte der Mensch vielleicht noch?« artikuliert. Das Glücksstreben sieht sich genötigt, von den Grenzen des Planeten her zu denken. Die Warnung vor der verantwortungslosen Plünderung der Erde verbindet Gruhl mit einer sinnkritischen Untersuchung des Wachstumsbegriffes und der Gewohnheit, Glück und »Wachstum« ineins zu sehen.

Picht hebt hervor, daß auch die bloße Erhaltung der menschlichen Gattung von den geistigen und moralischen Qualitäten abhängen wird, welche die Menschlichkeit des Menschen (Humanität) ausmachen. Können diese Qualitäten die Herrschaft der Vernunft über die zukünftige Entwicklung sichern? Er warnt vor jedem Rückschritt auf vermeintlich natürliche Verhältnisse, in denen der Mensch angeblich noch nicht entfremdet gewesen sei. Da der Mensch seine Menschlichkeit und damit wahre Natur nicht hat, sondern erst finden muß, bleibt ihm der Weg durch die Geschichte mitsamt ihrer Erzeugung einer künstlichen »zweiten« Natur nicht erspart.

Herbert Gruhl fordert, ausgehend von der Einsicht in die Endlichkeit des Planeten Erde, ein Umdenken, das die menschlichen Wünsche und Bedürfnisse statt, wie bisher, in der Frage »Was will ich noch alles?« in der Frage »Was könnte der Mensch vielleicht noch?« artikuliert. Das Glücksstreben sieht sich genötigt, von den Grenzen des Planeten her zu denken. Die Warnung vor der verantwortungslosen Plünderung der Erde verbindet Gruhl mit einer sinnkritischen Untersuchung des Wachstumsbegriffes und der Gewohnheit, Glück und »Wachstum« ineins zu sehen.

Pichts und Gruhls Perspektiven ergänzen einander. Ohne das Denken von den Grenzen her läuft das utopische Streben Gefahr, den Abgrund auf dem Wege zu übersehen. Ohne die utopische Intention auf Erfüllung des Menschseins bliebe aber selbst die Erhaltung des menschlichen Lebens letztlich sinnlos. Zum menschlichen Leben gehört nicht allein seine Erhaltung, sondern auch das Streben, das wahrhaft Menschliche im Leben zu verwirklichen.

7.1. *Ernst Bloch: Etwas fehlt – Glück und Utopie. Ein Gespräch mit Theodor W. Adorno, moderiert von Horst Krüger*

Krüger: Das Wort Utopie hat heute keinen guten Klang. Es ist abgewertet und wird meist nur im negativen Sinn als »utopistisch« gebraucht. Unser Thema, wie auch der Begriff der Utopie selbst, hat etwas Unzeitgemäßes.
Adorno: Wenn ich also zuerst etwas sagen soll, wozu ich vielleicht gar nicht legitimiert bin, da mein Freund Ernst Bloch schließlich derjenige ist, der überhaupt das Wort »Utopie« schon in seinem Frühwerk *Geist der Utopie* wieder zu Ehren gebracht hat, dann möchte ich zunächst einmal daran erinnern, daß unzählige sogenannte utopische Träume, wie also das Fernsehen, wie die Möglichkeit, auf andere Sterne zu kommen, wie eine Bewegung schneller als der Schall, sich erfüllt haben, daß aber diese Träume, indem sie sich erfüllt haben, alle so wirken, wie wenn dabei das Beste vergessen worden wäre – daß man ihrer also nicht froh wird, daß diese Träume selber in ihrer Verwirklichung einen eigentümlichen Charakter der Ernüchterung, des Geistes des Positivismus, darüber hinaus der Langeweile angenommen haben. Ich meine das allerdings so, daß es sich dabei nicht einfach darum handelt, daß das, was wirklich wird, gegenüber dem als unendlich vorgestellten Möglichen vorweg etwas Einschränkendes hat – sondern in einem viel handfesteren Sinn, nämlich daß man sich dann fast immer durch die Erfüllung der Wünsche um den Inhalt der Wünsche betrogen sieht, wie in dem Märchen, wo dem Bauern drei Wünsche freigegeben sind und er in dem ersten – ich glaube – seiner Gattin eine Wurst an die Nase wünscht und einen zweiten Wunsch dann dazu benutzen muß, diese Wurst von der Nase wieder wegzuwünschen.
Ich meine also, man kann heute fernsehen, in die Ferne sehen, aber anstatt daß nun das Wunschbild, die erotische Utopie aufgeht, sieht man dann bestenfalls irgendeine mehr oder minder hübsche Schlagersängerin, die einen noch um ihre Hübschheit betrügt, indem sie, anstatt sich zu zeigen, irgendeinen Unsinn singt, der im allgemeinen darin besteht, daß »Rosen« und »Mondnacht« miteinander in Harmonie ständen.[. . .]
Krüger: Herr Bloch, sind Sie auch der Meinung, daß die Abwertung des Begriffs »Utopie« mit dieser – wie soll ich sagen – »Perfektion der technischen Welt« zusammenhängt?
Bloch: Ja und nein – sie hängt damit zusammen. So vollkommen und so großartig ist die technische Perfektion auch nicht;

sie geht ja auf nur sehr begrenzte Wunschträume. Man könnte noch den sehr alten Wunsch zum Fliegen hinzufügen, den betreffend es in einem Gedicht von Dehmel, wenn ich mich recht erinnere, weiter heißt: »Und so frei zu sein wie die Vögel« – das steckt da auch darin.

Es bleibt also ein Rest, es ist vieles nicht erfüllt und banalisiert durch die Erfüllung – um von dem tieferen Gesichtspunkt abzusehen, daß jede Verwirklichung eine Melancholie mit sich führt, eine Melancholie der Erfüllung; so ist die Erfüllung noch nicht wirklich oder denkbar oder postulierbar ohne Rest. Aber es ist nicht nur dies, daß Abwertung von Utopie eingetreten ist. Ich glaube übrigens, daß die sehr alt ist – daß der Slogan: »Das ist nur eine Utopie« als Entwertung zu »Wolkenkuckucksheim«, zu »wishful thinking« ohne jede Möglichkeit einer Durchführung, zu Schwärmerei, Träumerei in einem banalen Sinn, daß diese Entwertung sehr alt ist und daß nicht erst unsere Zeit sie gebracht hat. Ich weiß nicht genau, ob unsere Zeit in dieser Hinsicht nicht eher eine Aufwertung des Utopischen gebracht hat – es heißt nur nicht mehr so; es heißt »Science fiction«[1] in der Technik, es heißt »Wasser auf alte Mühlen« in der Theologie, in der sehr stark das von mir behandelte ›Prinzip Hoffnung‹ eine Rolle spielt, optativ mit dem »Wenn es doch so wäre« eine Rolle zu spielen beginnt, die die Rolle der Realität, etwas sei wirklich so und nicht anders, überholt. Das wird nicht mehr utopisch genannt oder wenn es so genannt wird, dann nicht ohne Assoziation an die alten Sozialutopien. Ich glaube aber, daß wir ungeheuer nahe und nicht nur sehr entfernt, was die Inhalte angeht, weniger an der Utopie, sondern an dem Topos der Utopie leben. Utopie ist von vornherein bei Thomas Morus eine Ortsbestimmung auch gewesen, auf eine Insel hier verlegt in der fernen Südsee. Die Bestimmung wandelt sich später, so daß sie aus dem Raum in die Zeit tritt. Die Utopisten, vor allem des 18. und des 19. Jahrhunderts, Fourier und Saint-Simon verlegen das Wunschland ja mehr in die Zukunft, ein Wandel also des Topos aus dem Raum in die Zeit. Bei Thomas Morus noch war das Wunschland fertig, auf einer fernen Insel, nur ich bin nicht dort.

Im anderen Fall, wenn es in die Zukunft verlegt wird, bin nicht nur ich nicht dort, sondern es selbst ist nicht bei sich; es gibt diese Insel gar nicht. Aber sie ist nicht etwa Nonsens oder schlechthin Schwärmerei, sondern sie ist *noch* nicht im Sinne einer Möglichkeit, *daß* es sie geben könnte, wenn wir etwas dafür tun. Nicht nur wenn wir hinfahren, sondern *indem* wir hinfahren, erhebt sich die Insel Utopia aus dem Meer des

Möglichen – Utopie, aber ein neuer Inhalt. Ich glaube, in *diesem* Sinne ist Utopie auch im Bewußtsein nicht so abgegolten, trotz der entsetzlichen Banalisierung, die sie erlitten hat, und trotz des Auftrags – hier würde ich übereinstimmen mit meinem Freunde Adorno –, den eine angeblich total saturierte und jetzt bereits für klassenlos und nicht mehr antagonistisch[2] behauptete Gesellschaft gibt.

Adorno: Daß die Menschen vereidigt sind auf die Welt, wie sie ist, und dieses abgesperrte Bewußtsein der Möglichkeit gegenüber, das hat nun allerdings einen sehr tiefen Grund, einen Grund, von dem ich denken würde, daß er *gerade* mit der Nähe der Utopie, mit der du zu tun hast, sehr zusammenhängt. Meine These dazu würde lauten, daß im Innersten alle Menschen, ob sie es sich zugestehen oder nicht, wissen: Es wäre möglich, es könnte anders sein. Sie könnten nicht nur ohne Hunger und wahrscheinlich ohne Angst leben, sondern auch als Freie leben. Gleichzeitig hat ihnen gegenüber, und zwar auf der ganzen Erde, die gesellschaftliche Apparatur sich so verhärtet, daß das, was als greifbare Möglichkeit, als die offenbare Möglichkeit der Erfüllung ihn vor Augen steht, ihnen sich als radikal unmöglich präsentiert. Und wenn nun heute die Menschen universal das sagen, was in harmloseren Zeiten nur den ausgepichten Spießbürgern vorbehalten war: »Ach, das sind ja Utopien, ach, das ist ja nur im Schlaraffenland möglich; im Grunde soll das auch überhaupt gar nicht sein«, dann würde ich sagen: das kommt davon, daß die Menschen den Widerspruch zwischen der offenbaren Möglichkeit der Erfüllung und der ebenso offenbaren Unmöglichkeit der Erfüllung nur auf *die* Weise zu bemeistern vermögen, daß sie sich mit dieser Unmöglichkeit identifizieren und diese Unmöglichkeit zu ihrer eigenen Sache machen und daß sie also, um mit Freud zu reden, sich »mit dem Angreifer identifizieren« und daß sie sagen, daß *das* nicht sein *soll*, von dem sie fühlen, daß es gerade ja sein *sollte*, aber daß es durch eine Verhexung der Welt ihnen vorenthalten wird.

Krüger: Ich hätte die Frage zu stellen, Herr Professor Bloch: Was ist denn eigentlich der Inhalt der Utopien? Ist es Glück, ist es Erfüllung, ist es – ein Wort, das eben einmal auftauchte – einfach Freiheit? Was wird da eigentlich erhofft?

Bloch: Utopien traten lange Zeit ausschließlich als gesellschaftliche Utopien auf: Träume von einem besseren Leben: Bei Thomas Morus steht es im Titel *De optimo statu rei publicae deque nova insula Utopia,* also: *Über das beste Staatswesen und über die neue Insel Utopia.* Die »optima res publica« – der beste Staat – ist bei Thomas Morus als Ziel gesetzt. Also eine

Veränderung der Welt zur größten Ermöglichung von Glück, von sozialem Glück. Es ist nicht so, daß die Utopien ohne »Fahrplan« wären. Utopien sind in ihrem Inhalt von den gesellschaftlichen Verhältnissen abhängig. Thomas Morus, der zur Zeit des beginnenden englischen Imperialismus lebte, im Elisabethanischen Zeitalter, hat als Pathos liberale Zustände bei seinen Insulanern; Campanella, hundert Jahre später, in der Zeit Philipps II. der Hispanisierung[3] Italiens, in der Atmosphäre des Galilei-Prozesses[4], entwirft in seinem *Sonnenstaat* ein Gegenmodell zur Freiheit. Er sagt: Alle Verhältnisse können nur in Ordnung gebracht werden, wenn die größtmögliche Ordnung herrscht, wenn alles »ins Lot kommt«, wie der sehr sinnige Ausdruck bekanntlich lautet. Das *Ziel* aber bei beiden ist immer das Wachtraumreich, das mehr oder minder objektiv fundierte oder mindestens im Traum fundierte und nicht ganz sinnlose Tagtraumreich eines besseren gesellschaftlichen Lebens. Daneben zeichnen sich auch schon bei Campanella und erst recht bei Bacon die technischen Utopien ab, bei Bacon in der *Nova Atlantis*. Sein »Templum Salomonis« ist die Antizipation einer vollendeten Technischen Hochschule, in der ungeheuerliche Erfindungen, ein ganzes Programmheft von Erfindungen gegeben werden.

Es gibt aber noch eine viel ältere Schicht, die wir nicht weglassen, die *wir* am *wenigsten* weglassen wollen: das Märchen. Das Märchen ist nicht nur mit sozialer Utopie gefüllt, also der des besseren Lebens und der Gerechtigkeit, sondern es ist auch gefüllt mit technischer Utopie, vor allem in den orientalischen Märchen. Im Märchen *Das Zauberpferd* aus *1001 Nacht* gibt es beim Zauberpferd sogar einen Auf- und Abstiegshebel – das ist ein »Hubschrauber«. Man kann *1001 Nacht* an vielen Stellen als ein Modellbuch für Erfindungen lesen.

Bacon geht auf das ein und grenzt sich nun vom Märchen ab, indem er sagt, daß das, was *er* meint, diese reale Magie, sich zu den ältesten Wunschbildern des Märchens verhalte wie die Taten Alexanders zu den Taten der Tafelrunde des Königs Artus. Es ändern sich also die Inhalte des Utopischen je nach der gesellschaftlichen Lage. Im 19. Jahrhundert tritt nun die Verbindung mit der vorhandenen Gesellschaft deutlich auf, am deutlichsten bei Saint-Simon und bei Fourier, der ein großer, exakter, nüchterner Analytiker war. Schon 1808, in seiner Schrift *Théorie des quatre mouvements* wird das Monopolkapital prophezeit. Es ist also eine negative Utopie, in diesem Falle, die es auch gibt. Es ändern sich eben die Inhalte, aber eine Invariante der Richtung ist da, psychologisch sozusagen ausge-

drückt als die Sehnsucht, ganz ohne Rücksicht einmal auf die Inhalte – eine Sehnsucht, die die durchgehende und vor allem die einzige ehrliche Eigenschaft aller Menschen ist.
Nun aber beginnen die Fragen und Finessen: Was ersehne ich denn als das Optimum? Hier muß man aus dem »Stammhaus« der Utopien, nämlich aus den Sozialutopien »ausziehen«, um gerade des, wie du sagst, Ganzen wegen die *anderen* Utopie-Gegenden auch zu sehen, die nicht den Namen haben: »Technik«. Es gibt Architektur, die nie gebaut wurde, die gezeichnet wurde, Wunscharchitektur großen Stils. Es gibt Theaterarchitektur, wo mit Pappe etwas billig, mit geringen Kosten, hingestellt wurde, wo das Geld fehlte und die Technik nicht reif war. Im Barock, vor allem im Wiener Barock-Theater gibt es großartige Bauten, die niemals bezogen werden konnten, weil sie aus Pappe und Schein sind, aber doch erscheinen.
Es gibt die medizinischen Utopien, die nichts Geringeres in sich haben als die Abschaffung des Todes – ein ganz närrisches Fernziel; dann aber so etwas Nüchternes wie die Abschaffung und Erleichterung des Schmerzes. Das ist nun in der Tat viel einfacher und ist erreichbar geworden mit der Erfindung der Anästhesie. Am Ende nicht nur Heilung von Krankheit, sondern *dies* soll auch geschafft werden: daß die Menschen nach einer Operation gesünder sind, als sie vorher waren – also Umbau des Organismus genau wie Umbau des Staats. Es gibt vor allen Dingen nun, wie ich schon am Anfang sagte, das Utopische in der Religion. Das ist ja das himmlische Reich, das, was am Ende erscheint, also das, was verkündet wird, das, was der Messias, der Christus, bringt – ferne Wunschbilder, mit ungeheurem Inhalt und auch mit großer Tiefe, die hier erscheinen, so daß ich glaube, man muß auch bei den Sozialutopien sehen, was in ihnen davon alles mitklingt und in Gang kommt. Doch derartige Wunschbilder sind einzig diskutierbar nach Maßgabe vorhandener Bedingungen ihrer Verwirklichung, also im Rahmen, im Topos einer objektiv-realen Möglichkeit. Die Möglichkeit ist nicht umsonst als »Stiefkind« unter den Kategorien schlecht behandelt und auch nicht deutlich genannt . . .
Adorno: Ich glaube, daß du eine ganze Reihe von – ja, wie soll man sagen – Illustrationen ganz verschiedener Typen utopischen Bewußtseins beigebracht hast. Das hat mit der Sache sehr viel zu tun. Es gibt nämlich nicht so etwas wie einen einzelnen fixierbaren utopischen Inhalt. Wenn ich vom »Ganzen« gesprochen habe, so habe ich dabei keineswegs nur an das System des Zusammenlebens der Menschen gedacht, sondern wirklich

daran, daß *alle* Kategorien sich ihrer eigenen Zusammensetzung nach verändern können. Ich würde also sagen: Es gehört zum Begriff der Utopie wesentlich dazu, daß sie nicht darin besteht, daß sich eine bestimmte einzelne herausgegriffene Kategorie verändert, von der aus sich alles konstituiert, zum Beispiel indem man die Kategorie des Glücks allein als Schlüssel der Utopie annimmt. [...]
Es ist also schon ein Zusammenhang, in dem *alle diese* Kategorien vorkommen, in dem ebenso die Kategorie des Glücks, die als isolierte immer etwas Armseliges und den anderen Betrügendes hat, sich verändern würde, wie auf der anderen Seite auch die Kategorie der Freiheit, die dann nicht mehr Selbstzweck und gar Selbstzweck der Innerlichkeit wäre, sondern die sich erfüllen müßte.
Ich glaube allerdings – und es hat mich sehr berührt, daß *du* gerade darauf gekommen bist, denn meine eigenen Erwägungen kreisen in der letzten Zeit sehr um diesen Punkt, Ernst –, daß die Frage nach der Abschaffung des Todes in der Tat ja der neuralgische Punkt ist. Darum geht es eigentlich. [...]
Es gibt keine *einzelne* Kategorie, durch die die Utopie sich benennen läßt. Aber wenn man sehen will, wie dieser ganze Komplex sich entscheidet, dann geht es um diese Frage eigentlich am allermeisten.
Krüger: Herr Bloch, würden Sie das akzeptieren, was wir jetzt herausgearbeitet haben, daß also gewissermaßen eigentlich die Angst des Menschen vor dem Tode, daß er sterben muß, die tiefste und auch die legitimste Wurzel seines utopischen Denkens ist?
Bloch: Ja, es kommt in zwei Regionen die Beschäftigung mit dem Tod vor, einmal praktisch oder empirisch, in der Medizin, amtsmäßig sozusagen, und dann in der Theologie. Das Christentum siegte in den ersten Jahrhunderten mit dem Ruf: »Ich bin die Auferstehung und das Leben!« Es siegte nicht mit der Bergpredigt und siegte nicht mit der Eschatologie. Der Tod stellt in der Tat die härteste Gegenutopie dar. Der Brettschlag am Ende macht mindestens allen unseren individuellen Zweckreihen ein Ende, entwertet also auch das Vorher. [...]
Und dabei kommen wir auf das Gebiet des Freiheitspathos. Es ist mit den »Träumen vom besseren Leben«, die die Sozialutopien ausmalten, verwandt, doch unterscheidet es sich auch von ihnen. In den Sozialutopien wird das bestmögliche Zusammenleben entweder durch Freiheit oder durch Ordnung bestimmt. Da ist die Freiheit eine Variable oder Hilfskonstruktion für das bestmögliche Leben. Freiheit als Pathos kommt nicht in der

Utopie vor, sondern im Naturrecht, und zwar im liberalen Naturrecht des 18. Jahrhunderts, in Verbindung mit dem aufrechten Gang, in Verbindung mit menschlicher Würde, die nur durch Freiheit gewährt ist. Tell und die Dramen von Alfieri sind voll von solchen Freiheitsgestalten großen Stils, die auf sich selbst stehen und »in tyrannos!« rufen. Darin findet sich Naturrecht, und es liegt ebenfalls im Rahmen von objektiv-realer Möglichkeit, ist aber nicht dasselbe wie soziale Utopie. Es gibt also zwei utopische Glieder: die Sozialutopien als Konstruktion eines Zustands, in dem es keine Mühseligen und Beladenen gibt, und Naturrecht als Konstruktion eines Zustands, in dem es keine Erniedrigten und Beleidigten gibt. Das ist das zweite, ich habe es darzustellen versucht in meinem Buch *Naturrecht und menschliche Würde*. Nun aber das dritte. Nicht das Wunder, sondern der Tod ist des Glaubens »liebstes Kind«, läßt sich dann eher sagen. Doch ein Wunder gehört dazu, den Tod aus dem Gesichtskreis zu bringen. Das heißt dann: Auferstehung Christi. Dieser Glaube, dieses andere: »Wer rettet mich vor dem Tode, vor den Kiefern des Todes?«, wie es in der Bibel heißt, im *Neuen Testament*, das ist doch transzendent, das können *wir* ja nicht machen. Da muß man nun Taufe, Tod Christi und Auferstehung dazu holen. Wodurch auch das Utopische in der Wahl seiner möglichen Mittel transzendiert wird. Und doch gehört es zur Utopie. [. . .]

Adorno: Es gibt in der ganzen Utopie etwas tief Widerspruchsvolles, nämlich daß sie auf der einen Seite ohne die Abschaffung des Todes gar nicht konzipiert werden kann, daß aber auf der anderen Seite diesem Gedanken selber – ich möchte sagen – die Schwere des Todes und alles, was damit zusammenhängt, innewohnt. Wo dies nicht drin ist, wo die Schwelle des Todes nicht zugleich mitgedacht wird, da gibt es eigentlich auch keine Utopie. Und das – will mir scheinen – hat für die, ja, wenn ich das so grauslich ausdrücken darf, Erkenntnistheorie der Utopie eine sehr schwere Konsequenz, daß man nämlich die Utopie nicht positiv ausmalen darf. Jeder Versuch, die Utopie nun einfach zu beschreiben, auszumalen: so und so wird das sein, wäre ein Versuch, über diese Antinomie des Todes hinwegzugehen und so zu reden von der Abschaffung des Todes, als ob der Tod nicht wäre. [. . .]

Was da gemeint ist, das ist eigentlich, um der Utopie willen zu verbieten, von der Utopie ein Bild zu machen, im tiefen Zusammenhang mit dem Gebot: »Du sollst dir kein Bild machen!«, das wahrscheinlich ebenso die Abwehr der zu billigen, der falschen, *der* Utopie ist, die sich es abkaufen läßt,

was eigentlich gedacht war.
Bloch: Völlig einverstanden. Womit wir sogar wieder einen Bogen zu der ersten, der sozusagen aktuellen Frage und dem aktuellen Tatbestand haben, daß Utopie entspannt wird, indem ich sie als seiend darstelle oder, wenn auch nur in »Abschlagszahlung«, als erreicht darstelle. Und eine »Abschlagszahlung« des Erreichthabens steckt schon *darin*, daß ich es in einem Buch doch darstellen kann; hier ist es wenigstens schon wirklich geworden und, wie du sagst »ausgepinselt«. Man ist also betrogen. Es ist entspannt worden, und es gibt eine Verdinglichung von ephemeren oder nichtephemeren Tendenzen, als wäre es schon viel mehr als In-Tendenz-Sein, als wäre schon der Tag da. Also Bilderstürmerei gegen solche Verdinglichung ist jetzt in dem Zusammenhang vollkommen richtig. Und das Ungenügen muß wachgehalten werden, wozu der Tod allerdings dauernd einen Anlaß gibt. Er ist in der Tat nicht ein »Nun muß er gehen«, wie der alte Schopenhauer sagt, sondern er reizt unaufhörlich auf aus jeder Zufriedenheit, und wenn sie noch so groß ist und wenn es noch so viel Wirtschaftswunder und Wohlfahrtsgesellschaft gibt. Aber *das* besteht doch weiter, ein Nicht-Sein-Sollendes vom Utopischen her, von der Sehnsucht her nach einem In-Ordnung-Kommen oder einem »Überhaupt«, wo Freiheit wäre, wo alles richtig oder »im Lot« wäre, in einem viel tieferen Sinn, einem umfassenderen Sinn, als die Sozialutopie es darstellte. Solche Sehnsucht ist vorhanden, und es gibt – um auf den Tod zurückzukommen – die menschliche Todesangst, die von der Todesangst der Tiere grundverschieden ist. Es gibt also diese nicht »ausgepinselte«, sondern reicher erfahrene Todesangst, die die Menschen haben, und das Gefühl, daß Zweckreihen abbrechen. Denn Utopie ohne Zweckreihen gibt es natürlich nicht, in einer nicht teleologischen Welt gibt es so etwas gar nicht. Mechanischer Materialismus[5] kann keine Utopie haben, in ihm ist alles Gegenwart, mechanische Gegenwart. Also, daß hier eine solche Empfindlichkeit gegen ein Nicht-Sein-Sollendes besteht, zeigt, daß es Utopie auch in diesem Gebiet gibt, wo sie es am schwersten hat, und ich glaube, Teddy, hierin sind wir allerdings einig: Die wesentliche Funktion, die dann Utopie hat, ist eine Kritik am Vorhandenen. Wenn wir die Schranken nicht schon überschritten hätten, könnten wir sie als Schranken nicht einmal wahrnehmen.
Adorno: Ja, die Utopie steckt jedenfalls wesentlich in der bestimmten Negation, in der bestimmten Negation dessen, was bloß ist, und das dadurch, daß es sich als ein Falsches konkretisiert, immer zugleich hinweist auf das, was sein soll. [. . .]

Bloch: Es gäbe keine Französische Revolution ohne die immerhin, wie Marx sagt, heroischen Illusionen, die das Naturrecht gebracht hat. Sie sind eben nicht wirklich geworden, und was von ihnen wirklich geworden ist, der freie Markt für die Bourgeoisie, ist erst recht nicht das, was man sich unter Utopie geträumt, gedacht, gewünscht, erhofft, gefordert hat. Wenn also nun eine Welt einträte, die aus durchsichtigen Gründen verhindert wird, die aber durchaus möglich ist, ja, man könnte sagen, es ist eher erstaunlich, daß sie *nicht* ist – wenn eine solche Welt, in der Hunger und unmittelbare Not abgeschafft sind, ganz zum Unterschied vom Tod, wenn diese Welt endlich einmal »Luft kriegt« und freigelassen wird, kommt eben am Ende nicht nur die Platitüde heraus und die graue Prosa und eine vollkommene Aussichtslosigkeit und Perspektivlosigkeit des Daseins, hier wie drüben. Sondern mit der Freiheit vom Erwerb statt der Freiheit zum Erwerb erlangt gerade jener aussichtsreiche Zweifel und jener entscheidende Stachel zur Utopie Platz, der mit dem kurzen Brecht-Satz gemeint ist: »Etwas fehlt«. Was das ist, weiß man nicht. Der Satz steht in *Mahagonny*[6], einer der tiefsten Sätze von Brecht, in zwei Worten. Was ist dieses »Etwas«? Es darf nicht »ausgepinselt« werden, dann stelle ich es als seiend dar; es darf aber nicht so eliminiert werden, als ob es nicht wirklich im praktischen Sinne das wäre, von dem man sagen könnte: »Es geht um die Wurst«. Wenn also auch dies alles stimmt, so glaube ich, daß trotzdem das nicht aus der Welt zu schaffen ist, und auch das Technologische, das unbedingt eintreten muß und soll bei dem großen Reich des Utopischen; bildet nur ganz kleine Sektoren; das ist ein geometrisches Bild, das hier nicht zuständig ist, aber ein anderes Bild findet sich in dem alten Bauernspruch: Es gibt keinen Tanz vor dem Essen. Es müssen die Menschen erst satt werden, und dann kann getanzt werden. Das ist eine Conditio sine qua non, daß überhaupt über das andere ernsthaft, ohne daß es zum Betrug gebraucht wird, geredet werden kann. Erst wenn sich alle Gäste an den Tisch gesetzt haben, kann der Messias, kann der Christos kommen. Also, der gesamte Marxismus, auch in seine leuchtendste Form gebracht und in seiner ganzen Verwirklichung antizipiert, ist nur eine *Bedingung* für ein Leben in Freiheit, ein Leben in Glück, ein Leben in möglicher Erfüllung, ein Leben mit Inhalten. [. . .]
Einen Satz möchte ich am Ende noch bringen, einen sehr einfachen, merkwürdigerweise von Oscar Wilde: »Eine Karte der Welt verdient nicht einmal einen Blick, wenn das Land Utopia auf ihr fehlt.«

7.2. *Robert Spaemann: Philosophie als Lehre vom glücklichen Leben*

Worin das Glück besteht, darüber waren die Meinungen immer geteilt. 288 Ansichten zählte M. Terentius Varro und, ihm folgend, Augustinus. Alle Menschen wollen glücklich sein, sagt Aristoteles. Was ist denn das, was da alle wollen? Das deutsche Wort ist zweideutig. Es meint einmal, daß der Zufall dem, was wir wünschen, entgegenkommt: Fortuna. Aber das Märchen von den drei Wünschen oder vom Fischer und seiner Frau lehrt, was wir alle wissen: oft geschieht, was wir alle wünschen, und dann stellt sich heraus, daß es das Falsche war, was wir gewünscht hatten. Das Falsche, gemessen woran? Offenbar doch wieder an unseren Wünschen. Ob es ein Glück war, Glück zu haben, bleibt die Frage. Man kennt ja aus dem Faust die alte Geschichte, daß jemand mit dem Teufel ein Bündnis abgeschlossen hat, und dann gewinnt er immer im Spiel. – Das Wort »Glück« meint aber nicht nur Fortuna, sondern auch eudaimonia, felicitas, beatitudo: Glücklich-sein, glückliches Leben. Kann der Wunsch, glücklich zu sein, sich auch als das Falsche erweisen? Vielleicht. Dann nämlich, wenn der Wunsch, glücklich zu sein, dem Glücklichsein im Wege steht. Manchmal verhindert man ja dadurch das Glück, daß man es zu intensiv will. Aber kann Glück selbst, kann »Glückseligkeit« – wie der Fachterminus heißt, den die deutschen Philosophen als Übersetzung des griechischen Eudaimonia eingeführt haben – sich für den, der glücklich ist, als das Falsche erweisen? Das scheint absurd zu sein. Ein jüdischer Witz erzählt von dem Sohn, der seinem Vater eröffnet, er wolle Fräulein Katz heiraten. Der Vater widerspricht. Fräulein Katz bringt nichts mit. Der Sohn erwidert, er könne nur mit dem Fräulein Katz glücklich sein. Darauf der Vater: »Glücklich-sein, und was hast Du schon davon?« – Der Witz liegt darin, daß der Vater die Grammatik des Wortes Glück nicht verstanden hat. Man kann in bezug darauf diese Frage nämlich vernünftigerweise nicht stellen. Die Philosophie befaßt sich mit dieser Grammatik.

Aber können wir von ihr eine Belehrung erwarten, die der Meinungsverschiedenheit darüber, was zum Glück gehört und wie man glücklich wird, ein Ende macht? Kann man von ihr hoffen, daß sie von jenen 288 Meinungen mindestens 287 als Irrtum entlarvt? – Ganz im Gegenteil. Diese 288 Meinungen waren in Wirklichkeit 288 philosophische Theorien. Ohne philosophische Theorien würde sich der Pluralismus in bescheideneren Grenzen gehalten haben. Plato nannte nur drei verschiedene Ansichten über das Glück. Nach einigen hundert Jahren philosophischer Theorie waren es dann eben 288. Wer sich von der Philosophie die Nötigung zu einem Konsens erhofft, der in unserem alltäglichen Leben nicht existiert, muß enttäuscht werden. Die Philosophie bemüht sich allerdings systematisch um die Grundlage eines solchen Konsens, aber gerade deshalb geht es ihr, wie es allen geht, die das Ziel der Konfliktfreiheit verfolgen: sie verschärfen die Konflikte. Die Philosophie verschärft den Dissens, genauer gesagt: sie artikuliert noch theoretisch den radikalen Dissens, der andernfalls nur gewaltsam ausgetragen werden könnte. Aus der Perspektive des staatstragenden Common sense erscheint so die Philosophie als dessen Zersetzung und als theoretische Vorbereitung der Gewalt, aus der Perspektive der Gewalttätigen als Versuch der Stabilisierung kooperativen Lebens auch bei größtmöglichem Dissens. Den konservativen Demokraten in Athen erschien Sokrates als sophistischer Jugendverführer, den Sophisten mußte er als Verteidiger einer überlebten Idee von Gemeinwohl, Frömmigkeit und Patriotismus erscheinen. Er kritisierte die Gesetze der Stadt, aber er weigerte sich, ihnen ungehorsam zu sein. Spinoza übrigens greift das auf, sagt das Gleiche in bezug auf die Meinungsfreiheit, als deren erster Protagonist in Europa er erscheint. Sie muß total sein, sie muß sich auf alles erstrecken; es gibt nur eine Meinung, die sie nicht einschließen darf, nämlich die, man brauche den Gesetzen dann nicht zu gehorchen, wenn man ihnen seine Zustimmung nicht geben kann. Denn in diesem Falle würde Zustimmung die Bedingung der Loyalität sein und die Aufkündigung der Zustimmung die Aufkündigung der Loyalität, und das wiederum wäre das Ende der Meinungsfreiheit. [. . .]

Die Frage, was ist Philosophie, läßt sich auf eine nicht kontroverse Art wohl nur mit dem Hinweis auf den in Europa seit 2500 Jahren kontinuierlich geführten Diskurs beantworten. Auf dessen Kontinuität beruht die Identität der Philosophie und auf sonst, wie mir scheint, gar nichts. Dieser Diskurs hat nur eine negative Regel: er ist unbegrenzt. Jede stillschweigend anerkannte Legitimationsinstanz darf wiederum zum Gegenstand der Erörterung gemacht werden, und jeder ist prinzipiell zugelassen, sofern er als einzelner und nicht als Masse oder im Namen der Masse auftritt. Zwar gibt es Autoritäten, d. h. Personen, denen man zunächst aufmerksamer als anderen zuhört. Aber solche Autorität wird nur im Diskurs selbst durch das häufige Gewicht von Argumenten erworben, und im übrigen gehört sie prinzipiell auch zu den jederzeit neu diskutierbaren Legitimationsinstanzen. Ob der Diskurs noch ergiebig ist, wenn tatsächlich alle Legitimationsinstanzen hinterfragt werden, das ist bis heute eine offene Frage. Die Griechen haben z. B. klugerweise auf die Problematisierung einer derselben, nämlich der Natur, verzichtet.

Ich wollte dies vorausschicken, um klarzumachen, warum die Philosophie sich, wenn sie zu fragen anfängt, in ein Verhältnis zur eigenen Geschichte setzen muß, das mit dem anderer Disziplinen nicht vergleichbar ist. Mangels der Möglichkeit, sich mit einem durch vorwissenschaftlichen Konsens abgestützten Gegenstandsbereich und einer dezisionistisch eingeführte Methode zu definieren, kann sie ihre Identität nur herstellen durch die Kontinuität eines geschichtlichen Gesprächszusammenhangs. Innerhalb dieses Gesprächs über sogenannte letzte Fragen haben sich nun von Anfang an zwei Typen von Fragen herausgestellt: die einen, so könnte man sagen, beziehen sich auf Ähnlichkeiten, die anderen auf Identität. Die eine Art von Fragen betrifft die allgemeinsten Ähnlichkeitsbeziehungen von Dingen und Ereignissen. Was ist allem, was ist, gemeinsam? Was sind die letzten Ähnlichkeiten, die alles, was ist, miteinander verbinden? Oder auch so: Was bedeutet das Wort »etwas«? Oder, was meinen wir, wenn wir von etwas sagen, »daß es das gibt«? – Die zweite Art von Fragen zielt nicht auf Ähnlichkeitsbeziehungen zwischen Dingen und Ereignissen untereinander, wobei wir selbst auch zu den fraglichen Dingen gehören, die zweite Art von Fragen zielt vielmehr auf die Beziehung von Dingen und Ereignissen zu unseren Absichten und Interessen. Diese Beziehung kann nur dann eindeutig bestimmt werden, wenn es eine eindeutige Beziehung unserer Absichten und Interessen untereinander gibt. Was – so lautet die Frage etwa – wollen wir eigentlich im Grunde und letzten Endes wirklich?

Diese Frage hat im Unterschied zur ersten nicht reine theoretische Absicht. Darum unterscheiden wir theoretische und praktische Philosophie. Denn es kann ja sein, daß das, was wir im Grunde und letzten Endes wollen, gar nicht existiert, solange wir nicht danach fragen. Welchen Sinn hat es zu sagen, wir wollten etwas, von dem wir niemals wissen, daß wir es wollen? Das ganze Problem der psychoanalytischen Rede vom Unbewußten liegt hier. Unbewußt will der Mensch etwas. Was heißt denn das, wenn er gar nicht weiß, was er will? Dahinter steht natürlich eine praktische Absicht. Diese Rede hat nur Sinn in einem therapeutischen Zusammenhang, in dem eine Einheit des Wollens hergestellt werden soll. Als eine ontologische Aussage über ein Wollen, von dem niemals irgend jemand wissen wird, daß es ein Wollen ist, hat diese Rede gar keinen Sinn. Der Sinn der Frage also nach dem, was wir eigentlich letzten Endes wollen, ist offenbar der, in unser Wollen eine Einheit zu bringen, die vorher nicht darin war. Wir können also auch fragen: Was sollen wir eigentlich wollen? In dieser Form ist uns diese Frage als moralische geläufig seit Kant. Aber in dieser Form bringt sie nicht zum Ausdruck, daß Einheit in unser Wollen nur kommen kann, wenn es zugleich Einheit mit dem ist, was wir schon, ehe wir zu fragen beginnen, sind, das heißt Einheit mit unserer Natur. Die Frage, was wir sollen, läßt sich, da sie auf Identität zielt, nur so stellen, daß wir zugleich fragen, was wir im Grunde immer schon wollen. Kein Sollen würde uns überhaupt erreichen, wenn es nicht Ausdruck von etwas wäre, was wir schon wollen, oder Ausdruck einer Tendenz, die schon in unserer Natur läge.

Die Reflexion auf diesen Umstand ist es nun, die den Beginn von so etwas wie philosophischer Ethik charakterisiert. In einer Krise politisch-moralischer Grundnormen, wie sie im Athen des 5. Jh. v. Chr. stattfand, wird von Sophisten nach dem Grund der Verbindlichkeit dieser Normen gefragt, die doch offenkundig eine Einschränkung unserer Triebwünsche zum Inhalt haben. Was wollen wir denn eigentlich und im Grunde? so fragen sie. Die erste Antwort besteht zunächst in einer Reflexion, die sich aus der Unmittelbarkeit der Geltung eines sittlichen Lebenszusammenhanges herausreflektiert. Für Antigone sind die Normen selbstverständlich; man weiß nicht, woher sie kommen, aber sie sind, wie sie sind. Wenn sich das Subjekt aus dieser Ordnung herausreflektiert, stellt sich die Frage nach der Einheit des Wollens. Und da ist die Antwort zunächst notwendigerweise die hedonistische: Worauf es allein dem Wollenden ankommen kann, ist Lustgewinn, subjektive Befriedigung.

Man kann, Max Scheler folgend, einen vulgären und einen philosophischen Hedonismus unterscheiden. Als vulgären Hedonismus bezeichnet Scheler die Auffassung, daß jeder das, was er tut, um des Lustgewinnes willen tue. Es ist sozusagen eine hämische, eine entlarvende Position, die Kammerdienerperspektive, die dahinterkommt, daß der scheinbar Edelmütige alles eigentlich doch nur zu seinem Vergnügen tut. Der philosophische Hedonismus ist demgegenüber jener, der das durchschnittliche Wollen der Menschen deshalb als entfremdet kritisiert, weil es ihnen um Dinge und Zustände außerhalb ihrer selbst, um Besitz, um Ruhm usw. geht, während sie doch lernen müßten zu sehen, daß der einzige Wert alles dessen in dem Vergnügen liegt, das wir aus diesen Zuständen beziehen. Wenn wir dies gelernt haben, verliert für uns die Welt den Schein eines an sich Wertvollen und Schätzenswerten. Diese Form des Hedonismus steht übrigens in großer Nähe zur späteren stoischen Tradition und ihrer Lehre von den »Adiaphora«, nach welcher alle Dinge eigentlich gleichgültig sind, außer dem Leben nach der Vernunft: »Nichts ist, was dich bewegt. Du selbsten bist das Rad, das auf sich selbsten läuft und keine Ruhe hat« (Angelus Silesius). Der volkstümliche Begriff eines Philosophen ist bis heute durch eine solche Haltung charakterisiert. Die philosophische Leistung des frühen griechischen Hedonismus ist es, zum erstenmal ein Prinzip der Einheit des Wollens formuliert zu haben, und zwar ineins mit der Einsicht, daß ein richtiges Leben nur ein solches sein kann, in welchem wir wollen, was wir wollen, d. h. als wir selbst in dem gegenwärtig sind, was wir tun. Nun können wir etwas aus zweierlei Gründen wollen: erstens, weil es uns als solches als richtig erscheint oder Freude macht, zweitens, weil es uns anderweitige Vorteile bringt. Wir können wollend Ziele, die uns für sich selbst einleuchten oder Freude machen, natürliche nennen, solche aber, deren Verknüpfung mit einem Vorteil für uns erst durch äußere, z. B. gesetzliche Arrangements zustande kommen, künstliche. In diesem Sinne unterschieden die Griechen zwischen dem, was physei, was von Natur, und dem, was nomo, was kraft Gesetzes gilt. Dem, was nomo, was kraft Gesetzes gilt, zu folgen, ist freilich nur sinnvoll, wenn es dem, der gehorcht, mehr Vor- als Nachteile bringt, denn sonst ist gar nicht einzusehen, wieso der dem nomos folgen sollte. Hedonismus ist, so sagte ich, die erste Form praktischer Philosophie, insofern er der erste Versuch ist, ein Prinzip der Identität des Wollens zu formulieren. Aber dieser Versuch ist unzulänglich. Er ist nämlich entweder falsch oder er ist trivial. Er ist falsch, wenn er sagt, wir täten alles, was wir tun, um eines Lustgewinnes willen, auf den dieses Tun bezogen ist wie ein Mittel auf einen Zweck. Es gibt ja offenbar Handlungen, bei denen uns eine Kalkulation solcher Art ganz fern liegt. Wie will denn eine solche Theorie erklären, daß jemand sein Leben für andere hingibt? Der philosophische Hedonismus hingegen mag einwenden: es ist eben töricht, Dinge zu tun, die nicht Lustgewinn bringen. Wir können nämlich dann den Grund gar nicht nennen, warum wir solche Dinge tun. Wir können dabei also nicht mit uns selbst einig sein. – Dies kann man bestreiten mit Hinweis auf Beispiele von selbstloser Solidarität, in denen der Handelnde offenbar in höchstem Maße mit sich einig war, Beispiele für ein »Hier stehe ich, ich kann nicht anders«, die das genaue Gegenteil des »Ich-kann-nicht-anders« des Triebtäters sind. Dieser leidet unter dem Triebdruck, er möchte anders können. Jener aber will gar nicht anders können. Hier sagt nun der vulgäre Hedonismus: wenn jemand tut, was er unbedingt tun will, dann tut er es offenbar, weil es ihm Befriedigung bringt. Auch das gute Gewissen ist für den, dessen Über-ich stark entwickelt ist, eine Bedingung des Wohlbefindens, und Gewissen ist nur ein spezieller Typus hedonistischer Handlungsnormierung. Diese These ist es, die ich als trivial bezeichne. In gewisser Weise ist sie unwiderleglich, wenn sie nämlich nichts anderes sagt als: Wer tut, was er will, tut was er will. Dennoch steckt in dieser Reflexion ein Fehler, und man kann sagen, daß die Philosophie als Lehre vom glücklichen Leben der Auseinandersetzung mit diesem Fehler, mit dieser Art von Reflexion entspringt.

Man kann Philosophie bestimmen als Wiederherstellung dessen, was wir alle wissen und was durch die sophistische Reflexion erschüttert wird. Die Philosophie stellt diese erste Reflexion durch eine zweite in Frage. Der philosophische Begriff des Glücks geht hervor aus der Auseinandersetzung mit dem hedonistischen Gedanken subjektiver Lustmaximierung als Prinzip der Einheit des Wollens. Die Reflexionsbewegung, der dieser Gedanke entspringt, wiederholt sich in verschiedenen Epochen stets von neuem, insbesondere im 18. Jahrhundert. Und stets von neuem auch die Antwort der Philosophie von Plato und Aristoteles über die Stoa, Augustinus, Descartes, Kant, Hegel, Moore, Scheler und Herbert Marcuse. Die Argumente gegen den hedonistischen Gedanken lassen sich letzten Endes vielleicht auf folgende drei reduzieren. Das erste Argument ist eine Variante des klassischen Reflexionsarguments gegen den Skeptizismus. Es besagt eben dies: Das hedonistische Prinzip hebt sich selbst auf. Wer sagt, Lustmaximierung sei das einzige und höchste Handlungsziel, muß sich fragen lassen, ob er damit nur sein eigenes Handlungsziel meine oder so etwas wie ein allgemeines Prinzip formulieren wolle. Will er nur sein eigenes Handlungsziel nennen, so ist die Gegenfrage, warum er es denn überhaupt nennt. Offenbar, weil es ihm Vergnügen bereitet. Aber woher wissen wir denn, ob er die Wahrheit sagt? Wer das, was er sagt, erklärtermaßen nicht sagt, weil er es für wahr hält, sondern weil es ihm Lust bereitet, dies zu sagen, dessen Äußerungen können wir gar nicht unter dem Wahrheitsaspekt beurteilen. Will der Betreffende aber ein Postulat aufstellen, von dem jedermann sich leiten lassen sollte, so können wir fragen, warum es ihn denn interessiert, daß jedermann auf Lustmaximierung aus sei. Vielleicht steht er selbst sich doch viel besser, wenn nur er dieses Ziel verfolgt, die andern aber nicht. Vielleicht bereitet ihm der Gedanke einer solchen Welt, in der es jedem um Maximierung seiner Lust geht, Vergnügen. Gut. Aber wenn jemand sein Vergnügen darin findet, anderen Schmerz zuzufügen, oder wenn sein Vergnügen von der Art ist, daß es Leiden anderer im Gefolge hat, soll er sich auch vom Ziel der Lustmaximierung leiten lassen? Wenn nun unser Hedonist dies bejaht, so ist klar, daß er für seinen Satz allgemein eine Zustimmung nicht erwarten kann, nämlich nicht die Zustimmung der Betroffenen. Gefragt, warum er diesen Satz dennoch aufrechterhalte, kann er sich wieder nur auf seine privaten Präferenzen berufen. Sein Satz wird vom Gesichtspunkt der Gültigkeit aus gleichgültig. Wenn er aber antwortet, jedermann müsse sein Luststreben auf Bedingungen der Vereinbarkeit mit dem Luststreben aller anderen einschränken bzw. sich so erziehen, daß eben das allgemeine Wohlbefinden zu einem integrierenden Bestandteil seines eigenen Wohlbefindens werde, so sagt er zwar etwas Wahres, er sagt, was die Philosophie sagt, aber er kann, was er sagt, nicht mehr hedonistisch begründen. Und das ist das zweite Argument: Der konsequente Hedonismus ist so wenig haltbar wie der konsequente Nominalismus. Der Mensch steht als sprechendes Wesen immer schon im Medium eines Allgemeinen. Er hat, indem er spricht, bereits einen Standpunkt außerhalb seiner organischen Mitte eingenommen, einen, wie Helmuth Plessner sagte, exzentrischen Standpunkt. Er ist gerade nicht nur, was er ist. Die Reflexion, durch welche er sich seinen Lustgewinn zum letzten Motiv macht, bricht ihn sozusagen gewaltsam heraus aus dem Interaktionszusammenhang, in dem zu stehen ihm doch wesentlich ist. Er kann gar nicht für sich allein Mensch sein. Deshalb verhindert diese Reflexion gerade das, was sie intendiert: Einheit mit sich selbst. Wir können nicht hoffen, gegen unsere vernünftige und soziale Natur mit uns selbst einig sein zu können. Wir können dann zwar versuchen, ein Prinzip hedonistischer Reflexion in unserem Dasein durchzusetzen, aber dieses Prinzip wird immer auf Kriegsfuß stehen mit anderen Motiven sozialer Art, mit einem Bedürfnis nach Kommunikation u.s.f. Dieses Prinzip, das eigentlich Einheit mit uns selbst stiften soll, stiftet also in uns selbst gerade einen Zwiespalt. Der Begriff des Glücks wird so von Plato bis Marcuse gegen den des Lustgewinns dadurch abgesetzt, daß im Gedanken des Glücks stets ein Moment von Allgemeinheit mitgedacht wird. Was Marcuses Kritik am Hedonismus von der platonischen unterscheidet, ist, daß in seinem Begriff vom wahren Glück das Moment der

Allgemeinheit das der Wahrheit definiert und nicht umgekehrt. Hier aber setzt nun das dritte Argument ein: Der Lustbegriff erhält nicht das Moment des Kontaktes mit der Wirklichkeit. Das Leere des Lustbegriffs hat der platonische Sokrates im Auge, wenn er sagt, wer Lust für das höchste Gut erkläre, der müsse den für den glücklichsten Menschen halten, der immer die Krätze hat und sich immer kratzen kann. Der Gesprächspartner Kallikles wirft Sokrates vor, die Position des Hedonismus zu karikieren. Natürlich will Kallikles unterscheiden zwischen verschiedenen Qualitäten des Vergnügens. Dann aber wendet Sokrates ein: Wenn es auf die in der Lust erschlossenen Qualitäten ankommt, dann ist eben nicht mehr die abstrakte Lust das Umwillen unserer Handlungen. [. . .]

Wenn es auf die in der Lust erschlossenen Qualitäten ankommt, dann ist eben nicht mehr die abstrakte Lust das Umwillen unserer Handlungen. Und so ist es ja in der Tat. Bereits Scheler hat ja darauf aufmerksam gemacht, daß nur körperliche Lustempfindungen unmittelbar Gegenstand intentionalen Handelns sein können. Körperliche Lust kann begleitet sein von Zuständen der Freudlosigkeit, Langeweile oder Verzweiflung. Wir können in verschiedenen Tiefendimensionen unserer Existenz in verschiedenen Verfassungen sein. Krankheit, augenblicklicher Ärger kann zusammen bestehen mit einer das Dasein tragenden Heiterkeit. Nur sehr starker physischer Schmerz kann die anderen Schichten in ihrer eigenen Stimmung sozusagen überschwemmen. Was aber diese gehaltvolleren, den Menschen wirklich erfüllenden Stimmungen der Freude, des Glücks, der Seligkeit betrifft, so werden sie durch die Reflexion auf den eigenen Lustgewinn gerade behindert. Sie sind nicht Resultat von Bemühungen, die auf ihre Hervorbringung gerichtet sind, sondern stellen sich, wie wiederum Scheler gesagt hat, »auf dem Rücken von Akten« ein, die auf ganz andere Inhalte zielen. Das gehört ja auch zur Weisheit der Märchen. Für Pechmarie, die nur auf Gold aus ist, regnet es eben gerade nicht Gold, während Goldmarie darauf aus ist, ihre Arbeit richtig zu machen. Man kann die gleiche Weisheit auch lernen aus dem letzten Jahrbuch für Demoskopie. Die Verbreitung des subjektiven Lebensglücks steht, wie es scheint, in einem umgekehrt proportionalen Verhältnis zu der Thematisierung von Glücksansprüchen in der Gesellschaft. Glück unterscheidet sich von subjektiver Lustempfindung dadurch, daß es Wirklichkeit erschließt. Das hebräische Wort für Beischlaf heißt jadah, und jadah heißt Erkennen: »Adam erkannte sein Weib.« Jeder Liebende weiß, wovon die Rede ist. Die Augen-

blicke intensivsten Glücks sind ganz sicher nicht die, in denen die Liebenden, ins Spießertum abgesunken, auf ihre eigene Lustmaximierung zu reflektieren beginnen.
Wie sehr zu einem vollen Begriff des Glücks die Erfahrung von Wirklichkeit gehört, können wir uns an einem extremen Beispiel verdeutlichen. Stellen wir uns einen Menschen vor, der in einer Intensivstation auf einem Tisch angeschnallt ist. In sein Gehirn sind feine Drähte eingeführt, und durch gezielte Stromzufuhr wird in ihm ein Zustand permanenter Euphorie erzeugt, die sich auf seinem Gesicht abzeichnet. Der Arzt versichert uns, dieser Zustand werde bis zum Tod des Patienten andauern. Würden wir mit diesem Menschen tauschen wollen? Der englische Moralphilosoph Hare hat Glück als Zustand desjenigen definiert, mit dem wir gern tauschen würden. Mit diesem Menschen würden wir nicht tauschen wollen, und auch nicht mit dem Mann, der deshalb so vergnügt ist, weil er zu dumm ist zu merken, daß alle andern über ihn lachen. Der Mensch steht als sprechendes Wesen nicht im Mittelpunkt seiner Welt. Er ist nicht beschränkt auf die Perspektive, die sich von seiner Innenwelt aus ergibt. Was er für sich ist, bleibt nicht beziehungslos zu dem, was er für andere ist. Er sieht sich sozusagen zugleich mit den Augen anderer. Der Anspruch seines Bildes von der Wirklichkeit, etwas mit der von diesem Bild unabhängigen Wirklichkeit zu tun zu haben, hängt zusammen damit, daß er dieses Bild mit dem Bild anderer vergleichen kann, weil er mit anderen reden kann. Glück als ein nicht noch einmal auf sein Warum befragbarer Zustand darf nicht eine dem Glücklichen verborgene, sinnlose Außenseite haben. Eine nichtintegrierte Außenseite hat nun aber jeder Zustand, der zeitlich begrenzt ist. Der Hedonismus kann die Einheit, die er prätendiert, nicht stiften, weil er stets punktuelle Lustzustände ins Auge fassen muß, die sich zu den diese Zustände herbeiführenden Tätigkeiten verhalten wie der Zweck zu den Mitteln, also äußerlich. Die klassische Lehre vom glücklichen Leben verstand Glück dagegen als ein Ganzes von Tätigkeiten und Erleben. Zu einer Bergbesteigung z. B. gehören Tätigkeiten der Vorbereitung: Planung, Packen, Aufbruch, die Mühen des Aufstiegs, während dessen man vielleicht das Unternehmen verwünscht. Schließlich die Ankunft, die Rast auf dem Gipfel, und dann der Abstieg, die Erschöpfung, der Schlaf. Gewiß, das Unternehmen hatte ein Ziel, die Ankunft auf dem Gipfel. Aber wäre das Ziel der ganze Sinn des Unternehmens, und alles im Verhältnis zu ihm nur Mittel, dann könnte man ja mit der Seilbahn hinauffahren. Offenbar war es das Ganze dieses Unterneh-

mens, worum es eigentlich ging, das auch, was uns im Nachhinein veranlaßt, uns an einen glücklichen Tag zu erinnern, den wir ein anderes Mal wiederholen wollen.

Freilich hat auch das Glück *dieses* Unternehmens noch einen Außenaspekt, der im Erlebnis nicht integriert ist, und zwar einfach deshalb, weil auch er nur ein Zeitabschnitt unseres Lebens ist. Es mag sein, daß wir durch dieses Unternehmen eine wichtige Chance unseres Lebens versäumten, so daß wir später bedauern müssen, diese Bergtour gemacht zu haben. Es mag sein, daß jemand abstürzt. Ich meine nicht zu Tode. Das mag ja ein guter Tod sein. Das Leben wird durch ihn nicht zu einem unglücklichen Leben. Jeder stirbt schließlich einmal. Aber es kann sein, daß er zum Krüppel wird. Dann wird er nicht gern auf diesen Tag zurückblicken. Die Kosten waren zu hoch. Der Außenaspekt, den der Tag für ihn gewonnen hat, läßt sich mit dem Innenaspekt des Tages nicht mehr vermitteln. Das Insistieren auf einem nicht vermittelbaren Innenaspekt, die Weigerung, das »respice finem« in den Augenblick aufzunehmen, die Weigerung, die Kosten zu berücksichtigen, die ich selbst oder die andere für diesen Augenblick aufzuwenden haben, das ist es, was wir den Fanatismus der Leidenschaft nennen können und was sich als solches vom glücklichen Leben unterscheidet. Die Flucht in Drogen ist ein Beispiel für solchen Fanatismus der Leidenschaft. In Solschenizyns »Krebsstation« heißt es irgendwo: »Es gibt nichts in der Welt, für das ich jeden Preis zu zahlen bereit wäre.« Dies bezeichnet eine Bedingung geglückten Lebens. Für etwa jeden Preis zahlen heißt, die Endlichkeit des Augenblicks voluntaristisch überwinden wollen, indem wir das Endlich einfach für absolut erklären. Den Außenaspekt des Lebens ignorieren heißt, sich fanatisch auf seine Partikularität zurückziehen, die doch dadurch nicht aufhört, Partikularität zu sein. Der Außenaspekt bleibt ja gegenwärtig. Wir können ihn nicht vergessen und zu Tieren werden, die sich niemals von außen sehen können.

Der Außenaspekt ist ein doppelter. Er ist ein Aspekt, den wir selbst gewinnen, indem wir uns früherer Augenblicke erinnern bzw. spätere Augenblicke antizipieren. Es ist aber auch der Aspekt, den andere von uns gewinnen. Dabei hat für die Beurteilung des Lebens als eines glücklichen der retrospektive Aspekt eindeutig den Vorrang vor dem prospektiven. Bleiben wir beim Beispiel des Bergsteigens. Daß jemand beim Aufstieg das Unternehmen verwünscht, daß er wünscht, nicht begonnen zu haben, und daß er meint, das Ziel lohne den Aufwand nicht, ist nicht entscheidend. Entscheidend ist, wie er die Sache nachher sieht. Ob er nachher an der Meinung festhält, es sei ein Mißverständnis von Aufwand, Mühe oder Angst einerseits, Erfüllung, Freude andererseits gewesen. Ich zitierte bereits Hare: »Glücklich ist derjenige, mit dem ich zu tauschen bereit wäre«. Das ist eine sehr tiefsinnige Definition. Man kann nämlich auch mit sich selbst tauschen wollen: Glücklich sind die Phasen, mit denen wir zu tauschen bereit sind. Ob eine Phase des Lebens glücklich war, zeigt sich daran, ob wir selbst mit uns würden tauschen wollen, d. h., ob wir, wenn wir noch einmal zu leben hätten, dieselbe Phase ebenso würden durchleben wollen. Nietzsche hat aufgrund seiner Theorie von der ewigen Wiederkehr dieses Kriterium erstmals formuliert. Daß wir Glück nicht auf den punktuellen Innenaspekt subjektiver Lusterfahrung reduzieren können, diese Einsicht war in der antiken Diskussion rasch gewonnen. Das Resultat war der aufs Ganze des Lebens bezogene hedonistische Kalkül. Es kommt darauf an, so war der Gedanke, ob die Lust-Unlustbilanz eines Lebens positiv ist. Aber woher dafür den Maßstab nehmen? Die Innenaspekte der Momente des Lebens sind ja nicht objektiv eindeutige Daten, sondern sind Momente eines Lebensstromes, deren Stellenwert sich durch Erwartung und Erinnerung ständig wandelt. Wir wissen z. B., daß die Erinnerung selektiv ist und die Kindheit vergoldet. Vergangenes Glück ist für Epikur eine Quelle ständiger Genugtuung, für andere Grund der Qual: »Ich besaß es doch einmal, was so glücklich ist, daß man doch zu seiner Qual, nimmer es vergißt.« Und umgekehrt sagt das Sprichwort: »Gehabte Schmerzen hat man gern.« Ebenso aber kann sich das Leben am Ende so verdüstern, daß aller Glanz der Vergangenheit versinkt oder nur noch dazu dient, das Bewußtsein gegenwärtigen Elends zu verstärken. So gibt es gar keinen objektiven Kalkül, der die Augenblicke des Lebens neutral gegeneinander zu verrechnen erlaubte, denn dazu müßten wir einen Standpunkt außerhalb unseres Lebens haben. Der hedonistische Kalkül ist die abstrakte Antithese zum Fanatismus der Leidenschaft. Isoliert dieser den Innenaspekt des erlebten Augenblicks, so verrechnet jener die Augenblicke als scheinbar objektive Daten gegeneinander. In beiden Fällen gelingt es nicht, das Leben als sich ständig zu einem Ganzen integrierenden Vollzug zu begreifen, einen Vollzug, der immerzu seine eigene Äußerlichkeit in Innerlichkeit verwandelt. »Das Glück«, so schreibt deshalb Pascal, »ist weder in uns noch außer uns oder aber, es ist in uns und außer uns«. Aus der asymmetrischen, auf die Zukunft hinlaufenden Struktur des Lebensvollzugs folgt übrigens eine allgemeine Einsicht über eine Glücksbedingung von Zivilisationen. Jene Zivilisationen sind dem Lebensglück abträglich, die in der allgemeinen Schätzung des Menschen, seiner Einfluß- und Wirkungsmöglichkeiten, eine Prämie auf Jugend setzen und so erstens das Gefühl erzeugen, die Zeit auf eine hektische Weise nutzen zu müssen, zweitens aber das Gefühl, daß es vorwiegend bergab geht. Die Prämie auf Älterwerden begünstigt dagegen jeden, denn jeder wird älter, aber niemand wird jünger. Die Philosophie hat sich im Unterschied zum hedonistischen Kalkül stets als Kunstlehre einer Lebenseinstellung verstanden, die nicht auf so etwas wie eine objektive Lustbilanz abhebt, sondern auf eine Haltung, die es ermöglicht, das Ganze des Lebens, und das heißt: die Wirklichkeit als ganze, unabhängig von einer solchen unmöglichen Bilanz in jedem Augenblick, zu einem Gegenstand der Zustimmung zu machen.

Ich sprach bisher nur von jenem Prozeß des Sich-Äußerlichwerdens, das mit der Zeitlichkeit des Lebens zusammenhängt. Die andere Form ist die Gegenständlichkeit, die wir für andere besitzen. Wir wissen von dieser Gegenständlichkeit. Das unterscheidet uns von den meisten Tieren. Das Sein für andere ist deshalb zugleich Sein für mich. Es ist für mich, daß ich für andere bin. Aber es ist nicht identisch mit meinem eigenen Für-mich-Sein. Ich kann den Versuch machen, ein glückliches Leben zu führen um den Preis des Unglücks anderer. Ob dieser Versuch sinnvoll ist, ob ein böses Leben glücklich sein kann und ob jedes gute Leben glücklich sein muß, darum geht seit Plato das, was man entsprechend der »großen Schlacht um das Sein« die große Schlacht um das Glück nennen könnte. – Die Griechen haben das Problem erörtert anhand der Frage, ob der persische Großkönig glücklich sei. Er ist ein Despot, er kann sich alles leisten, ohne auf andere Rücksicht zu nehmen. Plato versucht zu zeigen, daß er nicht glücklich ist, weil er nicht mit sich selbst einig leben kann, wenn er nicht gut lebt. Wer, so sagt er, seinen Begierden ohne Selbstbeherrschung frönt, kann ohnehin nicht glücklich leben, weil die Begierden nämlich zueinander im Verhältnis der Äußerlichkeit stehen und damit ohne inneres Maß einander im Wege sind. Sogar um konsequent böse zu handeln, muß man zu einem gewissen Grade gut sein. Was aber das Verhältnis des Großkönigs zu den anderen, die Weigerung, seine Gegenständlichkeit für andere zu verinnerlichen, die Verweigerung der Gegenseitigkeit von Rechten und Pflichten angeht, so weist Plato ganz einfach darauf hin, daß es zum endlichen Wesen des Menschen gehört, in Beziehungen der Gegenseitigkeit zu leben, das aber heißt z. B. Freunde zu haben. Da der Großkönig sein Glück nicht im gemeinsamen Leben aufgehoben wissen kann, dreht sich sein ganzes Leben um Sicherheit. Er muß sogar in Furcht vor seiner Palastwache leben. Ein solches Leben kann nicht glücklich sein. Das komplementäre Motiv haben wir in dem schwäbischen Lied »Preisend mit viel schönen Reden«. Graf Eberhard im Bart wird als glücklichster aller Fürsten gepriesen, weil er seinen Kopf in den Schoß jedes Untertanen legen kann. Daß der Böse, d. h. derjenige, der sich weigert, den Außenaspekt seines Handelns in seine eigene Motivation aufzunehmen, nicht glücklich leben kann, galt nun für die Philosophie stets als ausgemacht. Erst im 18. Jahrhundert wurde die Frage durch die materialistische Aufklärung neu aufgeworfen. La Mettrie muß sich verteidigen gegen den Vorwurf, er lehre das Verbrechen. Was er lehrt, so sagt er, ist nicht das Verbrechen, aber Ruhe und Zufriedenheit im Verbrechen. Nur weil die wenigsten dazu stark genug sind, ist den meisten vom Verbrechen als Weg zum Glück abzuraten. Der individualistische Hedonismus, die praktische Seite des Nominalismus, kehrt hier in aller Radikalität wieder. Der Materialismus war nun eine sophistische Phase des Paradoxes. Die klassische Philosophietradition stellt vor- und nachher nicht einfach fest, daß der Verbrecher nicht glücklich sein könne, sondern sie *fordert* einen Begriff von Glück, der dies ausschließt. Denn die Philosophie ist jenes Gespräch gegenseitig sich als Subjekte Anerkennender, das dem Fanatismus der Leidenschaft entgegengesetzt ist. Es geht in ihm um jene Wahrheit, die nicht nur meine Wahrheit ist, und um jenes Glück, das nicht nur mein Glück ist. Darum appelliert Sokrates am Ende an seine Gesprächspartner, doch einen Begriff von Glück zu denken, den sie mit ihrer vernünftigen Natur vereinigen können. Musik soll in der Erziehung die Einstimmung der Natur auf das Gemeinsame bewirken, und schon den Kindern an der Wiege sollen Lieder vorgesungen werden, die die Unzertrennlichkeit von Glück und Gutsein zum Inhalt haben. Die Philosophie stellt diese Einheit nicht wissenschaftlich fest. Es gibt keine objektiven Glücksbedingungen. Sie ist Beschwörung dieser Einheit. Denn es gibt ja die entgegengesetzte Erfahrung des gekreuzigten Gerechten, von dem Platon spricht. Einmal zugestanden, daß der Böse nicht glücklich sein kann, kann aber der Gute nicht vielleicht doch unglücklich sein? Plato bleibt in diesem Zusammenhang nichts, als auf ein Jenseits dieses Lebens zu verweisen, in welchem die Einheit von Wohltun und Wohlergehen hergestellt werde, ganz ähnlich wie später Kant. Wir können nicht wissen, sagt er, daß es so ist, aber wir müssen es, wenn wir vernünftig sind, annehmen und unsere Seele, wie er sagt, »gleichsam damit besprechen«. Unterdessen bleibt die Polis, das Bild einer solchen Einheit. In der freien Bürgergemeinde gilt wenigstens grundsätzlich und im allgemeinen, daß es dem Guten gut gehen soll. Die Polis ist der Ort, wo die das Leben erfüllenden Tätigkeiten ihre Wirklichkeit haben. Und da die Polis autark ist, überläßt sie diese Einheit nicht der Tyche, der Fortuna, dem Zufall. Sie kann diese Einheit bis zu einem gewissen Grade garantieren, solange sie ihre Freiheit und Autarkie behält. Darum ist für Aristoteles die höchste Form der praktischen Philosophie die Politik. Freilich ist auch die Polis endlich. Sie kann weder nach innen noch nach außen die Integration von Innen und Außen definitiv leisten. Nach innen nicht: auch in ihr gibt es den von Natur oder Herkunft Begünstigten und Benachteiligten. Nach außen nicht: sie kann ihre Freiheit verlieren. Aristoteles, der Lehrer des bürgerlichen Glücks, weist deshalb auf eine Form des Glücks, die der Endlichkeit nicht ausgeliefert ist, sondern, wie er sagt, eigentlich göttlich sei, die Theorie. In ihr als Anschauung des Ganzen gelingt es dem, der dazu imstande ist, alle Äußerlichkeit abzustreifen und sich das Ganze dessen, was ist und nicht anders sein kann, in ein Inbild zu verwandeln. Durch diese Einsicht *wird* er, wie Aristoteles sagt, dieses Ganze, und sein Interesse fällt mit dem, was ist, zusammen.

Dieser Gedanke des philosophischen Glücks hat nach dem Ende der Polis dann Geschichte gemacht. Nicht die aristotelische Theorie vom bürgerlichen Glück, sondern die vom philosophischen Glück wirkt in der Stoa, sie wirkt bei Spinoza, sie wirkt bis hin zu Wittgenstein, wenn er schreibt: »Das Leben der Erkenntnis ist das Leben, welches glücklich ist, der Not der Welt zum Trotz.« Dieses Glück allein ist es, das den Menschen nach Spinoza, nach Scheler, nach Wittgenstein motiviert, gut zu sein, d. h. das Glück anderer zu einem Teil seines eigenen zu machen. Andererseits ist der Gedanke vom theoretischen Glück christlich transformiert worden in der Lehre von der beseligenden Anschauung Gottes im Leben jenseits der Todesgrenze. Aristoteles' Lehre vom bürgerlichen Glück in der Polis war dagegen im Grunde bereits eine Eule der Minerva. Sie beschreibt eine untergehende Lebensweise. Im Hellenismus bilden sich dann die Disjunktionen heraus, die für das philosophische Denken des folgenden Jahrtausends bestimmend werden. Dabei treten zwei Momente auseinander, die bei Aristoteles noch ungeschieden sind: das Moment der Autarkie, der Selbstbehauptung, der Selbstgenügsamkeit und das Moment der Erfüllung. Beide Momente werden nun radikalisiert weit über Aristoteles hinaus. Die Stoa radikalisiert den Gedanken der Autarkie, der Selbstbehauptung bis hin zur Unwirklichkeit. Der Weise ist der, der deshalb immer glücklich ist, weil er frei von Leidenschaften sich selbst genügt und weil alle Güter, die Fortuna geben und nehmen kann, ihm gleichgültig sind. Nicht einmal die Götter, sagt Seneca, können dem etwas anhaben, der von vornherein dem, was nicht anders sein kann, als es ist, zustimmt. Die Stoiker wußten nicht zu sagen, ob es diesen Weisen jemals gegeben hat. Aber das stoische Ideal ist wohl das mächtigste in der europäischen Geschichte gewesen. Das Moment der Erfüllung aller menschlichen Aspirationen ist darin nicht enthalten. Es geht nicht um Erfüllung, sondern um Zufriedenheit auch ohne Erfüllung. Das Moment der Erfüllung dagegen radikalisiert sich ebenso über alle empirischen Bedingtheiten hinaus in der christlichen Idee der Seligkeit. »Kein Auge hat es gesehen, kein Ohr hat es gehört, in keines Menschen Herz ist es gedrungen, was Gott denen bereitet hat, die ihn lieben«. Dieses Erfüllungsideal ist mit dem Autarkieideal unvereinbar und wird auch ausdrücklich dagegen gewendet. Wenn Paulus sagt: »Und wenn ich meinen Leib zum Verbrennen hingäbe, hätte aber die Liebe nicht, so nützt es mir nichts«, so ist das natürlich gegen die Stoa gesagt. Bedingung der Seligkeit im Sinne der Erfüllung ist nun im Christentum gerade nicht Selbstbehauptung, sondern Selbstvergessenheit, Liebe. In der neueren Zeit definieren diese beiden Motive die politischen Begriffe »rechts« und »links«. Das Moment der Erhaltung definiert die politische Rechte seit 300 Jahren, das Moment der Selbstverwirklichung ohne Reflexion auf Erhaltung die Linke.

In der frühen Neuzeit wird der erneute Versuch gemacht, Glück als realisierbares Ziel, nicht als überschwengliches Inbild zu denken. Das stoische Ideal wird seit Descartes zur Lehre von der Zufriedenheit, und Descartes provisorische Morallehre ist nichts als eine konservative Kunstlehre der Zufriedenheitserzeugung. Das progressive Moment der Erfüllung aber wird in die Menschheitszukunft projiziert. Der Zustand der Vereinigung aller wünschbaren Güter, wie Descartes Boethius folgend sagt, wird als Werk der Wissenschaft gedacht. Alles, was wir zu seiner Herbeiführung tun können, ist: Wissenschaft treiben, Physik und Psychologie. Erst Kant und, ihm folgend, Freud haben dann den Gedanken erschüttert, daß Zivilisation am Ende das Glück hervorbringe. Die menschliche Zivilisation, so lehren beide, ist ungeeignet, die Realisierung jenes Bildes vom

Glück, das wir in uns tragen, zu befördern. Die Zivilisation kann die menschlichen Kräfte und Fähigkeiten durch ihren Antagonismus zur Entfaltung bringen, sie kann das Recht des Menschen sichern und die materiellen Bedingungen seiner Entfaltung fördern. Glücklichsein bleibt etwas, das wir einerseits nur selbst leisten können, und das doch andererseits immer den Charakter des Geschenks hat. Es gibt glückliche und unglückliche Naturen. Die unglücklichen werden es allenfalls zur stoischen Zufriedenheit bringen. Aber ist denn Zufriedenheit nicht ein Äquivalent für Glück? Die Frage ist paradox. Wie sollte denn der Zufriedene sagen, er sei mit seiner Zufriedenheit nicht zufrieden und wolle mehr? Nur von außen kann ihm gesagt werden, es entgehe ihm etwas, er solle mehr wollen. Aber beruht nicht die Zivilisation auf einer permanenten Erzeugung von Unzufriedenheit? Was heißt denn Weckung von Interessen und Bedürfnissen anders als dies? Die Momente der Autarkie und der Erfüllung scheinen sich zueinander antinomisch zu verhalten.

Ich möchte deshalb zum Schluß nur andeutungsweise von drei Varianten dieser Antinomie sprechen und damit zugleich drei Begriffe nennen, die zu ihrer Auflösung und damit zu einer philosophischen Lehre vom Glück, wie mir scheint, unerläßlich sind: die Begriffe der Natur, des Sinnes und des Guten. Die Antinomie kann man zunächst so formulieren: »Sollen wir Bedürfnisse mäßigen, oder Bedürfnisse steigern?« »Steigern«, sagten die Sophisten, sagte Kallikles, »vorausgesetzt, man kann es sich leisten, sie zu befriedigen. Bedürfnisse zu mäßigen, fordern nur die, die sich's nicht leisten können.« »Steigern«, wurde auch gegen Rousseau gesagt von seinen Kontrahenten, die den ersten Discours angriffen. »Die moderne Zivilisation erlaubt es uns, die Bedürfnisse zu steigern und ein höheres Maß von Glück zu erreichen.« »Mäßigen« – sagen die Kyniker, die Stoiker, sagt auch Epikur, weil er sichergehen will, immer im Wohlbefinden zu leben, und das gleiche sagt Rousseau. Indessen muß jeder zugeben, daß es eine untere Grenze der Mäßigung und eine obere der Steigerung gibt. Diese Grenze bezeichnen wir mit dem Wort »Natur«. Es gibt keine philosophische Lehre vom glücklichen Leben, die nicht von so etwas wie einer Natur des Menschen zu reden bereit ist und fordert, mit dieser in Einklang zu leben. Die Tatsache, daß die Philosophie dem Begriff der Natur des Menschen lange Zeit aus dem Weg zu gehen bemüht war, hat diese Natur nicht zum Verschwinden gebracht. Nur werden dafür heute andere als zuständig angesehen, z. B. die Mediziner. Aber das überfordert die Mediziner. Wenn die Weltgesundheitsorganisation vor einigen Jahren Gesundheit definierte als Zustand vollständigen physischen, psychischen und sozialen Wohlbefindens bei gleichzeitiger Fähigkeit, ein normales Maß von Beanspruchung zu verkraften, so haben wir es hier offenkundig mit einem Äquivalent der Glückseligkeit zu tun. Daß diese aber künftig in Kliniken hergestellt und durch Krankenkassen finanziert werden soll, ist doch wohl eine gespenstische Vorstellung. Aber dahin kommt es, wenn die Philosophie ihre Themen verkommen läßt. Irgend jemand reklamiert dann die Zuständigkeit. Man könnte in diesem Zusammenhang auch von dem erwachenden ökologischen Bewußtsein sprechen, einem Bewußtsein von einer Grenze der Bedürfnissteigerung. Grenze, Ende heißt auf griechisch telos. Aber telos heißt auch: Ziel. Enthält etwa die Grenze zugleich auch so etwas wie ein Ziel, d. h. läßt sie sich als sinnvoll begreifen? Dann nämlich ließe sich ein inhaltlicher Begriff von Glück wiedergewinnen.

Die zweite Variante der Anatomie lautet etwa: Schmerzfreiheit oder Euphorie? Schopenhauer bestritt bekanntlich, daß im Menschen die Glücksbilanz überhaupt positiv sein könne. Euphorien seien nur teuer zu bezahlende Rauschzustände. Das höchste Erreichbare sei Freiheit von Leid. Plato hatte diese Theorie bereits dargestellt und sie eine traurige genannt, ebenso aber gesehen, daß die Positivität des Glücks nicht in der gegen ihre Außenseite blinden Euphorie bestehen kann. Wenn Plato von »reinen Freuden« spricht, dann meint er jene, die keine Unlust zur Voraussetzung oder zur Folge haben. Wenn wir die Positivität solcher Freuden inhaltlich fassen wollen, dann müssen wir von dem sprechen, was wir Sinnerfahrung nennen. Die reine Positivität des Erlebnisses von Sinngestalten besteht auch dort, wo solche Gestalten uns kein Ganzes von Sinn zu sehen ermöglichen. Ein Zeichen wirklicher Freundschaft oder eine Fuge des Wohltemperierten Klaviers sind solche Gestalten, die keinen Schmerz voraussetzen und keinen Kater im Gefolge haben, und sie sind auch dann Elemente von Glück, wenn das, was vorher war, was nachher kommt und was im übrigen existiert, unerwünscht ist. Man muß einmal lesen, was Rosa Luxemburg aus dem Gefängnis über das Glück des Lebens schreibt oder über Zwergmispeln und Liguster! Ulrike Meinhof meinte einmal in den fünfziger Jahren in einem persönlichen Gespräch, Béla Bartok hätte 1945 auf dem Sterbebett nicht den langsamen Satz seines dritten Klavierkonzertes schreiben dürfen, eines der verklärtesten Stücke, die es in der

Musik gibt. Er hätte irgend etwas tun müssen, was sich um den Zweiten Weltkrieg drehte. Diese Leugnung der Möglichkeit eines präsenten Sinnes nimmt auch aller aufs Bessere im Ganzen gerichteten Aktivität ihren Sinn.

Das Sinnvolle hat seine Rechtfertigung in sich und rechtfertigt die Welt. Alle soziale Aktivität kann nur dazu dienen, andere in die Lage zu versetzen, an einem Sinn zu partizipieren, der schon da ist. Wo wir aus dem Nichts, wo wir vom Nullpunkt aus agieren, kommen wir über den Nullpunkt nicht hinaus. Wir bringen alles nur wieder auf Null.

Damit bin ich bei der dritten Variante der Glücksantinomie: ist Glück Zustimmung zu dem, was ist, oder Ziel der Veränderung dessen, was ist? Auch diese Alternative ist abstrakt. Ihr entsprechen Zynismus einerseits und Fanatismus andererseits, die beide kein glückliches Leben zulassen. Der Zynismus bejaht, was ist, ohne Rücksicht auf Sinn. Der Fanatismus will Sinn erst herstellen. Mit Freude kann man nur bejahen, was an sich sinnvoll ist, dies aber kann man nicht, ohne der prekären Existenz von Sinn behilflich zu sein, und das schließt die Bereitschaft ein, das, was ist, handelnd zu verändern. Umgekehrt aber vermag nur jener Veränderungswille das Glück zu befördern, der schon aus Glück hervorgeht, der schon Sinn vorfindet, dem er beistehen möchte. Der Wille, das Glück von Menschen zu befördern, ist ja selbst schon sinnvoller Teil der bereits existierenden Wirklichkeit. Sinn kann nur sein Ziel sein, wenn er zugleich das einschränkende Gesetz ist, dem er sich unterstellt. Dieses immanente Sinnmaß des Handelns nennen wir das Gute. Es ist nicht Ziel einer herstellenden Tätigkeit, sondern Gesetz des Handelns selbst. Glück kann nur Resultat solchen Handelns sein, wenn es bereits dessen Ursprung ist. Es ist die These der Philosophen Spinoza, Scheler und Wittgenstein, daß Gutsein und Glücklichsein identisch sind, daß nur der Glückliche gut sein kann, weil es ohne Sinnerfahrung kein Gutsein gibt. Sinnerfahrung aber heißt Glück.

7.3. *Walter Schulz: Ethische Maximen der Gegenwart*

[. . .] Die Ethik hat dem *Leben* zu dienen, das sich *geschichtlich* gestaltet. Dies ist ihre eigentliche Aufgabe. Von diesem Ansatz her suchen wir einige Grundregeln herauszustellen, die als *ethische Minimalanforderungen* angesehen werden können. [. . .]

7.3.1. *Rückgriff auf Kants Bestimmung des Menschen als Zweck an sich selbst*

Die Regel, von der wir ausgehen wollen, ist Kants kategorischer Imperativ, und zwar dessen Formulierung unter dem Gesichtspunkt der Menschheit. Kant erklärt: »Handle so, daß du die Menschheit, sowohl in deiner Person als in der Person eines jeden anderen, jederzeit zugleich als Zweck, niemals bloß als Mittel brauchst.«[1] Die philosophische Rechtfertigung für diese Formel erblickt Kant darin, daß der Mensch als Zweck an sich selbst existiert, und zwar deswegen, weil er frei und autonom ist. Als Vernunftwesen gehört er dem übersinnlichen Reiche an, das über der Natur stehend die eigentliche Ordnung darstellt. Dieser Auslegung der Bestimmung Menschheit folgen wir nicht, insofern sie auf ein metaphysisches Reich abhebt. Ordnung ist für uns keine überweltliche Bestimmung, sondern der sinnhafte Zusammenschluß realer Menschen. Ordnung beruht darauf, daß sich diese Menschen gegenseitig anerkennen und nicht zum Mittel erniedrigen.

Wir suchen diese Forderung gegenseitiger Anerkennung im folgenden näher zu begründen oder vorsichtiger gesagt, auf einem allgemeineren Hintergrund zu erläutern, und zwar greifen wir auf zwei Sachverhalte zurück, von denen her die Idee der gegenseitigen Anerkennung verdeutlicht werden kann. Das ist einmal der *Wille zum Leben* und zweitens das *Verlangen nach Minderung des Leidens und Mehrung der Wohlfahrt.* Beide Bestimmungen erscheinen weit eher »materialistisch« als »idealistisch« orientiert zu sein. Anders gesagt: sie betreffen den äußeren Rahmen und die conditio sine qua non des Menschseins. Das ist legitim, denn die Ethik muß heute, um wirksam zu werden, minimale, aber notwendige Forderungen stellen. Gerade diese einfachen Forderungen sind jedoch – wie wir sehen werden – keineswegs eindeutig zu erfüllen. Sie verwickeln den Menschen in konkrete Probleme, die nicht leicht lösbar sind. Dies zeugt jedoch nicht gegen sie, sondern für sie: diese Prinzipien sind der Realität entnommen. Ihre Erörterung vermag zu zeigen, was die Ethik heute im Gegensatz gegen die metaphysische Ethik der Tradition leisten kann und soll.

7.3.2. *Der Wille zum Leben als Grundprinzip*

Der Wille zum Leben, und zwar zum Leben des einzelnen, ist nicht immer als fraglos gültiges Prinzip anerkannt worden. Das

erhellt allein aus der Tatsache, daß es Kulturen gegeben hat, die die Aufopferung gegenüber dem Stamm, dem Volk oder dem Staat als unbedingte Forderung aufstellten und von dieser her den Willen zum Leben als Willen eines einzelnen einschränkten oder gar negativ bewerteten zugunsten des Kollektivs.
Geistesgeschichtlich gesehen wird der Wille zum Leben erst in der neuzeitlichen, insbesondere aber in der nachidealistischen Philosophie als Grundprinzip herausgestellt, vor allem von *Schopenhauer.* Wille zum Leben ist Wille zur *Selbsterhaltung.* Er manifestiert sich negativ als Angst vor dem Leiden und letztlich vor dem Tode. Diese Angst bestimmt alles Lebendige und solchermaßen auch den Menschen. Der Mensch kann gegen sie anders als das Tier angehen, aber sie bleibt auch bei ihm eine primäre Tatsache. Wille zum Leben ist also als vorrationaler Drang zu verstehen, den aber erst der Mensch als solchen zu erkennen vermag, so daß es ihm nun möglich ist, diesen Willen nicht nur bei sich selbst, sondern auch bei den anderen ausdrücklich zu negieren oder anzuerkennen. Mit der Forderung dieser ausdrücklichen Anerkennung aber ist die Dimension der Ethik erreicht.[2]
Albert Schweitzer, auf dessen Ethik wir hier bewußt zurückgreifen, hat diesen Sachverhalt immer wieder hervorgehoben. Er zeigt, daß Ethik dadurch entsteht, »daß ich die Weltbejahung, die mit der Lebensbejahung in meinem Willen zum Leben natürlich gegeben ist, zu Ende denke und zu verwirklichen versuche«.[3] Das heißt: »Ethik ist ins Grenzenlose erweiterte Verantwortung gegen alles, was lebt.«[4] Oder mit der Formel, die Schweitzer berühmt gemacht hat, gesprochen: »Ethik ist Ehrfurcht vor dem Willen zum Leben in mir und außer mir.«[5]
[...]
Grundsätzlich gesagt: dieses Prinzip gebietet mir, das Leben, und zwar das animalische Leben, als einfache und nicht zu hinterfragende Grundtatsache anzuerkennen, und es fordert zugleich auf, diese Tatsache in ihrer nicht zu übersehenden Problematik zu *durchdenken.* Dies Prinzip ist – so kann man sagen – paradox. Wir wissen, daß es eindeutig gilt, und wir wissen zugleich, daß wir ständig dagegen handeln und sogar dagegen – so meinen wohl die meisten – handeln müssen. Wir brauchen – um die hier anstehenden Probleme zu kennzeichnen – nur an den Krieg, die Frage des lebensunwerten Lebens, der Euthanasie oder – von Schweitzer her gesehen – die zahllosen Tierversuche zu denken.[6] Aber auch das pragmatisch-technische Untersuchungsfeld, auf dem heute das Leben zum *experimentellen Faktor der Wissenschaft* geworden ist, muß hier

beachtet werden. Wir nennen nur einige Probleme der medizinisch-biologischen Wissenschaft: die Transplantation von Organen, die künstliche Befruchtung menschlicher Eizellen und deren Einpflanzung in die Gebärmutter, die beliebige Wahl des Geschlechtes der Nachkommen, die mögliche Steuerung durch wahrnehmungsverändernde Drogen, die Auslöschung des Gedächtnisses und die Erhöhung der Intelligenz bei Mensch und Tier. In allen diesen Fällen wird das Leben nicht als unantastbar anerkannt.
In dieser Lage ist es die erste Bedingung, sich überhaupt *»problematisieren«* zu lassen, daß heißt, nicht bedenkenlos dem technologischen Trend und der Devise einer wertfreien Sachlichkeit zu folgen. Schweitzer, auf den wir hier noch einmal zurückgreifen, erklärt, daß es die *primäre* Aufgabe der Ethik sei, Unruhe zu wecken gegen die Gedankenlosigkeit, die sich als Sachlichkeit ausgibt.
Um das Problem noch einmal in seiner grundsätzlichen Bedeutung herauszustellen: wenn wir den Willen zum Leben als primäre Tatsache ansehen und seine Anerkenntnis zur ethischen Grundforderung erheben, deren reale Befolgung nicht in absoluter Form möglich ist, so bedeutet dies nicht, daß das Gebot hinfällig würde. Es bleibt die wesentliche Maxime, die es in immer stärkerem Maße in die Wirklichkeit umzusetzen gilt. Notwendig ist im status quo der argen Welt eine *Verbindung von »Gesinnungsethik« und »Verantwortungsethik«,* wie wir sie oben bereits in den Grundzügen entwickelten. Die Gesinnung, dem Gebot zu folgen, ist die Grundlage, aber sie muß sich die Chancen der besten Realisierung überlegen. Das Hin und Her, in dem ich mich zwischen dem *Gewissen* als letzter Instanz und der Realität bewege, wird bleiben. Wesentlich ist jedoch, um es noch einmal zu sagen, daß man die Forderung als unabdingbar anerkennt; mit Kierkegaard gesprochen: wenn der Schüler die Aufgabe nicht bewältigt, so bleibt sie dennoch bestehen. Wie man im einzelnen vorzugehen hat, das ist auf dieser ethischen Grundlage allererst zu diskutieren. Das konkrete Verhalten kann weitgehend nur im Kontext des bestimmten Vorhabens in seiner ethischen Relevanz erfaßt und bedacht werden. [. . .]

7.3.3. *Die Minderung des Leidens und die Mehrung der Wohlfahrt. Das größte Glück der größten Zahl*

[. . .] Das zweite Prinzip, das wir neben der Anerkennung des Willens zum Leben zur Erläuterung des Imperativs, daß der

Mensch nie als Mittel zu gebrauchen sei, herausheben wollen, [... ist]. Es handelt sich um die Idee der Minderung des Leidens und der Stärkung der Wohlfahrt. Oder anders formuliert: um das Prinzip des größten Glücks der größten Zahl. Um dies Prinzip angemessen zu verstehen, ist es erforderlich, es gegen den traditionellen utilitaristischen Eudämonismus abzugrenzen.

Hobbes hat der Konstituierung dieses Prinzipes vorgearbeitet. Neben die Todesfurcht, die zum Staatsvertrag führt, stellt er das Verlangen nach den zum angenehmen Leben notwendigen Dingen als das zweite Grundmotiv menschlichen Tuns heraus. *Jeremias Bentham,* dessen Werk »An Introduction to The Principles Of Morals and Legislation« 1780 erschien, hat sodann das Prinzip des Utilitarismus ausdrücklich formuliert. Die Moral, so sagt er, ist allgemein gefaßt die Lehre von der Kunst, die Handlungen der Menschen so zu leiten, daß man die möglichst größte Summe von Glück hervorbringe. Bentham denkt eindeutig von der *Gesellschaft,* die sich im Staat verkörpert hat, her. Die staatliche Gesetzgebung hat die Menschen auf die dem Gemeinwesen nützlichen Handlungen hinzuweisen und dem einzelnen klarzumachen, daß er dem eigenen Wohle dient, wenn er die anderen fördert. Im 19. Jahrhundert haben *John Stuart Mill* und *Herbert Spencer* diese Gedanken aufgenommen und wissenschaftlich zu fundieren gesucht. Der einzelne soll ein Gleichgewicht von Egoismus und Altruismus erlangen mit Hilfe einer biologisch ausgerichteten Sozialwissenschaft.

Diese Theorien stellen in zweifacher Hinsicht einen Fortschritt dar. Es wird begriffen, daß der einzelne in seinem Sein *gesellschaftlich vermittelt* ist. Die metaphysische Individualethik, die das Seelenheil des einzelnen ins Zentrum stellt, ist hier radikal aufgehoben. Die Gesellschaft selbst aber – das ist das zweite – ist nicht mehr ständisch, sondern demokratisch gedacht. Diesem Ansatz entspricht das Ziel der Ethik, die Wohlfahrt nicht auf die Herrschenden einzuschränken, sondern für alle herbeizuführen. Hier spricht sich also – dies ist nicht abzustreiten – eine echte humane Gesinnung aus. Freilich: die philosophischen Grundlagen, auf denen diese Ethik aufbaut, sind problematisch. Auch hier geht man ebenso wie bei der Vertragstheorie davon aus, daß der Mensch einzig und allein durch seine *Bedürfnisse* bestimmt sei. Auf Bedürfnissen und deren Befriedigung aber läßt sich eine Ethik, die das Verantwortungsbewußtsein wecken will, nicht aufbauen. Es kommt hier – wie wir sahen – nur eine Verrechnungstheorie zustande.

Dies erkennen auch in mehr oder weniger starkem Maße alle eben genannten Denker. Sie suchen Abhilfe zu schaffen. *Bentham* will eine »Hochschätzung des Altruismus« herbeiführen. Da er aber offensichtlich im Einzelnen keinen Anknüpfungspunkt für uneigennützige Handlungen, der eine wirkliche Sicherheit darstellt, findet, setzt er den *Staat* als den Beförderer des Altruismus an. Er teilt diesem die Aufgabe zu, die Menschen zu Offenheit füreinander zu erziehen. Albert Schweitzer hat diesen Sachverhalt kritisiert. Bentham, so sagt er, setzt »die ethische Persönlichkeit im Menschen außer Betrieb und erhebt dafür die Gesellschaft zur ethischen Persönlichkeit, um dann die Individuen durch Transmission mit dieser Kraftzentrale zu verbinden«, wobei die Voraussetzung ist, daß das Individuum die suggerierten Bewegungen »mit tiefer Überzeugung ausführt«.[7]

Spencer und *Mill* greifen auf die *Entwicklung des menschlichen Geschlechtes* zurück. Diese wird zum deus ex machina. Spencer beruft sich ausdrücklich auf Darwin, der nachgewiesen habe, daß der Altruismus zwar dem Egoismus entstamme, sich aber allmählich in der Generationenfolge durchgesetzt habe und nun als ererbter Erwerb weitergegeben werde – wir haben auf die entsprechenden Gedankengänge Darwins in unserer Analyse des Geschichtsbewußtseins im 19. Jahrhundert hingewiesen. Neben dieses Prinzip der Entwicklung tritt bei Mill als zweites Prinzip das *Sympathiegefühl,* das die Menschen miteinander verbindet. Die menschliche Natur neigt überhaupt – das ist hier der verborgene Ansatz – mehr zum Guten, sie ist jedenfalls nicht absolut böse, und darum kann die Entwicklung aufwärts führen.

Hintergründig ist bei allen diesen Ansätzen also ein naiver Optimismus bestimmend. Im Gegensatz zur radikalen Vertragstheorie wird grundsätzlich die Möglichkeit einer nicht auf Zwang und reiner Berechnung beruhenden Harmonie zwischen einzelnen und Gemeinschaft deklariert, sei diese nun auf natürlicher Anlage beruhend oder ein Produkt der Entwicklung. Diese Harmonie ist die Voraussetzung dafür, daß der Bürger es dem Staat zutrauen darf, daß dieser für alle einzelnen eine Vermittlung der Glücksgüter wirklich gerecht durchführen kann. Glück als solches wird von Mill definiert als Freisein von Schmerz und als Anwachsen der Lust. Der Lustzuwachs muß quantitierbar sein, denn sonst kann der Staat nicht distributiv vorgehen. Die Glücksgüter werden daher wesentlich ökonomisch betrachtet, Reichtum ist eo ipso lustfördernd.

Im Gegenzug zu dieser Konstruktion gilt es zunächst daran zu erinnern, daß das intakte gesellschaftliche Sein des Menschen keine Selbstverständlichkeit ist. Die Herstellung und Erhaltung von Ordnung ist also weder durch eine natürliche Veranlagung zur Gemeinschaft noch durch eine positive Entwicklung gesichert. Es ist klar, daß der technisch-wissenschaftliche Fortschritt höhere Chancen für die Abstellung der materiellen Not eröffnet. Diesen Gedanken haben ja Denker aus verschiedensten Lagern von Beginn der Neuzeit an bis zur Gegenwart – man denke an Gehlen und Marcuse – geäußert. Aber das verantwortliche Ausnützen dieser Chancen ist nicht durch den technischen Fortschritt als solchen garantiert.

Sodann gilt es sich klar zu machen, daß der Grundsatz, das größte Glück für die größte Zahl herbeizuführen, nicht mit der Vorstellung einer gelenkten Verteilung von Lustquanten durch den Staat oder die Gesellschaft verbunden werden darf. Jeder, der von Kant herkommt, stößt sich an der pragmatisch-utilitaristisch ausgerichteten *Bestimmung* »greatest«. Solche quantitativen Bestimmungen haben, so argumentiert man, in der Ethik keinen Sinn. Hier gilt nur die absolute Allgemeinheit, die universalitas. Der Kantische und der pragmatisch-utilitaristische Ansatz sind aber keine echten Gegensätze. Sie können und müssen miteinander verbunden werden. In meiner ethischen Überlegung – »*gesinnungsmäßig*« – muß ich immer das vernüftig Verbindliche, und das heißt das Universale, bedenken, in moralischer Hinsicht darf ich also den Geltungsbereich nicht einschränken, ansonsten erhebe ich faktisch die egoistische Verrechnung zum Prinzip. Aber dieser moralische Einsatz soll ja die Voraussetzung für die Konstruktion *konkreter* Ordnungen sein. Der ethische Beschluß muß *realiter* durchgesetzt, und das heißt, mit den wirklichen Verhältnissen vermittelt werden. Dies gelingt aber immer nur in quantitativem Maße. Unkantisch ist dieser Gedanke der realen Relativverbesserung nicht. Kant fragt, wie seine geschichtsphilosophischen und politischen Schriften zeigen – man denke nur an den Traktat über den ewigen Frieden – nach Möglichkeiten allmählicher Verbesserungen.

Der Gedanke der Quantität ist, wenn er von der Frage der realen Durchsetzung des ethisch Gebotenen her bedacht wird, durchaus legitim. Dies heißt aber nicht, daß er nun die Grundlage einer naiven Philosophie der Lustverteilung abgeben soll. Er muß vielmehr im Sinne des Entwurfes und der Planung von relativ besten Ordnungen – diese als *Rahmenordnungen* verstanden – gefaßt werden. Um dies genauer zu erläutern, ist es erfordert, noch einmal die Frage nach dem *Glück* zu diskutieren.

Aristoteles hat das Streben nach dem Glück zum Ansatzpunkt seiner Ethik erhoben, wobei er das Glück den verschiedenen Anlagen und Tätigkeiten des Menschen gemäß näher zu bestimmen versucht. Man hat nun in der Tradition immer wieder auf die Vielfältigkeit dessen, was Glück heißt, hingewiesen, und *Kant* hat die Tatsache dieser Vielfältigkeit zum Anlaß genommen zu erklären, daß der Begriff des Glücks keine tragbare Grundlage für eine verbindliche Ethik abgebe. Es ist sicher nicht möglich, ein für alle verbindliches Glück festlegen zu wollen, aber man kann doch davon ausgehen, daß es soziologisch-anthropologisch betrachtet *relativ allgemein anerkannte* Stufungen der Glücksvorstellungen gibt.

Die unterste Glücksmöglichkeit ist das Herbeiführen eines Zustandes, der ein lebenswertes Leben *möglich* macht. Maßgebend sind hier durchaus die materiellen Bedürfnisse, die als Grundlage einer menschlichen Existenz überhaupt angesehen werden müssen. Die nähere Bestimmung dieser Bedürfnisse mag im einzelnen schwanken. Es gibt hier keine absolute Eindeutigkeit. Gleichwohl sind gewisse Grundbedingungen, wie ausreichende Ernährung und Gesundheit, allgemein anerkannt. Auch diejenigen, die an sich höhere Vorstellungen von Glück haben, werden sicher nicht gern auf die Erfüllung dieser primären Bedürfnisse verzichten; tun sie es dennoch – etwa als Anhänger einer asketischen Ethik –, dann legen sie sich einen »unnatürlichen« Zwang auf. Historisch gesehen ist in der Neuzeit der Trend, die *Wohlfahrt* als Maß zu setzen, immer stärker herausgestellt worden. *Gehlen* hat dies in seiner Ethik aufgezeigt und als Verfall getadelt. Man könnte dagegen behaupten: erst nachdem die metaphysischen Hinterweltswerte abgebaut wurden, wagte man es, die *primitiven* Werte, das heißt, die natürlichen Anforderungen des Lebens, als die maßgebenden Werte zu deklarieren.

Die unteren Glücksgüter fungieren als Voraussetzungen des *höheren Glücks*. Dies Glück ist in weit stärkerem Maße differenziert. Hierher gehört – um nur einiges gegeneinander sehr Unterschiedliches äußerlich aufzuzählen – das private Hobby der Freizeitbeschäftigung ebenso wie die Freude an wissenschaftlicher Tätigkeit und schließlich auch die sogenannten »weltanschaulichen Bedürfnisse«. Verglichen mit den Lebensnotwendigkeiten sind alle diese Möglichkeiten »Luxusgüter«. Sie sind daher erst erfüllbar – Aristoteles hat dies auf Grund seiner Lebensklugheit erkannt –, wenn die primitiven Bedin-

gungen des Lebens gewährleistet sind.
Entscheidend ist nun, daß diese hohen Werte nicht direkt und unmittelbar planbar sind im Gegensatz zu den äußeren Gütern. Sie sind Angelegenheit der *privaten* Sphäre, das heißt, »frei auswählbar« – daß anthropologisch und soziologisch gesehen diese Auswahl bedingt ist, etwa durch Anlage oder durch Gruppenzugehörigkeit, ist klar.
Wenn die Ethik sich primär um die Herstellung der äußeren Bedingungen des Lebens bemüht, so tut sie dies – so fassen wir das Dargelegte zusammen – nicht, weil diese Güter das einzig erstrebbare Glück wären, sondern weil sie die Grundlagen für die »höheren Interessen« sind. Unter diesen selbst eine Ordnung festlegen zu wollen und diese als moralisch verbindlich zu propagieren, ist nicht Aufgabe der Ethik. Natürlich ist der Sachverhalt dialektisch. Die niederen und die höheren Werte bedingen sich gegenseitig. So wird man innerhalb einer geschichtlichen Situation die Planung der unteren Güter immer schon im Blick auf die höheren als die maßgebenden vollziehen, um für diese eben die Grundlage zu schaffen. Auf der anderen Seite aber ist es notwendig zu erkennen, daß die höheren Güter nicht nur in ihrer Verwirklichung, sondern auch ihrer ideologischen Konzeption nach von der Basis abhängen.
Eine wesentliche Glücksquelle ist die *ethische Betätigung* selbst. Die »Befriedigung«, die das Gefühl, verantwortlich zu handeln – ob mit oder ohne Erfolg – ergibt, ist das eigentlich menschenwürdige Glück, weil er zur Natur des Menschseins gehört, daß der Mensch selbst die Aufgabe übernimmt, das Gute als die Ordnung herzustellen, unter der er zu leben vermag.[8] Macht man sich diesen Sachverhalt klar, dann sieht man – um auf unsere früheren Beispiele zurückzugreifen –, daß zwischen dem privaten Hobby und der wissenschaftlichen Tätigkeit durchaus ein Unterschied waltet. Bei dieser kann oder genauer: soll das Bewußtsein, eine mögliche Lebensförderung für alle herauszustellen, mitbestimmend sein.
Wir fügen unserer Exposition der verschiedenen Glücksgüter noch zwei Anmerkungen an. Einmal: daß die Ethik heute, wenn anders sie reale Bedeutung für das Leben haben will, gerade nicht die hohen Werte zum Maßstab dessen, was ihr *primär* zu erwirken obliegt, setzen darf; diese Tatsache ist selbst geschichtlich begründet. Hier zeigt sich der Abbruch der metaphysischen Tradition in seiner ganzen Bedeutung. Die metaphysische Ethik hat das gesamte Tun des Menschen aus der Differenz der oberen und der unteren Welt oder anthropologisch gesprochen aus der Doppelstellung des Menschen, beiden

Welten anzugehören, bestimmt, und zwar in der Form, daß die obersten Werte nicht nur als maßgebend angesehen wurden, sondern daß sie sich, weil sie auf der genau gegliederten Ordnung des mundus intelligibilis beruhten, eindeutig bestimmen ließen. Diese Zeit ist für uns dahin.

Sodann: das Planen der primären Werte, das dem Ziel untersteht, eine optimale Lebensordnung für alle herbeizuführen, ist ein vielseitiges Geschäft. Soll der ethisch beste Entwurf *verwirklicht* werden, so muß er auf mögliche Realisation hin durchdacht werden, und dies ist nur mit Hilfe der Wissenschaft möglich. Im einfachen Beispiel: die ethische Idee, daß kein Mensch hungern darf, bleibt abstrakt, wenn man nicht das Ernährungsproblem allseitig durchdenkt, nicht nur als das Problem der unterentwickelten Länder und den möglichen Ausgleich zwischen armen und reichen Ländern in politischer Hinsicht, sondern auch als die Frage, wie durch die Wissenschaft neue Ernährungsquellen zu gewinnen sind.[9]

Die ethische Gesinnung muß also mit der Politik und der Wissenschaft vermittelt werden. Aber auch das Umgekehrte gilt: die Wissenschaft und die Politik müssen auf die Ethik zurückgreifen. Anders gesagt: die Idee der Wohlfahrt ist eine *regulative Idee,* die uns als moralisch Geforderte angeht. Der Fehler der Utilitaristen war es, Wohlfahrt als konstitutives Prinzip zu verstehen: Bentham konstruiert einen Staat, der als Verteiler für Glücksquanten fungiert. Moderne Technologien scheinen den Ansatz der Utilitaristen zu wiederholen, wenn sie vermeinen, die Verbesserung der Verhältnisse auf Grund organisatorischer Rationalität ohne ethischen Einsatz garantieren zu können.

7.4. *Erhard Eppler: Politische Ethik und weltweite Verantwortung*

7.4.1. *Gesinnungsethik oder Verantwortungsethik?*

Längst ehe uns die historische Zäsur der siebziger Jahre überraschte, stand es schlecht um das Verhältnis von Politik und Ethik in Deutschland. Bismarck und noch mehr die Leute, die an dem grobschlächtigen Bismarckbild des deutschen Bürgertums pinselten, lösten im Denken vieler Deutscher den Kurzschluß aus, beides verhalte sich zueinander wie Feuer und Wasser. »Realpolitik« nannte man eine Politik, die alle geistigen und moralischen Realitäten übersah oder leugnete. Und wo jemand ein anderes Bild von Realität hatte, mußte Martin Luther herhalten mit seiner Warnung vor dem Schwärmertum. Von August Bebel, der das siegestrunkene Deutschland vor der Annexion Elsaß-Lothringens warnte, bis zu Gustav Heinemann, der nicht an die Vereinbarkeit von NATO und deutscher Einheit glauben wollte, bewegt sich da ein stattlicher Zug von »Schwärmern« durch unsere Geschichte. Manche mögen sogar den Willy Brandt einreihen, der vor den Opfern des Warschauer Gettos kniete, obwohl er mehr Realität geformt hat als alle seine Kritiker zusammengenommen. Daß der Zug noch lange nicht zu Ende ist, weiß niemand besser als der Autor.

Wo etwas gründlicher nachgedacht wird, wirkt noch heute jener berühmte Vortrag Max Webers über ›Politik als Beruf‹ nach, der die Unterscheidung zwischen »Gesinnungsethik« und »Verantwortungsethik« in die Diskussion eingeführt hat. Wer heute diese Rede aus dem Revolutionswinter 1918/19, gehalten vor Münchner Studenten, nachliest, stellt fest, daß es sich hier keineswegs um eine ausgefeilte, nach allen Seiten abgesicherte Theorie, sondern um einige wenige, teilweise polemische Bemerkungen am Schluß seiner Rede handelt, die im übrigen – wie könnte es bei einem politischen Menschen anders sein – ganz unter dem Eindruck von Krieg, Niederlage und Revolution standen. Weber wendet sich gegen Leute, die eine Gesinnung vor sich her tragen: »Die Welt ist dumm und gemein, nicht ich; die Verantwortung für die Folgen trifft nicht mich, sondern die andern ...« Kein Wunder, wenn Weber feststellt, bei solchen Gesinnungsethikern handle es sich in neun von zehn Fällen um »Windbeutel«. Es ist auch mehr als verständlich, daß für Weber im Winter 1918/19 das entscheidende Mittel der Politik die »Gewaltsamkeit« ist, daß er alle verachtet, die davor die Augen verschließen wollen. Nur: Es wird Zeit, die Unterscheidung Webers daraufhin abzuklopfen, was sie für unsere Entscheidungen heute noch abwirft.

Was für Max Weber Gesinnungsethik oder auch absolute Ethik war, wäre für Dietrich Bonhoeffer überhaupt keine Ethik gewesen. Eine Haltung, die nach den Folgen nicht fragt und die ängstlich um das Heil der eigenen Seele kreist, mag eine besonders abstoßende Form von religiösem Egozentrismus sein, den Rang einer Ethik hat sie nicht. Was Weber über die absolute Wahrheitspflicht solcher Gesinnungsethik sagt, gilt für den privaten Bereich so wenig wie für den politischen. Wenn ein Kind vom Lehrer gefragt wird, ob sein Vater gestern abend wieder betrunken im Straßengraben gelegen habe, so ist nach Bonhoeffer die Antwort »nein« mehr »in der Wahrheit« als die

Antwort »ja«, auch wenn der Vater wirklich im Straßengraben lag.
Letztlich ist jede Ethik, zumindest wenn sie christliche Wurzeln hat, Verantwortungsethik. Der Christ ist nicht aufgefordert, vor jeder denkbaren Sünde davonzulaufen und sein Gewissen zu salvieren, sondern sich um seinen Nächsten zu kümmern. Und diese christliche Einsicht ist bei der Säkularisierung unserer Ethik nicht verlorengegangen, sie ist eher noch deutlicher geworden. Was Max Weber für den privaten Bereich gelten lassen will, ist letztlich auch dort nicht legitim, und was er als das Besondere der Politik reklamiert, gilt letztlich überall, wo Menschen für andere Verantwortung tragen, also überall, wo Menschen einander begegnen.
Es ist nicht wahr, daß »das spezifische Mittel der legitimen Gewaltsamkeit die Besonderheit aller ethischen Probleme der Politik bedingt«. Dies mag im Vordergrund gestanden haben, als der leidenschaftlich politische Gelehrte Max Weber 1919 zu seinen Studenten sprach. Und es mag immer wieder einmal im Vordergrund stehen. Natürlich hat der Politiker immer mit Macht zu tun, aber das hat der Unternehmer, der Verbandsfunktionär, der Richter und der Arzt auch. Und die Möglichkeiten, Macht zu mißbrauchen, sind heute außerhalb des im strengen Sinn politischen Bereichs zumindest nicht geringer als innerhalb.
Es ist nicht wahr, daß es einen prinzipiellen ethischen Unterschied gäbe zwischen der Verantwortung für eine Familie und der für eine Stadt, zwischen der Verantwortung für ein Amtsgericht und der für ein Ministerium. In jedem Fall sind Entscheidungen – und damit natürlich auch Fehlentscheidungen – nötig und möglich, die das Gewissen des Entscheidenden belasten müssen. Wer solche Entscheidungen nicht auf sich nehmen kann, ist als Gewerkschaftsfunktionär ebenso untauglich wie als Schulleiter, als Manager ebenso wie als Abgeordneter. Wer Entscheidungen für andere zu treffen hat – und dies hat irgendwann jeder, gerade auch in einer demokratischen Gesellschaft –, wird zuerst nach dem Wohl derer zu fragen haben, für die er entscheidet. Und dann wird er Mittel und Zweck gegeneinander abwägen müssen. Zwar wird dies um so schwieriger, je größer der Verantwortungskreis ist. Aber das sind graduelle, nicht prinzipielle Unterschiede. Auch der Tatbestand, daß der Politiker, wenn er wirken will, auf Vertrauen angewiesen ist, das immer neu errungen sein will, unterscheidet ihn nicht prinzipiell von einem Dirigenten, einem Maurerpolier, nicht einmal von einer Mutter oder einem Vater.

Es mag sein, daß Züge dessen, was Max Weber Gesinnungsethik nannte, auch heute noch gelegentlich sichtbar werden, etwa in einzelnen Studentenprotesten. Aber auch da handelt es sich meist darum, daß »gesinnungsethische« Parolen von Leuten ausgegeben werden, die – und dies auch noch zu Recht – von solcher Gesinnungsethik nichts halten. Andererseits wird die »Verantwortungsethik« immer mehr zu einer Fluchtburg, in die sich Politiker zurückziehen, wenn sie des Argumentierens müde sind, wobei dann die nicht weiter definierte Ethik sich gewissermaßen von selbst aus der Verantwortung ergibt.
Wenn Politiker sich mit der Gloriole der »Verantwortungsethik« umgeben, dann meist, um Gegner in die Sektiererecke einer »Gesinnungsethik« zu verbannen. Aber eben dies verdeckt die wirklichen Fragen mehr, als es sie sichtbar macht. In Wirklichkeit geht es nicht darum, ob man Verantwortung durch Gesinnung ersetzen kann – das kann man weder in der Politik noch sonstwo –, sondern darum, wofür wir verantwortlich sind, wie weit unsere Verantwortung – zeitlich und räumlich – reicht und in welcher Weise wir diese Verantwortung wahrnehmen können.

7.4.2. *Das politische Dilemma: kurzfristige, nationale Legitimation und langfristige, universale Verantwortung*

Für Max Weber war der Bezugsrahmen politischer Verantwortung der souveräne Nationalstaat. Er war nicht nur die Legitimationsbasis politischen Wirkens – das ist er heute noch –, er war auch Rahmen und Grenze für die politische Verantwortung, seine Macht und seine innere Ordnung waren Ziel der Politik. Was 1919 schon nicht ganz selbstverständlich war, ist es nach der Zäsur der siebziger Jahre noch weniger.
Die letzte verantwortliche Frage sei nicht, »wie ich mich heroisch aus der Affäre ziehe, sondern, wie eine kommende Generation weiterleben soll«, schrieb Dietrich Bonhoeffer Ende des Jahres 1942 aus dem Gefängnis. Lebte er noch, so müßte er heute wohl formulieren, »*ob* und wie eine kommende Generation weiterleben soll«. Denn inzwischen hat die Menschheit die Mittel, dieses Weiterleben durch Zerstörung ihrer Lebensgrundlagen zunichte zu machen, sei es durch Krieg, sei es ohne Krieg. Das eine wissen wir seit den fünfziger Jahren, das andere seit den frühen siebziger Jahren.
Der Tatbestand, daß es nicht mehr nur um das Wie, sondern auch um das Ob geht, gibt aller Politik eine neue Qualität. Noch

bis ins 18. Jahrhundert hat die Tagespolitik den Bauern oder Bürger kaum berührt. Sie wurden darüber auch nicht informiert. Da das Gesellschaftssystem selbst nicht in Frage stand, entschied sich politisch, welchem Herrscherhaus man welche Steuern zu bezahlen hatte, welche Feldzüge man über sich ergehen lassen mußte. Das änderte sich gründlich im Zeitalter des nationalstaatlichen Imperialismus, bis schließlich über die soziale und dann auch physische Liquidierung ganzer Klassen oder Rassen politisch entschieden wurde. Aber noch im Frühjahr 1945, als Millionen Soldaten sich kreuz und quer durch Europa nach Hause durchschlugen, war mancher davon betroffen, wie wenig die natürlichen Lebensgrundlagen vom Morden dieser Jahre berührt waren. Hier haben dreißig Jahre Frieden mehr zerstört als sechs Jahre Krieg. Und was nach sechs Stunden eines neuen Krieges noch übrig wäre, entzieht sich – glücklicherweise – unserer Vorstellungskraft.
Wenn nach Carl Amery »nicht eine bessere, schönere, größere Zukunft, sondern die Zukunft schlechthin« auf dem Spiel steht, kann dies doch wohl die Maßstäbe politischer Ethik nicht unberührt lassen. [. . .]
Wer unmittelbar politisch wirken will, muß dazu legitimiert sein. Diese Legitimation entsteht in westlichen Industrieländern durch nationale oder regionale Wahlen. Wenn aber über Ob und Wie des Überlebens nicht national, sondern global entschieden wird, entsteht hier eine Lücke zwischen dem, was zum humanen Überleben nötig wäre, und dem, was die Legitimationsbasis zu tun erlaubt. Solange der Appell an nationalen Egoismus und provinzielle Beschränktheit Mehrheiten verheißt – und dies ist normalerweise der Fall –, wird es in der Regel auch Politiker geben, die diesen bequemen Weg zur Macht zu gehen versuchen. Und wenn auch nur die Gefahr besteht, daß einer dies tut, ist für die anderen die Versuchung groß, ihm zuvorzukommen.
Wo es um das Überleben von Regierungen geht, sind Beiträge zum Überleben der Menschheit wenig gefragt. Und hier tut sich eine Kluft auf zwischen der notwendigen politischen Legitimation durch den Wähler – in anderen Regierungssystemen durch eine wenig artikulierte, aber spürbare öffentliche Meinung – und der ethischen Legitimation aus der Verantwortung dafür, ob und wie eine kommende Generation weiterleben soll. Der Raum, in dem politisches Handeln seine politische Legitimation findet, deckt sich nicht mehr mit dem, der dieses Handeln ethisch legitimieren könnte.
Daraus ergeben sich Fragen:

- Wie läßt sich die politische Legitimationsbasis, also das Bewußtsein der Mitbürger verändern?
- Wie weit kann und darf sich der Politiker bei seinen Entscheidungen vom Bewußtsein seiner Wähler entfernen?

Oder brutaler:

- Wie viele Millionen Tote am anderen Ende des Erdballs müssen in Kauf genommen werden, damit die Million Wähler gewonnen – oder gehalten – wird, die über die politische Macht im eigenen Land entscheidet?

Und umgekehrt:

- Gibt es einen Punkt, an dem sich Wähler so überfordert fühlen, daß auch faschistoide oder faschistische Parolen eine Chance bekommen?

Praktisch:

- Wie rasch kann in Westeuropa der Prozeß wirtschaftlicher Umstrukturierung vor sich gehen, der den Industrien der Entwicklungsländer eine Chance gibt?
- Dürfen wir, die wir unsere Ölrechnung spielend bezahlen können, das Energiesparen andern überlassen, wohl wissend, daß dies dazu beiträgt, den Ölpreis so hoch zu halten, daß andere daran zugrunde gehen?
- Können wir es wagen, in der Europäischen Gemeinschaft mehr Getreide anzubauen und weniger zu verfüttern, damit das Getreideangebot auf dem Weltmarkt größer wird?
- Können wir es unserer Wirtschaft zumuten, aufgrund eines Rohstoffabkommens mehr für Kupfer oder Sisal zu bezahlen, als der Weltmarktpreis dies im Augenblick ausweist?
- Dürfen wir die Steuern um das Fünfundzwanzigfache dessen senken, was wir an der Entwicklungshilfe einsparen?

Hinter all diesen Fragen steht die grundsätzliche: Was will, kann und darf der Politiker riskieren, um einer Verantwortung gerecht zu werden, die das Bewußtsein derer überfordert, die ihn in die politische Verantwortung delegiert haben?

Wenn der Raum, in dem politisches Handeln sich legitimieren muß, sich nicht mehr deckt mit dem Raum, in dem es sich ethisch legitimieren müßte, so gilt dies auch für die Zeit: Der Zeithorizont des Politikers, der Wahlen gewinnen will, unterscheidet sich gründlich von dem Zeithorizont, in dem gehandelt werden müßte, wenn es darum ginge, »ob und wie eine kommende Generation weiterleben soll«.
Es ist nicht wahr, daß Politiker heute kurzsichtiger wären als vor zwanzig oder hundert Jahren. Nur: Wir können uns Kurz-

atmigkeit heute weniger leisten als damals. Die Methode der Wahlgeschenke, in den fünfziger Jahren mit Virtuosität gehandhabt, war keineswegs nur für den politischen Gegner ärgerlich, der sich auf eine billige Weise ausgespielt sah. Und doch hat sie kaum irreparable Schäden hinterlassen. Wir hatten ja beliebig viel Zeit. Vor uns lag eine Zukunft raschen wirtschaftlichen Wachstums, stetig steigenden Wohlstands, unbegrenzter Möglichkeiten. Da ließ sich noch ganz anderes reparieren als die Tricks allzu schlauer Wahlkämpfer.

Heute stehen wir unter einem Zeitdruck, wie ihn die Menschheitsgeschichte noch nicht gekannt hat. Auch wer unsere Chancen, mit den Krisen unserer Zeit fertig zu werden, optimistischer einschätzt als Meadows, Mesarović oder Pestel, wird sich dem Eindruck nicht entziehen können: Für jeden Monat, in dem im Süden die Bevölkerungsexplosion ungehindert weitergeht, die Zahl der Arbeitslosen weiter wächst, tropische und subtropische Wälder rücksichtslos abgeholzt werden, fruchtbare Böden erodieren, verkarsten oder – bei uns – durch Überdosen von Pestiziden vergiftet werden, knappe Rohstoffe oder Energieträger vergeudet, Meere vergiftet und Landschaften mit Beton überzogen werden, muß spätestens die nächste Generation bezahlen. Solange es nur darum ging, ob die Zukunft noch besser sein könne, als sie sich durch die Fortschreibung der Gegenwart ohnehin zu ergeben schien, war kurzatmiges Fortwursteln eine von vielen fragwürdigen Methoden, Politik zu machen. Jetzt bedeutet das herkömmliche »muddle through« nicht mehr und nicht weniger, als daß wir unseren Kindern die Solidarität verweigern, von der wir so gerne reden.

Nach wie vor gibt es in der Bundesrepublik keinen Zeitpunkt, an dem die Aufmerksamkeit der politischen Parteien und ihrer Repräsentanten nicht durch irgendeine Wahl in Bund, Ländern oder Kommunen gefesselt wäre. Denken britische Politiker in Fünfjahresperioden, so schrumpft der politische Zeithorizont bei uns auf wenige Monate zusammen. Wer in einem Jahr mehrfach um seine politische Existenz kämpfen, sich von Wahl zu Wahl mühsam über Wasser halten muß, ist natürlich versucht, die Probleme der Zukunft seinen Kindern zu überlassen. Aber eben dies dürfen wir nicht, weil sie ihnen und uns bis dahin über den Kopf gewachsen sind.

7.5. *Herbert Gruhl: Glück durch »Wachstum«? Ethos der Industriegesellschaft und ökologische Krise*

Der entscheidende Grund, warum es in den Industrieländern weder zu nennenswerter Arbeitslosigkeit noch zu bedeutender zusätzlicher Freizeit gekommen ist, liegt in der grenzenlosen Begehrlichkeit des Menschen, der von Freizeit redet, aber immer mehr Güter will. Diese inzwischen hinlänglich erwiesene Tatsache hat westliche Voraussagen und östliche Heilsvorstellungen über ein Zeitalter der Glückseligkeit und Zufriedenheit gleichermaßen überholt.

Daß die Kommunisten einmal allen Ernstes als Ziel proklamierten, der Menschheit soviel Waren zur Verfügung zu stellen, daß kein Geld mehr benötigt werde, wirkt heute nur noch als Witz. Jeder würde sich soviel nehmen können, wie er brauche, hieß es damals. Hatten die eine Ahnung, was der Mensch alles brauchen kann! Und was er nicht brauchen kann, das nimmt er dennoch mit, um es zu verkaufen, damit er etwas anderes dafür erwerben kann, was er zu brauchen meint.

Das Bedürfnis nach neuen Gütern wuchs im allgemeinen immer schneller als die Produktion; denn die Erfüllung eines Wunsches weckt mehrere neue und so fort. Auch hier erfolgt eine Entwicklung von der Einfachheit zur komplizierten Vielfalt: gegen die natürliche Entropie also. Da die Möglichkeiten der Variation und Kombination exponentiell zunehmen, sind dem Erstrebbaren auf dem gegenwärtigen Produktionsstand keine Grenzen gesetzt. Früher wurde nicht vorausgesehen, daß des Menschen Wünsche keine Grenzen kennen. Es besteht gar keine Schwierigkeit, jedwede Mehrproduktion abzusetzen; ja die Nachfrage ist meistens größer als das Angebot. Heute können die Maschinen gar nicht so viel produzieren, wie ein jeder gern haben möchte. Nirgendwo trat bisher eine Sättigung ein, es sei denn, an billigen Waren; dafür verlangte man luxuriösere, raffiniertere. Einerseits stimuliert die Mode die Anschaffung der jeweils neuesten Ausführungen und damit das Wegwerfen der alten Waren. Andererseits werden die Produkte in einer – im Vergleich zu ihrem Zweck – »zwecklosen« und aufwendigen Aufmachung auf den Markt gebracht. Das Renommierbedürfnis des Menschen ist noch immer seine schwächste Stelle. Tag für Tag schuftet er für Dinge, zu deren Genuß er kaum Zeit haben wird. Klaus Müller sagt zugespitzt: »Das Subjekt wird dazu überwältigt, glücklich zu werden durch objektiv kontrollierbare Befriedigung objektiv zu erhebender Bedürfnisse. In Erfüllung dieses Programms wird die objektiv

ausweisbare Leistung zum beherrschenden Maß: Leistung in der Produktion bedingt Leistung im Konsum, Leistung im Konsum bedingt Leistung in der Produktion. Damit schließt sich der totalitäre Kreis: Die Leistungsmonomanie läßt die Subjektivität der Subjekte verdampfen . . .«[1]
Der »Konsum« wird immer wieder angekurbelt. Da er zahlenmäßig nur über den Verkaufspreis erfaßt wird, sagen die Zahlen nichts über den Nutzen oder Genuß aus, den der Kauf nachher bewirkt hat. Der Grenznutzen des Verbrauchs nähert sich bei vielen Gütern bereits Null. »Immer neue Höhen des Konsums werden erreicht, und trotzdem wagen es die Menschen – gottlob – ihre Ansprüche noch weiter zu steigern. Ob Werbung oder nicht, man kann sich immer darauf verlassen, daß der Appetit des Massenverbrauchers zu reizen ist. Eine Abnahme des Grenznutzens kann vielleicht einzelne Gebrauchsgüter, nicht aber den gesamten Konsum in Mitleidenschaft ziehen.«[2] Die Mittel sind zum Zweck geworden, die Menschen wünschen eine Erhöhung ihres Verbrauchs selbst dann noch, wenn der Nutzwert bei Null liegt. (Tun sie es plötzlich nicht mehr unkritisch, dann kommt es zu Störungen in der Wirtschaft wie 1974/75.)
Das ist auch die Erkenntnis von Bertrand de Jouvenel: »Die Unzahl von Untersuchungen zur Verbesserung der Produktion steht in krassem Gegensatz zum Fehlen jeglicher Reflexion, was die Art der zu produzierenden Güter angeht. Es kann nicht nur darum gehen, so viel wie möglich zu produzieren; auch der Nutzen, den wir dem Menschen mit unseren Produkten verschaffen wollen, muß uns interessieren.«[3]
Wie denn nun der Durchschnittsverdiener in den reichen Ländern all die Güter genießen könne, die er sich mit seiner rastlosen Arbeit verdient hat, darüber hat sich der schwedische Parlamentarier Staffan Linder gründlich Gedanken gemacht, in seinem Buch: ›Das Linder-Axiom oder Warum wir keine Zeit mehr haben‹ (1970).
Auch hier hat die Wirtschaftswissenschaft nicht wahrgenommen, daß Zeit »faktisch zu einem immer knapper werdenden Gut geworden« ist.[4] »Es überrascht kaum, daß beispielsweise Soziologen die Verwendung der Zeit bisher noch nicht als das Problem sehen, mit einem zunehmend knappen Gut hauszuhalten. Ein solcher Standpunkt wäre jedoch natürlich für eine Disziplin, die sich mit den Grundfragen der Zeiteinteilung beschäftigt, nämlich die Wirtschaftswissenschaft. Trotzdem fehlt in der wirtschaftswissenschaftlichen Literatur eine angemessene Zeitanalyse.«[5] Zu dem Faktor »Zeit«, soweit es sich

nicht um Produktionszeit handelt, haben die Wirtschaftswissenschaftler noch nie ein vertrautes Verhältnis gehabt, sonst hätten sie viele ihrer Irrtümer vermieden.
Der ruhelose Wohlstandsmensch unserer Tage leidet unter »Zeit-Hunger«[6], er lebt unter der Tyrannei der Uhr, und »diese Tyrannei hat sich im Gleichschritt mit unserer erfolgreichen Revolution gegen die Diktatur materieller Armut entwickelt«.[7] Früher starben die Leute hier und da an Warenknappheit – heute sterben sie einen frühen Tod durch Überlastung und Zeitmangel. »Die Todesursache ist nun hohe, nicht niedrige Produktivität.«[8] [. . .]

7.5.1. *Der Wachstums-Wahn*

»Wachstum« ist ein Begriff der organischen Welt. Pflanzen, Tiere und Menschen wachsen. Alle Lebewesen wachsen nach einem ihnen innewohnenden und vererbten Plan. Warum sie das tun, ist das tiefste Geheimnis der Welt. Hier findet ein verborgener und gezielter Steuerungsvorgang der Natur statt, dem noch kein Mensch auf die Spur gekommen ist. Wenn jemand dieses Geheimnis entschleiern könnte, dann hätte er vielleicht Gott gefunden. Die Menschen haben noch nicht den geringsten Zipfel dieses Geheimnisses entdeckt. Wir wissen nur: Der Tod beendet das Wachstum und ermöglicht wieder neues Wachstum.
Überall, wo Leben ist, findet Wachstum statt; auch beim erwachsenen Menschen erneuern sich die Zellen ständig durch das Wachsen neuer. Sobald das Wachstum aufhört, tritt der Tod ein. Der Tod bildet das Gegengewicht zum Wachstum. Er allein hält die Welt im Gleichgewicht, wie es im natürlichen Regelkreis geschieht. Es ist völlig unvorstellbar, wie das gehen sollte, wenn es in der Natur immerfort nur Wachstum gäbe. Die Erde wäre sehr bald von wenigen Arten total bedeckt, von riesigen Bäumen zum Beispiel, die nicht mehr wachsen könnten, weil sie aneinander stießen. Die Natur müßte schließlich in einem gleichförmigen Endzustand erstarren. Nur der Tod ermöglicht neues Wachstum. Darum muß überall dort, wo Wachstum stattfindet, auch Sterben stattfinden.
Was der Mensch fabriziert, ist noch in keinem einzigen Falle gewachsen, es ist »gemacht«. Deshalb stirbt es auch nicht. Die industriellen Produkte, die vom Menschen ersonnen wurden, sind aus Material »hergestellt«. Will jemand behaupten, daß ein Automobil »wächst«? Nein! Wieso »wächst« dann aber die

gesamte Autoproduktion, wenn 1971 in der Bundesrepublik Deutschland 163000 Autos mehr hergestellt werden als im Jahr 1970? Da das einzelne Stück nicht wächst, kann auch die Gesamt-Produktion niemals »wachsen«. (Beim »Null-Wachstum« wären 1971 eigenartigerweise 3529000 neue Autos auf die Straßen gekommen!)
Wenn man vom »Wirtschaftswachstum« spricht, ruft man – gewollt oder ungewollt – den Eindruck hervor, als wäre dieser Vorgang etwas Natürliches. Das stimmt aber ganz und gar nicht. Der Mensch »macht« hier vielmehr etwas, was der Steuerung der Natur nicht unterliegt. Da es seiner Planung und Steuerung unterliegt, kann er es ebensogut lassen. Die Natur ist hier völlig machtlos. Aber: der Mensch ist wiederum über die Natur machtlos.
Was die Menschen hier außerhalb der Natur aufgebaut haben, definierten wir als den künstlichen Produktionskreis. Wäre dieser Bestandteil der Natur, dann würde es auch in diesem Bereich Tod und Verwesung geben – und alles wäre geregelt.
Dieser Ansicht war übrigens Oswald Spengler. Er war überzeugt, daß die menschlichen Kulturen den Wachstumsgesetzen der Natur unterliegen, folglich mußte er sie auch ganz konsequent dem Gesetz des Sterbens unterwerfen. Wir brauchen uns nicht damit auseinanderzusetzen, ob Oswald Spengler recht hatte oder nicht. Wir argumentieren, daß es gerade das Merkmal der gegenwärtigen Kultur ist, daß der Mensch mit seinen Werken etwas geschaffen hat, was nicht nur außerhalb jeder Natur ist, sondern bei seiner ständigen Vergrößerung diese Natur schließlich zerstören muß – und damit auch den Menschen selbst, weil er Teil der Natur ist. Dieser Prozeß ist kein organischer wie bei Spengler, sondern ein vom Menschen gegen die Natur und letztlich gegen sich selbst in Gang gesetzter. Alle katastrophalen Folgen werden die Folgen eines Menschenwerks sein.
Die Menschen müssen den Selbstbetrug aufgeben, auf ihre höchst unvollkommenen und völlig undurchdachten Unternehmungen den Begriff »Wachstum« anzuwenden. Es handelt sich vielmehr um eine Steigerung der Produktion oder um Mehrproduktion. Diese Mehrproduktion kann der Mensch durchaus lassen, dann läuft eben die Produktion in der bisherigen Höhe weiter; es findet dann lediglich keine »Produktions-Steigerung« oder keine »Mehr-Produktion« statt. Es ist noch niemand auf den Gedanken gekommen, in einem solchen Fall dauernd von Null-Steigerung oder von Null-Mehrproduktion zu sprechen. Nur über den völlig unstatthaften Gebrauch des

Wortes »Wachstum« ist der idiotische Begriff vom »Null-Wachstum« in die Sprache eingeführt worden. (Es ändert nichts an dem Unsinn, daß er aus dem Amerikanischen kommt!)
Wenn es wirklich Wachstum wäre, was in der industriellen Wirtschaft vor sich geht, dann dürfte man natürlich kein »Null-Wachstum« dulden; denn dies wäre gleichbedeutend mit Tod. Warum verwendet man den unsinnigen Begriff vom Null-Wachstum? Teils aus Gedankenlosigkeit, teils weil interessierte Kreise die damit verbundene Vorstellung, dies sei etwas ganz und gar Unmögliches und dem Tode Gleichsetzbares (wie ja Null = nichts ist) sehr gern in die Köpfe der Menschen träufeln. Dieser Schwindel mit Begriffen mündet in einen gigantischen Selbstbetrug, der geeignet ist, die Erde zu einer Wüste zu machen. [. . .]
»Das große Interesse am Wachstum der Wirtschaft hat zu einer Index-Manie geführt. Statistische Schwierigkeiten machen es bekanntlich unmöglich, einen Index des Bruttosozialprodukts zu erstellen, der Veränderungen in unserem materiellen Wohlbefinden genau wiedergibt. Und doch ist irgendeine Art Index notwendig, um den Menschen zu zeigen, was sie sonst vielleicht nicht zu erkennen vermögen. Aber sobald ein Index, mit all seinen Unzulänglichkeiten, aufgestellt ist, gewinnt er eine eigene Bedeutung. Um politische Kampagnen mit dem Schlachtruf ›Wir hatten es noch nie so gut‹ führen zu können, ergreifen manche Regierungen Maßnahmen, die eher geeignet sind, die Indexzahlen als das Wohl der Bevölkerung zu erhöhen. Ebenso beobachtet die Opposition sorgsam die Bewegungen des Index, um Angriffspunkte zur Kritik an einer unfähigen Wirtschaftspolitik zu entdecken. Die Politiker handeln nicht aus Böswilligkeit so. Ihr Verhalten spiegelt nur den Wunsch der Bevölkerung nach raschem Wirtschaftswachstum und läßt die Meinung erkennen, der Index bezeichne das Fortschrittstempo.«[9] Regierungschefs treten dann vor die Wähler und die Parlamente und verkünden: Uns ist es noch nie so gut gegangen! In solchen Zeiten politische Verantwortung zu tragen, ist eine Lust – die allerdings schnell vergehen kann, wenn ein Nachbarland größere Zahlen vorweist. [. . .]
Adam Smith ging davon aus, daß jede private Verfolgung der eigenen Interessen sich zum gemeinsamen Wohl des Ganzen entwickeln würde. Da wir uns heute aber im rasenden Tempo den Grenzen nähern, die der Erdball der menschlichen Expansion setzt, muß sich die Summe der vielen privaten Entscheidungen, wie die der Regierungen, destruktiv auswirken. Die

Produktion, die heute jemand zu seinem Nutzen aufnimmt, vermindert die zur Verfügung stehenden Rohstoffe für andere Güter, die vielleicht weit lebenswichtiger sind. Hier führt das freie Spiel der Kräfte zwar zum höchstmöglichen Nutzen in der Gegenwart, aber mit der Folge unausweichlichen Mangels in der Zukunft. Am Ende steht nicht das größtmögliche Glück für die größtmögliche Zahl, sondern das schnellstmögliche Nichts für die größtmögliche Zahl.

Die erschreckende Erkenntnis unserer Tage heißt: Je gewaltiger die Erfolge in den Himmel wachsen, desto furchtbarer wird die Katastrophe sein!

Im Sturmlauf des Fortschritts hatte der Mensch geglaubt, die Natur ohne Gegenleistung plündern zu können. Er hat sich aber nur selbst betrogen, weil er Schulden auf dem Konto »Zukunft« anhäufte. Diese Schuldforderung wird niemals bezahlt werden können! Wir haben nachgewiesen, daß unsere heutige Lebensweise auf Kosten der Zukunft geht – unser Reichtum ist deren Armut. Wenn Pierre Bertaux meint, es sei unsere Aufgabe, »die Zukunft zu kolonialisieren«, weil der Raum verbraucht ist, dann ist dies ein weiterer verheerender Irrtum; denn die Zukunft wird bereits lange von uns mitverbraucht.[10] Die kommende Armut, verteilt auf eine wachsende Zahl von Menschen, wird zu noch größerer Armut führen. Und der Mangel wird um so katastrophalere Ausmaße annehmen, je weiter der Verbrauch heute gesteigert wird. [. . .]

7.5.2. *Die Planetarische Wende*

Was die Menschheit in diesen Jahren erfährt, wird bei ihr den größten Schock hervorrufen, der ihr in der gesamten bisherigen Geschichte widerfahren ist. Nicht mehr der Mensch bestimmt den Fortgang der Geschichte, wie er bisher glaubte, sondern die Grenzen dieses Planeten Erde legen alle Bedingungen fest für das, was hier noch möglich ist. »Zum ersten Mal in ihrer millionenjährigen Geschichte stehen die Menschen in ihrer Gesamtheit vor einer Gefahr auf Leben oder Tod.«[11]

Wir haben kein entsprechendes Ereignis zum Vergleich, es sei denn die Kopernikanische Wende. Die Analogie zu diesem Einschnitt besteht jedoch nur formal. Die Entdeckung, daß sich die Erde um die Sonne drehte, hatte zwar erkenntnistheoretische Bedeutung und war für die Astronomie bahnbrechend. Aber für das Leben des einzelnen wie für die Gesamtheit der

Menschen blieb es völlig unwichtig, ob die Erde nun um die Sonne wandert oder umgekehrt. Es gibt viele Millionen Menschen, die wissen es heute noch nicht oder glauben es einfach nicht, daß die Erde um die Sonne kreist, ohne daß dies für ihren Alltag einen Unterschied ergäbe. Die Ereignisse auf der Welt liefen weiter wie eh und je. Auch jetzt konnte noch der Grundsatz gelten: Der Mensch ist das Maß aller Dinge! Der Mensch sah nach wie vor nur sich selber und um sich nur das, was für ihn verwertbar war. Die Welt schien auch weiter unendliche Möglichkeiten bereitzuhalten. Schließlich wurden erst seit Kopernikus verschiedene Grenzen des Raumes und der Zeit überwunden, das Menschenleben verlängert und eine Fülle technischer Möglichkeiten eröffnet. »Die zur Überwindung der natürlichen Widerstände gegen die Wachstumsprozesse eingesetzten technischen Mittel haben sich als so erfolgreich erwiesen, daß sich das Prinzip des Kampfes gegen Grenzen zu einem Kulturidol entwickelt hat und die Menschen nicht erlernten, Grenzen zu erkennen und mit ihnen zu leben. Diese Haltung wurde durch die offensichtlich überwältigende Größe der Erde und ihrer Rohstoffvorräte und die relative Winzigkeit der Menschen und ihrer Unternehmungen psychologisch verstärkt.«[12]
Um so mehr kommt das jähe Begreifen der Grenzen einem Sturz aus dem Himmel der Illusionen auf den harten Boden der Tatsachen gleich. Das anthropozentrische Weltbild bricht in Stücke. Der Fixpunkt ist nun ein dem Menschen entgegengesetzter.
Die jetzige totale Wendung bedeutet, daß der Mensch nicht mehr von seinem Standpunkt aus handeln kann, sondern von den Grenzen unserer Erde ausgehend denken und handeln muß. Wir nennen diese radikale Umkehr die *Planetarische Wende.*
Das bisherige Denken ging von den Wünschen und Bedürfnissen des Menschen aus. Er fragte sich: *Was will ich noch alles?*
Das neue Denken muß von den Grenzen dieses Planeten ausgehen und führt zu dem Ergebnis: *Was könnte der Mensch vielleicht noch?*

Es steht nicht im menschlichen Belieben, diese Umkehr anzunehmen oder abzulehnen. Sie wird jedem aufgezwungen. Die Planetarische Wende bleibt keine Theorie, sondern hat ganz konkrete Folgen für das Leben eines jeden: für die Versorgung mit allen lebenswichtigen Gütern, für die Gesundheit und für die Länge seines Daseins. Wenn auch die Ursachenkette nicht immer zu übersehen ist, die Folgen wird dennoch jeder am eigenen Leibe spüren und erleiden, auch derjenige, welcher die Planetarische Wende nie begreifen wird. Ja, sie wird schließlich über das Fortbestehen der Menschen überhaupt entscheiden.

7.6. *Georg Picht: Mut zur Utopie*

7.6.1. *Die negative Verfügungsgewalt über Geschichte und Leben*

Der Zwang, die Schranke zur Zukunft zu durchbrechen und damit eine Revolution zu vollziehen, die tiefer greift und größere Folgen haben kann als die Eroberung des Weltraums, ergibt sich aus einer geschichtlichen Lage, die sich schon seit dem 17. Jahrhundert vorbereitet hat, aber erst durch die Konstruktion der Atomwaffen der Öffentlichkeit und der Wissenschaft selbst ins Bewußtsein getreten ist. Die Menschen verfügen heute durch Wissenschaft und Technik über die Macht, das Leben auf dem Erdball zu vernichten. Sie haben also im negativen Sinn die Verfügungsgewalt über ihre eigene Geschichte errungen. Allein schon dadurch, daß es möglich ist, der Geschichte der Menschheit ein Ende zu setzen, hat sich eine qualitative Veränderung der gesamten menschlichen Geschichte vollzogen. Jean Paul Sartre beschreibt diese Veränderung mit folgenden Worten: »Für die gesamte Menschheit gilt: wenn sie fortfährt zu leben, wird es nicht einfach deshalb geschehen, weil sie geboren ist, sondern weil sie den Entschluß gefaßt hat, ihr Leben zu verlängern. Es gibt nicht mehr die menschliche Gattung. Die Gemeinschaft, die sich zur Hüterin der Atombombe gemacht hat, steht oberhalb des Reiches der Natur, denn sie trägt die Verantwortung für ihr Leben und ihren Tod; es wird in Zukunft nötig sein, daß sie jeden Tag und jede Minute zum Leben ihre Zustimmung gibt. Das ist es, was wir heute erfahren, in der Angst.« (›Les temps modernes‹, Nr. 1) Aus diesem Grund sind wir genötigt, den Versuch zu machen, ob es selbstkritischem und kontrolliertem Denken möglich ist, den Vorgriff in die Zukunft zu wagen. Wir sind uns jählings dessen bewußt geworden, daß wir an der Verantwortung für die zukünftige Geschichte der Menschheit beteiligt sind. Wir wissen, wenn wir vor uns selber redlich sind, daß jeder von uns durch sein alltägliches Verhalten dazu beiträgt, wie die Geschichte in Zukunft verlaufen wird: ob sie auf einer neuen Stufe der Erkenntnis und des moralischen Bewußtseins die Erhaltung des Menschengeschlechtes weiterhin möglich macht oder ob sie in eine große

Katastrophe führt. Eine solche Situation hat es in der bisherigen Geschichte noch nicht gegeben. Sie ist radikal neu und hat in den letzten zwei Jahrzehnten, ohne daß wir recht wußten, wie uns geschah, das Leben jedes Einzelnen spürbar verändert. Verantwortliches Denken und Handeln setzt die Bereitschaft voraus, für die Folgen dessen, was man gedacht und getan hat, einzustehen. Wer nicht in der Lage ist, sich über die möglichen Folgen des eigenen Handelns Rechenschaft abzulegen, der ist eben deshalb nicht verantwortungsfähig. Das ist der Grund, weshalb sich auch und gerade kritische Wissenschaftler heute gezwungen sehen, die möglichen Folgen ihrer eigenen Wissenschaft zum Gegenstand methodischer Untersuchung zu machen. Sie wissen, daß es ohne Wissenschaft nicht möglich ist, die wachsende Erdbevölkerung zu ernähren und jene Katastrophen zu verhindern, die eintreten müssen, wenn man den Gang der Dinge sich selbst überläßt. Zugleich aber wissen sie auch, daß eine blindlings betriebene Wissenschaft, die ihre möglichen Folgen nicht bedenkt, auf vielfache Weise die Existenz der Menschheit bedrohen, ja zerstören könnte. Die Menschheit hat heute die Mittel zu einer nahezu totalen Verfügungsgewalt über ihre zukünftige Geschichte in der Hand; sie kann diese Macht nicht wieder loswerden, sondern ist gezwungen, sie noch weiter zu steigern. Aber es fehlt ihr das Wissen, das nötig wäre, um diese Macht recht zu gebrauchen. Wir fahren mit rasender Geschwindigkeit ohne Licht, und dieser Zustand ist weder zu verantworten noch zu ertragen. [. . .]

Die Frage nach der Zukunft des Menschen ist nicht dadurch beantwortet, daß wir uns um möglichst sichere Informationen bemühen, aus denen sich errechnen läßt, mit welcher Wahrscheinlichkeit es die biologische Gattung Mensch in näherer oder fernerer Zukunft auf dieser Erde noch geben wird. Die Frage fragt nach etwas anderem; sie fragt nach der Zukunft der Menschlichkeit des Menschen; läßt sich doch, wie wir gesehen haben, demonstrieren, daß auch die biologische Erhaltung unserer Gattung von jenen geistigen und moralischen Qualitäten abhängen wird, welche die Menschlichkeit ausmachen.

Das schließt nicht aus, es setzt vielmehr voraus, daß wir auch das Problem der biologischen Erhaltung der Gattung Mensch mit größerer Gründlichkeit und größerem Ernst bedenken müssen, als das bisher geschieht. Die biologische Erhaltung hängt nicht nur von Ernährung und Wasserversorgung ab. Der Aufbau der künstlichen Welt, auf die wir angewiesen sind, zwingt uns zu Eingriffen in die Natur, welche die biologische Umwelt sämtlicher Lebewesen radikal verändern und in unzähligen Fällen vernichten. Soweit der Mensch ein bloßes Lebewesen ist, ist er den unwiderruflichen Zerstörungen der natürlichen Umwelt, die er durch seine verantwortungslose Verwaltung des ihm anvertrauten Planeten angerichtet hat, ebenso wehrlos ausgeliefert wie alle anderen Lebewesen auch. Er produziert blind und gedankenlos technisch-industrielle Systeme, die ihm erlauben, durch massenhaften Einsatz von Chemikalien, durch die Störung des natürlichen Wasserhaushaltes, durch Raubbau jeder Art, durch Verschmutzung von Wasser und Luft, durch radioaktive Strahlung und durch eine Fülle von sonstigen Einwirkungen die Sphäre, in der sich alles natürliche Leben entfaltet, so rasch und tiefgreifend zu verändern, daß durch die unberechenbaren Nebenwirkungen dieser Eingriffe sämtliches Leben auf der Erde einem uns unbekannten Wandel unterworfen wird. Das gilt auch für den Menschen selbst. Die Veränderungen, welche die biologische Konstitution des Menschen durch die Auswirkungen der Wissenschaft erleiden wird, treten heute am sichtbarsten in der rapiden Vermehrung der Erdbevölkerung zutage, über die schon ausführlich gesprochen wurde. Aber die unsichtbaren Auswirkungen der Wissenschaft sind nicht nur qualitativ, sondern auch quantitativ von nicht geringerer Bedeutung. Durch die modernen Formen der Nahrungsmittelproduktion, durch die Überschwemmung von Erde, Wasser und Luft mit Chemikalien, durch die kollektive Arzneimittelvergiftung, durch biologisch abnorme Wohn- und Lebensverhältnisse, durch den rapiden Rückgang körperlicher Arbeit und das entsprechende Zunehmen der geistigen und nervlichen Belastungen, durch das rasche Absinken der Sterblichkeit und die steigende Bevölkerungsdichte und durch ein enges Geflecht von unkontrollierten Nebenwirkungen aller dieser Faktoren hat sich die biologische Umwelt des Menschen in wenigen Jahrzehnten radikal verwandelt. Die Selektionsbedingungen, unter denen eine zukünftige Menschheit sich biologisch entwickeln wird, sind mit den Selektionsbedingungen der bisherigen Geschichte nicht zu vergleichen. Entsprechend werden sich die Selektionsprodukte verändern. Die zukünftige Menschheit wird biologisch mit der bisherigen Menschheit nicht identisch sein; aber niemand vermag heute zu sagen, ob die Veränderungen, die unentrinnbar sind, negativ als Degenerationserscheinungen oder positiv als Symptome der Fortentwicklung zu deuten sind. Der Prozeß ist in Gang gesetzt und kann nicht wieder rückgängig gemacht werden; wir wissen nicht, ob er der Erhaltung der Gattung Mensch zugute kommt oder ob er die Gattung in ihrem Kern gefährdet. Wohl aber

könnten wir durch zielbewußte und energische Kontrollen die gröbsten und eindeutigsten Schädigungen der biologischen Substanz der Menschheit verhindern. Durch willkürliche Gefährdung oder Zerstörung des menschlichen Erbguts werden ohne nennenswerte Gegenwirkung fortwährend Verbrechen von planetarischem Ausmaß begangen, die unabsehbare Schäden zur Folge haben. Die Kontrolle verantwortungsloser Eingriffe in die Lebenssphäre unserer Erde ist ohne jeden Zweifel eine der wichtigsten Aufgaben der zukünftigen Weltpolitik.
Die Prüfung der rein biologischen Existenzbedingungen der zukünftigen Menschheit führt uns also erneut darauf zurück, daß nur die Herrschaft der Vernunft über die zukünftige Entwicklung von Wissenschaft und Politik den Fortbestand unserer Gattung zu sichern vermag. Jede Gestalt der Vernunft geht aus der moralischen Grundhaltung hervor, die man als Humanität zu bezeichnen pflegt. Wenn überhaupt, so wird der Mensch nur kraft seiner Menschlichkeit überleben können. [. . .]

7.6.2. *Die Paradoxie der Menschlichkeit*

Wir sind gezwungen, von der Diagnose der industriellen Gesellschaft auszugehen, wenn wir entdecken wollen, welche Möglichkeiten der Menschlichkeit des Menschen in der zukünftigen Welt offenstehen. Denn die nachindustrielle Gesellschaft dieser zukünftigen Welt hat unsere gegenwärtige Industriekultur zur Vorgeschichte. Sie geht aus dieser Industriekultur hervor und ist durch ihre Deformationen gezeichnet. Der Zugang zu neuen Formen der Menschlichkeit und der kollektiven Moral führt nicht an der Erkrankung unserer Gesellschaft vorbei; er führt mitten durch sie hindurch. [. . .]
Der Ausweg in den Umsturz der Gesellschaft, die Destruktion der technischen Systeme und die Zerstörung der falschen Welt ist uns versperrt, denn von dem Funktionieren dieser Maschinerie hängt das Überleben der hungernden Menschheit ab.
Wir stehen also vor der Paradoxie, daß wir den selben Prozeß befördern müssen, von dem wir wissen, daß er die Menschlichkeit des Menschen zerstören und damit auch sich selbst aufheben könnte. Paradoxien werden in der menschlichen Geschichte nicht dadurch aus der Welt geschafft, daß man sie leugnet und an ihnen vorbeizuleben versucht; man muß sie akzeptieren und durchdringen.
Ich habe schon in der zweiten Vorlesung an die Erkenntnis der griechischen Philosophie erinnert, daß es die Natur des Men-

schen ist, nur auf künstliche Weise existieren zu können. [1] »Erst durch die Erzeugung einer künstlichen zweiten Natur«, so sagte ich, »versetzt sich der Mensch in die Lage, der Entdeckung seiner wahren Natur als einer unendlichen Aufgabe nachzustreben.« Wenn wir die Menschlichkeit des Menschen in der künstlichen Welt erhalten und ermöglichen wollen, müssen wir die Physik der künstlichen Natur, also die Physik der Gesellschaft, besser studieren und müssen zu erkennen versuchen, wie die wahre Natur aus dieser künstlichen Natur hervorgeht. Die heute politisch virulentesten Formen eines ideologischen Bewußtseins, das sich als Humanismus versteht, nämlich die verschiedenen Varianten eines anti-stalinistischen Marxismus, und die konservativen Richtungen jeglicher Art sind sich darin einig, daß sie die »sekundären Systeme« des Kapitalismus und der technischen Welt perhorreszieren. Die ideologische Fiktion von angeblich primären Strukturen, die ihren Ursprung bei Rousseau, bei Herder und in der Romantik hat, dient der versteckten Absicht, den Bereich unserer realen Verantwortung, nämlich die Zivilisation, in der wir leben, zu diffamieren. Das Stichwort für diese Tendenz ist der Begriff der Entfremdung. Wo immer dieses Stichwort ertönt, werden kollektive Affekte in Bewegung gesetzt, die jegliche Rationalität überschwemmen und die Menschen ihrer Besonnenheit berauben. Man ist nicht mehr in der Lage einzusehen, daß die Entfremdung kein Kulturprodukt und kein Erzeugnis des Kapitalismus ist, sondern am Anfang der Geschichte des Menschen steht. Der Mensch ist entfremdet, weil er weiß, daß er in der Zeit ist. Daher entspringt ihm die Erfahrung, daß er über sich selbst und seinen gegenwärtigen Zustand hinausgehen muß, um leben zu können. Der Mensch ist sich selbst immer entfremdet, denn er ist das Lebewesen, das sich im Dasein nur behaupten kann, indem es zu werden versucht, was es noch *nicht* ist. Alles Bemühen, einen Zustand herbeizuführen, in dem der Mensch mit sich selbst versöhnt wäre und mit dem Schlager aus der Nazizeit behaupten dürfte: »So sind wir und so wollen wir auch bleiben«, ist eine Verleugnung der Humanität. Weil der Mensch immer entfremdet ist, hat er Geschichte. Er hat Geschichte, weil ihn die Entfremdung, die in die Grundfigur seines Wesens eingezeichnet ist, dazu zwingt, in keinem Zustand verharren zu können, sondern sich stets aus sich selbst heraus in die Ungewißheit einer antizipierten Zukunft versetzen zu müssen. Schon immer diente der Begriff der Transzendenz als Schlüssel zu dem Geheimnis des menschlichen Daseins. Heute verstehen wir die Transzendenz geschichtlich als Übersteig in eine höhere Zukunft, welche die Gegenwart aus den Angeln hebt. Das bedeutet, daß die geschichtliche Krise die Form ist, in der sich das Menschengeschlecht am Leben erhält. Jeder Einklang mit der Gesellschaft, wie sie ist, jede Geborgenheit in der Umwelt, die wir uns schaffen, gefährdet unsere Humanität, denn sie verführt uns, ein System von Lügen zu errichten, das uns ermöglichen soll, den Fortgang der Zeit, das unerbittliche Weiterschreiten der Geschichte und die allgegenwärtige Wirklichkeit des Todes zu verleugnen. Menschlich ist nur, wer die Wahrheit der condition humaine erträgt, wer sich dem Anblick der Not in ihren tausenderlei Gestalten nicht entzieht, und wer vor dem Tod, den er auf seinem Weg zur letzten Stunde täglich zu sterben hat, nicht die Augen verschließt. Denn nur ein solcher Mensch vermag zu helfen, Not zu bekämpfen, Krankheit zu lindern und dem Tod sein Heimatrecht inmitten unseres Lebens zu gewähren.

Ich sagte, die geschichtliche Krise sei die einzige Form, in der wir zu bestehen vermögen. Das ist im Rückblick auf die Tatbestände, die wir ins Auge fassen mußten, ein Satz, der eine Tragweite besitzt, die unser Denken und unsere Phantasie weit übersteigt. Er besagt, daß wir die Hoffnung haben dürfen, daß sich die Menschlichkeit des Menschen und die zukünftigen Gestalten der Vernunft überall dort befreien, wo die Not des Menschen ans Licht tritt, wo sein Elend spricht, wo seine falsche Sicherheit zerbricht und sich die Lügen enthüllen, die sich in seinen Gesellschaftssystemen und Staatsordnungen und in den etablierten Hierarchien der Werte verbergen. Die wahre Hoffnung auf Menschlichkeit entzündet sich überall dort, wo die Gefahren uns zu überwältigen drohen und alle falschen Hoffnungen versinken. Die Welt, in der wir leben, wird in den nächsten Jahrzehnten von Krisen und Katastrophen erschüttert werden, wie sie die Menschheit in ihrer Geschichte noch nicht erfahren hat. Diesmal steht nicht der Bestand von Völkern oder Kulturen auf dem Spiel, diesmal ist der Bestand der ganzen Menschheit bedroht. Nur diese äußerste Gefahr kann jenen ungeheuren Wandel des Bewußtseins erzwingen, der aus der Menschlichkeit des Menschen eine neue Gestalt der geschichtlichen Vernunft hervorgehen läßt.

Anmerkungen

Redaktionelle Notiz: Die Überschriften und Zwischenüberschriften der hier nachgedruckten Beiträge stammen größtenteils von den Herausgebern. Die Anmerkungen sind teilweise gekürzt, teilweise auch durch erläuternde redaktionelle Anmerkungen ergänzt oder redigiert worden.

Vorwort

1 M. Immanuel Kants Nachricht von der Einrichtung seiner Vorlesungen in dem Winterhalbenjahre, von 1765–1766. In: Kant, Werke in zwölf Bänden, hrsg. von W. Weischedel, Frankfurt (Suhrkamp) 1968, Bd. II, 2, S. 909f.

2 Hier im Einführungsessay zum dritten Kapitel, S. 124f. und Anmerkungen 3, 6 und 7, S. 464ff.

3 vgl. ebenda, S. 123ff. sowie Gottfried Martin in Kapitel 3.1. Darüber hinaus besonders: Helmut Kuhn, Sokrates. Versuch über den Ursprung der Metaphysik. München (Kösel) 1959, S. 9–93, 143–177.

1.3. *J. Habermas: Konventionelle oder kommunikative Ethik?*

1 A. Gehlen, Moral und Hypermoral. Metzner, Frankfurt 1969.

2 Zudem ist es auch nach Gehlens eigenen Voraussetzungen ungereimt, zwei verschiedene Wurzeln zu behaupten. Die Familie ist in seinem Sinne ebenso Institution wie der Staat: Warum sollen die Wertsysteme staatlich organisierter Herrschaft Beispiele des Institutionenethos sein, das Sippenethos hingegen nicht? Hier ist mindestens der Sprachgebrauch unklar.

3 Vgl. T. W. Adorno, Negative Dialektik (1967), darin: Freiheit. Zur Metakritik der praktischen Vernunft, S. 209ff., bes. S. 277f.

4 Vgl. meine Vorbereitenden Bemerkungen zu einer Theorie der Kommunikativen Kompetenz, in: J. Habermas u. N. Luhmann, Theorie der Gesellschaft oder Sozialtechnologie? Ffm. 1971.

5 Vgl. den interessanten Vorschlag für die Begründung einer reinen praktischen Philosophie von P. Lorenzen, Szientismus versus Dialektik, in: R. Bubner, K. Cramer, R. Wiehl (Hg.), Hermeneutik und Dialektik, Bd. I, Tbg. 1970, S. 57–72, und O. Schwemmer, Philosophie der Praxis, Ffm. 1971.

6 E. Bloch, Naturrecht und menschliche Würde, 1961.

7 Unter anderen Gesichtspunkten insistiert Hannah Arendt auf der gleichen Unterscheidung, zuerst in: Vita Activa, 1957.

1.4. *D. Böhler, Undialektische Anthropologie – unkritische Ethik*

1 Mit Heidegger teilt der frühe Gehlen das Motiv von der Vereinzelung des Todes, mit Hobbes dagegen die These, daß sich angesichts der Möglichkeit des gewaltsamen Todes (im Bürgerkrieg zumal), der die Gefährdung und der die Ohnmacht des Individuums anzeigt, die Lebensnotwendigkeit von Institutionen (zum autoritativen Zusammenschluß der Individuen) erweist. Dazu v. Krockow, Soziologie, S. 38ff.

2 Zu These 1: Apel, Idee, 115f., 118–197, 273, vgl. S. 28–35; Liebrucks, S. 3f., 13f., 256f., Bd. III, 34, passim; Böhler, Rechtstheorie, S. 78–81, 102, 104, 107–111; Habermas, Bemerkungen, S. 115f. Zu These 2: Habermas, Bemer-

kungen, S. 104–106, 116 f., 122; Apel, Szientismus, S. 136–143; Böhler, Rechtstheorie, S. 81 f., 86–90.

3 H. Schelsky: Der Mensch in der wissenschaftlichen Zivilisation. Köln/ Opladen 1961.
H. P. Bahrdt: H. Schelskys technischer Staat. In: Atomzeitalter, 1961, S. 195ff.
H. Krauch: Wider den technischen Staat. Ebd., S. 201ff.
J. Habermas: Technik, S. 120ff.
C. Koch/D. Senghaas (Hrsg.): Text zur Technokratie-Diskussion. Frankfurt 1970.
C. Offe: Technik und Eindimensionalität. In: Antworten auf Herbert Marcuse. Frankfurt 1968, S. 81ff.

2.1. *K. Löwith: Reden und Verstehen als Kommunikatives Handeln*

1 Und die »Sprache« setze im Unterschied zum »Gespräch« erst recht eine dem einzelnen immanente Gemeinsamkeit, Sprachgemeinschaft, voraus, weshalb es zwar sinnvoll sei, Göttern eine Göttersprache, aber sinnlos Gott – im Singular – eine eigene, nur ihm verständliche Gottsprache zuzuschreiben.

2 »Logische Untersuchungen« II, 1 § 7 u. § 8. Für Husserl ist gemäß seiner Tendenz auf eine Begründung absolut wahrer Erkenntnis die Sprache von sekundärer Bedeutung. Man müsse mit ihr zwar die Aufklärung der Erkenntnis »beginnen«, aber nur deshalb, weil sich die logischen Urteile »zunächst« im »Gewande« sprachlicher Aussagen darbieten. In der Konsequenz dieses Ansatzes gilt dann für die Rede selbst ihre Mitteilungsfunktion wiederum als sekundär; sie ist als Mitteilung eine bloße »Übermittlung« der an sich selbständigen Bedeutung in Kundgabe und Kundnahme. Motiviert ist dieser Ansatz durch H.'s Orientierung am mathematischen Denken, seinen »Ausdrücken« und seiner »Wahrheit«. Der mathematische logos stellt faktisch die extremste Möglichkeit jenes »einsamen«, »monologischen« Denkens dar, von dem H. ausgeht. Um mathematisch evident denken und formulieren zu können, bedarf man keines andern, der einen seiner eigenen Einsicht vergewissert. Der Eigenständigkeit dieses Denkens entspricht die Existenz des mathematischen Denkers (vgl. hierzu die aufschlußreiche Interpretation des »Mathematisierens« von O. Becker, »Mathematische Existenz«, Halle 1927). Im Vorblick auf den »an sich« identischen Bedeutungsgehalt eines Ausdrucks interpretiert H. dessen faktische »Erscheinungsweise« privativ als eine bloße Realisierung in faktischen Zusammenhängen. Der Bedeutungsgehalt einer Aussage sei im einsamen Denken und in der Wechselrede derselbe – denn H. vergleicht ihn von vornherein in Hinsicht auf das Gleichbleibende! Dieses Gleichbleibende verstärkt als das Identische ist das »Wahre«, weil absolut – d. h. losgelöst aus seinen faktischen Zusammenhängen – »Gültige«. Zufolge dieser Leitidee von einem ab-solut wahren Gedanken löst H. den logos der Bedeutung ab von seinen faktischen Daseinsbedingungen, aus denen ihn Humboldt interpretiert.

3 Im ersten Anspruch und letzten Ausspruch zeitigt sich die Möglichkeit des Miteinandersprechens. Der Entschluß, diese Möglichkeit positiv oder negativ zu ergreifen, unterscheidet sich prinzipiell von der Situation des Gesprächs, zu dessen wechselseitigem Fortgang es keiner ausdrücklichen Initiative bedarf. Das Gesprächsverhältnis hält sich als solches »von selbst« im Gang, aber in Gang und zu Ende kommt es nur durch die Initiative des einen oder andern. Und die Leichtigkeit oder Schwerfälligkeit, mit der sich einer zum Eintritt in . . . und Austritt aus . . . dem Gespräch entschließt, charakterisiert sein Verhältnis zum Sprechen. In der Art und Weise, wie einer über diese

Möglichkeit verfügt, schwer oder leicht zum Sprechen zu bringen ist und sich vom Gespräch mitnehmen läßt oder es jederzeit in seiner Abbruchsmöglichkeit in der Hand behält, darin bekundet sich sein Verhältnis zum Sprechen als solchem.

4 Die Voraussetzung dafür ist eine gewisse Gleichgestelltheit der miteinander Sprechenden. Gleichgestellt nicht nur im Sinne der gesprächsmäßigen Zugehörigkeit, sondern bezügl. der Berechtigung, zu fragen und zu antworten. Als Vorgesetzter z. B. läßt sich einer mit einem andern nicht eigentlich in ein »Gespräch« ein.

5 Voßler, a. a. O., S. 182, 201 ff., 231 u. 237 ff.; vgl. zum Folgenden: F. Schlegel, »Philosophische Vorlesungen, insbesondere über Philosophie der Sprache und des Wortes«, 7. Vorlesung.

6 Die folgenden Zitate stammen aus Humboldt, Gesammelte Schriften, hrsg. von der Königl. Preuß. Akademie der Wissenschaften, Berlin 1903–1936, Bd. V.

2.2. *W. Kamlah: Widerfahrnis und Handlung*

1 W. Toman, Kleine Einführung in die Psychologie (1968), S. 133f.

2.3. *J. Derbolav: Strukturanalyse der Praxis*

1 Kant, Grundlegung zur Methaphysik der Sitten, 1785, 2. Abschnitt [412].

2 Kant, ebendort [429]. – Kant sagt ausdrücklich, daß man die eigene oder fremde Person nicht bloß als Mittel, sondern jederzeit zugleich auch als Zweck brauchen solle, was den Mittelgebrauch jedenfalls nicht vollständig ausschließt. Da der Andere in der interessenbestimmten Kommunikation der Menschen untereinander als kalkulierter Faktor immer eine Rolle spielen wird, was hier freilich auf Wechselseitigkeit beruht, so lassen sich Zweck- und Mittelintension – oder am Beispiel des Arbeitsverhältnisses moderner demonstriert: die Fürsorge- und die Ausbeutungsmotivation – niemals eindeutig und stets nur relativ zum jeweiligen gesellschaftlichen und politischen Gewissen voneinander unterscheiden. Was vor hundert Jahren rechtlich und moralisch noch durchaus zumutbar war, scheint heute vielleicht Gipfelpunkt der Ungerechtigkeit und Unmenschlichkeit.
Ein eindeutiger Mißbrauch der sittlichen Würde der Menschen liegt vor, wo die Versachlichung der zwischenmenschlichen Beziehungen, wie sie das Miteinanderhandeln erforderlich macht, nicht wieder zur menschlichen und sittlichen Begegnung zurückgeführt wird. Wenn ein Patient im Namen der in Amerika verbreiteten »check-up«-Methode durch eine Batterie diagnostischer Testuntersuchungen gejagt wird, ohne daß man seine eigenen Äußerungen dazu ernst nimmt, so kommt diese methodische Verfremdung letzten Endes doch dem Patienten zugute. Doch kann hier manchmal das wissenschaftliche gegenüber dem menschlichen Interesse in den Vordergrund treten, und dann verwandeln sich die Patienten rasch in »Nummern« oder »Karteiblätter«. – Der krasseste Fall einer sowohl technischen wie unmenschlichen Behandlung von Vernunftwesen war die Art, wie man in den KZs die Todeskandidaten nach äußerlichen Kriterien (Gesundheitszustand, Unbrauchbarkeit für andere Zwecke) jeweils ausgesucht und in die Gaskammern befördert hat.

3 Aristoteles, Nikomachische Ethik III 1112e–1113a.

4 Dafür zwei Belege aus Platon und Aristoteles: »Die Tugend eines jeglichen Dinges – heißt es im Georgias 506d5–e4 – eines Gerätes wie eines Leibes und

so auch einer Seele und jeglichen Lebenden findet sich nicht so von ungefähr auf das schönste herzu, sondern durch Ordnung, richtiges Verhalten und Kunst, welche eben einem jeden angewiesen ist.« Die Ordnung also – Platon verwendet hier die Begriffe Taxis, Orthotes, Kosmos, etwas später hätte er sicherlich auch von Idea gesprochen – ist es, die alle Dinge zu ihrem Behufe tauglich und gut macht. – Und Aristoteles schreibt in seiner Metaphysik 1074b16–23: »Alle Dinge sind in gewisser Weise zusammengeordnet, aber nicht alle – etwa Fische, Vögel und Pflanzen – nehmen den gleichen Rang ein. Die Dinge verhalten sich also nicht so, als ob das eine mit dem andern nichts zu tun hätte; vielmehr besteht zwischen ihnen durchaus eine Beziehung. Alle sind auf eines hingeordnet. Doch ist es wie in einem Hauswesen, wo es dem Freien am wenigsten zusteht, zu handeln, wie es sich gerade fügt, wo vielmehr alles oder das Meiste, was sie tun, in einer Ordnung steht. Bei den Sklaven und Tieren gibt es dagegen nur wenig, was sie mit dem gemeinsamen Ganzen verbindet, und sie leben zumeist, wie es gerade kommt. Auf diese Weise ist ihnen allen ihre Natur Prinzip und Ursprung.«

5 Platon, Politeia IV, 432a.

6 Th. Litt, Das Bildungsideal der deutschen Klassik und die moderne Arbeitswelt, Bonn [6]1959.

7 Hans Freyer, Die Wissenschaften des 20. Jahrhunderts und die Idee der humanistischen Bildung, in: Erkenntnis und Verantwortung, Festschrift für Th. Litt, hrsg. von J. Derbolav und F. Nicolin, Düsseldorf 1960.

8 J. Habermas, Erkenntnis und Interesse, Frankfurt 1968.

9 O. F. Bollnow, Einfache Sittlichkeit, Göttingen 1947.

10 Th. Wilhelm (Oetinger), Partnerschaft, die Aufgabe der politischen Erziehung, Stuttgart [2]1953.

2.4. *M. Riedel: Freiheit und Verantwortung. Zwei Grundbegriffe der kommunikativen Ethik*

1 Vgl. H.-G. Gadamer, Die Begriffsgeschichte und die Sprache der Philosophie: Kleine Schriften IV, Variationen, Tübingen 1977, S. 2.

2 Vgl. Boethius, Consolatio philosophiae, Lib. V 4, S. 115–118.

3 Duns Scotus, Additio magna, in: C. Balič, Les Commentaires de Jean Duns Scot, Louvain 1929, S. 299; Wilhelm von Ockham, Quodlibetum I, qu. 16 (1491), Neudruck Louvain 1962.

4 M. Luther, Sermon von der Freiheit eines Christenmenschen (1520), zit. nach M. Luthers Deutsche Schriften, Gotha 1816, Bd. 1, S. 243–260.

5 Kant, Kritik der reinen Vernunft (1781), B 582.

6 Consolatio philosophiae, VI 6, S. 122–126.

7 Vgl. Th. W. Adorno, Negative Dialektik, Frankfurt 1966, III 1, S. 209ff.

8 a. a. O., S. 260.

9 Krings, Staat und Freiheit, in: Zeitschrift für philosophische Forschung 31 (1977), S. 175–190; Reale Freiheit. Praktische Freiheit. Transzendentale Freiheit, in: Oelmüller (Hrsg.), Normenbegründung und Normendurchsetzung, Paderborn 1978, S. 59–77; Empirie und Apriori. Zum Verhältnis von Transzendentalphilosophie und Sprachpragmatik, in: Neue Hefte für Philosophie 14 (1978), S. 57–75.

10 Vgl. I. Kant, Metaphysische Anfangsgründe der Rechtslehre, Einleitung, § D. In: Ges. Schriften, Akad. Ausg., Bd. VI, S. 231.

11 Er wird von H. Krings mit Recht noch dem Begriff der realen Freiheit zugeordnet. Vgl. Reale ... Freiheit, a. a. O., S. 59. – Die normativ-logischen und axiologischen Strukturen interpersonaler Kommunikation habe ich in

dem Entwurf einer kommunikativen Ethik näher zu explizieren versucht. Vgl. Lineamenti di etica comunicativa. Padova 1980, P III, §§ 2–3.

12 Kritik der reinen Vernunft, Akad. Ausg. Bd. III, S. 310.

13 Kritik der praktischen Vernunft, I, I, 1, § 6, Akad. Ausg. Bd. V, S. 29.

14 Grundlegung zur Metaphysik der Sitten, 3. Abschnitt, Akad. Ausg. Bd. IV, S. 455.

15 Vgl. Kritik der reinen Vernunft, Akad. Ausg. Bd. III, S. 363 mit Kritik der praktischen Vernunft, Akad. Ausg. Bd. V, S. 94, wo die praktische Freiheit als »Unabhängigkeit des Willens von jedem anderen außer allein dem moralischen Gesetze« definiert wird.

16 Kritik der reinen Vernunft, a. a. O., S. 363.

17 Kritik der praktischen Vernunft, a. a. O., S. 29f. u. 94.

18 a. a. O., S. 30.

19 Kritik der reinen Vernunft, a. a. O., S. 254.

20 Vgl. bereits Kritik der reinen Vernunft, a. a. O., S. 310.

21 Grundlegung zur Metaphysik der Sitten, Akad. Ausg. Bd. IV, S. 429.

22 Reale Freiheit. Praktische Freiheit. Transzendentale Freiheit, a. a. O., S. 72f.

23 Zur Klärung dieses hier nicht näher analysierten Begriffs vgl. Lineamenti di etica, a. a. O., P. III, § 2.

24 So tritt der Begriff gelegentlich in Kants ›Metaphysik der Sitten‹ (II, § 13) auf. Zur Begriffsgeschichte vgl. G. Picht, Der Begriff der Verantwortung, in: Wahrheit, Vernunft, Verantwortung, Stuttgart 1969, S. 318ff.

25 Vgl. B. F. Skinner, Beyond Freedom und Dignity, New York 1971, 4, dt. Ausgabe, S. 77ff.

26 In dieser Richtung bewegt sich der Aufsatz von H. Lipps, Verantwortung, Zurechnung, Strafe, in: Archiv für Rechts- und Sozialphilosophie XXXI (1937), S. 171f.

27 Vgl. H. Lipps, a. a. O., S. 172 sowie den Aufsatz von H. Pitcher, Hart on Action and Responsibility, in: The Philosophical Review 69 (1960), S. 227f.

28 Gesammelte politische Schriften, 2. Aufl. Tübingen 1958, S. 540.

29 Gesammelte Aufsätze zur Wissenschaftslehre, Tübingen 1951², S. 491 und 500. Daß der Kantische Standpunkt sich nicht in einer Gesinnungsethik erschöpft, hebt mit Recht F. Kaulbach hervor. Vgl. Das Prinzip Handlung in der Philosophie Kants, Berlin 1978, S. 309.

30 Grundlinien der Philosophie des Rechts, § 118, Anm.

3. *Ethische Vernunft und geschichtliche Praxis*
Einführung von D. Böhler

1 Dazu ferner: G. Martin, Einleitung in die allgemeine Metaphysik. Stuttgart 1974 (Reclams Universal-Bibliothek 8961) und Helmut Kuhn, Sokrates. Versuch über den Ursprung der Metaphysik. München (Kösel) 1959, S. 9–93, 143–177.

2 Dazu K. Jaspers, Vom Ursprung und Ziel der Geschichte. Frankfurt (Fischer Bücherei 91) 1955. S. 11–37, vgl. 38–80.

3 Lawrence Kohlbergs Ansatz kann meines Erachtens, als heuristischer Leitfaden bei der Beurteilung moralischer Urteile und ethischer Ansätze der Gegenwart und der Vergangenheit herangezogen werden, wenn er sowohl dialektisch reformuliert als auch hermeneutisch-dialektisch auf die Geschichte und Gegenwart der Ethik angewendet wird.
Zunächst ist es erforderlich, Kohlbergs Ansatz im Sinne einer Entwicklungsdialektik der Argumentationsebene und Bezugsrahmen moralischer Urteilsbildung umzuformulieren. Eine solche würde davon ausgehen, daß die Argu-

mentationsweisen und normativen Bezugspunkte der jeweils »unteren« Ebenen bzw. Stufen auf allen höheren Stufen als mögliche Orientierungen und Motive wirksam bleiben – wenn sie nicht im Diskurs der Urteilsbildung ernstgenommen und berücksichtigt werden, haben sie die Tendenz, sich als verdrängte Motive durchzusetzen und führen dann zu Regressionsstandpunkten, die sich einer dialogischen Bewegung der Kritik und Relativierung zu widersetzen suchen. Zudem, eine solche Entwicklungsdialektik rechnet immer mit der Möglichkeit von Regressionen (auch innerhalb von Antizipationen der nächsthöheren Argumentationsebene) und nimmt also eine »Dialektik der Aufklärung« des ethischen Bewußtseins an.

Von dem vorliegenden Schema Kohlbergs sollte also nur ein kritischer, nämlich ein hermeneutisch-dialektischer Gebrauch gemacht werden, d. h. es sollte kritisch als ein »Vorgriff« eingesetzt werden, der allererst an dem je zu interpretierenden und zu beurteilenden Thema – etwa an geschichtlichen Schwellen der Praktischen Philosophie – bewährt bzw. verändert werden muß. Auf diese Weise kann ein Rahmen für eine »normative Genese« bzw. eine »normative Rekonstruktion« im Sinne Paul Lorenzens erarbeitet werden (vgl. ders., Szientismus versus Dialektik, in: Kambartel, Hrsg., Praktische Philosophie und konstruktive Wissenschaftstheorie. Frankfurt (Suhrkamp) 1974, S. 34–53).

Nicht hingegen kann Kohlbergs Schema, wie Willi Oelmüller mit Recht bemerkt, als Schema für eine Beschreibung der faktischen Ethikgeschichte verwendet werden (vgl. der. u. a., Philosophische Arbeitsbücher 1, Diskurs: Politik, Paderborn 1977, S. 21f.). Und zwar ist das schon deshalb nicht möglich, weil es in der Kultur- und Gesellschaftsgeschichte, zu der auch die Ethikgeschichte gehört, keine Entsprechung zu Kohlbergs erster Ebene, der vorkonventionellen und also vorinstitutionellen, nämlich bloß physisch-egozentrischen, Orientierung an Lust und Vorteil geben kann, weil der (erwachsene) Mensch – wie wir über Gehlen und Marx letztlich von Aristoteles gelernt haben – immer schon ein sozialisiertes Lebewesen ist, ein institutionsbezogenes, vergesellschaftetes und politisches Wesen. Diese Einsicht kommt übrigens auch zu kurz, wenn man es mit Kohlbergs sechster Stufe, die unverkennbar ein gesinnungsethisches solus ipse (einsames Gewissens-Ich) unterstellt, bewenden läßt.

Nach dieser knappen Diskussion wollen wir Kohlbergs Schema der Information halber hier wiedergeben:

Klassifikation der moralischen Urteile nach Entwicklungsebenen und -stufen

Stufe	Basis des moralischen Urteils	Entwicklungsstufen
I	Moralische Wertung beruht auf äußeren, quasi-physischen Geschehnissen, schlechten Handlungen, oder auf quasi-physischen Bedürfnissen statt auf Personen und Normen	Stufe 1: Orientierung an Bestrafung und Gehorsam. Egozentrischer Respekt vor überlegener Macht oder Prestigestellung bzw. Vermeidung von Schwierigkeiten. Objektive Verantwortlichkeit. Stufe 2: Naiv egoistische Orientierung. Richtiges Handeln ist jenes, das die Bedürfnisse des Ich und gelegentlich die der anderen instrumentell befriedigt. Bewußtsein für die Relativität des Wertes der Bedürfnisse und der Perspektive aller Beteiligten. Naiver Egalitarismus und Orientierung an Austausch und Reziprozität.

Stufe	Basis des moralischen Urteils	Entwicklungsstufen
II	Moralische Wertung beruht auf der Übernahme guter und richtiger Rollen, der Einhaltung der konventionellen Ordnung und den Erwartungen anderer.	Stufe 3: Orientierung am Ideal des »Guten Jungen«. Bemüht, Beifall zu erhalten und anderen zu gefallen und ihnen zu helfen. Konformität mit stereotypischen Vorstellungen vom natürlichen oder Mehrheits-Verhalten, Beurteilung aufgrund von Intentionen. Stufe 4: Orientierung an Aufrechterhaltung von Autorität und sozialer Ordnung. Bestrebt, »seine Pflicht zu tun«, Respekt vor der Autorität zu zeigen und die soziale Ordnung um ihrer selbst willen einzuhalten. Rücksicht auf die Erwartungen anderer.
III	Moralische Wertung beruht auf Konformität des Ich mit gemeinsamen (oder potentiell gemeinsamen) Normen, Rechten oder Pflichten.	Stufe 5: Legalistische Vertrags-Orientierung. Anerkennung einer willkürlichen Komponente oder Basis von Regeln und Erwartungen als Ausgangspunkt der Übereinstimmung. Pflicht definiert als Vertrag, allgemein Vermeidung der Verletzung von Absichten oder Rechten anderer sowie Wille und Wohl der Mehrheit. Stufe 6: Orientierung an Gewissen oder Prinzipien. Orientierung nicht nur an zugewiesenen sozialen Rollen, sondern auch an Prinzipien der Entscheidung, die an logische Universalität und Konsistenz appellieren. Orientierung am Gewissen als leitendes Agens und an gegenseitigem Respekt und Vertrauen.

Aus: L. Kohlberg: Zur kognitiven Entwicklung des Kindes. Frankfurt (Suhrkamp) 1974, S. 60.

4 Vgl. O. F. Bollnow, Einfache Sittlichkeit. Göttingen 4. 1968, bes. S. 9–86. Vgl. heute etwa das Manifest »Mut zur Erziehung«: Mut zur Erziehung. Beiträge zu einem Forum am 9./10. Januar 1978 im Wissenschaftszentrum Bonn-Bad Godesberg. Stuttgart (Klett-Cotta) 1978. Ferner die Kritik in: Entgegnungen zum Bonner Forum »Mut zur Erziehung«. D. Benner, F. Brüggen u. a. München u. a. (Urban u. Schwarzberg) 1978.

5 Hier wollen wir uns nur mit dem ökologischen Prinzip Leben in seiner reflektiertesten Gestalt, insbesondere mit seinem Verfechter Robert Spaemann (vgl. Kapitel 3.8.) auseinandersetzen, weil es auf die – neben der atomaren, biologischen und chemischen Rüstung – größte Herausforderung der Ethik durch die Technik antwortet.

6 Die Einführung einer solchen siebenten Stufe hat Jürgen Habermas in seiner kommunikationsphilosophischen Aneignung und Kritik des Kohlbergschen Schemas vorgeschlagen; vgl. ders., Moralentwicklung und Ich-Identität, in: Zur Rekonstruktion des Historischen Materialismus, Frankfurt (Suhrkamp, stw 154) 1976, S. 63–91.

7 An Habermas und Max Weber anknüpfend, hat Wolfgang Schluchter inzwischen vorgeschlagen, den Verantwortungsdiskurs als das eigentlich reflexivpraktische Prinzip anzusehen und es – in bezug auf Kohlbergs Schema – als

eine weitere Ebene anzusetzen. Es ergeben sich für Schluchter dann vier Ebenen der Geltungsbasis und des Geltungsbereichs moralischer Urteile: Handlung (magische Ethik), Norm (Gesetzesethik), Prinzip (Gesinnungsethik) und reflexives Prinzip (Verantwortungsethik).
W. Schluchter, Die Entwicklung des okzidentalen Rationalismus. Tübingen (Mohr-Siebeck) 1979, S. 59ff.

8 Vgl. J. Habermas, Karl Löwiths stoischer Rückzug vom historischen Bewußtsein, in: ders., Philosophisch-politische Profile, Frankfurt (Bibl. Suhrkamp) 1971, S. 116ff. Freilich hatte Habermas seinerzeit den frühen, den vom Dialog her denkenden, Löwith noch nicht entdeckt.

9 Wolfgang Wieland, Platon und der Nutzen der Idee. Zur Funktion der Idee des Guten. In: Allgemeine Zeitschrift f. Philosophie, Heft 1, 1976, S. 25f.

10 Helmut Kuhn sagt hierzu treffend: »In der besten Polis, wie sie Platon in der Politeia zeichnet, wird dem eigentumslosen Wächter zwar philosophischer Unterricht, aber kein sokratischer Dialog gegönnt.« In: Kuhn, Der Staat. München (Kösel) 1967, S. 200.

11 Platon, Der Staat, Buch VII, 519b.

12 Platon, Die Gesetze, Buch XII, 965a.

13 Karl R. Popper, Die offene Gesellschaft und ihre Feinde. Bd. 1: der Zauber Platons. München (UTB-Francke) [5]1977. Vgl. außerdem die Kritik von Hannah Arendt, Vita activa oder Vom tätigen Leben. München (Piper) 1960, vor allem §§ 2.3. 26–28, 31 und die Kritik von Hans P. Schmidt, Frieden. In der Reihe »Themen der Theologie«, hrsg. v. Hans Jürgen Schultz. Bd. 3. Berlin/Stuttgart (Kreuz-V.) 1969, S. 48ff.

14 Aristoteles, Nikomachische Ethik, Buch I, Kap. 4f, bes. 1096 b 31 bis 1097 a 23.

15 Ebenda, Kap. 5f, 11, 9 u. ö.

16 Ebenda, Buch VI.

17 Vgl. Gadamer, Wahrheit und Methode, Tübingen[2] 1965, S. 295ff; ders., Vom Ideal der praktischen Philosophie, in: Neue Zürcher Zeitung, 8. Febr. 1980.

18 J. Ritter, Institution ethisch. In: Zur Theorie der Institution, hrsg. von H. Schelsky, Düsseldorf 1970, S. 59ff.

19 Aristoteles, Politik, Buch I, Kap. 2. Dazu die historische und kritische Entwicklung des Aristotelischen Naturrechts im Zusammenhang der griechischen Philosophie, die Karl-Heinz Ilting gibt: ders., Naturrecht, in: Geschichtliche Grundbegriffe, Bd. 4, hrsg. von O. Brunner, W. Conze und R. Koselleck, Stuttgart 1978, S. 253.

20 G. E. Moore, Principia Ethica. Aus dem Englischen von B. Wisser, Stuttgart 1970.

21 Dazu meine Gehlen-Kritik; hier Kapitel 1.4.

22 Gadamer, hier S. 165f, 167, 169.

23 Habermas, hier S. 398.

24 Zur Entwicklung des Naturrechts von der Antike zur Neuzeit: Ilting ebenda, S. 255–273.

25 Dazu: C. F. v. Weizsäcker, Die Einheit der Natur, München (Hanser) 1971, S. 111f, 116ff. Vgl. Apel, Transformation der Philosophie, Bd. II. Frankfurt (Suhrkamp) 1973, bes. S. 96ff.

26 Dazu etwa: H. Rombach, Substanz, System, Struktur, 2 Bde. Freiburg u. München (Alber) 1965.

27 So Galilei in: Il Saggiatore, Frage 6 (Ed. naz. VI, S. 232). Dazu: A. C. Crombie, Von Augustinus bis Galilei. München (Deutscher Taschenbuch Verlag) 1977, S. 367ff, bes. 373f. Zur Entwicklung des Topos vom Buch der Natur und ihrer wissenschaftsgeschichtlichen Folgen: K.-O. Apel, Das Verstehen (eine Problemgeschichte als Begriffsgeschichte). In: Archiv f. Begriffsgeschichte, Bd. 1, Bonn (Bouvier) 1955, S. 142ff. Ferner: D. Böhler, Naturver-

stehen und Sinnverstehen. Traditionskritische Thesen zur Entwicklung und zur konstruktivistisch-szientistischen Umdeutung des Topos vom Buch der Natur. In: Naturverständnis und Naturbeherrschung, hrsg. von F. Rapp, München (Fink) 1980.

28 Dazu Kant, Vorrede zur 2. Auflage der Kritik der reinen Vernunft, B XII ff.

29 Zum Verhältnis von Kausalerklärung und Prognose vgl. Wolfgang Stegmüller, Hauptströmungen der Gegenwartsphilosophie. Stuttgart (Kröner) 1965, S. 449 ff. Ders., Probleme und Resultate der Wissenschaftstheorie und Analytischen Philosophie, Bd. I. Berlin–Heidelberg (Springer) 1969, S. 153 ff.

30 Dazu Schilling, hier S. 170f. und: Kuno Fischer, Francis Bacon und seine Schule. Geschichte der neueren Philosophie, 10. Bd. Heidelberg (Winter) [3]1904, S. 257 ff.

31 Vgl. Hermann Lübbes interessante, das liberale Selbstverständnis der Politik auf den Begriff bringende, Aktualisierung von Hobbes: Lübbe, Dezisionismus – eine kompromittierte politische Theorie, in: Philosophische Arbeitsbücher 1. Diskurs Politik. Hrsg. von W. Oelmüller u. a. Paderborn (UTB) 1977, S. 283 ff.

32 Vgl. etwa Hobbes, Leviathan, I, 13 u. 14 sowie II, 17 passim, in der Ausgabe Iring Fetschers (zit. als »Leviathan, dt.«), Frankfurt u. a. (Ullstein) 1976, S. 95, 99ff.,131 u. ä. Dazu auch K.-H. Ilting, Hobbes und die praktische Philosophie der Neuzeit, in: Philos. Jahrbuch 72 (1964), S. 90f.

33 Vgl. etwa Otfried Höffe, Politische Gerechtigkeit – Grundzüge einer naturrechtlichen Theorie, in: Studia Philosophica 38/1979, S. 107 ff, bes. S. 118 ff. Ders., Ethik und Politik. Frankfurt (Suhrkamp) 1979, S. 195–226. Vgl. in gewisser Weise – trotz deutlicher Hobbes-Kritik – auch K.-H. Ilting, a. a. O., S. 280–282. Ilting geht von einer ursprünglichen Einsicht, die Hobbes dann preisgegeben habe, aus: die Idee der gleichberechtigt handelnden Individuen. Hobbes habe ursprünglich – in Analogie zu Descartes' »cogito, ergo sum«, damit auch in gewisser Verwandtschaft zu Kants ethischem Ansatz bei dem gesetzgebenden Vernunft-Willen – den Willen der gleichberechtigten Individuen als moralische Basis des Rechts angesehen. – Entscheidend ist freilich, daß Hobbes diese Einsicht in seinem naturalistischen und eindimensionalen Rahmen nicht entwickeln und festhalten kann; dazu im folgenden. Vgl. auch K.-O. Apels Beitrag dazu: Einheit 4 des »Funkkollegs Praktische Philosophie/ Ethik«.

34 Leviathan I, 13 u. II, 17 – in: Leviathan dt., S. 96, 98 u. 131. De cive 1, 13; 5, 4 und 5, 12 – deutsch: Vom Menschen. Vom Bürger, hrsg. von G. Gawlick, Hamburg (Meiner) 1959, zit. als »Vom Bürger«, S. 84, 126, 129f.

35 Leviathan II, 17 – in: Leviathan dt., S. 134f., vgl. 131 ff.

35a Ilting, a. a. O., S. 284f, Vgl. De cive 1, 14 und 6, 2 – Vom Bürger, S. 85 und 137.

36 Hobbes verurteilt ausdrücklich jede Teilung der Staatsgewalt: Leviathan II, 17 – in: Leviathan dt., S. 134f.

37 Vgl. Ilting, ebenda; Hobbes, s. o. Anm. 35 a.

38 Kritisch dazu: Dietrich Braun, Der sterbliche Gott oder Leviathan gegen Behemoth. Zürich (EVZ) 1963. Sehr erhellend und für die gegenwärtige politische Hobbes-Aktualisierung charakteristisch ist die – Braun entgegengesetzt urteilende, nämlich für Hobbes Partei ergreifende –, vom Titelbild ausgehende, Deutung des »Leviathan« durch Jacob Taubes in: Neue Zürcher Zeitung, 4. 12. 1979. Auch Kurt Schilling weist in seiner immanenten und zustimmenden Hobbes-Interpretation darauf hin, ohne ein Problem darin zu sehen. Hier: S. 180.

39 E. Bloch, Das Prinzip Hoffnung, Frankfurt (Suhrkamp) 1959.

40 Augustinus, De civitate Dei libri XXII. Stuttgart (Teubner) 1928/29 und Darmstadt (Wiss. Buchgesellschaft) 19.. Deutsch: Vom Gottesstaat, 2 Bde.

übertragen von W. Thimme, München (Deutscher Taschenbuch Verlag) 1977 und 1978.

41 Hobbes spricht davon, daß die gefährlichsten »Krankheiten des Staates von dem Gift aufruhrstiftender Theorien herrühren«. Dazu rechnet er – welch klare Preisgabe einer nachkonventionellen Moral – auch die Lehre »Alles, was man wider sein Gewissen tut, ist Sünde«, Leviathan II, 29, in: Leviathan dt., S. 247, vgl. 246. Vgl. De cive 6, 11; 12, 1 bis 7 – Vom Bürger, S. 136, 192–207. Dementsprechend verlangt er eine rigorose Zensur und eine Staatspropaganda an den Universitäten in Form einer obligatorischen politischen Bildung (De cive 13, 9 – Vom Bürger S. 209). – Man denkt unwillkürlich wieder an Platons Staat und Gesetze.

42 Zu Gehlen: hier Kapitel 1.3 und 1.4. Vgl. H. Schelsky, Die Arbeit tun die anderen. Opladen (Westdeutscher Verlag) 1975, und ders., Die Hoffnung Blochs. Stuttgart (Klett) 1979.

43 Vgl. Niklas Luhmann, Legitimation durch Verfahren. Neuwied (Luchterhand) 1969.
In diesem Sinne votiert auch Hermann Lübbe, hier Kapitel 4.1.

44 Apel, hier S. 280f.

45 S. o. Anm. 34. Ferner: Leviathan II, 17 und 21 – Leviathan dt., S. 131 und 164, De cive, Vorwort; 1,13; 5,12 und 6.4 – Vom Bürger, S. 68ff, 84, 129f und 133.

46 D. Hume, Ein Traktat über die menschliche Natur. Übers. von Th. Lipps, Hamburg 1973. Buch III (über Moral), Erster Teil, 1. Abschnitt, S. 211f, vgl. 204ff. Dazu: Lewis White Beck, ›Was – must be‹ and ›is – ought‹ in Hume. In: Philosophical Studies 26 (1974), S. 219ff.

47 C. A. Crusius, Anweisung vernünftig zu leben. Leipzig 1744, S. 204. Dazu Ilting, ebenda, S. 297f.

48 Vgl. Ilting ebenda, bes. S. 288, Anm. 245.

49 Kant, Grundlegung zur Metaphysik der Sitten (abgekürzt: GMS), Akademie-Ausgabe, S. 438.

50 Ebenda 433.

51 Ebenda 413, 3. Abs.

52 GMS 434, 3. Abs., wo Kant auch die »praktische Notwendigkeit«, moralisch zu sein, also die »Pflicht«, auf das – voll reziproke – »Verhältnis vernünftiger Wesen zueinander« gründet.

53 Ebenda 393f.

54 Ebenda 412, 3. Abs. Vgl. Kritik der praktischen Vernunft (K. d. p. V.), Akademieausgabe 57 und GMS 459, 2. Abs. sowie 413f.

55 K. d. p. V., 57, vgl. 44 und 36 Akad.-Ausgabe, GMS, 413, 1. Abs., 434, 2. Abs., vgl. 405 passim.

56 GMS 433, 5. Abs. und 439.

57 Vgl. Max Weber, Gesammelte Aufsätze zur Wissenschaftslehre. Hrsg. von J. Winckelmann. Tübingen (Mohr-Siebeck) ^{3}1968, S. 505.

58 Vgl. außer den hier abgedruckten Stellen: Das Kapital I, 13. Kapitel.

59 D. Böhler, Metakritik der Marxschen Ideologiekritik. Frankfurt (Suhrkamp) ^{2}1972.

60 Vgl. Böhler, ebenda, S. 204–217, 104ff und 273–380.

61 Vgl. hier Kapitel 3.6.3 im Vergleich mit 3.6.4 und 3.6.5.

62 Dieser Dogmatismus findet sich nicht nur jenseits der Elbe, sondern ist stellenweise auch diesseits etabliert worden. Ein bemerkenswertes Beispiel gibt Hans Jörg Sandkühler in seiner Abrechnung mit dem neukantianischen Sozialismus: Marxismus und Ethik. Texte zum neukantianischen Sozialismus. Hrsg. von H. J. Sandkühler und R. de la Vega. Mit einer neuen Einleitung von H. J. Sandkühler. Frankfurt (Suhrkamp) 1974.

63 Vgl. Max Weber, Politik als Beruf. In: Ders., Ges. Politische Schriften. Hrsg.

von J. Winckelmann, Tübingen (Mohr-Siebeck) ³1971, S. 505 ff. Ders., Wissenschaft als Beruf. In: Ders., Ges. Aufsätze zur Wissenschaftslehre, a.a.O. S. 582 ff. Ders., Der Sinn der »Wertfreiheit« der soziologischen und ökonomischen Wissenschaften, ebenda, S. 489 ff.
Dazu: W. Schluchter, Wertfreiheit und Verantwortungsethik. Tübingen (Mohr-Siebeck) 1971.
G. Picht, Struktur und Verantwortung der Wissenschaft im 20. Jahrhundert. In: Ders., Wahrheit, Vernunft, Verantwortung. Stuttgart (Klett) 1969, S. 343 ff, bes. S. 350 ff. J. Habermas, Legitimationsprobleme im Spätkapitalismus, Frankfurt (Suhrkamp) 1973, S. 133 ff.

64 Ferner Lübbe, Dezisionismus, s. o. Anm. 31 und ders., Pragmatismus oder die Kunst der Diskursbegrenzung. In: Philosophische Arbeitsbücher 2. Diskurs: Sittliche Lebensformen. Hrsg. von W. Oelmüller u. a. Paderborn (UTB) 1978, S. 344 ff.

65 Vgl. Frankfurter Rundschau vom 12. Mai 1980, S. 1.

66 Hier: bes. S ... Außerdem: A. Schweitzer, Kultur und Ethik, München (Beck) 1960, S. 81 ff, bes. S. 87–90 und 297–305, vgl. auch S. 253–257, 279 f.

67 Wichtige Anregungen verdanke ich dem norwegischen Philosophen und Ökologen Professor Gunnar Skirbekk; vgl. dessen Arbeitspapier zum »Funkkolleg Praktische Philosophie/Ethik« mit dem Titel »Die technologische und ökologische Krisenerfahrung als Herausforderung an die praktische Vernunft«.

68 R. Spaemann, hier, S. 240.

68a ders., hier, S. 240 f.

69 H. Gruhl, Ein Planet wird geplündert. Frankfurt 1975, S. 290–93, 298 ff, 306 ff, vgl. 287 ff.

70 W. Harich, Kommunismus ohne Wachstum? Baboeuf und der »Club of Rome«. Hamburg, 1975.
Dazu die Kritik von Gunnar Skirbekk, L'éco-politique scientifique – despotisme ou participation? in: Autogestion et Socialisme, 1977. Vgl. ders., Marxisme et écologie, in: Esprit, 11, 1974.

71 R. Jungk, Der Atomstaat. Vom Fortschritt in die Unmenschlichkeit, 1. Aufl. München (Kindler) 1977, 2. Aufl. Hamburg (Rowohlt) 1980.

3.1. *G. Martin: Sokrates und die Entdeckung der reflexiv-dialogischen Vernunft*

1 Einige der Überschriften, die Erläuterungen in eckigen Klammern und einige textliche Hervorhebungen stammen von den Herausgebern (Anm. d. Red.).

2 Die in Klammern gesetzten Zahlen mit Buchstaben beziehen sich auf die Seiten und Abschnitte der Ausgabe von Henricus Stephanus (1578), nach der Platon (und damit auch Sokrates) üblicherweise zitiert wird (Anm. d. Red.).

3 Vertrauenswürdige Zeugnisse sind vor allem:
(1) Platon: »Apologie« (die Verteidigungsrede des Sokrates vor dem Gerichtshof in Athen) sowie die Dialoge »Kriton« und »Laches«. Wichtige Zeugnisse auch in den Dialogen »Protagoras«, »Eutyphron« und »Charmides«. Alle diese Texte sind in der Übersetzung F. Schleiermachers abgedruckt in: Platons Werke Bd. 1., Rowohlts Klassiker Nr. 1, Reinbek 1979. Diese Texte sind in neueren Übersetzungen, versehen mit Einleitungen und Anmerkungen, auch in Reclams Universalbibliothek erschienen.
(2) Sowie die späteren Zeugnisse bei Aristoteles in der »Metaphysik«: die

Seiten 987b 1–2; 1078b 28–30; 1086b 3. Übersetzung von Fr. F. Schwarz. Reclams Universalbibliothek Nr. 7913, Stuttgart 1978, und in der »Nikomachischen Ethik«, VI. Buch, Kapital 13. Übersetzung von O. Gigon, München (Deutscher Taschenbuch Verlag) ³1978.

(3) Lebensgeschichtlich interessant, aber philosophisch dürftig und inkompetent ist: Xenophon, »Erinnerungen an Sokrates«. Übersetzung von R. Preiswerk. Reclams Universalbibliothek Nr. 1855, Stuttgart 1971 (Anm. d. Red.).

3.2. *H. G. Gadamer: Philosophische Ethik als Klugheitsethik*

1 Eth. Nic. Z 5: 1140b 17.
2 Eth. Nic. B 3: 1105b 12ff.
3 Vgl. dazu meine Rezension von l'Ethique à Nicomaque von Gauthier-Jolif, Philosophische Rundschau 10, 1962, S. 293ff.

3.3. *K. Schilling: Zur Entstehung der technischen Rationalität in Wissenschaft und Politik*

1 Fr. Bacon, Neu-Atlantis, Reclams Universalbibliothek 6645.
2 Fr. Bacon, Novum Organon, Darmstadt 1962.
3 Vgl. dazu das Standardwerk: K. Fischer, Francis Bacon und seine Schule, Heidelberg 1904 (3. Aufl.).

3.4. *G. Gamm: Zu Kants Idee einer praktischen Vernunft*

1 I. Kant: Kritik der Urtheilskraft, Akademie-Ausgabe (Kant's gesammelte Schriften, hrg. v. der Deutschen Akademie der Wissenschaften), Bd. V, S. 174, 175.
2 I. Kant: Grundlegung zur Metaphysik der Sitten, Bd. IV, S. 427.
3 I. Kant: Kritik der Urtheilskraft, Bd. V, S. 173. Hervorhebungen vom Autor.
4 R. Descartes: Discours de la Méthode. Von der Methode des richtigen Vernunftgebrauchs und der wissenschaftlichen Forschung. Übers. und hrsg. von Lüder Gäbe. Felix Meiner Verlag Hamburg 1969, S. 101.
5 I. Kant: Vorlesungen zur Ethik. Hrsg. von P. Menzer. Halle 1924, S. 2.
6 I. Kant: Anthropologie in pragmatischer Hinsicht, Bd. VII, S. 321.
7 I. Kant: Grundlegung der Metaphysik der Sitten, Bd. IV, S. 412.
8 Vgl. I. Kant: Metaphysik der Sitten, Bd. VI, S. 213, 214.
9 I. Kant: Grundlegung zur Metaphysik der Sitten, Bd. IV, S. 412.
10 I. Kant: Kritik der praktischen Vernunft, Bd. V, S. 30, 31.
11 I. Kant: Grundlegung zur Metaphysik der Sitten, Bd. IV, S. 416, 421.
12 I. Kant: Kritik der praktischen Vernunft, Bd. V, S. 71.
13 I. Kant: Die Metaphysik der Sitten, Einleitung, III, Bd. VI, S. 219.
14 G. W. F. Hegel: Grundlinien die Philosophie des Rechts oder Naturrecht und Staatswissenschaft im Grundrisse. suhrkamp taschenbücher wissenschaft Nr. 145. Frankfurt 1976.
15 I. Kant: Idee zu einer allgemeinen Geschichte in weltbürgerlicher Absicht, Bd. VIII, S. 26.

3.5. *H. Ebeling: Kommunikative Voraussetzungen der Ethik Kants*

1 Rezension von Schulz's »Versuch einer Einleitung zur Sittenlehre«: AA VIII, 13.

2 Grundlegend P. Watzlawick, J. H. Beavin, D. D. Jackson: Pragmatics of Human Communication. A Study of International Patterns, Pathologies, and Paradoxes. N. Y. 1967.

3 Vgl. H. Ebeling: Das neuere Prinzip der Selbsterhaltung und seine Bedeutung für die Theorie der Subjektivität, in: Ders. (Hg.): Subjektivität und Selbsterhaltung. Beiträge zu Diagnose der Moderne. Theorie-Diskussion. Ffm. 1976. S. 17f.

4 Vgl. N. Gillespie: Exceptions to the Categorical Imperative, in: G. Funke (Hg.): Akten des 4. Internationalen Kant-Kongresses. Berlin/N. Y. 1974. II. 2. S. 525–533.

3.6. *K. Marx: Von der kritischen Vernunftethik zur historisch-materialistischen Analyse und zum Mitvollzug des revolutionären Prozesses?*

1 Unter Bourgeoisie wird die Klasse der modernen Kapitalisten verstanden, die Besitzer der gesellschaftlichen Produktionsmittel sind und Lohnarbeit ausnutzen. Unter Proletariat die Klasse der modernen Lohnarbeiter, die, da sie keine eigenen Produktionsmittel besitzen, darauf angewiesen sind, ihre Arbeitskraft zu verkaufen, um leben zu können. (Fußnote von Engels zur englischen Ausgabe von 1888.)

2 »Kommune« nannten sich die in Frankreich entstehenden Städte, sogar bevor sie ihren feudalen Herrn und Meistern lokale Selbstverwaltung und politische Rede als »Dritter Stand« abzuringen vermochten. Allgemein gesprochen haben wir hier als typisches Land für die ökonomische Entwicklung der Bourgeoisie England, für ihre politische Entwicklung Frankreich angeführt. (Fußnote von Engels zur englischen Ausgabe von 1888.)

3.7. *A. Schweitzer: Ehrfurcht vor dem Leben*

1 Immanuel Kant: »Kritik der reinen Vernunft« (1781). – »Grundlegung zur Metaphysik der Sitten« (1785). »Kritik der praktischen Vernunft« (1788). – »Kritik der Urteilskraft« (1790). – »Die Religion innerhalb der Grenzen der bloßen Vernunft« (1793). – »Metaphysik der Sitten« (1797).

2 Dieses Buch stammt etwa aus dem elften Jahrhundert n. Chr. Ins Englische ist es von James Legge (Sacred Books of the East. 1891) und von T. Susuki und P. Carus (Chicago 1906) übersetzt, ins Französische von M. A. Rémusat (Le livre des récompenses et des peines. 1816) und von Stanislaus Julien (1835), ins Deutsche von W. Schüler (Zeitschrift für Missionskunde. 1909).
»Seid menschlich mit den Tieren, tut auch den Insekten, den Pflanzen und den Bäumen nicht weh«, gebietet ein Spruch dieses Buches. Als Unrecht soll gelten: »Menschen und Tiere abhetzen; mit Pfeilen auf Vögel schießen; Vierfüßler jagen; die Insekten aus den Löchern vertreiben; die Vögel, die auf dem Baume schlafen, erschrecken; Insektenlöcher verstopfen und Vogelnester zerstören.« Das Vergnügen an der Jagd wird als eine schwere sittliche Verirrung hingestellt.

4. *Probleme einer normativen Ethik*
Einführung von A. Berlich

1 Aristoteles, Metaphysik 4. Buch, 1005 b 35 – 1006 a 28.

4.1. *H. Lübbe: Politische Praxis der Normenbegründung*

1 Max Weber, Gesammelte Aufsätze zur Wissenschaftslehre, hrsg. von J. Winckelmann, Tübingen [4]1973, S. 508.
2 Zur Kritik der instrumentellen Vernunft, Frankfurt 1967, S. 17 (Anm. 1).
3 In: O. Stammer (Hrsg.), Max Weber und die Soziologie heute. Verhandlungen des 15. Deutschen Soziologentages, Tübingen 1965, S. 81.

4.2. *H. Albert: Die Unmöglichkeit einer philosophischen Letztbegründung*

1 Vgl. dazu Karl R. Popper, New Foundations for Logic, Mind, Vol. LVI, NS, No. 223, 1947, S. 193ff.
2 Vgl. dazu z. B. Rudolf Carnap, Einführung in die symbolische Logik mit besonderer Berücksichtigung ihrer Anwendungen, Wien 1954, S. 20 und passim. Die Bedeutung des Gehalts von Aussagen für den Aufbau unserer wissenschaftlichen Erkenntnis hat schon Karl R. Popper in seinem Buch: Logik der Forschung, Wien 1935, 2., erweiterte Auflage, Tübingen 1966, herausgearbeitet.
3 Vgl. dazu Rudolf Carnap, The Logical Syntax of Language, London 1937, S. 184, Theoreme 52.7 und 52.8.

4.3. *K.-O. Apel: Die Konflikte unserer Zeit und das Erfordernis einer ethisch-politischen Grundorientierung*

1 Vgl. H. Lübbe, Lebensqualität oder Fortschrittskritik von links!, in: Criticon, Konservative Zeitschrift Nr. 21, Jan./Febr. 1974.
2 Vgl. Maurice Duverger; Demokratie im technischen Zeitalter – Das Janusgesicht des Westens, München 1974.
3 Daß die intellektuelle Mobilisierung einer auf die Solidarität der Menschheit bezogenen moralischen Phantasie die Gefahr abstrakter Unverbindlichkeit und phrasenhafter Leere mit sich führt, ja, daß sie als Alibi mangelhafte entwickelter Sensibilität für das Elend des Nachbarn mißbraucht werden kann, liegt auf der Hand. Es handelt sich hier offenbar um ein typisches Problem der entwicklungsgeschichtlich notwendigen Verstandesvermittlung ethischer Appellqualitäten, d. h. der Anpassung des moralischen Sensoriums an die Dimensionen und abstrakten Strukturen der technisch-szientifischen »Merk- und Wirkwelt« (von Uexküll) des modernen Menschen. Und es ist klar, daß sich dieses Problem besonders im Rahmen der Erziehungs- und Bildungsprozesse als das eines Ungleichgewichts von intellektueller Phantasie- und Lebenserfahrung bemerkbar machen muß. Daraus nun aber den Schluß zu ziehen, daß die intellektuelle Mobilisierung einer auf Menschheitssolidarität bezogenen moralischen Phantasie lediglich auf eine »heilsherrschaftliche Informationsberieselung . . . zugunsten von ›Forminteressen‹« hinauslaufe, welche die arbeitenden Menschen ihren unmittelbaren Interessen und Lebensaussprüchen entfremde, dies muß m. E. als unverantwortliche Kapitulation vor einem Problem der ethischen Evolution der angesichts der ökologischen Situation erstmals zur solidarischen Identifikation gezwunge-

nen Menschheit bezeichnet werden. (Ich beziehe mich auf H. Schelskys neues Buch »Die Arbeit tun die anderen. Klassenkampf Priesterherrschaft der Intellektuellen«, Opladen: Westdeutscher Verlag 1975, S. 86 u. ö.).

4 Die Reinterpretations- bzw. Transformationsprobleme, denen der Marxismus unterliegt, wenn er eine Antwort auf die ökologische Situation der »Grenzen des Wachstums« geben wollte, sind jetzt erstmals in W. Harichs Buch »Kommunismus ohne Wachstum« (Reinbek: Rowohlt 1975) angedeutet.

5 Mit dieser Motivation sollen z. B. bei der letzten Präsidentenwahl in den USA gerade die kleinen Leute ihre Stimme nicht McGouvern, der eine Umverteilung des Reichtums propagierte, sondern Nixon gegeben haben.

6 Vgl. H. Albert, Traktat über kritische Vernunft, Tübingen 1968, ²1969, S. 15. – Dazu K.-O. Apel, Das Problem der philosophischen Letztbegründung in der Sicht einer transzendentalen Sprachpragmatik. (Versuch einer Metakritik des Kritischen Rationalismus), in: B. Kanitscheider (Hrsg.), Sprache und Erkenntnis, Festschrift für Gerhard Frey (erschien 1975).

7 Man denke bei dieser Gelegenheit an das FDP-Kirchenpapier, das in einer Art von anachronistischem Ersatz-Radikalismus die Probleme des 20. Jahrhunderts noch einmal mit denen des 18. Jahrhunderts zu identifizieren versuchte.

8 Es sollte eigentlich nicht erforderlich sein zu betonen, daß, wer den »Szientismus« kritisiert, kein Gegner der »Science« sein muß – ebensowenig, wie jene Logiker, die den »Psychologismus« widerlegten, Gegner der Psychologie waren.

9 Vgl. hierzu J. Habermas/N. Luhmann, Theorie der Gesellschaft oder Sozialtechnologie, Frankfurt a. M. 1971, und insbesondere J. Habermas, Legitimationsprobleme im Spätkapitalismus, Frankfurt a. M. 1973.

10 Vgl. hierzu K.-O. Apel, Das Apriori der Kommunikationsgemeinschaft und die Grundlagen der Ethik, in: derselbe, Transformation der Philosophie, Bd. II, Frankfurt a. M. 1973.

11 Vgl. J. R. Searle, Sprechakte, Frankfurt a. M. 1971. – Dazu meine Kritik in »Sprechakttheorie und Begründung ethischer Normen«, in: K. Lorenz (Hrsg.): Festschrift für Paul Lorenzen (erschien 1975).

12 Vgl. hierzu im einzelnen meinen Aufsatz: »Das Problem der philosophischen Letztbegründung in der Sicht einer transzendentalen Sprachpragmatik – Versuch einer Metakritik des Kritischen Rationalismus«, in: B. Kanitscheider (ed.), Sprache und Erkenntnis, Festschrift für Gerhard Frey (erschien 1975). Vgl. ferner meinen Beitrag in K.-O. Apel (Hrsg.): Sprachpragmatik und Philosophie, Frankfurt a. M.: Suhrkamp 1975.

4.4. *W. Kuhlmann: Ethik der Kommunikation*

1 Vgl. vor allem die Abhandlung: Das Apriori der Kommunikationsgemeinschaft und die Grundlagen der Ethik, in: K.-O. Apel: Transformation der Philosophie Bd. II, Ffm 1973, S. 358ff.; ferner: K.-O. Apel: Sprechakttheorie und transzendentale Sprachpragmatik zur Frage ethischer Normen, in: K.-O. Apel (ed.): Sprachpragmatik und Philosophie, Ffm. 1976, S. 10ff.

2 Vgl. J. Habermas: Vorbereitende Bemerkungen zu einer Theorie der kommunikativen Kompetenz, in: J. Habermas/ N. Luhmann: Theorie der Gesellschaft oder Sozialtechnologie, Ffm 1971, S. 101ff.; ferner derselbe: Einige Bemerkungen zum Problem der Begründung von Werturteilen, in: 9. Kongreß für Philosophie, Düsseldorf 1969, Philosophie und Wissenschaft, hrsg. von L. Landgrebe, Meisenheim 1969; ferner ders.: Legitimationsprobleme im Spätkapitalismus, Ffm. 1973, S. 131–152; ferner ders.: Zwei Bemerkungen

zum praktischen Diskurs, in J. Habermas: Zur Rekonstruktion des Historischen Materialismus, Ffm 1976, S. 338ff.

3 Vgl. P. Lorenzen: Normative Logic and Ethics, Mannheim 1974, ferner: O. Schwemmer: Philosophie der Praxis, Ffm. 1971; dazu der Sammelband: Praktische Philosophie und konstruktive Wissenschaftstheorie, hrsg. von F. Kambartel, Ffm 1974.

4 Vgl. K.-O. Apel: Das Problem der Letztbegründung im Lichte einer transzendentalen Sprachpragmatik, in: B. Kannitscheider (ed.) Festschrift für G. Frey: Sprache und Erkenntnis, Innsbruck 1976, S. 55–82.

5 Vgl. H. Albert: Traktat über kritische Vernunft, Tübingen 1968, S. 8–28; ferner ders. Transzendentale Träumereien. Karl-Otto Apels Sprachspiele und sein hermeneutischer Gott, Hamburg 1975, S. 90–142.

6 Vgl. W. Becker: Die mißverstandene Demokratie. Über die Ideologie der Legitimationskrise., in: Neue Rundschau 1975, S. 357–375; ferner ders.: The Function of Reason in Western Philosophy, especially Political Philosophy, in: The Search for Absolute Values: Harmony among the Sciences, Washington 1977, S. 145–154.

7 Vgl. H. Lübbe: Freiheit und Terror, Ms. 1977.

8 Dazu H. Albert: Traktat . . . a. a. O., S. 11ff. Vgl. aber auch schon die bei Sextus Empiricus überlieferten Tropen der jüngeren Skepsis: 1. der aus dem Widerstreit (der Meinungen), 2. der des unendlichen Regresses, 3. der aus der Relativität (vor allem der Wahrnehmung), 4. der aus der Voraussetzung (petitio principii) und 5. der der Diallelc. Sextus Empiricus: Grundriß der pyrrhonischen Skepsis, hrsg. von M. Hossenfelder, Ffm. 1968, S. 130f.

9 Wenn wir dem universalen Fallibilismus folgen, nach dem keine Überzeugung im Prinzip unanzweifelbar ist, wir also zu keiner Aussage legitim einen Wahrheitsanspruch, sondern nur so etwas wie einen Plausibilitätsanspruch erheben können, dann ergibt sich, daß wir letztlich nicht einmal diesen erheben dürfen. Denn ersetzen wir den sonst zu Behauptungen erhobenen Wahrheitsanspruch durch einen Plausibilitätsanspruch, dann entsteht zunächst eine neue Behauptung der Form: »Ich behaupte (hiermit als wahr), daß es bloß plausibel ist, daß x sich so verhält.« Der in der ersten Klausel erhobene Wahrheitsanspruch kann nicht geduldet werden und muß ebenfalls durch einen bloßen Plausibilitätsanspruch ersetzt werden. Es ergibt sich jedoch bei dem Versuch, den Prinzipien des universalen Fallibilismus gerecht zu werden, nur eine neue Behauptung derselben Form, nämlich: »Ich behaupte (hiermit als wahr), daß es plausibel ist, daß es plausibel ist, daß x sich so verhält.« Wir sehen, es ist unmöglich für uns, den generellen Plausibilitätsvorbehalt in Behauptungen auszudrücken, ja, es ist unmöglich, ihn überhaupt auszudrücken oder auch nur zu denken.

10 Vgl. Habermas' Unterscheidung zwischen prädikativem Verstehen des propositionalen Gehalts und illokutivem Verstehen des Verwendungssinns des propositionalen Gehalts, in J. Habermas: Was heißt Universalpragmatik? in K.-O. Apel (ed.) Sprachpragmatik und Philosophie, Ffm. 1976, S. 225f.

11 Vgl. dazu J. Hintikkas Analyse des Cartesischen »Cogito, ergo sum«, nach der die Stärke des Cartesischen Arguments in der »existential self-verifiability« des Ausdrucks »cogito (ergo) sum« begründet ist. J. Hintikka: Cogito, Ergo Sum: Inference or Performance? in Philos. Rev., LXXX, 1962, S. 3–32.

12 C. F. Gethmann u. R. Hegselmann (Das Problem der Begründung zwischen Dezisionismus und Fundamentalismus, in: Zeitschrift f. allgem. Wissenschaftstheorie VIII, 1977, S. 347) haben die These vertreten, daß das Letztbegründungsargument von (falliblen) theoretischen Annahmen über Sprechakte abhänge und damit nicht das leisten könne, was es solle. Von theoretischen Annahmen aber macht man sich in diesem Zusammenhang nur abhängig,

wenn man in der Einstellung des selbstvergessenen Theoretikers verharrt und nicht, wie hier angedeutet, strikt reflexiv argumentiert.

13 Zu der hier diskutierten These vgl. Wittgensteins Erörterungen zur Möglichkeit einer Privatsprache, Philosophische Untersuchungen §§ 198ff, 243ff., bes. 262, in: L. Wittgenstein: Schriften I, Ffm. 1960.

14 Vgl. K.-O. Apel: Das Apriori der Kommunikationsgemeinschaft . . ., a. a. O., S. 424f.

15 a. a. O., S. 425.

16 Vgl. W. Kuhlmann: Zur logischen Struktur transzendentalpragmatischer Normenbegründung, in: W. Oelmüller (ed.): Transzendentalphilosophische Normenbegründungen, Paderborn 1978, S. 15–21.

17 So z. B. W. Oelmüller in: Versuch einer Orientierungshilfe für sittliche Lebensformen (= Einleitung I zu W. Oelmüller, R. Dölle, R. Piepmeier (ed.): Philosophische Arbeitsbücher II, Diskurs: Sittliche Lebensformen, Paderborn 1978) S. 28f, 30ff.

18 Vgl. das Argument Anm. 9 oben.

19 Vgl. o. Anm.*

5.1. *W. Schulz: Mitleid als ethische Instanz?*

1 Hegel, *Grundlinien der Philosophie des Rechts,* § 137.

2 Daß das Gewissen »letzte Instanz« ist, haben die Existenzphilosophen – insbesondere Jaspers – mit Recht herausgestellt. – Eine völlig andere Auslegung des Gewissens legt N. Luhmann vor, der das Gewissen als soziale Entlastungsfunktion innerhalb nicht mehr intakter Gesellschaften interpretiert; vgl. N. Luhmann, Die Gewissensfreiheit und das Gewissen, in: Archiv für öffentl. Recht, 90. Bd. (1965), S. 257ff.

3 Kant, Grundlegung zur Metaphysik der Sitten, hrsg. von K. Vorländer, Hamburg (Phil. Bibl. Meiner) 1966, S. 33 (in der Akademie-Ausgabe: S. 413).

4 Nietzsche, Werke (Großoktavausgabe), Bd. 8, S. 143.

5 Zum Begriff der Ferntugend vgl. A. Gehlen, Studien zur Anthropologie und Soziologie, Neuwied 1963, S. 327f. Gehlen spricht von einem faktischen Gefühl der Verantwortung für abstrakte Partner.

6 Daß der allgemeine Wille zu helfen kein konstitutives, sondern ein regulatives Prinzip der Ethik ist, ist offensichtlich. Als solches ist er jedoch notwendig, denn die zunächst auf technischem Wege herbeigeführte Weltverzahnung hat nicht nur politische, sondern auch ethische Konsequenzen. Sie erfordert als moralisches Handlungsäquivalent das Bewußtsein universaler Verantwortung.

5.3. *W. Schulz: Gut und Böse*

1 Redaktionelle Anmerkung: Eines der Beispiele, die Walter Schulz für die Vergleichgültigung des Bösen als *ethisches* Problem anführt, ist die lernpsychologische Aggressionstheorie. Dies Beispiel ist zugleich deshalb interessant, weil es die Unterstellung, ja Erschließung einer moralischen Norm durch die, in ihrem Selbstverständnis, wertneutrale wissenschaftliche Aggressionsforschung deutlich macht:
»Alle Verhaltensweisen zeigen lernpsychologisch betrachtet die gleiche Struktur. Das besagt: negative Verhaltensformen werden nicht anders einge-

übt als positive. Einen Anhalt für negatives oder positives Verhalten in der menschlichen Natur gibt es nicht. Der Mensch scheint, so sagt Herbert Selg, weder gut noch böse zu sein (vgl. H. Selg, Hrsg., Zur Aggression verdammt? Stuttgart 1971, S. 150). Will man Aggression ausschalten, dann ist es also erfordert, aggressives Verhalten nicht einzuüben. Das Nichteinüben ist die beste Möglichkeit, das Nichteintreten von Aggressionen wahrscheinlich zu machen.« Abschließend hebt Schulz hervor, daß die lernpsychologische Aggressionsdeutung ein problematisches Verhältnis von Wissenschaft und Ethik unterstelle: »Die Ethik wird einerseits ausgeschaltet, weil man eben nur wissenschaftlich vorgehen will. Die Wissenschaft kennt kein ›Gut und Böse‹. Die Wissenschaft ist wertneutral. Andererseits wird eine ethische Einstellung vollkommen naiv vorausgesetzt! Aggression soll nicht sein.«
(Zitate: Schulz, Philosophie in der veränderten Welt. Pfullingen (Neske) 1972, S. 776 u. 777.)

2 Vgl. unsere Interpretation der Daseinsanalytik Heideggers, in: W. Schulz, a.a.O., S. 291 ff.

3 Zum Gegensatz von Gerechtigkeit und Ungerechtigkeit als Ursprung der platonischen Politeia vgl. H. G. Gadamer, Platos Staat der Erziehung, in: H. G. Gadamer, Platos dialektische Ethik, 2. Aufl., Hamburg 1968, S. 205 ff.

4 Vgl. Fichte, Sämtliche Werke, hrsg. von I. H. Fichte, Leipzig 1844 f, Band 2, S. 259.

5 A. Gehlen, Moral und Hypermoral, Frankfurt 1969, S. 184.

6 Vgl. Kant, Die Religion innerhalb der Grenzen der bloßen Vernunft, hrsg. von K. Vorländer, Hamburg 1966, S. 30.

7 Dazu W. Schulz, a. a. O., S. 377 ff.

8 Vgl. W. Schulz, Das Problem der Angst in der neueren Philosophie, in: Aspekte der Angst, hrsg. von H. v. Ditfurth, Stuttgart 1965, S. 7.

9 Vgl. Schopenhauer, Sämtliche Werke. Hrsg. von P. Deussen, München 1911 ff, Band 10, S. 510 f.

10 Vgl. S. Freud, Gesammelte Werke in 18 Bänden, London 1952ff, Band 14, S. 506.

11 Hegel, Grundlinien der Philosophie des Rechts, § 139.

5.4. *P. Ricœur: Schuld und Ethik*

1 Vgl. oben S. 164–172.

2 *Ez* 31, 34.

3 *Röm* 7, 9 f.

4 Der Verf. erklärt hier ausdrücklich, daß er mit dem französischen Wort l'arbitraire den deutschen Begriff Willkür meint (Anm. d. Ü.).

5 I. Kant, Die Religion innerhalb der Grenzen der bloßen Vernunft, Hamburg 1956, S. 19.

6 Ebd. S. 43.

7 Vgl. Die Freiheit im Licht der Hoffnung in P. Ricœur, Hermeneutik und Strukturalismus, München 1973, S. 199 ff. Dort werden die exegetischen Grundlagen erläutert, die die eschatologische Interpretation der biblischen Theologie im Alten und Neuen Testament findet.

8 Vgl. Die Freiheit im Licht der Hoffnung, ebd. S. 205 ff., über die »Leidenschaft für das Mögliche«, das »dennoch« und das »um wieviel mehr«.

9 Vgl. Die Freiheit im Licht der Hoffnung, ebd. S. 215 f.

1 Gegen mannigfache Mißverständnisse und Begriffsverwirrungen: Dieser Anspruch ist genaugenommen kein moralischer, sondern ein rechtlicher (im Vernunftsinn von Recht). Er fordert nicht, daß jeder zu jeder Zeit moralisch (tugendhaft) handelt; vielmehr gebietet er, die Regeln des Zusammenlebens letztlich von der Vernunftidee des Rechts, von der Idee der Gerechtigkeit, her zu bestimmen. – Zur neueren Diskussion um die Begründung von Gerechtigkeitsprinzipien vgl. u. a. J. Rawls, Eine Theorie der Gerechtigkeit, Frankfurt/M. 1975 (orig. 1971); Vf. (Hrsg.), Über John Rawls' Theorie der Gerechtigkeit, Frankfurt/M. 1977. Siehe auch in diesem Band: Kritische Einführung in Rawls' Theorie der Gerechtigkeit; Zur Rolle der Entscheidungstheorie . . .

2 Vgl. D. Sternberger, Der alte Streit um den Ursprung der Herrschaft, in: Süddeutsche Zeitung, 16./17. 7. 1977, S. 95f.

3 Vgl. u. a. W. Maihofer, Rechtsstaat und menschliche Würde, Frankfurt/M. 1968.

4 Vgl. dazu M. Kriele, Einführung in die Staatslehre, Reinbek 1975, S. 150f., sowie Vf., Menschenrechte als Legitimation und Maßstab demokratischer Politik, in: J. Schwartländer (Hrsg.), Menschenrechte und moderne Demokratie, Tübingen 1979.

5 Zu Platon vgl. die Kommentare zum Staat (Cross-Woozly, Murphy, Gigon u.a.), ferner W. Wieland, Platon und der Nutzen der Idee. Zur Funktion der Idee des Guten, in: Allgemeine Zeitschrift für Philosophie I (1976) S. 19–33; D. Herwig, Das Paradigma der besten Polis in der Philosophie Platons, 1977 (Vortragsmanuskript) u. a. Siehe auch I. Kant, Zum Ewigen Frieden, Zweiter Zusatz.

6 Vgl. auch in diesem Band: Zur vertragstheoretischen Begründung politischer Gerechtigkeit: Hobbes, Kant und Rawls im Vergleich.

7 Vgl. die kommunikationstheoretischen Versuche zur Normenbegründung von Apel, Habermas und den Vertretern der konstruktivistischen Ethik (P. Lorenzen, O. Schwemmer, F. Kambartel u. a.); dazu in diesem Band: Sind Moral- und Rechtsbegründung kommunikations-, (konsens-, diskurs-)theoretisch möglich?

8 So etwa bei Habermas.

9 Ein treffendes Beispiel für eine systematische Strukturskizze stellt der von der Bildungskommission des Deutschen Bildungsrates empfohlene Strukturplan für das Bildungswesen dar (Bonn 1970). Der umfangreiche Plan analysiert den damaligen Stand des Bildungswesens und macht auf seine Schwächen aufmerksam. Vor allem entwickelt er ein umfassendes systematisches Reformkonzept für die Lehr- und Lernvorgänge vom Elementarbereich (Kindergarten) über den Primarbereich und die Sekundarstufe I bis zur Sekundarstufe II und zum Bereich der Weiterbildung (lediglich die dem Wissenschaftsrat vorbehaltenen Hochschulprobleme sind ausgespart). Orientiert an bildungs- und gesellschaftpolitischen Grundsätzen sowie pädagogischen Leitmotiven, soll u. a. das vorhandene vertikal gegliederte Schulwesen in ein horizontal gegliedertes umgewandelt werden. Der Strukturplan entwickelt auch die Zusammenhänge zwischen einer Strukturreform der Bildungsgänge, einer Reform der Lehrerbildung, einer Verwaltungsreform und den Finanzierungsaufgaben.

10 In: Die offene Gesellschaft und ihre Feinde, 2 Bde., Bern ^{2}1970 (orig. 1944), Kap. I 9. Neuere eigenständige Vertreter eines Inkrementalismus sind D. Baybrooke, Ch. E. Lindblom, A Strategy of Decision. Policy Evaluation as a Social Process, New York–London ^{2}1970; Ch. E. Lindblom, The Intelligence of Democracy, New York–London 1965; eine kritische Auseinandersetzung mit Popper bei Etzioni, The Active Society. A Theory of Societal and Political

Processes, London–New York 1968, Kap. 11 (deutsch: Opladen 1975), Etzionis Ueigenständiger Gegenentwurf in Kap. 12; ferner R. Jochimsen, Strategie der wirtschaftspolitischen Entscheidung, in: Weltwirtschaftliches Archiv 29 (1967) S. 52ff.

11 Aus der Erfahrung der Arbeit des Deutschen Bildungsrates und am Beispiel der westdeutschen Bildungspolitik hat H. Krings ein differenziertes mehrstufiges Planungsmodell entwickelt, das zwischen (a) Konzeptplanung, (b) politischer Entscheidungsplanung, (c) Realplanung unterscheidet: Die Aporie der Bildungsplanung, in: Neues Lernen, München 1972, S. 65–81.

12 Z. B. Deutscher Bildungsrat, Empfehlungen der Bildungskommission, Zur Planung berufsqualifizierender Bildungsgänge im tertiären Bereich, Bonn 1973, Kap. II 2: Gegenwärtige Strukturen im Bildungs- und Beschäftigungssystem.

13 Ein Beispiel aus der bildungsplanerischen Praxis: Deutscher Bildungsrat, a.a.O. (Anm. 19), Kap. 3: Längerfristige Entwicklungstendenzen und die zukünftige bildungs- und beschäftigungspolitische Bedeutung tertiärer Ausbildungen.

14 So gab der Deutsche Bildungsrat eine eigene Reihe Gutachten und Studien der Bildungskommission heraus.

15 So schon bei R. Dahrendorf, Bildung und Bürgerrecht. Plädoyer für eine aktive Bildungspolitik, Hamburg ²1966. Zum Verhältnis von Grundgesetz und einem Bildungsprogramm: H. Becker, Bildungsforschung und Bildungsplanung, Frankfurt 1971, S. 135–139.

16 Vgl. H. Roth (Hrsg.), Begabung und Lernen, Ergebnisse und Folgen neuerer Forschungen, Stuttgart ⁴1970 (= Bd. 4 der Gutachten und Studien der Bildungskommission). Über den Bezug der bildungspolitischen Konzeptplanung auf diese Forschung siehe Deutscher Bildungsrat, a.a.O. (Anm. 16), S. 15.

17 Vgl. Deutscher Bildungsrat, a.a.O. (Anm. 16) Teil I und II; ferner Becker, a.a.O. (Anm. 22), S. 38–61, 88–146.

18 Vgl. H. P. Widmaier, Bildung und Wirtschaftswachstum. Eine Modellstudie . . ., Villingen 1966; F. Harbison, Educational Planning and Human Resource Development, Paris 1967; K. Hüfner (Hrsg.), Bildungsinvestion und Wirtschaftswachstum. Ausgewählte Beiträge zur Bildungsökonomie, Stuttgart 1970.

19 H. Lenk, Erklärung – Planung – Prognose, Freiburg 1972, S. 68.

20 Für eine nicht fachbegrenzte Methodenkompetenz hat Aristoteles den Begriff des πᾶν πεπαιδεύμενος geprägt (vgl. De partibus animalium I 1, 639 a 1 ff., siehe auch Nikomach. Eth. I 1, 1094 b 23 ff.), allerdings nicht, um Allgemeinbildung im Sinne eines Studium generale, sondern um die angedeutete allgemeine Methodenkompetenz zu bezeichnen.

21 Im Fall der Bildungskommission des Deutschen Bildungsrates: H. Bauersfeld, H. Bredereck, K. D. Erdmann, H. Krings, H. Maier, R. Mayntz-Trier.

22 Vgl. H. Lenk, a.a.O. (Anm. 26) S. 68f.

23 Trotz aller Kontroversen stimmen die Vertreter der zeitgenössischen Wissenschaftstheorie in der Kritik dieser »naiven« Auffassung überein.

24 Vgl. R. Jochimsen, Zur Philosophie staatlicher Planung, in: H. M. Baumgartner/O. Höffe/C. Wild (Hrsg.), Philosophie – Gesellschaft – Planung, München ²1976, S. 155–163 (160f.).

25 Vgl. Th. Dams, Berufliche Bildung – Reform in der Sackgasse, Freiburg 1973, S. 56ff.

26 Vgl. Deutscher Bildungsrat, Empfehlungen . . ., Aspekte für die Planung der Bildungsforschung, Bonn 1974, S. 9, 22 u. a.

27 Vgl. F. H. Tenbruck, Wissenschaft, Politik und Öffentlichkeit, in: H. Maier u. a. (Hrsg.), Politik und Wissenschaft, München 1971, S. 323–356 (352).

28 Vgl. H. Krings, Philosophie als Voraussetzung von Planung, in: Baumgartner/Höffe/Wild, a. a. O. (Anm. 31) S. 180–185.

29 Zu Rechts- und Sozialstaatlichkeit vgl. für viele andere: E. Forsthoff (Hrsg.), Rechtsstaatlichkeit und Sozialstaatlichkeit, Darmstadt 1968; K. Lompe, Gesellschaftspolitik und Planung, Freiburg 1971, S. 73ff.

30 Dieses Mißverständnis z. B. bei Dams, a. a. O. (Anm. 32) S. 26.

31 Ein Plädoyer für den einheits- und wahrheitsstiftenden Wert der Diskussion schon bei J. S. Mill, On Liberty, London 1848 (dt. Stuttgart 1974) chap. 2.

32 Der Begriff des imperativen Plans stammt aus der französischen Planungstheorie. Französische Wirtschaftspläne haben gegenüber öffentlichen Unternehmen den verwaltungsrechtlichen Status einer hoheitlichen Anordnung (sog. imperative Pläne), während sie für die Privatwirtschaft nur Indikatoren und Orientierungspunkte setzen (sog. indikative Pläne); vgl. P. Bauchet, La planification française. 15 ans d'expérience, Paris 1962; J. und A. M. Hachet, Economic Planning in France, London 1963; B. Cazes, Prinzipien und Methoden der französischen Planung, in: R. Jungk/H. J. Mundt (Hrsg.), Modelle für die neue Welt, München 1964, S. 157ff.

33 Vgl. dazu C. A. Moser, Der Robbins Report in Großbritannien, in: Bildungsplanung und Bildungsökonomie, Göttingen 1964, 29–43; A. Morkel, Politik und Wissenschaft, Hamburg 1967, Kap. 4; H. Harnischfeger, Planung in der sozialstaatlichen Demokratie, Neuwied–Berlin 1969, 133ff.; H. Becker, a. a. O. (Anm. 22), S. 62ff.

34 Ernüchternde Erfahrungen z. B. nach: J. L. S. Sundquist, Politics and Policy: The Eisenhower, Kennedy and Johnson Years, Washington 1968.

6.3. *E. Denninger: Prinzipien der freiheitlich demokratischen Grundordnung und Probleme ihrer Anwendung*

1 Entscheidungen des Bundesverfassungsgerichts (BVerfGE), Band 2, S. 1ff., 12f.

2 Es soll damit gerade jener Zustand vermieden werden, vor dem auch die Bundesrepublik keineswegs gefeit ist und den Montesquieu auf die Formel gebracht hatte: »Es kann geschehen, daß wohl die Verfassung frei ist, nicht aber der Bürger«, De l' esprit des lois, Buch 12, Kap. 1. Montesquieu kennt auch den umgekehrten Fall; er dürfte heutzutage selten sein.

3 Th. Hobbes, De Cive, 1642. Kap. I, 2.7ff.; Leviathan, 1651, Kap. 13.

4 Als eine der Vier Freiheiten, die die Botschaft Roosevelts an den Kongreß am 6. 1. 1941 enthielt. Die Formel »frei von Furcht und Not« ging ein in die Atlantik-Charta Roosevelts und Churchills vom 14. 8. 1941 (Art. 6), später dann in die Präambel der Allgemeinen Erklärung der Menschenrechte vom 10. 12. 1948, in die Präambel der UN-Konventionen über wirtschaftliche, soziale und kulturelle Rechte bzw. über bürgerliche und politische Rechte vom 16. 12. 1966. [...]

5 J. Salzwedel, Möglichkeiten und Grenzen einer rechtsstaatlichen Kontrolle des Verfassungsschutzes, Festschrift Hans Peters, Berlin 1967, S. 756ff., 761, m. Hinw. auf Maunz, Deutsches Staatsrecht § 14 III, 21. Aufl. 1977, S. 124 »Freisein von Furcht«.

6 Vgl. J. Lameyer, Streitbare Demokratie, S. 159. Eindrucksvoll F. Neumann schon 1953: Zum Begriff der politischen Freiheit, jetzt in: Demokratischer und autoritärer Staat, 1967, S. 100ff., 128f. zum Problem der gesellschaftlichen Ächtung bei Entlassung wegen vermuteter Illoyalität. Vgl. auch denselben, Angst und Politik, a. a. O., S. 261ff.

7 Für den Schulbereich gilt verstärkt das in BVerfGE 39, 356f. Gesagte. Gegen »Verfassungsschnüffelei« an Schulen auch A. Dregger, laut dpa vom 20. 8.,

FAZ 21. 8. 1978, sowie die Fraktionsvorsitzenden der FDP., FR vom 11. 9. 1978; vgl. auch Bundesminister des Inneren (BMI) Baum am 27. 9. 1978 vor dem Innenausschuß des Deutschen Bundestages. Eine Überwachung der Schulen führe zu einem nicht wiedergutzumachenden Vertrauenseinbruch. Vgl. ›Woche im Bundestag‹ 8. Jg. Nr. 17/1978, S. 5.

8 Montesquieu, a. a. O. (Anm. 2), Buch 12, Kap. 2.

9 Derselbe, a. a. O., Buch 12, Kap. 12.

10 Derselbe, a. a. O., Buch 12, Kap. 11. [. . .]

11 Hegel, Vorlesungen über die Philosophie der Geschichte, Theorie Werkausgabe, Bd. 12 S. 532f.

12 H. Kelsen, Vom Wesen und Wert der Demokratie, Neudruck 1963 der 2. Aufl. 1929, S. 98ff. Auch mein Staatsrecht 1, S. 54. Ähnlich G. Radbruch, Vorwort zur Rechtsphilosophie.

13 [. . .] Vgl. W. Scheel, Ansprache vor dem 16. Weltkongreß für Philosophie, Presse- u. Informationsamt der Bundesregierung. Bulletin Nr. 90, 1978, S. 85ff., bes. 847: »In einer Demokratie ist jeder Gedanke demokratisch bis auf den einen: daß nicht jeder Gedanke demokratisch sei. Und diesen Gedanken findet man, das ist kein Zufall, immer nur bei denen, die den Staat zu einem Instrument ihrer Wahrheit machen wollen. Und das ist just der Absolutheitsanspruch, demgegenüber die Demokratie mißtrauisch ist.«

14 H. F. Spinner, Pluralismus als Erkenntnismodell, 1974, S. 104f. Im Rahmen einer Evolutionstheorie ließe sich außerdem zeigen, daß das pluralistisch-fallibilistische Modell gegenüber ideologisch monistischen Formen die spätere, differenziertere und insofern höhere politische Lebensform darstellt. So gesehen ist es auch zutreffend, monistisch-totalitäre Systeme als Ausdruck kollektiver Regression im strengen Sinne zu begreifen.

15 Hiervon geht auch der Deutsche Bundestag in seiner Entschließung vom 24. 10. 1975 aus. Vgl. P. Frisch, Extremistenbeschluß, 4. Aufl. Leverkusen 1977, S. 145 (dort Wortlaut); ebenso die »Grundsätze der Bundesregierung für die Prüfung der Verfassungstreue vom 19. Mai 1976«, Pressemitteilung Nr. 195/76 des Presse- und Informationsamtes der Bundesregierung, im Wortlaut bei Frisch, a. a. O., S. 147f. [. . .] Ferner: H. Koschnick, Verfahrenspraxis der öffentlichen Hand bei der Beurteilung von Bewerbern für die Einstellung in den öffentlichen Dienst, . . . Erster Zwischenbericht 1978, Typoskr. S. 7: »Ich gehe davon aus, daß zunächst bei jedem Bewerber in einer freiheitlichen Demokratie unterstellt werden darf, er sei ein verfassungstreuer Staatsbürger, der sich aktiv für die Verwirklichung des Grundgesetzes einsetzt. Alles andere wäre ein Rückfall in die Zeit des Obrigkeitsstaates.«

16 K. Stern, Zur Verfassungstreue der Beamten, 1974, S. 56: hier liegt der entscheidende Dissens um den Kern der Auseinandersetzung. [. . .]

17 K. Carstens in der BT-Debatte am 15. 11. 1974, abgedruckt in: Freiheitliche demokratische Grundordnung, hrsg. E. Denninger, Frankfurt/M. 1977, Band II, S. 580.

18 So aber K. Stern, a. a. O., S. 35.

19 Dazu vgl. H. Steinberger, Konzeption und Grenzen freiheitlicher Demokratie, 1974, S. 377ff.

20 So z. B. Oberverwaltungsgericht (OVG) Rheinland-Pfalz, Urteil v. 29. 8. 1973, Zeitschrift f. Beamtenrecht 1973, S. 338ff., 344, Verwaltungsgerichtshof (VGH) Baden-Württemberg, U. v. 29. 6. 1976, IV 911/74 S. 15. [. . .]

21 VGH Baden-Württemberg, U. v. 14. 2. 1978, Die Öffentliche Verwaltung 1978, S. 522ff. [. . .]

22 Vgl. Art. 73 Nr. 10 Grundgesetz (GG), § 3 Abs. 1 Nr. 1 Bundesverfassungsschutzgesetz, Art. 91 Abs. 1 GG: »Bestand oder die freiheitliche demokratische Grundordnung« . . . Vgl. auch die Legaldefinition in § 92 StGB.

23 W. Maihofer, BMI, am 1. 3. 1977 vor dem Innenausschuß des Deutschen

Bundestages: . . . »Selbst wenn die Verfassung diese Einschränkung durch die Gemeingefahr-Abwägung wie den Gemeinwohl-Vorbehalt nicht vorgesehen hätte, würde sich die Eingriffsmöglichkeit aus dem Gesichtspunkt des »übergesetzlichen Notstandes ergeben haben, um die Abwehr der hier gegenwärtigen unabsehbaren Gefahren zu rechtfertigen.« Zit. nach Brückner/Schmitt, Verfassungsschutz und innere Sicherheit, Wuppertal 1977, S. 87.

24 Zutreffend A. Arndt, Der Rechtsstaat und sein polizeilicher Verfassungsschutz, Neue Juristische Wochenschrift (NJW) 1961, S. 900. Vgl. ferner J. Seifert, Die Abhör-Affäre 1977 und der Überverfassungsgesetzliche Notstand. Eine Dokumentation zum Versuch, Unrecht zu Recht zu machen, Kritische Justiz (KJ) 1977, S. 105ff. mit vielen Lit.nachweisen, auf die verwiesen wird. A. Roßnagel, Der alltägliche Notstand, KJ 1977, S. 257ff.; W. Holtfort, Bleibt immer noch freiheitlicher Rechtsstaat genug? in: Vorgänge 30, 6/77, S. 7ff.; M. Schröder, Staatsrecht an den Grenzen des Rechtsstaats, Archiv f. öffentliches Recht 103 (1978), S. 121ff.; E.-W. Böckenförde, Der verdrängte Ausnahmezustand, NJW 1978, S. 1881 ff.

25 E. R. Huber, Zur Lehre vom Verfassungsnotstand in der Staatstheorie der Weimarer Zeit, in: Festschrift W. Weber, 1974, S. 31ff., 35.

26 H. Krüger, Rechtsstaat – Sozialstaat – Staat oder: Rechtsstaat + Sozialstaat ergeben noch keinen Staat, 1975, S. 10.

27 G. Jellinek, Allgemeine Staatslehre, 6. Neudruck der 3. Aufl. 1959, S. 359.

28 R. Thoma, Der Vorbehalt der Legislative und das Prinzip der Gesetzmäßigkeit von Verwaltung und Rechtsprechung, in: Anschütz/Thoma (Hrsg.), Handbuch des Deutschen Staatsrechts, II. Band, 1932, S. 232: »Ein Staatsnotrecht über das verfassungsrechtlich regulierte hinaus kann es im geordneten republikanischen Verfassungsstaat nicht geben, so wie es auch schon im Kaiserreich und selbst in den konstitutionellen Monarchien (deren Struktur immerhin Zweifel erlaubte) nicht gegolten hat.«

29 H. Kelsen, Allgemeine Staatslehre, 1925: »Man spricht von einem Staatsnotrecht und argumentiert etwa in der Weise: der Staat muß eben leben, und wenn dies auf rechtmäßigem Wege unmöglich ist, sind die höchsten Organe des Staates und vor allem das höchste Organ, der Monarch, verpflichtet alles zu tun, um den Staat zu erhalten. Dabei handelt es sich natürlich nur um ein politisch-naturrechtliches Räsonnement, das sich – wie gewöhnlich – als positives Recht zu geben versucht.«

30 A. Arndt, z. B. a.a.O., S. 899: »Ein Verfassungsstaat hat keine andere ›Raison‹« als seine Verfassung . . . Der ärgste Angriff auf die Rechtlichkeit des Staates ist die wieder und wieder aufflackernde Angst, es könne doch höchst-politische Aufgaben geben, die sich einer rechtlichen Normierung entzögen. Mit der letzten Gewißheit, daß es keinen Primat der Politik vor dem Recht geben kann, steht und fällt der Rechtsstaat.« [. . .]

31 Justinus Kerner, Sämtliche Werke in acht Bänden, Hrsg. v. W. Heichen, 3. Band, Berlin o. J., S. 196f.: Der reichste Fürst: . . . »Eberhard, der mit dem Barte,/ Württembergs geliebter Herr,/ Sprach: Mein Land hat kleine Städte,/ Trägt nicht Berge silberschwer,// Doch ein Kleinod hält's verborgen: –/ Daß in Wäldern, noch so groß,/ Ich mein Haupt kann kühnlich legen/ Jedem Unterthan in Schoß.// Und es rief der Herr von Sachsen,/ Der von Bayern, der vom Rhein: Graf im Bart: Ihr seid der reichste,/ Euer Land trägt Edelstein!« Es gilt, solche patriarchalisch-monarchische Untertänigkeit in demokratisches Bürgerbewußtsein zu verwandeln.

6.4. *E. Bloch: Glück und menschliche Würde. Sozialistisches Erbe der Menschenrechte*

1 Diese Unterscheidung hat Bloch in Anknüpfung an Matthäus 11,28 und an Dostojewskijs Roman »Erniedrigte und Beleidigte« folgendermaßen pointiert: »Die Sozialutopie malte Verhältnisse voraus, in denen die *Mühseligen* und *Beladenen* aufhören, das Naturrecht konstruierte Verhältnisse, in denen die *Erniedrigten* und *Beleidigten* aufhören.« (Naturrecht und menschliche Würde, stw 250, Frankfurt/M. 1977, S. 13) Die praktisch philosophische Bedeutung dieser Unterscheidung betont Habermas gegenüber Gehlen: in diesem Bande, Kap. 1.3, S. 43f.

6.5. *J. Habermas: Legitimationsprobleme im modernen Staat*

1 Legitimierende Kraft hat in gewisser Weise das Verwandschaftssystem selber; welche Ansprüche jemand stellen darf, darüber entscheidet der Status der Familie, der er angehört. Der römisch-rechtliche Begriff des »legitimen Erben« transponiert diese Bedeutung ins Zivilrecht. Legitimation im Sinne einer privaten Berechtigung setzt jedoch eine legitime Ordnung voraus.
2 K. Eder, Die Entstehung staatlich organisierter Klassengesellschaften, Frankfurt/Main 1976.
3 K. Jaspers, Die großen Philosophen, München 1957.
4 J. Rawls, A Theory of Justice, Oxford 1972, dtsch. Frankfurt/Main 1975.
5 K. O. Apel, Das Apriori der Kommunikationsgemeinschaft und die Grundlagen der Ethik, in: ders., Transformation der Philosophie, Bd. II, Frankfurt/Main 1973, S. 358–436.
6 R. Miliband, Der Staat in der kapitalistischen Gesellschaft, Frankfurt/Main 1975.
7 R. M. Merelman, Learning Legitimacy, in: A. M. Pol. Sc. Rev., 60, 1966, S. 548.
8 H. Busshoff, Systemtheorie als Theorie der Politik, München 1975.
9 K. D. Opp, Einige Bedingungen für die Befolgung von Gesetzen, in: K. Lüderssen, F. Sack (Hrsg.), Abweichendes Verhalten I, Frankfurt/Main 1975, S. 214–243.
10 J. H. Schaar, Legitimacy in the Modern State, in: Ph. Green, S. Levinson (Eds.) Power and Community, New York 1970, S. 277–327; R. Spaemann, Die Utopie der Herrschaftsfreiheit, in: M. Riedel (Hrsg.), Rehabilitierung der praktischen Philosophie II, Freiburg 1974, S. 211–234.
11 J. Ritter, Naturrecht bei Aristoteles, in: ders., Metaphysik a. a. O., S. 133–182, hier S. 135.
12 ebd., S. 169.
13 H. G. Gadamer, Über die Möglichkeit einer philosophischen Ethik, in: ders., Kleine Schriften I 179–191, hier S. 187–189; W. Hennis, Politik und praktische Philosophie, Neuwied 1963; dazu: H. Kuhn, Aristoteles und die Methode der politischen Wissenschaft, in: M. Riedel, Rehabilitierung a.a.O., S. 261–290.
14 H. Pitkin-Fenichel, Wittgenstein and Justice, Berkeley 1972, S. 169–192.
15 ebd., S. 272.
16 M. Oakeshott, Rationalismus in der Politik, Neuwied 1966.
17 Ich nehme einen Vorschlag von V. Held, The Public Interest, New York 1970 auf. V. Held stützt sich ihrerseits auf H. L. A. Hart, Der Begriff des Rechts, Frankfurt/Main 1973.
18 J. Rawls, A Theory of Justice a.a.O.; P. Lorenzen, Normative Logic and Ethics, Mannheim 1969; F. Kambartel, Wie ist praktische Philosophie kon-

struktiv möglich?, in: F. Kambartel (Hrsg.), Praktische Philosophie und konstruktive Wissenschaftstheorie, Frankfurt/Main 1974, S. 9–33. K.-O. Apel, Sprechakttheorie und Ethik, in: K.-O. Apel (Hrsg.), Sprachpragmatik und Philosophie, Frankfurt/Main 1976, S. 7ff. Zur Diskussionslage im deutschen Sprachbereich vgl. M. Riedel (Hrsg.), Rehabilitierung der praktischen Philosophie I und II, Freiburg 1972, 1974; ferner R. Bubner, Eine Renaissance der praktischen Philosophie, in: Phil. Rdsch. 22, 1975, S. 1–34.

19 J. Habermas, Zur Rekonstruktion des Historischen Materialismus, in diesem Band, S. 144–199.

20 L. Kohlberg, Die kognitive Entwicklung des Kindes, Frankfurt/Main 1975.

7.1. *E. Bloch: Etwas fehlt – Glück und Utopie*

Die folgenden Anmerkungen sind Erläuterungen der Herausgeber des Bandes Gespräche mit Ernst Bloch, Frankfurt/Main 1975, dem der Text entnommen ist (Anm. d. Red.).

1 *Science fiction:* englischer Sammelname für die utopische, vor allem technisch-utopische Zukunftsliteratur.

2 *antagonistisch:* aus unversöhnlichen Gegensätzen (heftigen Widersprüchen bestehend).

3 *Hispanisierung:* Unterwerfung unter spanische Herrschaft.

4 *Galilei-Prozeß:* 1615/16 und 1633 fanden in Rom die beiden Prozesse der katholischen Kirche gegen Galilei statt.

5 *mechanischer Materialismus:* im Gegensatz zum von Marx entwickelten dialektischen Materialismus eine Weltanschauung, der zufolge jede Ursache eine »mechanisch« vorherbestimmte Wirkung nach sich zieht. In dieser Weltanschauung ist kaum Platz für widersprüchliche Entwicklungen, auch kein Platz für menschlich-gesellschaftliche Praxis, die sich mechanischen Gesetzen widersetzt.

6 *Mahagonny:* gemeint ist das 1929 zum ersten Mal veröffentlichte Stück von Bertolt Brecht: *Aufstieg und Fall der Stadt Mahagonny.*

7.3. *W. Schulz: Ethische Maximen der Gegenwart*

1 Kant, Grundlegung zur Metaphysik der Sitten. Hrsg. von K. Vorländer, Hamburg 1965, S. 52 (in der Akademie-Ausgabe: S. 429).

2 Vgl. zur Fundierung des ethischen Verhaltens im Phänomen der Anerkennung des Mitmenschen Fichte, S. W. Bd. 2, S. 259.

3 A. Schweitzer, Kultur und Ethik. Sonderausgabe mit Einschluß von »Verfall und Wiederaufbau der Kultur«. München (Beck) 1972, S. 328.

4 A. a. O., S. 332; in diesem Band: S. 227.

5 A. a. O., S. 335; in diesem Band: S. 228.

6 Vgl. zu Schweitzers ethischer Grundformel »Ehrfurcht vor dem Leben«, die auch das Verhalten zu den Tieren einschließt, O. Spear, Kein Vorrecht auf Glück und auf Rang, Albert-Schweitzer-Reflexionen, in: Universitas, 27. Jg. (1972), S. 299ff.

7 A. Schweitzer, a. a. O., S. 171.

8 Diesen Gedanken hat Aristoteles in seiner Ethik herausgestellt, insofern er das Erstreben des Guten mit der Verwirklichung des geglückten Lebens in eins setzt. Vgl. dazu den ausgezeichneten Aufsatz über die Ethik des Aristoteles von W. Szilasi, in: W. Szilasi, Macht und Ohnmacht des Geistes, Freiburg 1946, S. 107ff.

9 Vgl. zum Zusammenhang von Wissenschaft, Ethik und Politik unter dem Aspekt der Planung H. Lübbe, Theorie und Entscheidung, Studien zum Primat der praktischen Vernunft, Freiburg 1971; H. Lenk, Erklärung – Prognose – Planung, Freiburg 1972; H. Sachsse, Technik und Verantwortung. Probleme der Ethik im technischen Zeitalter, Freiburg 1972

7.5. *H. Gruhl: Glück durch »Wachstum«? Ethos der Industriegesellschaft und ökologische Krise*

1 Müller, A. M. Klaus, Die präparierte Zeit, Radius, Stuttgart 1972, S. 137.
2 Linder, Staffan B., Das Linder-Axiom oder Warum wir keine Zeit mehr haben, Bertelsmann, Gütersloh 1971, Fischer Taschenbuch Nr. 1411, S. 174.
3 de Jouvenel, Bertrand, Jenseits der Leistungsgesellschaft, Rombach, Freiburg 1970, S. 29f.
4 Linder, a.a.O., S. 22.
5 Linder, a.a.O., S. 18.
6 Linder, a.a.O., S. 32.
7 Linder, a.a.O., S. 39.
8 Linder, a.a.O., S. 41.
9 Linder, a.a.O., S. 195.
10 Nicolaus Sombart, zitiert nach R. Jungk/H. J. Mundt, Wege ins neue Jahrtausend. Modelle für eine neue Welt, Bd. 2, Desch, München 1964, S. 63f.
11 Braunbek, Werner, Die unheimliche Wachstumsformel, Paul List, München 1973, S. 169.
12 Meadows, Dennis, u. a., Die Grenzen des Wachstums, Deutsche Verlags-Anstalt, Stuttgart 1972; rororo Nr. 6825, S. 136.

7.6. *G. Picht: Mut zur Utopie*

1 Redaktionelle Anmerkung: Georg Picht greift hier auf die Seiten 25 und 26 des Originals zurück. Philosophiegeschichtlich bezieht er sich auf den, uns von Platon überlieferten, Mythos der Erschaffung des Menschen, durch den Protagoras, der Gründer der sophistischen Aufklärungsbewegung, den Unterschied von Mensch und Tier erklärt: das Eigentümliche des Menschen liege in seiner technischen Fähigkeit und Rationalität. Denn nur dank dieser könne er sich – als ein von Natur nacktes, unbedachtes und unbewaffnetes Lebewesen – überhaupt am Leben halten, indem er sich gleichsam eine künstliche Natur zulegt. Vgl. Platon, Protagoras 320c–322a. Diese Einsicht hat, von Johann Gottfried Herder bis zu Arnold Gehlen, die Philosophische Anthropologie zu ihrem Ausgangspunkt gemacht.
Auch die von Picht hervorgehobene Ambivalenz der Technik, durch die eine solche zweite Natur hervorgebracht wird, war den Griechen im 5. Jahrhundert v. Chr. geläufig. Freilich wurde sie als Problem, ja als Herausforderung der ethischen Vernunft, nicht etwa von den Sophisten, sondern von Sokrates und Platon ernstgenommen und zum Thema gemacht. Bei Picht heißt es im angegebenen Zusammenhang: »Erst durch die Erzeugung einer künstlichen zweiten Natur versetzt sich der Mensch in die Lage, der Entdeckung seiner wahren Natur als einer unendlichen Aufgabe nachzustreben. Die Künste, die der Mensch erfunden hat, um die Mängel seiner Konstitution zu kompensieren, werden von den Griechen »technai« genannt – dem verdanken wir den

Begriff der Technik. Ein großer Teil der griechischen Philosophie ist der Untersuchung des Wesens der Technik gewidmet. Schon im 5. Jahrhundert vor Christus hat man entdeckt, daß die Technik ihrer Konstitution nach ambivalent ist, weil sie den Menschen, dem sie dient, zugleich der äußersten Gefährdung aussetzt. Wäre die griechische Philosophie besser bekannt, so stünden wir den Problemen der technischen Welt weniger ratlos gegenüber. Die Einsicht in die Unentbehrlichkeit und die Einsicht in die Gefährlichkeit der Technik gehören zusammen. Aus der Verbindung dieser beiden Einsichten entspringt die geschichtliche Vernunft in ihrem Gegensatz zur bloßen Rationalität.« G. Picht, Mut zur Utopie, München (Piper) 1969, S. 25f.

Bibliographische Notizen zu den Autoren

ALBERT, Hans, geb. 1921. Wissenschaftstheoretiker und Philosoph
Wichtigste Veröffentlichungen: Traktat über kritische Vernunft (1968); Traktat über rationale Praxis (1978).

BLOCH, Ernst, 1885–1977. Philosoph
Wichtigste Veröffentlichungen: Geist der Utopie (1918); Das Prinzip Hoffnung. 3 Bde. (1954/57); Naturrecht und menschliche Würde (1961).

DENNINGER, Erhard, geb. 1932. Jurist und Rechtsphilosoph
Wichtigste Veröffentlichungen: Polizei in der freiheitlichen Demokratie (1968); Einführung in die Grundprobleme des Verfassungsrechts der BRD (1973).

DERBOLAV, Josef, geb. 1912. Philosoph und Pädagoge
Wichtigste Veröffentlichungen: Erkenntnis und Entscheidung (1954); Die gegenwärtige Situation des Wissens von der Erziehung (1956); Platons Sprachphilosophie im Kratylos und in den späteren Schriften (1972).

EBELING, Hans, geb. 1939. Philosoph
Wichtigste Veröffentlichungen: Über Freiheit zum Tode (1967); Selbsterhaltung und Selbstbewußtsein (1978).

EPPLER, Erhard, geb. 1926. Ehemal. Minister für wirtschaftliche Zusammenarbeit; Landesvorsitzender der SPD in Baden-Württemberg
Wichtigste Veröffentlichungen: Überleben wir den technischen Fortschritt? (1973); Ende oder Wende. Von der Machbarkeit des Notwendigen (1975).

GADAMER, Hans-Georg, geb. 1900. Philosoph
Wichtigste Veröffentlichungen: Platos dialektische Ethik (1931); Wahrheit und Methode (1961); Die Idee des Guten (1978).

GAMM, Gerhard, geb. 1947. Philosoph
Wichtigste Veröffentlichungen: Der Wahnsinn in der Vernunft. Zur Dialektik von Wahnsinn und Vernunft bei Hegel, Schelling und Nietzsche (1980); Entfremdete Objektivität. Zur Kritik szientistischer Rationalität und ihrer anarchistischen Erneuerer (1980, zusammen mit G. Kimmerle).

GEHLEN, Arnold, 1904–1976. Anthropologe und Sozialphilosoph
Wichtigste Veröffentlichungen: Der Mensch (1940); Urmensch und Spätkultur (1956); Moral und Hypermoral (1969).

GRUHL, Herbert, geb. 1921. Politiker, Mitinitiator der Umweltschutzbewegung
Wichtigste Veröffentlichung: Ein Planet wird geplündert (1975).

HABERMAS, Jürgen, geb. 1929. Philosoph und Sozialwissenschaftler
Wichtigste Veröffentlichungen: Strukturwandel der Öffentlichkeit (1962); Erkenntnis und Interesse (1968); Zur Logik der Sozialwissenschaften (1970); Zur Rekonstruktion des Historischen Materialismus (1975).

HEINEMANN, Gustav, 1899–1976, Ehemal. Bundesjustizminister und von 1969–1974 Bundespräsident
Wichtigste Veröffentlichungen: Plädoyer für den Rechtsstaat (1969); Präsidiale Reden (1975).

HÖFFE, Otfried, geb. 1943. Philosoph
Wichtigste Veröffentlichungen: Strategien der Humanität. Zur Ethik öffentlicher Entscheidungsprozesse (1975); Ethik und Politik (1978).

KAMLAH, Wilhelm, 1905–1976, Philosoph
Wichtigste Veröffentlichungen: Logische Propädeutik (1967, zusammen mit P. Lorenzen); Philosophische Anthropologie (1971).
KUHLMANN, Wolfgang, geb. 1939, Philosoph
Wichtigste Veröffentlichung: Reflexion und kommunikative Erfahrung (1975).
LÖWITH, Karl, 1897–1973. Philosoph
Wichtigste Veröffentlichungen: Das Individuum in der Rolle des Mitmenschen (1928); Von Hegel zu Nietzsche (1941); Wissen, Glaube und Skepsis (1956).
LÜBBE, Hermann, geb. 1926. Philosoph
Wichtigste Veröffentlichungen: Der Streit um Worte (1967); Fortschritt als Orientierungsproblem (1975); Endstation Terror (1978).
MARTIN, Gottfried, 1901–1972. Philosoph
Wichtigste Veröffentlichungen: I. Kant (1951); Einleitung in die allgemeine Metaphysik (1957).
MARX, Karl, 1818–1883. Philosoph, Kritiker der Nationalökonomie und führendes Mitglied der »Internationalen Arbeiter-Association« (1864–1876)
Wichtigste Veröffentlichungen: Die deutsche Ideologie (1845); Manifest der kommunistischen Partei (1848); Das Kapital. 3 Bde. (1867/94).
PICHT, Georg, geb. 1913. Religionsphilosoph
Wichtigste Veröffentlichungen: Naturwissenschaft und Bildung (1954); Die deutsche Bildungskatastrophe (1964/65); Mut zur Utopie (1969).
RICOEUR, Paul, geb. 1913. Philosoph
Wichtigste Veröffentlichungen: Die Interpretation (1965); Hermeneutik und Strukturalismus (1969); Die Fehlbarkeit des Menschen (1971).
RIEDEL, Manfred, geb. 1936. Philosoph
Wichtigste Veröffentlichungen: Metaphysik und Metapolitik (1975); Verstehen oder Erklären? (1978); Lineamenti di etica comunicativa (1980).
SCHILLING, Kurt, geb. 1899. Philosophiehistoriker
Wichtigste Veröffentlichungen: Geschichte der sozialen Ideen (1957); Weltgeschichte der Philosophie (1964).
SCHMIDT, Hans Paul, geb. 1926, Theologe
Wichtigste Veröffentlichungen: Verheißung und Schrecken der Freiheit (1964); Frieden (1969).
SCHULZ, Walter, geb. 1912. Philosoph
Wichtigste Veröffentlichungen: Die Vollendung des deutschen Idealismus in der Spätphilosophie Schellings (1955); Das Problem der absoluten Reflexion (1963); Philosophie in der veränderten Welt (1972); Ich und Welt. Philosophie der Subjektivität (1980).
SCHWEITZER, Albert, 1875–1957. Theologe, Kulturphilosoph, Arzt und Musiker
Wichtigste Veröffentlichungen: Geschichte der Leben-Jesu-Forschung (1906); Kulturphilosophie. 2 Tle. (1923/24).
SPAEMANN, Robert, geb. 1927. Philosoph
Wichtigste Veröffentlichungen: Der Ursprung der Soziologie aus dem Geist der Restauration (1959); Reflexion und Spontaneität (1963); Zur Kritik der politischen Utopie (1977).

Kurzbiographien der Herausgeber

APEL, Karl-Otto, geb. 1922, 1950 Promotion in Bonn, 1961 Habilitation in Mainz, 1962–1969 ord. Professor für Philosophie in Kiel, 1969–1972 ord. Professor f. Philosophie in Saarbrücken und seit 1972 ord. Professor für Philosophie in Frankfurt am Main. Wichtigste Veröffentlichungen: Die Idee der Sprache in der Tradition des Humanismus von Dante bis Vico (1963, ³1980); Transformation der Philosophie, 2 Bde. (1973); Der Denkweg von C. S. Peirce – eine Einführung in den amerikanischen Pragmatismus (1975); Die ›Erklären/Verstehen‹-Kontroverse in transzendental-pragmatischer Sicht (1979).

BÖHLER, Dietrich, geb. 1942, studierte in Nebenfächern Politik und Literaturwissenschaft, im Hauptfach zunächst Theologie, dann Philosophie an den Universitäten Hamburg, Tübingen und Kiel. War Assistent und Assistenzprofessor an der Universität des Saarlandes, später ord. Professor an der Pädagogischen Hochschule Berlin und lehrt jetzt an der Freien Universität Berlin. Veröffentlichte die »Metakritik der Marxschen Ideologiekritik« (Frankfurt, ²1972) sowie zahlreiche Abhandlungen in Sammelbänden und wissenschaftlichen Zeitschriften.

BERLICH, Alfred, geb. 1952, Studium der Philosophie und Germanistik in Saarbrücken, Magister Artium. 1977. Arbeit über Analytische Ethik. Teamassistent beim Funk-Kolleg Praktische Philosophie/ Ethik.

PLUMPE, Gerhard, geb. 1946, Studium der Literaturwissenschaften und Philosophie. Promotion 1975. Wissenschaftlicher Angestellter an der Ruhr-Universität Bochum. Wichtigste Veröffentlichungen: Arbeitsfeld: Materialistische Literaturtheorie (1975); Alfred Schuler. Zur Funktion des Mythos in der Moderne (1978); Sozialgeschichte der Literatur. Bd. 6: Realismus und Gründerzeit 1850–1890 (Hrsg., in Vorb.). Aufsätze in Fachzeitschriften und Sammelbänden.

Quellenverzeichnis

1.1. A. Gehlen: Mensch und Institutionen
Aus: A. Gehlen, Anthropologische Forschung, rde 138, Reinbek b. Hamburg 1961, S. 69ff., 76f.
Mit freundlicher Genehmigung des Rowohlt Verlages GmbH, Reinbek b. Hamburg.

1.2. H. P. Schmidt: Bemerkungen zum Begriff der Institution
Originalbeitrag.

1.3. J. Habermas: Konventionelle oder kommunikative Ethik?
Aus: J. Habermas, Philosophisch-politische Profile, BS 265, Frankfurt/M. 1971, S. 200f., 203ff., 221.
Mit freundlicher Genehmigung des Suhrkamp Verlages, Frankfurt/M.

1.4. D. Böhler: Undialektische Anthropologie – unkritische Ethik
Aus: D. Böhler, Arnold Gehlen: Die Handlung, in: Grundprobleme der großen Philosophen, UTB 183, Göttingen und Zürich 1973, S. 238.
Mit freundlicher Genehmigung des Verlags Vandenhoeck & Ruprecht, Göttingen und Zürich.

2.1. K. Löwith: Reden und Verstehen als kommunikatives Handeln.
Aus: K. Löwith, Das Individuum in der Rolle des Mitmenschen, München 1928, S. 105ff., 117ff.
Mit freundlicher Genehmigung des Drei Masken Verlages, München.

2.2. W. Kamlah: Widerfahrnis und Handlung
Aus: W. Kamlah, Philosophische Anthropologie, Hochschultaschenbücher 238, Mannheim 1973, S. 32ff.
Mit freundlicher Genehmigung des Bibliographischen Instituts, Mannheim.

2.3. J. Derbolav: Strukturanalyse der Praxis
Aus: J. Derbolav, Systematische Perspektiven der Pädagogik, Heidelberg 1971, S. 124ff.
Mit freundlicher Genehmigung des Quelle & Meyer Verlags, Heidelberg.

2.4. M. Riedel: Freiheit und Verantwortung. Zwei Grundbegriffe der kommunikativen Ethik
Aus: Hans Michael Baumgartner (Hg.), Prinzip Freiheit. Festschrift für Hermann Krings, Freiburg und München 1979, S. 201ff.
Mit freundlicher Genehmigung des Verlags Karl Alber, Freiburg und München.

3.1. G. Martin: Sokrates und die Entdeckung der reflexiv-dialogischen Vernunft
Aus: G. Martin, Sokrates: Das Allgemeine, in: Grundprobleme der großen Philosophen. Philosophie des Altertums und des Mittelalters. Hrsg. J. Speck, UTB 146, 2. Aufl., Göttingen 1978, S. 11f., 20ff., 26ff., 30, 34f., 38ff.
Mit freundlicher Genehmigung des Verlags Vandenhoeck & Ruprecht, Göttingen.

3.2. H. G. Gadamer: Philosophische Ethik als Klugheitsethik
Aus: H. G. Gadamer, Kleine Schriften I, Tübingen ^{2}1976, S. 179, 186ff.
Mit freundlicher Genehmigung des Verlags J. C. B. Mohr, Tübingen.

3.3. K. Schilling: Zur Entstehung der technischen Rationalität in Wissenschaft und Politik
Aus: K. Schilling, Geschichte der sozialen Ideen, Kröner Taschenbuch 261, 2. Aufl., Stuttgart 1966, S. 255 ff.
Mit freundlicher Genehmigung des Alfred Kröner Verlags, Stuttgart.

3.4. G. Gamm: Zu Kants Idee einer praktischen Vernunft
Aus: Deutsches Institut für Fernstudien an der Universität Tübingen (Hrsg.): Funkkolleg Praktische Philosophie/Ethik. Studienbegleitbrief O (Einführungsbrief), Tübingen 1980, S. 78 ff.
Mit freundlicher Genehmigung des Deutschen Instituts für Fernstudien, Tübingen.

3.5. H. Ebeling: Kommunikative Voraussetzungen der Ethik Kants
Aus: Selbsterhaltung und Selbstbewußtsein, Symposion 60, Freiburg und München 1979, S. 15 ff.
Mit freundlicher Genehmigung des Verlags Karl Alber, Freiburg und München.

3.6. K. Marx: Von der kritischen Vernunftethik zur historisch-materialistischen Analyse und zum Mitvollzug des revolutionären Prozesses?
Aus: Karl-Marx-Studienausgabe (6 Bde.). Hrsg. unter Mitarbeit von Peter Furth, Benedikt Kautsky (†) und Peter Ludz von Hans-Joachim Lieber.
Bd. I: Frühe Schriften, 1. Band. Hrsg. von Hans-Joachim Lieber und Peter Furth. Darmstadt: Wissenschaftliche Buchgesellschaft ^{3}1975, S. 448 f., 494 ff., 563 ff., 590 ff.
Bd. II: Frühe Schriften, 2. Band. Hrsg. von Hans-Joachim Lieber und Peter Furth. Darmstadt: Wissenschaftliche Buchgesellschaft ^{2}1975, S. 817 ff., 830 ff.
Bd. VI: Ökonomische Schriften, 3. Band. Hrsg. von Hans-Joachim Lieber und Benedikt Kautsky (†). Darmstadt: Wissenschaftliche Buchgesellschaft ^{3}1975, S. 837 ff.
Bd. IV: Ökonomische Schriften, 1. Band. Hrsg. von Hans-Joachim Lieber und Benedikt Kautsky (†). Darmstadt: Wissenschaftliche Buchgesellschaft ^{3}1975, S. XVIII, S. XX.

3.7. A. Schweitzer: Ehrfurcht vor dem Leben. Zu einer Ethik der grenzenlosen Verantwortung für das Leben
Aus: A. Schweitzer, Kultur und Ethik, München 1972, S. 196 ff., 317 ff., 330 ff., 335 f.
Mit freundlicher Genehmigung der C. H. Beck'schen Verlagsbuchhandlung, München.

3.8. R. Spaemann: Technische Eingriffe in die Natur als Problem der politischen Ethik
Aus: Scheidewege 4, Stuttgart 1979, S. 476 ff., 488 ff.
Mit freundlicher Genehmigung des Ernst Klett Verlags, Stuttgart, und der Max Himmelheber-Stiftung, Baiersbronn.

4.1. H. Lübbe: Politische Praxis der Normenbegründung
Aus: W. Oelmüller (Hrsg.), Materialien zur Normendiskussion, Bd. 1: Transzendentalphilosophische Normenbegründungen, UTB 779, Paderborn 1978, S. 38 ff.
Mit freundlicher Genehmigung des Verlags Ferdinand Schöningh, Paderborn.

4.2. H. Albert: Die Unmöglichkeit einer philosophischen Letztbegründung
Aus: H. Albert: Traktat über kritische Vernunft, Tübingen ^{3}1975, S. 11 ff.
Mit freundlicher Genehmigung des Verlags J. C. B. Mohr (Paul Siebeck), Tübingen.

4.3. K.-O. Apel: Die Konflikte unserer Zeit und das Erfordernis einer ethisch-politischen Grundorientierung

Aus: Der Mensch in den Konfliktfeldern der Gegenwart, hrsg. von der Landeszentrale für politische Bildung des Landes Nordrhein-Westfalen, Köln 1975, S. 43ff.
Mit freundlicher Genehmigung des Verlags Wissenschaft und Politik, Köln.

4.4. W. Kuhlmann: Ethik der Kommunikation
Originalbeitrag.

5.1. W. Schulz: Mitleid als ethische Instanz
Aus: W. Schulz, Philosophie in der veränderten Welt, Pfullingen 1972, S. 748ff.
Mit freundlicher Genehmigung des Verlags Günther Neske, Pfullingen.

5.2. H. P. Schmidt: Das Problem des Fehlverhaltens und des Bösen
Originalbeitrag.

5.3. W. Schulz: Gut und Böse
Aus : W. Schulz, Philosophie der veränderten Welt, Pfullingen 1972, S. 718ff., 723ff.
Mit freundlicher Genehmigung des Verlags Günther Neske, Pfullingen.

5.4. P. Ricoeur: Schuld und Ethik. Ethische und religiöse Dimension des Bösen
Aus: P. Ricoeur, Hermeneutik und Strukturalismus – Hermeneutik und Psychoanalyse, 2 Bde., München 1973/1974, S. 266ff.
Mit freundlicher Genehmigung des Kösel-Verlags, München.

6.1. G. Heinemann: Das Grundgesetz – demokratische Verfassung als Angebot und Auftrag
Aus: G. Heinemann, Präsidiale Reden, es 790, Frankfurt/M. 1975, S. 178ff., 183ff., 188ff.
Mit freundlicher Genehmigung des Suhrkamp Verlags, Frankfurt/M.

6.2. O. Höffe: Strategien politischer Gerechtigkeit
Aus: O. Höffe, Ethik und Politik. Grundmodelle und -probleme, stw 266, Frankfurt/M. 1979, S. 419ff.
Mit freundlicher Genehmigung des Suhrkamp Verlags, Frankfurt/M.

6.3. E. Denninger: Prinzipien der freiheitlich demokratischen Grundordnung und Probleme ihrer Anwendung
Aus: Veröffentlichungen der Vereinigung der deutschen Staatsrechtler, Heft 37, Berlin 1979, S. 27ff., 43ff.
Mit freundlicher Genehmigung des Verlags Walter de Gruyter, Berlin.

6.4. E. Bloch: Glück und menschliche Würde. Sozialistisches Erbe der Menschenrechte?
Aus: E. Bloch, Naturrecht und menschliche Würde, stw 250, Frankfurt/M. 1977, S. 11f., 234f., 200ff., 232.
Mit freundlicher Genehmigung des Suhrkamp Verlags, Frankfurt/M.

6.5. J. Habermas: Legitimationsprobleme im modernen Staat
Aus: J. Habermas, Zur Rekonstruktion des historischen Materialismus, stw 154, Frankfurt/M. 1976, S. 271ff., 276, 277f., 293ff.
Mit freundlicher Genehmigung des Suhrkamp Verlags, Frankfurt/M.

7.1. E. Bloch: Etwas fehlt – Glück und Utopie. Gespräch mit Th. W. Adorno
Aus: R. Traub/H. Wieser (Hg.), Gespräche mit Ernst Bloch, es 798, Frankfurt/M. 1975, S. 58ff., 73f., 76; Anm. zu 59/2, 60/1, 62/1/2, 64/1/2/3, 70/1, 74/1.
Mit freundlicher Genehmigung des Suhrkamp Verlags, Frankfurt/M.

7.2. R. Spaemann: Philosophie als Lehre vom glücklichen Leben
Aus: G. Bien (Hg.), Die Frage nach dem Glück, problemata 74, Stuttgart 1978, S. 1f., 4ff.
Mit freundlicher Genehmigung des Frommann & Holzboog Verlags, Stuttgart.

7.3. W. Schulz: Ethische Maximen der Gegenwart

Aus: W. Schulz, Philosophie in der veränderten Welt, Pfullingen 1972, S. 739ff.
Mit freundlicher Genehmigung des Verlags Günther Neske, Pfullingen.

7.4. E. Eppler: Politische Ethik und weltweite Verantwortung
Aus: E. Eppler, Ende oder Wende, Stuttgart [4]1976, S. 54ff.
Mit freundlicher Genehmigung des W. Kohlhammer Verlags, Stuttgart.

7.5. H. Gruhl: Glück durch »Wachstum«? Ethos der Industriegesellschaft und ökologische Krise
Aus: H. Gruhl, Ein Planet wird geplündert, Frankfurt/M. 1975, S. 151ff., 187ff., 197, 219, 225f.
Mit freundlicher Genehmigung des S. Fischer Verlags, Frankfurt/M.

7.6. G. Picht: Mut zur Utopie
Aus: G. Picht, Mut zur Utopie, München 1969, S. 13ff., 146ff., 151ff.
Mit freundlicher Genehmigung des Verlags R. Piper, München.